革命文獻與民國時期文獻
保護計劃

成果

U0884613

百年大生企業號信

民國元年（上）

南通市檔案館　張謇研究中心　編

國家圖書館出版社

圖書在版編目（CIP）數據

百年大生企業號信. 民國元年. 上 / 南通市檔案館, 張謇研究中心編. —北京 :國家圖書館出版社, 2020.7

ISBN 978-7-5013-6983-6

Ⅰ. ①百… Ⅱ. ①南… ②張… Ⅲ. ①大生紡織公司—史料 Ⅳ. ①F426.81

中國版本圖書館CIP數據核字（2020）第058139號

書　　名　百年大生企業號信：民國元年（上）
著　　者　南通市檔案館　張謇研究中心　編
責任編輯　王亞宏
封面設計　黄曉飛

出版發行　國家圖書館出版社（北京市西城區文津街 7 號　100034）
（原書目文獻出版社　北京圖書館出版社）
010-66114536　63802249　nlcpress@nlc.cn（郵購）
網　　址　http：//www.nlcpress.com
排　　版　九章文化
印　　裝　北京金康利印刷有限公司
版次印次　2020 年 7 月第 1 版　2020 年 7 月第 1 次印刷

開　　本　889 × 1194（毫米）　1/16
印　　張　31.5
字　　數　324 千字

書　　號　ISBN 978-7-5013-6983-6
定　　價　850.00 圓

百年大生企業號信

編委會

主　任：張小平

副主任：曹　斌　尤世瑋

委　員（以姓氏筆畫爲序）：

朱　江　朱　慧　肖正德　陳春華　黄鶴群　曹曉紅

許建華　張廷栖　趙　鵬　戴致君　鄺懿清

百年大生企業號信

（民國元年）

編輯人員

主　　編：許建華

副 主 編：戴致君

執行主編：趙　鵬

執行副主編：朱　慧

出版説明

號信，或稱作號訊，是一種冠以序號的信件。在交通、通信不發達的年代，信件易遭遺失，采用號信的方式，就能够及時了解信件是否遞達。同時，這種編號的信件，也方便日後的查閲。號信一般用於對象固定且經常聯繫的雙方，各自獨立編號，通常以一年爲斷，第二年重新編號。

本書所刊號信，是《百年大生企業號信》第二階段整理成果之一部分。第二階段整理的號信，是民國元年（1912）至民國十五年（1926）間，大生紗廠（又稱"正廠""一廠"）、大生二廠（又稱"分廠"）、大生三廠、復新麵粉廠、大生織物公司、大生紡織公司管理處等單位致大生駐滬事務所（簡稱"滬所""滬帳房"）的信函，其中主體是大生紗廠致大生駐滬事務所號信，少量爲其他單位致大生駐滬事務所號信，以及大生駐滬事務所致大生紗廠、大生二廠、大生三廠、復新麵粉廠、廣生油廠、營業所、分銷處等單位的信函。這些號信絶大部分屬南通市檔案館"B401大生滬事務所"全宗，極小部分屬"B405大生第二紡織公司""B406大生第三紡織公司"全宗。據現階段查閲檔案情況，約有檔案九十八卷（册）。其中，有些年份號信檔案有部分缺失。

本書整理收録的是民國元年號信。这些號信共九卷（册），其中大生紗廠致大生駐滬事務所號信三卷（册）（從第元號至第二百四十一號）；大生駐滬事務所致大生紗廠、大生分廠、營業所號信底稿五卷（册）：大生紗廠（第元號至第二百四十六號）、大生分廠（第元號至第二百零五號）、營業所（第元號至第九十八號）；另一卷（册）爲大生駐滬事務所致大生紗廠、分銷處、復新麵粉廠、通州師範學校等單位的信函底稿二百餘件，原件未編號。民國元年號信擬分二至三册出版，本册所刊爲大生紗廠致大生駐滬事務所號信（從第元號至第二百四十一號）。

大生紗廠是中國早期現代化的先驅張謇（1853—1926）事業的起點。自1895年張謇在家鄉南通籌辦大生紗廠開始，經過一批人的艱苦創業，經營範圍不斷擴大，除由紗廠衍生出的其他工廠外，還擴展到交通、農墾、金融、貿易等方面，形成了一個以大生紗廠爲核心、以資本爲紐帶的企業集團，爲中國早期民族工業的形成、發展闖出一條全新的道路。張謇在發展實業的基礎上，倡導并贊助教育和慈善事業，規劃城市建設，使得南通一度引風氣之先，成爲全國矚目的模範縣。

大生紗廠籌創初期，爲便於與上海道和江海關打交道，以及招募資金，1896年大生紗廠設立"上海公所"，暫寓上海福州路廣豐洋行内。1897年，公所由廣豐洋行遷至新北門外天主堂街，稱"滬帳房"。1907年，改稱"大生駐滬事務所"。初期的滬所在辦理籌資及聯絡之事外，還擔負着采辦物料、購運原料及提供來滬人員食宿等任務，此後更增加了置辦布機、開盤批售布匹、收款付貨等業務，同時滬所也是張謇在上海相關事務的代理者。最繁盛時，上海銀錢業有百餘家錢莊向滬所提供信貸，而大生各企業則憑此信貸全面擴張，當時大生所屬大小企業單位達數十個。1922年後，大生集團紡織與農墾業經營陷入危機，以至債臺高築，滬所为此与金融界苦苦周旋，勉力支撑。1936年，大生駐滬事務所更名爲“大生總管理處”。1945年抗日戰争勝利後，國民政府接收大生紡織公司，成立“大生紡織公司臨時管理委員會”，辦理接收大生總管理處。1946年，大生總管理處更名爲“大生上海聯合事務所”。1951年，又更名爲“大生第一、三紡織公司上海聯合事務所”。1953年，該所登報宣布撤銷。

大生企業的號信開始於何時，目前無資料可考，但最晚不遲於1906年。據初步統計，現存南通市檔案館的號信抄件，總計達數百卷（册），時間最早爲1907年的“光緒三十三年大生正廠來信”，最遲約在1952年。需要指出的是，目前存世的號信，都是當年大生滬所形成并保管的抄件。無論是大生滬所發出的，還是收到的號信，均謄抄於簿册。至於號信的原件，在全部大生檔案中都不見其踪影，原因待考。通過這批號信的抄件，不僅可以看到滬所及相關通信單位的具體業務活動，更可以看到大生企業生産經營狀况，還能看到當時的政治動向和社會面貌，以及市場與物價變化的信息。號信的内容主要涉及經濟活動，也有一些内容揭示了大生企業領導層的活動與行踪，這對還原一些歷史細節極爲有助。張謇的三兄張詧（1851—1939）作爲張謇的主要助手，參與了大生企業的具體管理，滬所的負責人林蘭蓀、吴寄塵、徐静仁等人，對大生企業的發展影響頗多，這些都能通過號信得到進一步的揭示。由此而言，這批號信無論是對近代民族工業的宏觀研究，還是對某些具體問題的探討，以及對號信制度本身的查考，都是重要的第一手材料，相信會得到研究者的重視。

正因爲有重要的研究價值，2016年開始，南通市檔案館與張謇研究中心决定聯手整理出版這些號信。整理擬按時間分爲三個階段，首先是晚清的五年（1907—1911），其次是民國元年至張謇去世的民國十五年（1912—1926），最後爲餘下的全部（1927—1952）。現在第一階段的整理成果已經出版，第二階段的整理也依次展開，將按時間順序排列，用原件影印加釋文的形式陸續出版。

號信的整理，聽取了一些專家的意見，采用繁體字釋文并加以標點，希望儘量與原件接近。對於原件上的异體字或俗字，如甯、塹、欵、坿、砉、悮、詧、銕等，除人名等專名外，一般都統一爲規範字。一些民間代用字，如解款的“解”寫作“介”，貨幣單位“元”常代以符號“〇”，整理時一般徑改作正字。一些明顯的筆誤，也都作了改正，部分在信末加“按”予以説明。號信中有大量計數使用的草碼，爲方便讀者閲讀使用，整理時徑改爲現在通用寫法。原文中的小字夾注，置於（　）内；擬補字用［ ］標注；錯訛字改正，用〔 〕表示；衍字用〈 〉標注；原件缺損或未能辨識的字，以□相代，一□一字，缺字數不明者以……表示。

由於號信抄寫多有潦草之處，整理者雖然費心辨讀，但終究難免失誤，懇請讀者批評指正。

編　者

2020年4月

目録

民國元年（一九一二）

大生紗廠致大生駐滬事務所號信

民國元年（一九一二）

大生紗廠致大生駐滬事務所號信

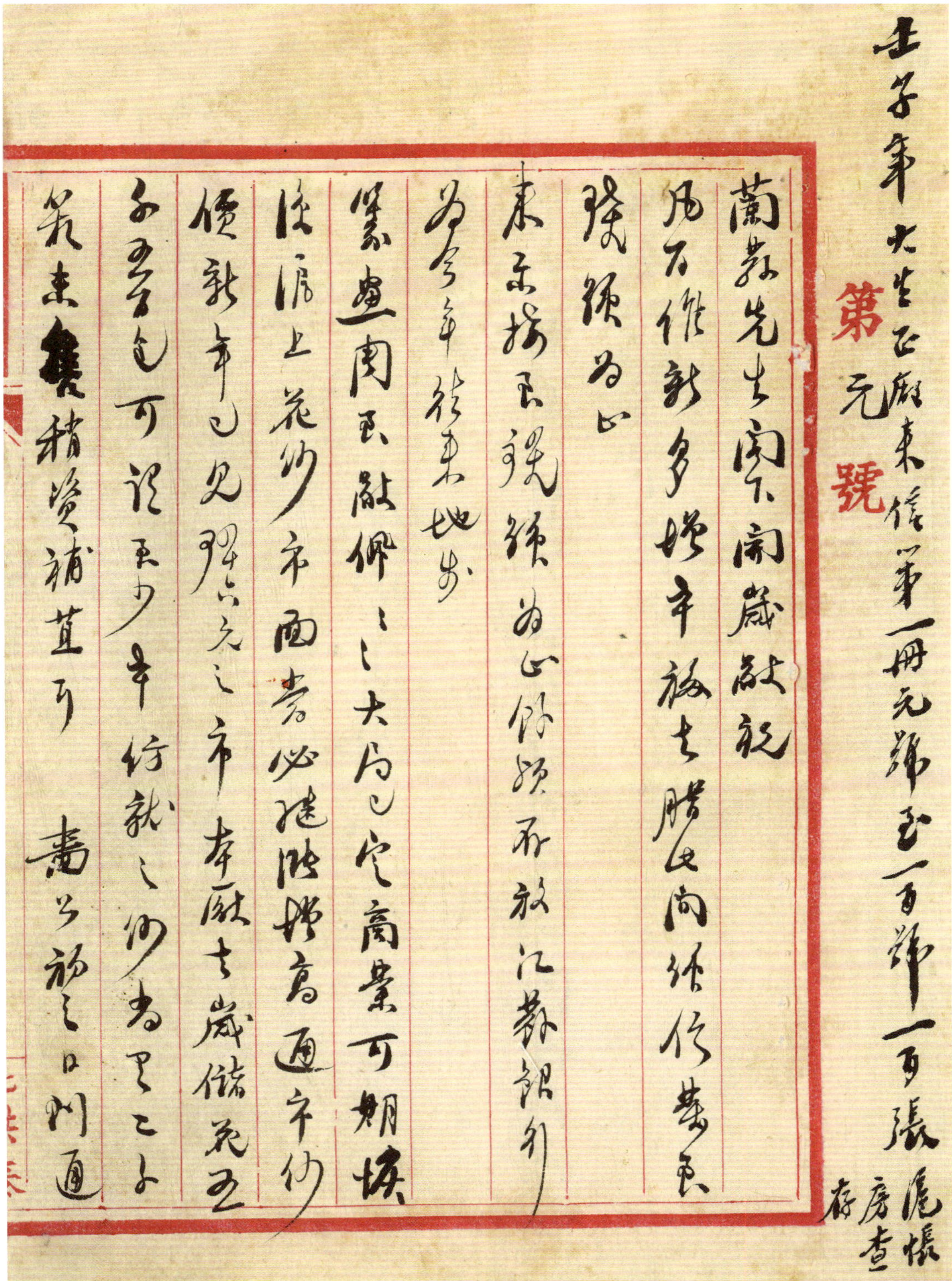

第元號（正月初五日）

蘭蓀先生閣下：開歲敬祝凡百維新，多增幸福。去臘此間號信發至一百七十九號爲止，來示接至二百四十九號爲止。餘款存放江蘇銀行，爲今年往來地步籌畫周至，敬佩敬佩。大局已定，商業可期恢復，滬上花紗市面當必繼漲增高。通市紗價新年已見一百四十六元之市，本廠去歲儲花五千五百包，可謂至少，幸紡就之紗尚有二千箱未售，稍資補苴耳。嗇公初三日到通，大約初十前後方出外。廠中準於初八日開工，先開單日班，以蘇工人之困。餘容續詳。謹此敬賀新禧，并頌春安。本

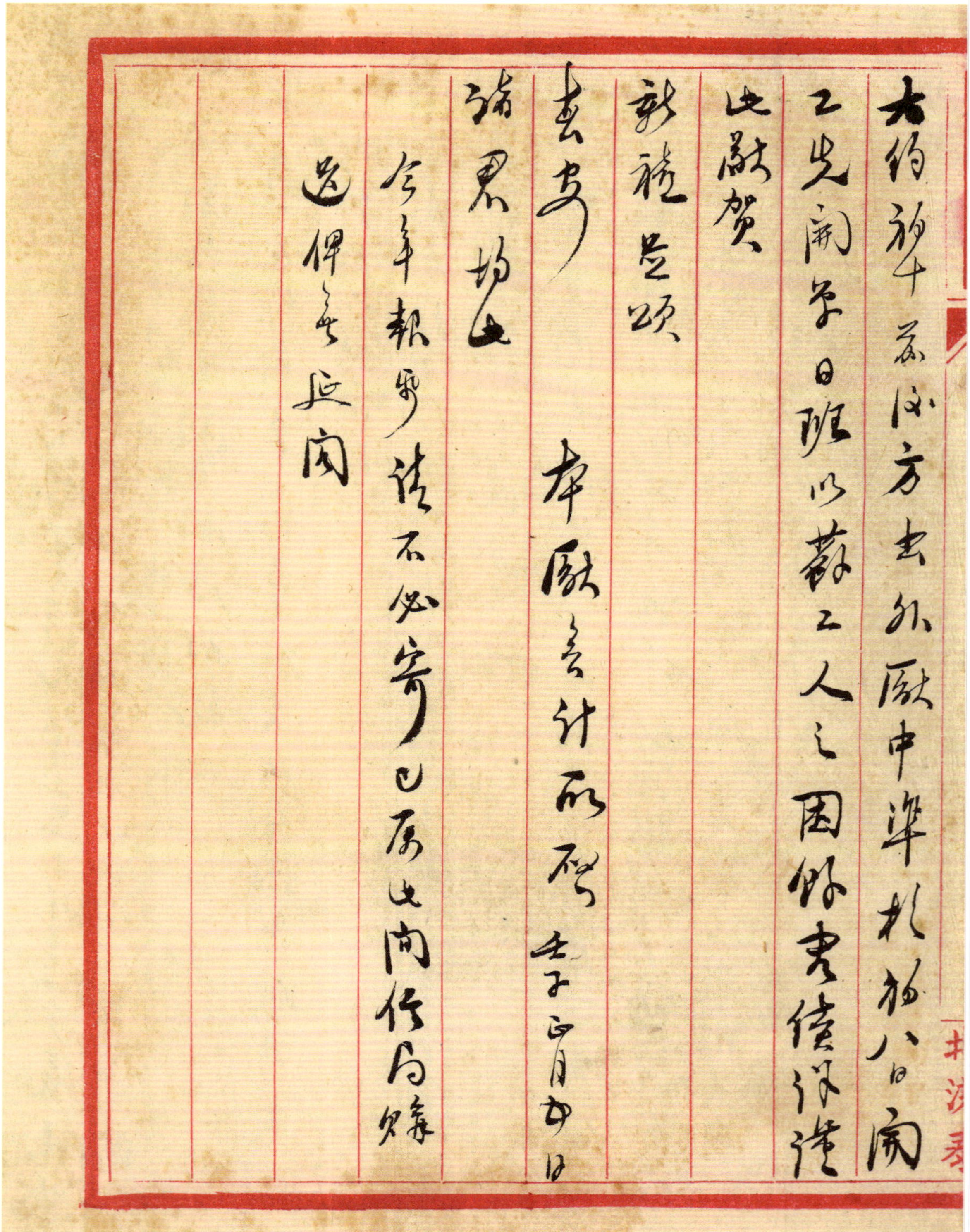

第元號（正月初五日）

廠會計所啓。壬子正月五日

諸君均此。

今年報紙請不必寄，已屬此間信局購送，俾無延閣。

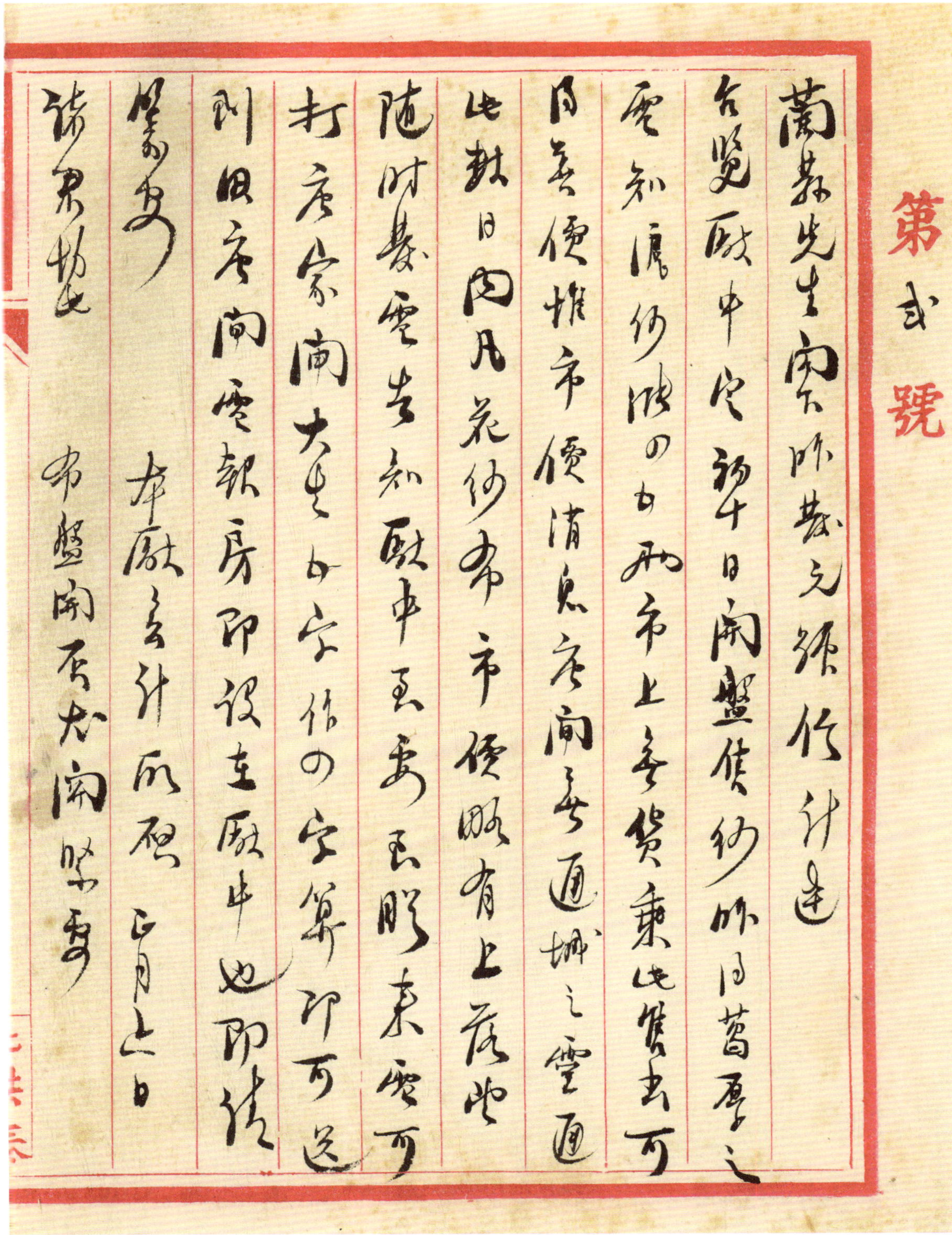

第二號（正月初六日）

蘭蓀先生閣下：昨發元號信，計達台覽。廠中定初十日開盤售紗。昨得葛厚之電，知滬紗漲四五兩，市上無貨，乘此售出，可得善價。惟市價消息，唐閘無通城之靈通，此數日内，凡花、紗、布市價略有上落，望隨時發電告知廠中，至要至盼。來電可打“唐家閘大生”，五字作四字算，即可送到，因唐閘電報房即設在廠中也。即請籌安。本廠會計所啓。正月六日

諸君均此。

第二號（正月初六日）

布盤開否，尤關緊要。

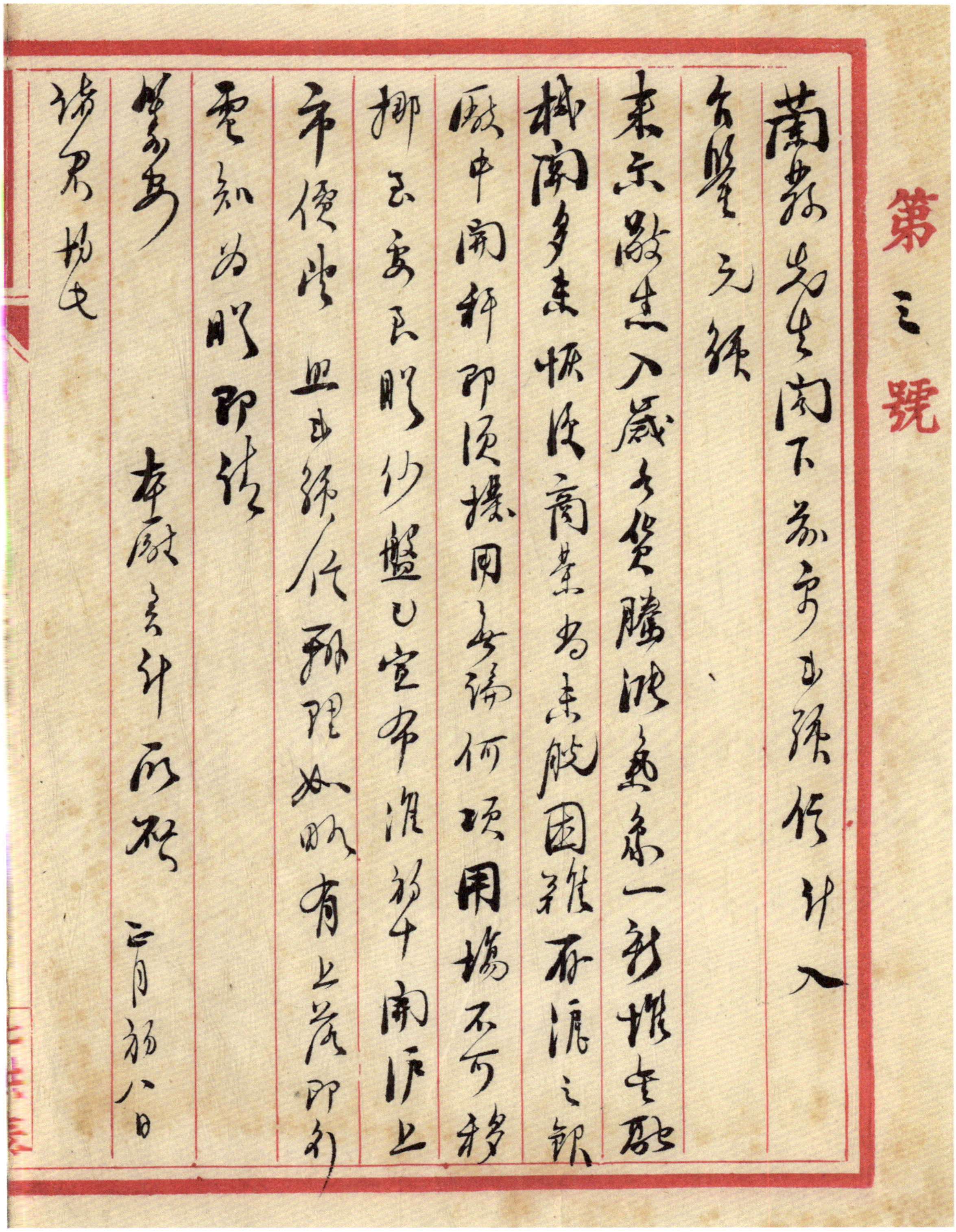

第三號（正月初八日）

蘭蓀先生閣下：前寄式號信，計入台鑒。元號來示敬悉。入歲，各貨騰漲，氣象一新，惟金融機關多未恢復，商業尚未脱困難。存滬之銀，廠中開秤即須撥用，無論何項用場，不可移挪，至要至盼。紗盤已宣布準初十開，滬上市價望照式號信辦理，如略有上落，即行電知爲盼。即請籌安。本廠會計所啓。正月初八日
諸君均此。

第三號（正月初八日）

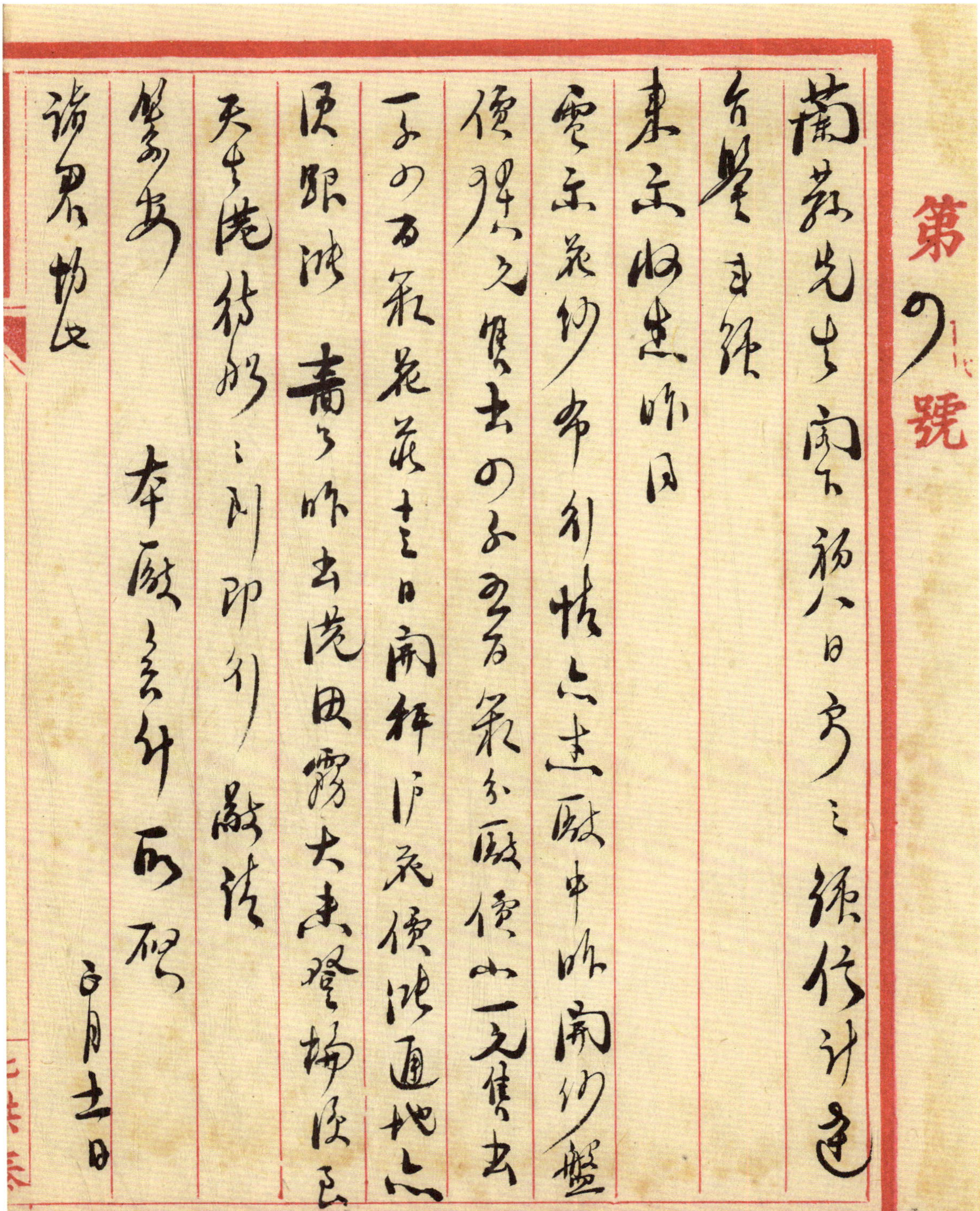

第四號（正月十一日）

蘭蓀先生閣下：初八日寄三號信，計達台鑒。式號來示收悉。昨得電示，花、紗、布行情亦悉。廠中昨開紗盤，價一百四十八元，售出四千五百箱。分廠價小一元，售出一千四百箱。花莊十三日開秤。滬花價漲，通地亦須跟漲。啬公昨出港，因霧大未登輪，復至天生港待船，船到即行。敬請籌安。本廠會計所啓。正月十一日

諸君均此。

第四號（正月十一日）

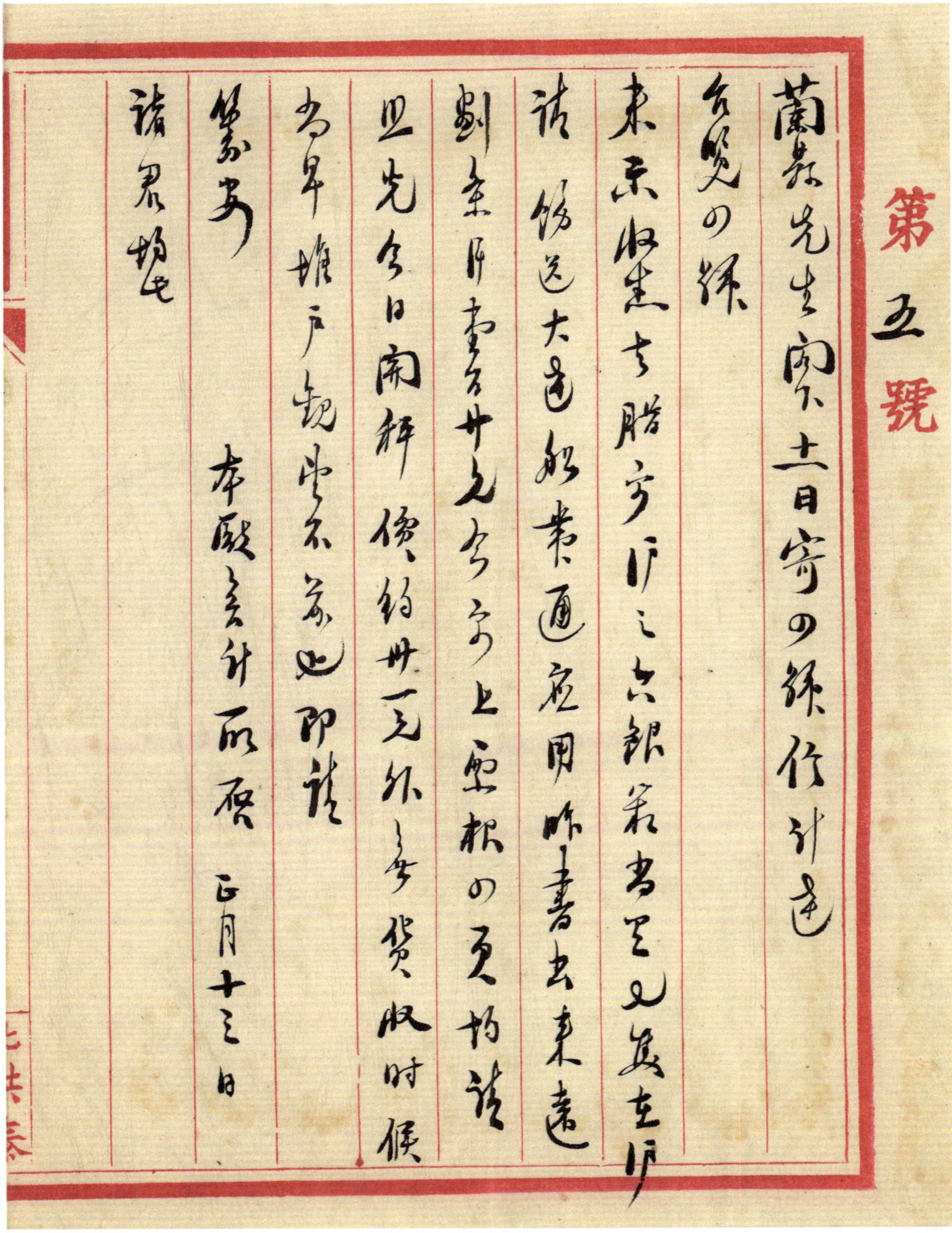

第五號（正月十三日）

蘭蓀先生閣下：十一日寄四號信，計達台覽。四號來示收悉。去臘寄滬之空銀箱，尚有七隻在滬，請飭送大達船帶通應用。昨書出來遠劃條洋壹百廿元，今寄上票根四頁，均請照兑。今日開秤，價約卅一元外，無貨收，時候尚早，堆户觀望不前也。即請籌安。本廠會計所啓。正月十三日

諸君均此。

第五號（正月十三日）

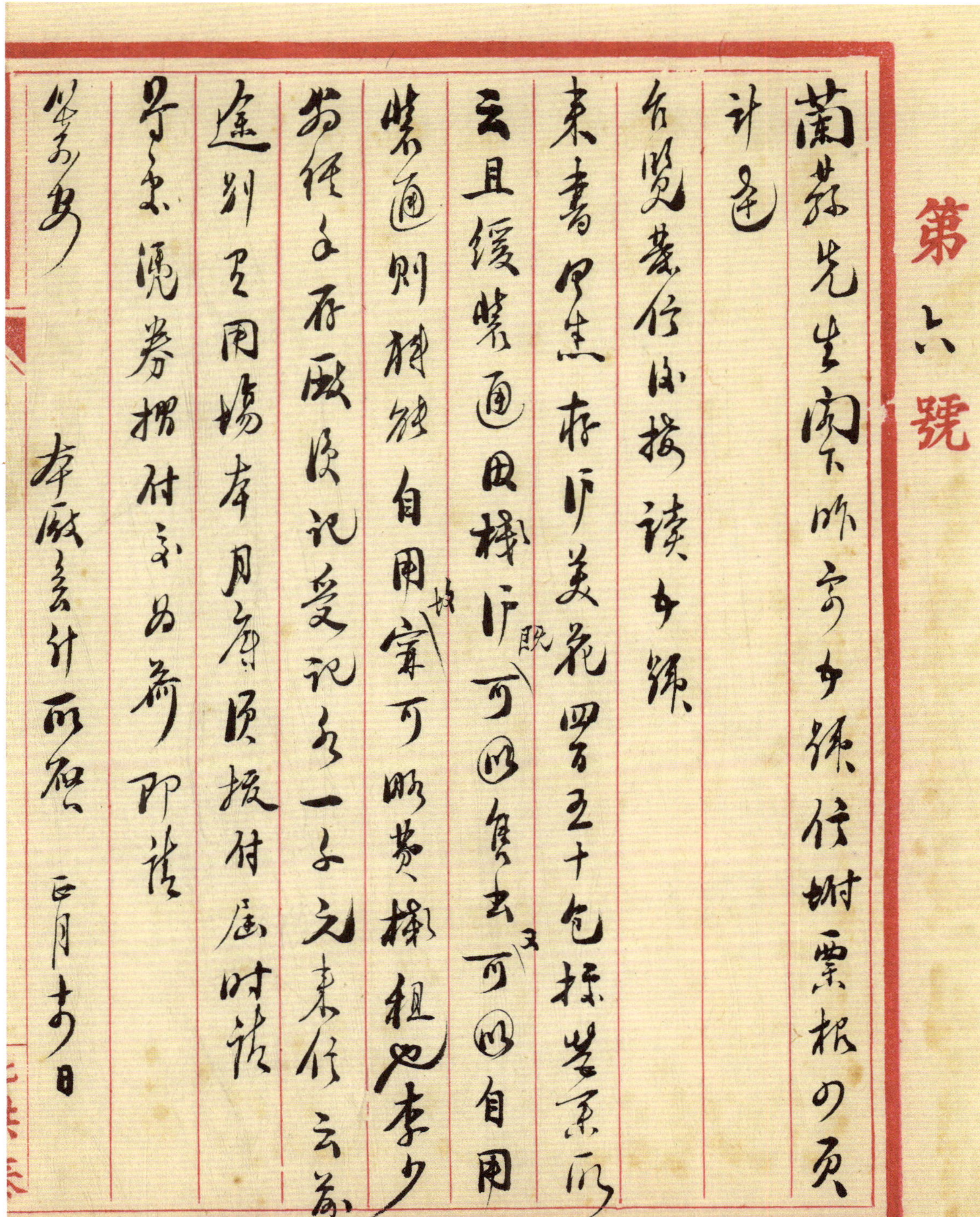

第六號（正月十四日）

蘭蓀先生閣下：昨寄五號信，附票根四頁，計達台覽。發信後接讀五號來書，具悉。存滬美花四百五十包，據營業所云且緩裝通，因棧滬既可售出，又可自用，裝通則祇能自用，故寧可略費棧租也。李少翁經手存廠復記、受記各一千元，來信云前途別有用場，本月底須撥付，届時請尊處憑券摺付交爲荷。即請籌安。本廠會計所啓。正月十四日

諸君均此。

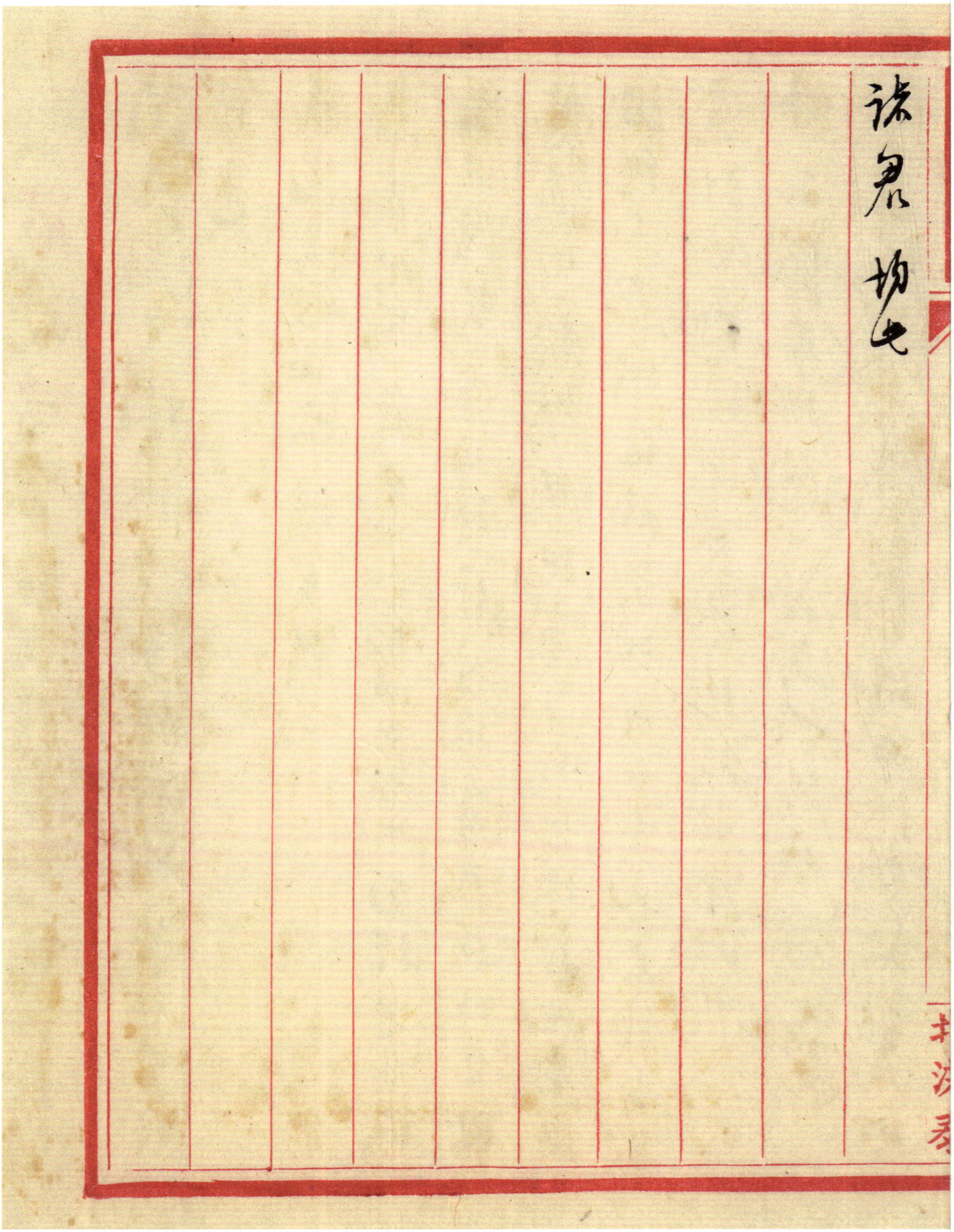
諸君均此

第六號（正月十四日）

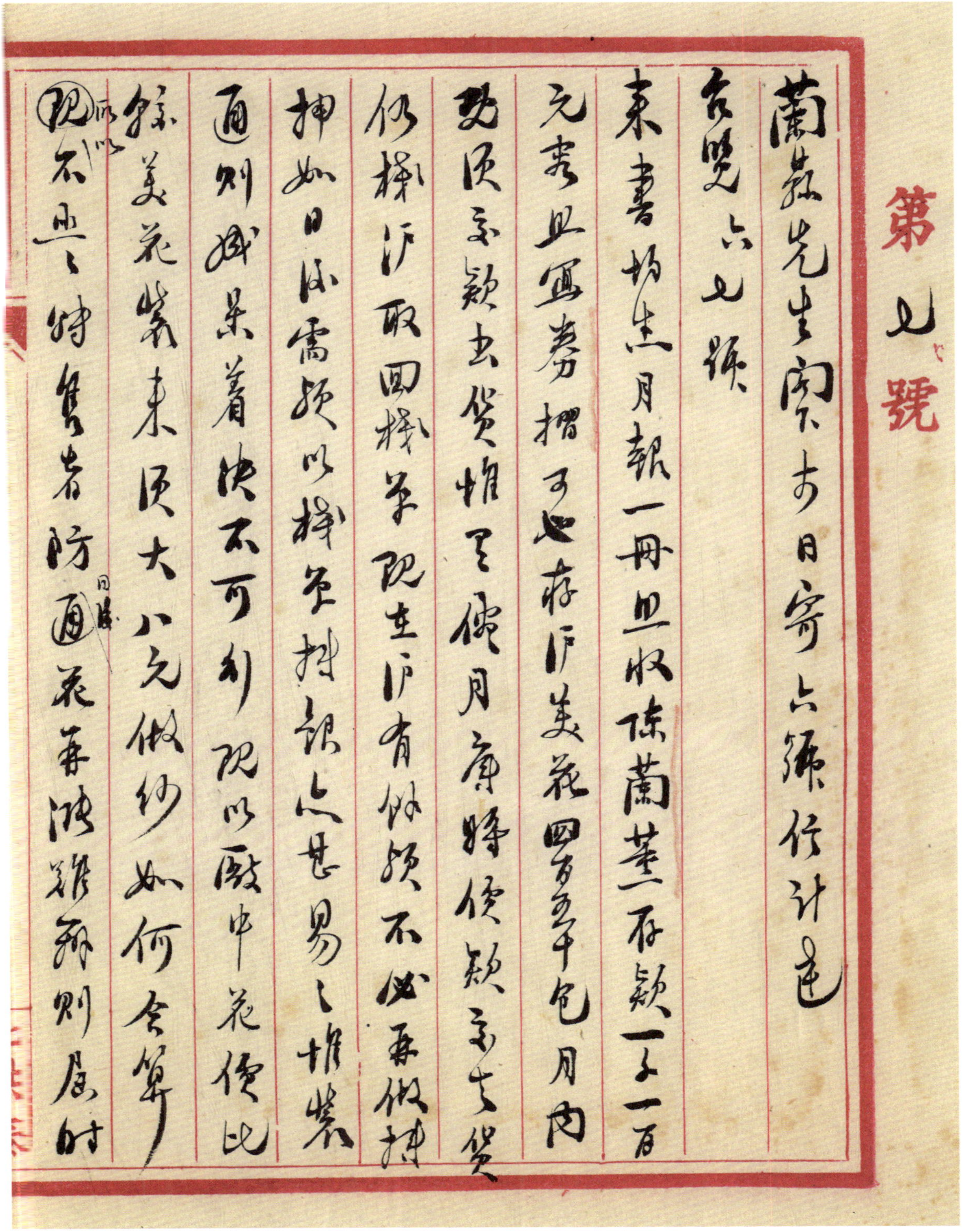

第七號（正月十六日）

蘭蓀先生閣下：十四日寄六號信，計達台覽。六、七號來書均悉，月報一册照收。陳蘭薰存款一千一百元，容照寫券摺可也。存滬美花四百五十包，月内既須交款出貨，惟有儘月底將價款交去，貨仍棧滬，取回棧單。現在滬有餘款，不必再做抵押。如日後需款，以棧單抵銀，亦甚易易。惟裝通則成呆着，决不可行。現以廠中花價比較，美花裝來，須大八元做紗，如何合算？所以不亟亟轉售者，防日後通花再漲難辦，則届時裝通紡用，或又合算，故目前不宜祇顧省費一方面也。即請籌

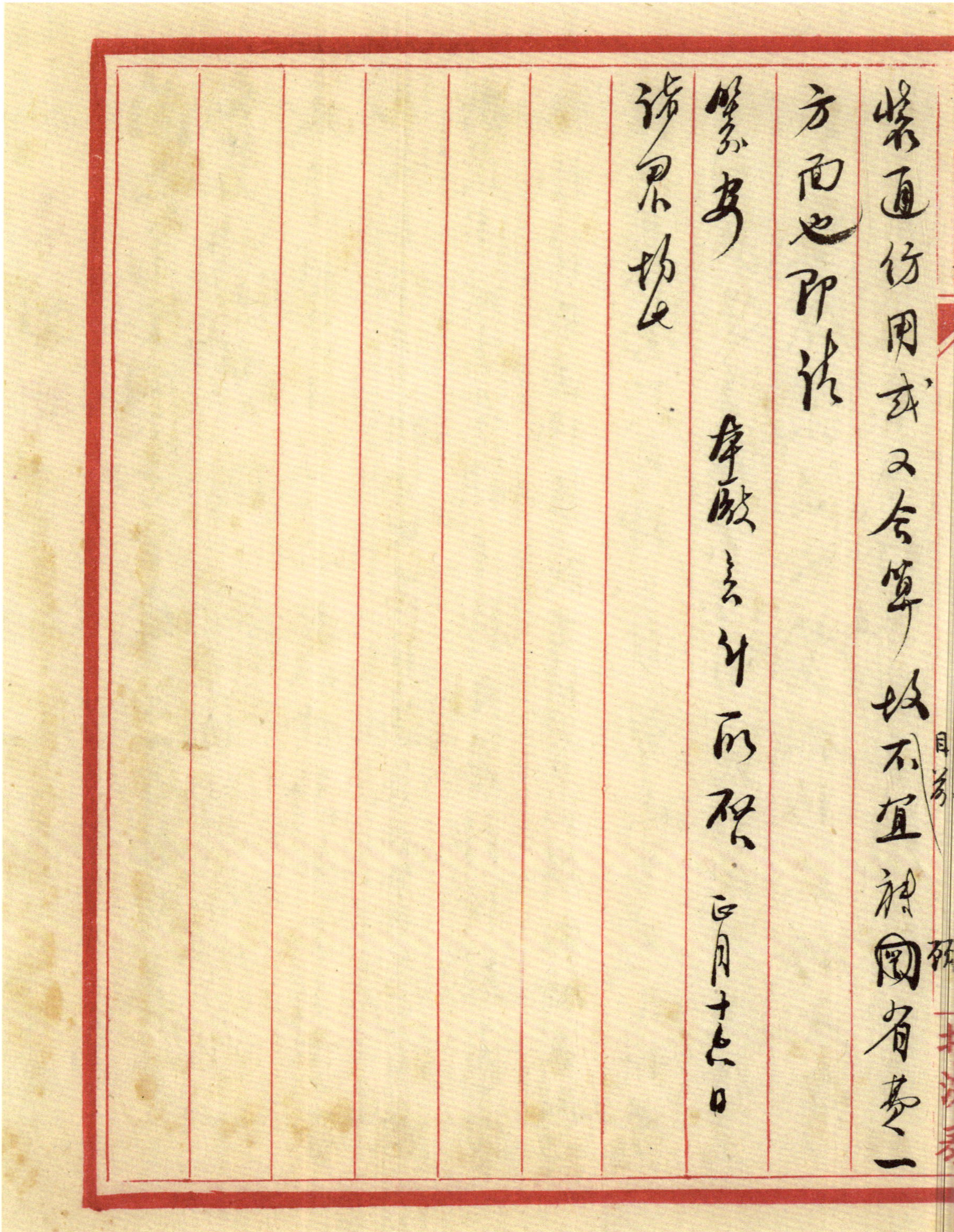
照通行用式文合算故不宜襯閩省營業之一
方面也即請
籌安
本廠會計所啓 正月十六日
諸君均此

第七號（正月十六日）

安。本廠會計所啓。正月十六日

諸君均此。

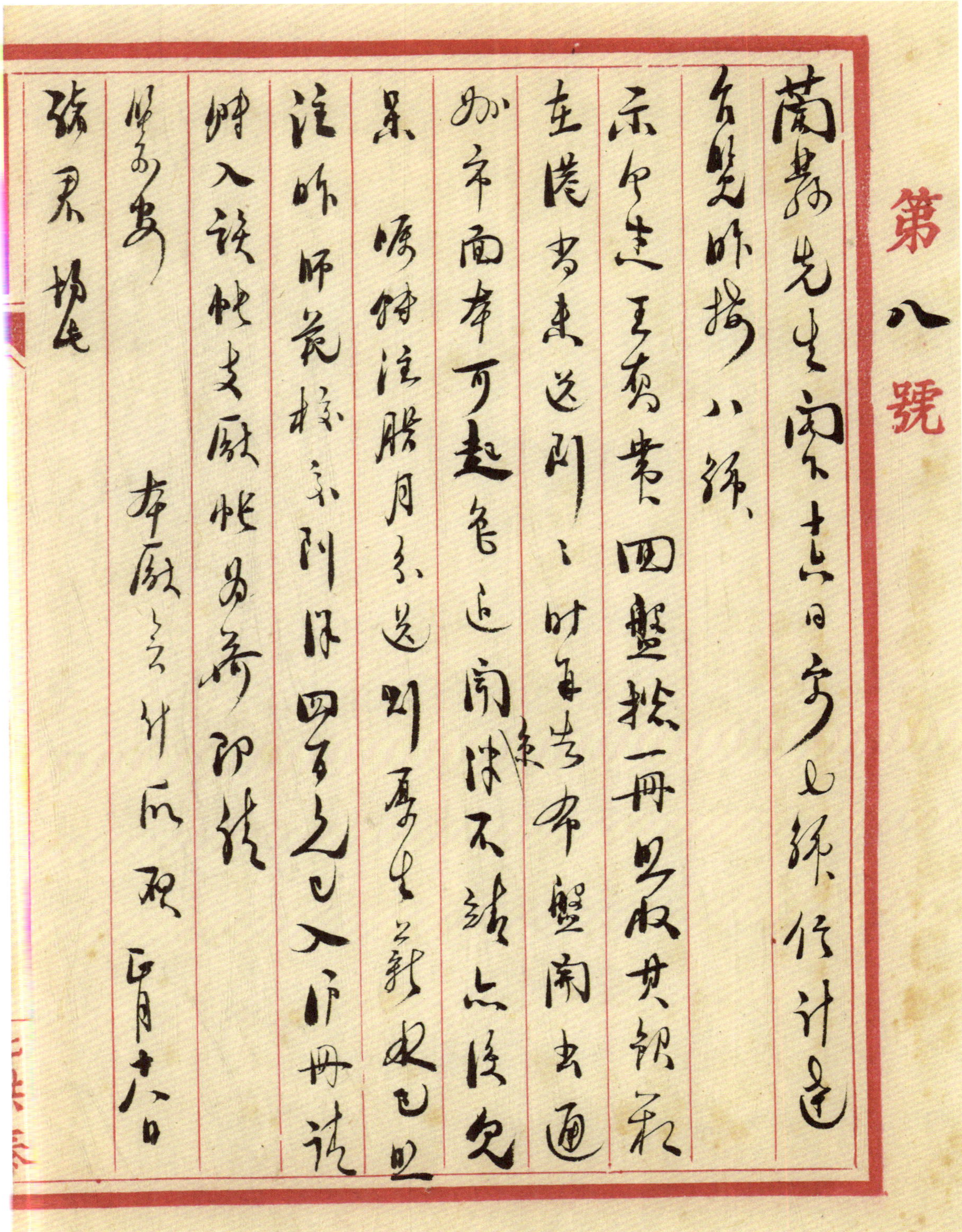

第八號（正月十八日）

蘭蓀先生閣下：十六日寄七號信，計達台覽。昨接八號示，具悉。王喬帶回盤總一册，照收，其銀箱在港，尚未送到，到時再告。布盤開出，通州市面本可起色，近聞京津不靖，亦復見呆。囑轉注臘月分送劉厚生薪水，已照注。昨師範校交到洋四百元，已入滬册，請轉入該帳，支廠帳爲荷。即請籌安。本廠會計所啓。正月十八日

諸君均此。

第八號（正月十八日）

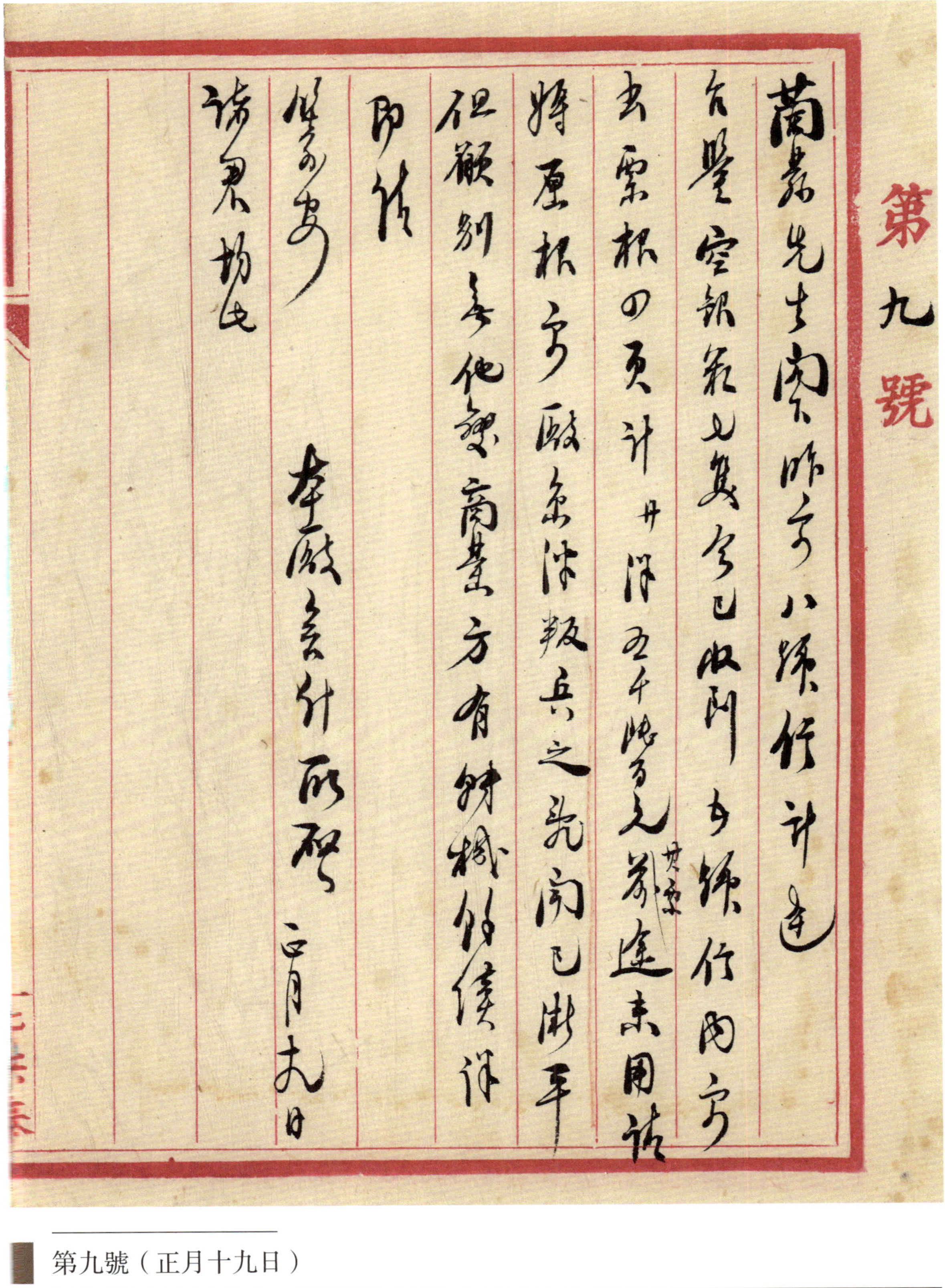
第九號
蘭蓀先生閣下：昨寄八號信，計達台鑒。空銀箱七隻今已收到。五號信内寄出票根四頁，計廿洋五千陸百元，其票前途未用，請將原根寄廠。京津叛兵之亂聞已漸平，但願别無他變，商業方有轉機。餘續詳。即請
籌安。
本廠會計所啓。正月十九日
諸君均此。

第九號（正月十九日）

蘭蓀先生閣下：昨寄八號信，計達台鑒。空銀箱七隻今已收到。五號信内寄出票根四頁，計廿洋五千陸百元，其票前途未用，請將原根寄廠。京津叛兵之亂聞已漸平，但願别無他變，商業方有轉機。餘續詳。即請籌安。本廠會計所啓。正月十九日

諸君均此。

第九號（正月十九日）

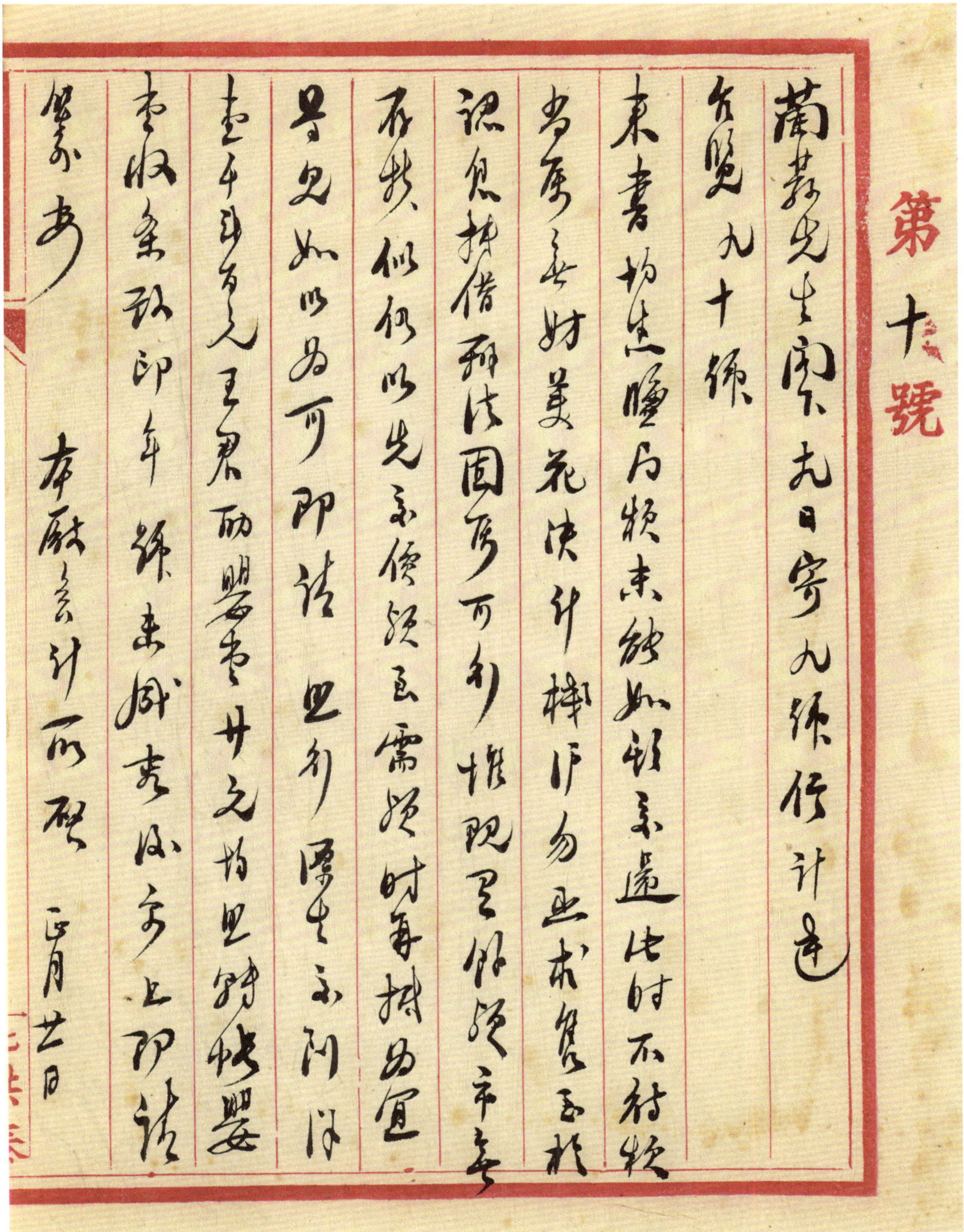

第十號（正月廿一日）

蘭蓀先生閣下：十九日寄九號信，計達台覽。九、十號來書均悉。鹽局款未能如期交還，此時不待款尚屬無妨。美花决計棧滬，勿亟求售。至於認息抵借辦法，固屬可行，惟現有餘款，市無存折，似仍以先交價款，至需款時再抵爲宜。尊見如以爲可，即請照行。源生交到洋壹千弍百元，王君助嬰堂廿元，均照轉帳。嬰堂收條，改印年號未成，容後寄上。即請籌安。本廠會計所啓。正月廿一日

諸君均此。

諸君均此

第十號（正月廿一日）

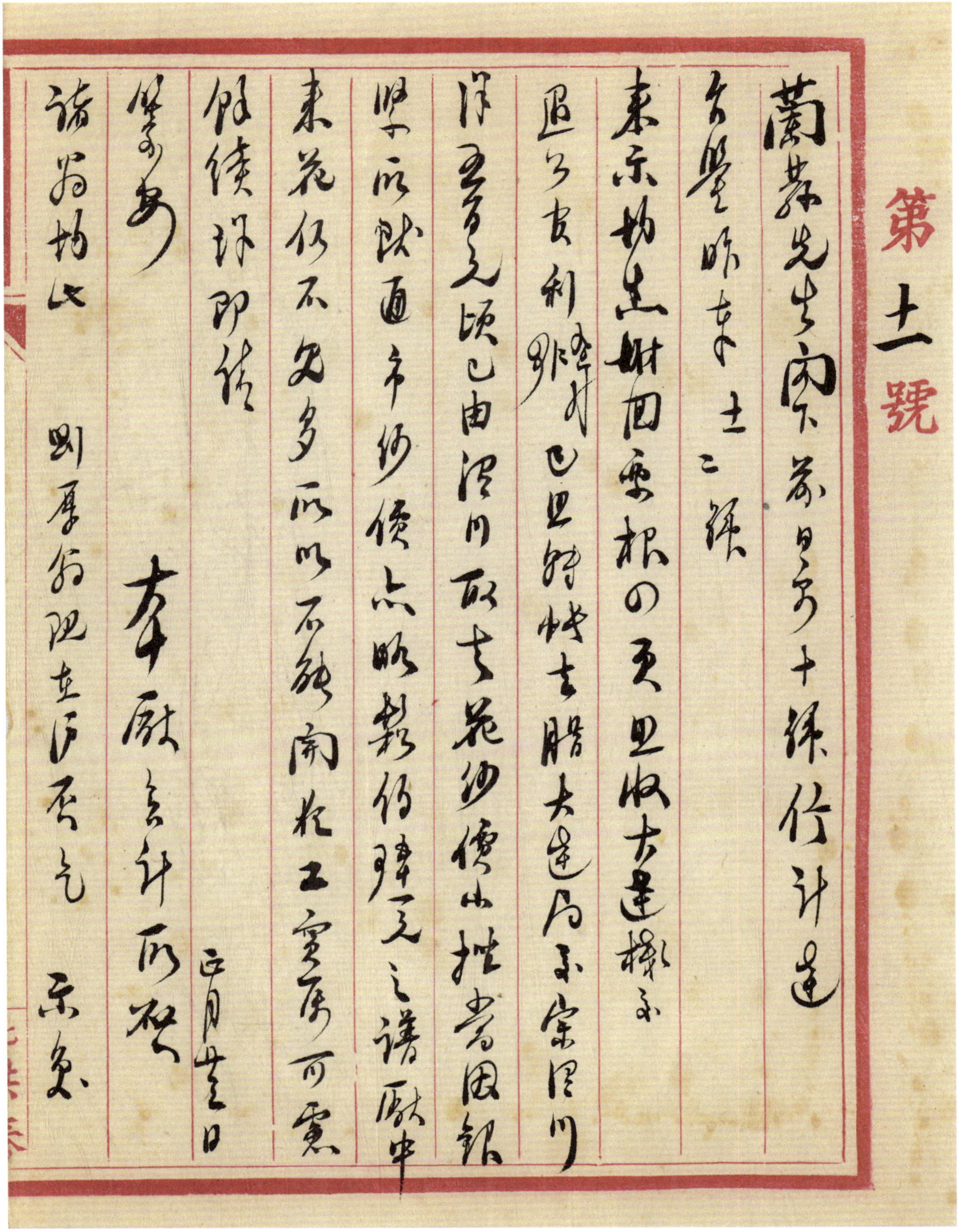

第十一號（正月廿三日）

蘭蓀先生閣下：前日寄十號信，計達台鑒。昨奉十一、十二號來示，均悉，附回票根四頁，照收。大達棧交退公官利四百一十二元九角一分五，已照轉帳。去臘大達局交宗渭川洋五百元，頃已由渭川取去。花紗價小挫，當因銀緊所致，通市紗價亦略鬆，約一百五十一元之譜。廠中來花仍不見多，所以不能開夜工，實屬可慮。餘續詳。即請籌安。本廠會計所啓。正月廿三日

諸翁均此。

第十一號（正月廿三日）

劉厚翁現在滬否？乞示復。

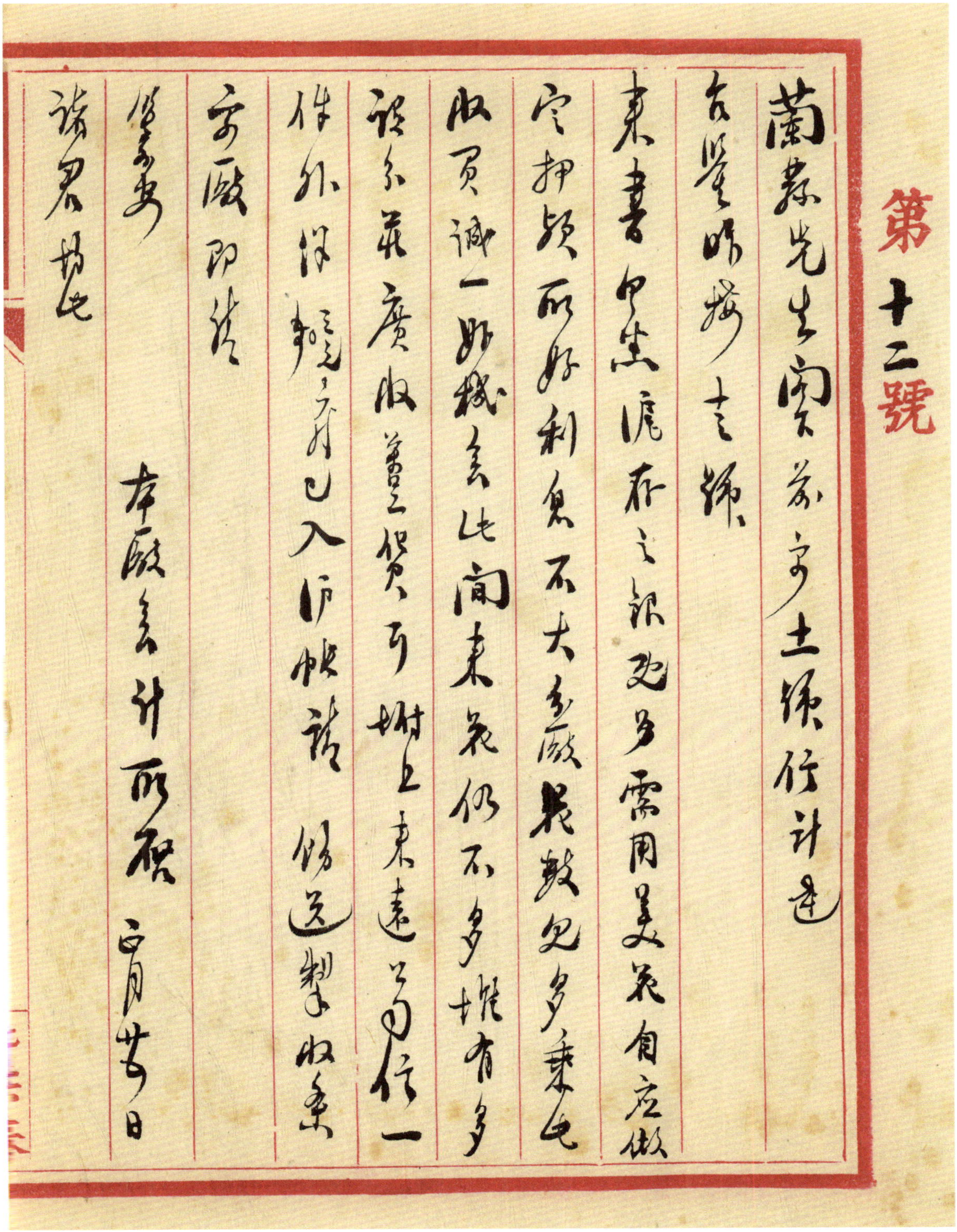

第十二號（正月廿五日）

蘭蓀先生閣下：前寄十一號信，計達台鑒。昨接十三號來書，具悉。滬存之銀既另需用，美花自應做定押款，所好利息不大。分廠花數見多，乘此收買，誠一好機會。此間來花仍不多，惟有多設分莊，廣收躉貨耳。附上來遠公司信一件，外洋五百零三元零六分五已入滬帳，請飭送，掣收條寄廠。即請籌安。本廠會計所啓。

正月廿五日

諸君均此。

第十二號（正月廿五日）

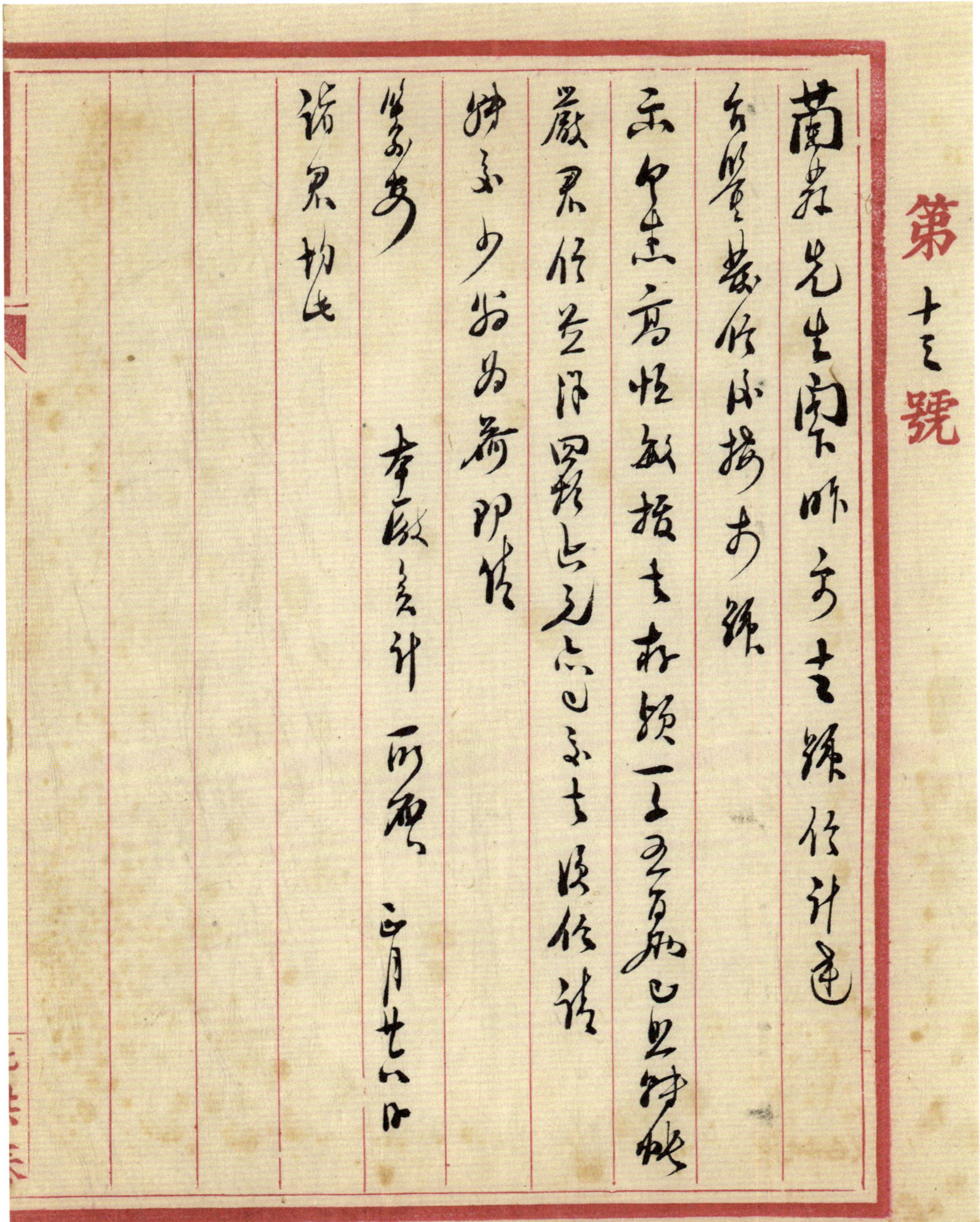
第十三號
蘭蓀先生閣下：昨寄十二號信，計達
台鑒。發信後接十四號
示，具悉。高恒敏撥去存款一千五百兩，已照轉帳
嚴君信并洋四拾六元亦已交去，復信請
轉交少翁爲荷。即請
籌安
本廠會計所啓
正月廿六日
諸君均此

第十三號（正月廿六日）

蘭蓀先生閣下：昨寄十二號信，計達台鑒。發信後接十四號示，具悉。高恒敏撥去存款一千五百兩，已照轉帳，嚴君信并洋四拾六元亦已交去，復信請轉交少翁爲荷。即請籌安。本廠會計所啓。正月廿六日

諸君均此。

第十三號（正月廿六日）

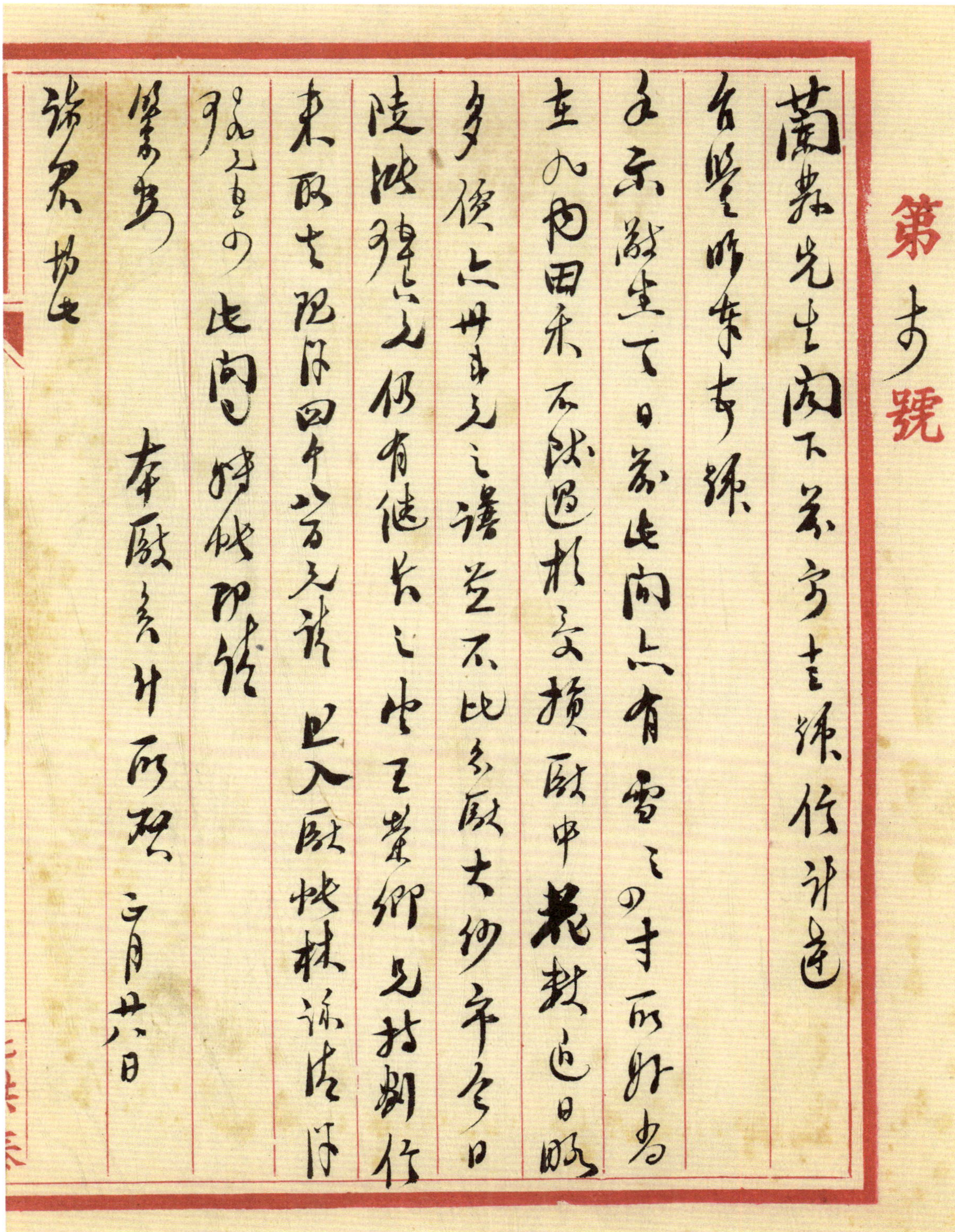

第十四號（正月廿八日）

蘭蓀先生閣下：前寄十三號信，計達台鑒。昨奉十五號手示，敬悉一一。日前此間亦有雪三四寸，所好尚在九内，田禾不致過於受損。廠中花數近日略多，價亦卅弍元之譜，并不比分廠大。紗市今日陡漲，一百五十六元，仍有繼長之望。王榮卿兄持劃信來，取去現洋四千八百元，請照入廠帳。林詠清洋一百零九元五角四，此間已轉帳。即請籌安。本廠會計所啓。正月廿八日

諸君均此。

第十四號（正月廿八日）

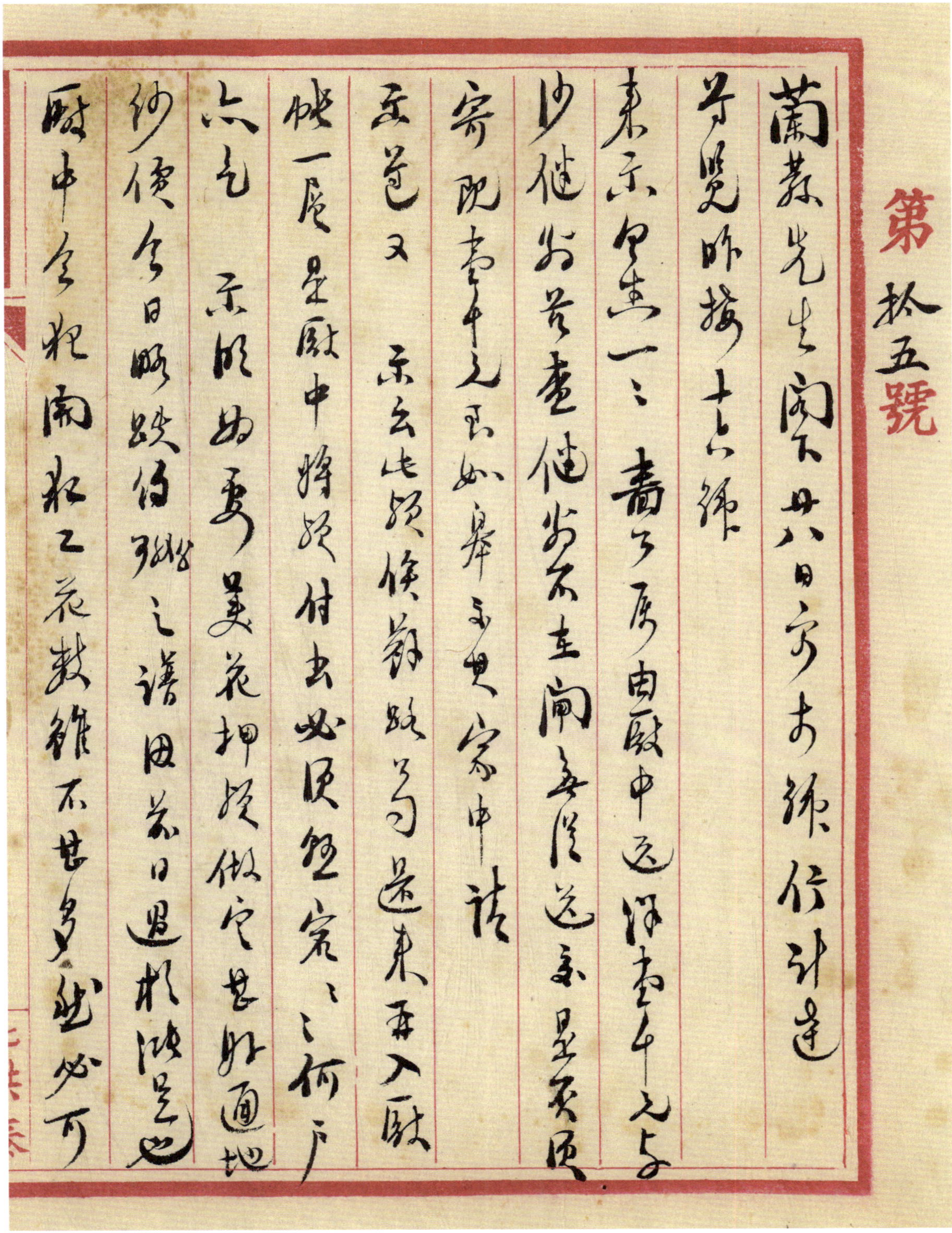

第十五號（正月卅日）

蘭蓀先生閣下：廿八日寄十四號信，計達尊覽。昨接十六號來示，具悉一一。嗇公屬由廠中送洋壹千元與沙健翁，兹查健翁不在閘，無從送交，是否須寄現壹千元至如皋交其家中，請示遵。又示云，此款俟蘇路公司還來再入廠帳一層，是廠中將款付出必須懸宕，懸宕何户，亦乞示明爲要。美花押款做定，甚好。通地紗價今日略跌，約一百五十四元八角之譜，因前日過於漲足也。廠中今夜開夜工，花數雖不甚多，然必可接濟廠用。餘續布。即請籌安。本廠會計所啓。正月卅日

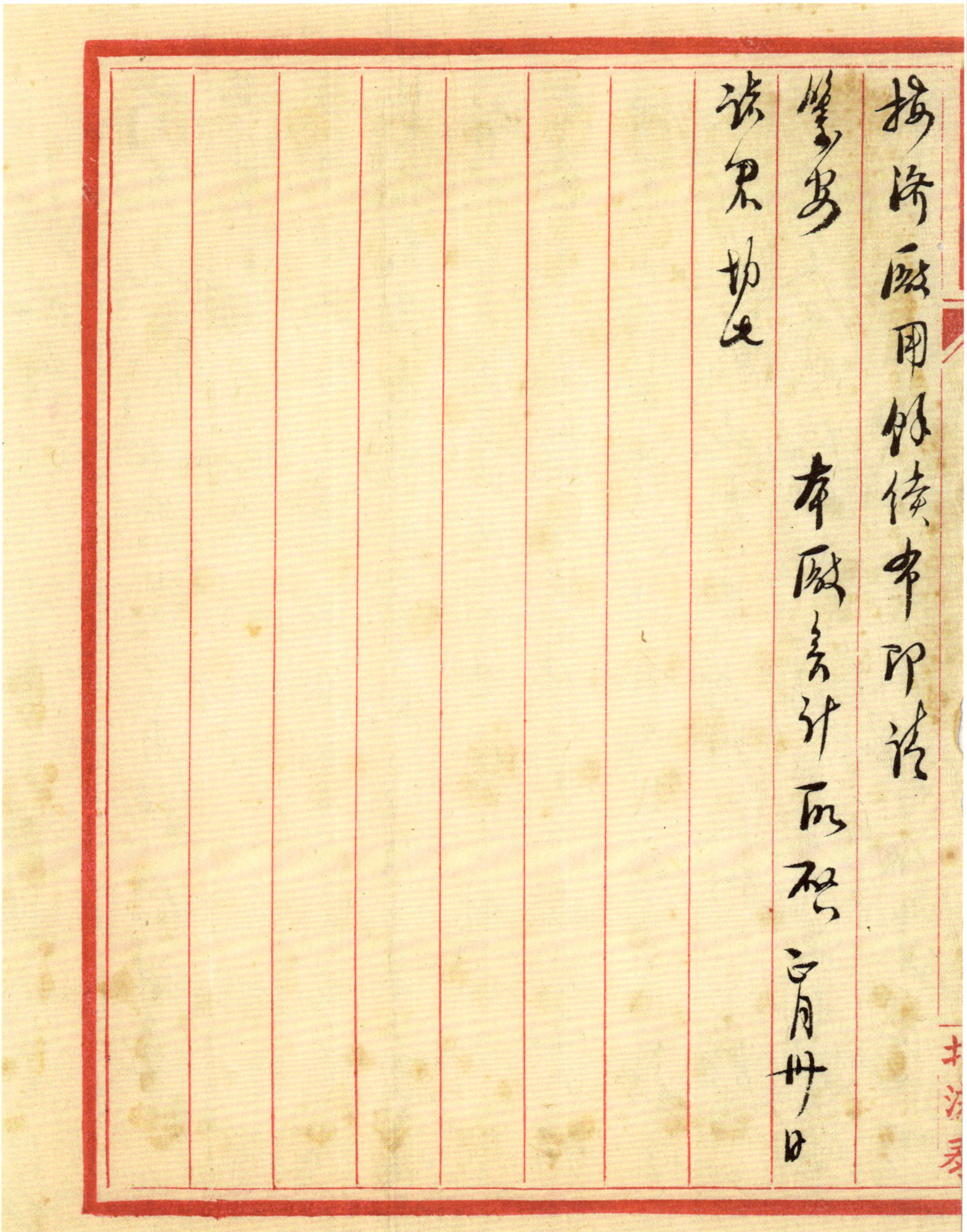

第十五號（正月卅日）

諸君均此。

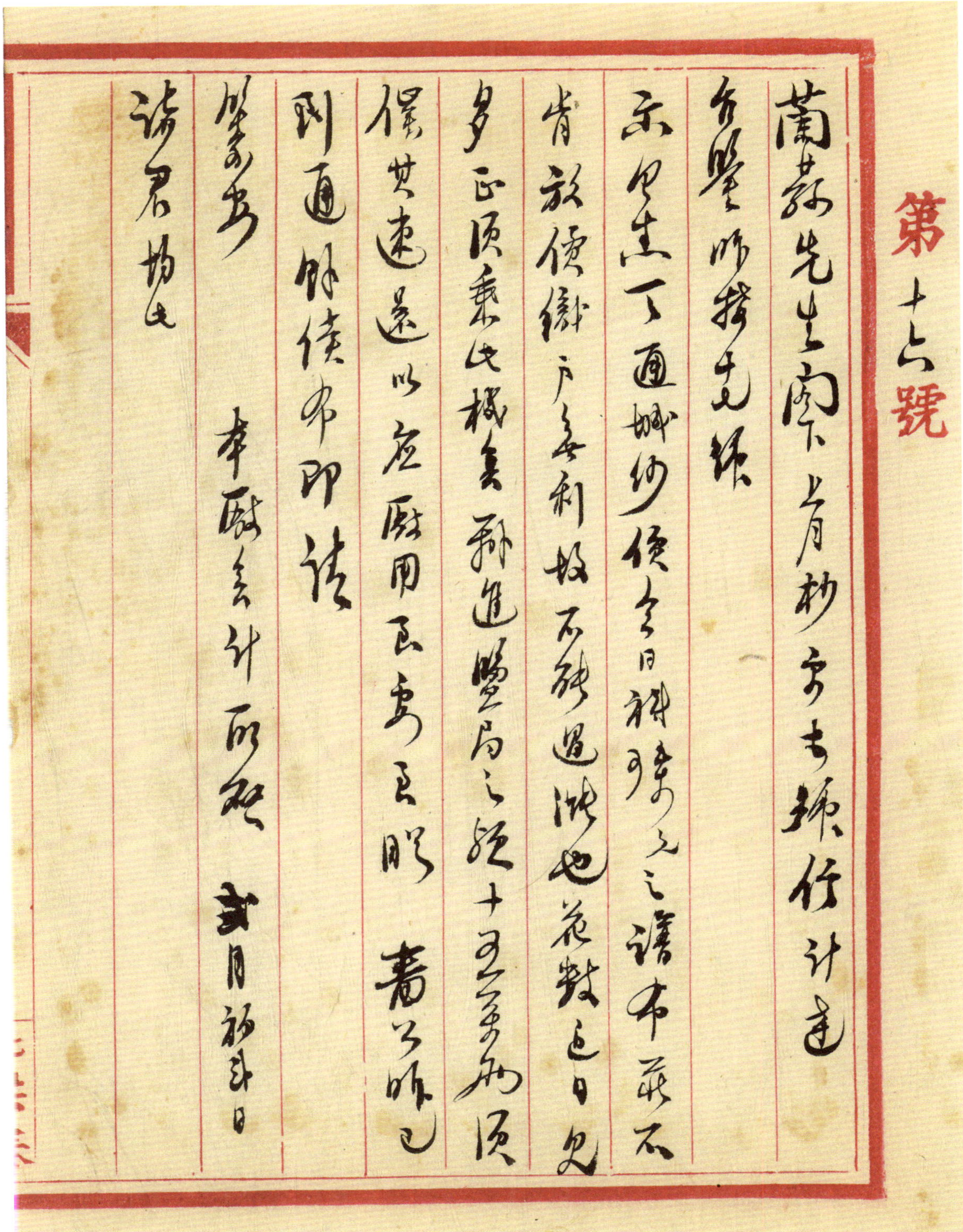

第十六號（二月初二日）

蘭蓀先生閣下：上月杪寄十五號信，計達台鑒。昨接十七號示，具悉一一。通城紗價今日祇一百五十四元之譜，布莊不肯放價，織户無利，故不能過漲也。花數近日見多，正須乘此機會辦進。鹽局之款十五萬兩須催其速還，以應廠用，至要至盼。嗇公昨已到通。餘續布。即請籌安。本廠會計所啓。弍月初弍日

諸君均此。

第十六號（二月初二日）

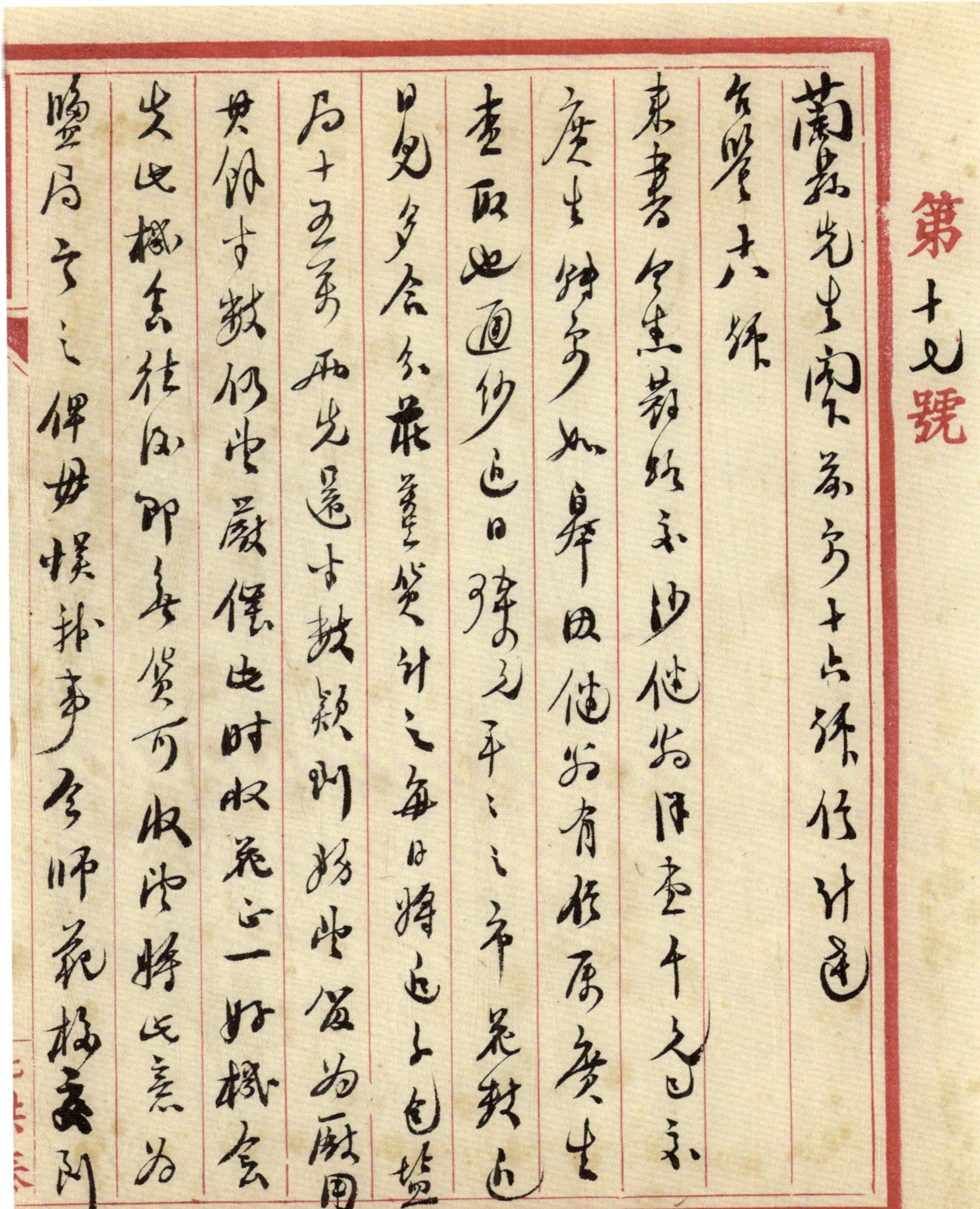

第十七號（二月初四日）

蘭蓀先生閣下：前寄十六號信，計達台鑒。十八號來書具悉。蘇路交沙健翁洋壹千元，已交廣生轉寄如皋，因健翁有信屬廣生查取也。通紗近日一百五十四元，平平之市。花數近日見多，合分莊躉貨計之，每日將近千包。鹽局十五萬兩先還半數，款到務望留爲廠用，其餘半數仍望嚴催。此時收花正一好機會，失此機會，往後即無貨可收。望將此意爲鹽局言之，俾毋誤我事。今師範校交到洋四百元，已入滬帳，請照轉。即請籌安。本廠會計所啓。二月初四日

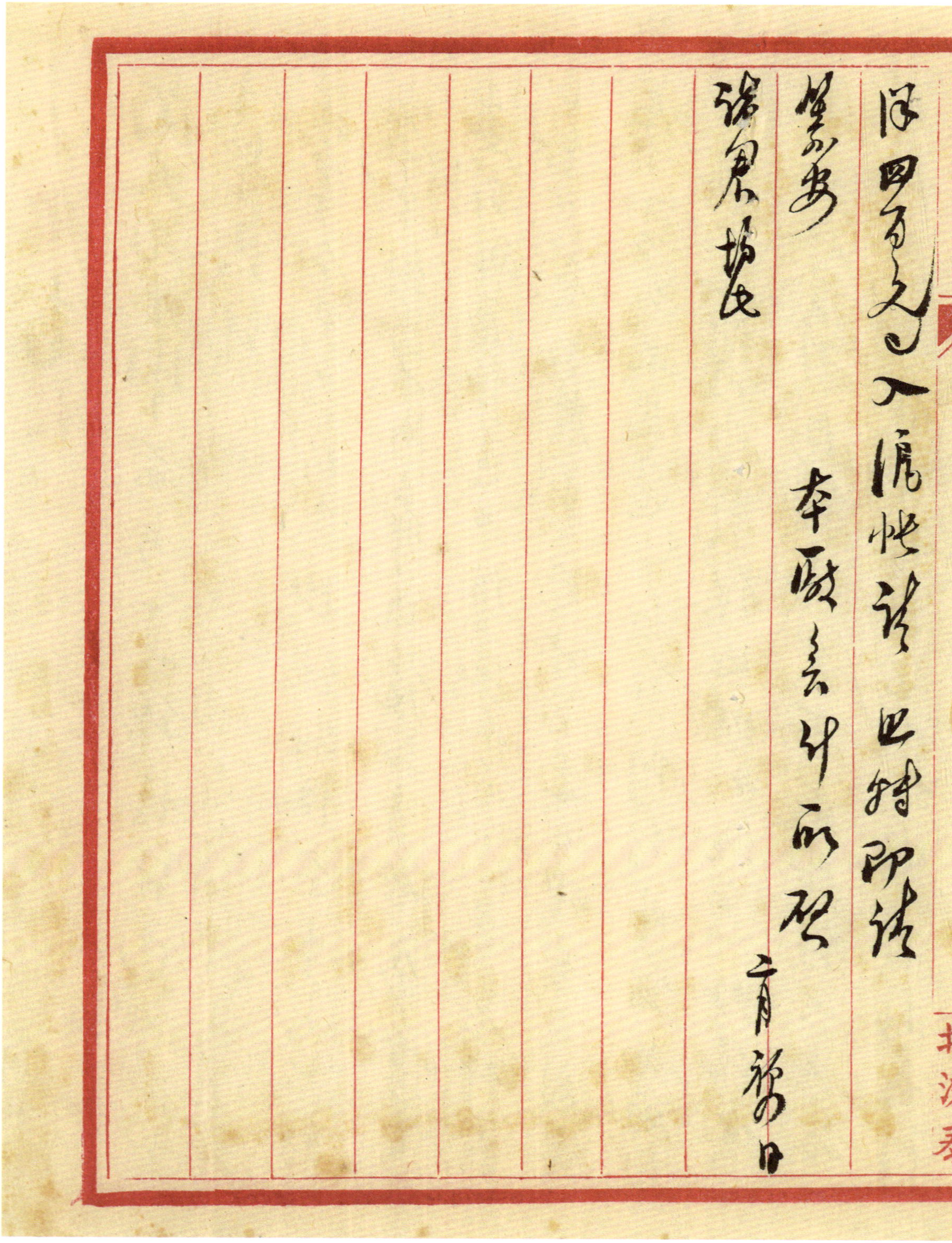

第十七號（二月初四日）

諸君均此。

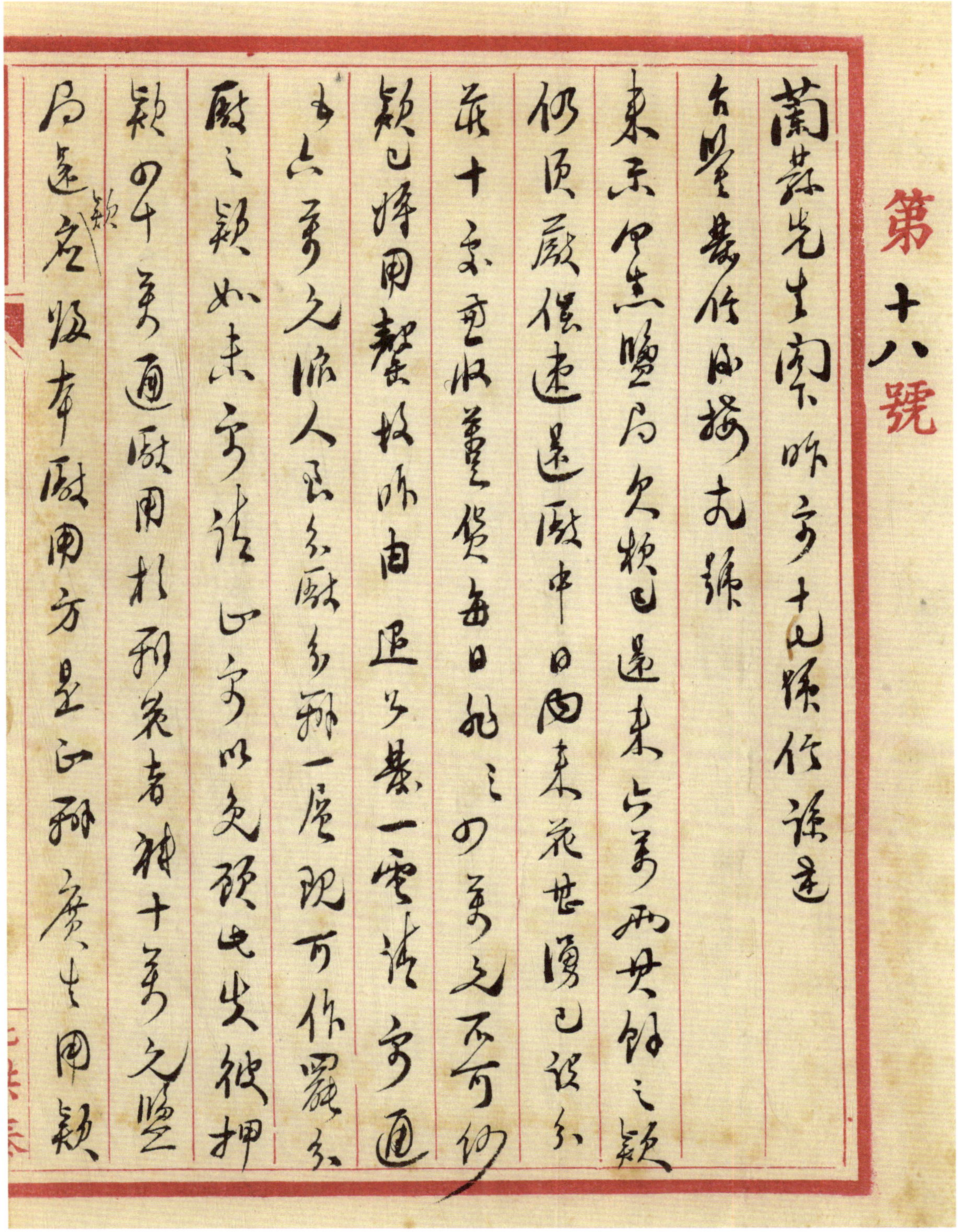

第十八號（二月初五日）

蘭蓀先生閣下：昨寄十七號信，諒達台鑒。發信後接十九號來示，具悉。鹽局欠款已還來六萬兩，其餘之款仍須嚴催速還。廠中日内來花甚涌，已設分莊十處，兼收蕙貨，每日非三四萬元不可。紗款已將用罄，故昨由退公發一電，請寄通五六萬元。派人至分廠分辦一層，現可作罷。分廠之款如未寄，請止寄，以免顧此失彼。押款四十萬，通廠用於辦花者祇十萬元，鹽局還款應歸本廠用方是正辦，廣生用款另是一事，不可牽混，想公必明此理。分廠華比款仍可向用，何以不用而專與通廠

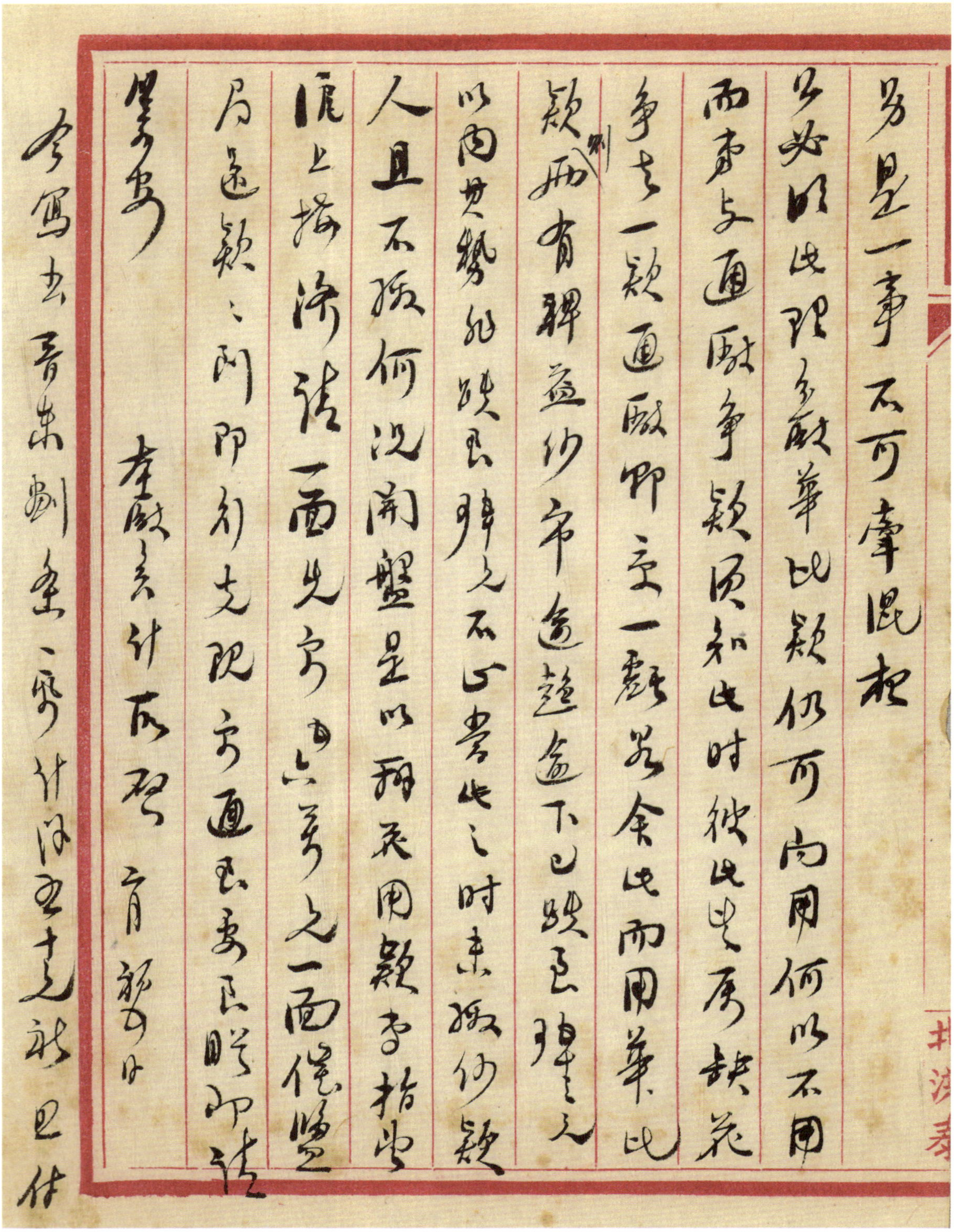

第十八號（二月初五日）

争款？須知此時彼此皆屬缺花，争去一款，通廠即受一虧，若舍此而用華比款，則兩有裨益。紗市逾〔愈〕趨逾下，已跌至一百五十三元以内，其勢非跌至一百五十元不止。當此之時，未繳紗款人且不繳，何况開盤？是以辦花用款專指望滬上接濟，請一面先寄五六萬元，一面催鹽局還款，款到即行兑現寄通，至要至盼。即請籌安。本廠會計所啓。二月初五日

今寫出晋泰劃條一紙，計洋五十元，祈照付。

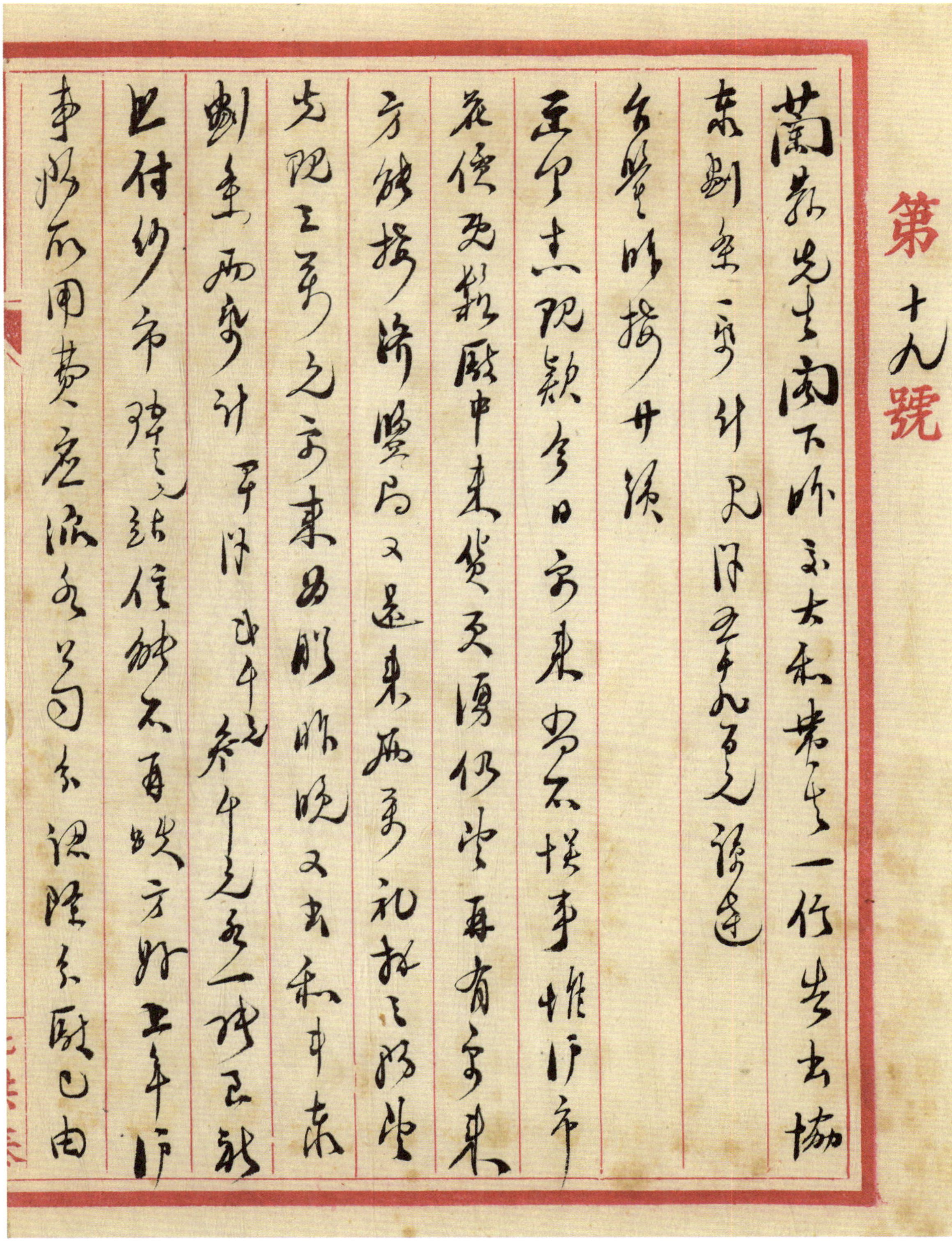
第十九號
蘭蓀先生閣下：昨交大和帶去一信，告出協泰劃條一紙，計初九洋五千九百元，諒達台鑒。昨接廿號示，具悉。現款今日寄來尚不誤事，惟滬市花價既鬆，廠中來貨更涌，仍望再有寄來，方能接濟。鹽局又還來兩萬，禮拜三務望兑現三萬元寄來，爲盼。昨晚又出和豐泰劃條兩紙，計初十洋式千元、叁千元各一張，至祈照付。紗市一百五十三元站住，能不再跌方好。上年滬事務所用費，應派各公司分認，除分廠已由

第十九號（二月初七日）

蘭蓀先生閣下：昨交大和帶去一信，告出協泰劃條一紙，計初九洋五千九百元，諒達台鑒。昨接廿號示，具悉。現款今日寄來尚不誤事，惟滬市花價既鬆，廠中來貨更涌，仍望再有寄來，方能接濟。鹽局又還來兩萬，禮拜三務望兑現三萬元寄來，爲盼。昨晚又出和豐泰劃條兩紙，計初十洋式千元、叁千元各一張，至祈照付。紗市一百五十三元站住，能不再跌方好。上年滬事務所用費，應派各公司分認，除分廠已由此間轉帳外，其餘開奉一單，計元一千六百八十兩零三錢五分五，請照支各

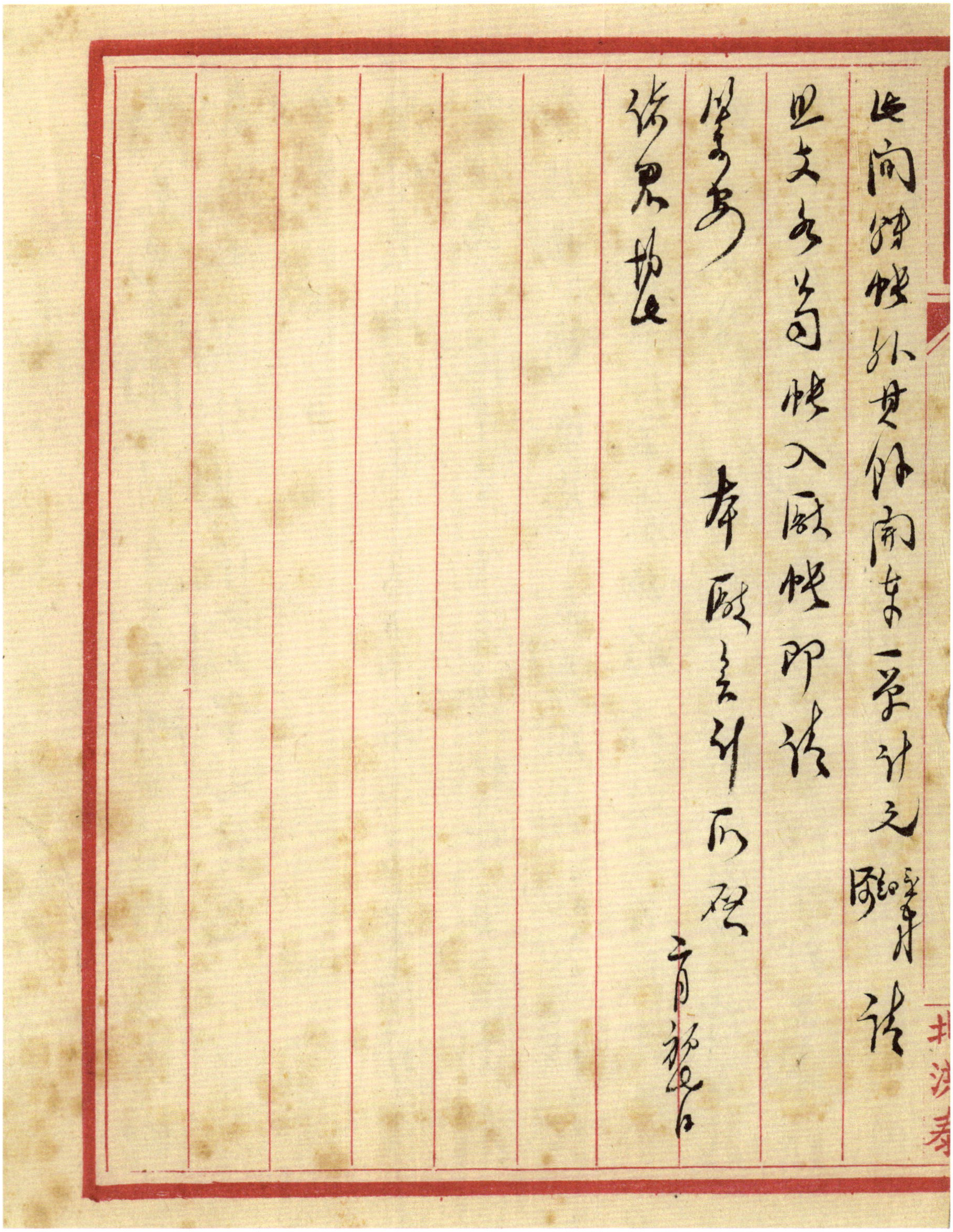

第十九號（二月初七日）

公司帳，入廠帳。即請籌安。本廠會計所啓。二月初七日

諸君均此。

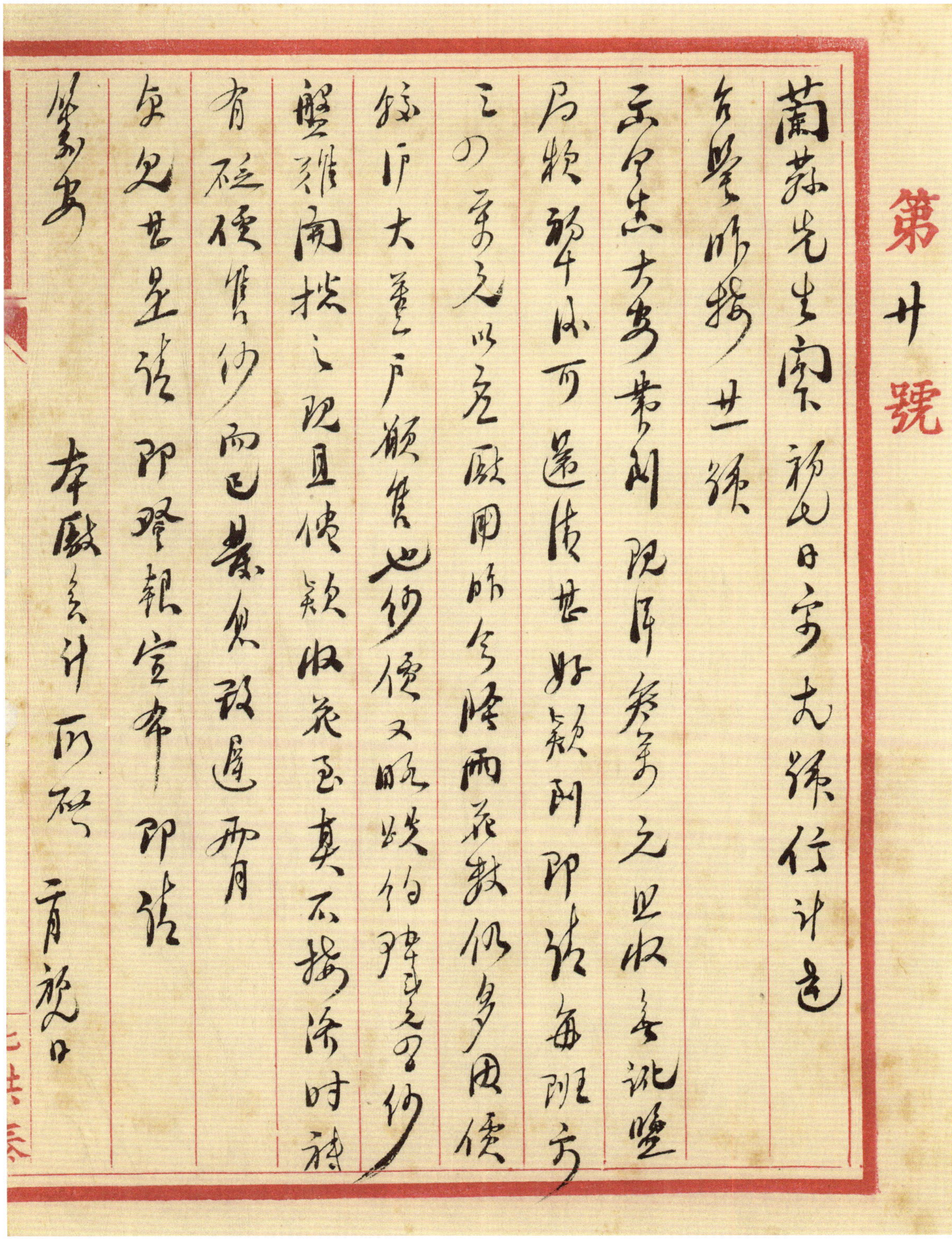

第二十號（二月初九日）

蘭蓀先生閣下：初七日寄十九號信，計達台鑒。昨接廿一號示，具悉。大安帶到現洋叁萬元，照收無訛。鹽局款初十後可還清，甚好。款到即請每班寄三四萬元，以應廠用。昨、今陰雨，花數仍多，因價較滬大，躉户願售也。紗價又略跌，約一百五十弍元四角，紗盤難開，總之現且儘款收花，至真不接濟時，衹有砭價售紗而已。發息改遲兩月，卓見甚是，請即登報宣布。即請籌安。本廠會計所啓。二月初九日

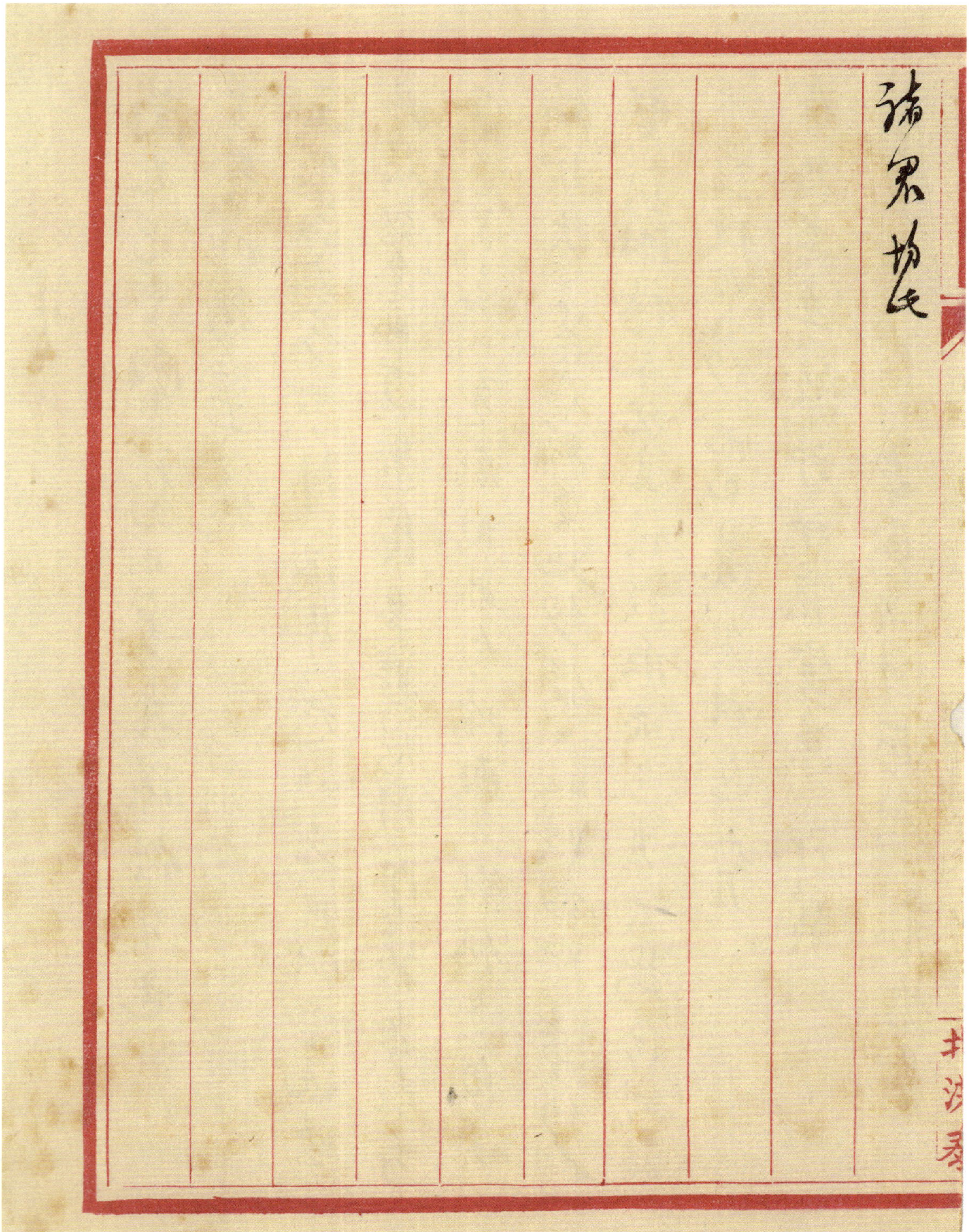
諸君均此

第二十號（二月初九日）

諸君均此。

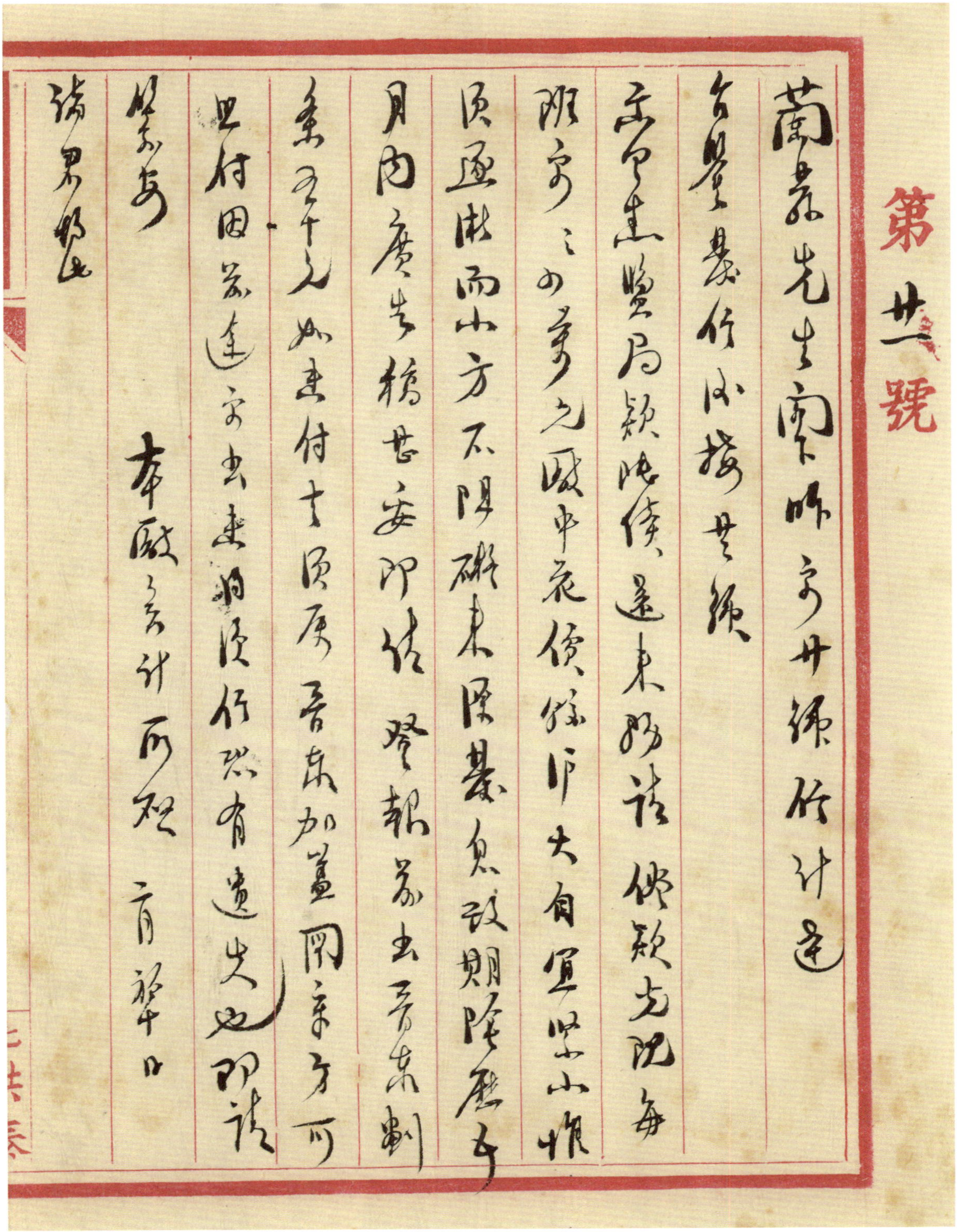

第二十一號（二月初十日）

蘭蓀先生閣下：昨寄廿號信，計達台鑒。發信後接廿二號示，具悉。鹽局款陸續還來，務請儘款兑現，每班寄三四萬元。廠中花價較滬大，自宜緊小，惟須逐漸而小，方不阻礙來源。發息改期陰曆五月内，廣告稿甚妥，即請登報。前出晉泰劃條五十元，如未付去，須屬晉泰加蓋圖章，方可照付，因前途寄出未得復信，恐有遺失也。即請籌安。本廠會計所啓。二月初十日

諸君均此。

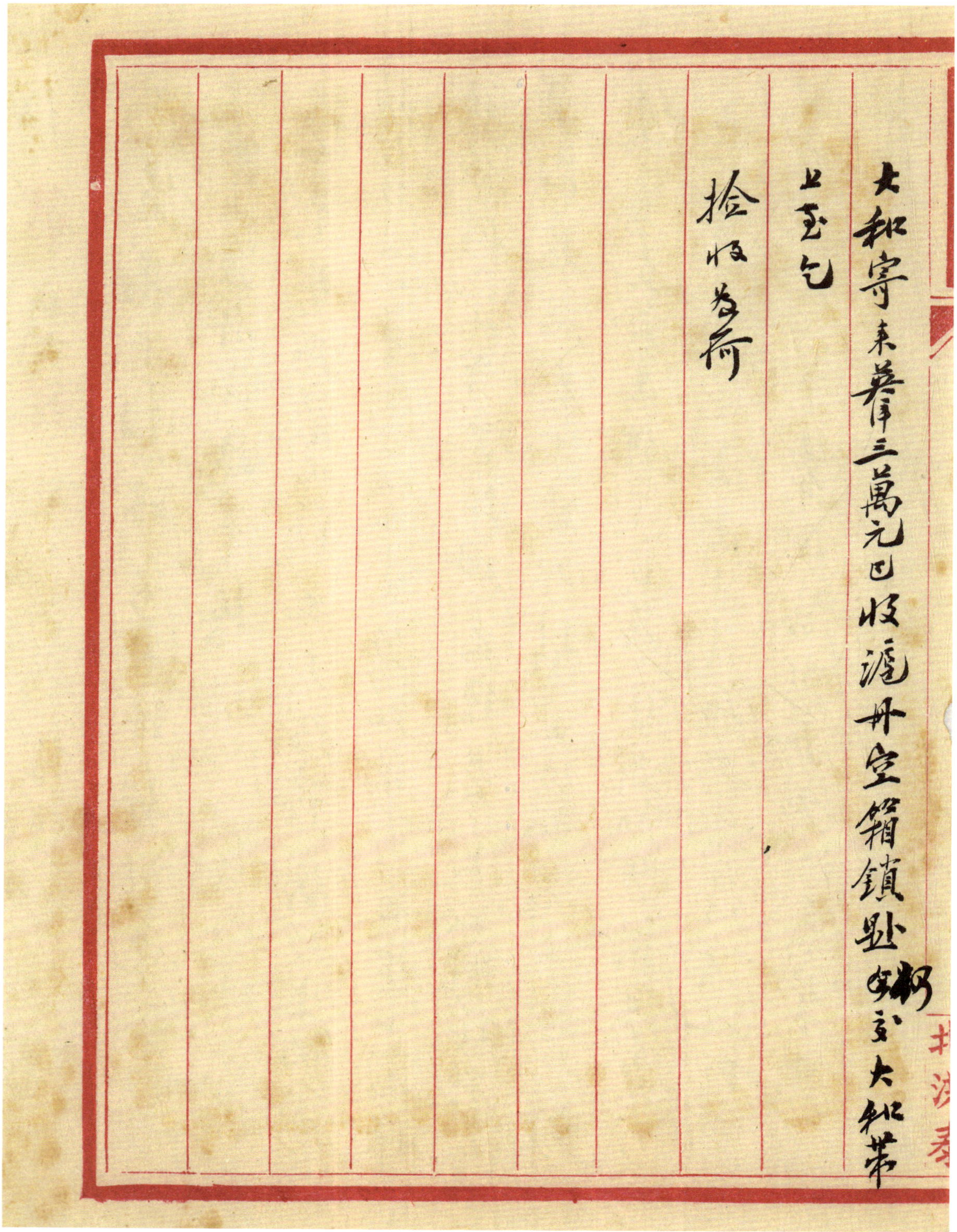
大和寄來英洋三萬元已收滬册空箱鎖匙仍交大和帶上
至乞
檢收爲荷

第二十一號（二月初十日）

大和寄來英洋三萬元，已收滬册，空箱鎖匙仍交大和帶上，至乞檢收爲荷。

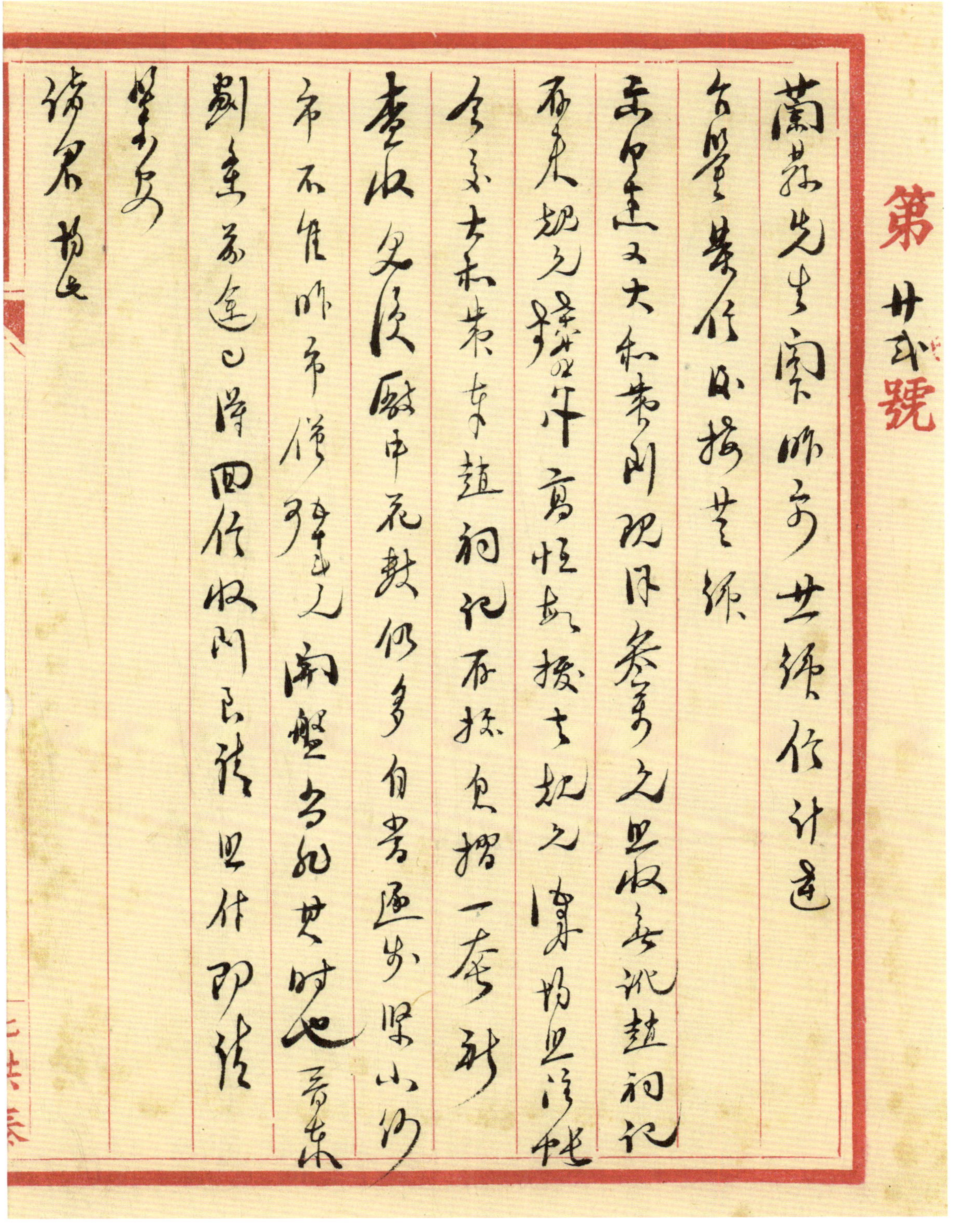

第二十二號

蘭蓀先生閣下：昨寄廿一號信，計達台鑒。發信後接廿三號示，具悉。又大和帶到現洋叁萬元，照收無訛。趙祠記存來規元七百七十八兩四錢八分八，高恒敏撥去規元一千五百兩，均照注帳。今交大和帶奉趙祠記存據息摺一套，祈查收見復。廠中花數仍多，自當逐步緊小。紗市不佳，昨市僅一百五十弍元，開盤尚非其時也。晋泰劃條，前途已得，回信收到，至請照付。即請籌安。

諸君均此。

第二十二號

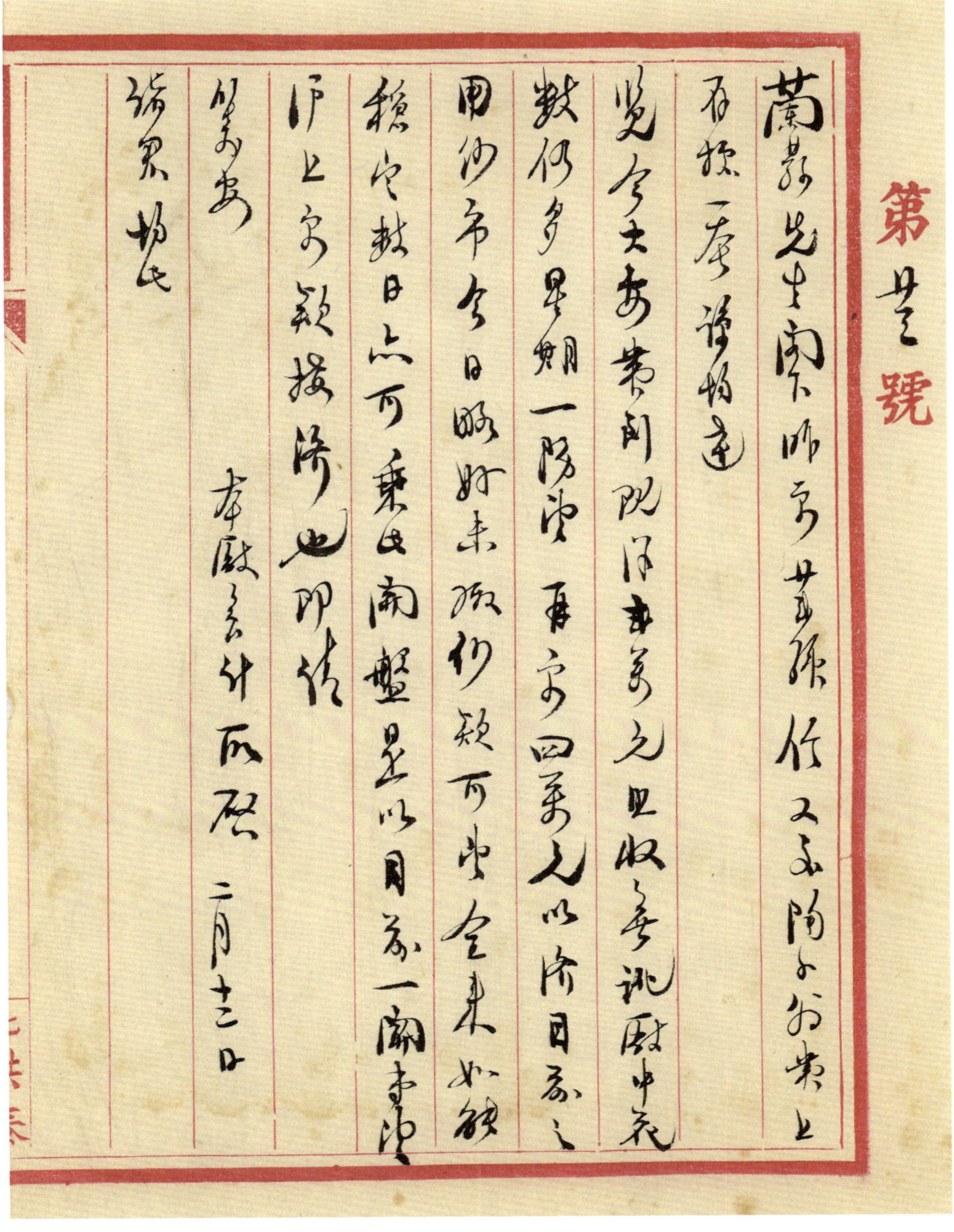

第二十三號（二月十二日）

蘭蓀先生閣下：昨寄廿二號信，又交陶千翁帶上存據一套，諒均達覽。今大安帶到現洋式萬元，照收無訛。廠中花數仍多，星期一務望再寄四萬元，以濟目前之用。紗市今日略好，未繳紗款可望全來，如能穩定數日，亦可乘此開盤。是以目前一關，專望滬上寄款接濟也。即請籌安。本廠會計所啓。二月十二日
諸君均此。

第二十三號（二月十二日）

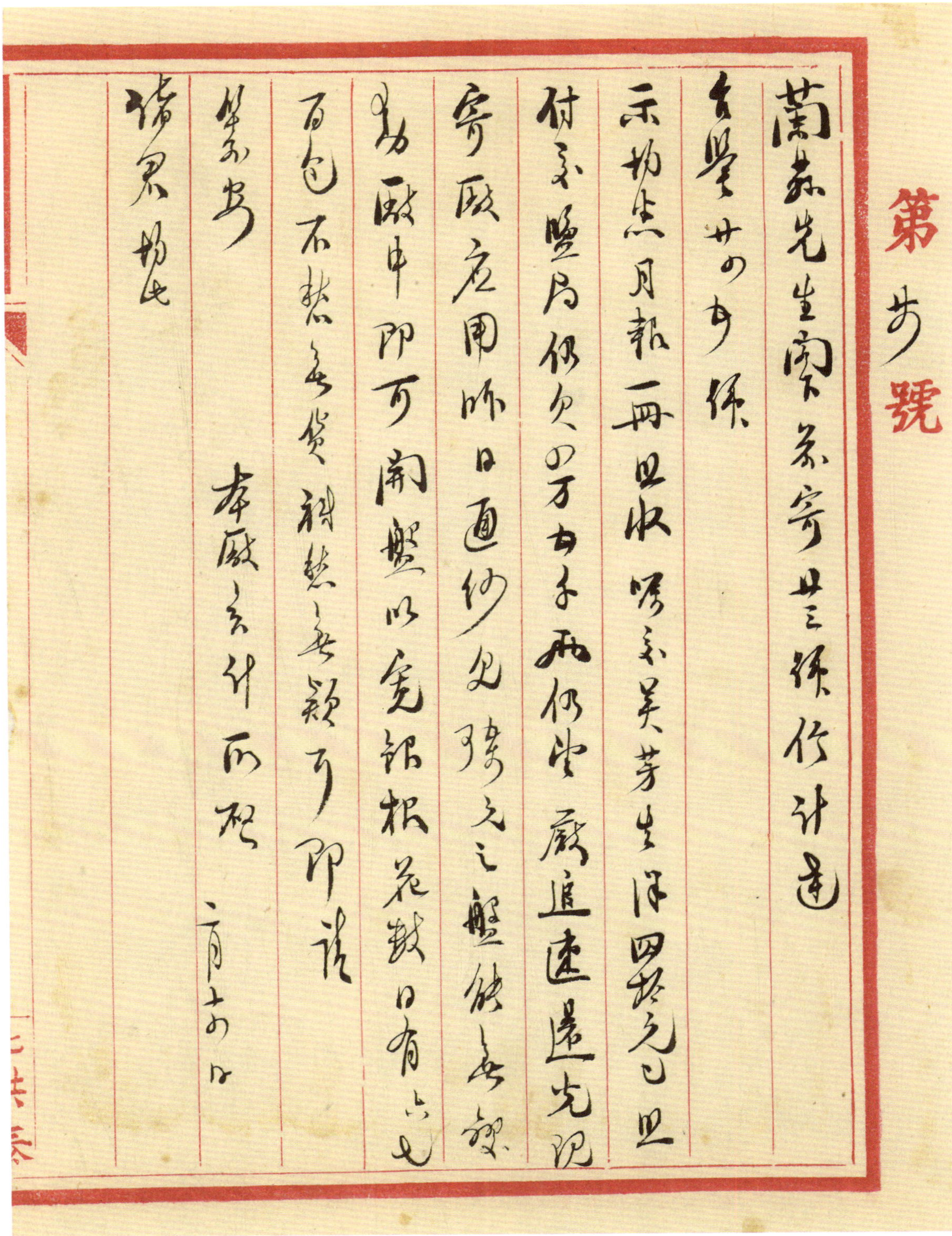

第二十四號（二月十四日）

蘭蓀先生閣下：前寄廿三號信，計達台鑒。廿四、廿五號示均悉，月報一册照收。囑交吴芳生洋四拾元，已照付交。鹽局仍欠四萬五千兩，仍望嚴追速還，兑現寄廠應用。昨日通紗見一百五十四元之盤，能無變動，廠中即可開盤，以寬銀根。花數日有六七百包，不愁無貨，祗愁無款耳。即請籌安。本廠會計所啓。二月十四日
諸君均此。

第二十四號（二月十四日）

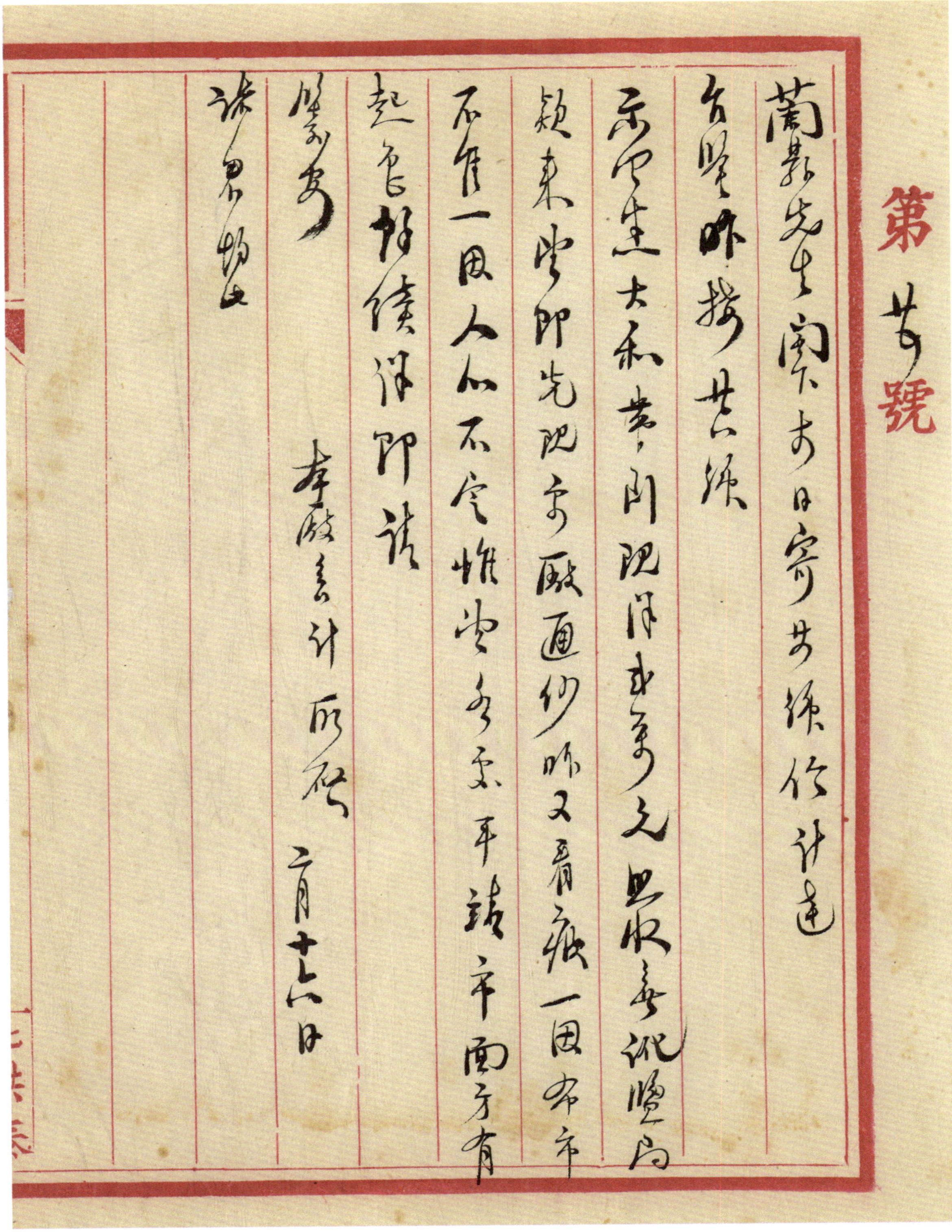

第二十五號（二月十六日）

蘭蓀先生閣下：十四日寄廿四號信，計達台鑒。昨接廿六號示，具悉。大和帶到現洋式萬元，照收無訛。鹽局款來，望即兑現寄廠。通紗昨又看疲，一因布市不佳，一因人心不定，惟望各處平靖，市面方有起色。餘續詳。即請籌安。本廠會計所啓。二月十六日

諸君均此。

第二十五號（二月十六日）

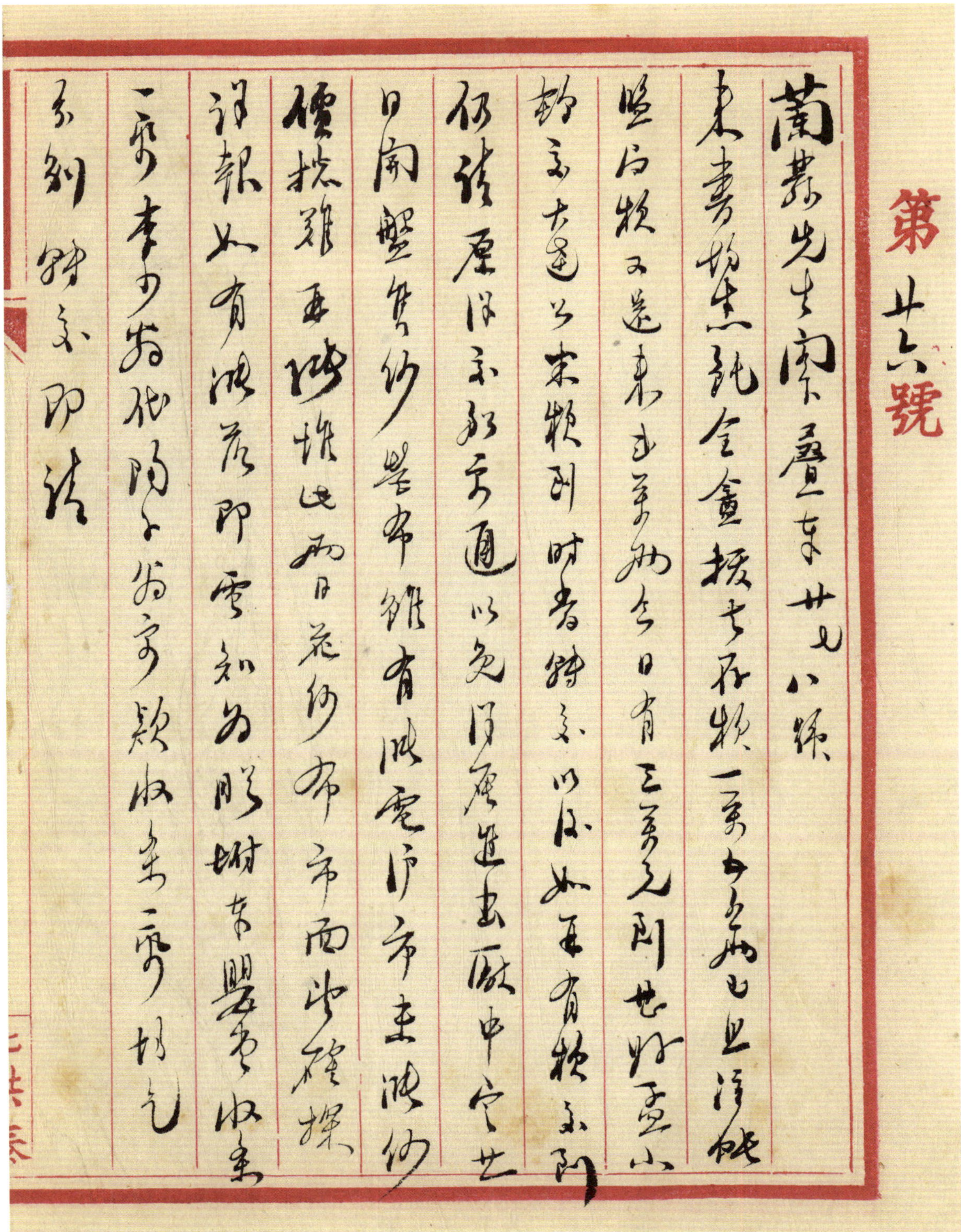

第二十六號（二月十九日）

蘭蓀先生閣下：叠奉廿七、廿八號來書，均悉。鮑全龕撥去存款一萬五千兩，已照注帳。鹽局款又還來弍萬兩，今日有三萬元到，甚好。孟小鶴交大達公米款，到時當轉交。以後如再有款交到，仍請原洋交船寄通，以免洋厘進出。廠中定廿一日開盤售紗。營布雖有漲電，滬市未漲，紗價總難再漲，惟此兩日花紗布市面，望確探詳報，如有漲落，即電知爲盼。附奉嬰堂收條一紙、李少翁代陶子翁寄款收條一紙，均乞分別轉交。即請籌安。本廠會計所啓。二月十九日

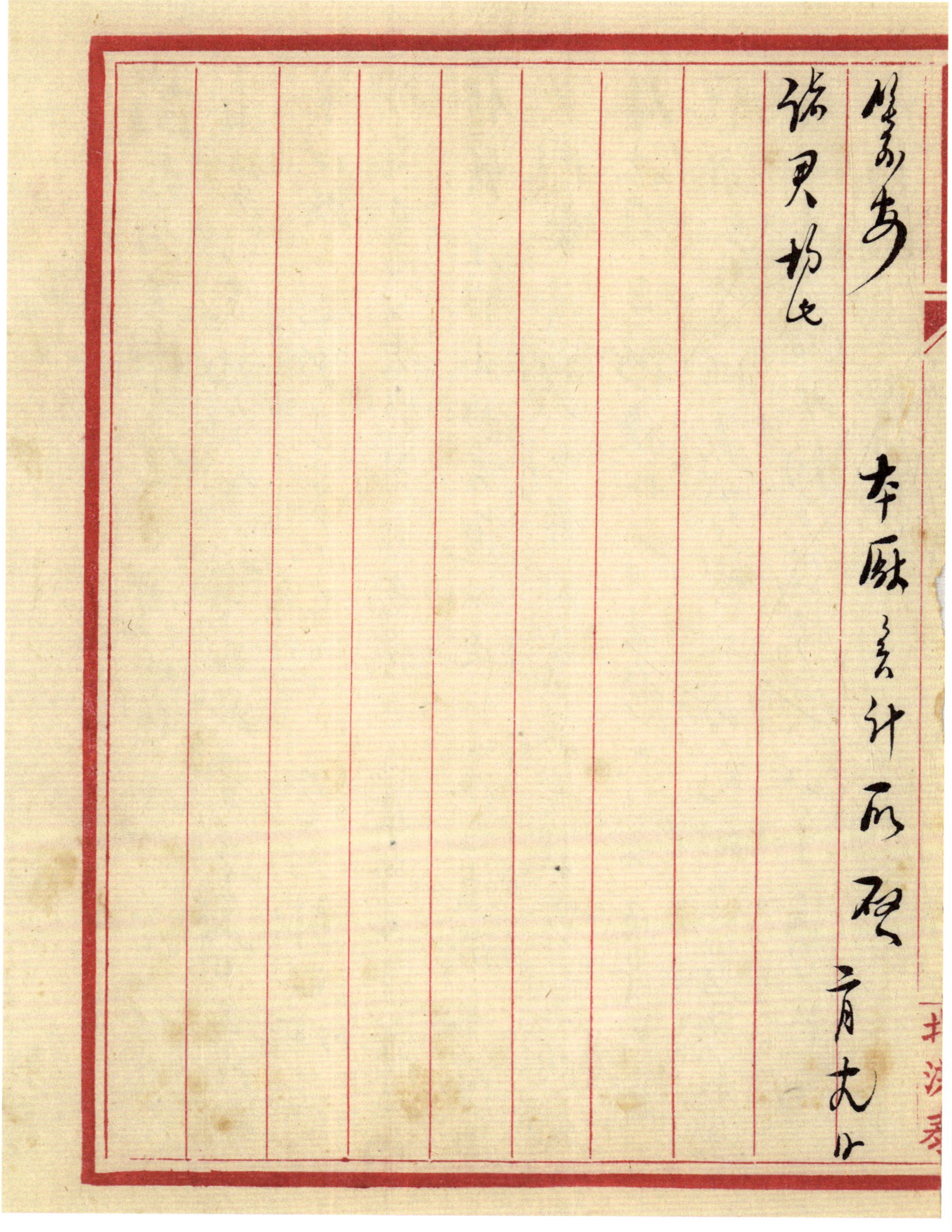

諸君均鑒

本廠會計所啟

第二十六號（二月十九日）

諸君均此。

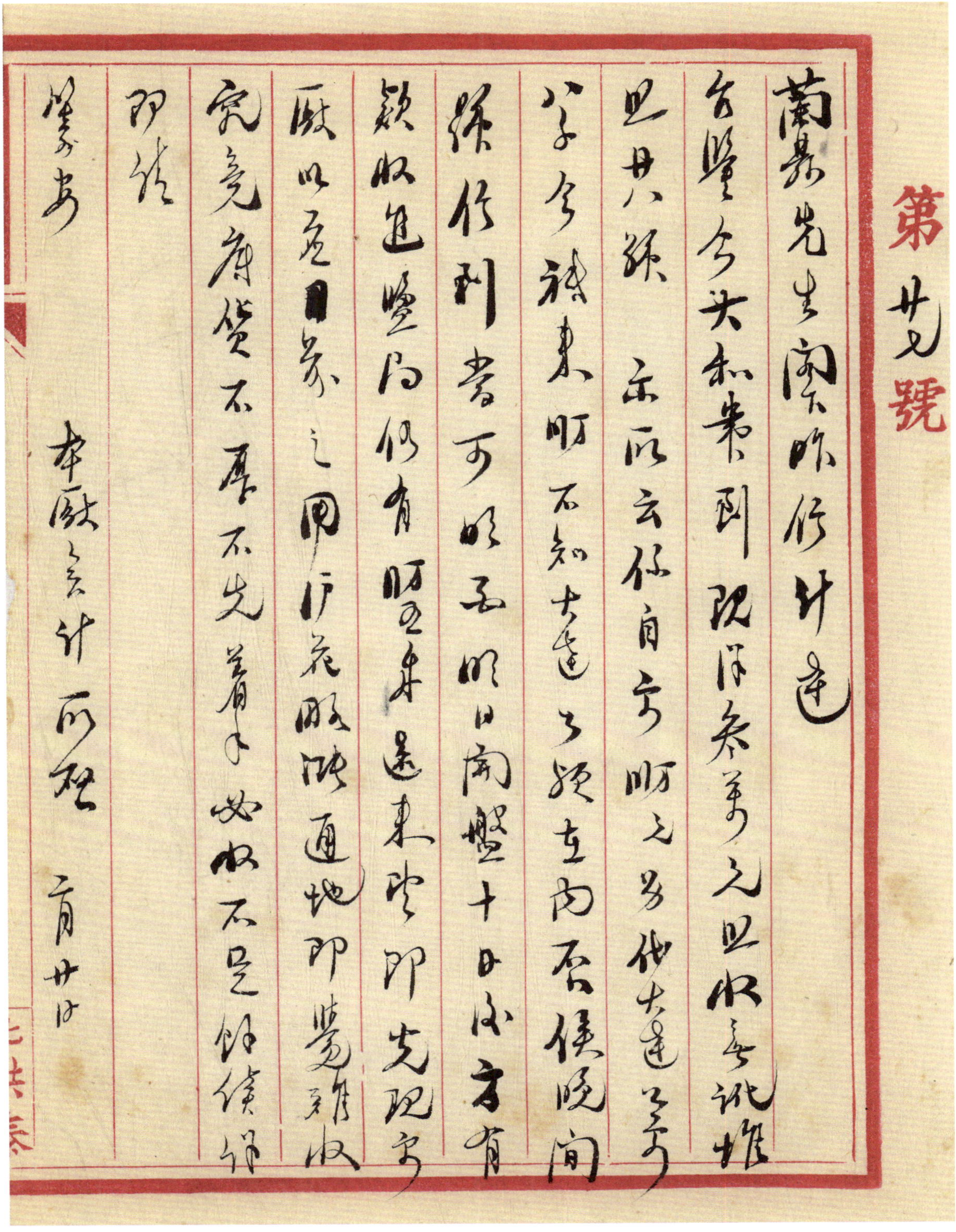

第二十七號（二月廿日）

蘭蓀先生閣下：昨信計達台鑒。今大和帶到現洋叁萬元，照收無訛。惟照廿八號示所云，係自寄三萬元，另代大達公寄八千，今衹來三萬，不知大達公款在內否，俟晚間號信到，當可明白。明日開盤，十日後方有款收進。鹽局仍有二萬五千兩還來，望即兑現寄廠，以應目前之用。滬花略漲，通地即覺難收，究竟底貨不厚，不先着手，必收不足。餘續詳。即請籌安。本廠會計所啓。二月廿日

諸君均此。

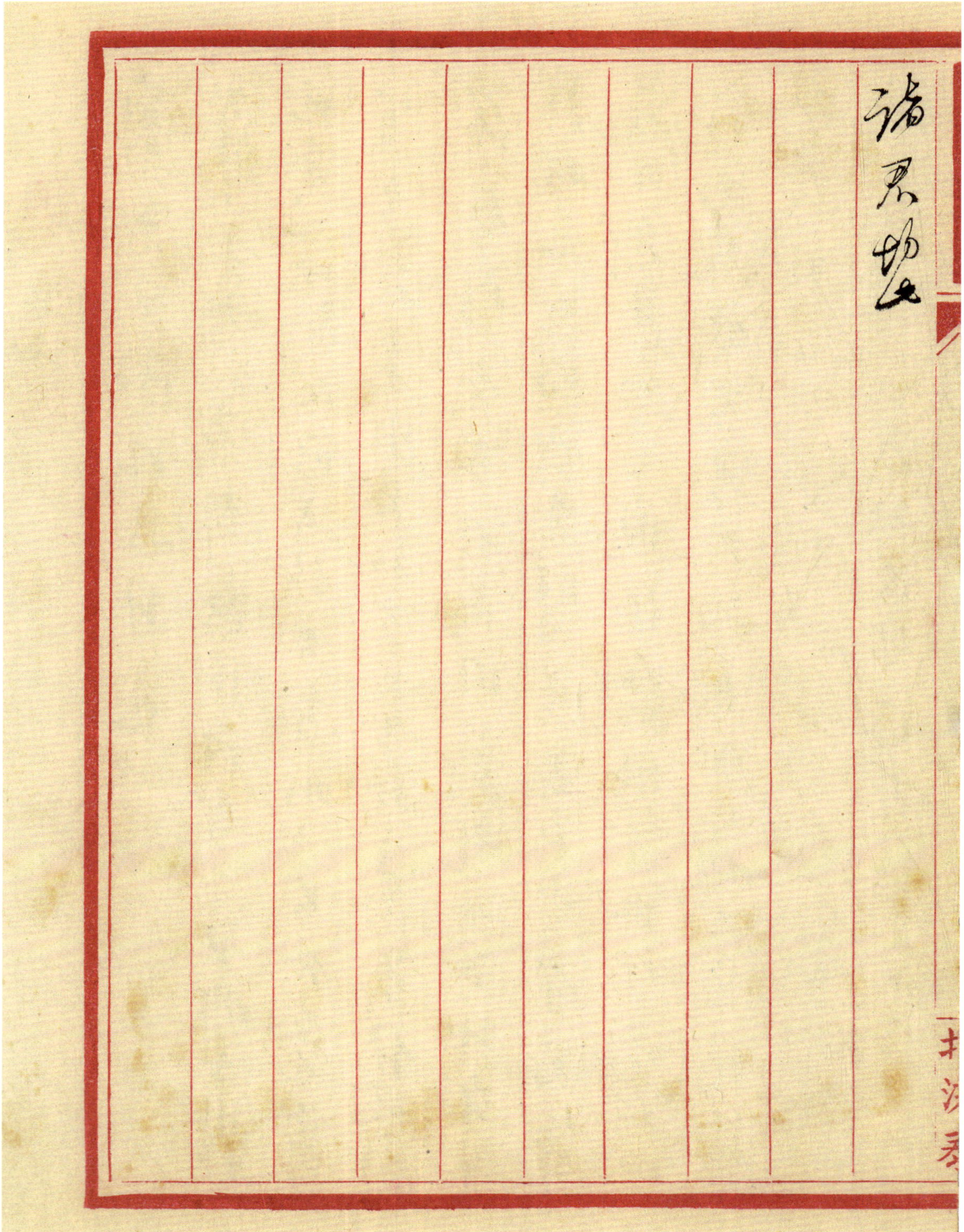
諸君均鑒

第二十七號（二月廿日）

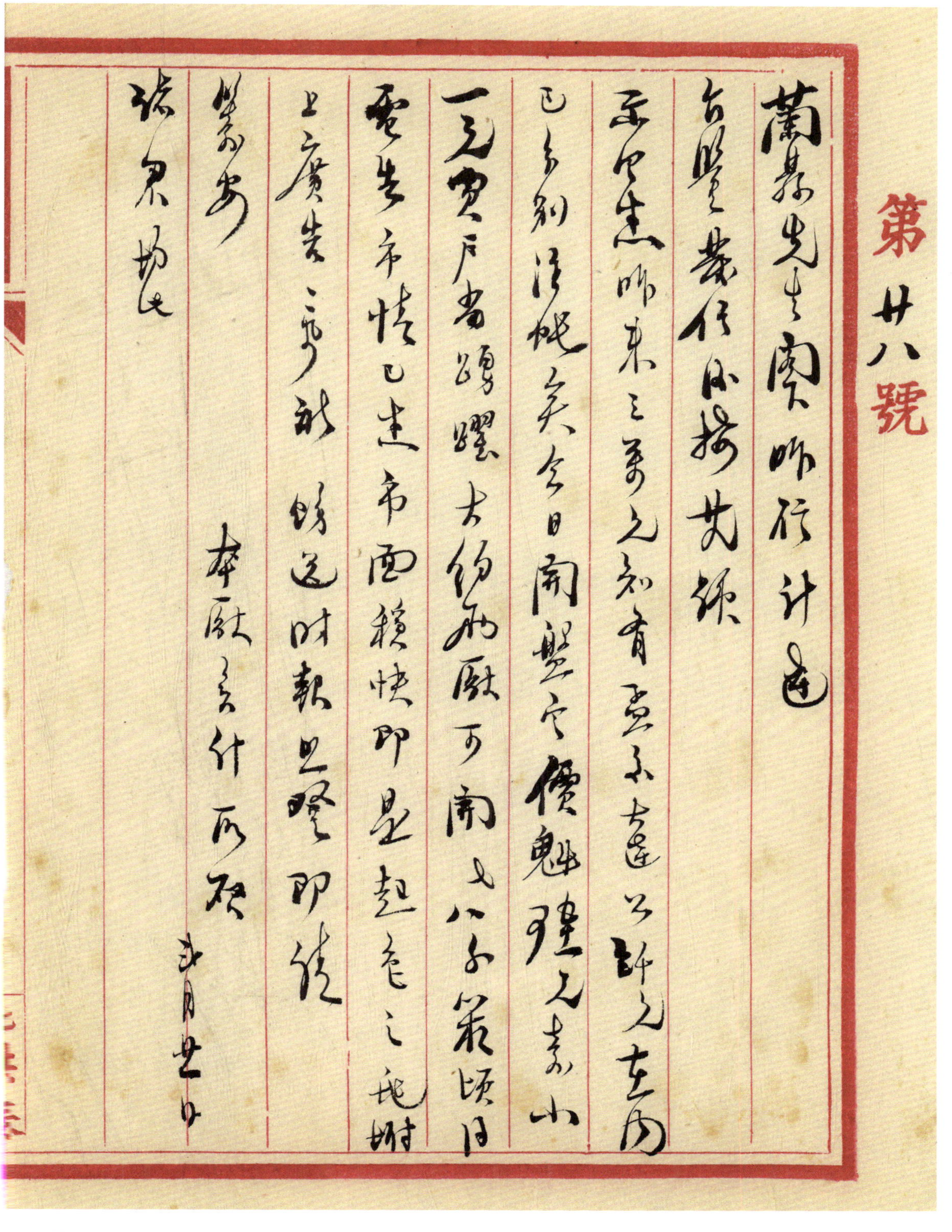

第二十八號（二月廿一日）

蘭蓀先生閣下：昨信計達台鑒。發信後接廿九號示，具悉。昨來三萬元，知有孟交大達公八千元在内，已分别注帳矣。今日開盤，定價魁一百五十一元，壽小一元，買户尚踴躍，大約兩廠可開七八千箱。頃得電告，市情已悉，市面穩快，即是起色之兆。附上廣告一紙，祈飭送《時報》照登。即請籌安。本廠會計所啓。

弍月廿一日

諸君均此。

第二十八號（二月廿一日）

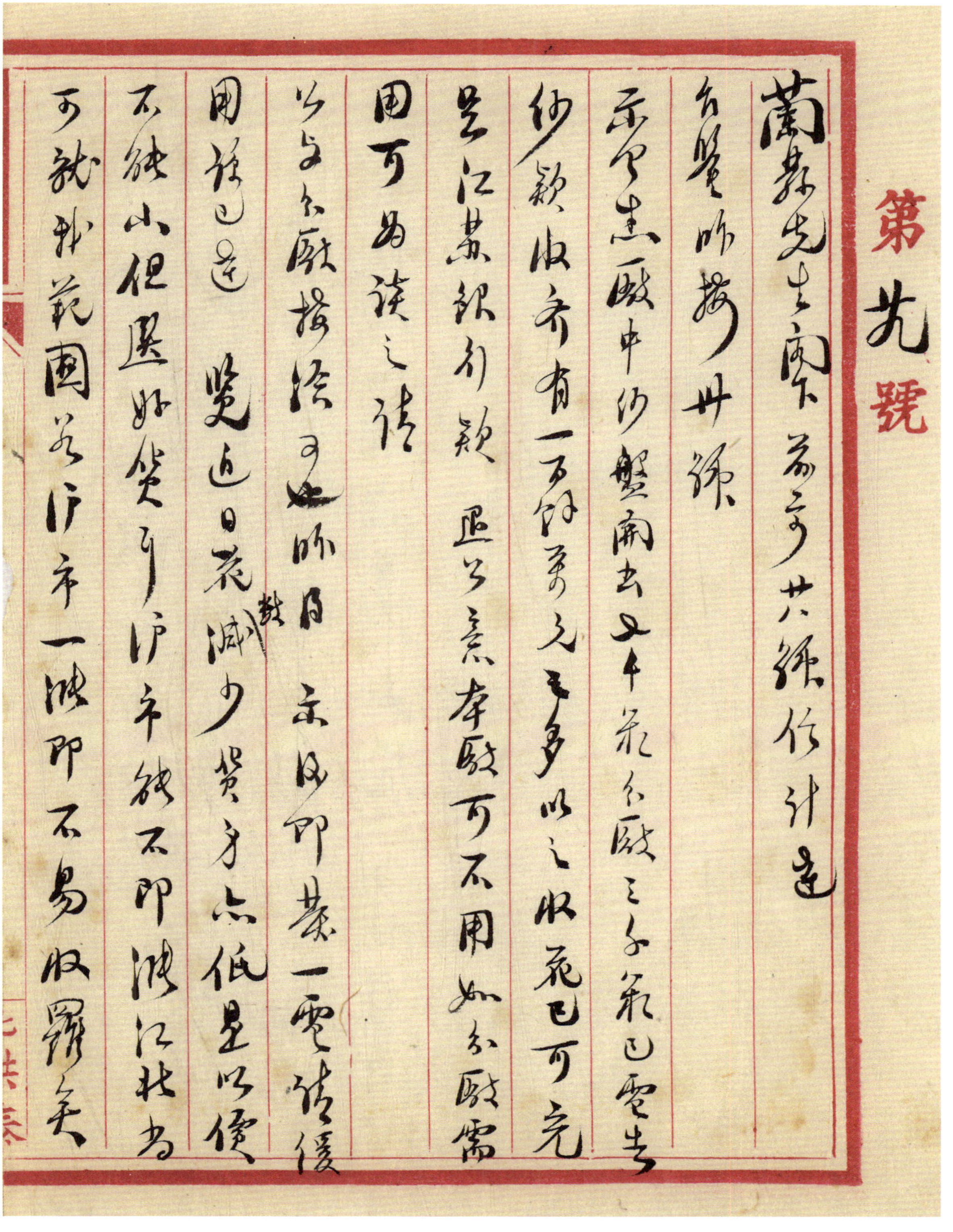

第二十九號（二月廿三日）

蘭蓀先生閣下：前寄廿八號信，計達台鑒。昨接卅號示，具悉。廠中紗盤開出七千箱，分廠三千箱，已電告。紗款收齊有一百餘萬元之多，以之收花，已可充足。江蘇銀行款，退公意本廠可不用，如分廠需用，可爲談之，請公與分廠接洽可也。昨得示後，即發一電請緩用，諒已達覽。近日花數減少，貨身亦低，是以價不能小，但選好貨耳。滬市能不即漲，江北尚可就我範圍，若滬市一漲，即不易收羅矣。即請籌安。本廠會計所啓。二月廿三日

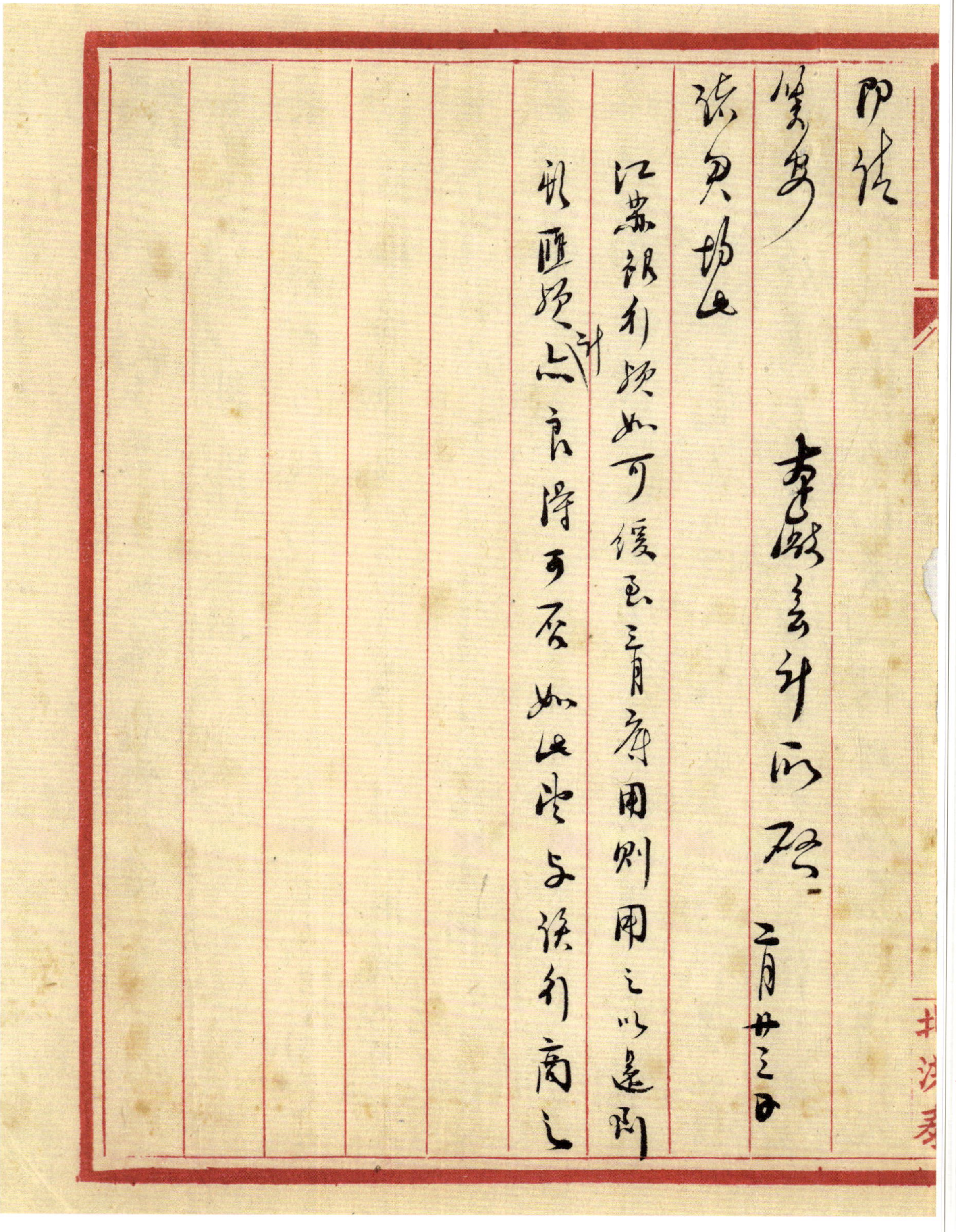

第二十九號（二月廿三日）

諸君均此。

江蘇銀行款，如可緩至三月底用，則用之以還到期匯款，計亦良得。可否如此，望與該行商之。

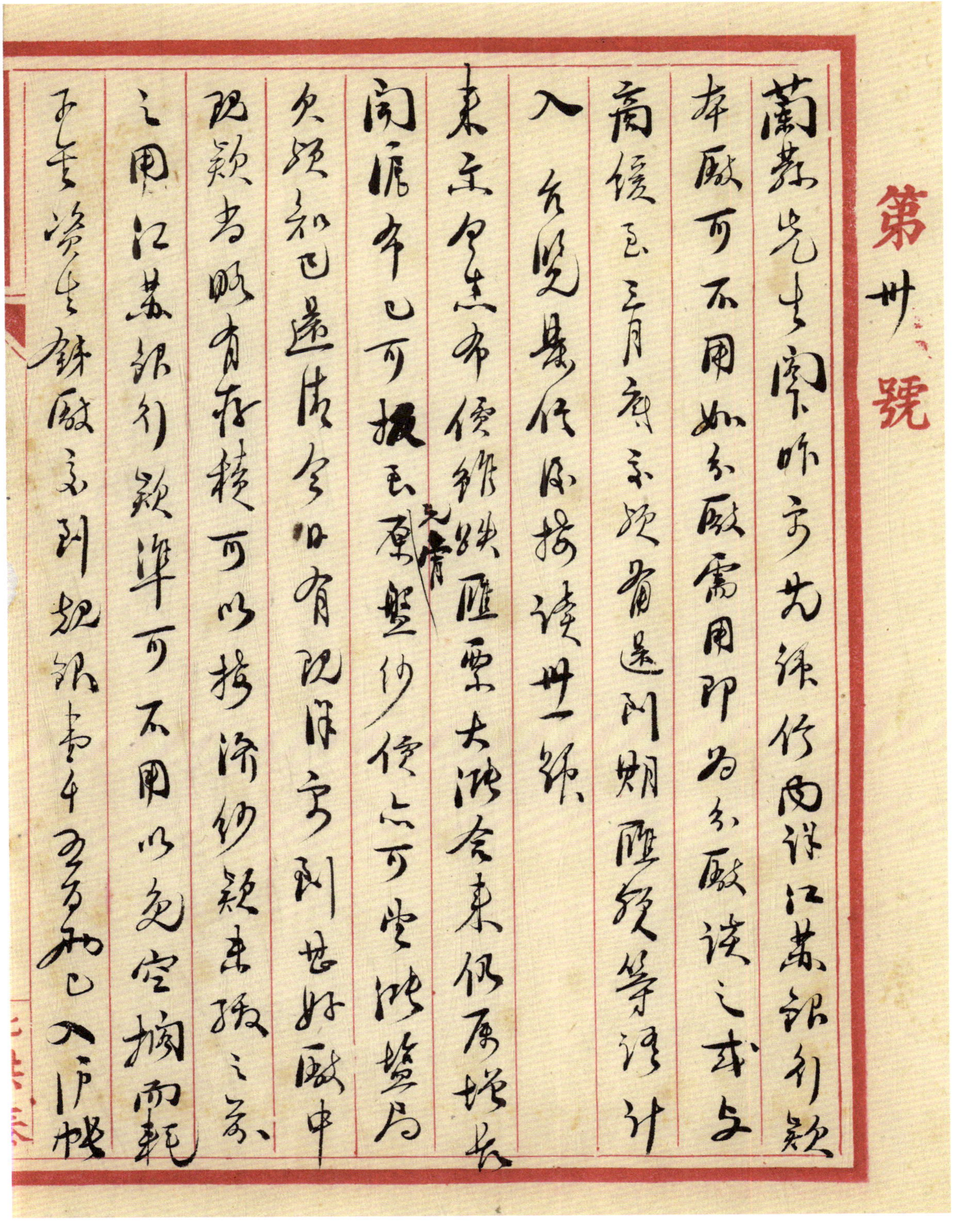

第三十號（二月廿四日）

蘭蓀先生閣下：昨寄廿九號信，内詳江蘇銀行款本廠可不用，如分廠需用，即爲分廠談之，或與商緩至三月底交款，備還到期匯款等語，計入台覽。發信後接讀卅一號來示，具悉。布價雖跌，匯票大漲，合來仍屬增長。聞滬布已可扳至元宵原盤，紗價亦可望漲。鹽局欠款知已還清，今日有現洋寄到，甚好。廠中現款尚略有存積，可以接濟紗款未繳之前之用。江蘇銀行款，準可不用，以免空擱而耗子金。資生鐵廠交到規銀壹千五百兩，已入滬帳，請轉收該廠之帳。又廿一日曾出來遠劃條

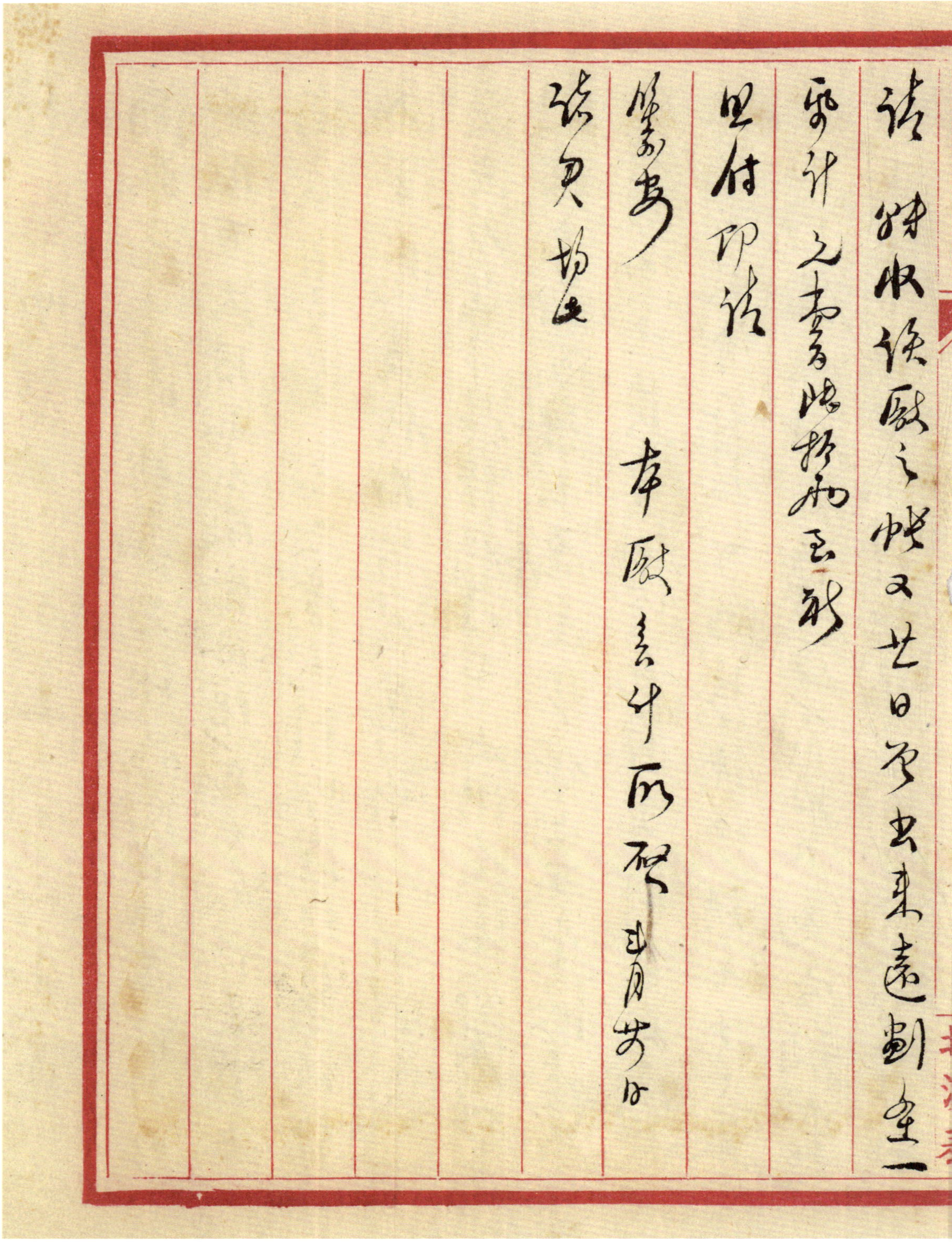

第三十號（二月廿四日）

一紙，計元壹百陸拾兩，至祈照付。即請籌安。本廠會計所啓。弍月廿四日
諸君均此。

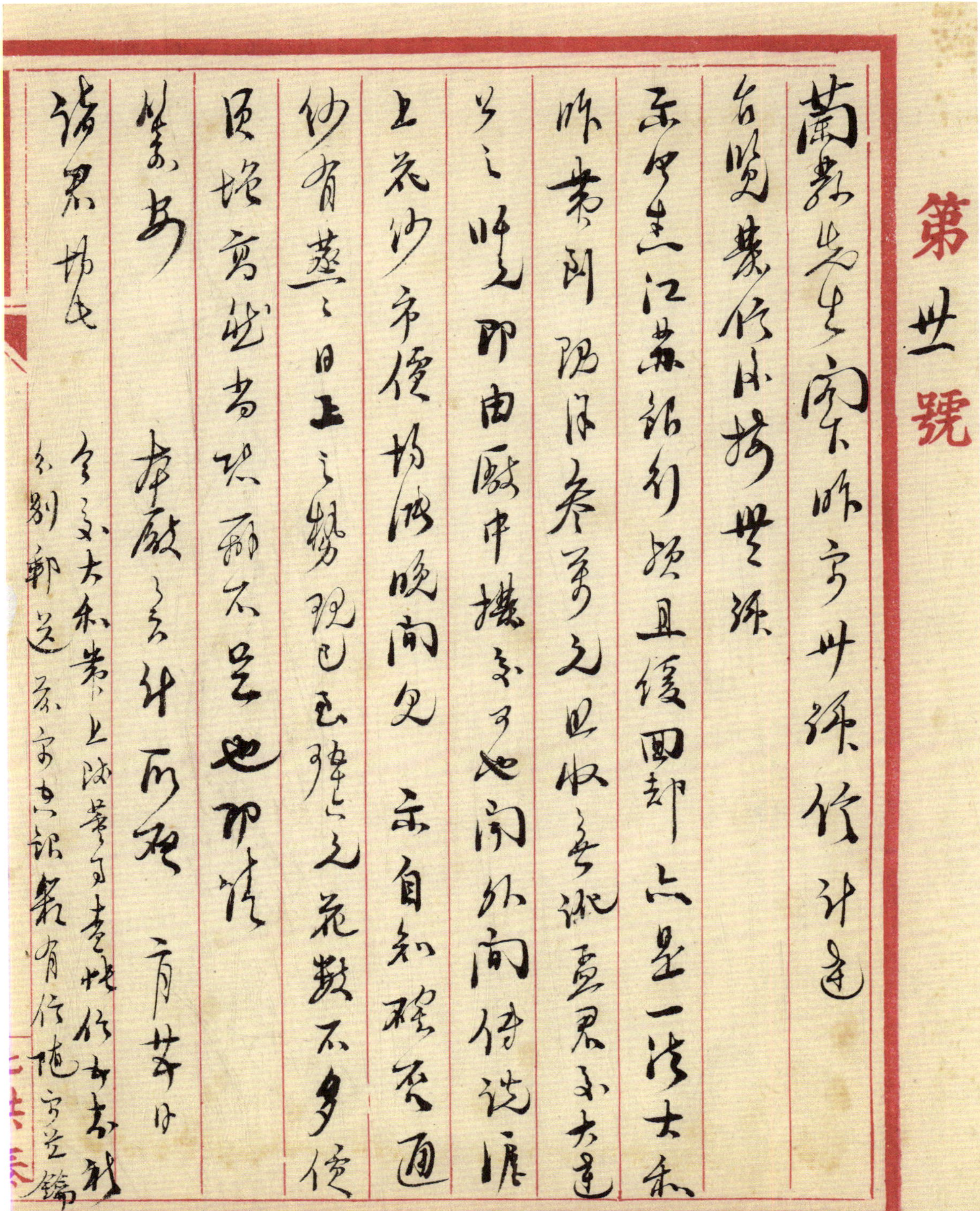

第三十一號（二月廿五日）

蘭蓀先生閣下：昨寄卅號信，計達台覽。發信後接卅二號示，具悉。江蘇銀行款且緩回却，亦是一法。大和昨帶到現洋叁萬元，照收無訛。孟君交大達公之二千元，即由廠中撥交可也。聞外間傳説滬上花、紗市價均漲，晚間見示，自知確否。通紗有蒸蒸日上之勢，現已至一百五十六元。花數不多，價須增高，然尚恐辦不足也。即請籌安。本廠會計所啓。二月廿五日

諸君均此。

第三十一號（二月廿五日）

今交大和帶上致董事查帳信五封，祈分别郵送。前寄空銀箱，有信隨寄并鑰匙。

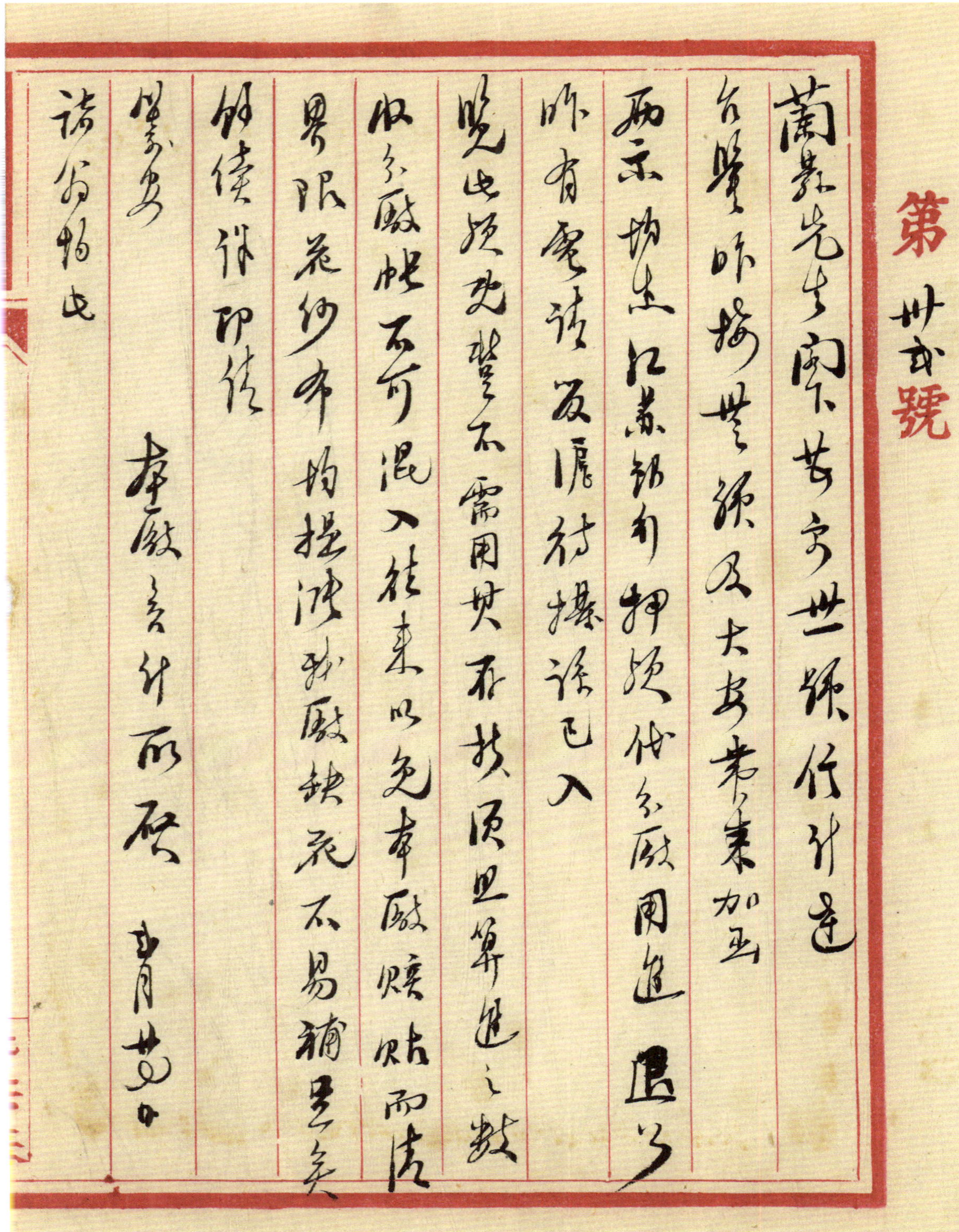

第三十二號（二月廿七日）

蘭蓀先生閣下：廿五寄卅一號信，計達台鑒。昨接卅三號及大安帶來加函，兩示均悉。江蘇銀行押款代分廠用進，退公昨有電，請留滬待撥，諒已入覽。此款既暫不需用，其存折須照算進之數收分廠帳，不可混入往來，以免本廠賠貼而清界限。花、紗、布均提漲，我廠缺花不易補足矣。餘續詳。即請籌安。本廠會計所啓。弍月廿七日

諸翁均此。

第三十二號（二月廿七日）

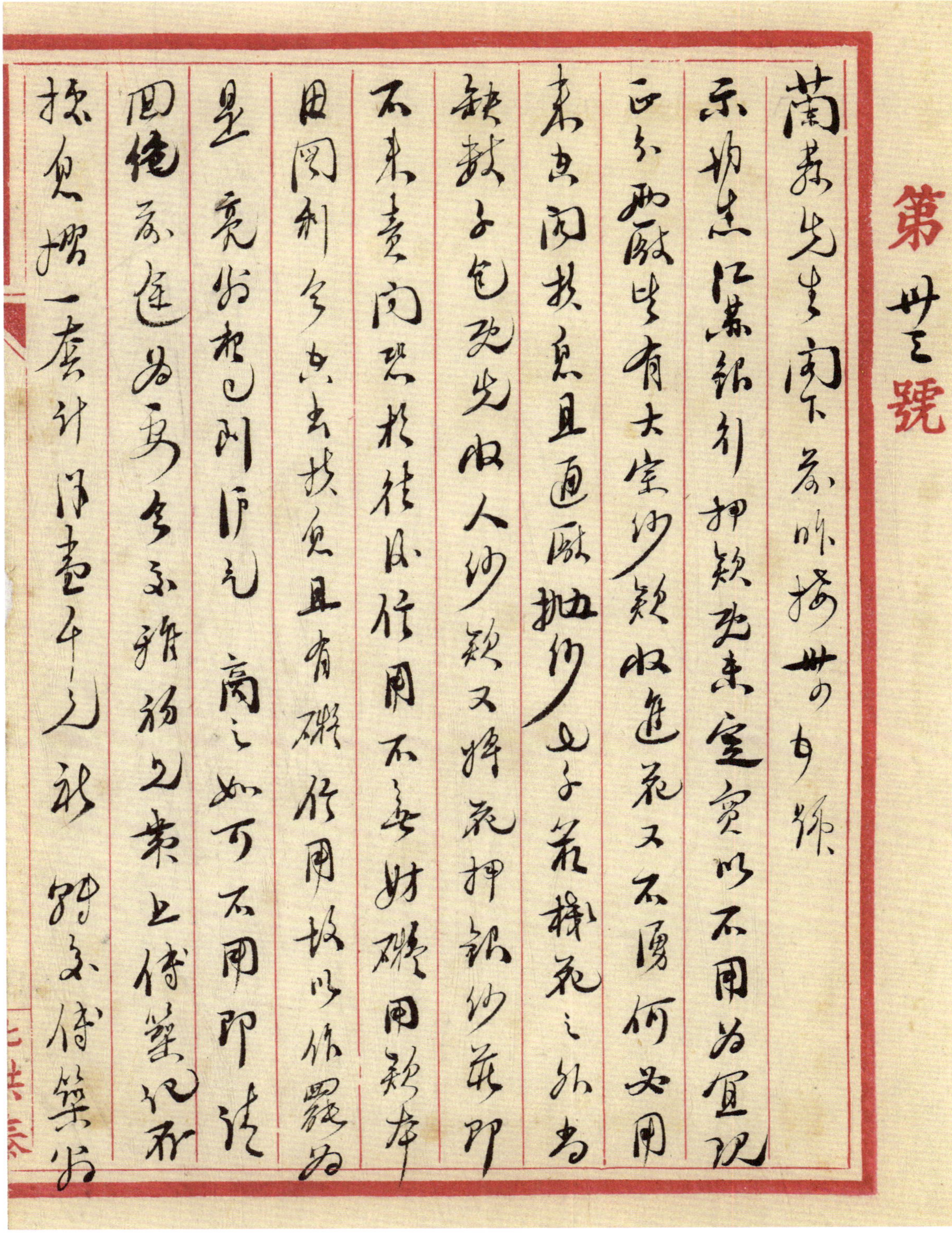

第三十三號（三月初一日）

蘭蓀先生閣下：前、昨接卅四、卅五號示，均悉。江蘇銀行押款既未定實，以不用爲宜。現正、分兩廠皆有大宗紗款收進，花又不涌，何必用來空閣折息？且通廠抛紗七千箱，棧花之外尚缺數千包，既先收人紗款，又將花押銀，紗莊即不來責問，恐於往後信用不無妨礙。用款本因圖利，今空出折息，且有礙信用，故以作罷爲是。亮翁想已到滬，乞商之，如可不用，即請回絶前途爲要。今交雅初兄帶上傅築記存據息摺一套，計洋壹千元，祈轉交傅築翁。通廠正月十三出有弍百元收條一

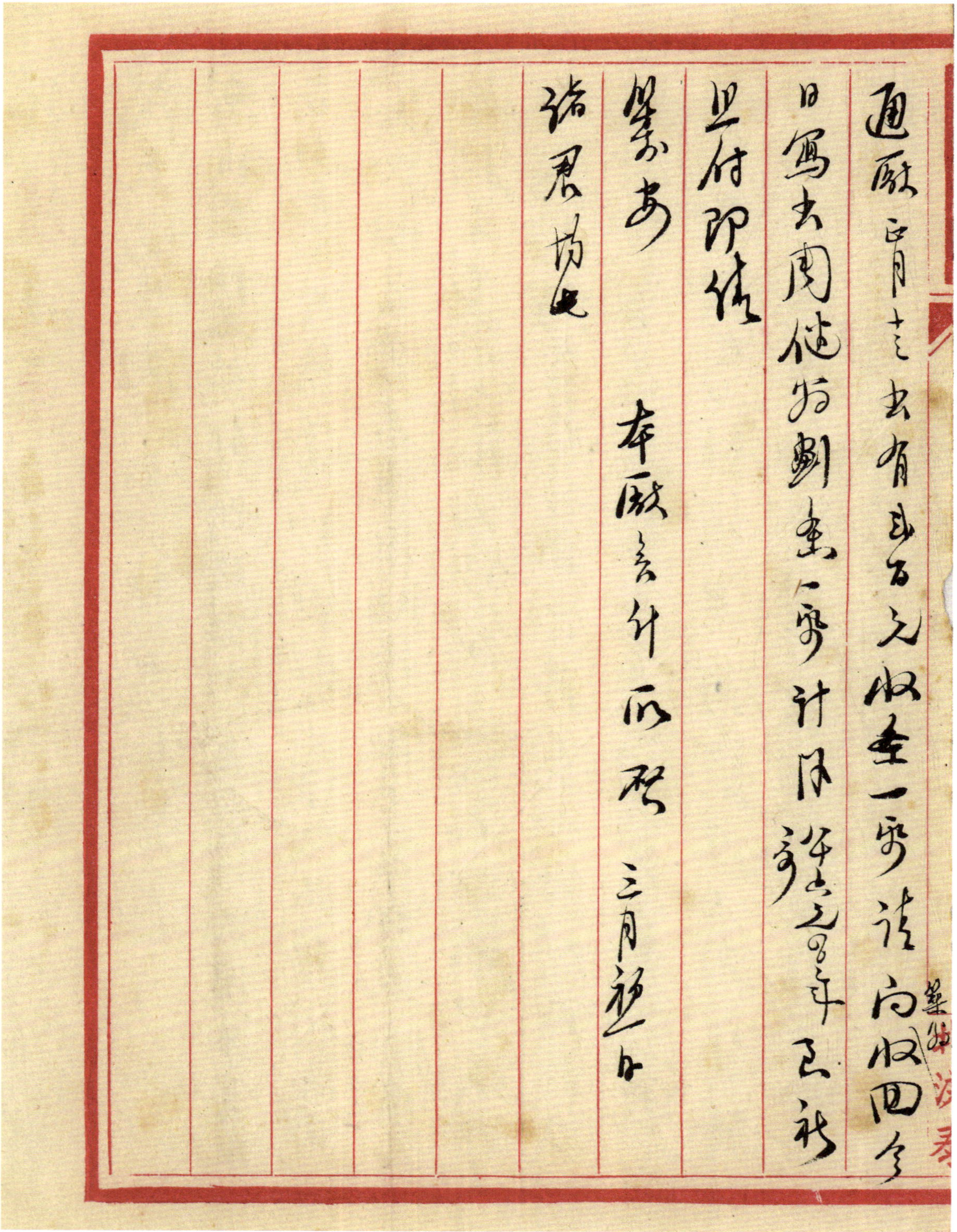

第三十三號（三月初一日）

紙，請向築翁收回。今日寫出周健翁劃條一紙，計洋三百八十六元四角二分三，至祈照付。即請籌安。本廠會計所啓。三月初一日
諸君均此。

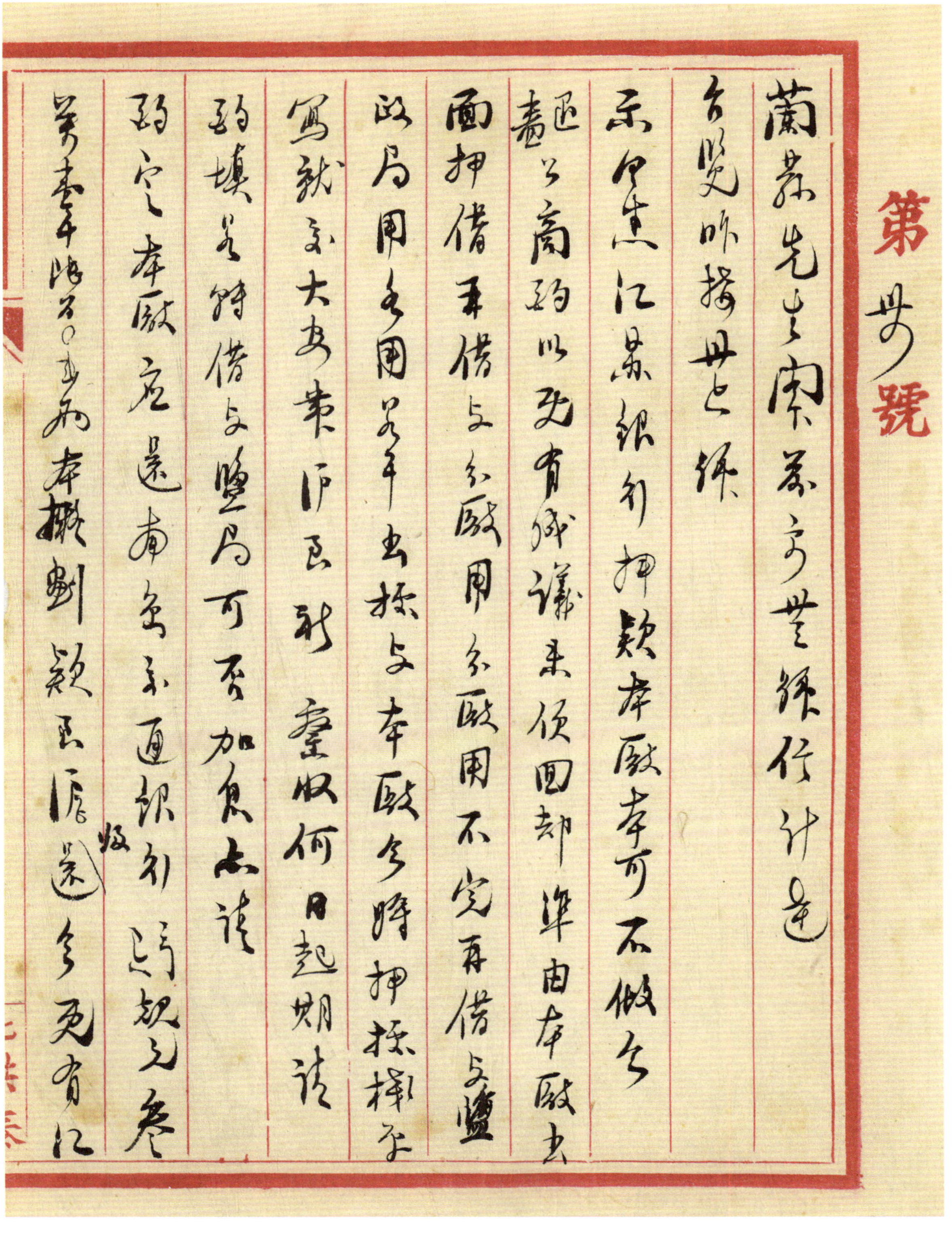

第三十四號（三月初三日）

蘭蓀先生閣下：前寄卅三號信，計達台覽。昨接卅六號示，具悉。江蘇銀行押款，本廠本可不做，今退公、嗇公商酌，以既有成議，未便回却，準由本廠出面押借，再借與分廠用，分廠用不完，再借與鹽政局用。各用若干，出據與本廠。今將押據、棧單寫就，交大安帶滬，至祈察收。何日起期，請酌填。若轉借與鹽局，可否加息，亦請酌定。本廠應還南京交通銀行三月初六規元叁萬壹千陸百零弍兩，本擬劃款至滬歸還，今既有江蘇銀行之款，即請先行解交上海交通銀行代收，再由通交

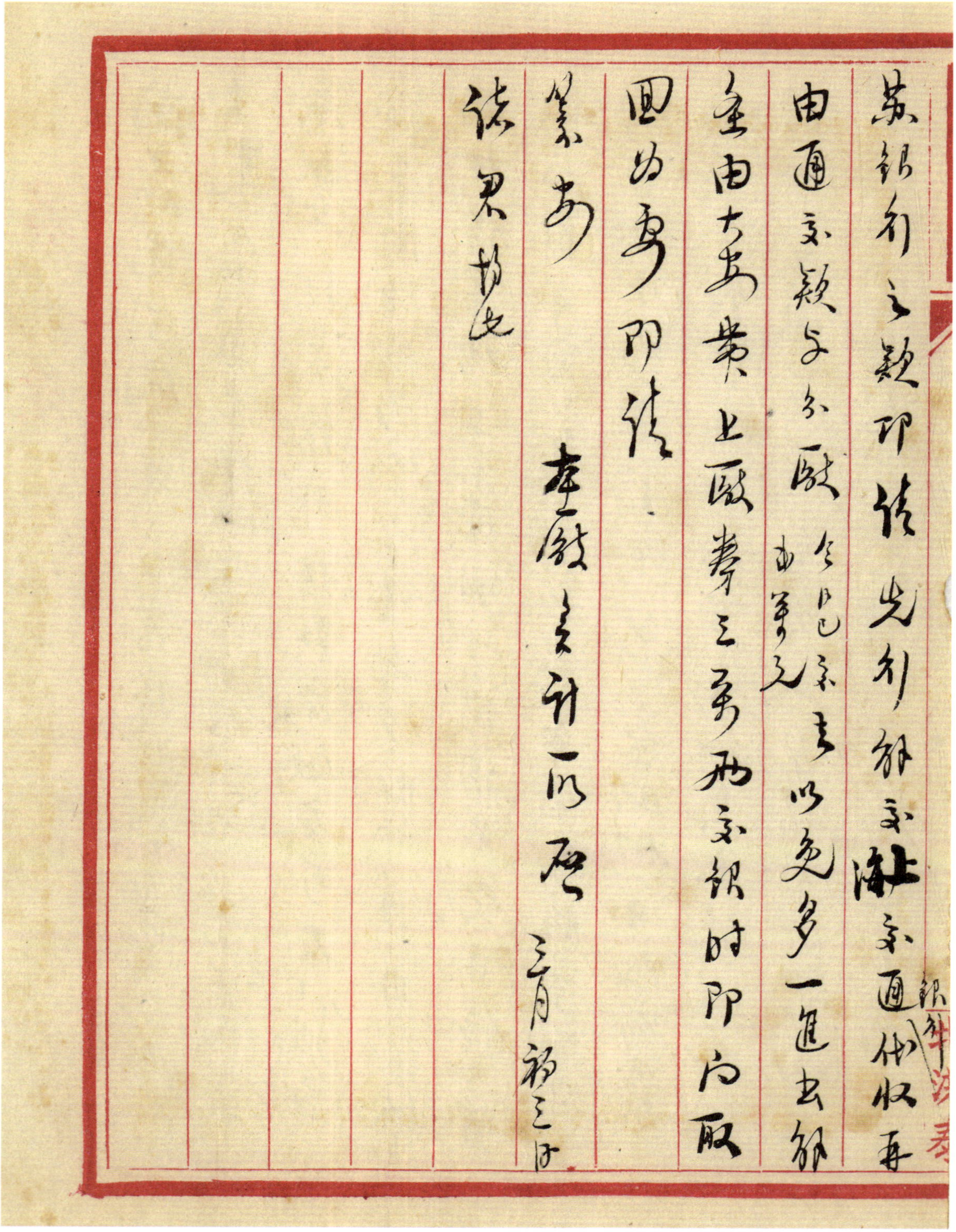

第三十四號（三月初三日）

款與分廠（今日已交去式萬元），以免多一進出。解條由大安帶上，廠券三萬兩交銀時即向取回爲要。即請籌安。本廠會計所啓。三月初三日

諸君均此。

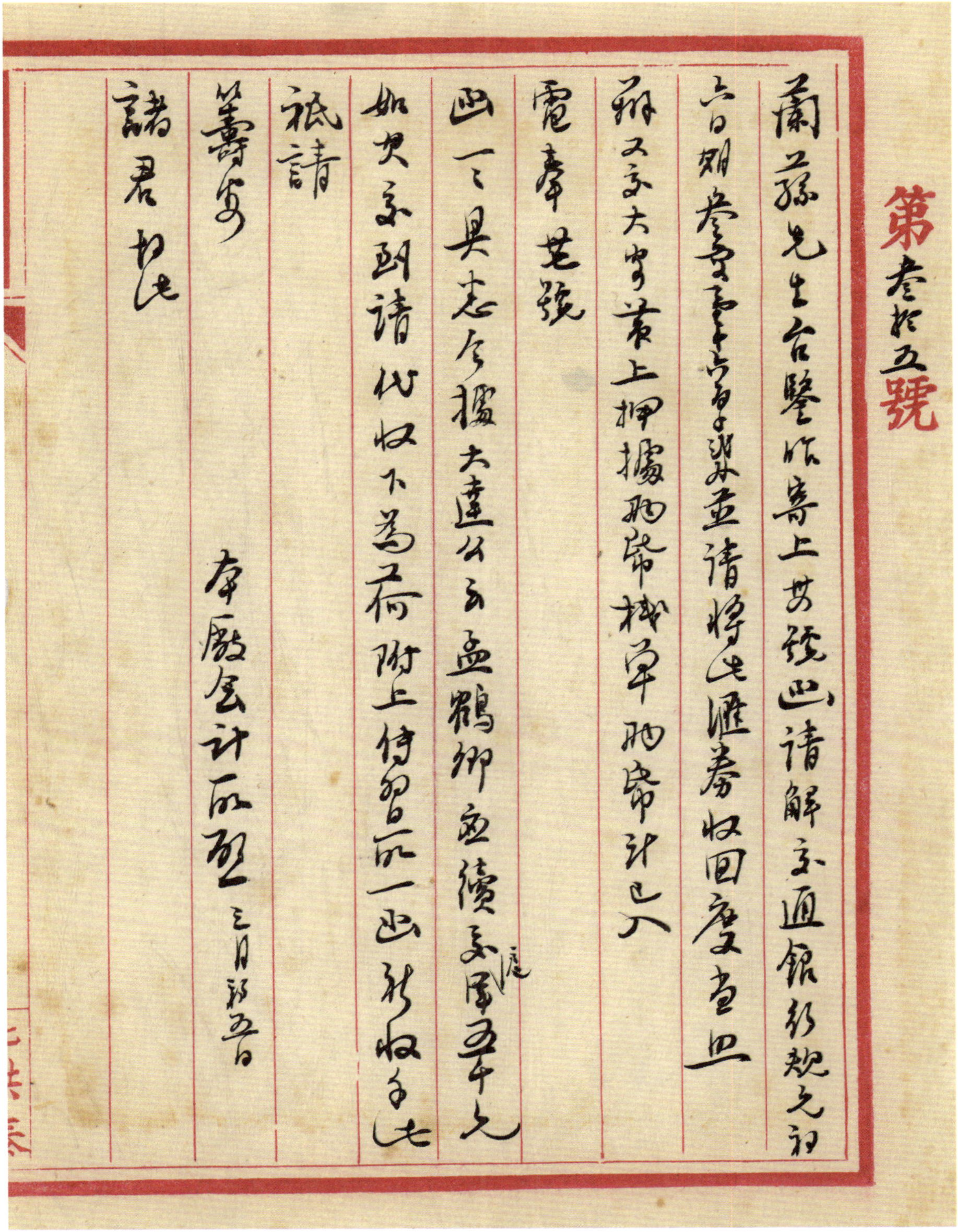

第三十五號（三月初五日）

蘭蓀先生台鑒：昨寄上卅四號函，請解交通銀行規元初六日期叁萬壹千六百零式兩，并請將此匯券收回，度當照辦。又交大安帶上押據兩紙、棧單兩紙，計已入電。奉卅七號函，一一具悉。今據大達公云，孟鶴卿應續交滬洋五千元，如其交到，請代收下爲荷。附上傳習所一函，祈收。手此，祗請籌安。本廠會計所啓。三月初五日

諸君均此。

第三十五號（三月初五日）

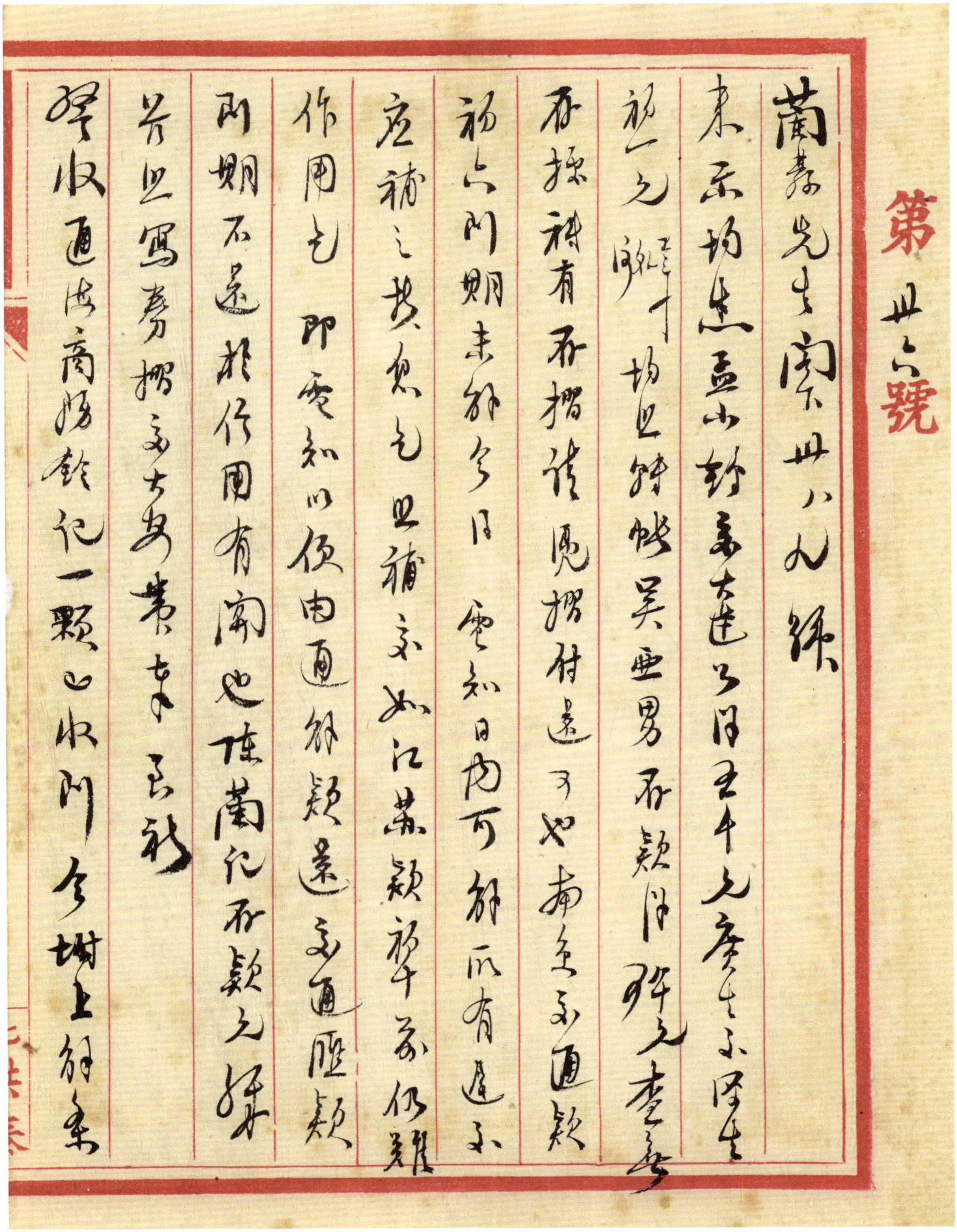

第三十六號（三月初八日）

蘭蓀先生閣下：卅八、卅九號來示均悉。孟小鶴交大達公洋五千元、廣生交源生初一元一千二百九十六兩一錢三分一，均照轉帳。吳亞男存款洋一百八十元，查無存據，祇有存摺，請憑摺付還可也。南京交通款，初六到期未解，今日電知日内可解，所有遲交應補之折息，乞照補交。如江蘇款初十前仍難作用，乞即電知，以便由通解款還，交通匯款到期不還，於信用有關也。陳蘭記存款元五千兩，玆照寫券摺交大安帶奉，至祈察收。通海商務鈐記一顆，已收到。今附上解條一紙，計元

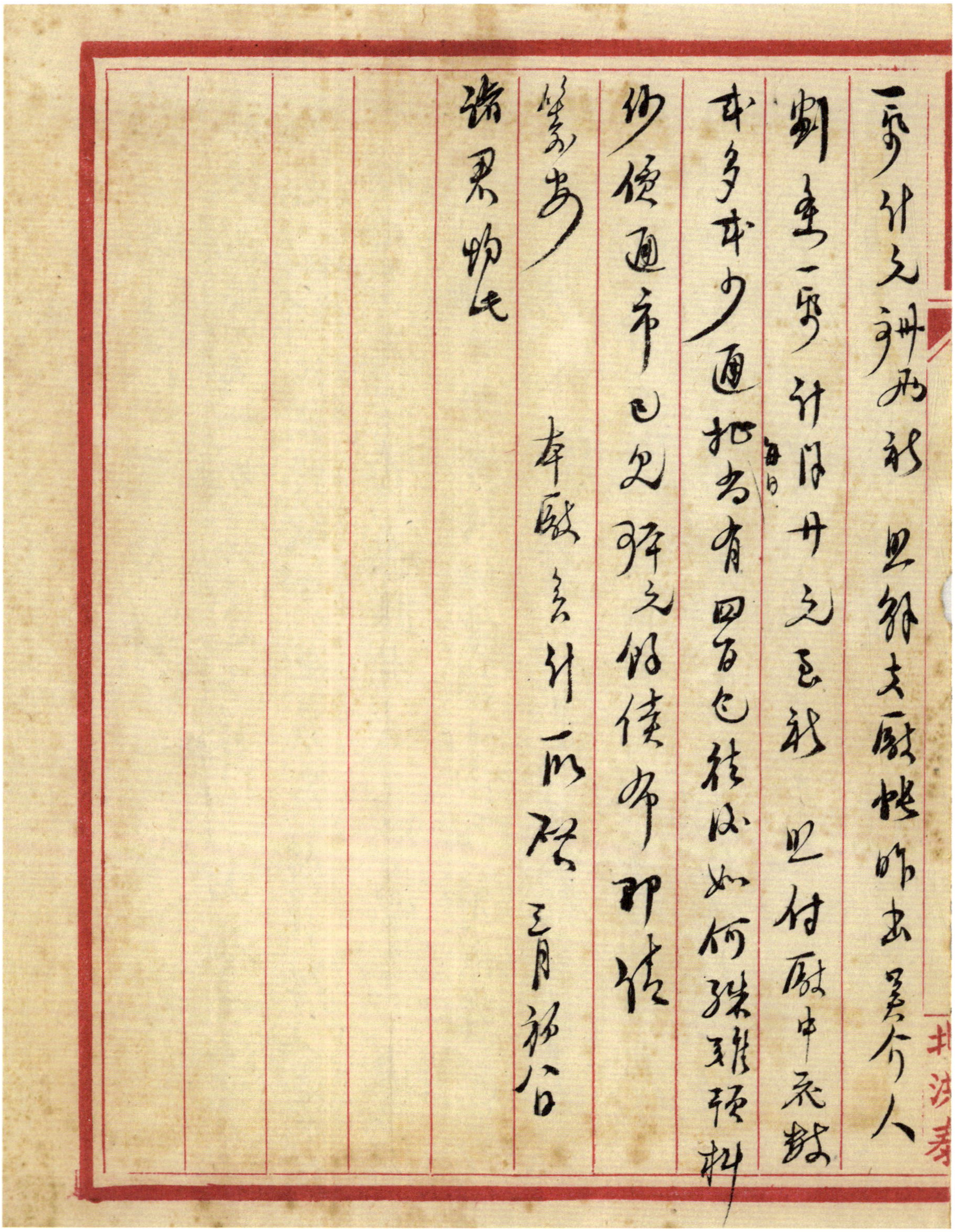

第三十六號（三月初八日）

二百卅兩，祈照解，支廠帳。昨出吳介人劃條一紙，計洋廿元，至祈照付。廠中花數或多或少，通扯每日尚有四百包，往後如何，殊難預料。紗價通市已見一百六十元。餘續布。即請籌安。本廠會計所啓。三月初八日

諸君均此。

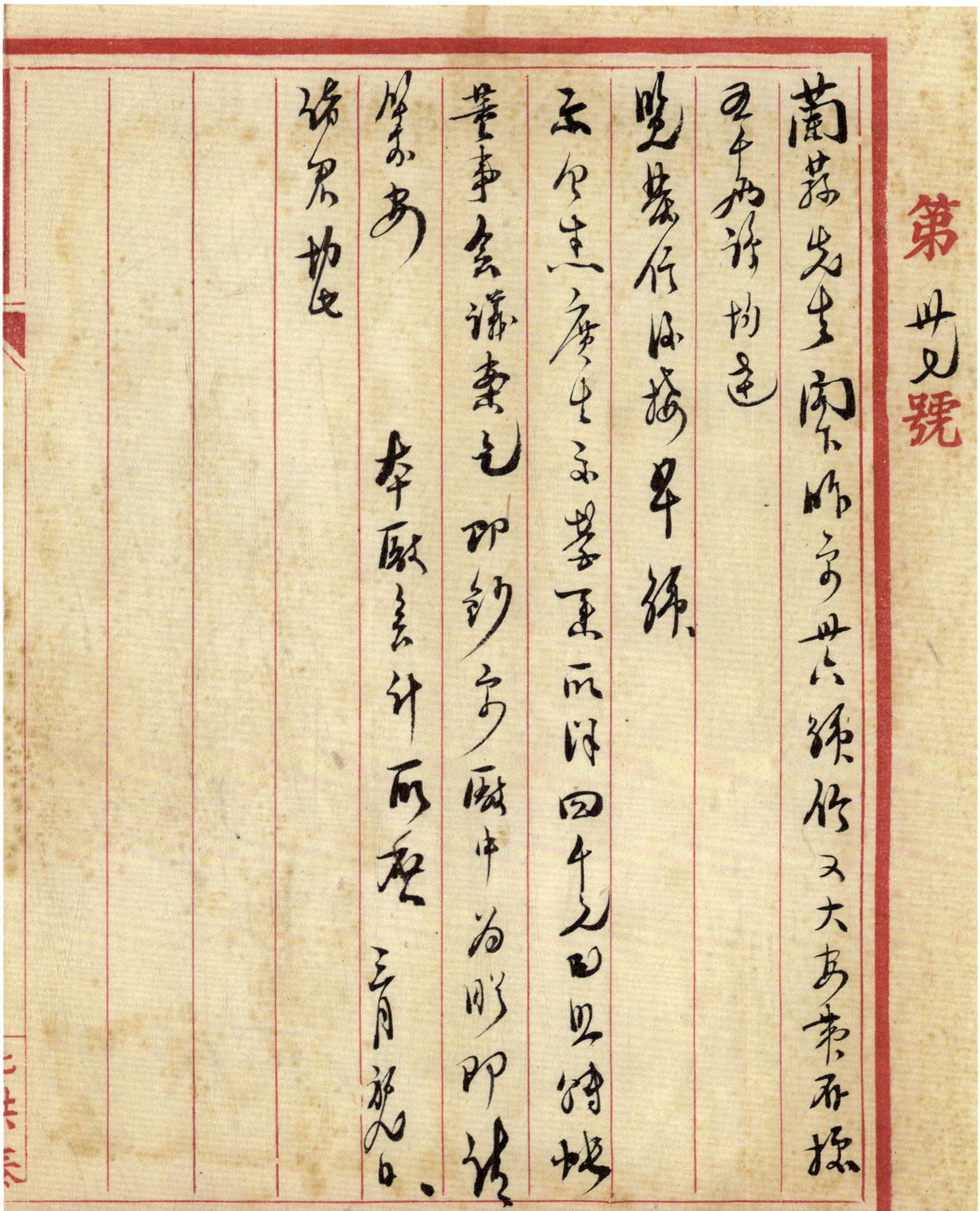

第三十七號（三月初九日）

蘭蓀先生閣下：昨寄卅六號信，又大安帶存據五千兩，諒均達覽。發信後接四十號示，具悉。廣生交營業所洋四千元，已照轉帳。董事會議案乞即鈔寄廠中爲盼。即請籌安。本廠會計所啓。三月初九日

諸君均此。

第三十七號（三月初九日）

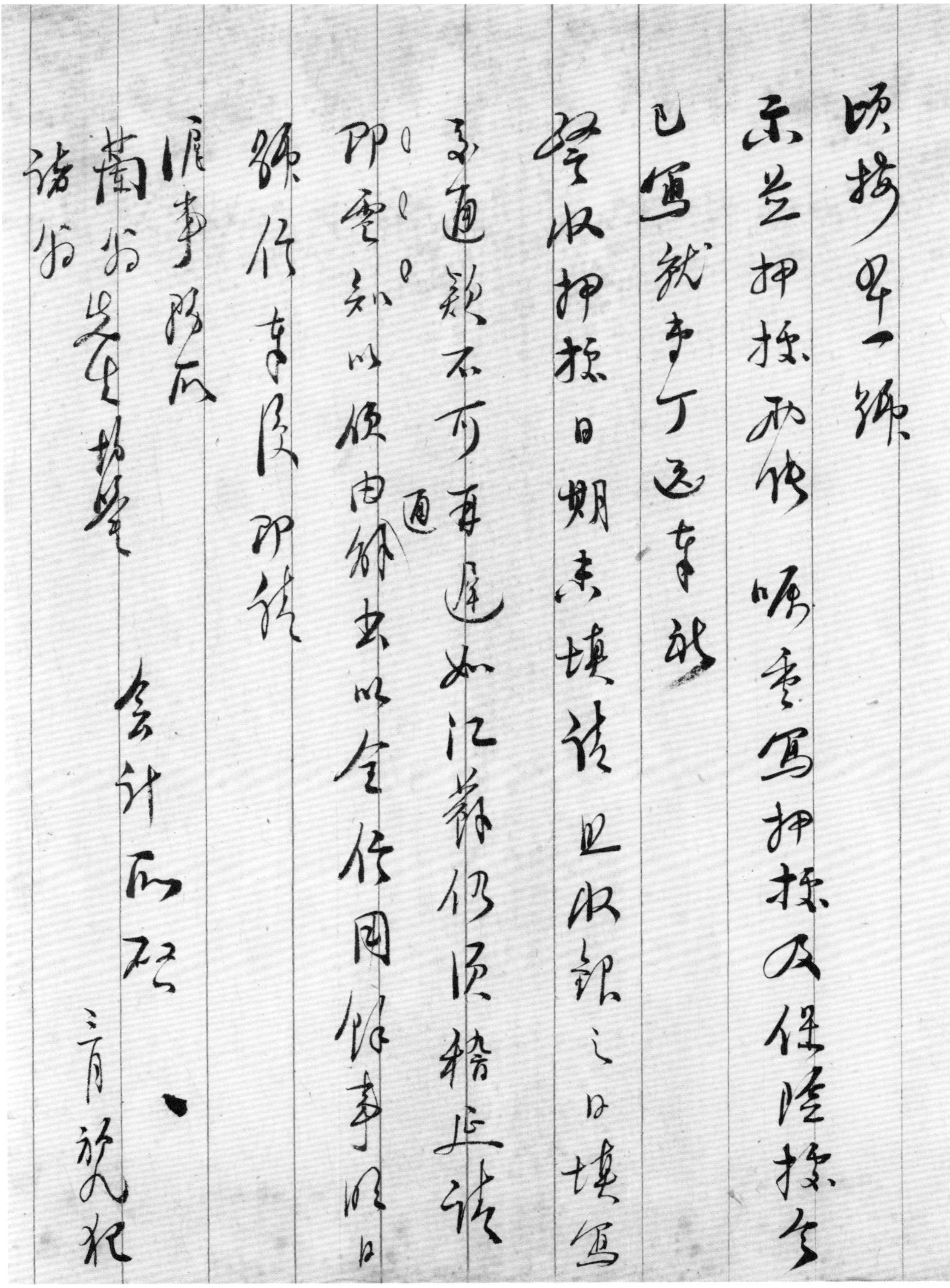

附不列號信（三月初九日）

頃接四十一號示并押據兩張，囑重寫押據及保險據，今已寫就，專丁送奉，祈察收。押據日期未填，請照收銀之日填寫。交通款不可再遲，如江蘇仍須稽延，請即電知，以便由通解出，以全信用。餘事明日號信奉復。即請滬事務所蘭翁、諸翁先生均鑒。會計所啟。三月初九夜

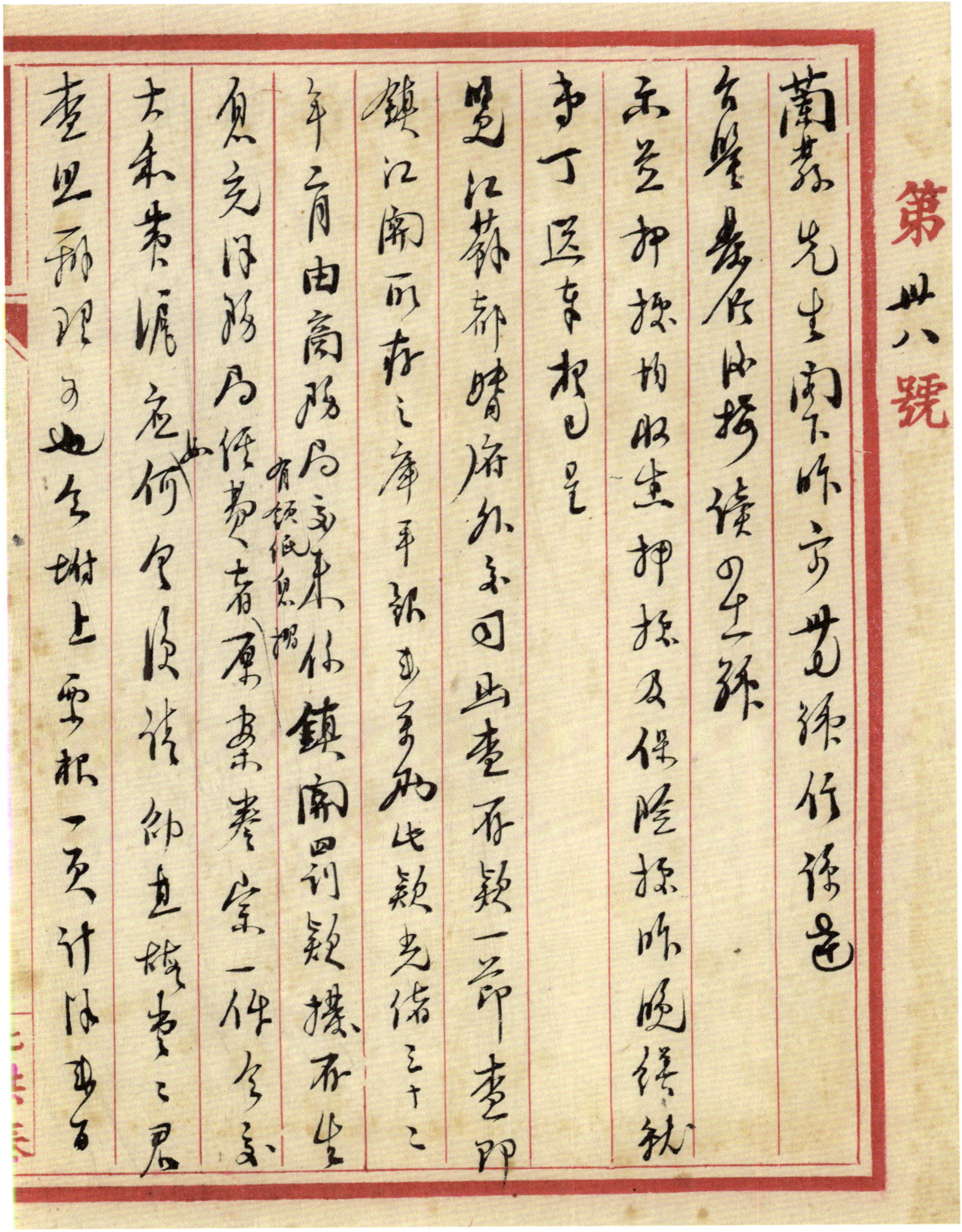
第卅八號
蘭蓀先生閣下：昨寄卅七號信，諒達
台鑒。發信後接讀四十一號示并押據，均收
悉。押據及保險據，昨晚繕就，
專丁送奉，想已呈
覽。江蘇都督府外交司函查存款一節，查即
鎮江關所存之庫平銀弍萬兩，此款光緒三十二
年二月由商務局交來，係鎮關罰款撥存生
息充洋務局經費者，有領紙、息摺。原案卷宗一件，今交
大和帶滬，應如何具復，請劭直、椵堂二君
查照辦理可也。今附上票根一頁，計洋式百

第三十八號（三月初十日）

蘭蓀先生閣下：昨寄卅七號信，諒達台鑒。發信後接讀四十一號示并押據，均收悉。押據及保險據，昨晚繕就，專丁送奉，想已呈覽。江蘇都督府外交司函查存款一節，查即鎮江關所存之庫平銀弍萬兩，此款光緒三十二年二月由商務局交來，係鎮關罰款撥存生息充洋務局經費者，有領紙、息摺。原案卷宗一件，今交大和帶滬，應如何具復，請劭直、椵堂二君查照辦理可也。今附上票根一頁，計洋式百元，屆期祈照付。昨通城得營布跌八錢之電，紗價看鬆，所好底貨不多，當不致大

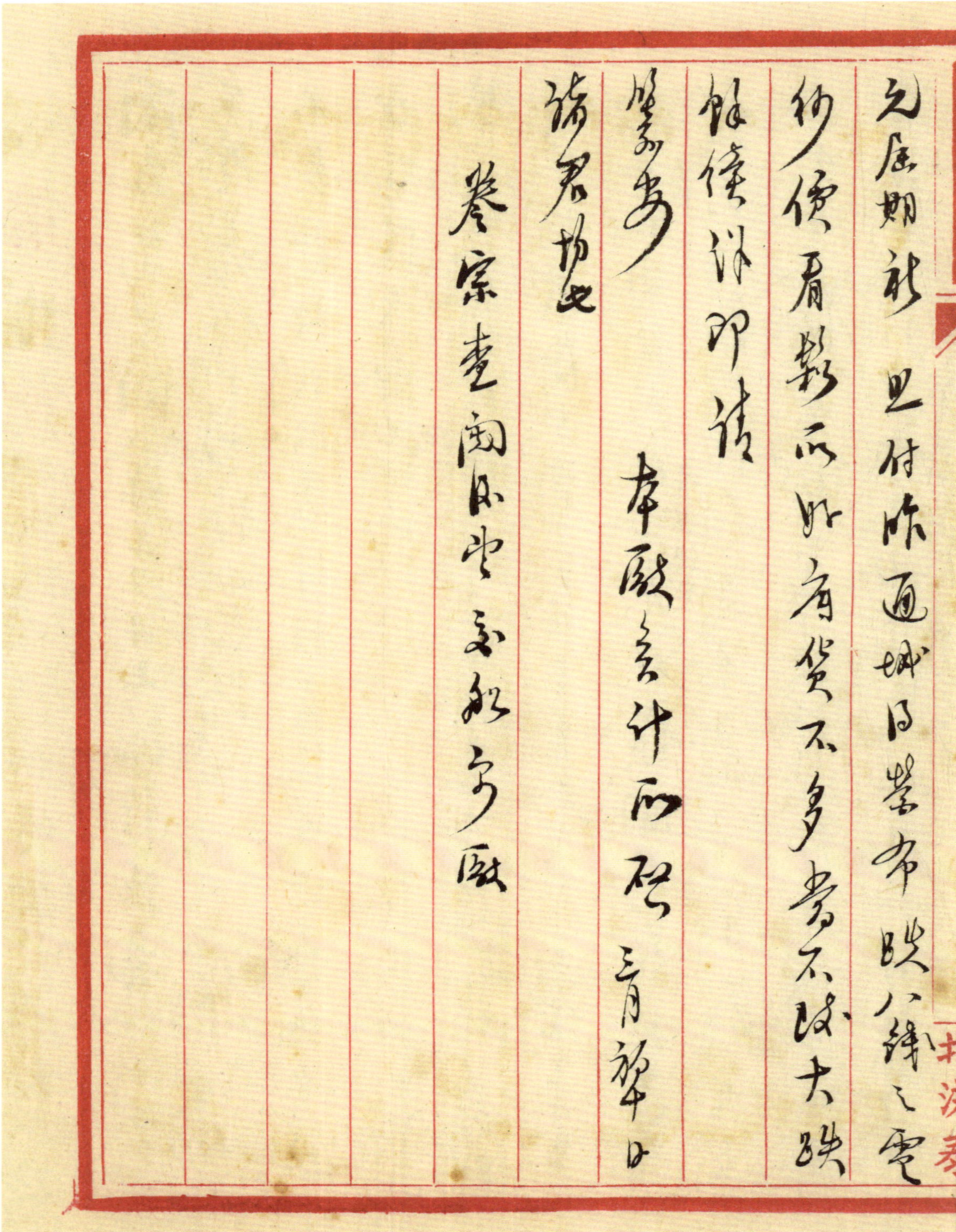

第三十八號（三月初十日）

跌。餘續詳。即請籌安。本廠會計所啓。三月初十日

諸君均此。

卷宗查閱後望交船寄廠。

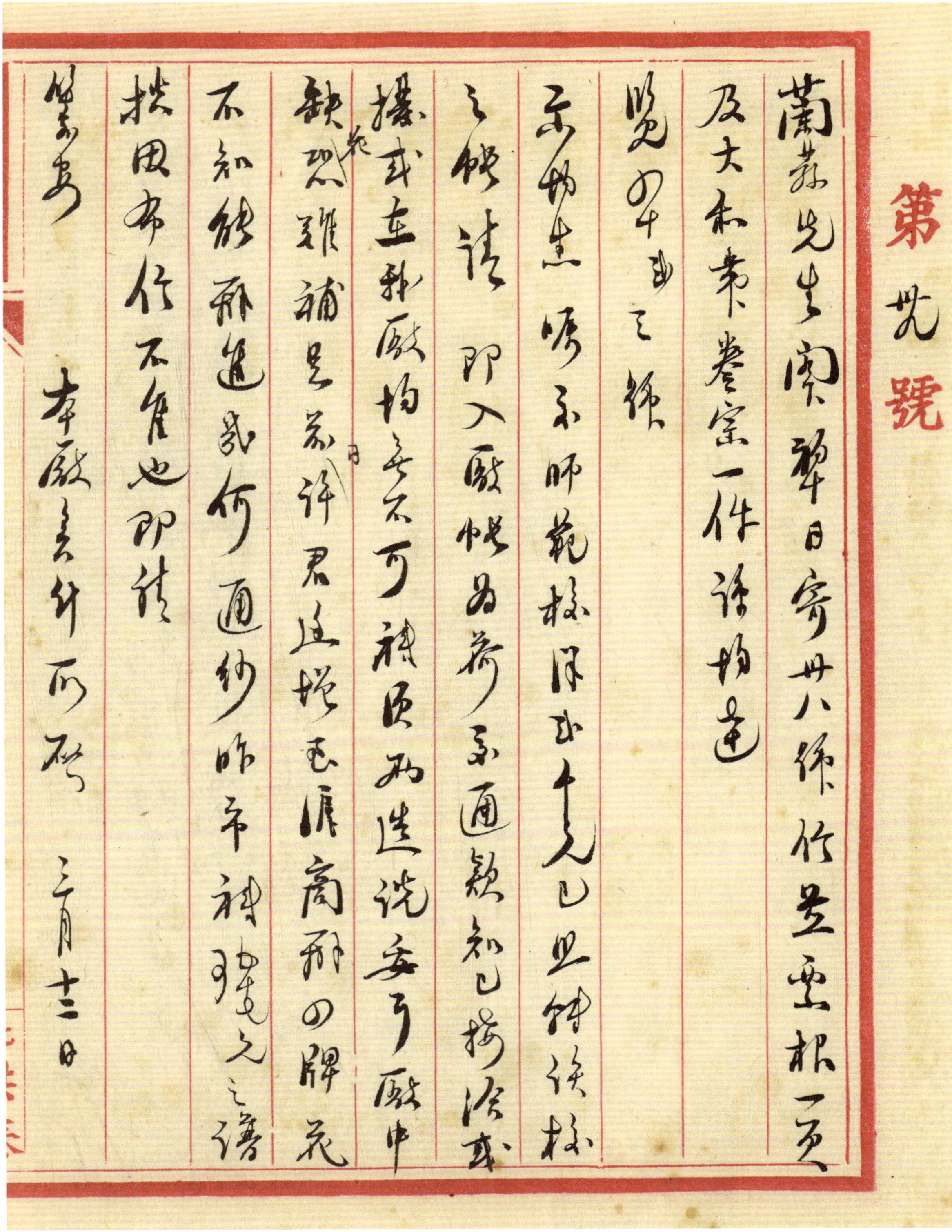

第三十九號（三月十二日）

蘭蓀先生閣下：初十日寄卅八號信并票根一頁，及大和帶卷宗一件，諒均達覽。四十弍、四十三號示均悉。囑交師範校洋弍千元，已照轉該校之帳，請即入廠帳爲荷。交通款知已接洽，或撥或在我廠，均無不可，衹須兩造説妥耳。廠中缺花恐難補足，前日許君廷增至滬商辦四牌花，不知能辦進幾何。通紗昨市衹一百五十七元之譜，總因布信不佳也。即請籌安。本廠會計所啓。三月十二日

諸君均此。

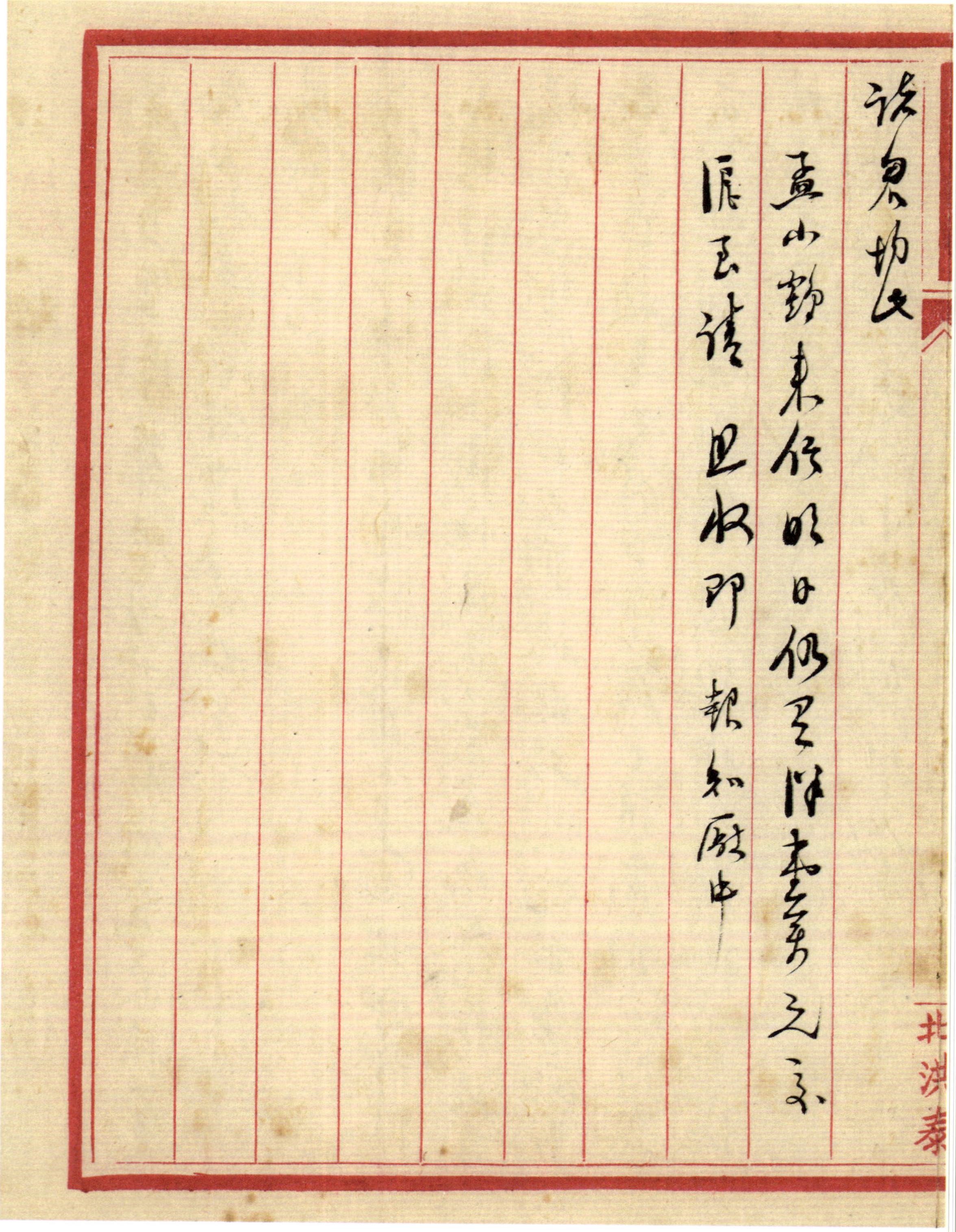
孟小鶴來信明日仍有洋壹萬元交
滬至請照收即報知廠中

第三十九號（三月十二日）

孟小鶴來信，明日仍有洋壹萬元交滬，至請照收，即報知廠中。

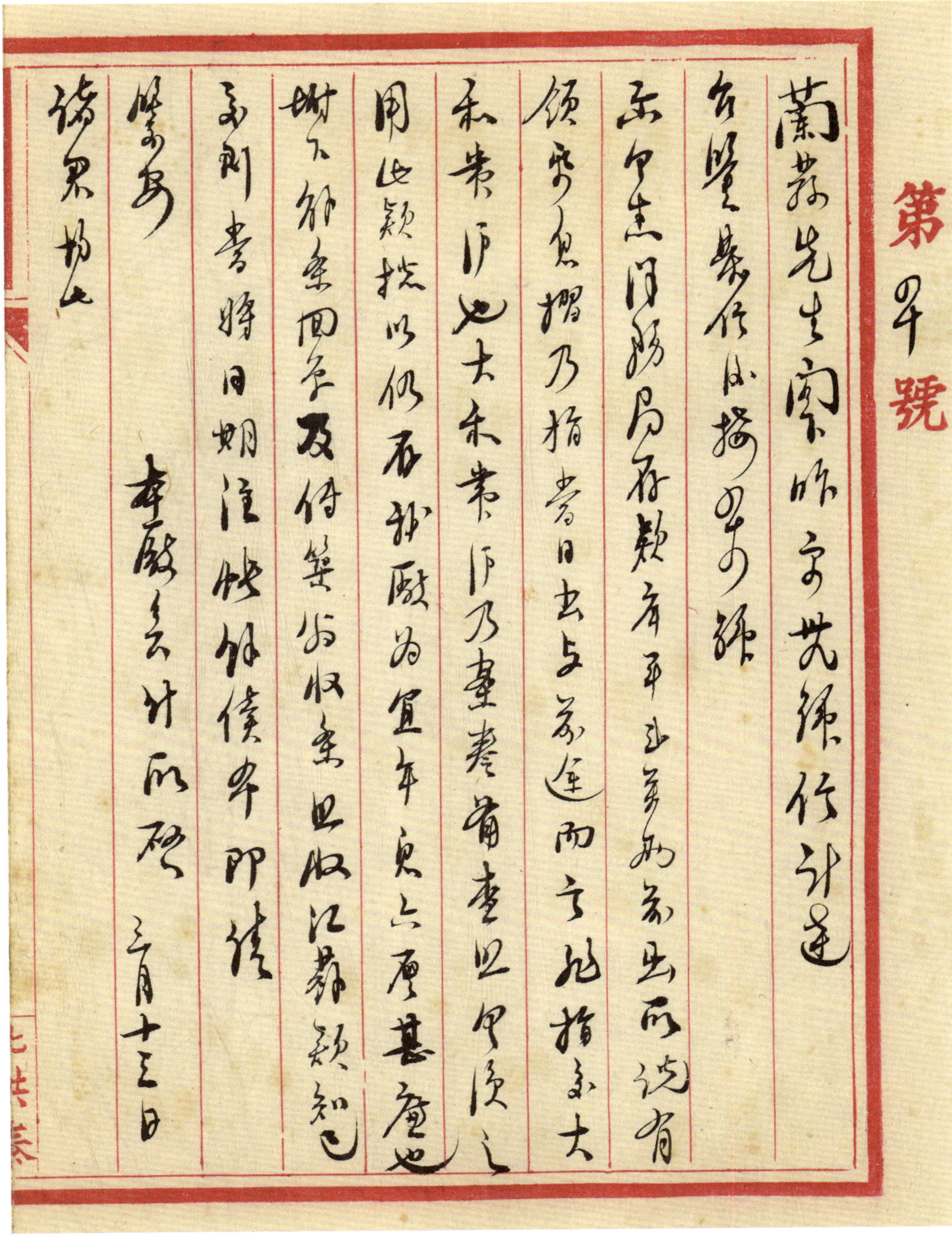
第卅號
蘭蓀先生閣下：昨寄卅九號信，計達台鑒。發信後接四十四號示，具悉。洋務局存款庫平弍萬兩，前函所說有領紙、息摺，乃指當日出與前途而言，非指交大和帶滬也。大和帶滬乃案卷，備查照具復之用。此款總以仍存我廠爲宜，年息六厘甚廉也。附下解條回單及傅築翁收條，照收。江蘇款知已交到，當將日期注帳。餘續布。即請籌安。本廠會計所啓。三月十三日
諸君均此。

第四十號（三月十三日）

蘭蓀先生閣下：昨寄卅九號信，計達台鑒。發信後接四十四號示，具悉。洋務局存款庫平弍萬兩，前函所說有領紙、息摺，乃指當日出與前途而言，非指交大和帶滬也。大和帶滬乃案卷，備查照具復之用。此款總以仍存我廠爲宜，年息六厘甚廉也。附下解條回單及傅築翁收條，照收。江蘇款知已交到，當將日期注帳。餘續布。即請籌安。本廠會計所啓。三月十三日
諸君均此。

第四十號（三月十三日）

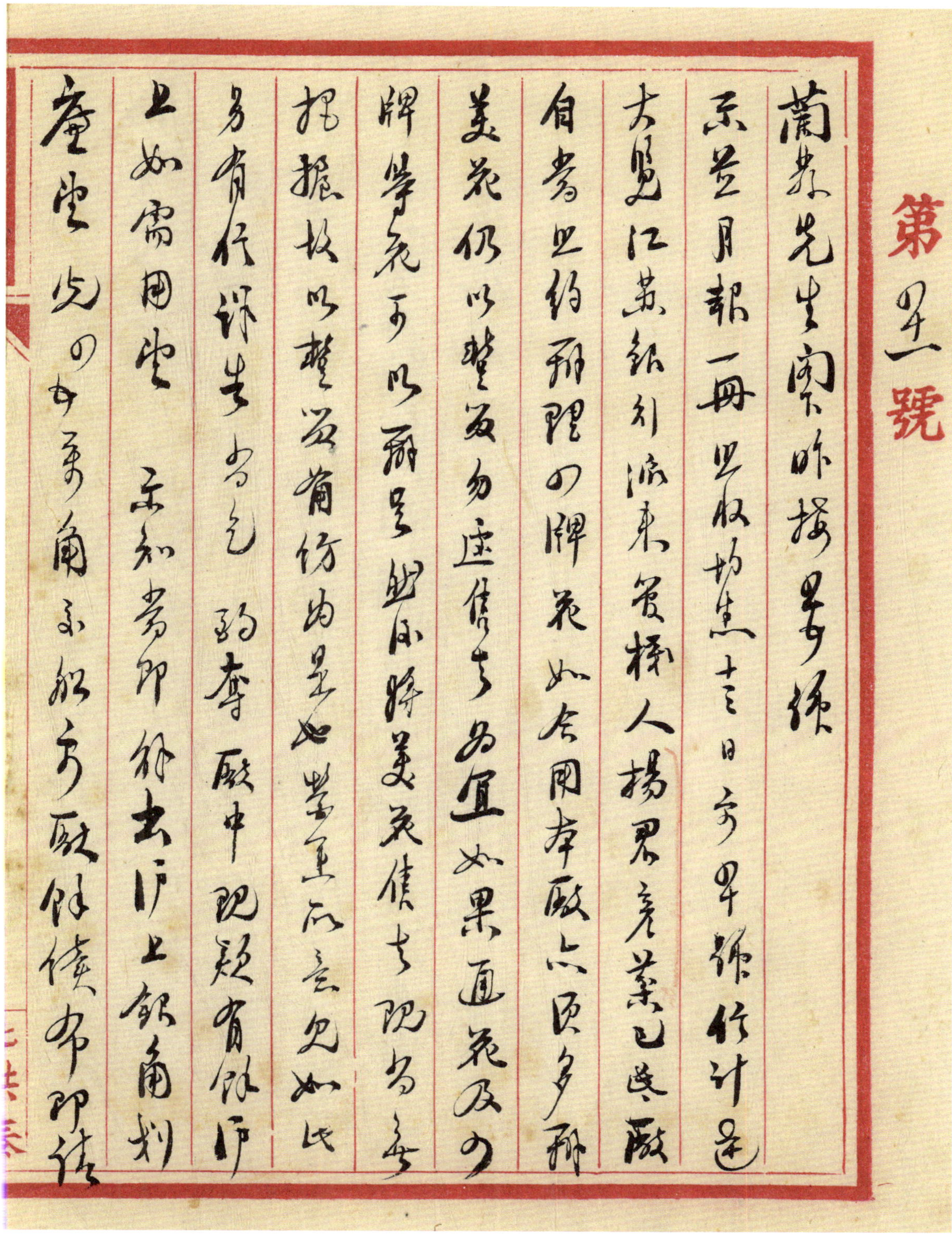

第四十一號（三月十五日）

蘭蓀先生閣下：昨接四十五號示并月報一册，照收均悉。十三日寄四十號信，計達大覽。江蘇銀行派來管棧人楊君彦棻已抵廠，自當照約辦理。四牌花如合用，本廠亦須多辦，美花仍以暫留，勿遽售去爲宜。如果通花及四牌等花可以辦足，然後將美花售去，現尚無把握，故以暫留備紡爲是也。營業所意見如此，另有信詳告，尚乞酌奪。廠中現款有餘，滬上如需用，望示知，當即解出。滬上銀角劃廉，望兑四五萬角交船寄廠。餘續布。即請籌安。本廠會計所啓。三月十五日

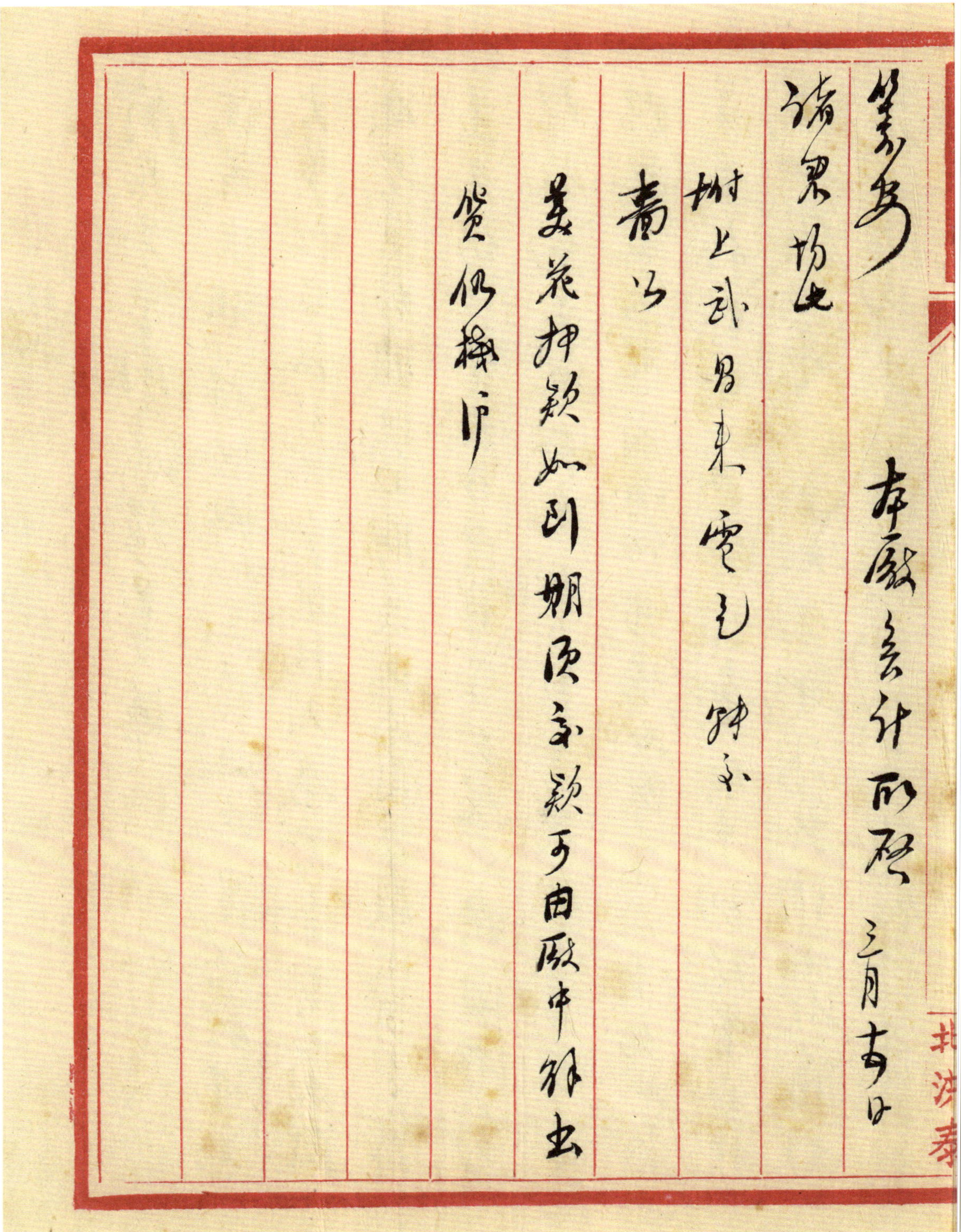
業務
諸君均此
附上武昌來電乞轉交
嗇公
美花押款如到期須交款可由廠中解出
貨仍棧滬
本廠會計所啟 三月十五日

第四十一號（三月十五日）

諸君均此。

附上武昌來電，乞轉交嗇公。

美花押款如到期須交款，可由廠中解出，貨仍棧滬。

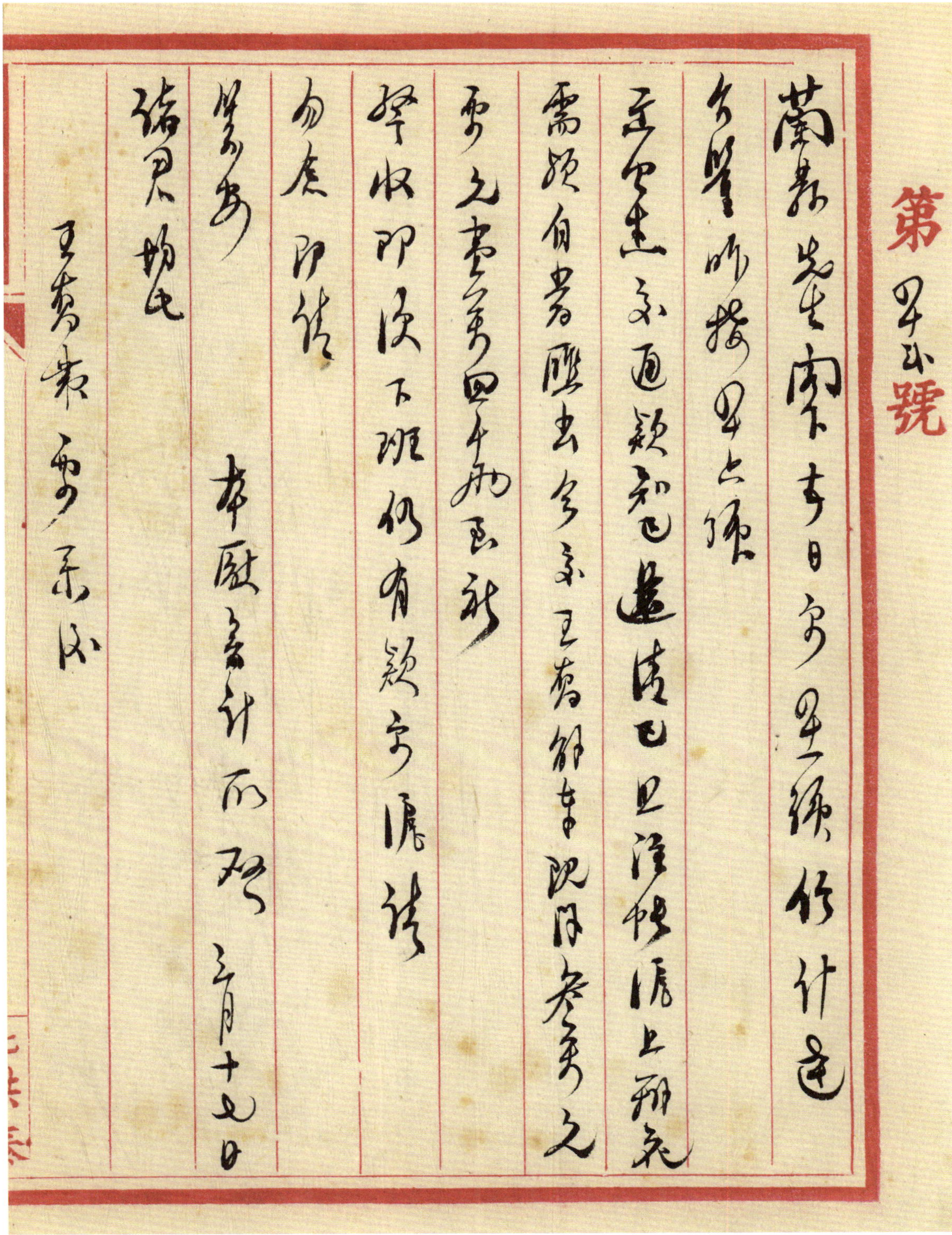

第四十二號（三月十七日）

蘭蓀先生閣下：十五日寄四十一號信，計達台鑒。昨接四十六號示，具悉。交通款知已還清，已照注帳。滬上辦花需款，自當匯出。今交王喬解奉現洋叁萬元、票元壹萬四千兩，至祈察收。即須下班，仍有款寄滬，請勿念。即請籌安。本廠會計所啓。三月十七日

諸君均此。

王喬帶票録後：

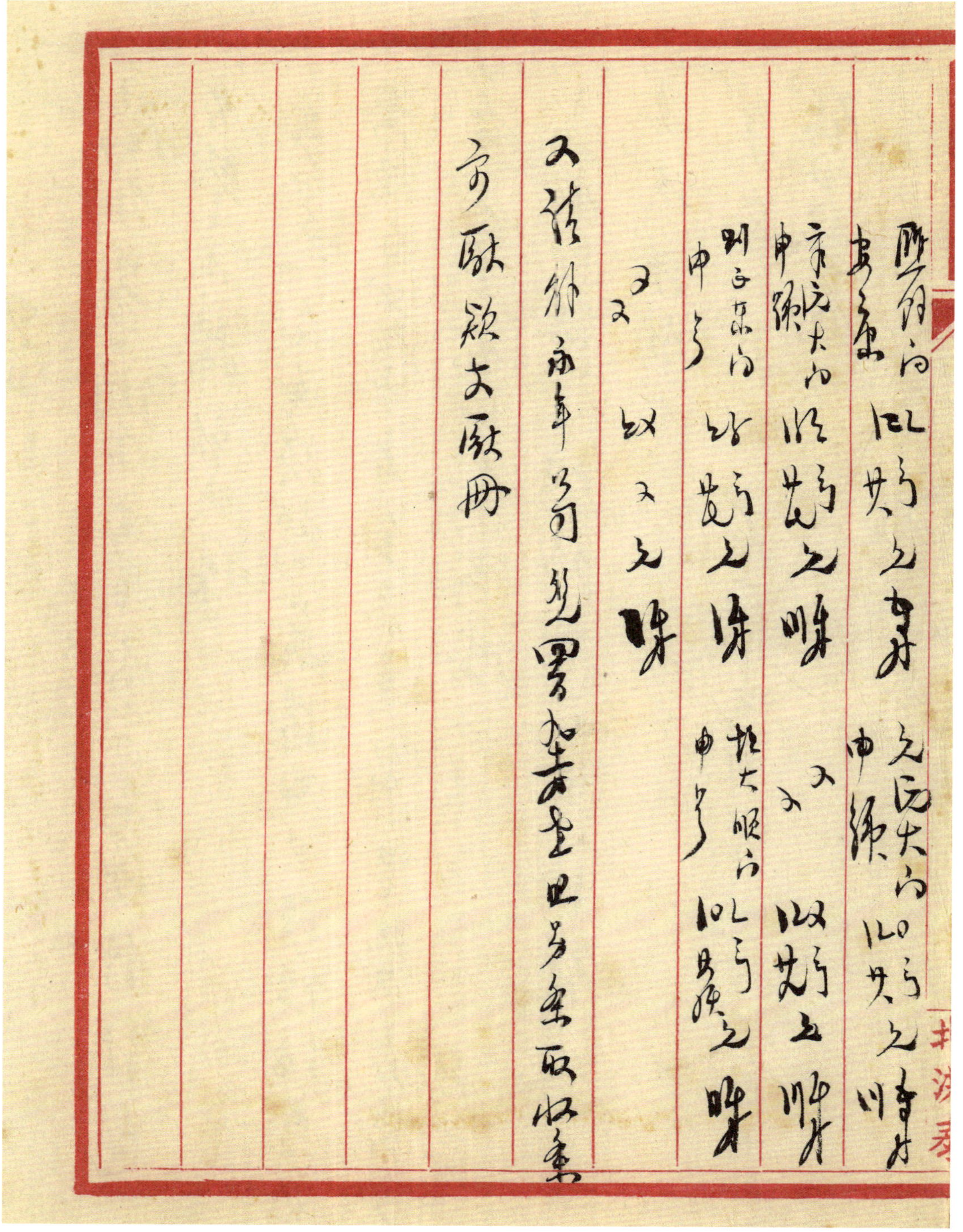

第四十二號（三月十七日）

匯餘向安康，一二六，三月廿八，元五百兩

章源大向申號，一五七，三月廿七，元三千兩

劉正泰向申號，七五，三月廿七，元一千兩

又又，七四，又，元一千兩

元源大向申號，一六〇，三月廿八，元三千五百兩

又又，一六四，三月廿九，元三千兩

恒大順向申號，一〇六，三月廿四（五天），元二千兩

又，請解永年公司九八元四百九十一兩七錢，照另條取，收條寄廠，款支廠册。

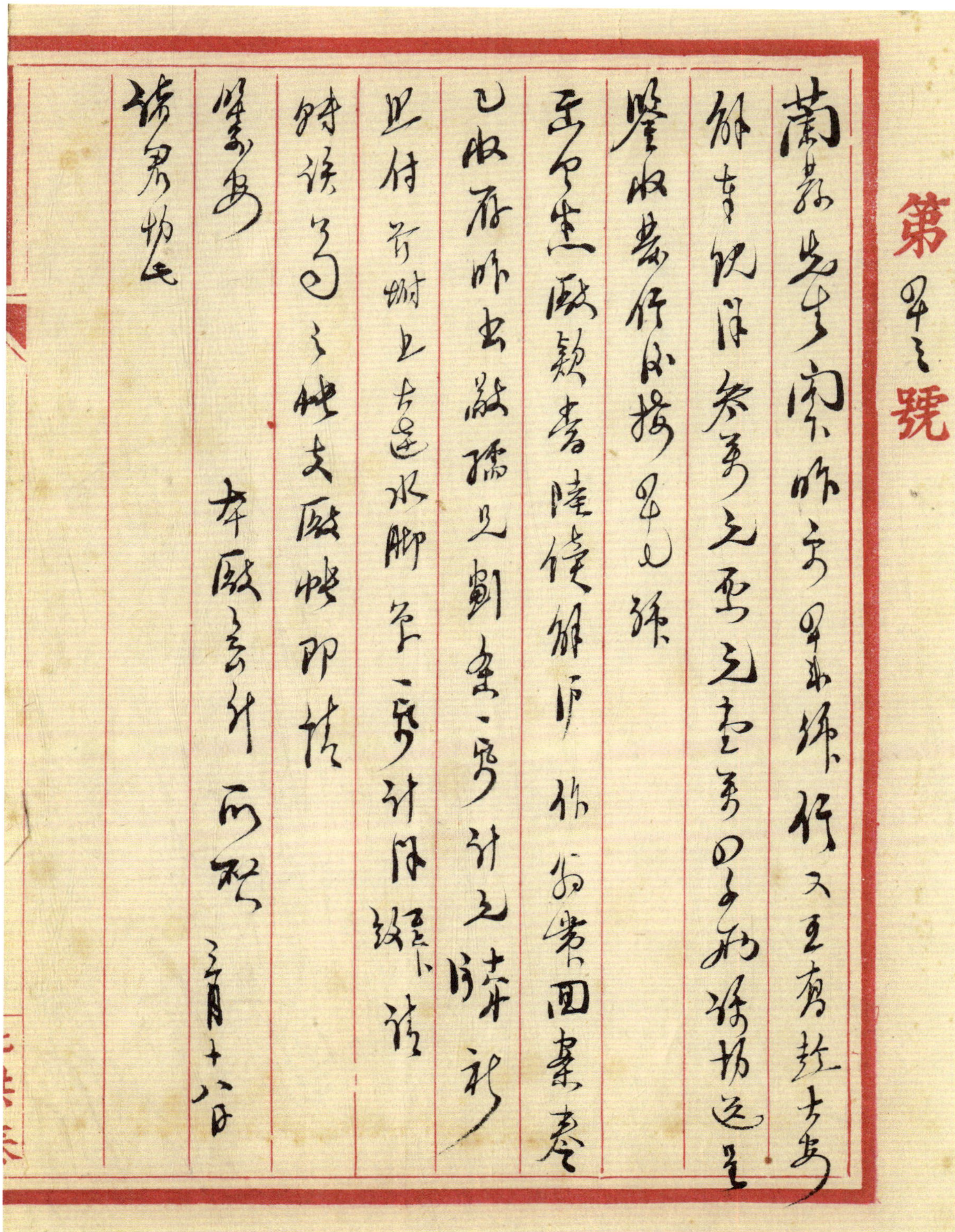

第四十三號（三月十八日）

蘭蓀先生閣下：昨寄四十式號信，又王喬趁大安解奉現洋叁萬元、票元壹萬四千兩，諒均送呈鑒收。發信後接四十七號示，具悉。廠款當陸續解滬。作翁帶回案卷，已收存。昨出敬孺兄劃條一紙，計元一千二百十八兩，祈照付。玆附上大達水脚單一紙，計洋八十九元一角六分，請轉該公司之帳，支廠帳。即請籌安。本廠會計所啓。三月十八日
諸君均此。

第四十三號（三月十八日）

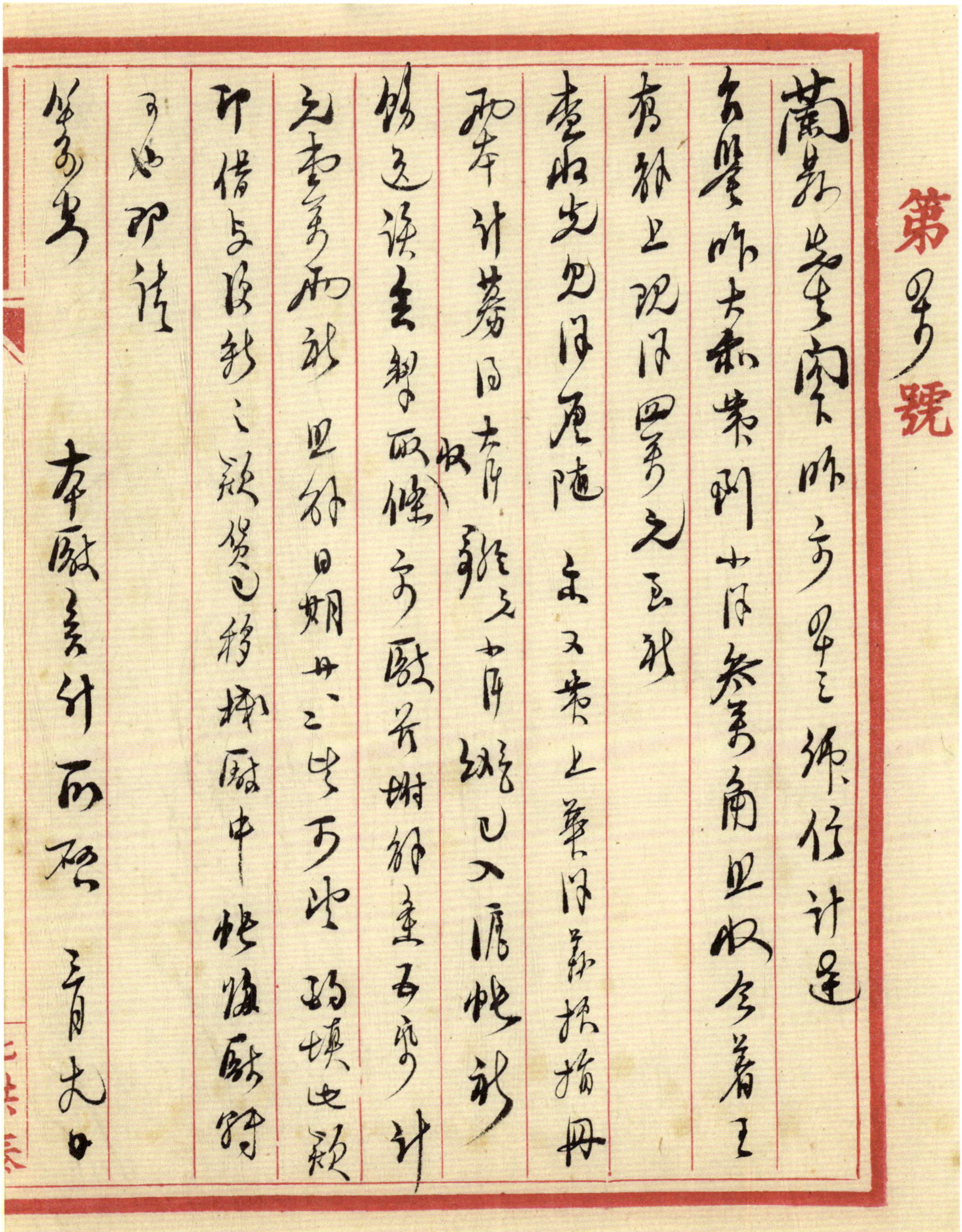

第四十四號（三月十九日）

蘭蓀先生閣下：昨寄四十三號信，計達台鑒。昨大和帶到小洋叄萬角，照收。今着王喬解上現洋四萬元，至祈查收，兑見洋厘隨示。又帶上華洋義振捐册兩本，計募得大洋三百五十八元，小洋七十四元三角，已入滬帳，祈飭送該會，掣取收條寄廠。玆附解條五紙，計元壹萬兩，祈照解，日期廿一、廿二皆可，望酌填。此款即借與復新之款，貨已移棧，廠中帳歸廠轉可也。即請籌安。本廠會計所啓。三月十九日

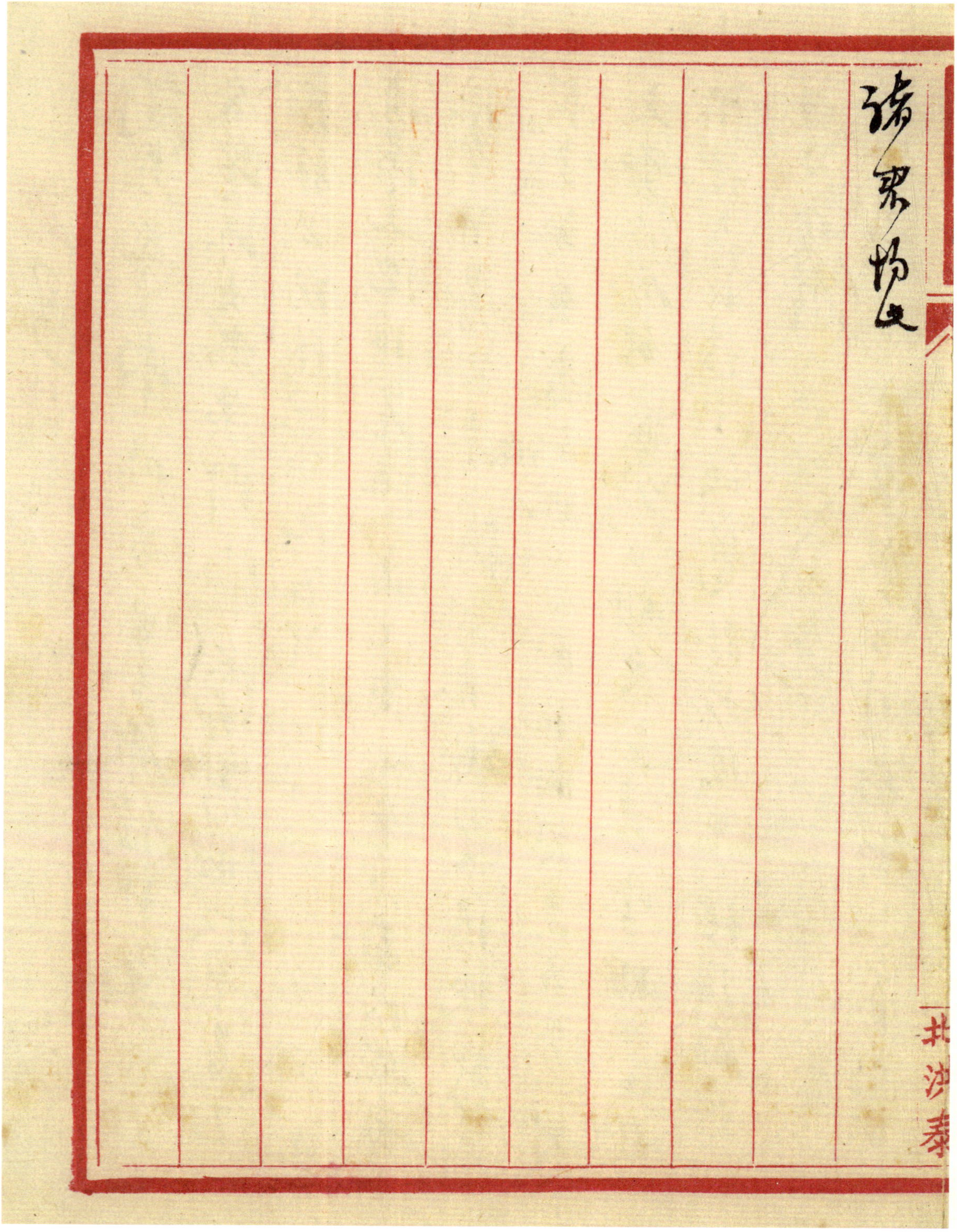
諸君均此

第四十四號（三月十九日）

諸君均此。

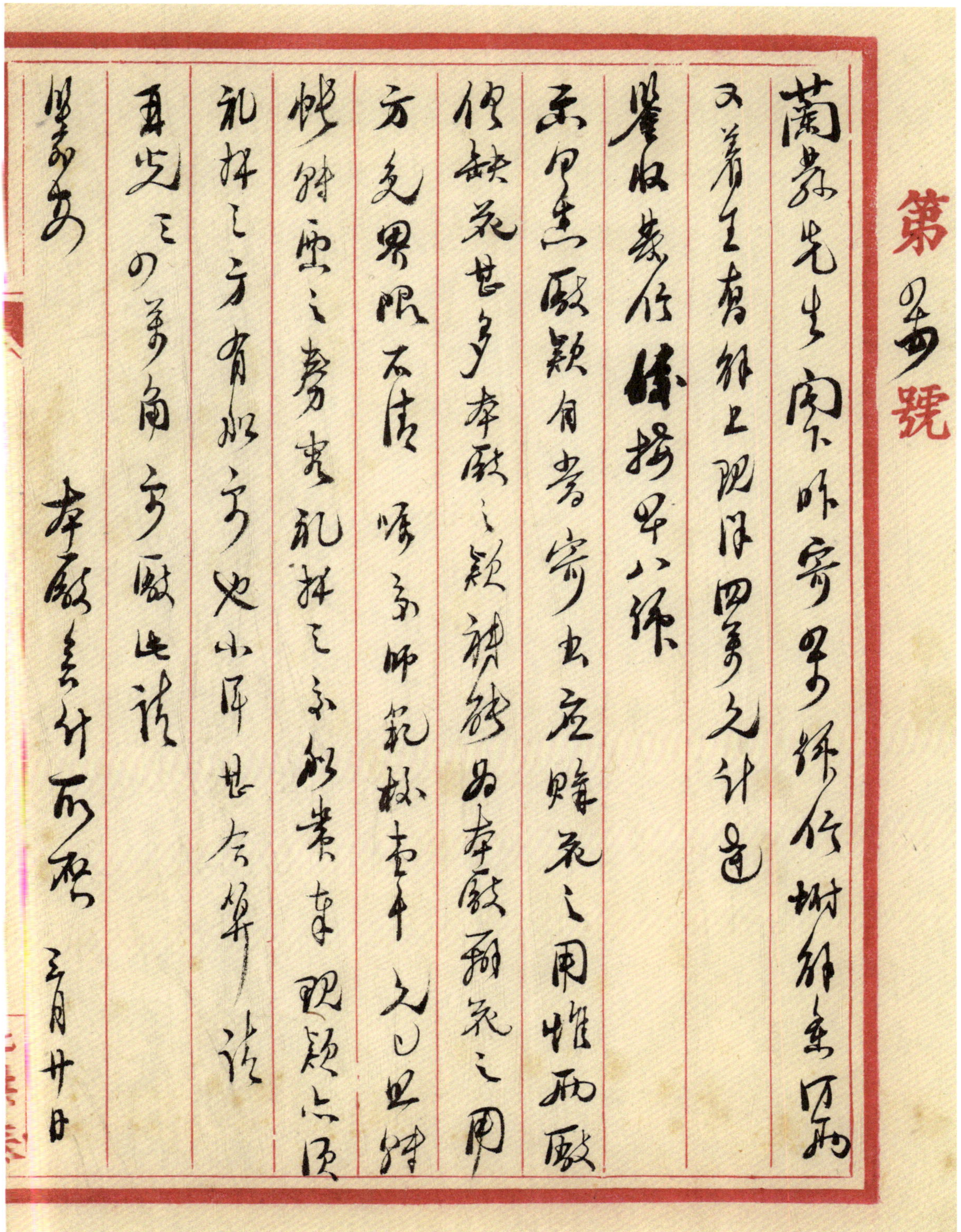

第四十五號（三月廿日）

蘭蓀先生閣下：昨寄四十四號信，附解條一萬兩，又着王喬解上現洋四萬元，計達鑒收。發信後接四十八號示，具悉。廠款自當寄出，應購花之用，惟兩廠俱缺花甚多，本廠之款衹能爲本廠辦花之用，方免界限不清。囑交師範校壹千元，已照轉賬。轉票之券，容禮拜三交船帶奉。現款亦須禮拜三方有船寄也。小洋甚合算，請再兑三四萬角寄廠。此請籌安。本廠會計所啓。三月廿日

諸君均此。

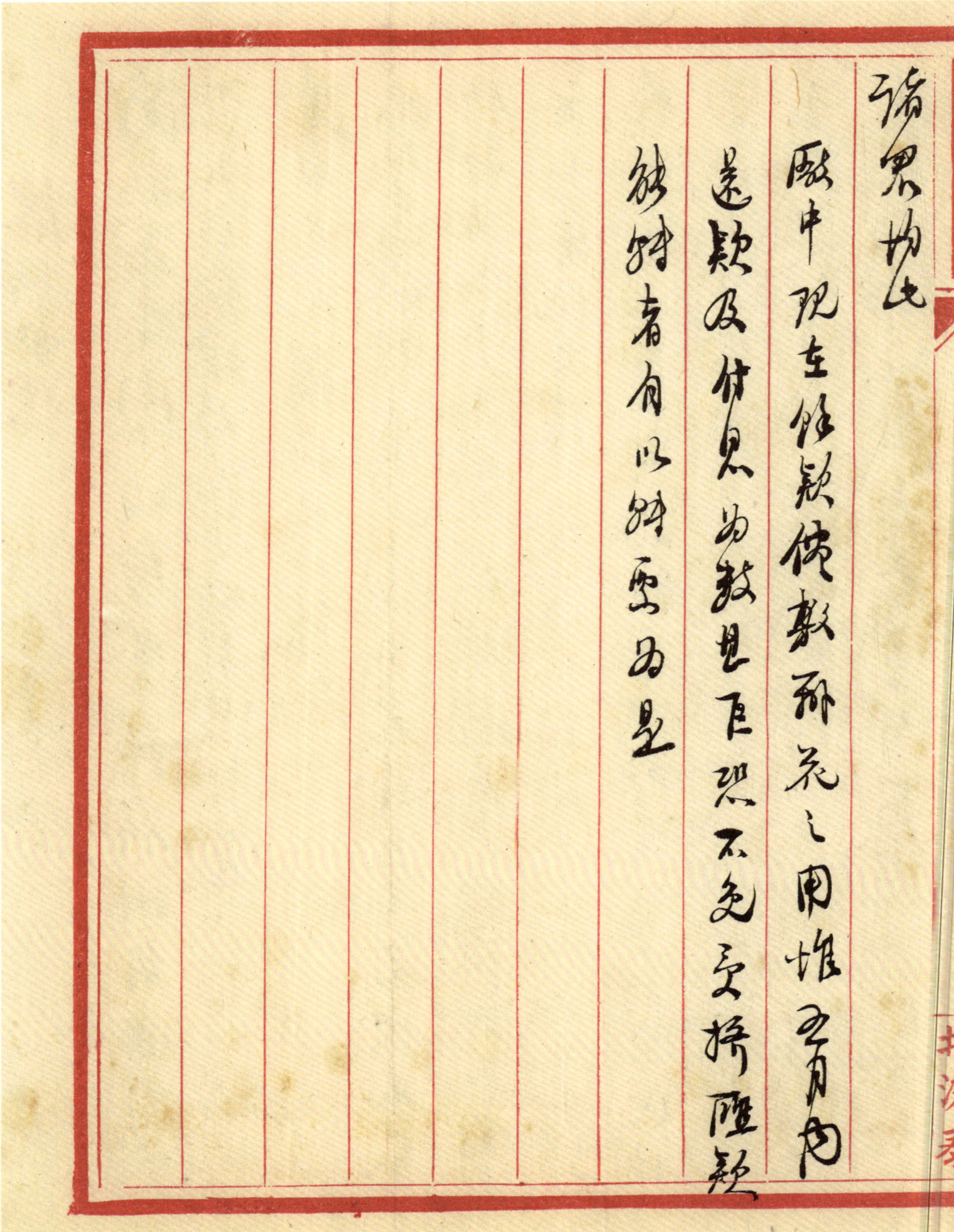
諸君均此
廠中現在餘款儘敷辦花之用惟五月內
還款及付息爲數甚巨恐不免受擠匯款
能轉者自以轉票爲是

第四十五號（三月廿日）

廠中現在餘款儘敷辦花之用，惟五月内還款及付息爲數甚巨，恐不免受擠。匯款能轉者，自以轉票爲是。

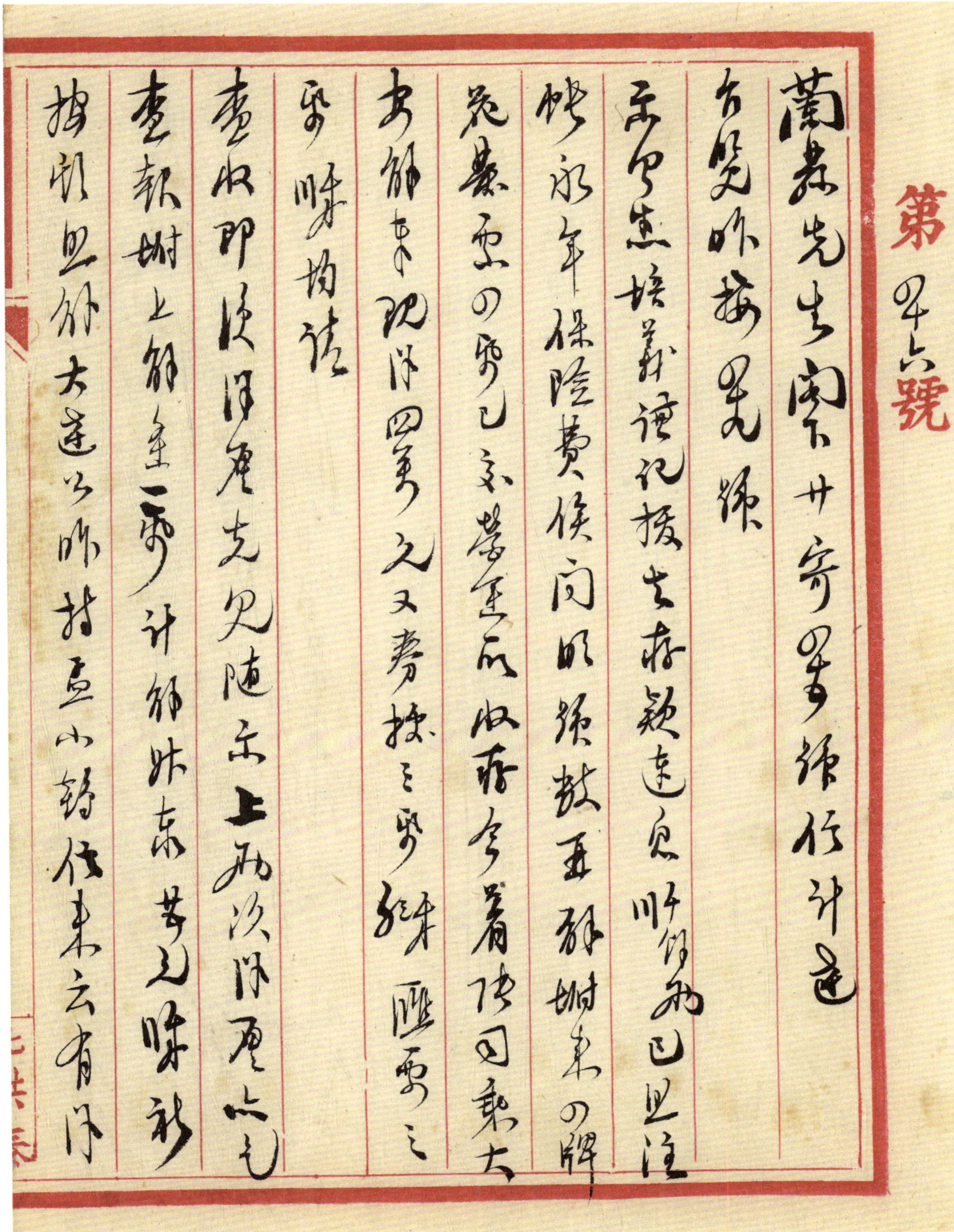

第四十六號（三月廿二日）

蘭蓀先生閣下：廿寄四十五號信，計達台覽。昨接四十九號示，具悉。培義謙記撥去存款連息三千餘兩，已照注帳。永年保險費，俟問明號數再解。附來四牌花發票四紙，已交營業所收存。今着張司乘大安解奉現洋四萬元，又劵據三紙五萬三千兩、匯票三紙三千兩，均請查收即復，洋厘兑見隨示。上兩次洋厘亦乞查報。附上解條一紙，計解升泰廿五元二千兩，祈按期照解。大達公昨持孟小鶴信來云，有洋五千元於十四日交滬，故發電奉詢，今得復電，知未收到。以後如有交來，乞隨時

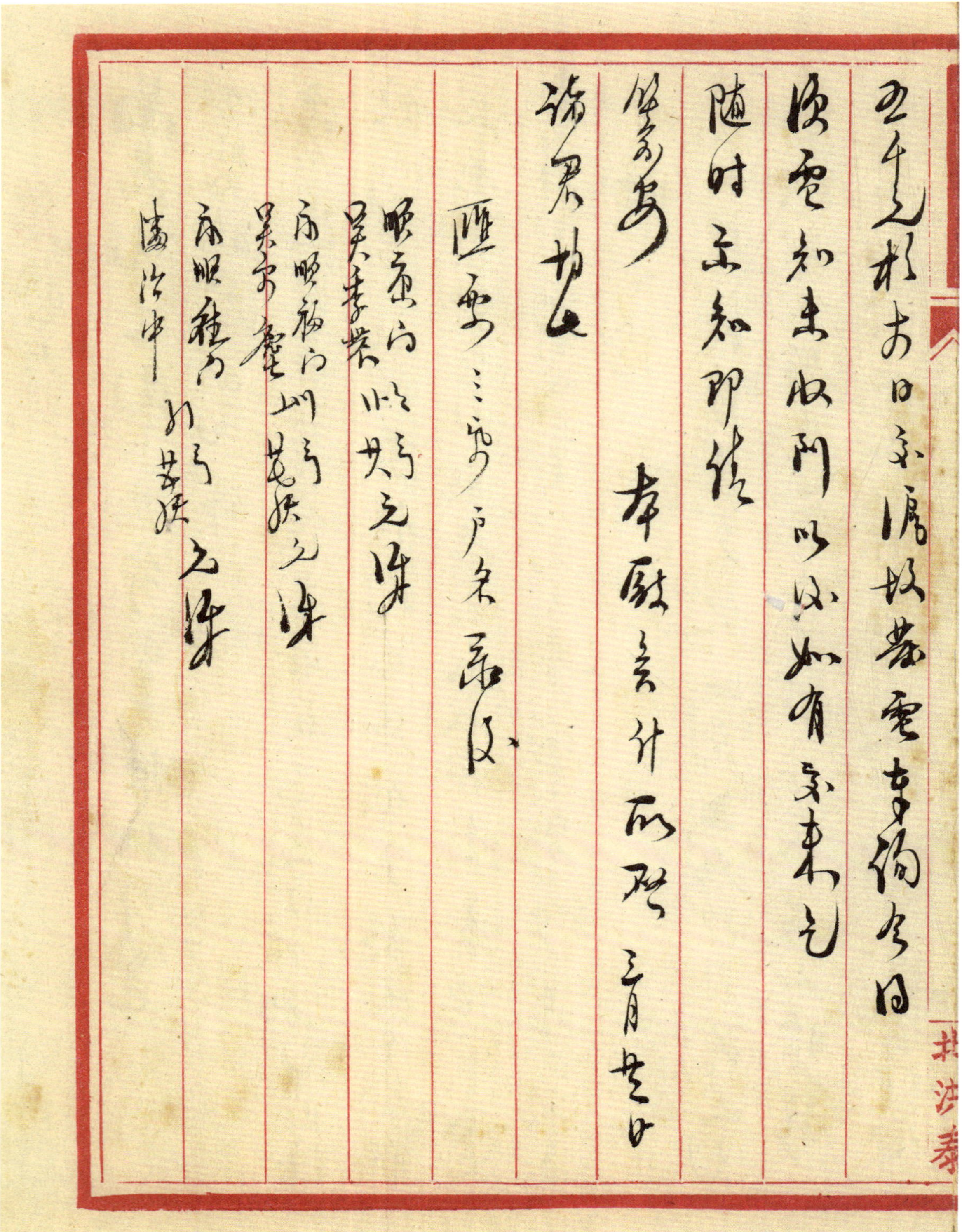

第四十六號（三月廿二日）

示知。即請籌安。本廠會計所啓。三月廿二日

諸君均此。

匯票三紙，户名録後：

順康向吴季農，二一七，三月廿八，元一千兩

永順福向吴寄塵，六三，三月廿七（五天），元一千兩

永順德向潘治中，五一，三月廿五（五天），元一千兩

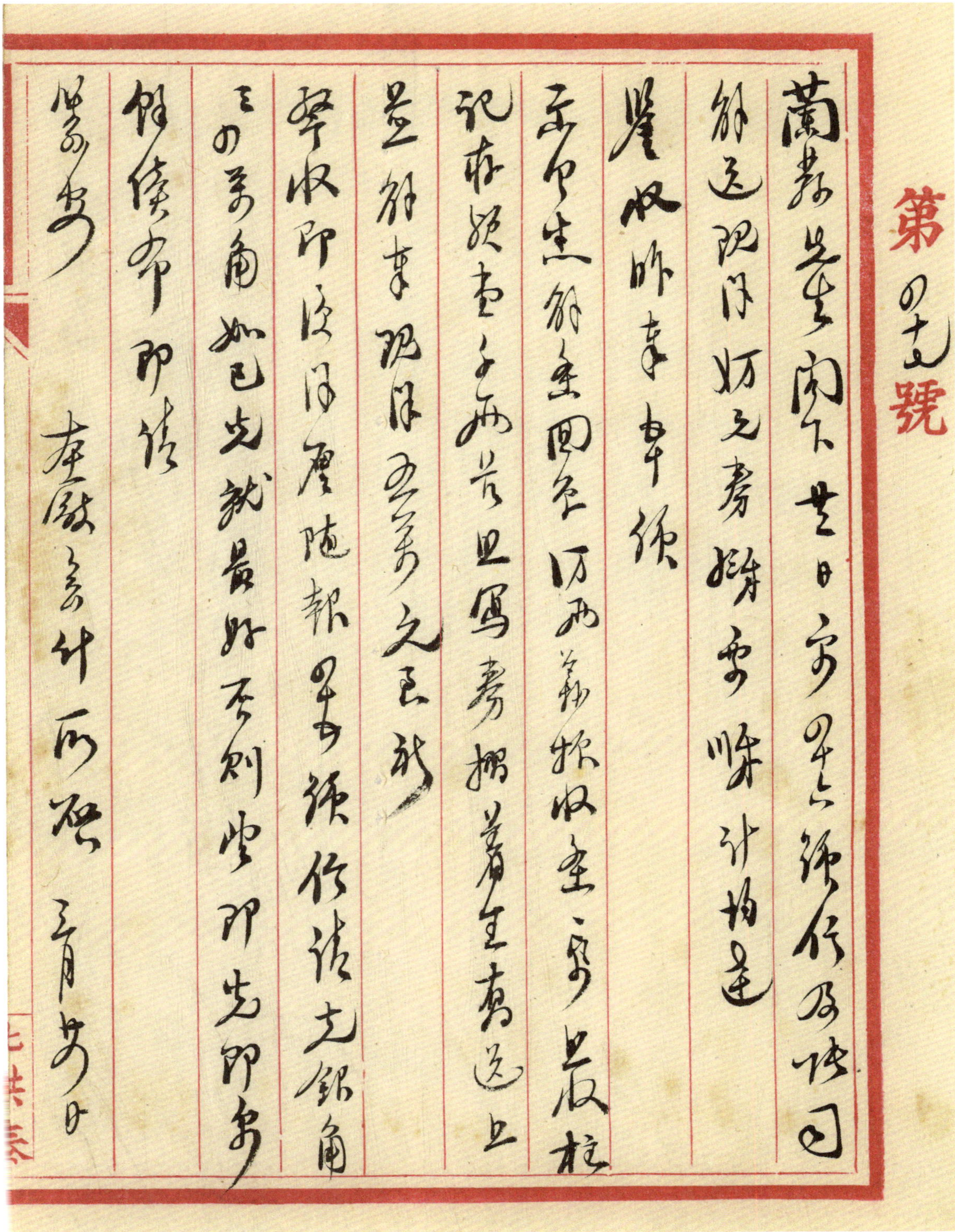

第四十七號（三月廿四日）

蘭蓀先生閣下：廿二日寄四十六號信，及張司解送現洋四萬元、券五萬三千兩、票三千兩，計均達鑒收。昨奉五十號示，具悉。解條回單一萬兩、義振收條一紙照收。柱記存款壹千兩，玆照寫券摺，着王喬送上，并解奉現洋五萬元，至祈察收即復，洋厘隨報。四十五號信請兑銀角三四萬角，如已兑就最好，否則望即兑即寄。餘續布。即請籌安。本廠會計所啓。三月廿四日

諸君均此。

諸君均鑒

第四十七號（三月廿四日）

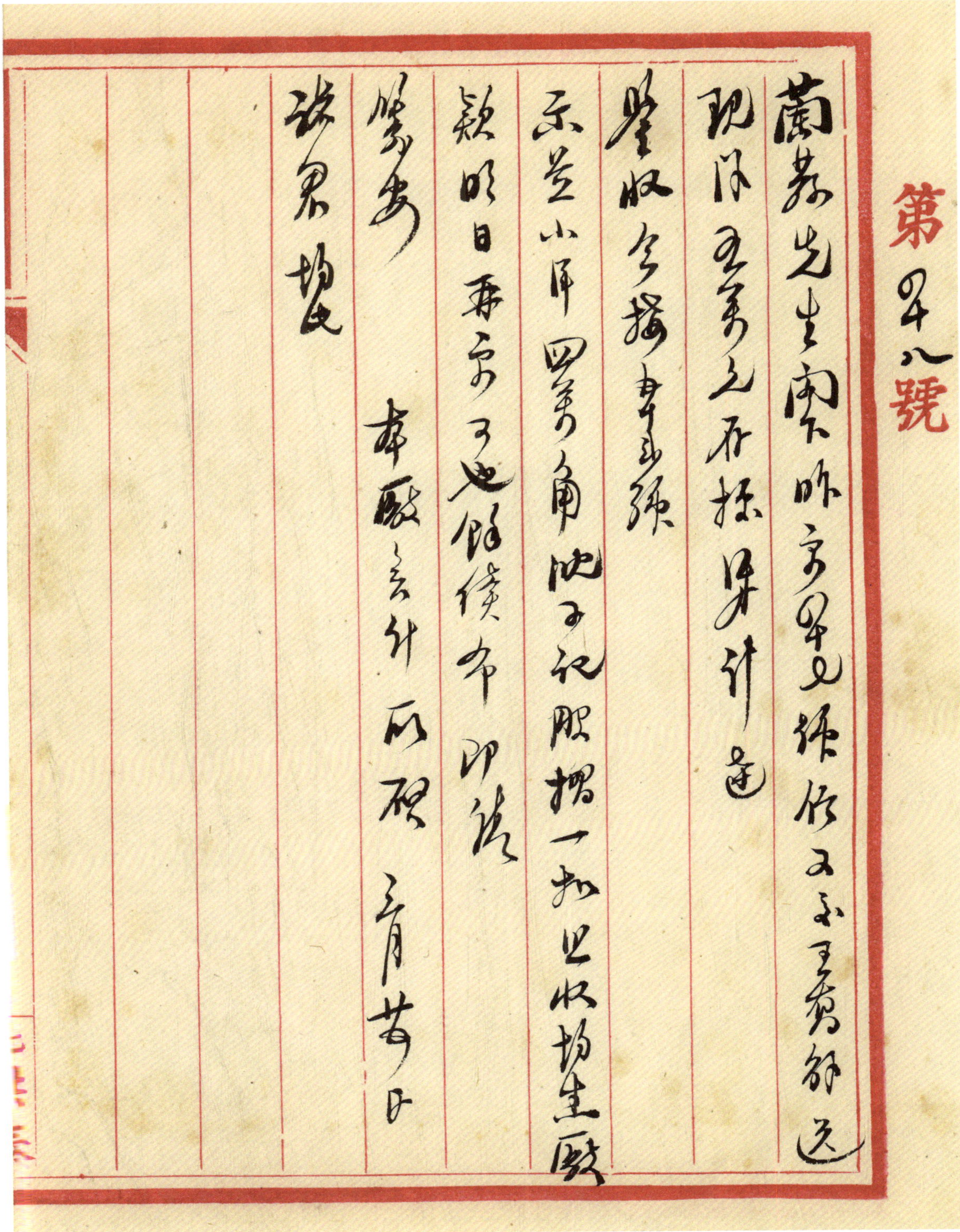

第四十八號（三月廿五日）

蘭蓀先生閣下：昨寄四十七號信，又交王喬解送現洋五萬元、存據一千兩，計達鑒收。今接五十式號示并小洋四萬角、沈子記股摺一扣，照收均悉。廠款明日再寄可也。餘續布。即請籌安。本廠會計所啓。三月廿五日

諸君均此。

第四十八號（三月廿五日）

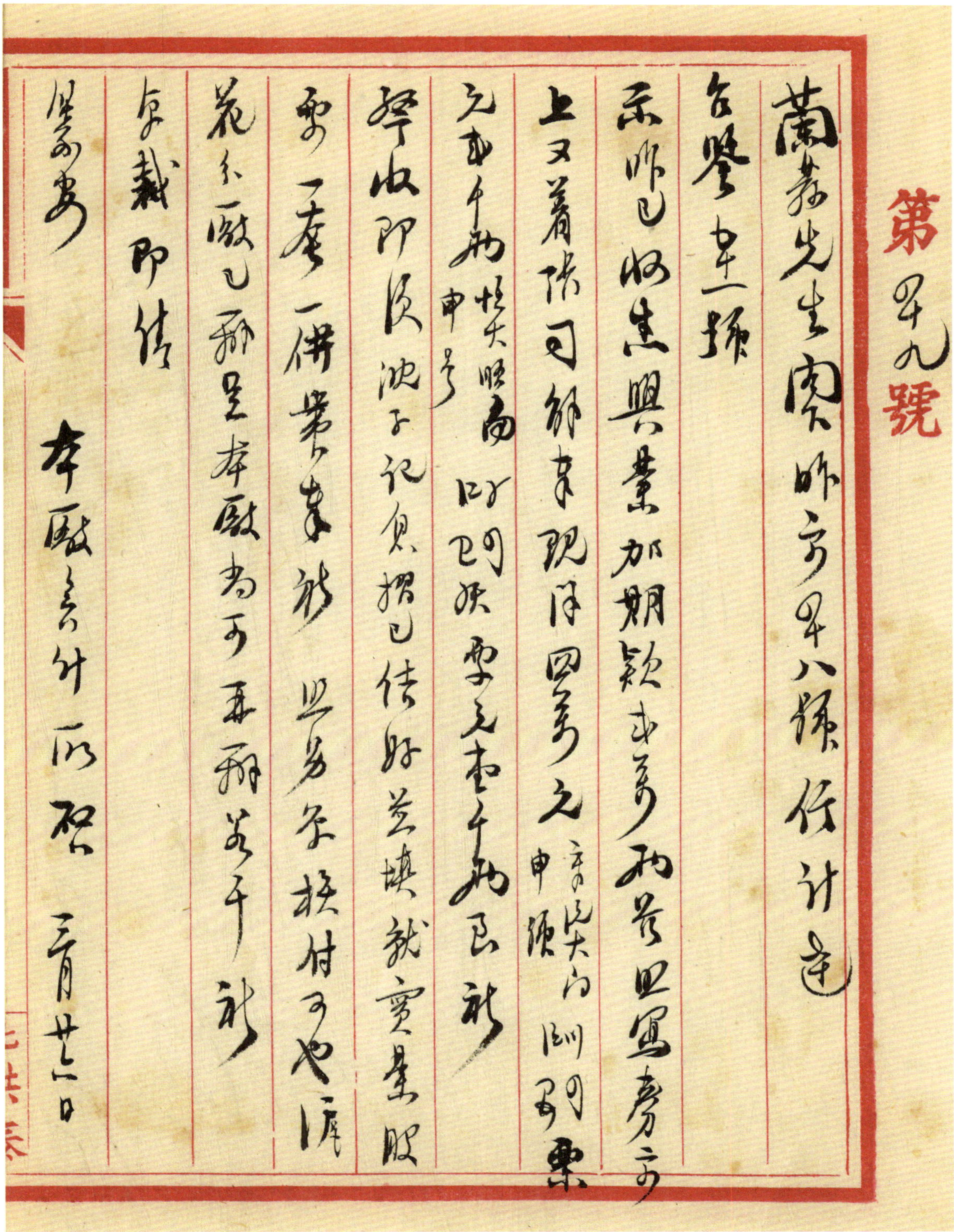

第四十九號（三月廿六日）

蘭蓀先生閣下：昨寄四十八號信，計達台鑒。五十一號示，昨已收悉。興業加期款弍萬兩，兹照寫券寄上。又着張司解奉現洋四萬元、章源大向申號（一七三）四月初五票元弍千兩、恒大順向申號（一二五）四月初一（五天）票元壹千兩，至祈察收即復。沈子記息摺已結好，并填就實業股票一套，一并帶奉，祈照另單核付可也。滬花分廠已辦足，本廠尚可再辦若干，祈卓裁。即請籌安。本廠會計所啓。三月廿六日

諸君均此

第四十九號（三月廿六日）

諸君均此。

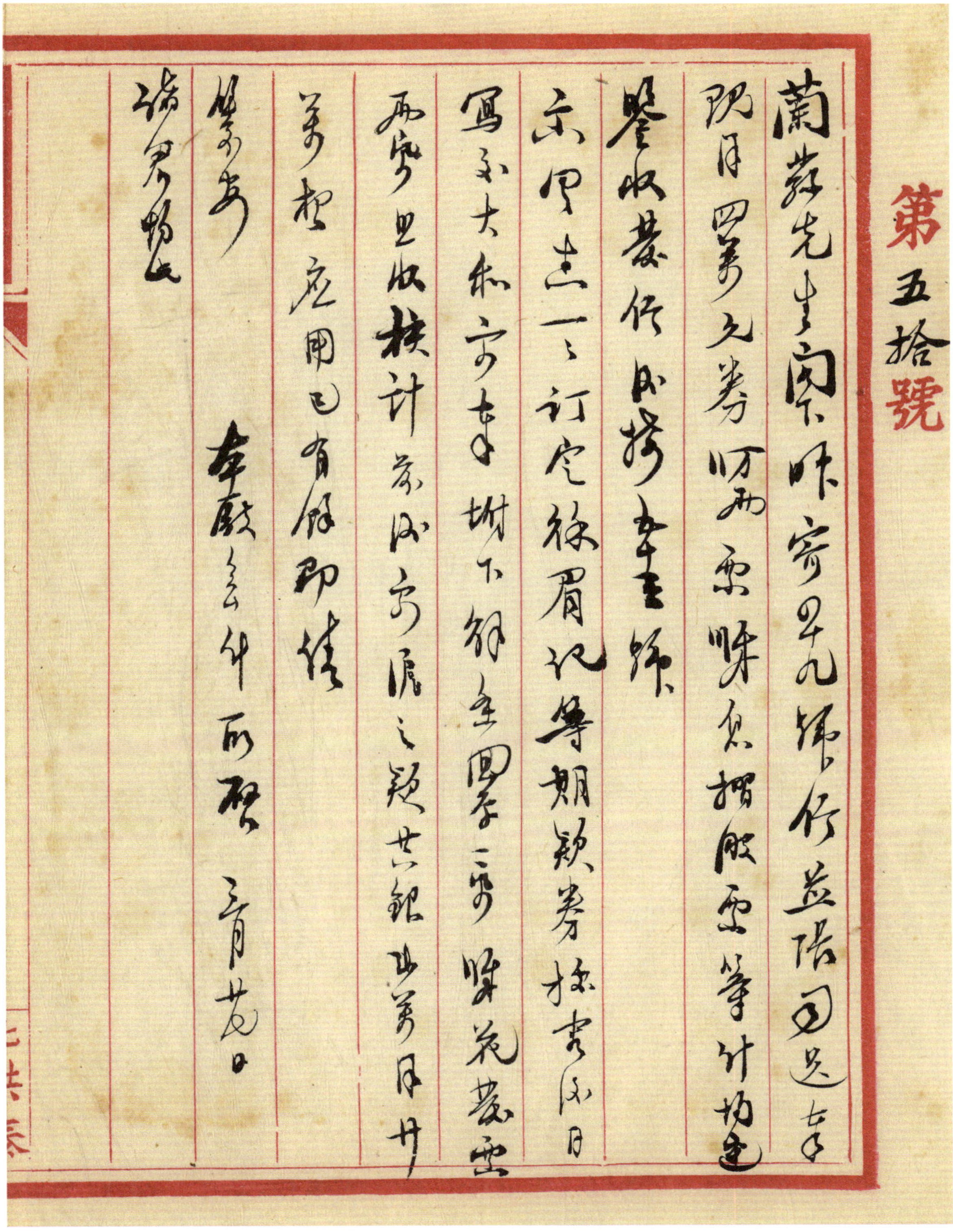

第五拾號

蘭蓀先生閣下：昨寄四十九號信，并張司送奉現洋四萬元、券二萬兩、票三千兩、息摺、股票等，計均達鑒收。發信後接五十三號示，具悉一一。訂定徐眉記等期款券據，容後日寫交大和寄奉。附下解條回單一紙、二千兩花發票兩紙，照收。核計前後寄滬之款，共銀式萬、洋廿萬，想應用已有餘。即請籌安。本廠會計所啓。三月廿七日

諸君均此。

第五十號（三月廿七日）

蘭蓀先生閣下：昨寄四十九號信，并張司送奉現洋四萬元、券二萬兩、票三千兩、息摺、股票等，計均達鑒收。發信後接五十三號示，具悉一一。訂定徐眉記等期款券據，容後日寫交大和寄奉。附下解條回單一紙、二千兩花發票兩紙，照收。核計前後寄滬之款，共銀式萬、洋廿萬，想應用已有餘。即請籌安。本廠會計所啓。三月廿七日

諸君均此。

第五十號（三月廿七日）

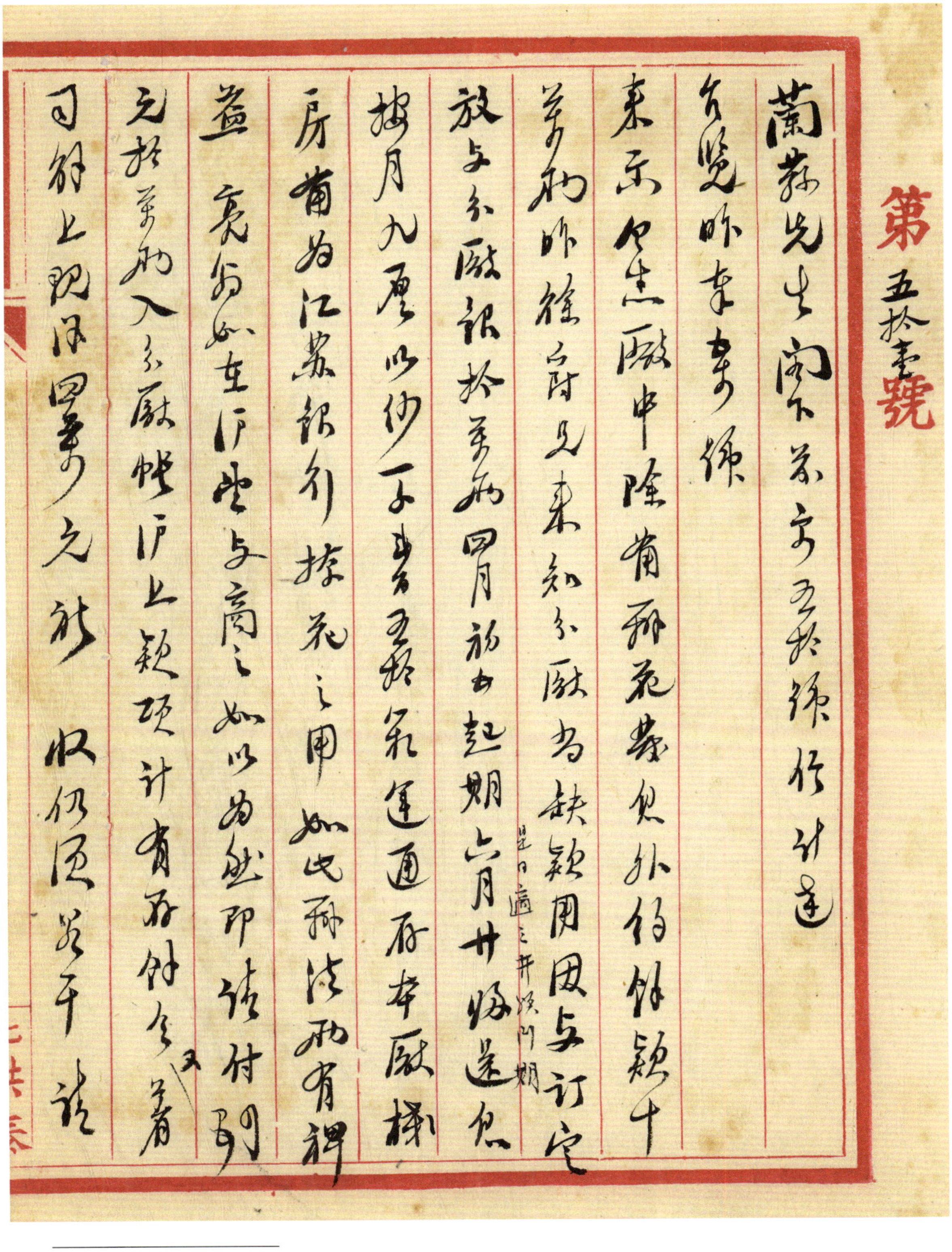

第五十一號（三月廿九日）

蘭蓀先生閣下：前寄五十號信，計達台覽。昨奉五十四號來示，具悉。廠中除備辦花發息外，約餘款十萬兩。昨徐爵兄來，知分廠尚缺款用，因與訂定，放與分廠銀拾萬兩，四月初五起期，六月廿歸還（是日適三井款到期），息按月九厘，以紗一千弍百五拾箱運通，存本廠棧房，備爲江蘇銀行掉花之用。如此辦法，兩有裨益。亮翁如在滬，望與商之，如以爲然，即請付四月初五元拾萬兩入分廠帳。滬上款項計有存餘，今又着司解上現洋四萬元，祈收。仍須若干，請核示，再行解出。

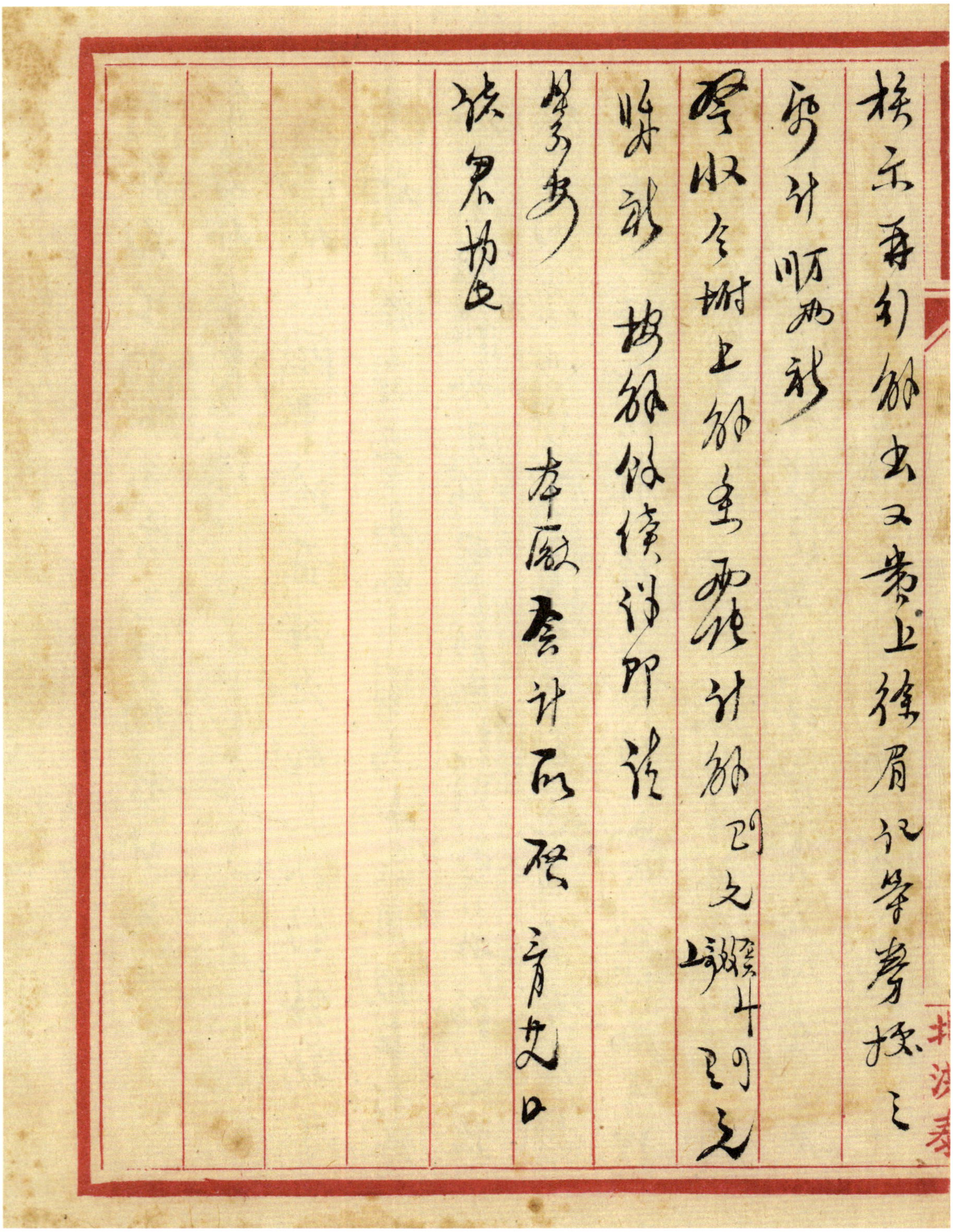

第五十一號（三月廿九日）

又帶上徐眉記等券據三紙，計三萬兩，祈察收。今附上解條兩張，計解四月初一元六千三百九十九兩六錢六分二、四月初二元二千兩，祈按解。餘續詳。即請籌安。

本廠會計所啓。三月廿九日

諸君均此。

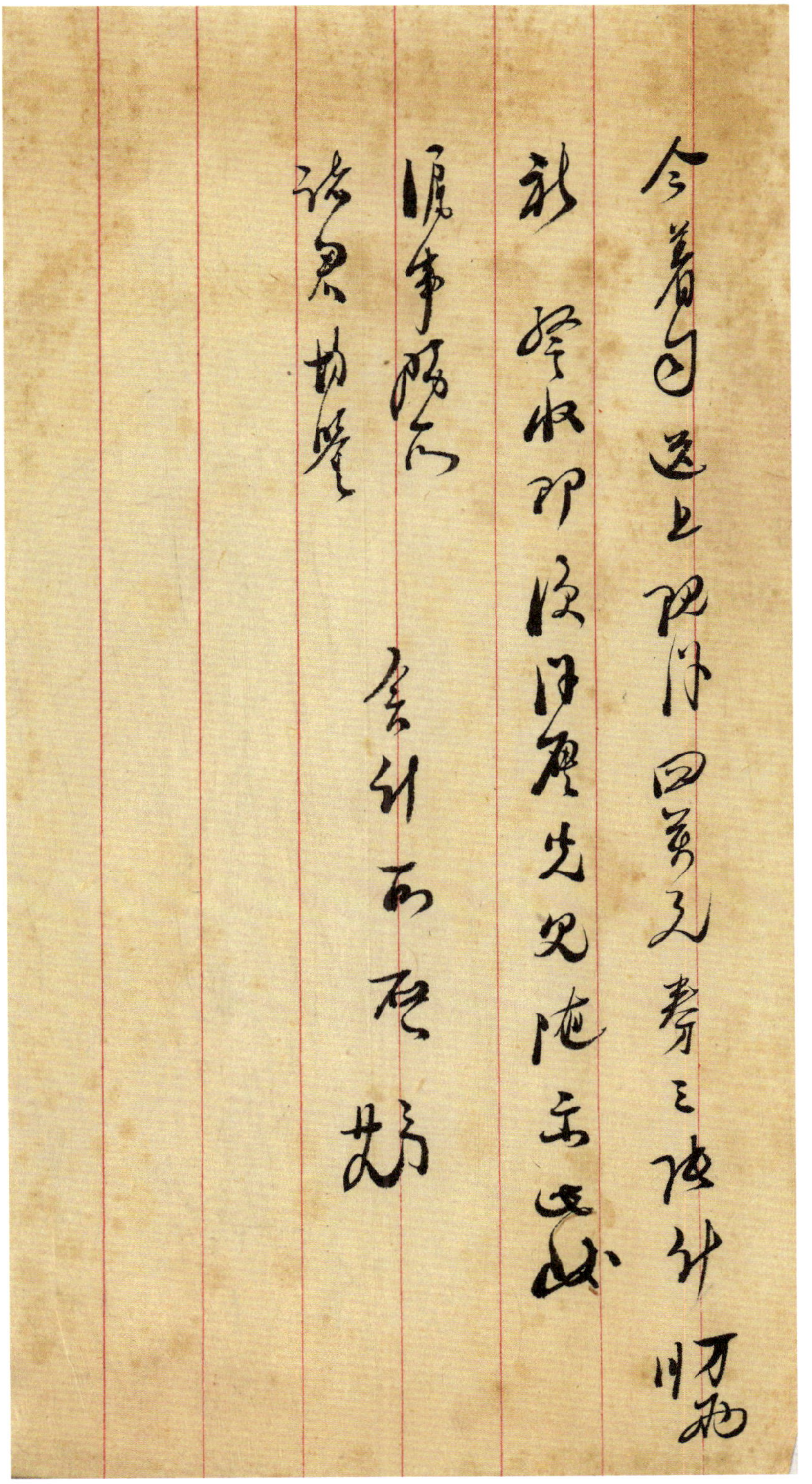
今着司送上現洋四萬元券三張計三萬兩
祈察收即復洋厘兑現隨示此
滬事務所
會計所啟
諸君均鑒

附不列號信（三月廿九日）

今着司送上現洋四萬元、券三張計三萬兩，祈察收即復，洋厘兑現隨示。此致滬事務所。會計所啟。三月廿九
諸君均鑒。

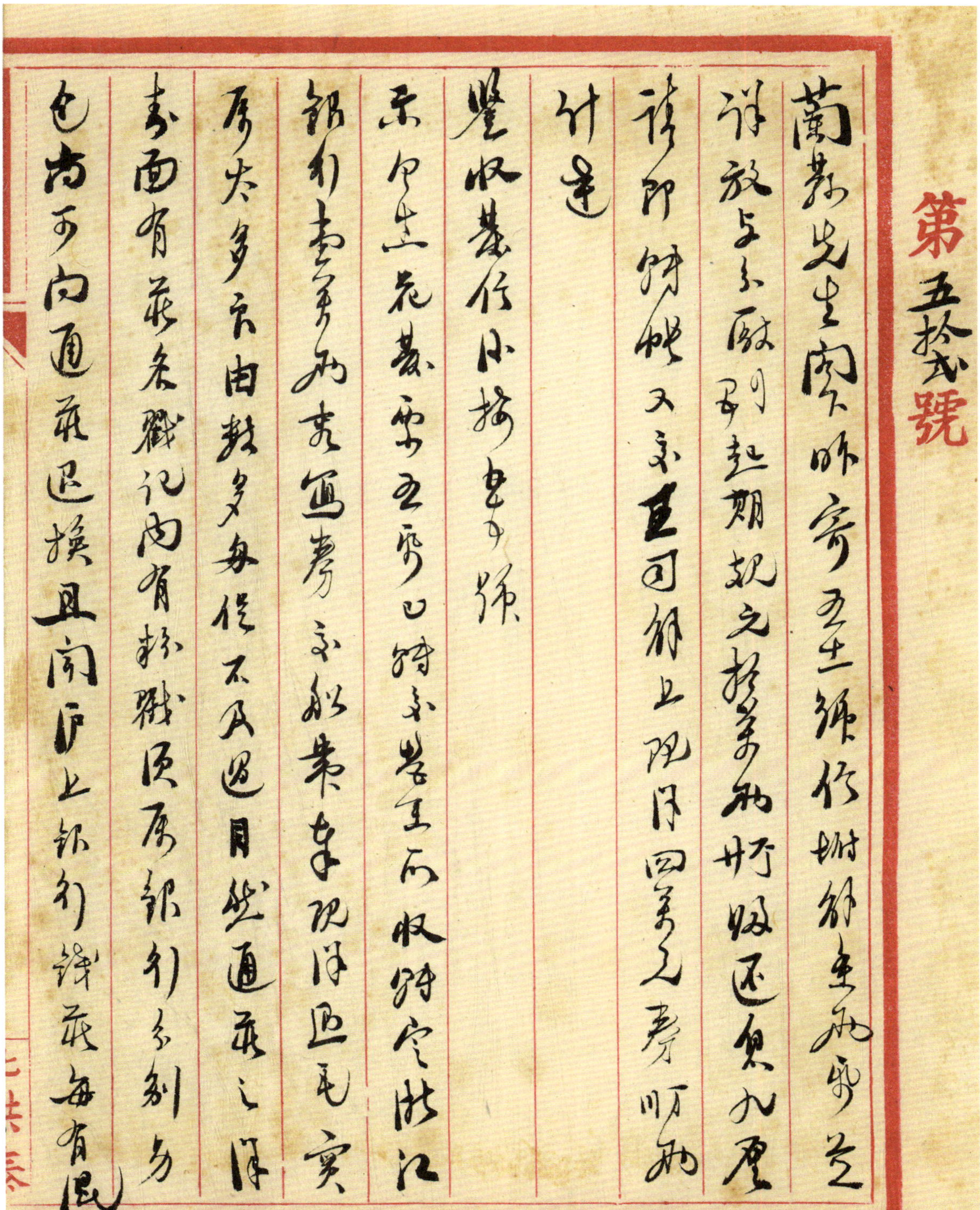

第五十二號（三月卅日）

蘭蓀先生閣下：昨寄五十一號信，附解條兩紙，并詳放與分廠四月初五起期規元拾萬兩，六月廿歸還，息九厘，請即轉帳。又交王司解上現洋四萬元、券三萬兩，計達鑒收。發信後接五十五號示，具悉。花發票五紙，已轉交營業所收轉。定浙江銀行壹萬兩，容寫券交船帶奉。現洋退毛實屬太多，云由數多，匆促不及過目。然通莊之洋，封面有莊名戳記，内有粉戳，須屬銀行分别另包，尚可向通莊退換。且聞滬上銀行、錢莊每有混退毛洋之事，亦不可不防。今附上解條一紙，計解大達局元

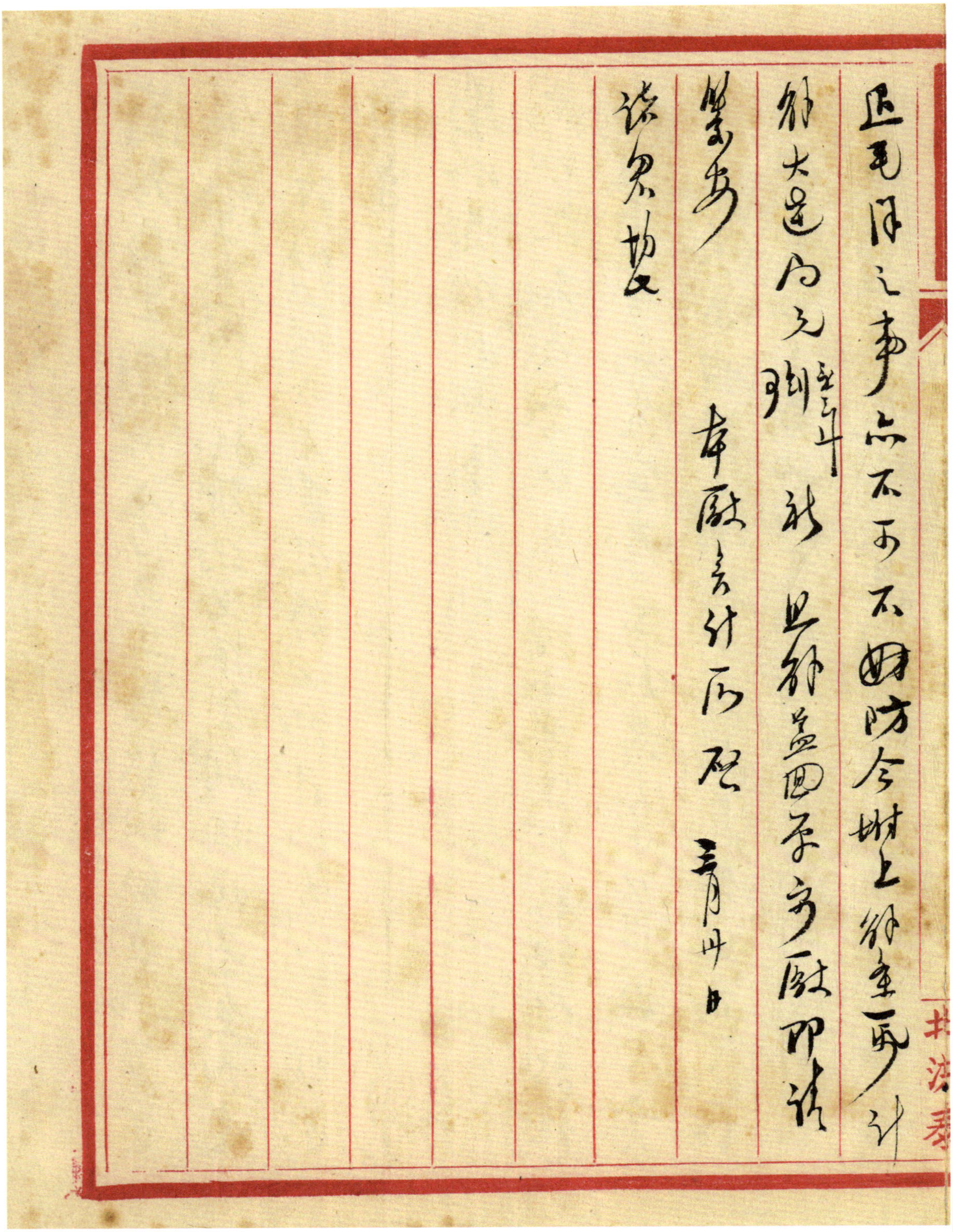

第五十二號（三月卅日）

一百八十二兩三錢三分二，祈照解，蓋回單寄廠。即請籌安。本廠會計所啓。三月卅日

諸君均此。

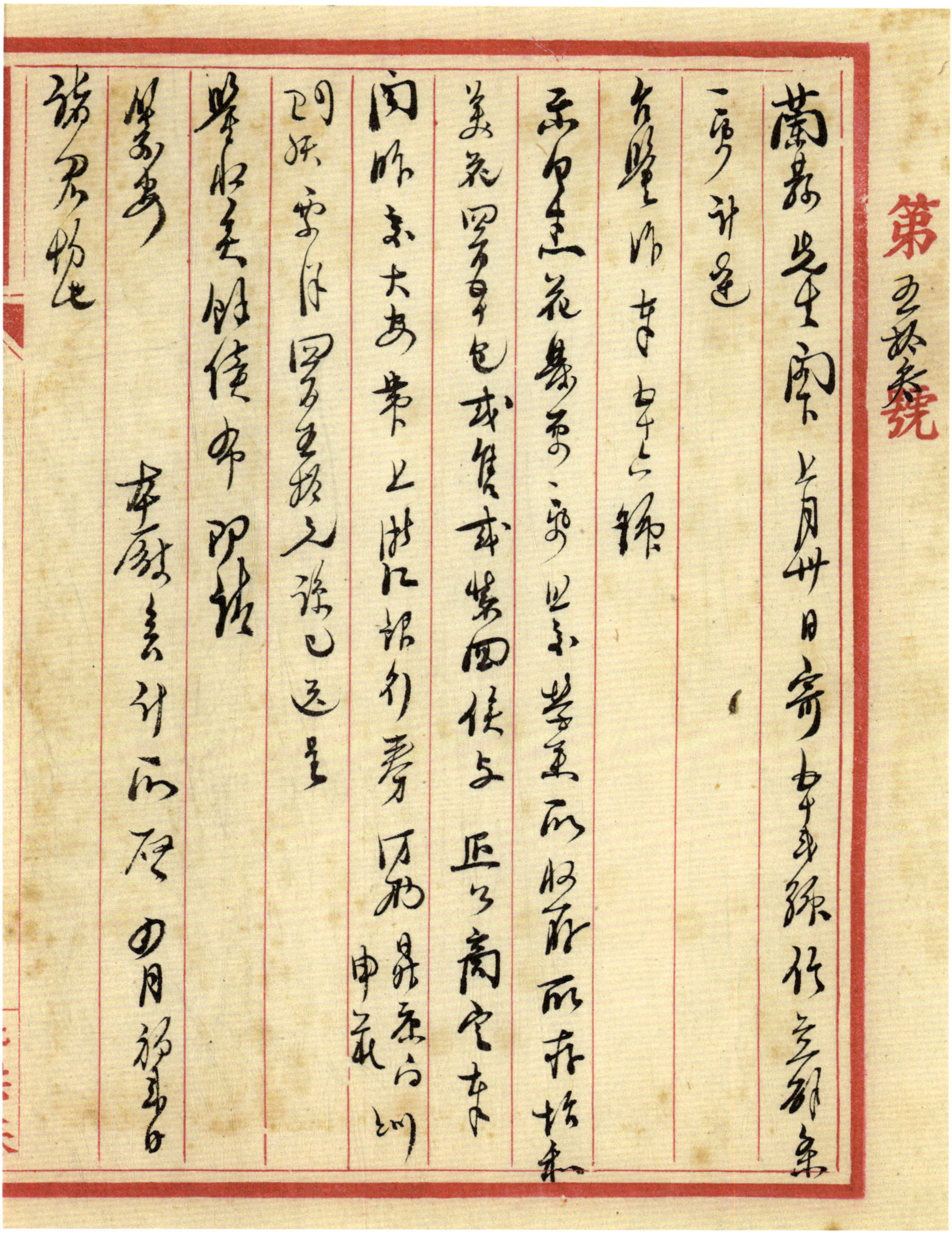

第五十三號（四月初二日）

蘭蓀先生閣下：上月卅日寄五十弍號信并解條一紙，計達台鑒。昨奉五十六號示，具悉。花發票一紙照交營業所收存。所存怡和美花四百五十包，或售或裝回，俟與退公商定奉聞。昨交大安帶上浙江銀行券一萬兩、鼎康向申莊（七三）四月初一（五天）票洋四百五拾元，諒已送呈鑒收矣。餘續布。即請籌安。本廠會計所啓。四月初弍日

諸君均此。

第五十三號（四月初二日）

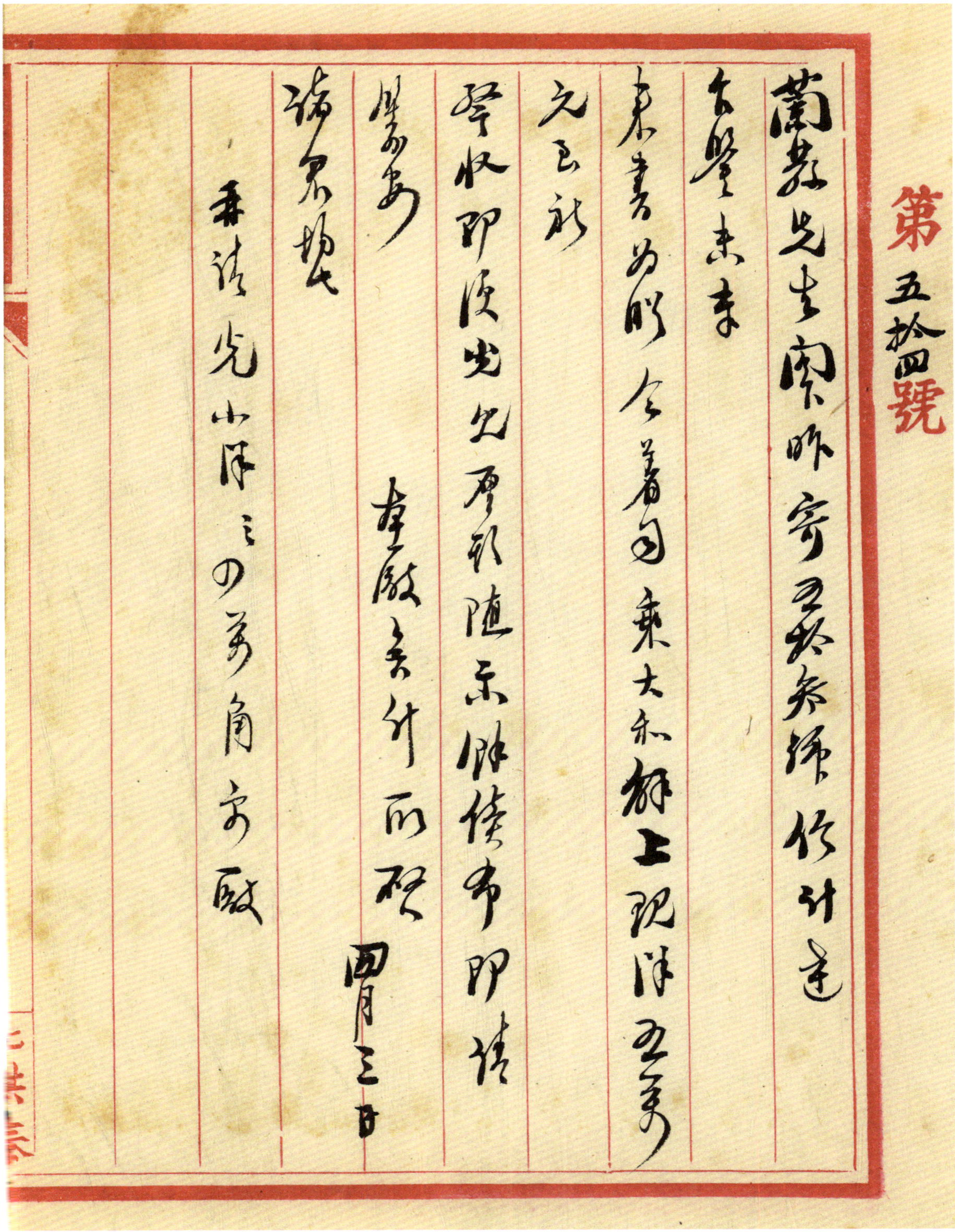

第五十四號（四月初三日）

蘭蓀先生閣下：昨寄五十叁號信，計達台鑒。未奉來書，爲盼。今着司乘大和解上現洋五萬元，至祈察收即復，兑見厘期隨示。餘續布。即請籌安。本廠會計所啓。
四月三日
諸君均此。
再請兑小洋三四萬角寄廠。

第五十四號（四月初三日）

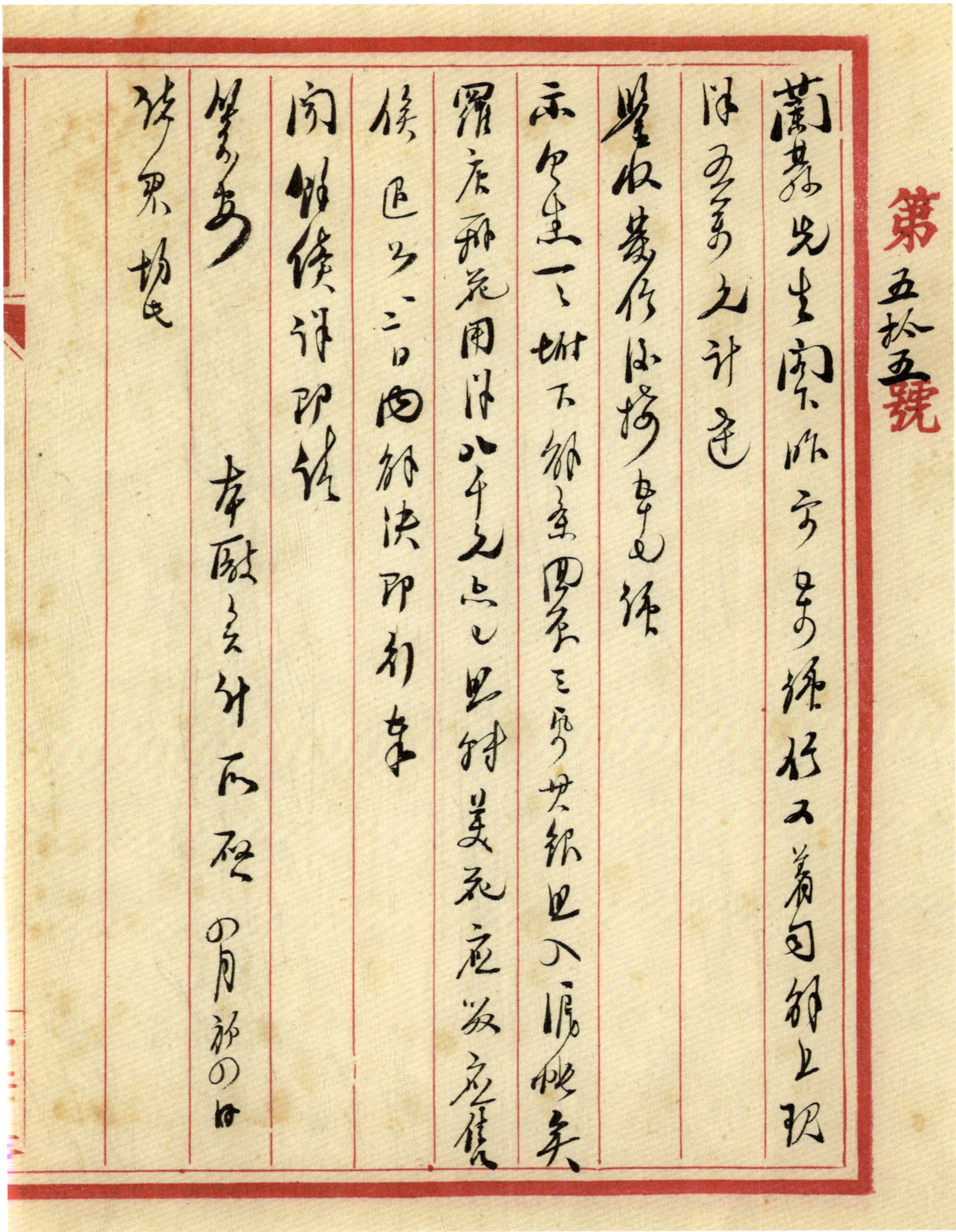

第五十五號（四月初四日）

蘭蓀先生閣下：昨寄五十四號信，又着司解上現洋五萬元，計達鑒收。發信後接五十七號示，具悉一一。附下解條回單三紙，其銀照入滬帳矣。羅店辦花用洋八千元，亦已照轉。美花應留應售，俟退公一二日内解决，即行奉聞。餘續詳。即請籌安。本廠會計所啓。四月初四日

諸君均此。

第五十五號（四月初四日）

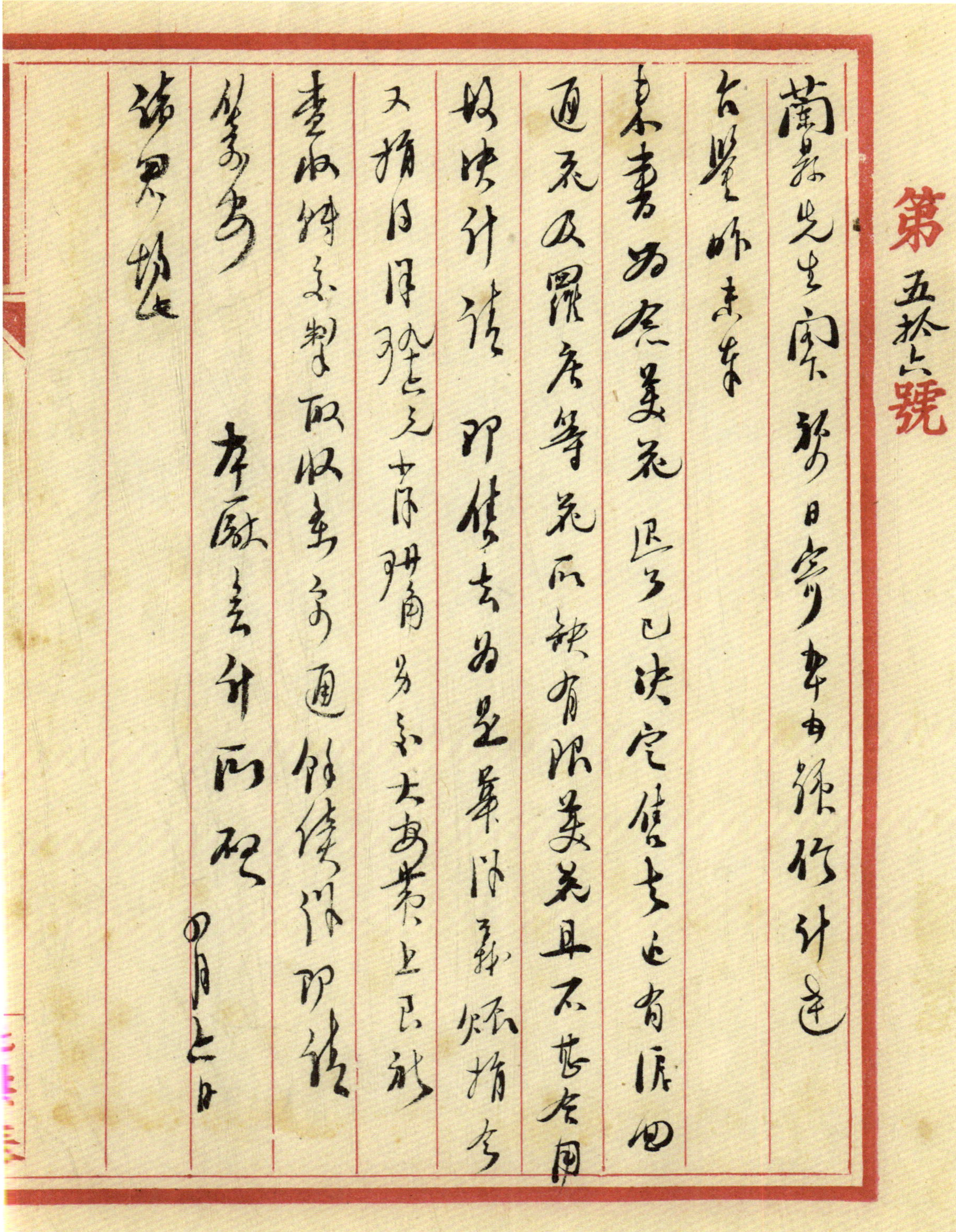

第五十六號（四月初六日）

蘭蓀先生閣下：初四日寄五十五號信，計達台鑒。昨未奉來書，爲念。美花退公已决定售去，近有滬回通花及羅店等花，所缺有限。美花且不甚合用，故决計請即售去爲是。華洋義賑捐，今又捐得洋一百九十六元、小洋一百廿角，另交大安帶上，至祈查收轉交，掣取收條寄通。餘續詳。即請籌安。本廠會計所啓。四月六日
諸君均此。

第五十六號（四月初六日）

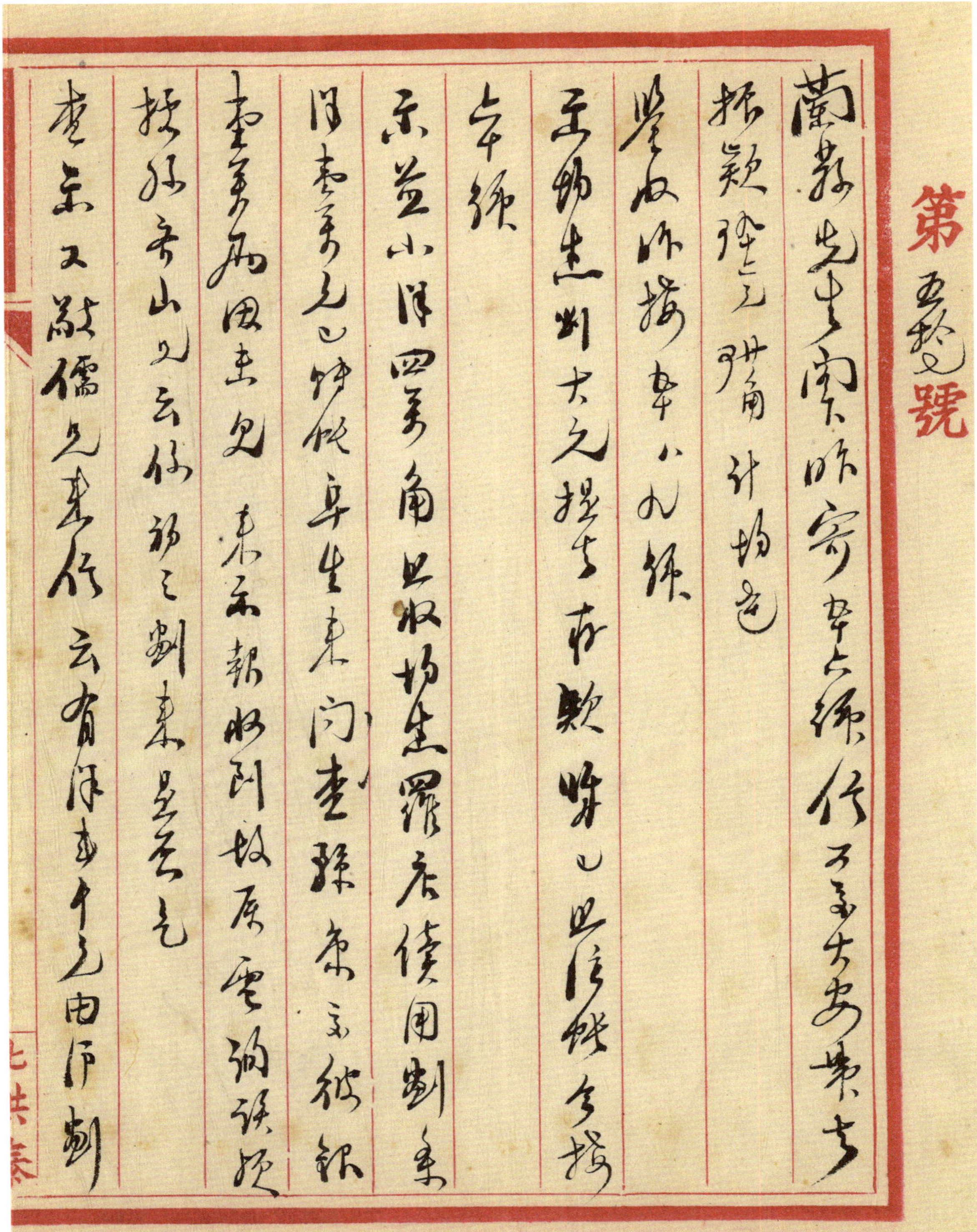

第五十七號（四月初七日）

蘭蓀先生閣下：昨寄五十六號信，又交大安帶去振款一百九十六元、一百廿角，計均達鑒收。昨接五十八、五十九號示，均悉。劉大元提去存款二千兩，已照注帳。今接六十號示并小洋四萬角，照收均悉。羅店續用劃條洋壹萬元已轉帳。阜生來查問豫康〔源〕交彼銀壹萬兩，因未見來示報收到，故屬電詢。該款據孫齊山兄云，係初三劃來，是否乞查示。又敬孺兄來信云，有洋弍千元由滬劃廠，有否乞示知。即請籌安。本廠會計所啓。四月初七日

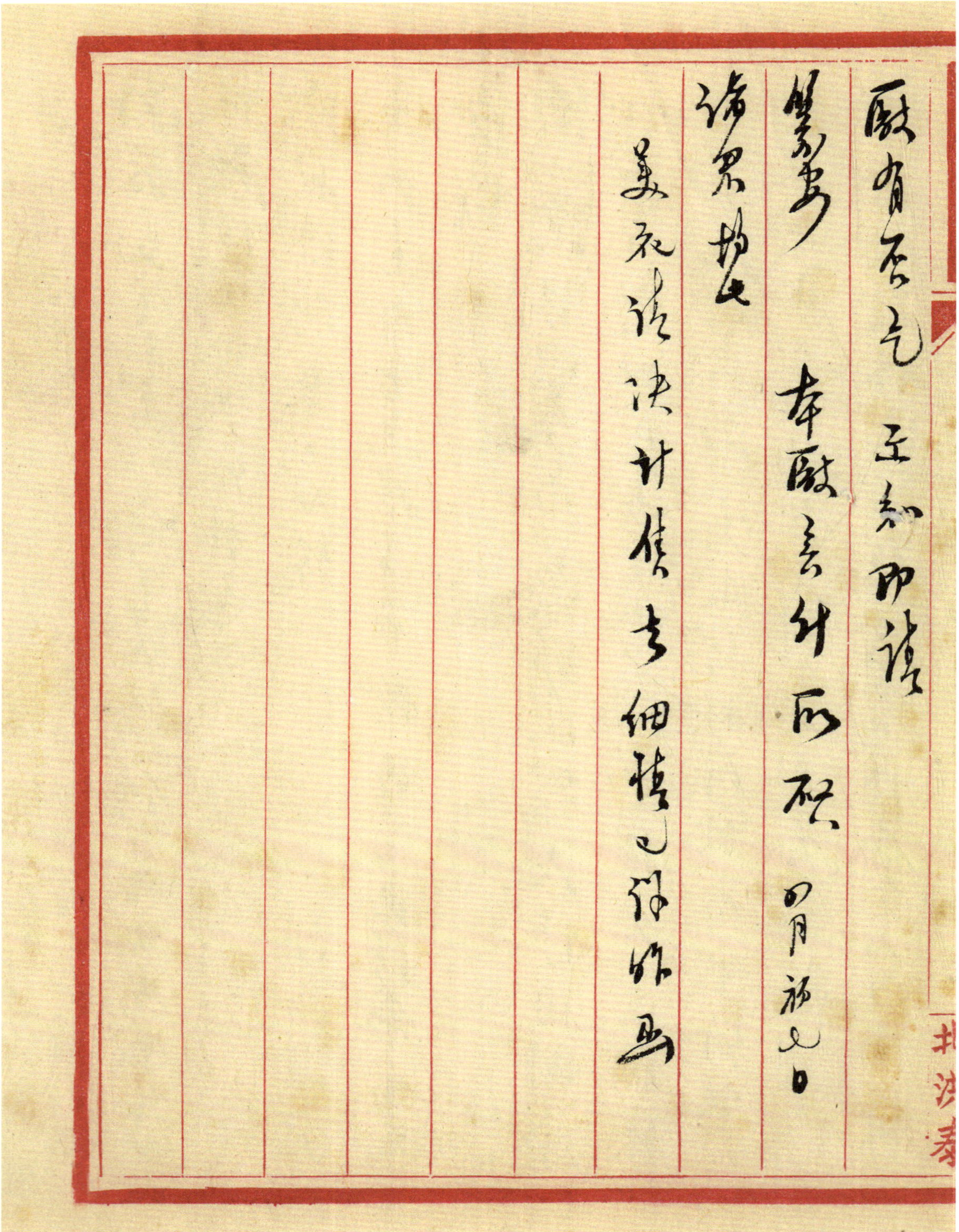

厰有存乞 示知即請
籌安 本厰袁升所啟 四月初七日
諸君均此
美花請決計售去細情已詳昨函

第五十七號（四月初七日）

諸君均此。

美花請決計售去，細情已詳昨函。

（按：豫康，下信均作“豫源”，故此改为“豫源”）

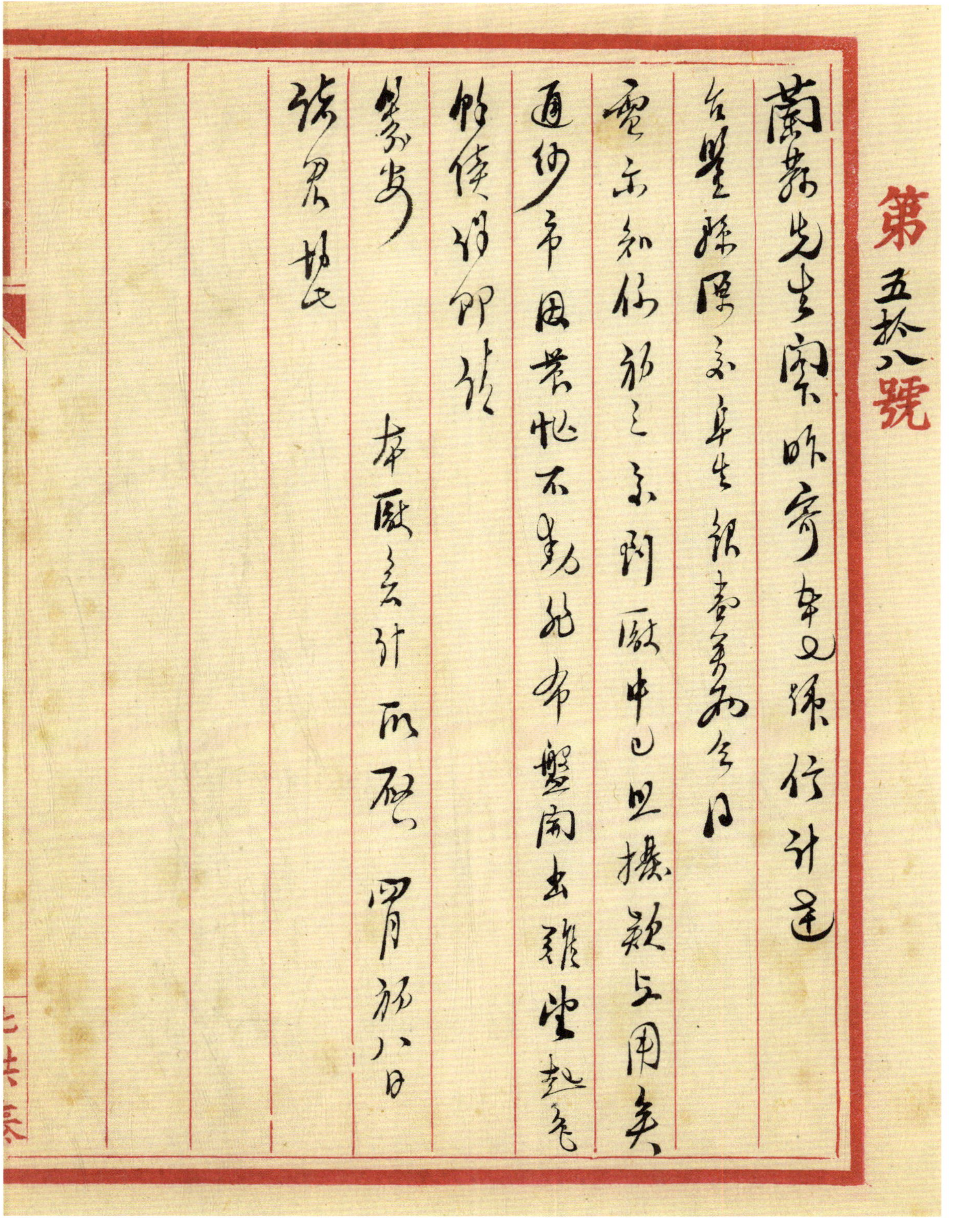

第五十八號（四月初八日）

蘭蓀先生閣下：昨寄五十七號信，計達台鑒。豫源交阜生銀壹萬兩，今得電示，知係初三交到廠中，已照撥款與用矣。通紗市因農忙不動，非布盤開出，難望起色。餘續詳。即請籌安。本廠會計所啓。四月初八日

諸君均此。

第五十八號（四月初八日）

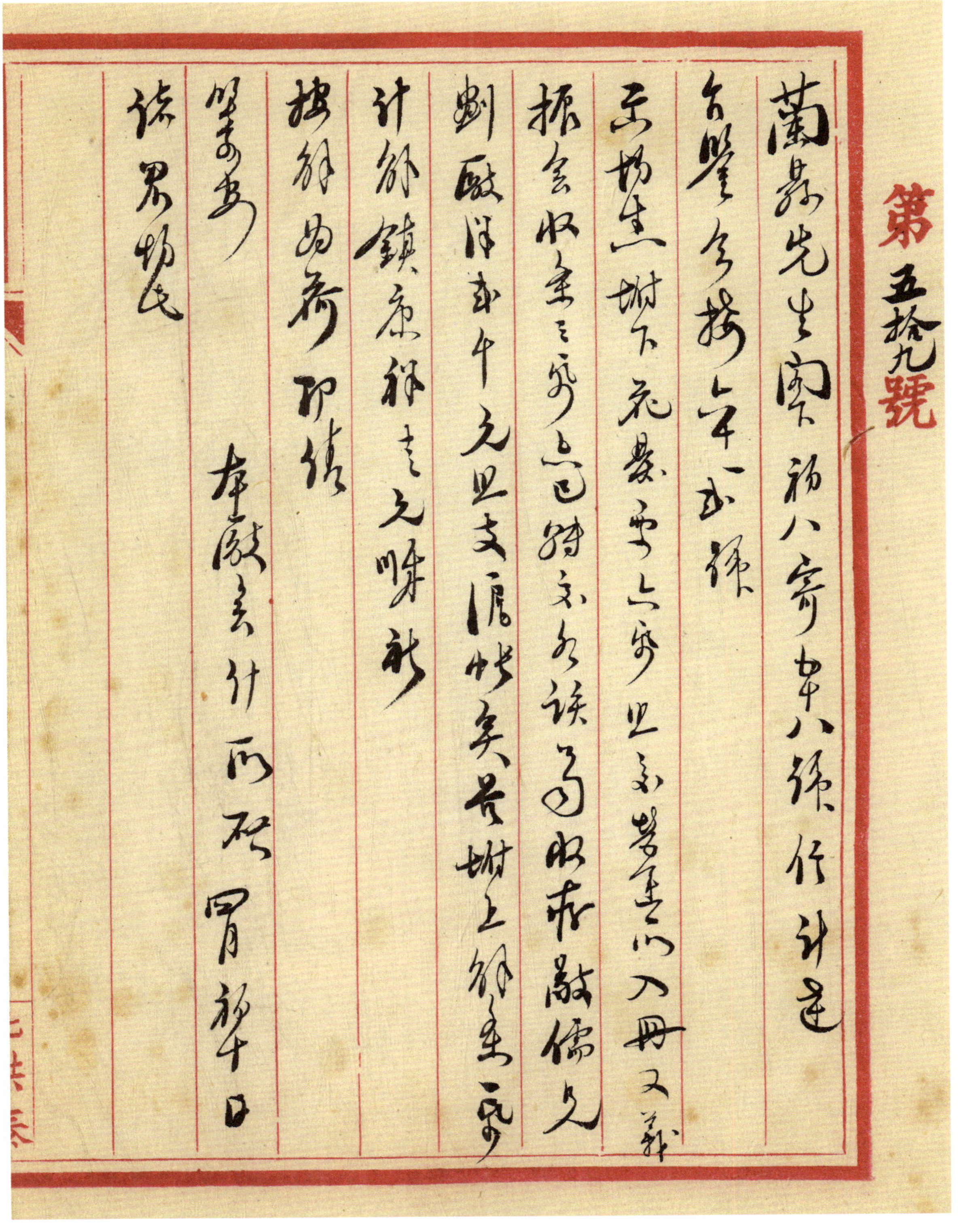

第五十九號（四月初十日）

蘭蓀先生閣下：初八寄五十八號信，計達台鑒。今接六十一、六十式號示，均悉。附下花發票六紙，照交營業所入册。又義振會收條三紙，亦已轉交各該公司收存。敬孺兄劃廠洋式千元，照支滬帳矣。兹附上解條一紙，計解鎮康祥十三元三千兩，祈按解爲荷。即請籌安。本廠會計所啓。四月初十日

諸君均此。

第五十九號（四月初十日）

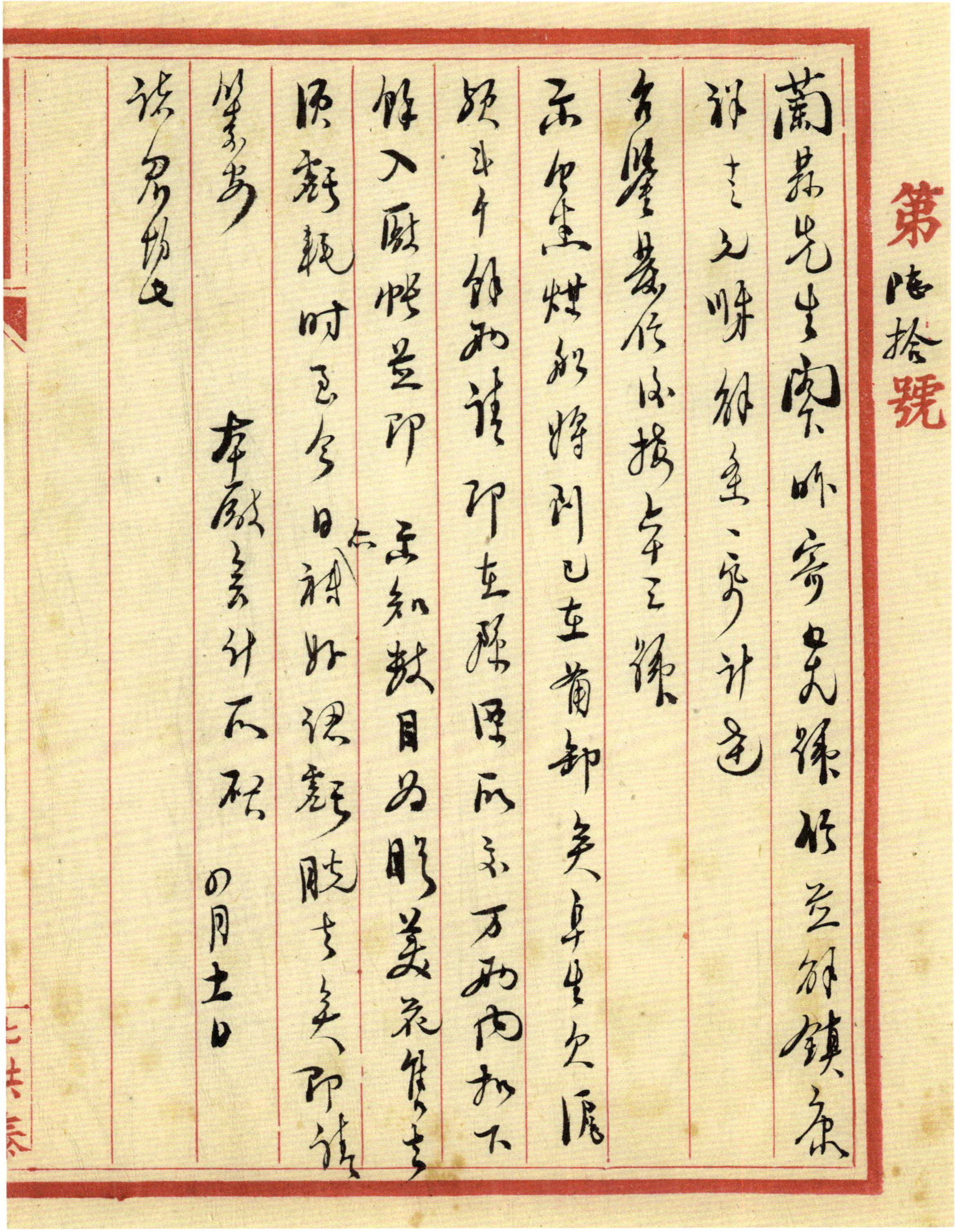

第六十號（四月十一日）

蘭蓀先生閣下：昨寄五十九號信并解鎮康祥十三元三千兩解條一紙，計達台鑒。發信後接六十三號示，具悉。煤船將到，已在備卸矣。阜生欠滬款式千餘兩，請即在豫源所交萬兩内扣下，餘入廠帳，并即示知數目爲盼。美花售去須虧耗，時至今日，亦衹好認虧脱去矣。即請籌安。本廠會計所啓。四月十一日

諸君均此。

第六十號（四月十一日）

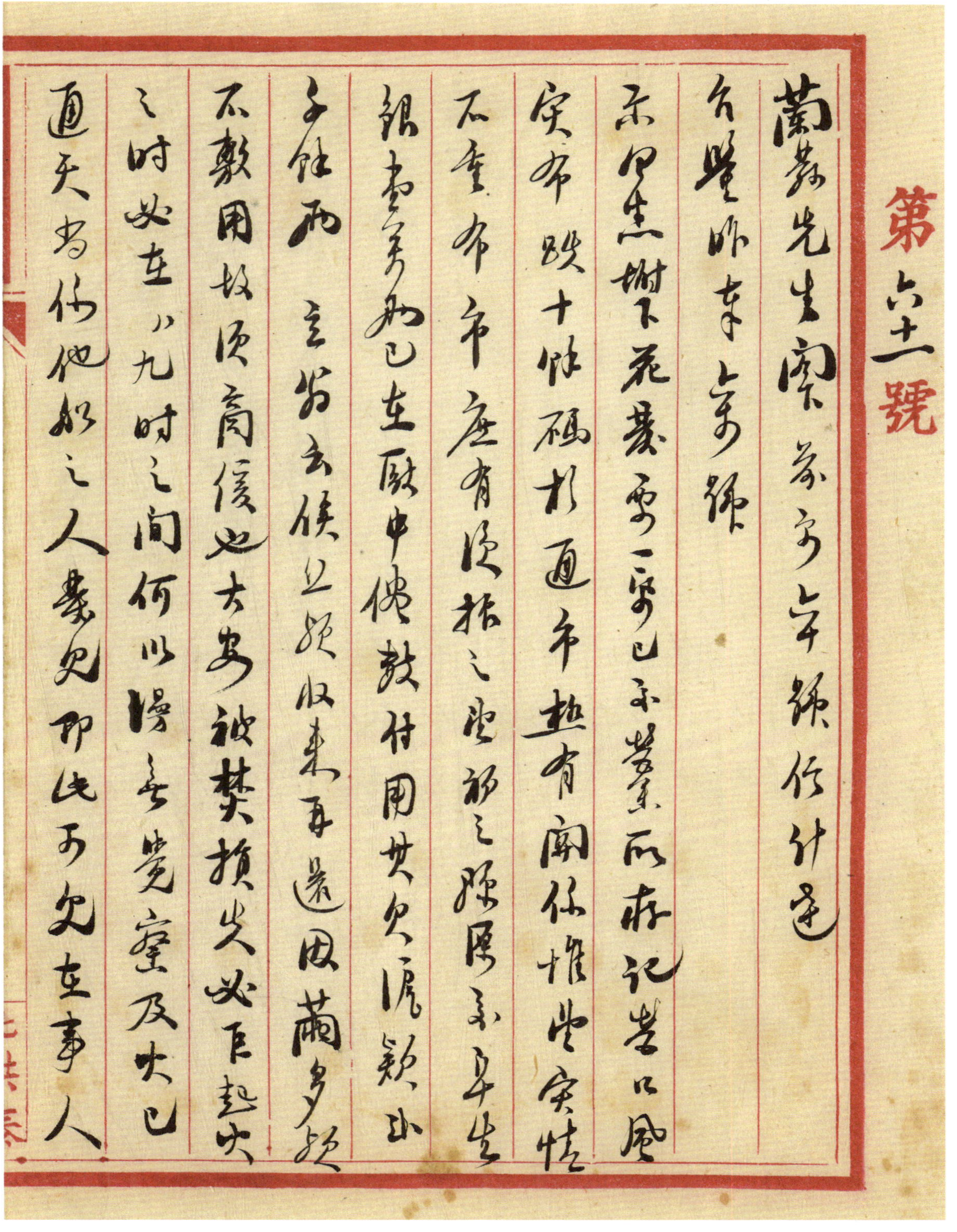

第六十一號（四月十三日）

蘭蓀先生閣下：前寄六十號信，計達台鑒。昨奉六十四號示，具悉。附下花發票一紙，已交營業所存記。營口風灾，布跌十餘碼，於通市極有關係，惟望灾情不重，布市庶有復振之望。初三豫源交阜生銀壹萬兩，已在廠中儘數付用，其欠滬款式千餘兩，立翁云俟絲款收來再還，因繭多，款不敷用，故須商緩也。大安被焚，損失必巨，起火之時必在八九時之間，何以漫無覺察？及火已通天，尚係他船之人發見，即此可見在事人全然不以職守爲念，致肇此巨禍。聞客貨曾經大達保險者，數

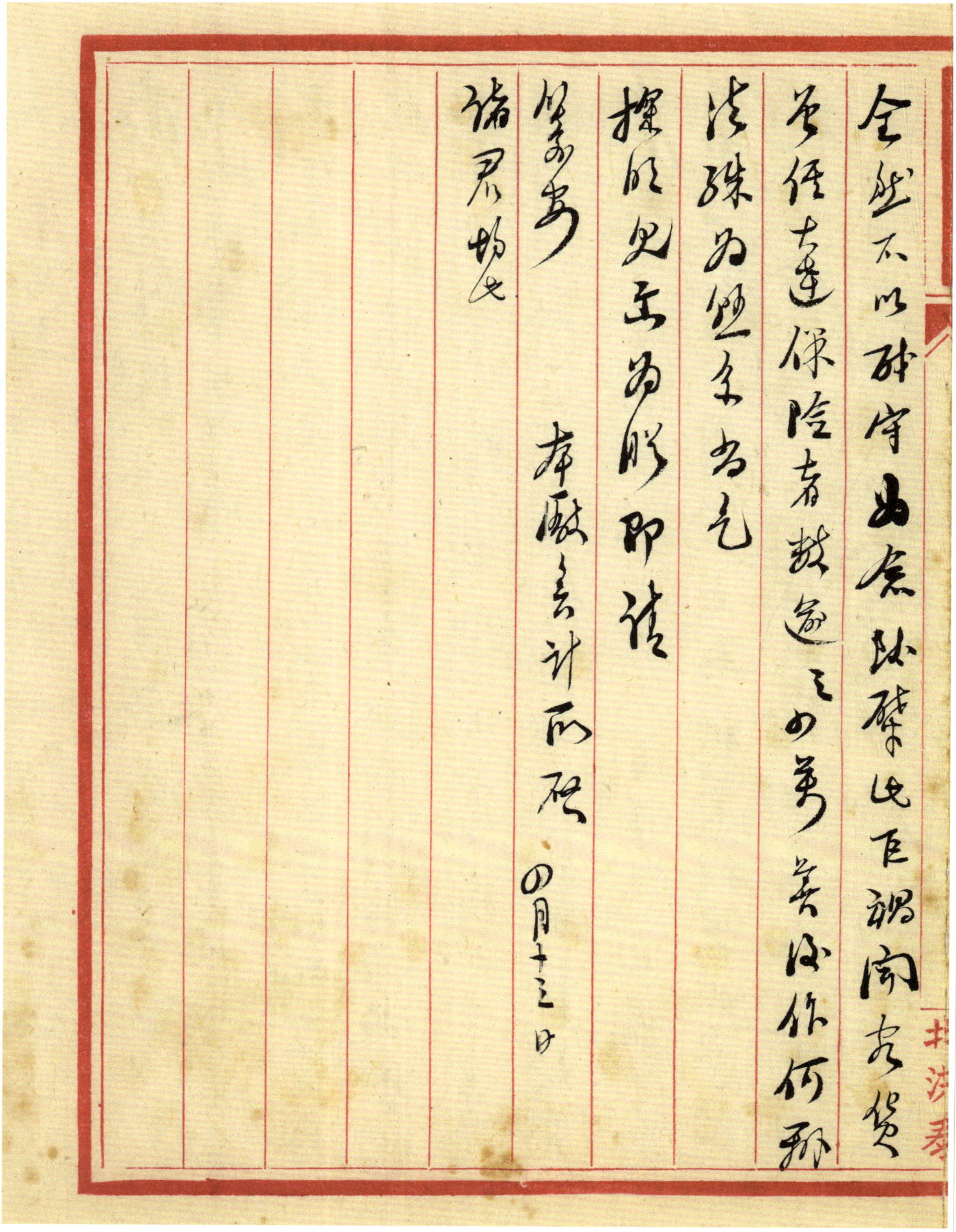

第六十一號（四月十三日）

逾三四萬，善後作何辦法，殊爲懸系，尚乞探明，見示爲盼。即請籌安。本廠會計所啓。四月十三日

諸君均此。

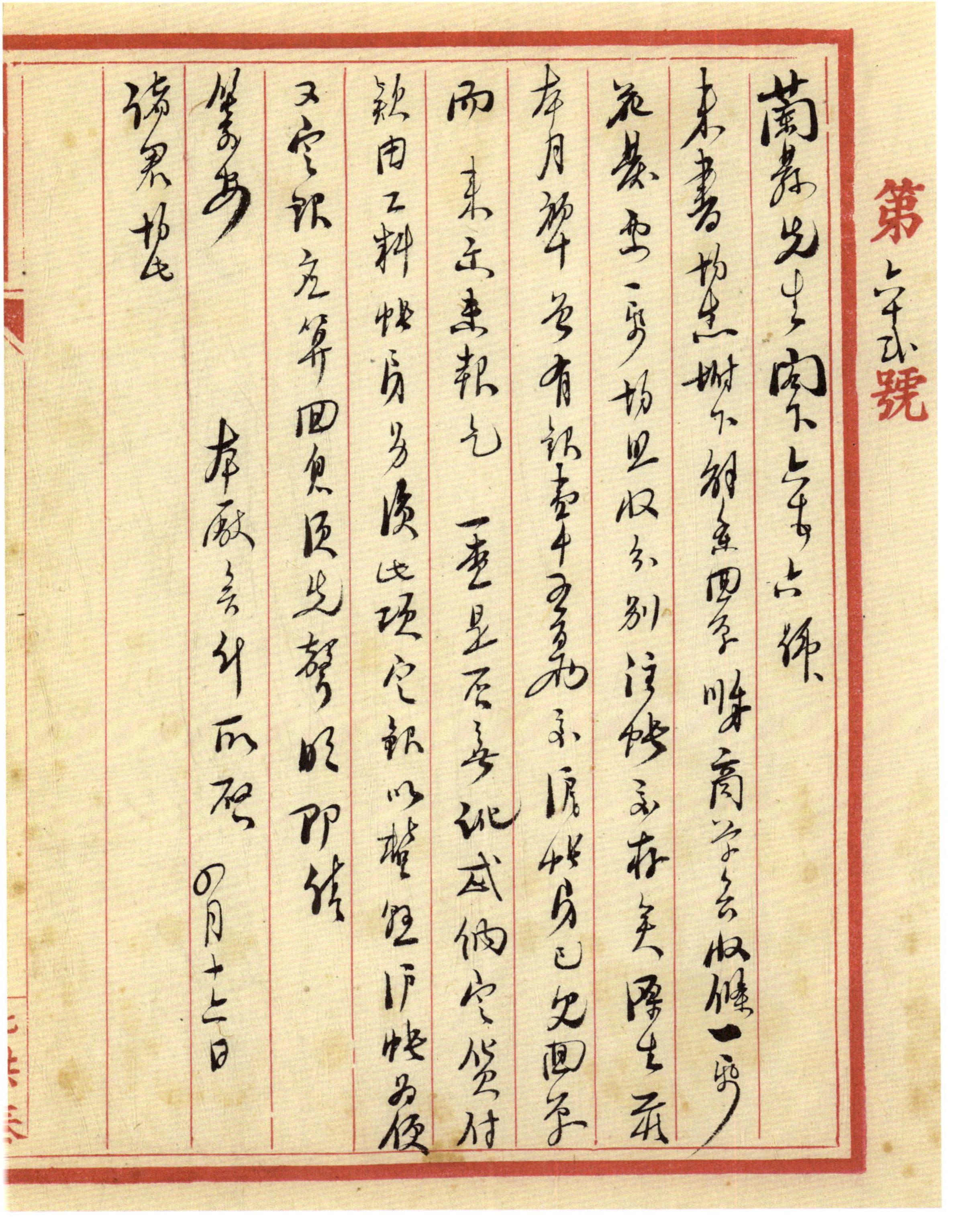

第六十二號（四月十六日）

蘭蓀先生閣下：六十五、六十六號來書均悉。附下解條回單三千兩、商學會收條一紙、花發票一紙，均照收，分別注帳交存矣。源生莊本月初十曾有銀壹千五百兩交滬帳房，已見回單而來示未報，乞一查是否無訛。忒納定貨付款，由工料帳房另復，此項定銀以暫懸滬帳爲便。又定銀應算回息，須先聲明。即請籌安。本廠會計所啓。四月十六日
諸君均此。

第六十二號（四月十六日）

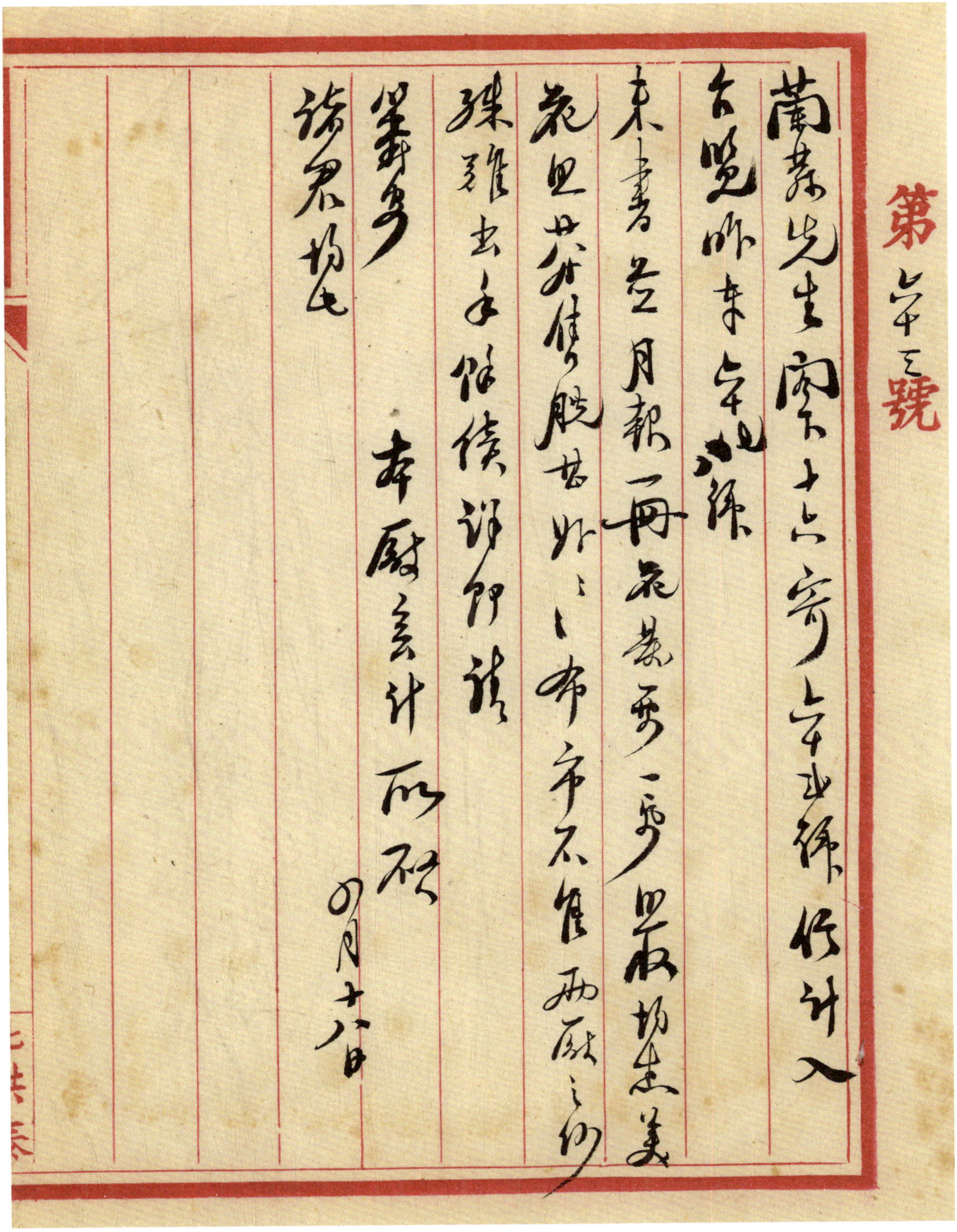

第六十三號（四月十八日）

蘭蓀先生閣下：十六寄六十式號信，計入台覽。昨奉六十七、六十八號來書，并月報一册、花發票一紙，照收均悉。美花照廿八兩售脱，甚好甚好。布市不佳，兩廠之紗殊難出手。餘續詳。即請籌安。本廠會計所啓。四月十八日

諸君均此。

第六十三號（四月十八日）

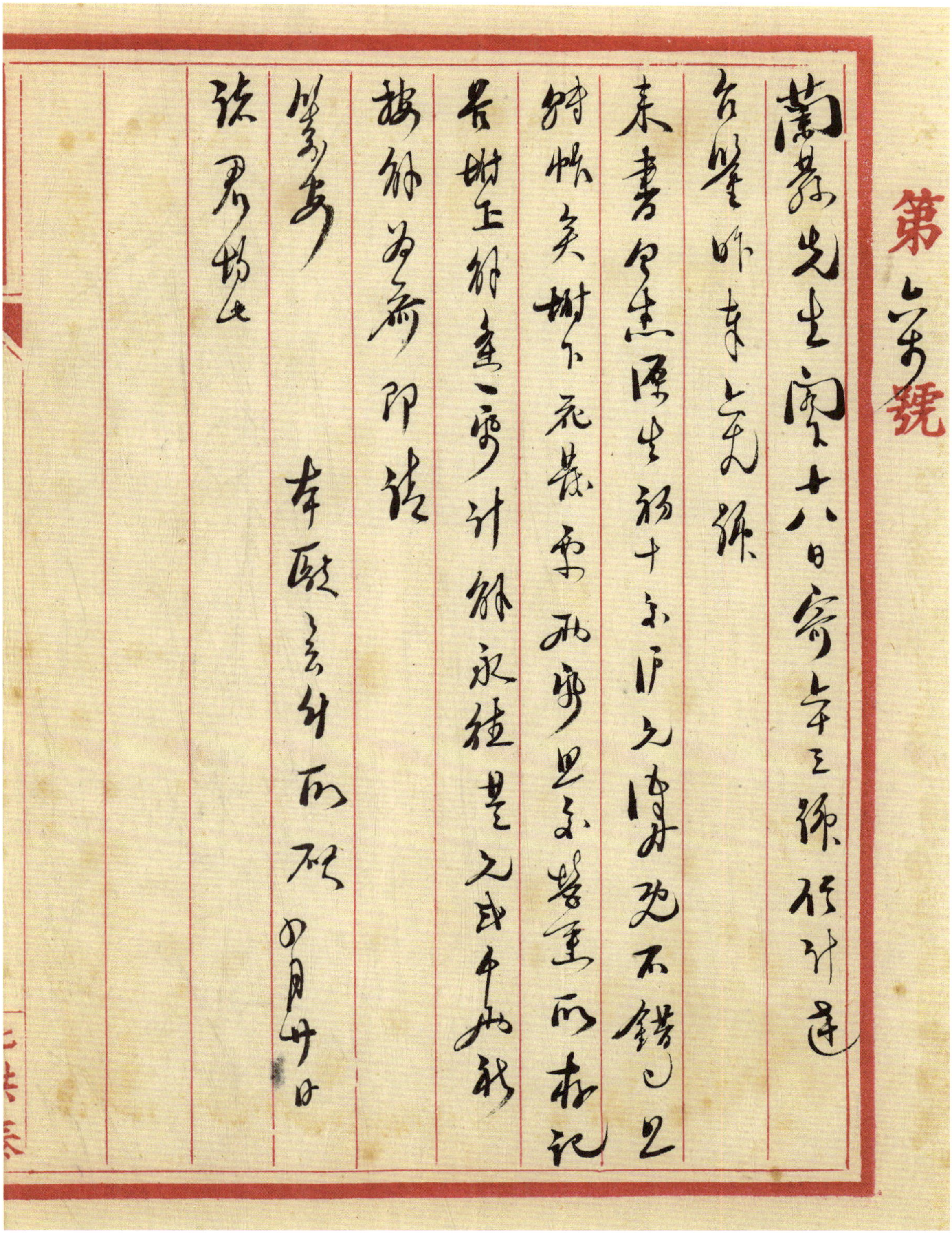

第六十四號（四月廿日）

蘭蓀先生閣下：十八日寄六十三號信，計達台鑒。昨奉六十九號來書，具悉。源生初十交滬元一千五百兩，既不錯，已照轉帳矣。附下花發票兩紙，照交營業所存記。玆附上解條一紙，計解永德廿三元弍千兩，祈按解爲荷。即請籌安。本廠會計所啓。四月廿日
諸君均此。

第六十四號（四月廿日）

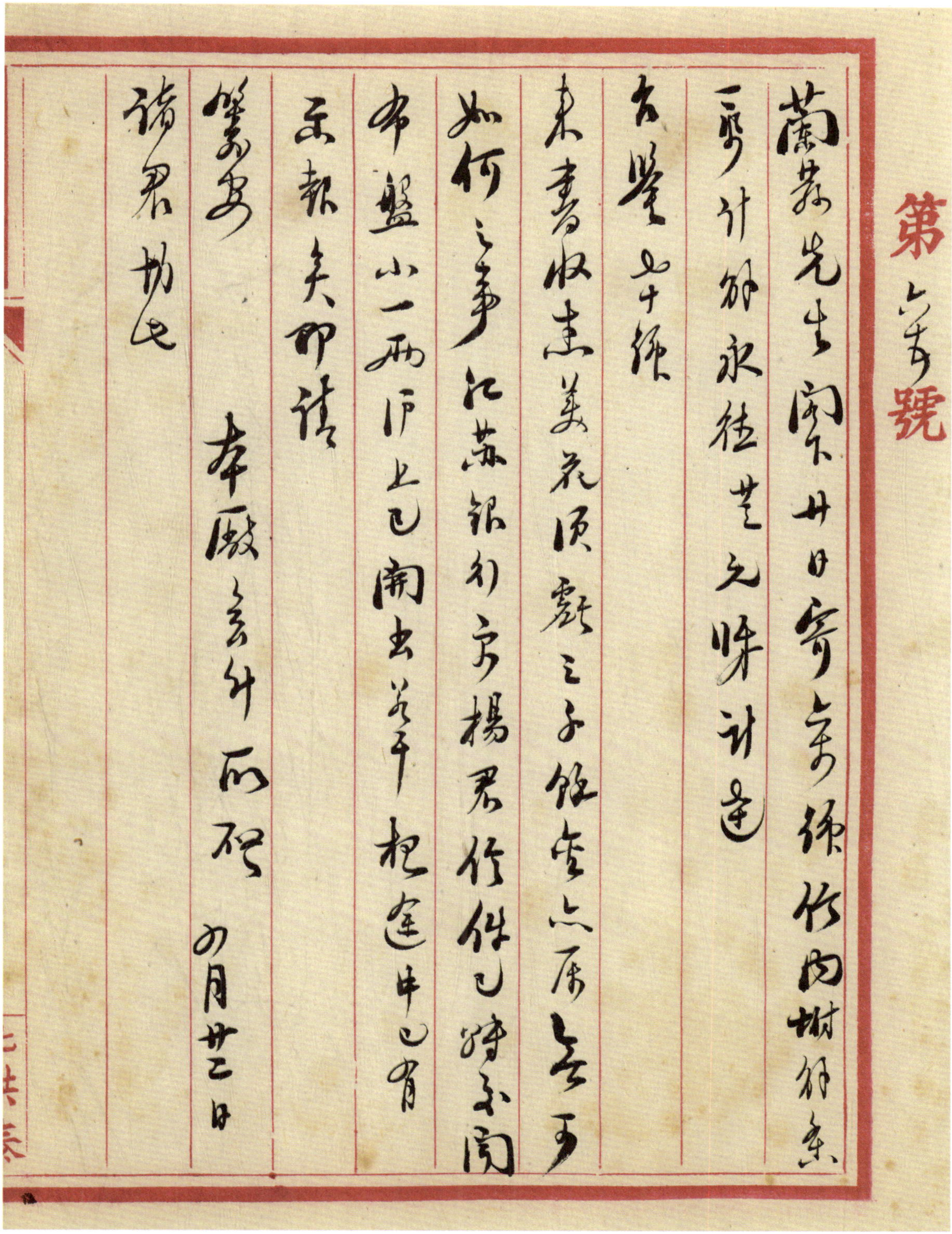

第六十五號（四月廿二日）

蘭蓀先生閣下：廿日寄六十四號信，内附解條一紙，計解永德廿三元二千兩，計達台鑒。七十號來書收悉。美花須虧三千餘金，亦屬無可如何之事。江蘇銀行寄楊君信件已轉交。聞布盤小一兩，滬上已開出若干，想途中已有示報矣。即請籌安。本廠會計所啓。四月廿二日
諸君均此。

第六十五號（四月廿二日）

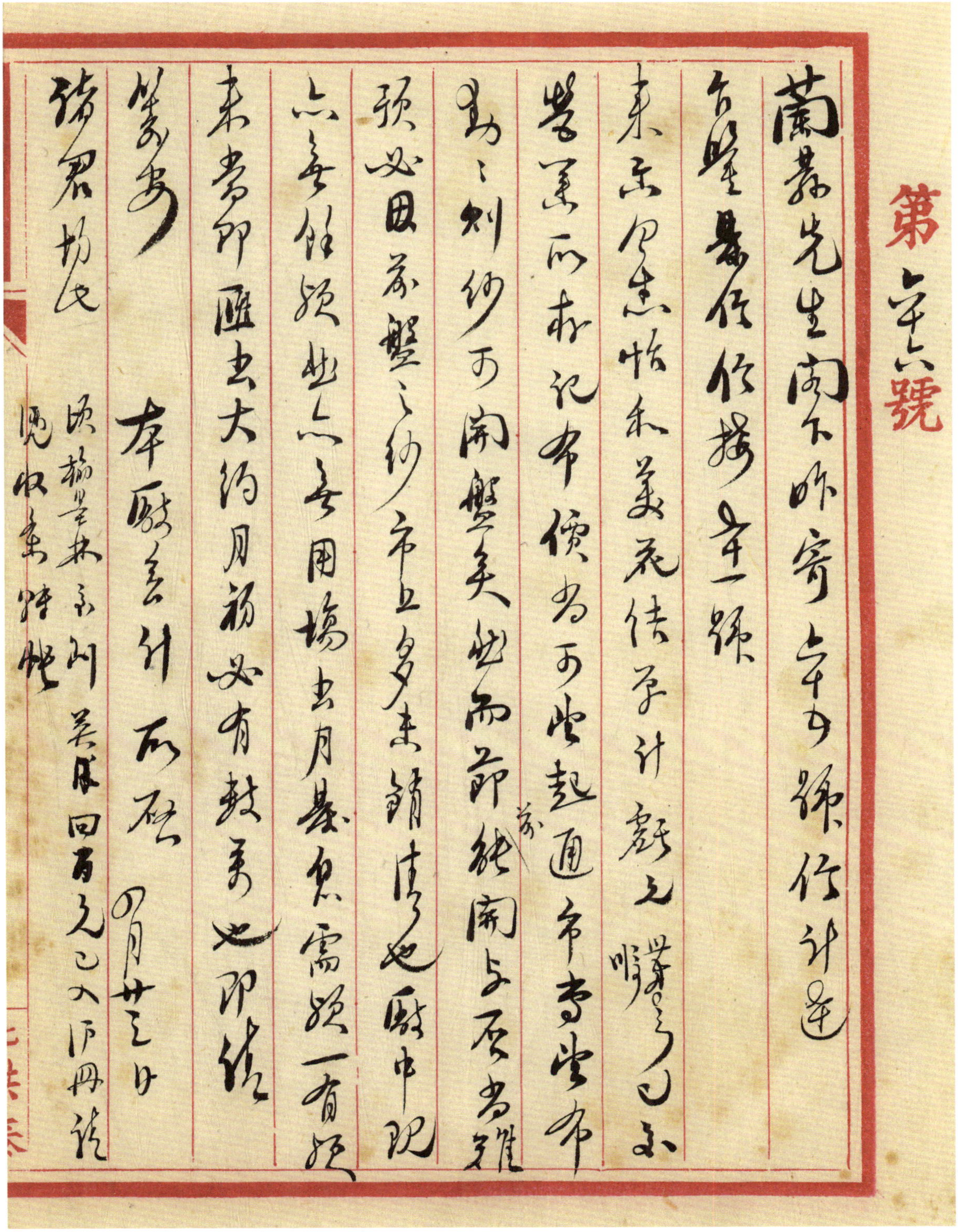

第六十六號（四月廿三日）

蘭蓀先生閣下：昨寄六十五號信，計達台鑒。發信後接七十一號來示，具悉。怡和美花結單，計虧元三千三百卅五兩零三錢，已交營業所存記。布價尚可望起，通市專望布動，動則紗可開盤矣。然而節前能開與否，尚難預必，因前盤之紗，市上多未銷清也。廠中現亦無餘款，然亦無用場。出月發息需款，一有款來當即匯出，大約月初必有數萬也。即請籌安。本廠會計所啓。四月廿三日

諸君均此。

第六十六號（四月廿三日）

頃翰墨林交到英洋四百元，已入滬册，請憑收條轉帳。

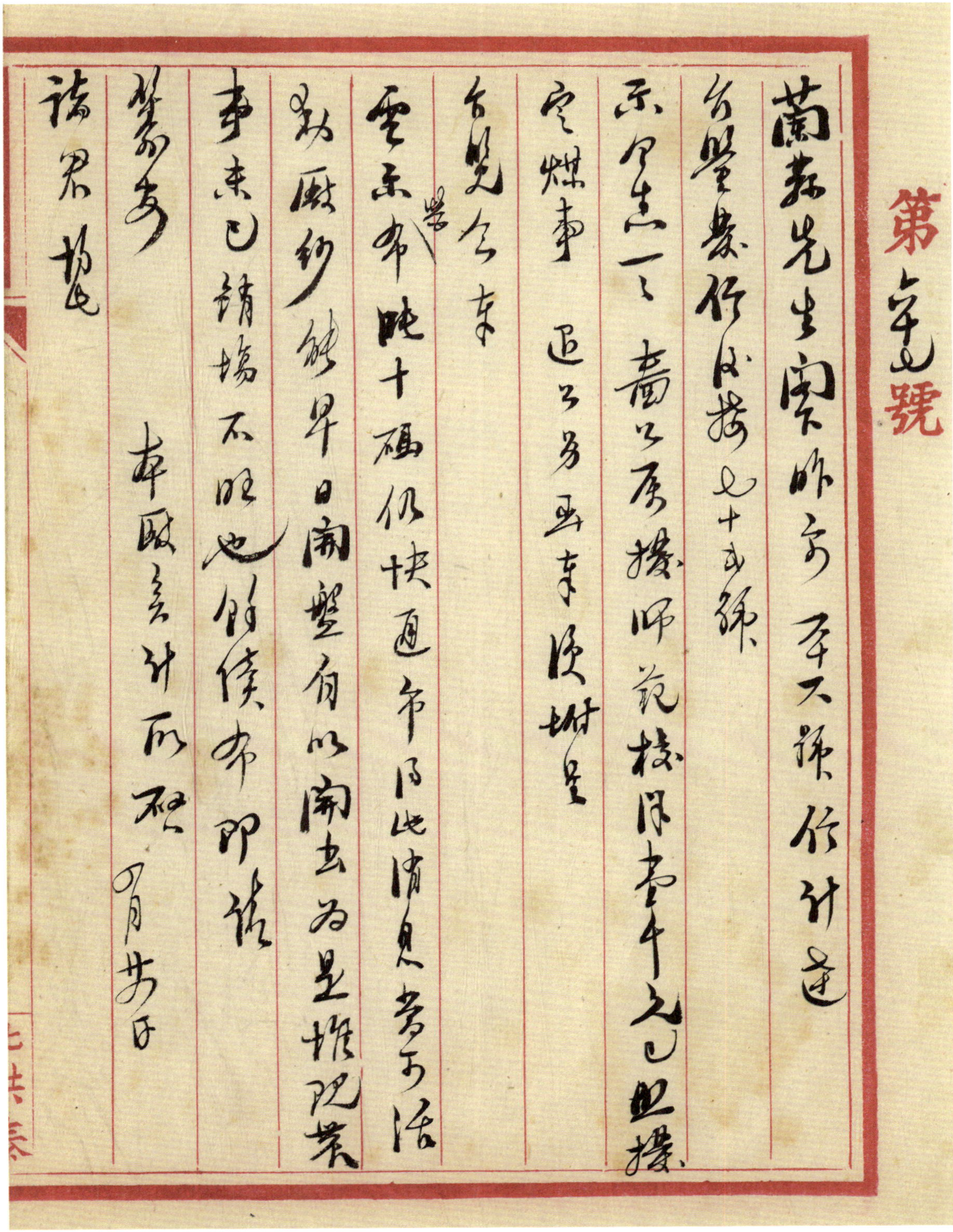

第六十七號（四月廿四日）

蘭蓀先生閣下：昨寄六十六號信，計達台鑒。發信後接七十式號示，具悉一一。嗇公屬撥師範校洋壹千元，已照撥。定煤事，退公另函奉復，附呈台覽。今奉電示，營布漲十碼仍快，通市得此消息當可活動。廠紗能早日開盤，自以開出爲是，惟現農事未已，銷場不旺也。餘續布。即請籌安。本廠會計所啓。四月廿四日
諸君均此。

第六十七號（四月廿四日）

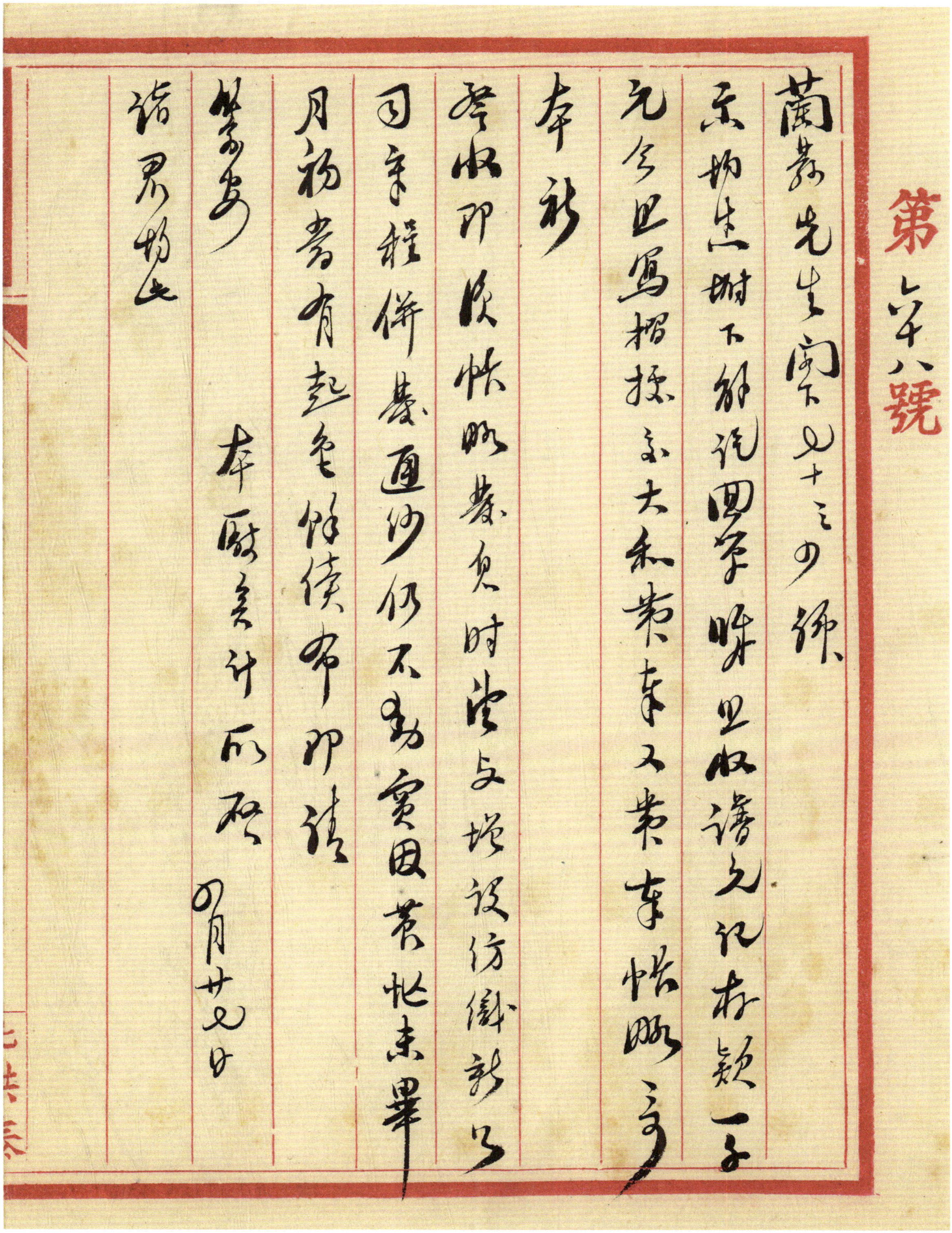

第六十八號（四月廿七日）

蘭蓀先生閣下：七十三、七十四號示均悉。附下解訖回單二千兩，照收。譜元記存款一千元，今照寫摺據交大和帶奉。又帶奉帳略三百本，祈察收即復。帳略發息時，望與增設紡織新公司章程并發。通紗仍不動，實因農忙未畢，月初當有起色。餘續布。即請籌安。本廠會計所啓。四月廿七日

諸君均此。

第六十八號（四月廿七日）

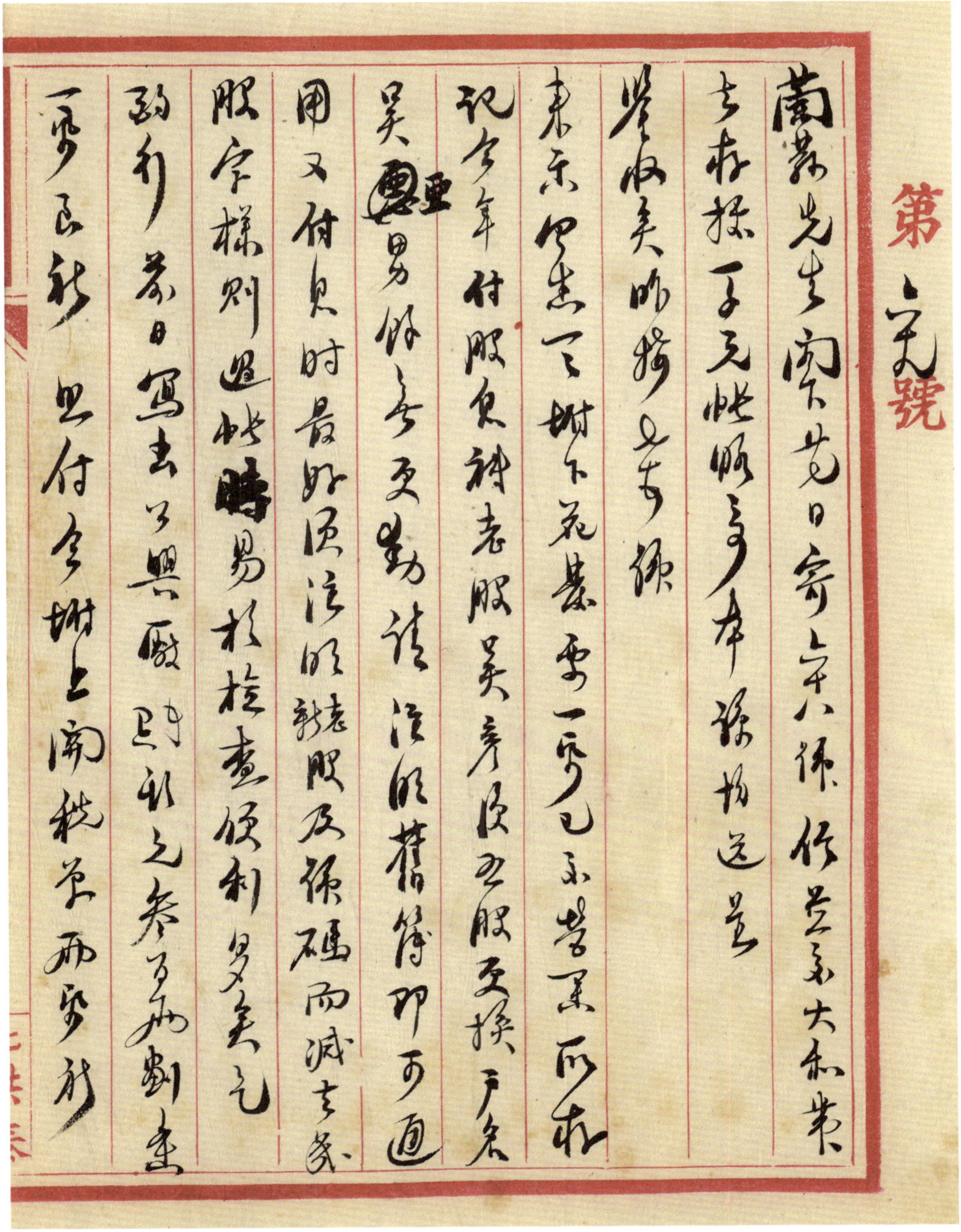

第六十九號（四月廿九日）

蘭蓀先生閣下：廿七日寄六十八號信，并交大和帶去存據一千元、帳略三百本，諒均送呈鑒收矣。昨接七十五號來示，具悉一一。附下花發票一紙已交營業所存記。今年付股息，祇老股吴彦復五股更换户名吴亞男，餘無更動，請注明舊簿，即可通用。又付息時最好須注明老股、新股及號碼，而減去幾股字樣，則過帳時易於檢查，便利多矣。乞酌行。前日寫出公興廠五月初六期元叁百兩劃條一紙，至祈照付。今附上關税單兩紙，祈察收。即請籌安。本廠會計所啓。四月廿九日

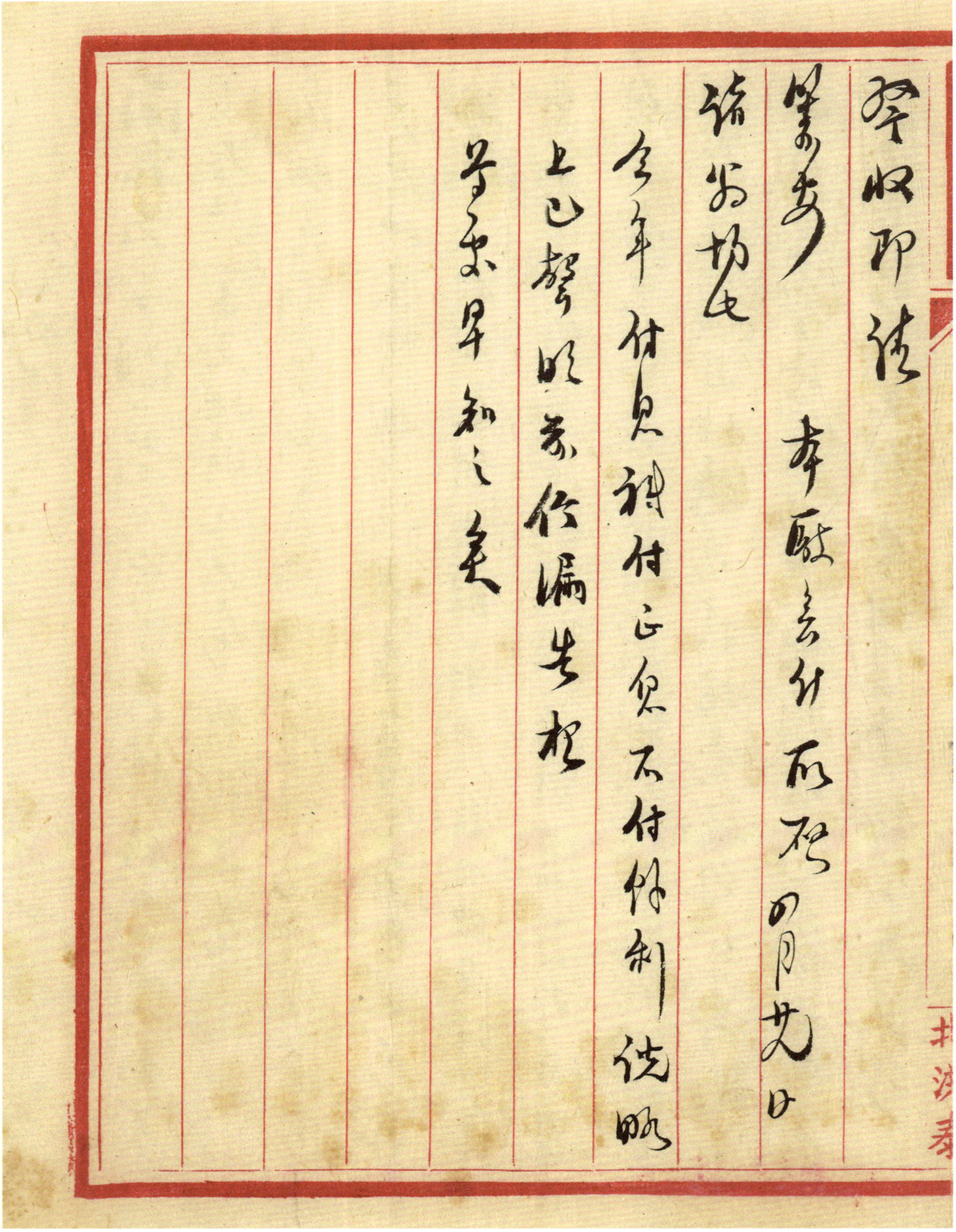
諸翁均此
今年付息祇付正息不付餘利說略上已聲明前信漏告想尊處早知之矣

第六十九號（四月廿九日）

諸翁均此。

今年付息祇付正息，不付餘利，說略上已聲明。前信漏告，想尊處早知之矣。

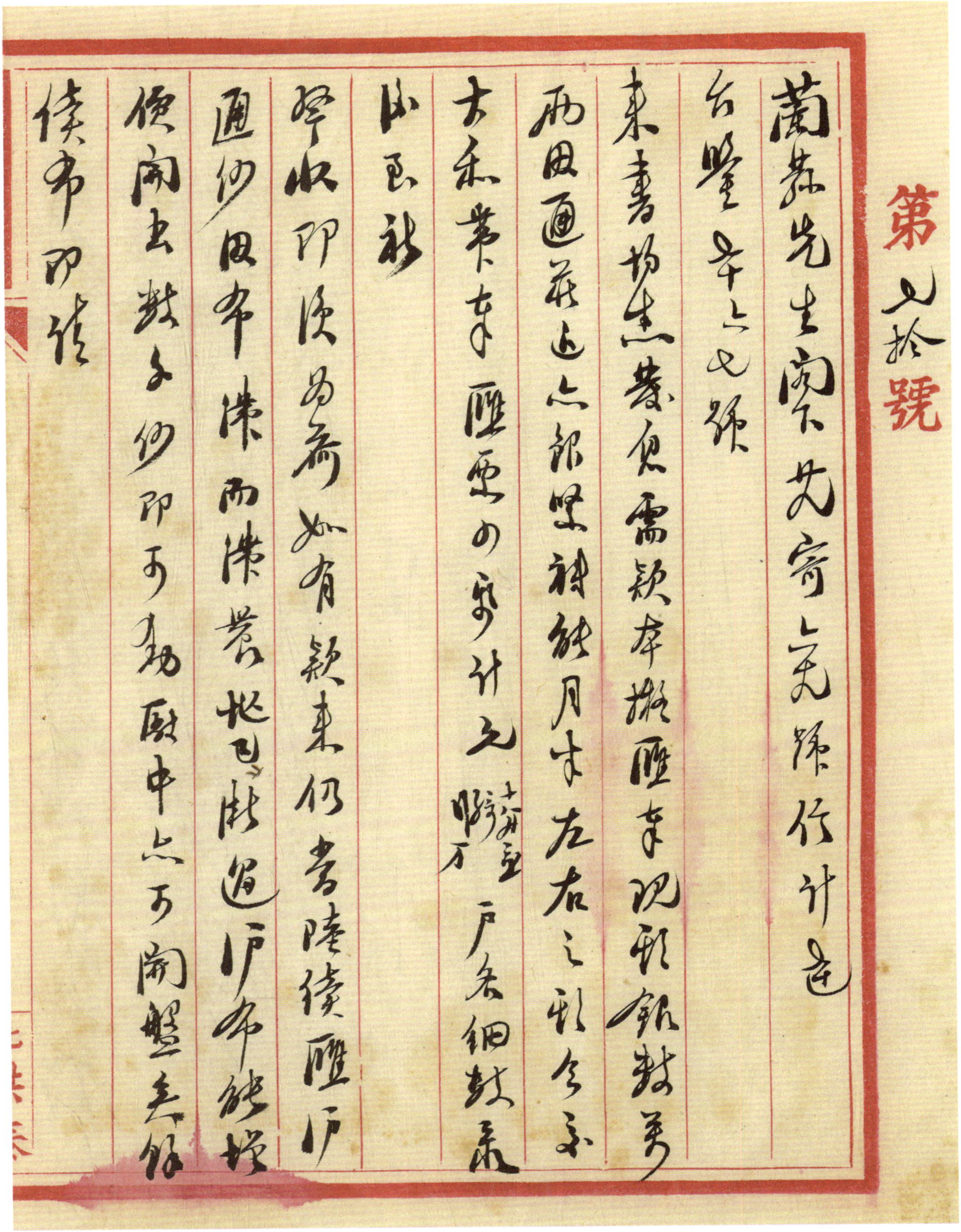

第七十號（五月初二日）

蘭蓀先生閣下：廿九寄六十九號信，計達台鑒。七十六、七十七號來書均悉。發息需款，本擬匯奉現期銀數萬兩，因通莊近亦銀緊，祇能月半左右之期。今交大和帶奉匯票四紙，計元二萬五千三百十八兩三錢，户名細數録後，至祈察收，即復爲荷。如有款來，仍當陸續匯滬。通紗因布滯而滯，農忙已漸過，滬布能增價，開出數千，紗即可動，廠中亦可開盤矣。餘續布。即請籌安。本廠會計所啓。五月初弍日

諸翁均此。

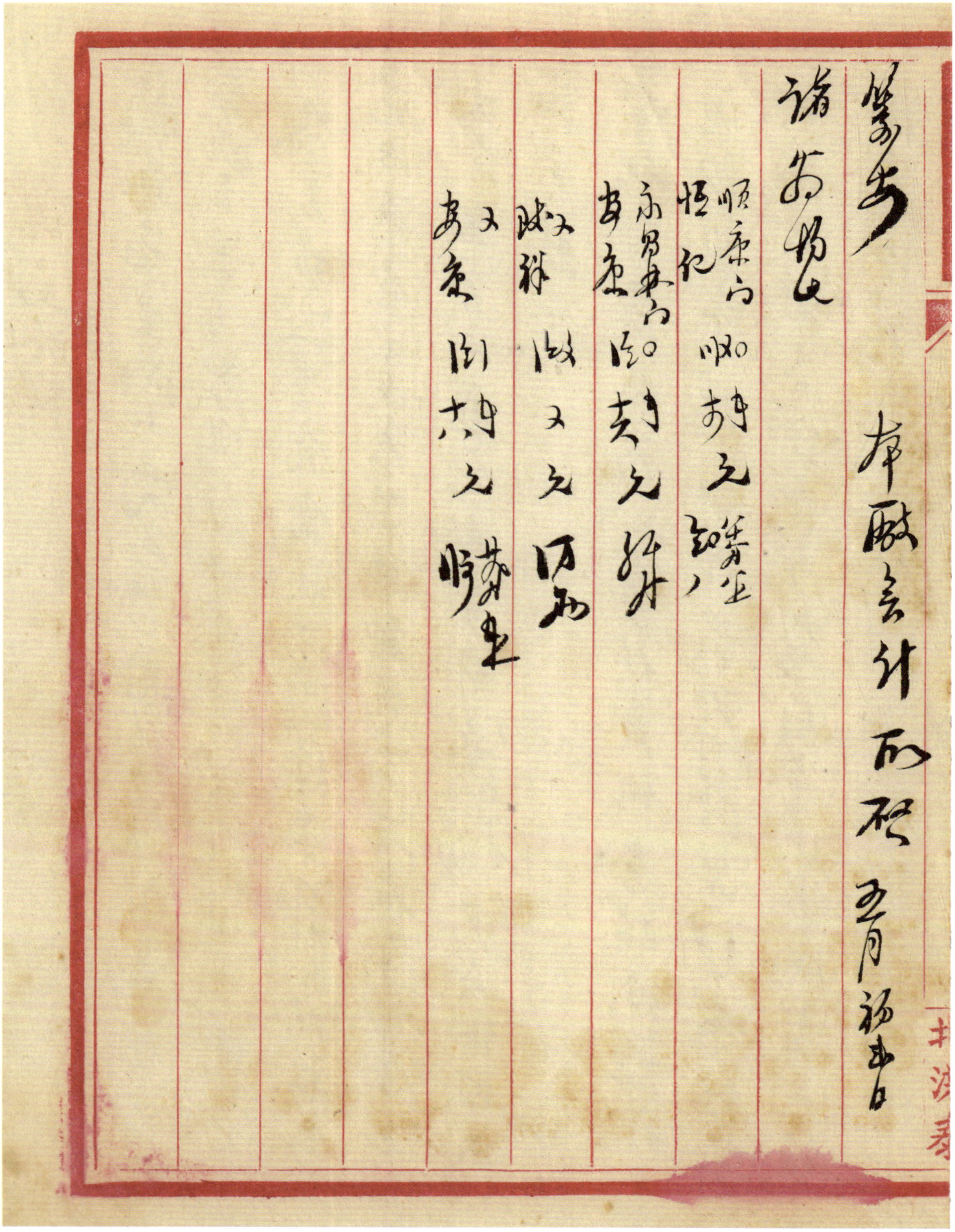

第七十號（五月初二日）

順康向恒記，三四〇，五月十四，元八千零八十八兩八錢

永昌林向安康，一八〇，五月十六，元五千兩

又致祥，一七九，又，元一萬兩

又安康，一八一，五月十八，元二千二百廿九兩五錢

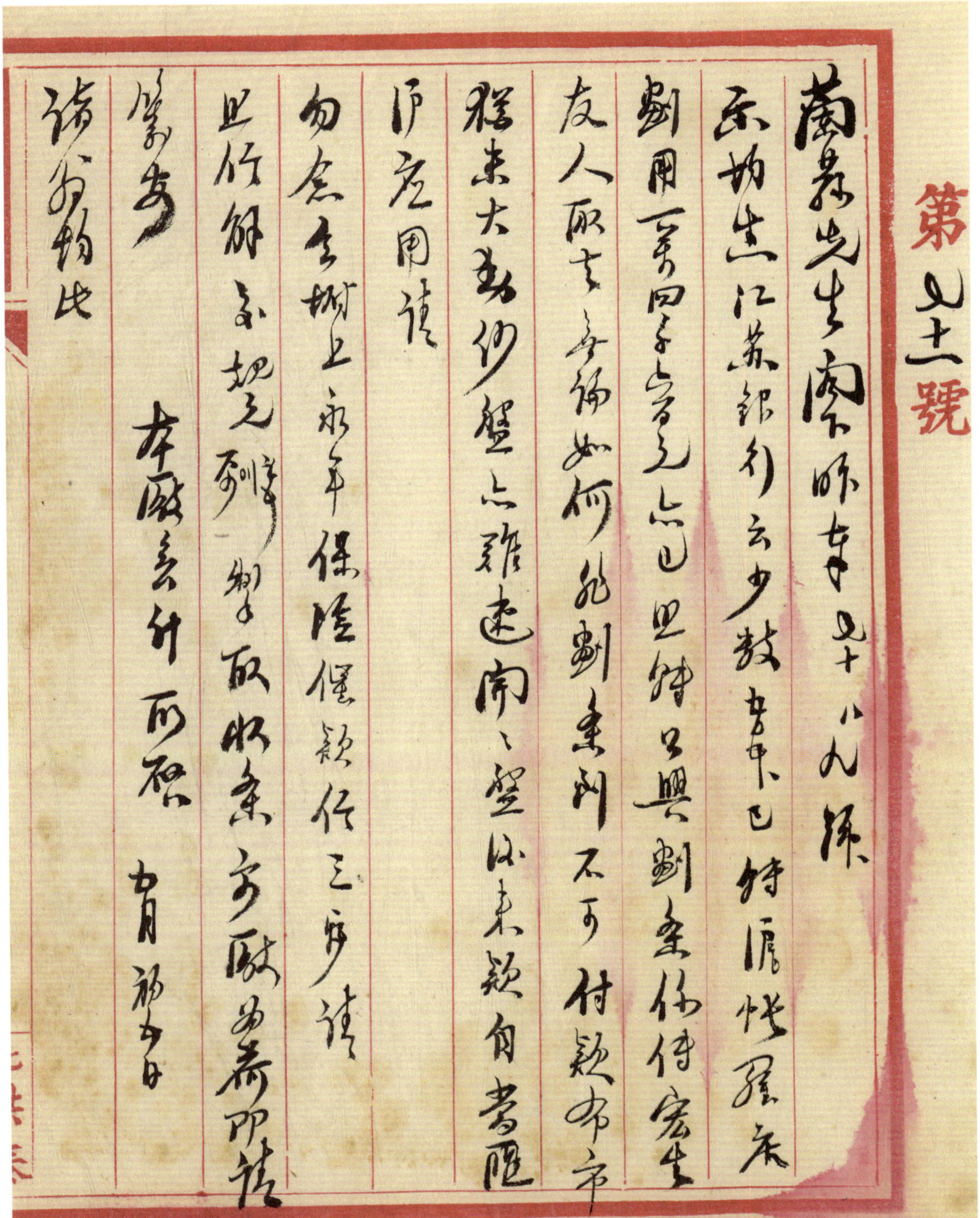

第七十一號（五月初五日）

蘭蓀先生閣下：昨奉七十八、七十九號示，均悉。江蘇銀行云少數五角五分已轉滬帳，羅店劃用一萬四千六百元，亦已照轉。公興劃條，係傳宏生友人取去，無論如何，非劃條到不可付款。布市猶未大動，紗盤亦難速開，開盤後來款自當匯滬應用，請勿念。今附上永年保險催款信三紙，請照信解交規元六百零二兩二錢五，掣取收條寄廠爲荷。即請籌安。本廠會計所啓。五月初五日

諸翁均此。

第七十一號（五月初五日）

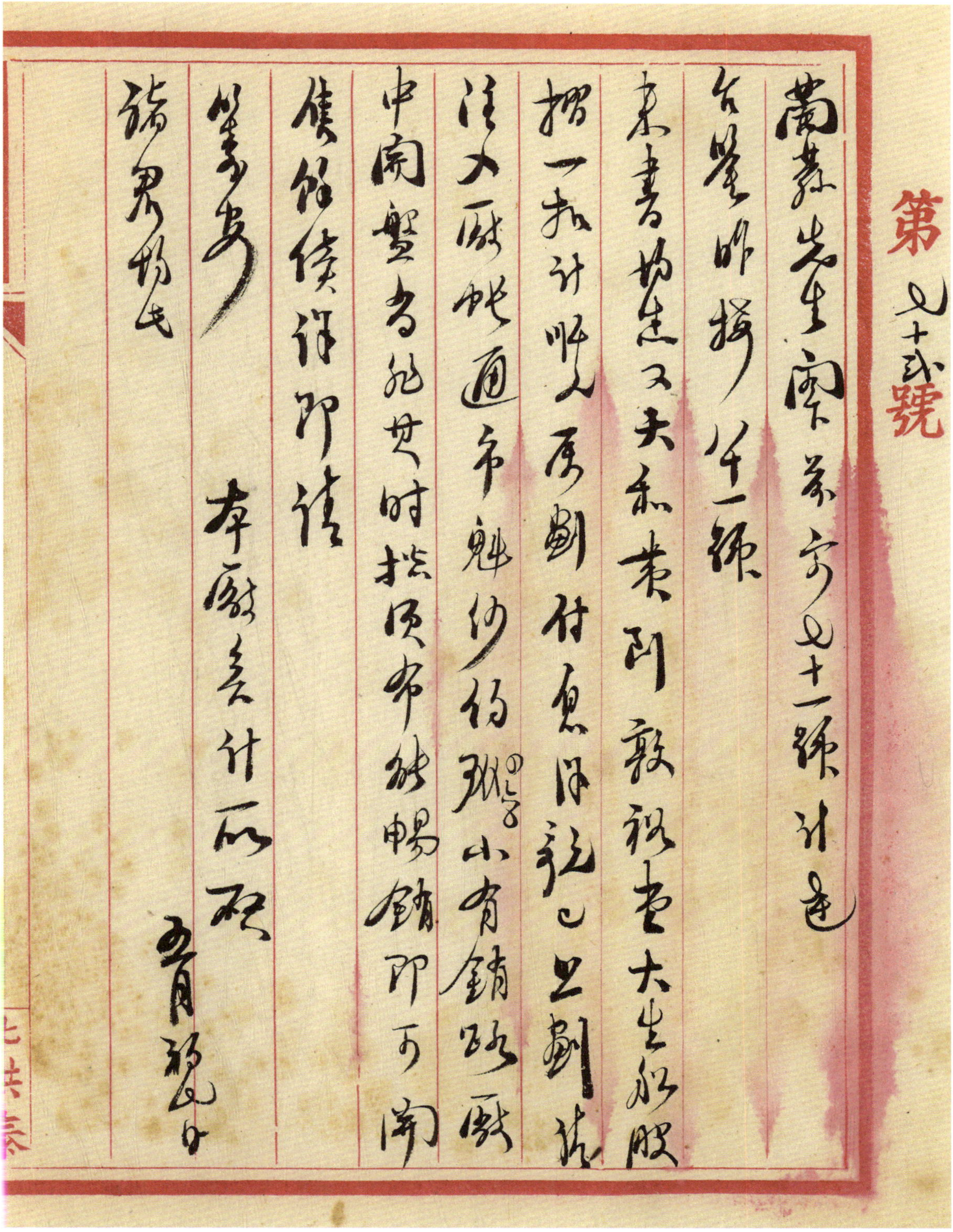

第七十二號（五月初七日）

蘭蓀先生閣下：前寄七十一號，計達台鑒。昨接八十一號來書，均悉。又大和帶到敦裕堂大生船股摺一扣，計三千元，屬劃付息洋三百元，已照劃，請注入廠帳。通市魁紗約一百四十四元四六角，小有銷路，廠中開盤尚非其時，總須布能暢銷，即可開售。餘續詳。即請籌安。本廠會計所啓。五月初七日

諸君均此。

（按：下一信也云接“八十一號”來信，照前後收信情況看，此處“八十一號”應

第七十二號（五月初七日）

爲“八十號”）

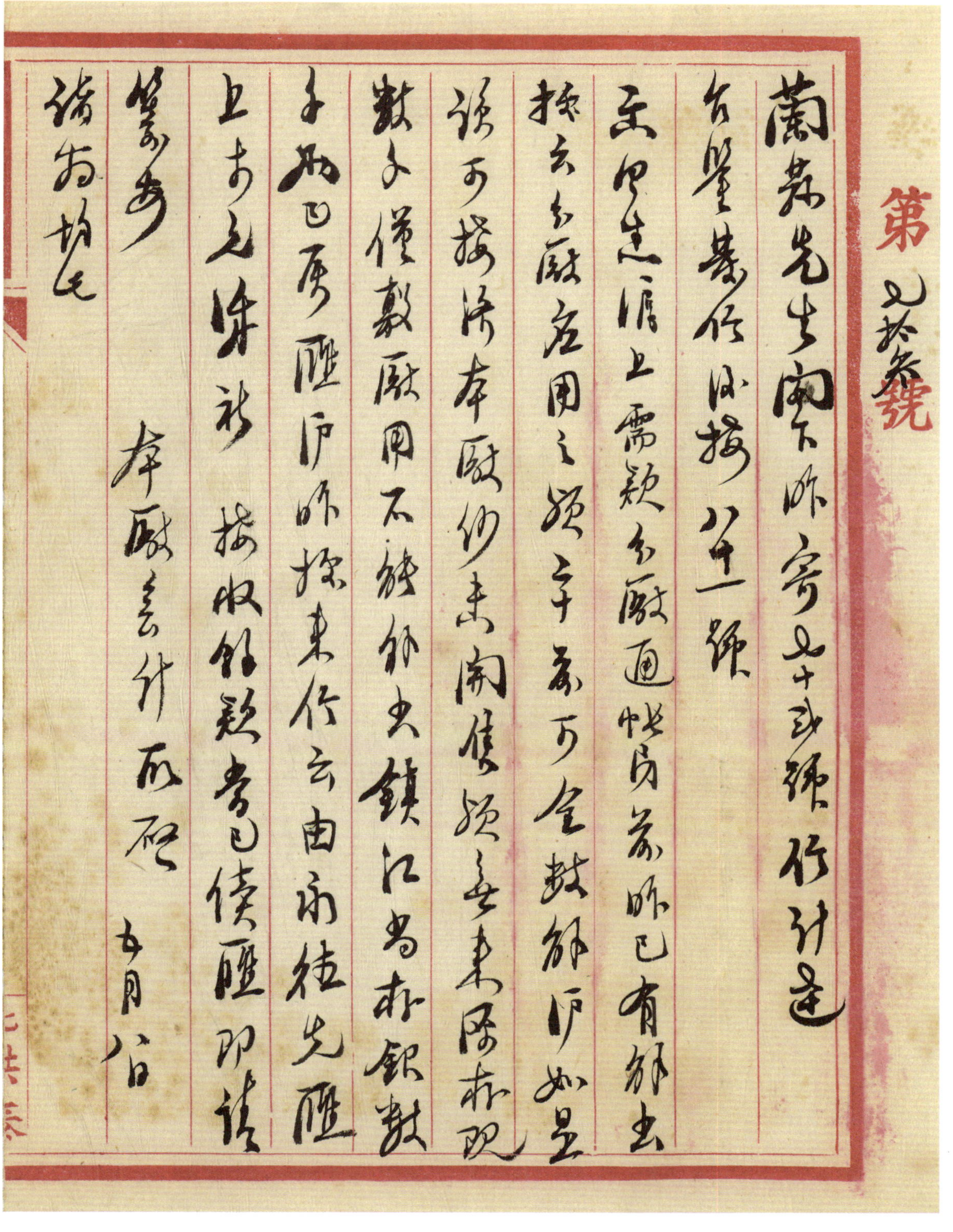

第七十三號（五月初八日）

蘭蓀先生閣下：昨寄七十式號信，計達台鑒。發信後接八十一號示，具悉。滬上需款，分廠通帳房前、昨已有解出，據云分廠應用之款，二十前可全數解滬，如是，諒可接濟。本廠紗未開售，款無來源，存現數千僅敷廠用，不能解出。鎮江尚存銀數千兩，已屬匯滬，昨據來信云，由永德先匯上十四元一千兩，祈接收，餘款當已續匯。即請籌安。本廠會計所啓。五月八日

諸翁均此。

第七十三號（五月初八日）

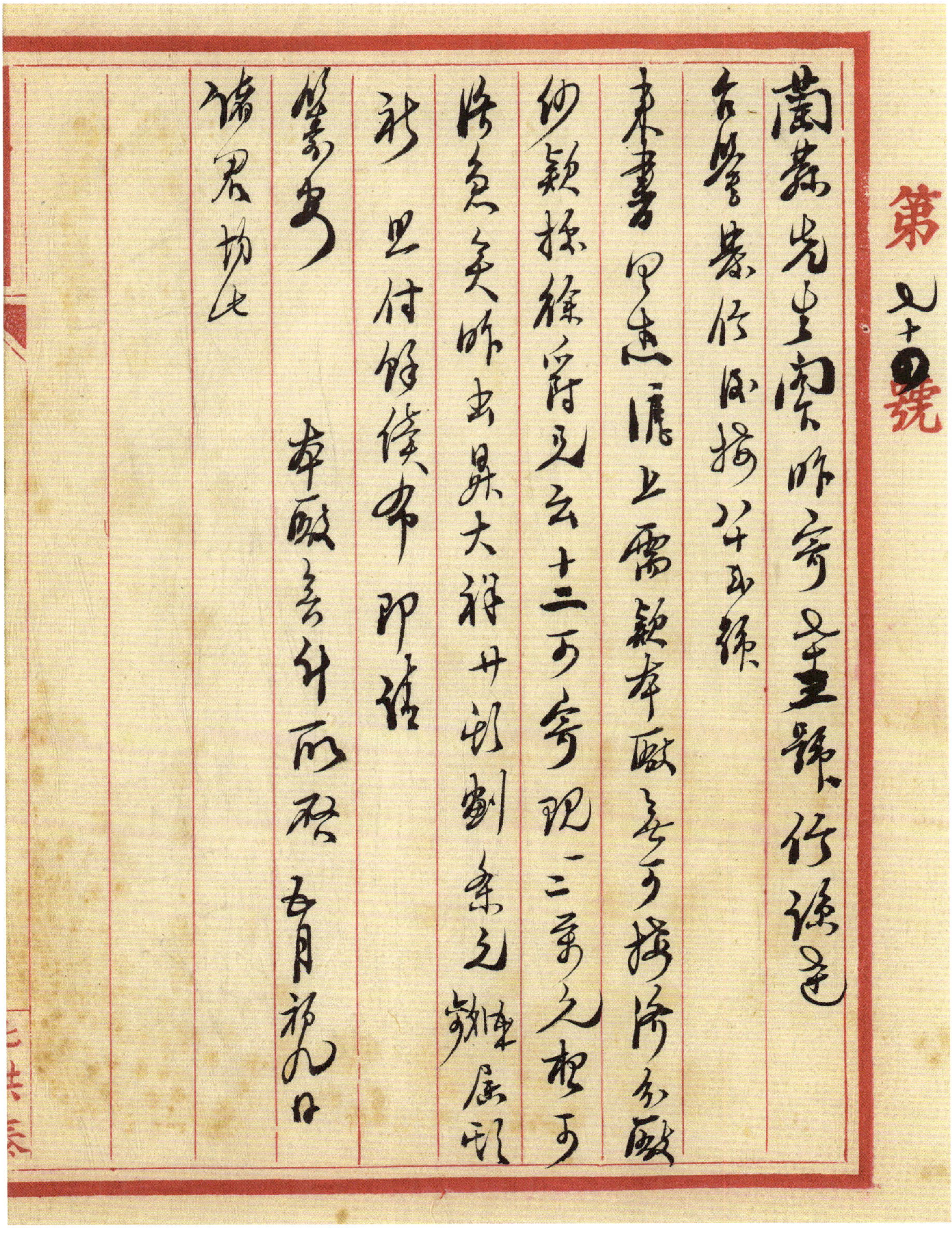

第七十四號（五月初九日）

蘭蓀先生閣下：昨寄七十三號信，諒達台鑒。發信後接八十式號來書，具悉。滬上需款，本廠無可接濟。分廠紗款，據徐爵兄云，十二可寄現一二萬元，想可濟急矣。昨出昇大祥廿期劃條元六百九十一兩五錢，屆期祈照付。餘續布。即請籌安。

本廠會計所啓。五月初九日

諸君均此。

第七十四號（五月初九日）

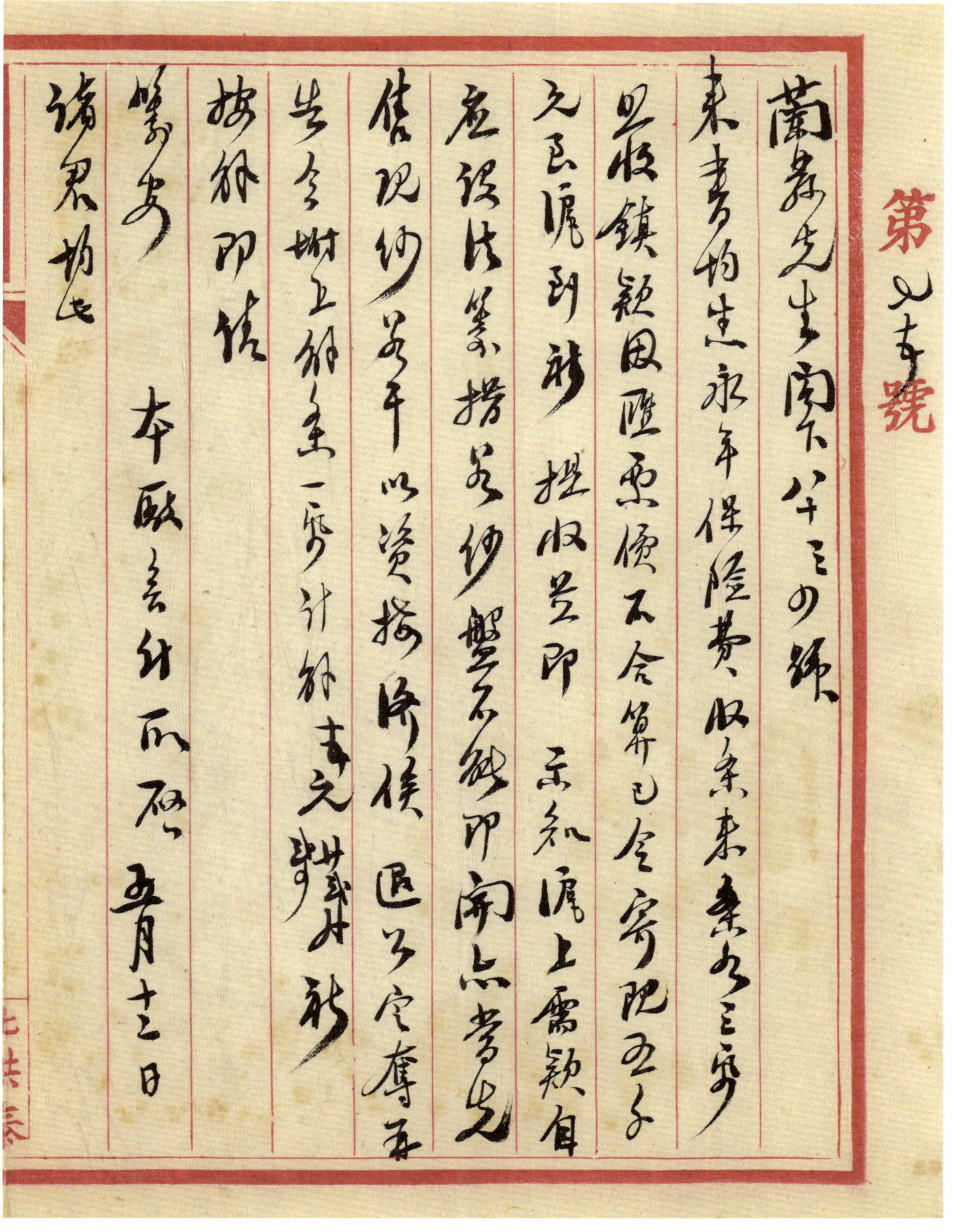

第七十五號（五月十二日）

蘭蓀先生閣下：八十三、八十四號來書均悉。永年保險費收條、來條各三紙，照收。鎮款因匯票價不合算，已令寄現五千元至滬，到祈提收，并即示知。滬上需款，自應設法籌措，若紗盤不能即開，亦當先售現紗若干，以資接濟。俟退公定奪再告。今附上解條一紙，計解十五元式百廿式兩，祈按解。即請籌安。本廠會計所啓。五月十二日

諸君均此。

第七十五號（五月十二日）

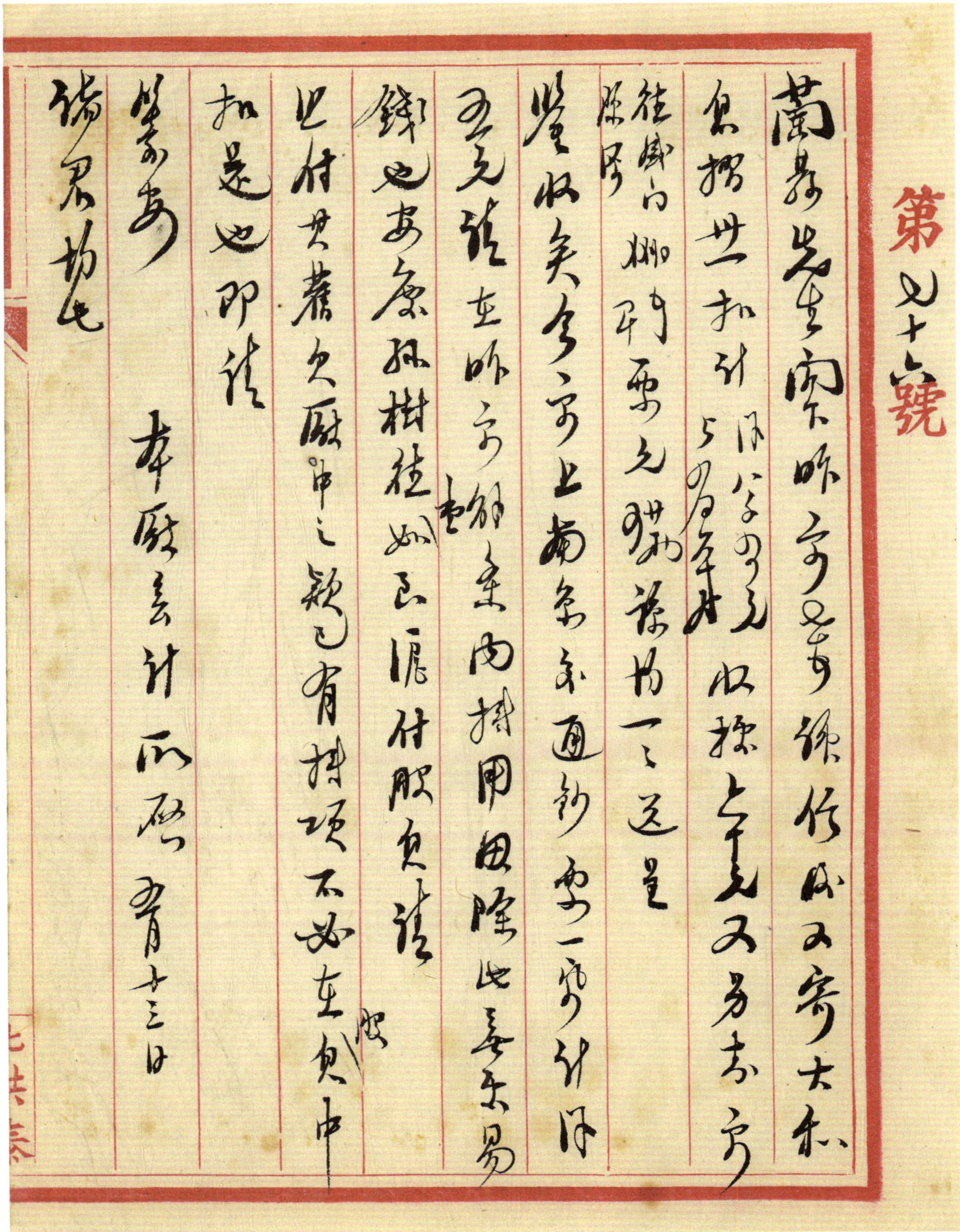

第七十六號（五月十三日）

蘭蓀先生閣下：昨寄七十五號信後，又寄大和息摺卅一扣，計洋八千四百元，銀四百六十兩，收據六十元，又另封寄德盛向豫源（四四二〇）五月初十票元一百廿兩，諒均一一送呈鑒收矣。今寄上南京交通鈔票一紙，計洋五元，請在昨寄解條內抵用，因除此無處易錢也。安慶孫樹德堂如至滬付股息，請照付，其舊欠廠中之款已有抵項，不必在股息中扣還也。即請籌安。本廠會計所啓。五月十三日

諸君均此。

第七十六號（五月十三日）

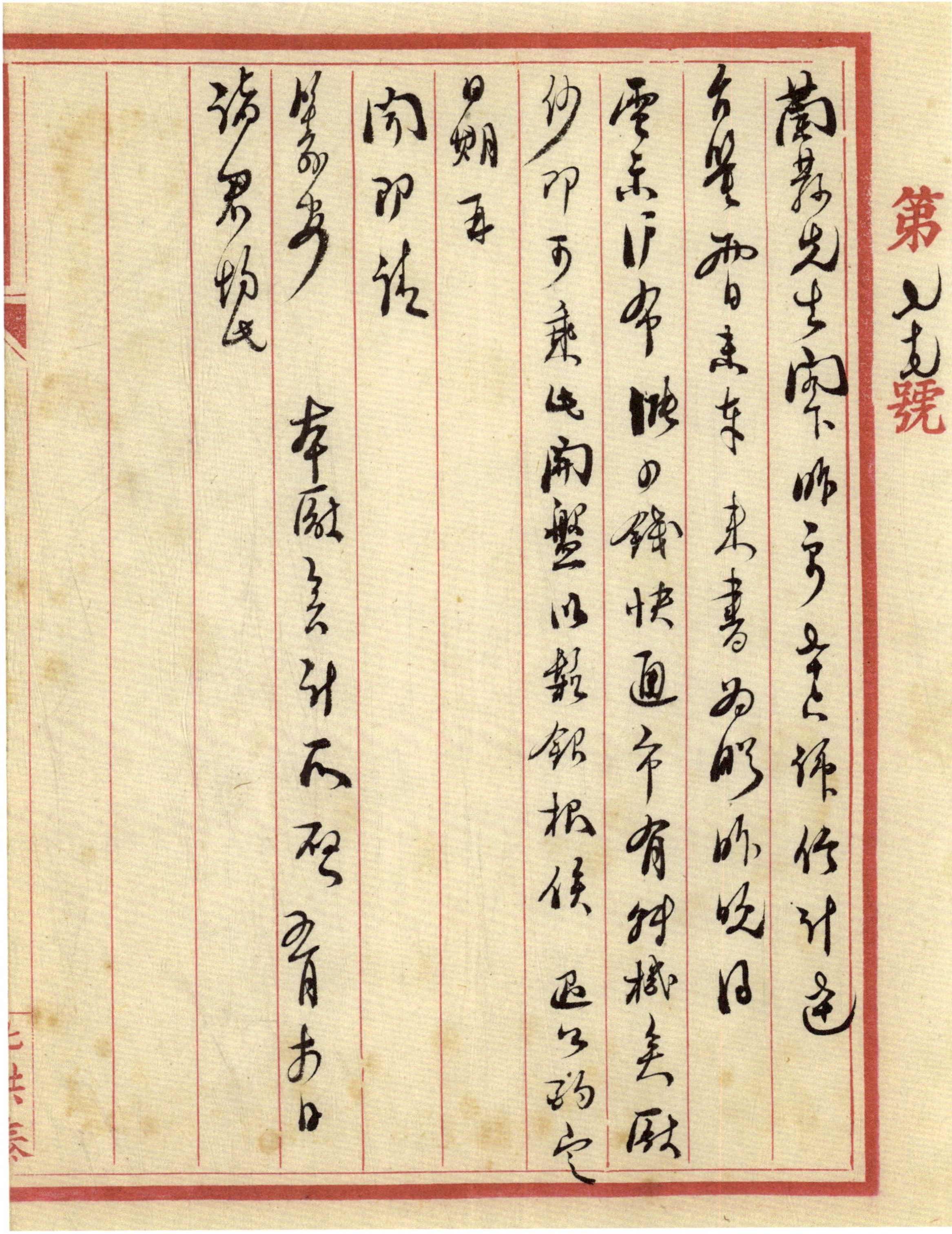
第七十七號

蘭蓀先生閣下：昨寄七十六號信，計達
台鑒。兩日未奉來書，爲盼。昨晚得
電示，滬布漲四錢快，通市有轉機矣，廠
紗即可乘此開盤，以鬆銀根。俟退公酌定
日期再
聞。即請
籌安。　本廠會計所啓。五月十四日
諸君均此。

第七十七號（五月十四日）

蘭蓀先生閣下：昨寄七十六號信，計達台鑒。兩日未奉來書，爲盼。昨晚得電示，滬布漲四錢快，通市有轉機矣，廠紗即可乘此開盤，以鬆銀根。俟退公酌定日期再聞。即請籌安。本廠會計所啓。五月十四日

諸君均此。

第七十七號（五月十四日）

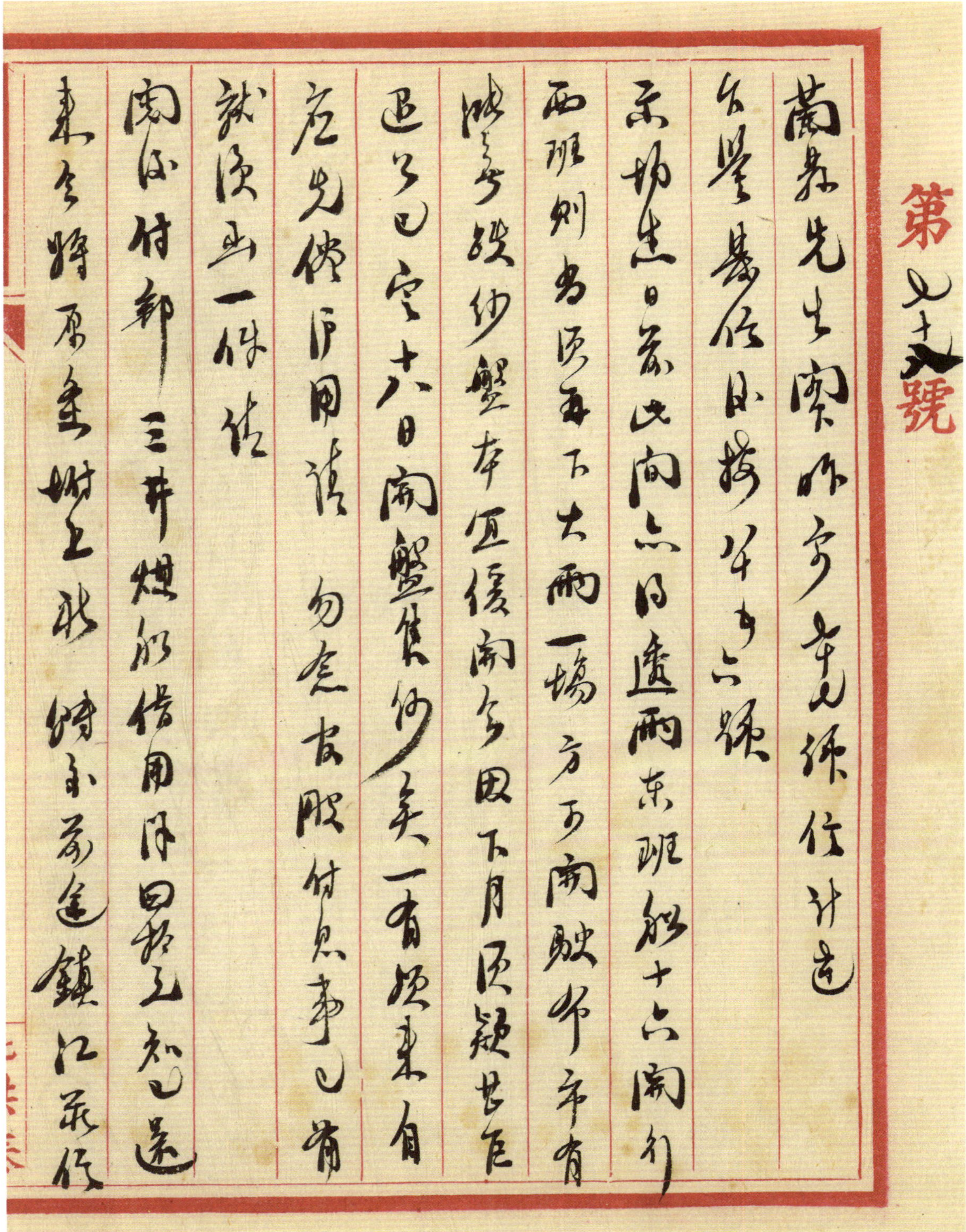

第七十八號（五月十五日）

蘭蓀先生閣下：昨寄七十七號信，計達台鑒。發信後接八十五、八十六號示，均悉。日前此間亦得透雨，東班船十六開行，西班則尚須再下大雨一場方可開駛。布市有漲無跌，紗盤本宜緩開，今因下月須款甚巨，退公已定十八日開盤售紗矣。一有款來，自應先儘滬用，請勿念。官股付息事已備就復函一件，請閱後付郵。三井煤船借用洋四拾元，知已還來，今將原條附上，祈轉交前途。鎮江莊信云，十三寄洋五千元至滬，想已收到。日内仍有洋五千元可寄，到祈照收。附上解條一紙，計

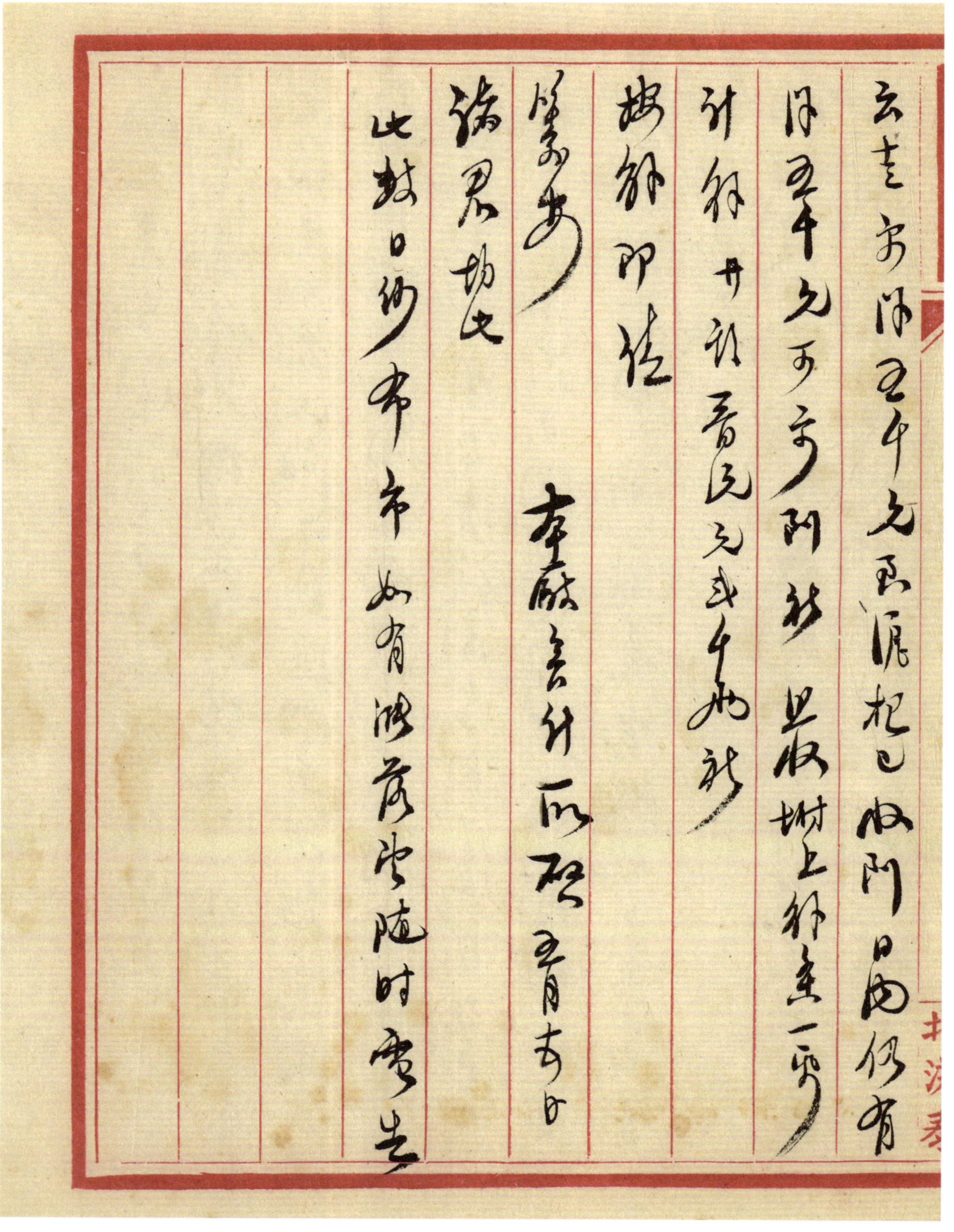

第七十八號（五月十五日）

解廿期晋源元弍千兩，祈按解。即請籌安。本廠會計所啓。五月十五日

諸君均此。

此數日紗布市如有漲落，望隨時電告。

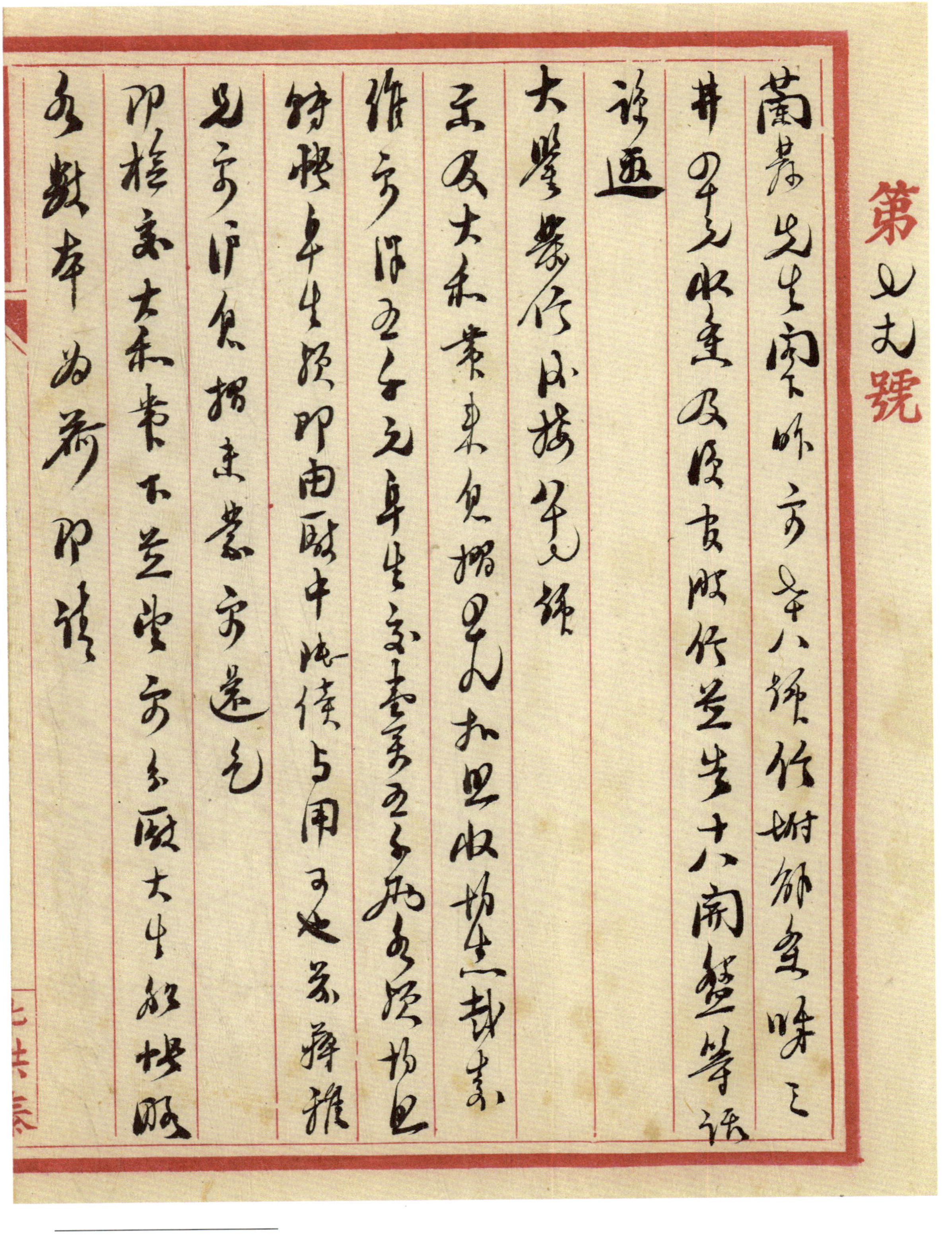

第七十九號（五月十六日）

蘭蓀先生閣下：昨寄七十八號信，附解條二千兩、三井四十元收條及復官股信，并告十八開盤等話，諒邀大鑒。發信後接八十七號示及大和帶來息摺四十九扣，照收均悉。戴壽維寄洋五千元，皐生交壹萬五千兩，各款均照轉帳。皐生款即由廠中陸續與用可也。前蔣雅兄寄滬息摺未蒙寄還，乞即檢交大和帶下，并望寄分廠、大生船帳略各數本爲荷。即請籌安。本廠會計所啓。五月十六日

諸君均此。

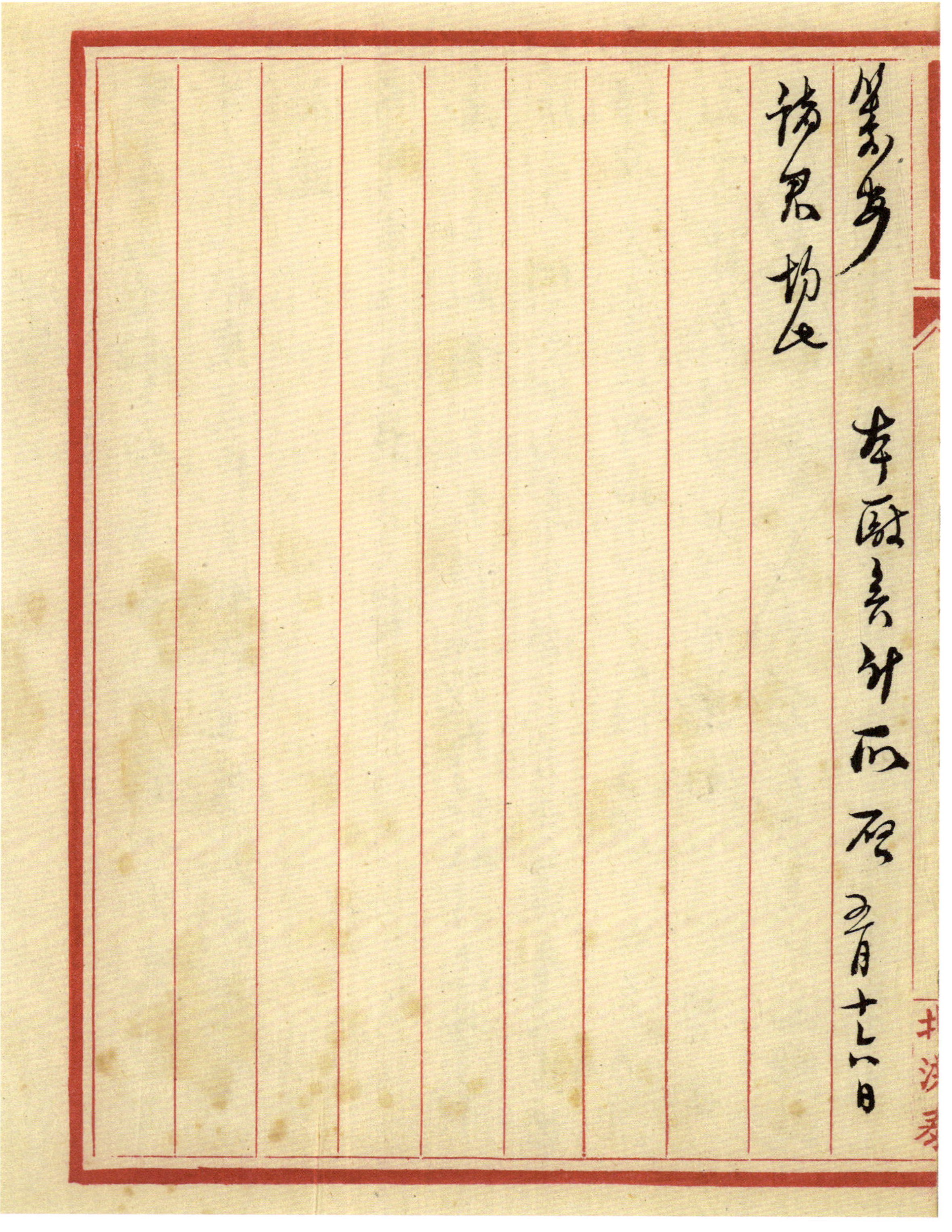

業安
諸君均鑒
本廠會計所啓
五月十六日

第七十九號（五月十六日）

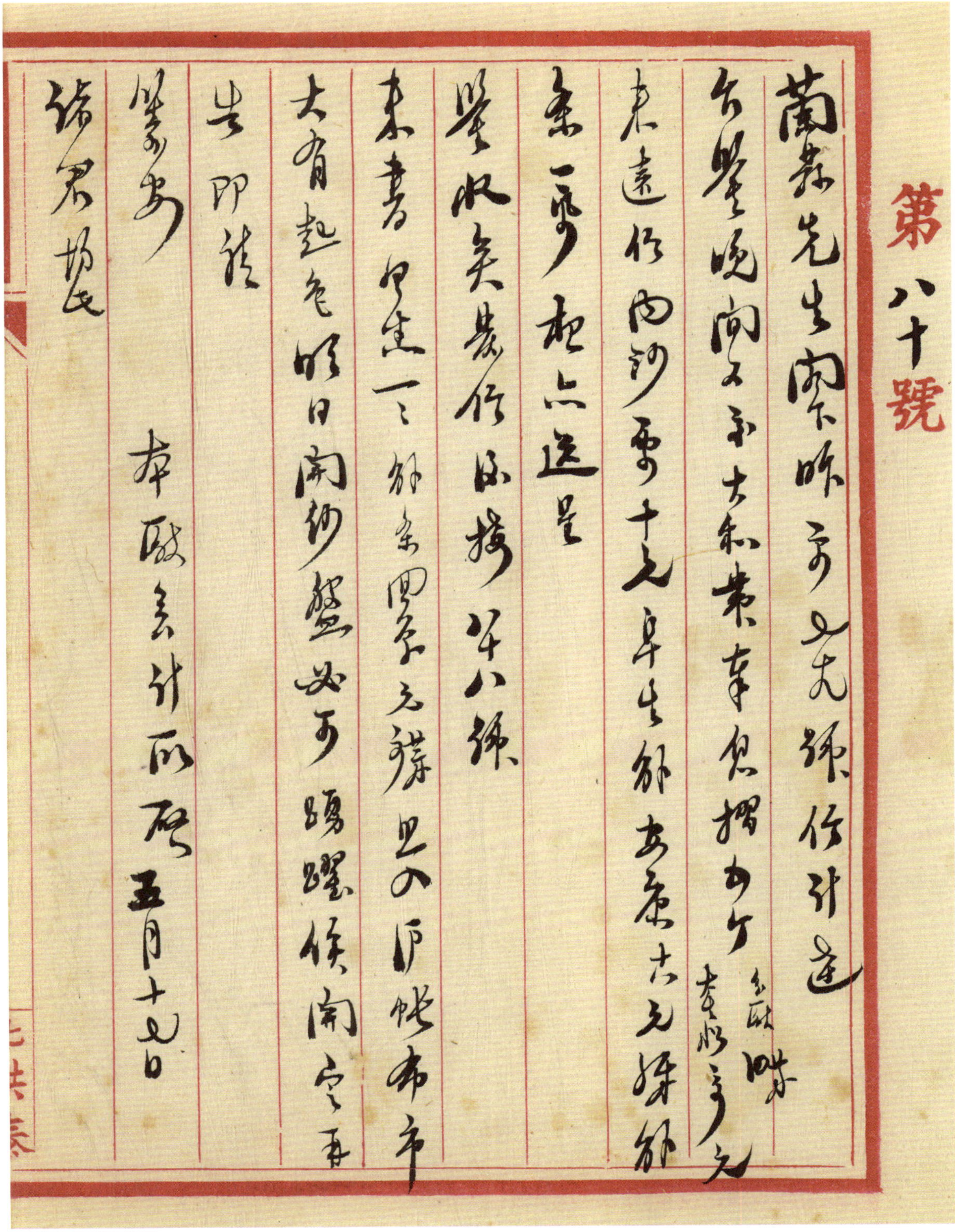

第八十號（五月十七日）

蘭蓀先生閣下：昨寄七十九號信，計達台鑒。晚間又交大和帶奉息摺五個（分廠一千零廿兩、大生船三百元），來遠信内鈔票十元，阜生解安康十八元五千兩解條一紙，想亦送呈鑒收矣。發信後接八十八號來書，具悉一一。解條回單元二百廿二兩，照入滬帳。布市大有起色，明日開紗盤必可踴躍，俟開定再告。即請籌安。本廠會計所啓。五月十七日

諸君均此。

第八十號（五月十七日）

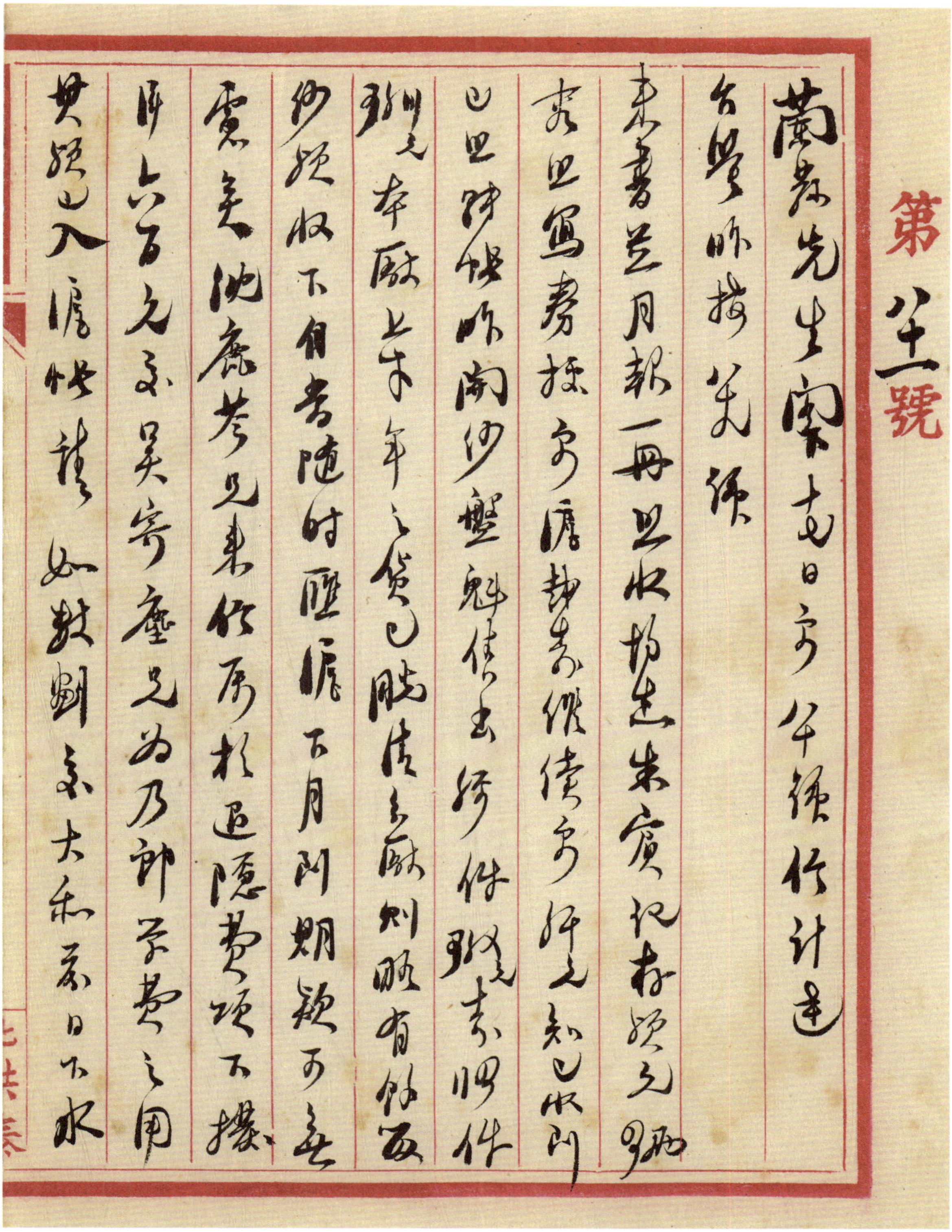

第八十一號（五月十九日）

蘭蓀先生閣下：十七日寄八十號信，計達台鑒。昨接八十九號來書并月報一册，照收均悉。朱賓記存款元四百兩，容照寫券據寄滬。戴壽維續寄五千元，知已收到，已照轉帳。昨開紗盤，魁售出五千六百件（一百五十四元），壽二千四百件（一百五十三元），本廠上半年之貨已脱清，分廠則略有餘留。紗款收下自當隨時匯滬，下月到期款可無慮矣。沈鹿芩兄來信屬，於退隱費項下撥洋六百元交吴寄塵兄，爲乃郎學費之用，其款已入滬帳，請如數劃交。大和前日下水，在張王港撞沉

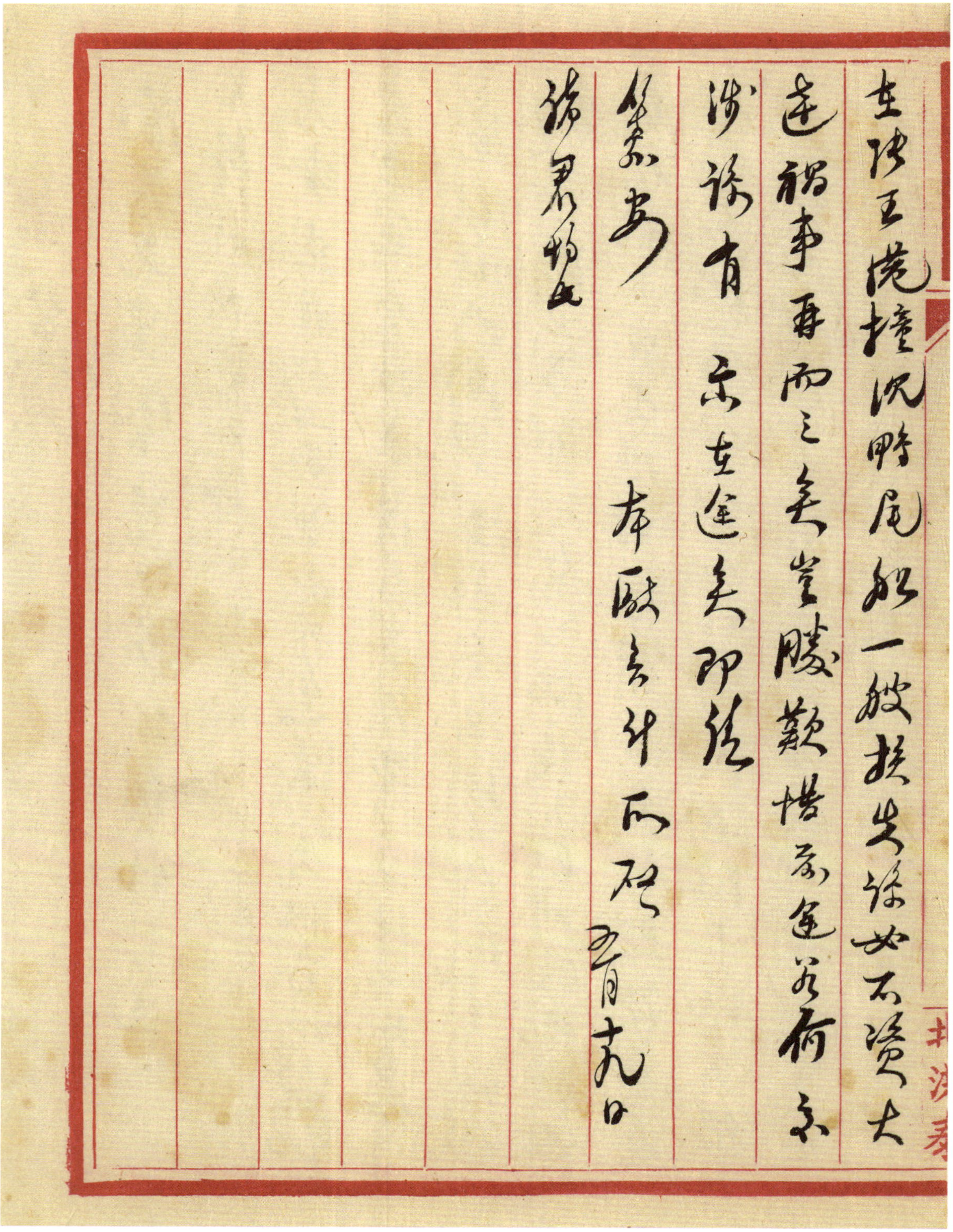
在陸王港撞沉鴨尾船一艘，損失諒必不資。大達禍事再而三矣，豈勝嘆惜。前途若何交涉，諒有示在途矣。即請籌安。本廠會計所啓。五月十九日
諸君均此

第八十一號（五月十九日）

鴨尾船一艘，損失諒必不資。大達禍事再而三矣，豈勝嘆惜。前途若何交涉，諒有示在途矣。即請籌安。本廠會計所啓。五月十九日

諸君均此。

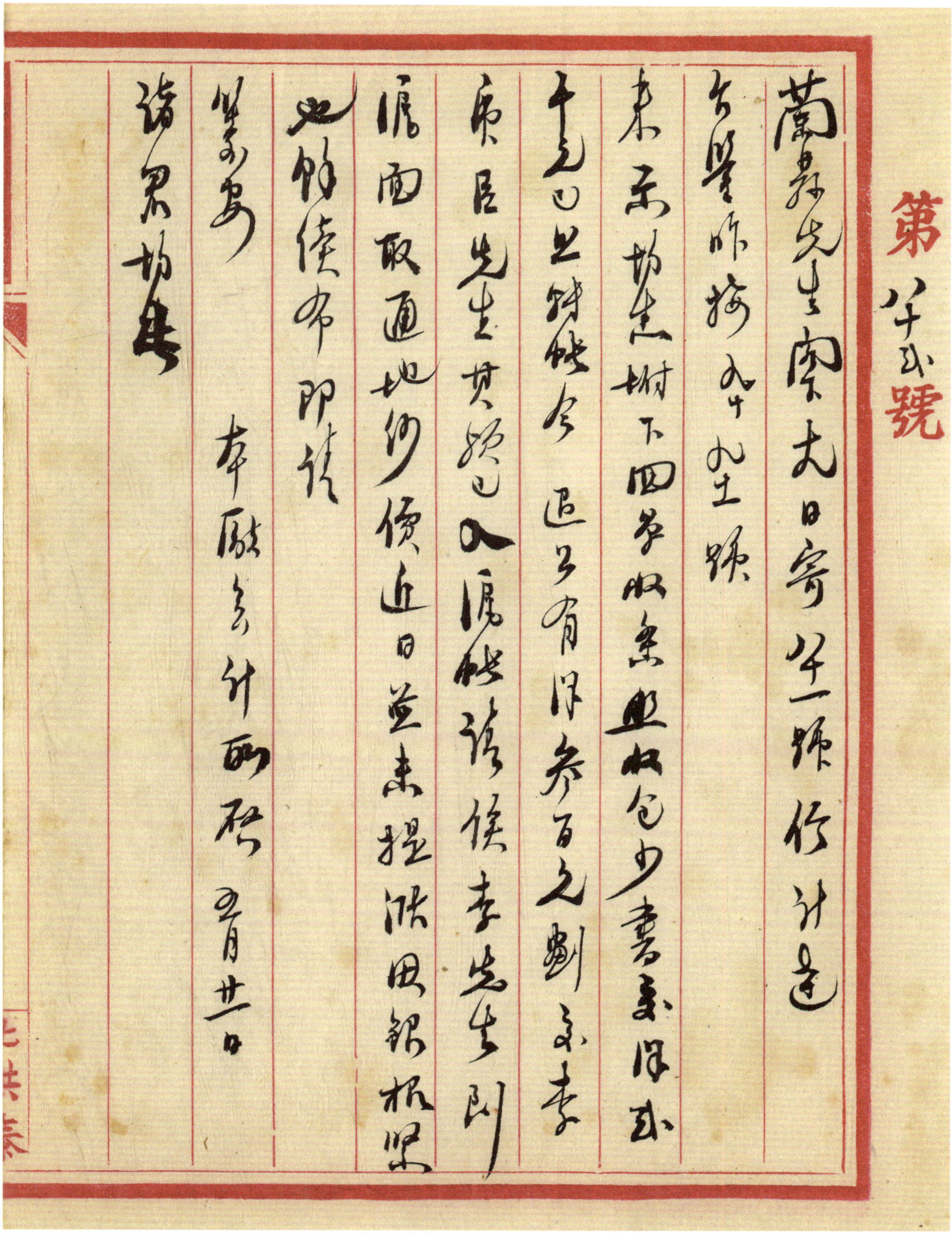

第八十二號（五月廿一日）

蘭蓀先生閣下：十九日寄八十一號信，計達台鑒。昨接九十、九十一號來示，均悉。附下回單、收條，照收。包少書交洋弍千元，已照轉帳。今退公有洋叁百元劃交李虎臣先生，其款已入滬帳，請俟李先生到滬面取。通地紗價近日并未提漲，因銀根緊也。餘續布。即請籌安。本廠會計所啓。五月廿一日

諸君均此。

第八十二號（五月廿一日）

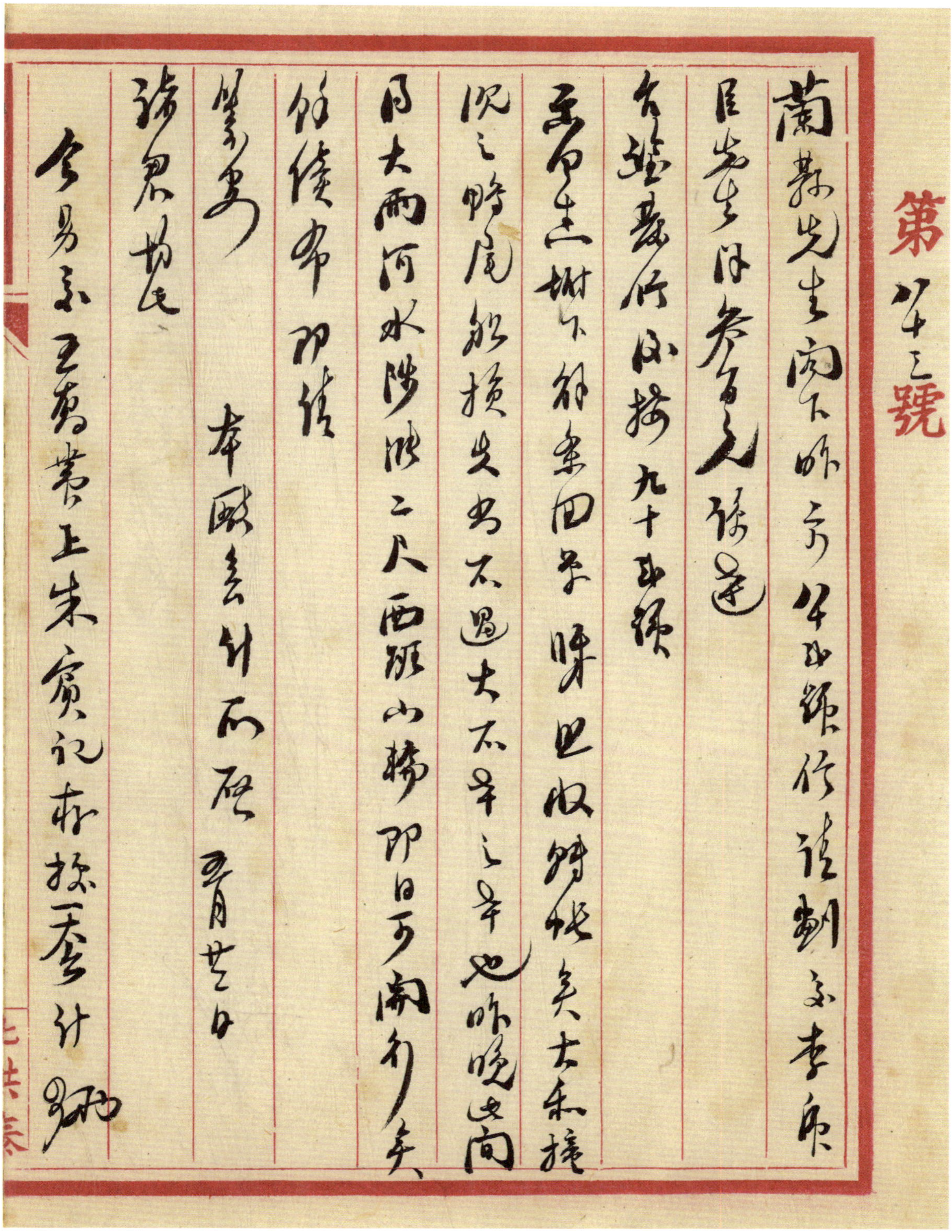

第八十三號（五月廿二日）

蘭蓀先生閣下：昨寄八十式號信，請劃交李虎臣先生洋叁百元，諒達台鑒。發信後接九十式號示，具悉。附下解條回單二千兩，照收轉帳矣。大和撞沉之鴨尾船，損失尚不過大，不幸之幸也。昨晚此間得大雨，河水陟漲二尺，西班小輪即日可開行矣。餘續布。即請籌安。本廠會計所啓。五月廿二日

諸君均此。

今另交王喬帶上朱賓記存據一套計四百兩，又南京裕寧鈔票十元，至祈察收，即復爲荷。

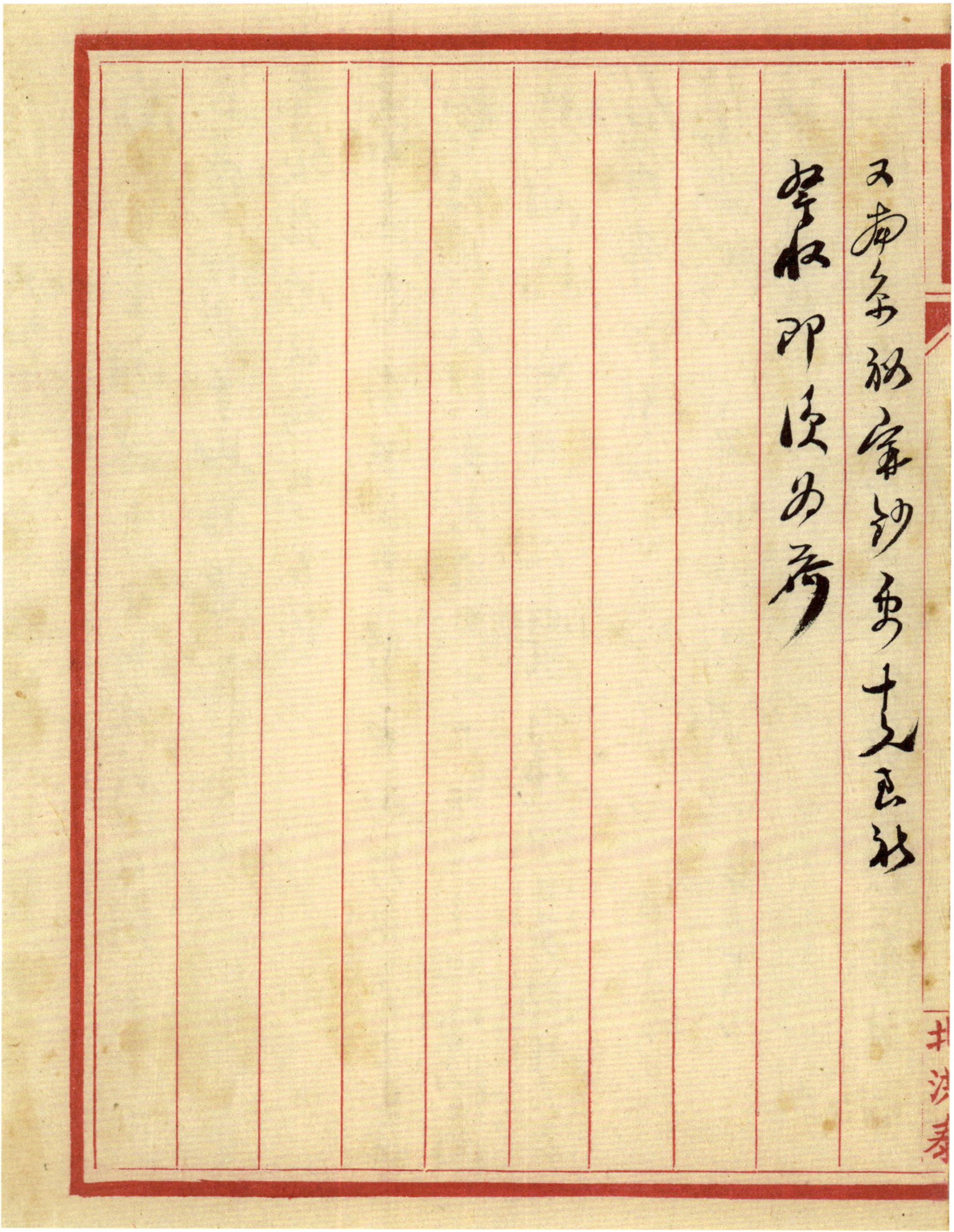

又南京紡廠紗要十支已祈
寄收即復為荷

第八十三號（五月廿二日）

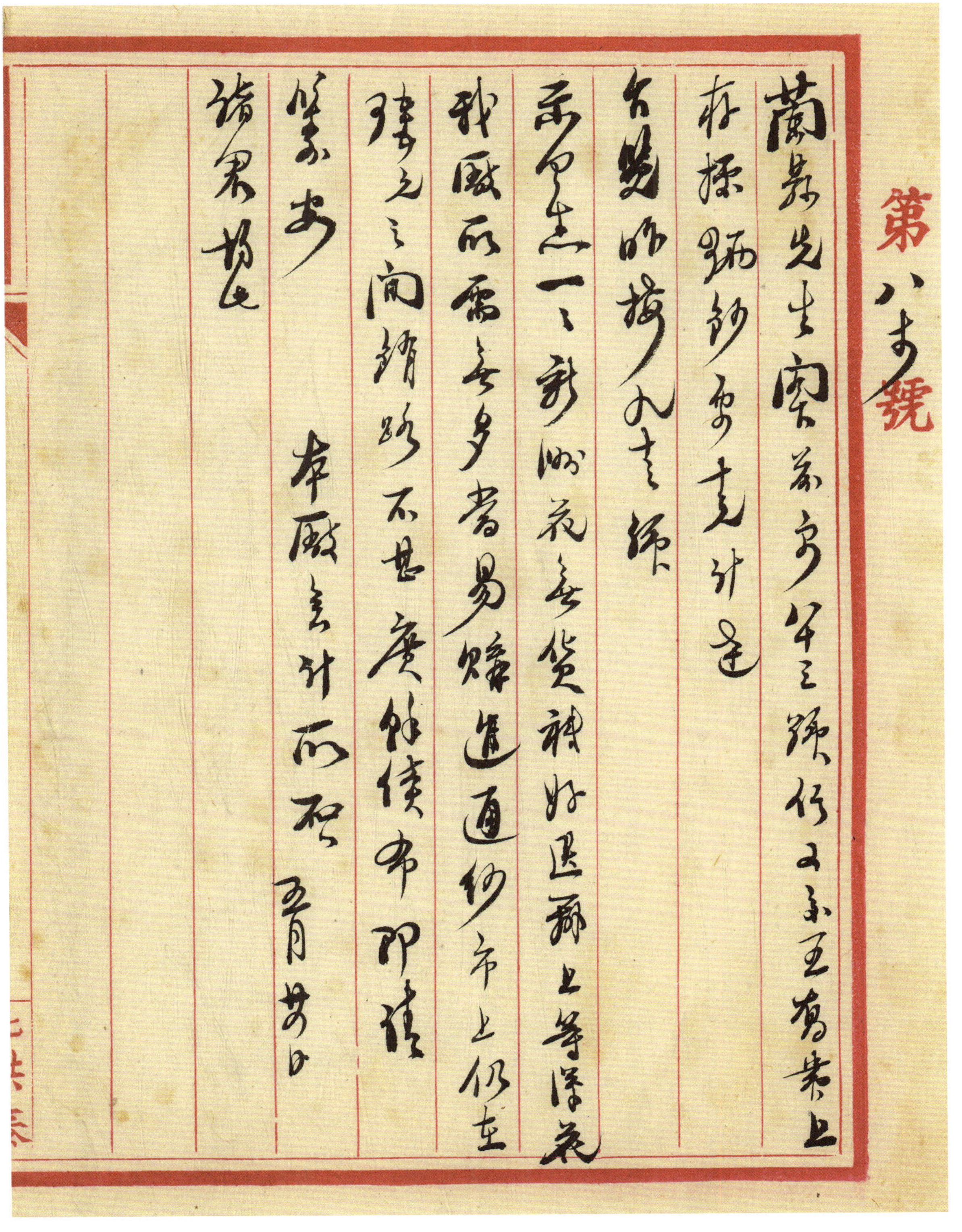

第八十四號（五月廿四日）

蘭蓀先生閣下：前寄八十三號信，又交王喬帶上存據四百兩、鈔票十元，計達台覽。昨接九十三號示，具悉一一。新洲花無貨，衹好選辦上等洋花，我廠所需無多，當易購進。通紗市上仍在一百五十五元之間，銷路不甚廣。餘續布。即請籌安。本廠會計所啓。五月廿四日

諸君均此。

第八十四號（五月廿四日）

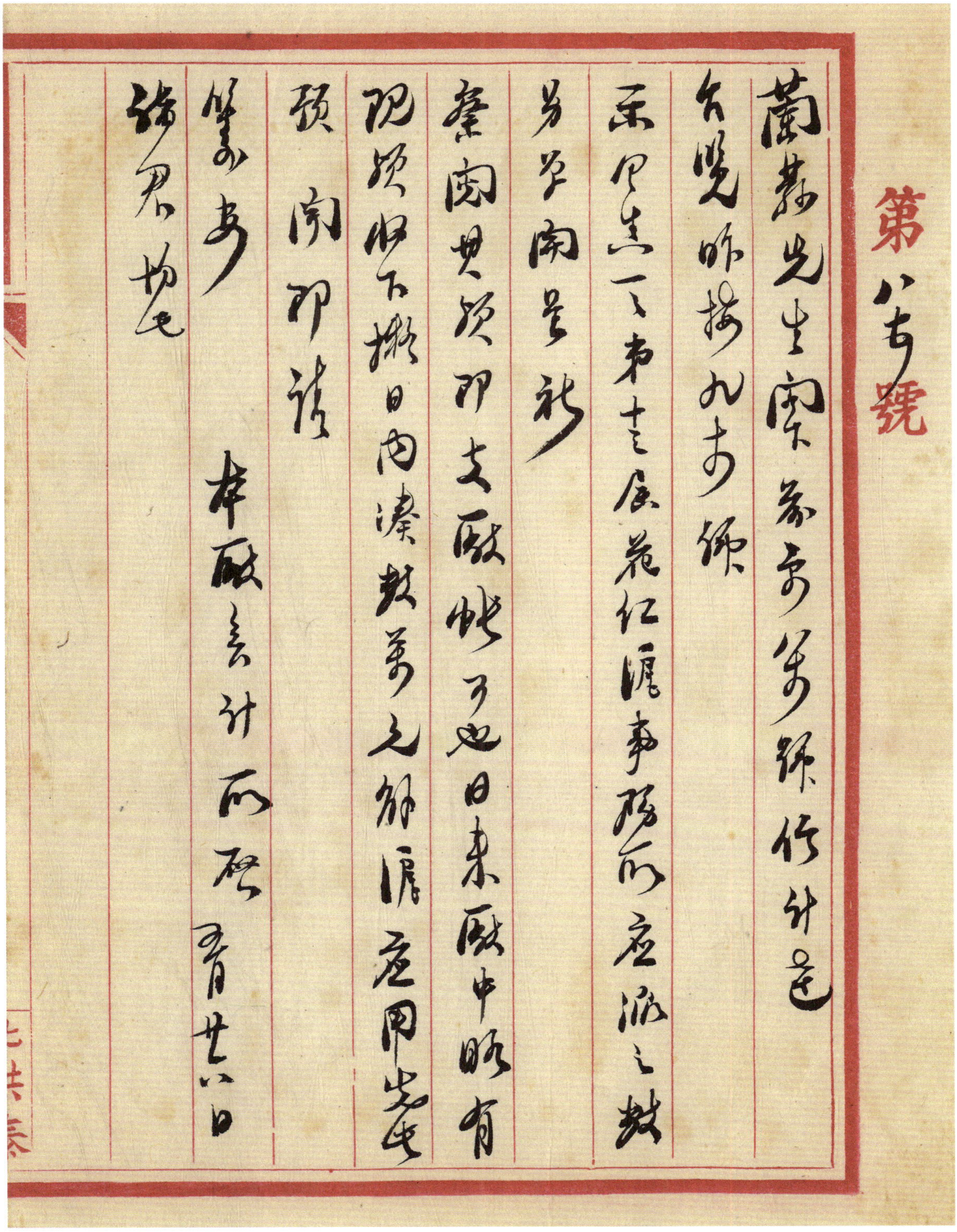

第八十五號（五月廿六日）

蘭蓀先生閣下：前寄八十四號信，計達台覽。昨接九十四號示，具悉一一。第十三届花紅，滬事務所應派之數另單開呈，祈察閲，其款即支廠帳可也。日來廠中略有現款收下，擬日内湊數萬元解滬應用，先此預聞。即請籌安。本廠會計所啓。五月廿六日

諸君均此。

第八十五號（五月廿六日）

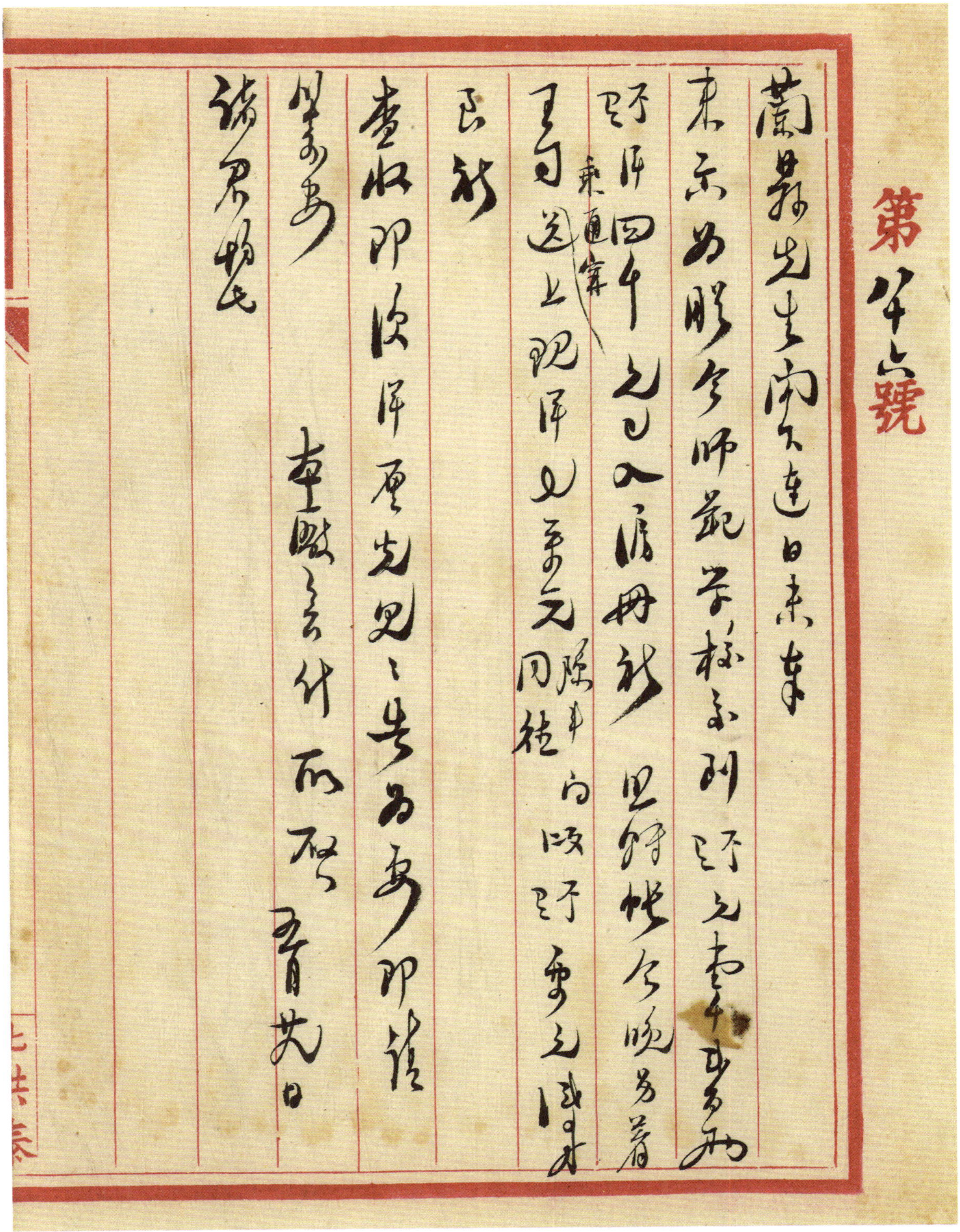

第八十六號（五月廿九日）

蘭蓀先生閣下：連日未奉來示，爲盼。今師範學校交到六月初二元壹千弍百兩、六月初二洋四千元，已入滬册，祈照轉帳。今晚另着王司乘通寧送上現洋七萬元，豫豐向同德（一二九）六月初二票元一千弍百兩，至祈查收即復，洋厘兑見，見告爲要。即請籌安。本廠會計所啓。五月廿九日

諸君均此。

第八十六號（五月廿九日）

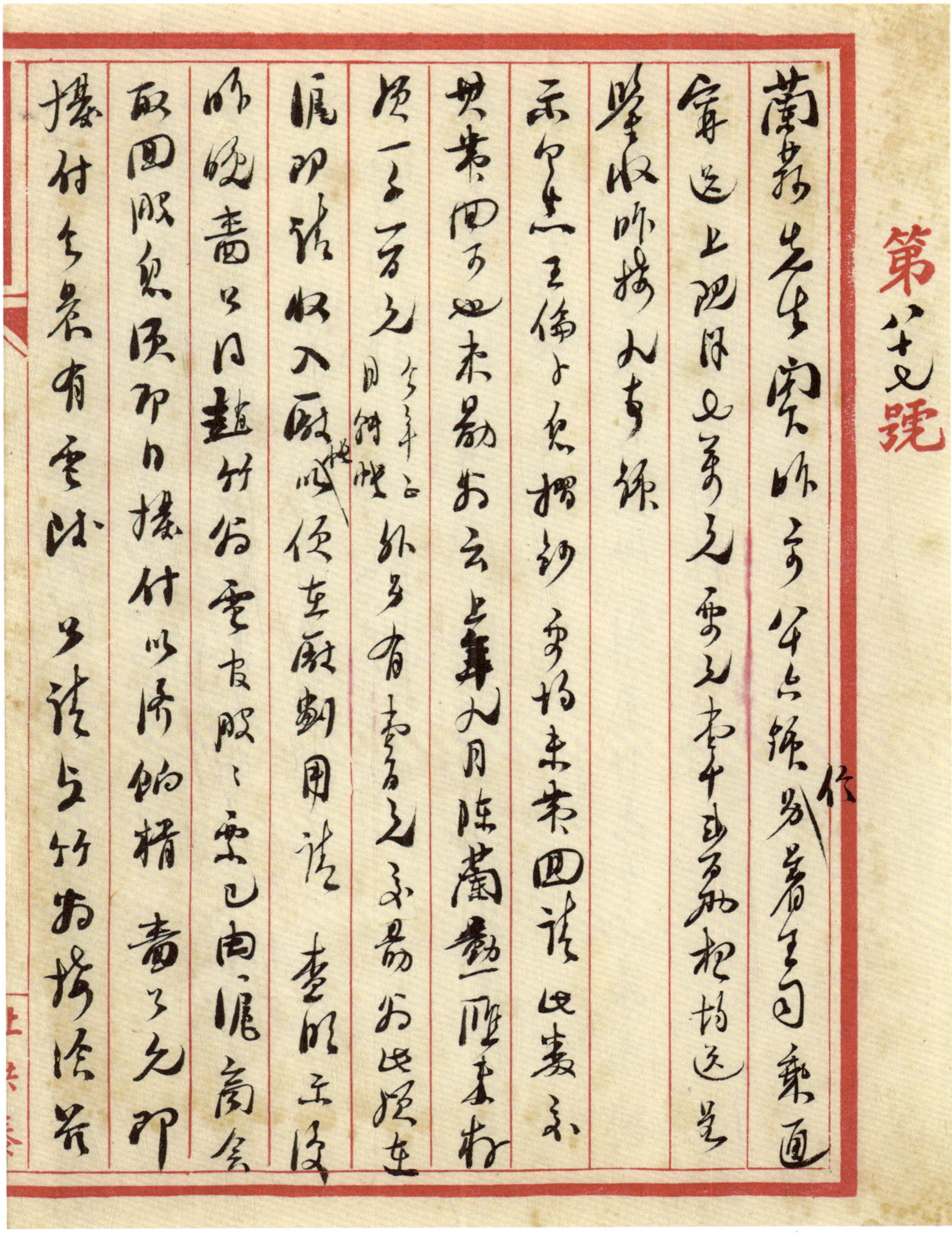

第八十七號（六月初一日）

蘭蓀先生閣下：昨寄八十六號信，另着王司乘通寧送上現洋七萬元、票元一千弍百兩，想均送呈鑒收。昨接九十五號示，具悉。王倫子息摺、鈔票均未帶回，請此番交其帶回可也。東昜翁云，上年九月陳蘭勳匯來存款一千一百元（今年正月轉帳）外，另有壹百元交昜翁，此款在滬，即請收入廠帳，以便在廠劃用，請查明示復。昨晚啬公得趙竹翁電，官股股票已由滬商會取回，股息須即日撥付，以濟餉糈。啬公允即撥付，今晨有電致公，請與竹翁接洽。玆將來電抄閱：此項股息，最好憑息

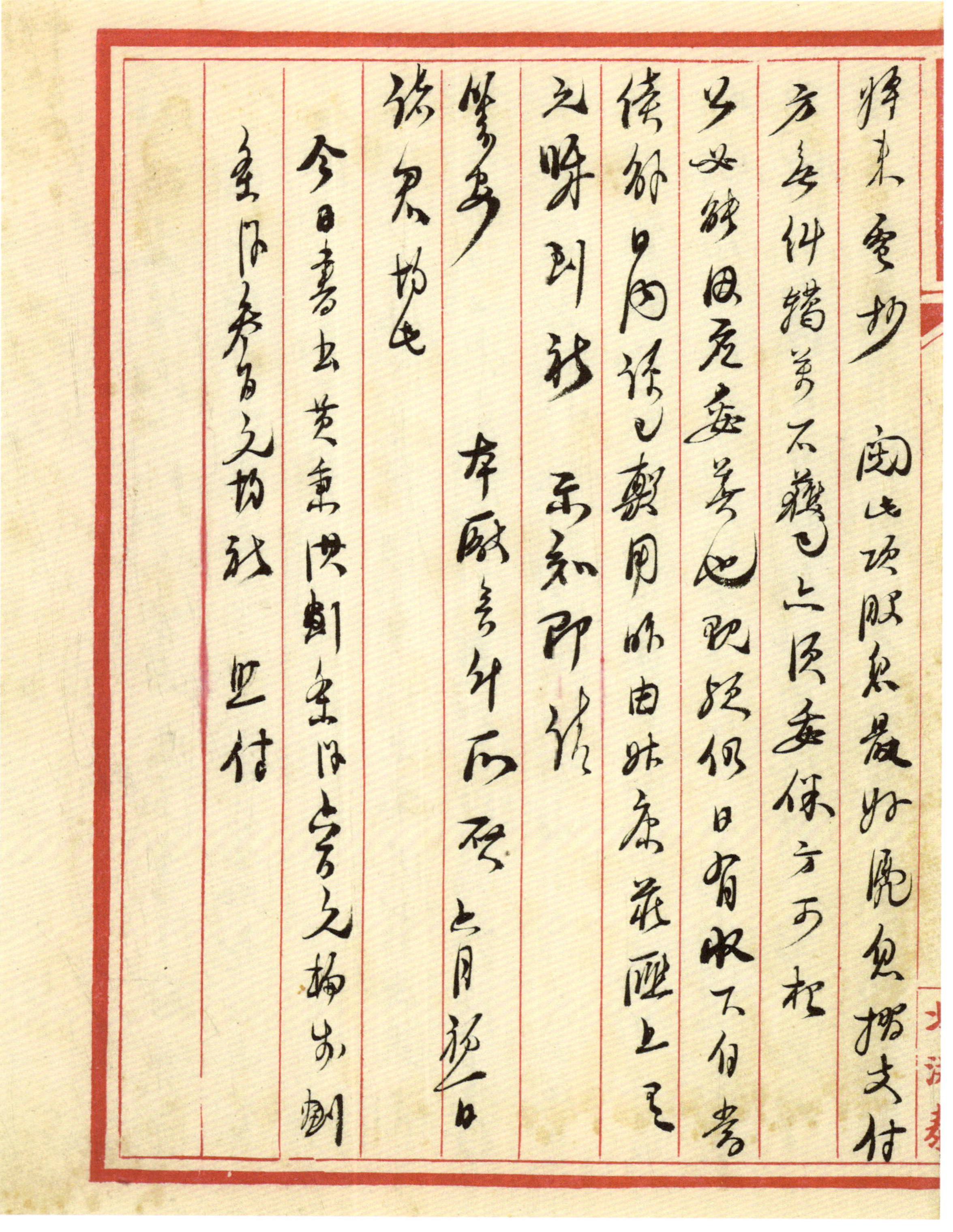

第八十七號（六月初一日）

摺支付，方無糾轕，萬不獲已，亦須委保方可。想公必能因應妥善也。現款仍日有收下，自當續解，日内諒已敷用。昨由昇康莊匯上初二元二千兩，到祈示知。即請籌安。本廠會計所啓。六月初一日

諸君均此。

今日書出黄秉淇劃條洋六百元，輪步劃條洋叁百元，均祈照付。

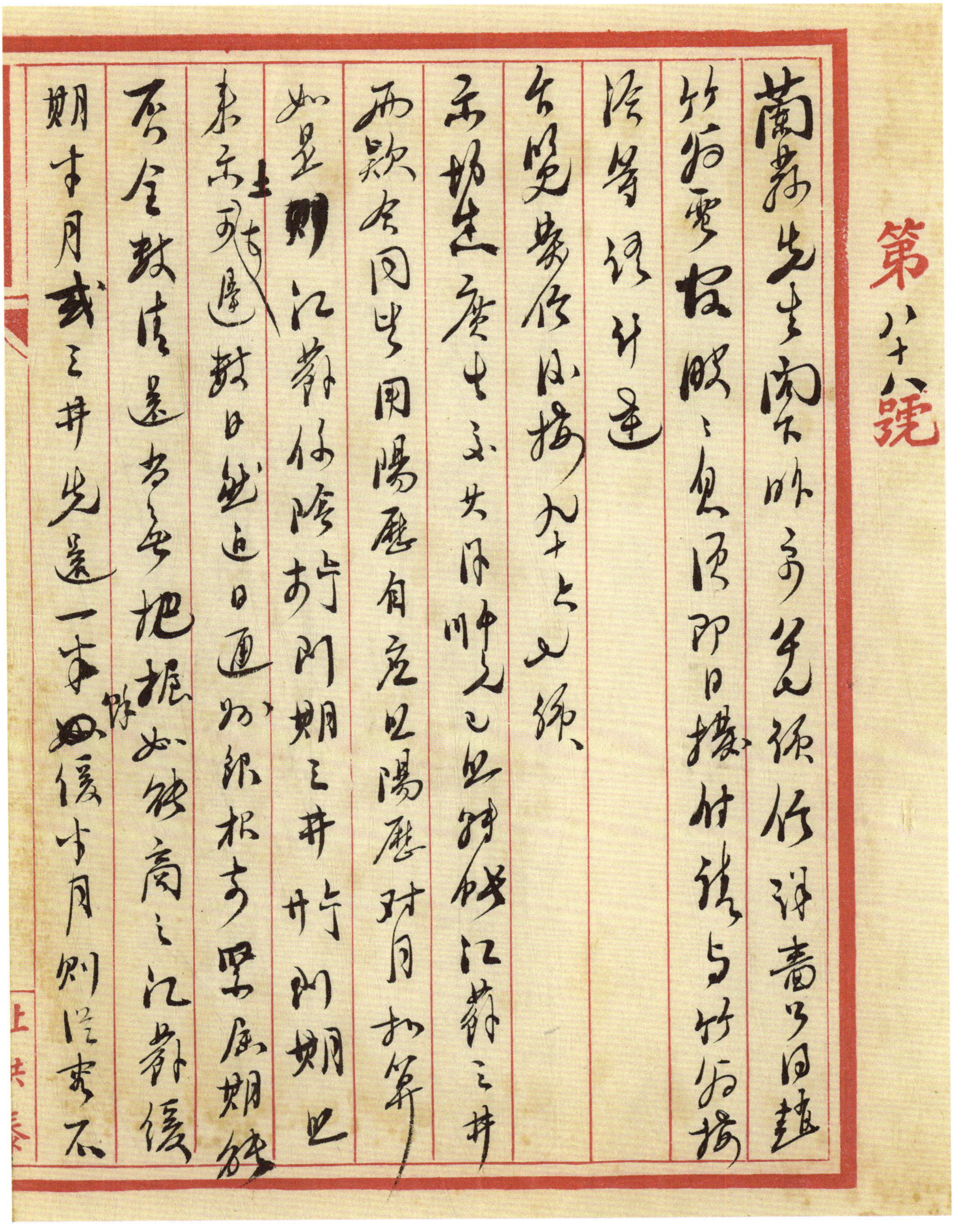

第八十八號（六月初二日）

蘭蓀先生閣下：昨寄八十七號信，詳啬公得趙竹翁電，官股股息須即日撥付，請與竹翁接洽等語，計達台覽。發信後接九十六、九十七號示，均悉。廣生交廿八洋三千元，已照轉帳。江蘇、三井兩款合同皆用陽曆，自應照陽曆對月扣算，如是，則江蘇係陰六月十四到期、三井六月廿到期。照來示，十一、十五可遲數日，然近日通州銀根奇緊，届期能否全數清還，尚無把握。如能商之江蘇緩期半月，或三井先還一半，餘緩半月，則從容不迫矣。請公早與商之。分廠應還之款，通十萬，滬

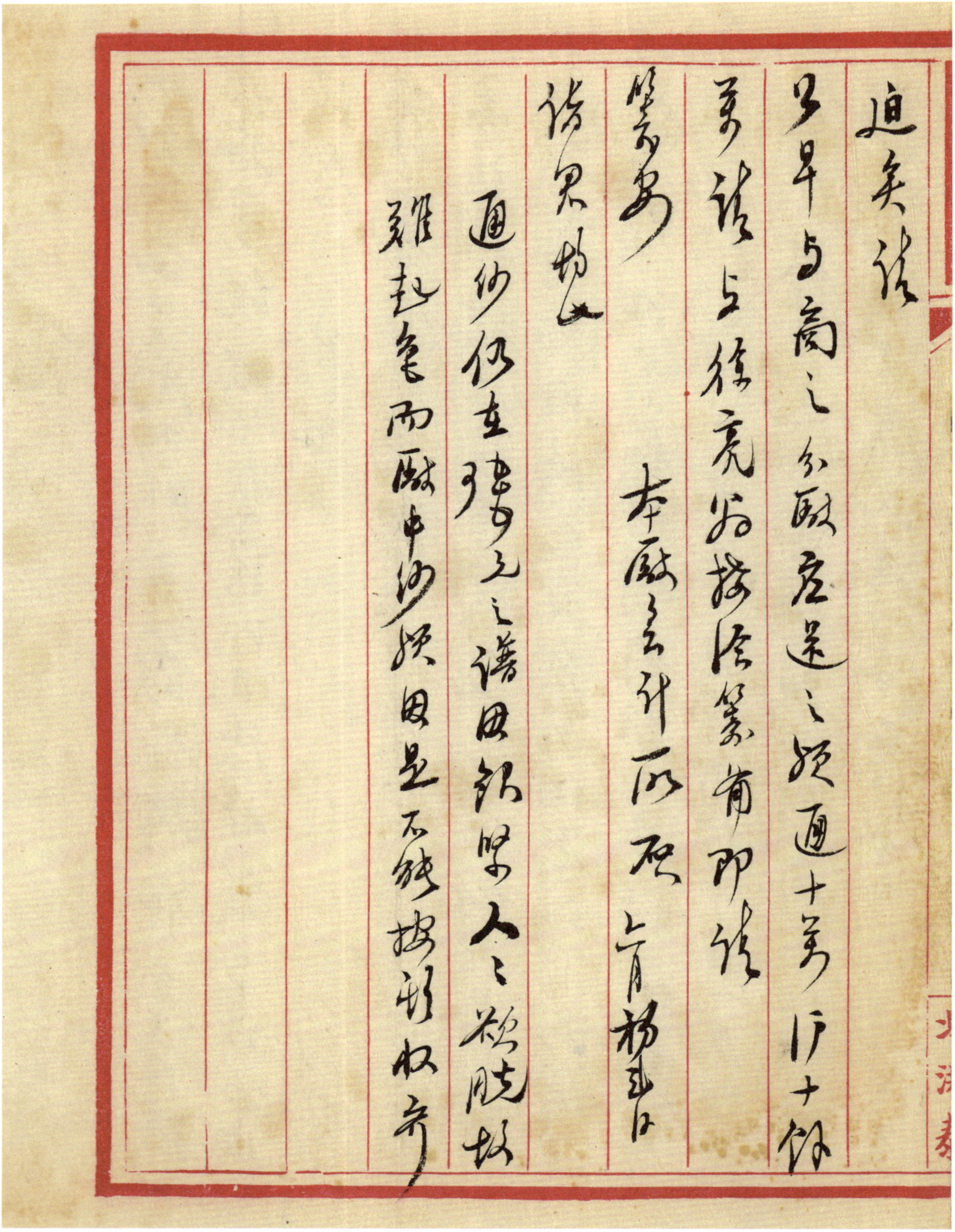

第八十八號（六月初二日）

十餘萬，請與徐亮翁接洽籌備。即請籌安。本廠會計所啓。六月初弍日

諸君均此。

通紗仍在一百五十五元之譜，因銀緊，人人欲脱，故難起色，而廠中紗款因是不能按期收齊。

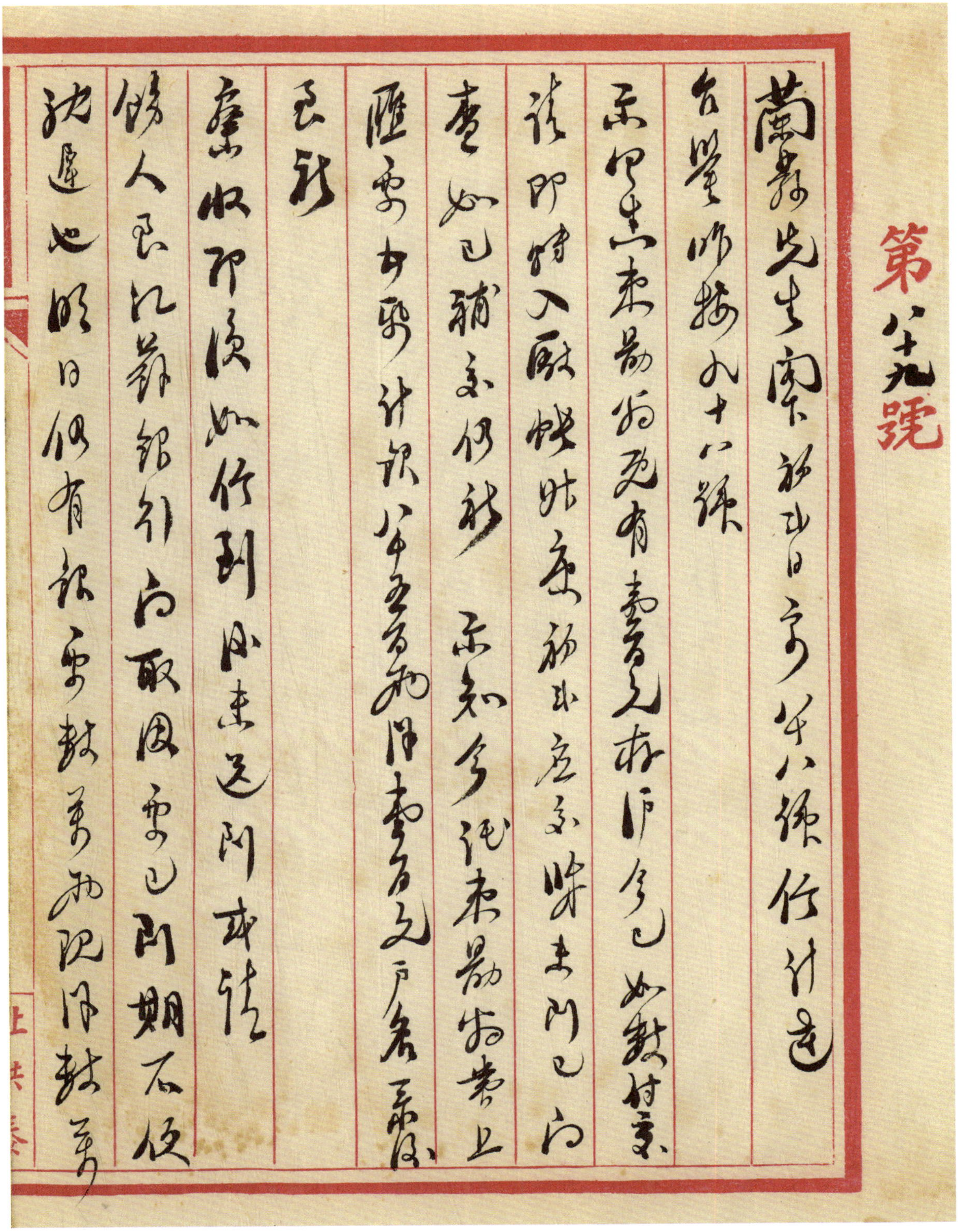

第八十九號（六月初四日）

蘭蓀先生閣下：初弍日寄八十八號信，計達台鑒。昨接九十八號示，具悉。東勗翁既有壹百元存滬，今已如數付交，請即轉入廠帳。昇康初弍應交二千兩未到，已向查，如已補交，仍祈示知。今托東勗翁帶上匯票五紙，計銀八千五百兩、洋壹百元，户名録後，至祈察收即復。如信到後未送到，或請飭人至江蘇銀行向取，因票已到期，不便耽遲也。明日仍有銀票數萬兩、現洋數萬元寄滬，先此奉聞。即請籌安。本廠會計所啓。六月初四日

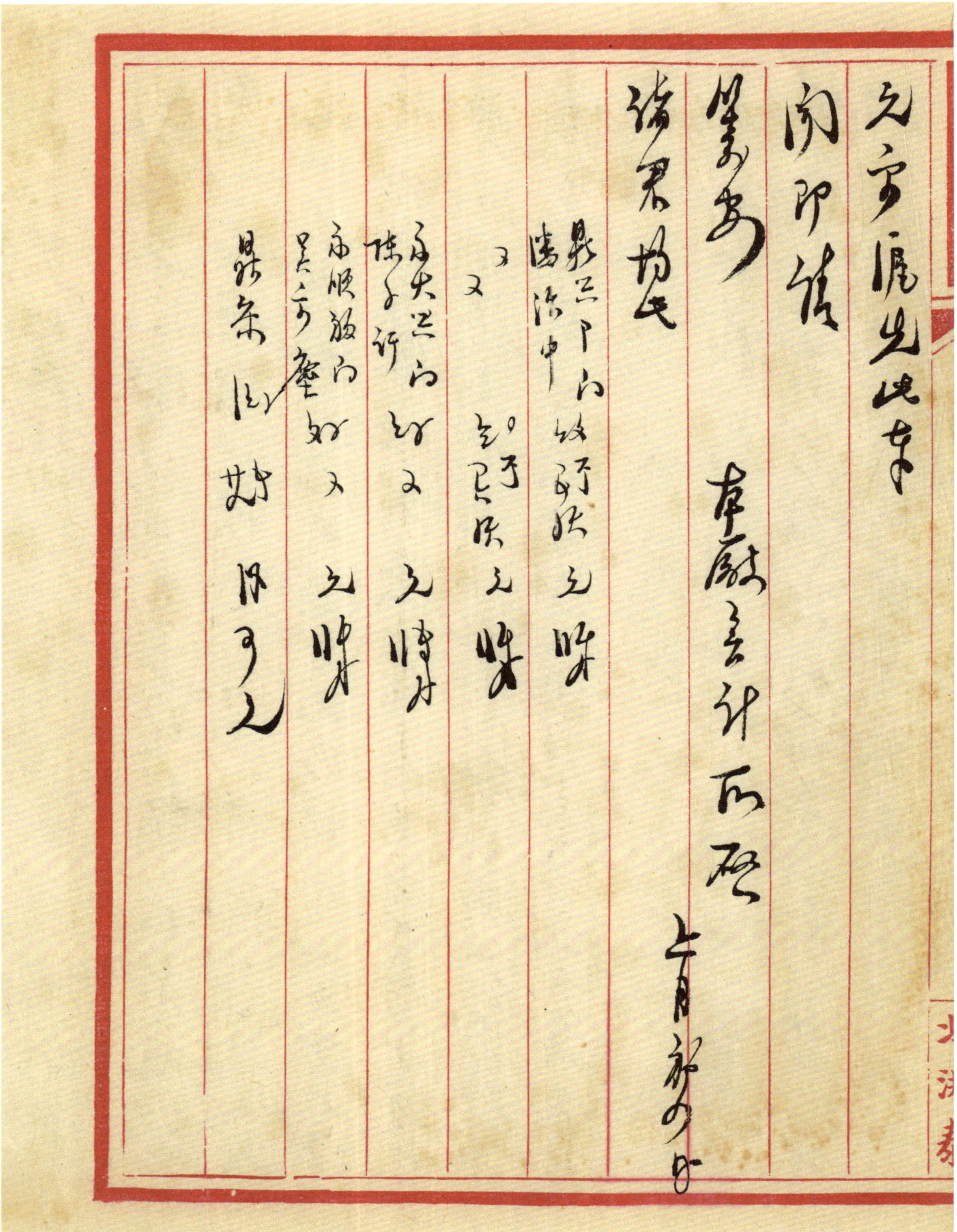

第八十九號（六月初四日）

諸君均此。

鼎興□向潘治中，七九，六月初五（五天），元二千兩

又又，八〇，六月初六（五天），元二千兩

永大興向陳子訏，七五，又，元二千五百兩

永順福向吴寄塵，九五，又，元二千兩

鼎康，一七五，五月廿九，洋一百元

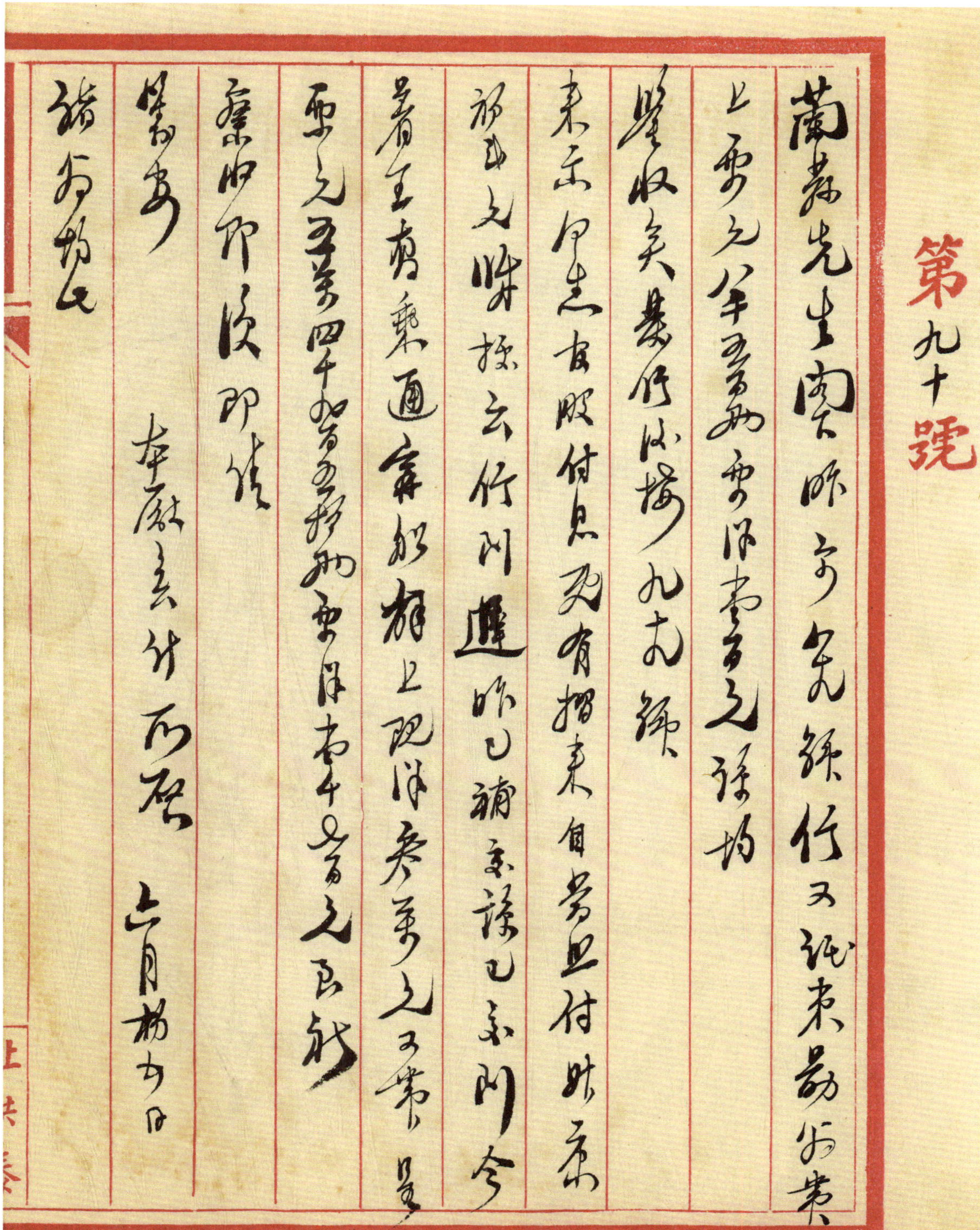

第九十號（六月初五日）

蘭蓀先生閣下：昨寄八十九號信，又托東勗翁帶上票元八千五百兩、票洋一百元，諒均鑒收矣。發信後接九十九號來示，具悉。官股付息既有摺來，自當照付。昇康初式元二千兩，據云信到遲，昨已補交，諒已交到。今着王喬乘通寧船解上現洋叁萬元，又帶呈票元五萬四千九百五拾兩、票洋壹千七百元，至祈察收即復。即請籌安。本廠會計所啓。六月初五日

諸翁均此。

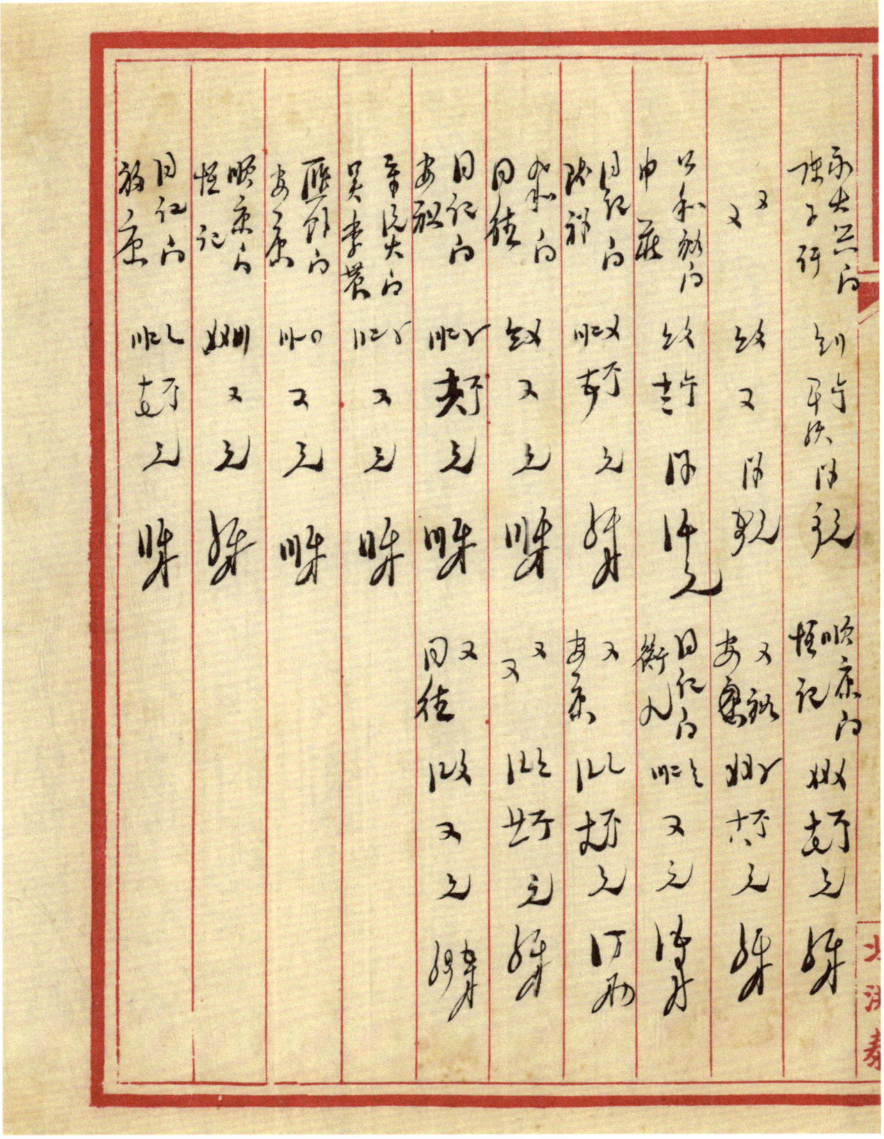

第九十號（六月初五日）

永大興向陳子訏，八二，六月初十（五天），洋二百元
又又，七九，又，洋五百元
公和裕向申莊，七九，六月十二，洋一千元
得記向致祥，三二四，六月十五，元五千兩
九和向同德，八四，又，元三千兩
得記向安裕，三二五，六月十六，元三千兩
章源大向吴季農，二二五，又，元二千兩
匯餘向安康，三一〇，又，元三千兩
順康向恒記，四四三，又，元五千兩
得記向福康，三二六，六月十七，元二千兩
順康向恒記，四四四，六月十七，元五千兩
又裕安，四四五，六月十八，元五千兩
得記向衡九，三二八，又，元一千五百兩
又安康，一六六，六月十九，元一萬兩
又又，一六七，六月廿一，元五千兩
又同德，一六九，又，元五千四百五十兩

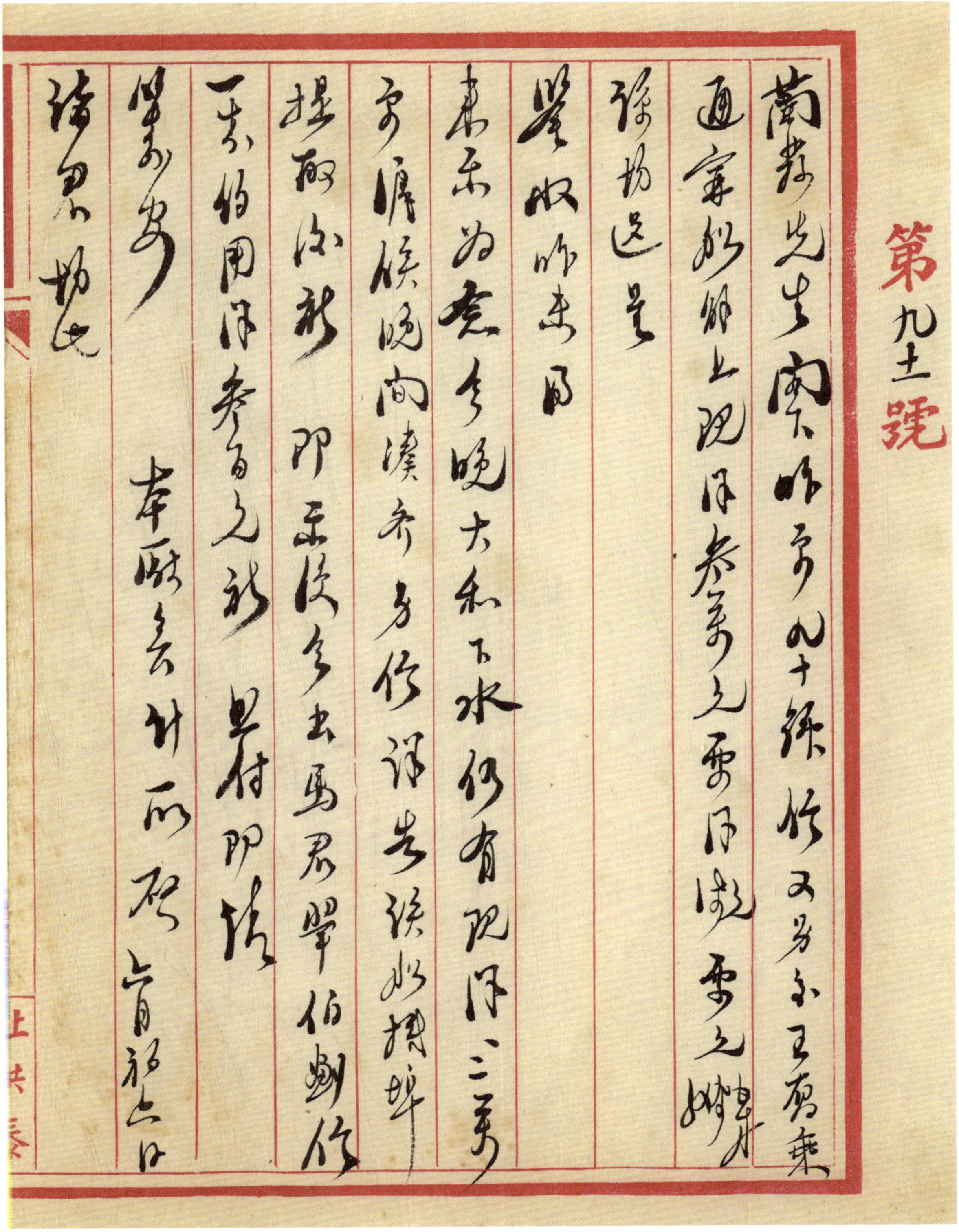

第九十一號（六月初六日）

蘭蓀先生閣下：昨寄九十號信，又另交王喬乘通寧船解上現洋叁萬元、票洋一千七百元、票元五萬四千九百五十兩，諒均送呈鑒收。昨未得來示，爲念。今晚大和下水，仍有現洋一二萬寄滬，俟晚間湊齊，另信詳告。該船抵埠提取後，祈即示復。今出馬君翚伯劃信一封，約用洋叁百元，祈照付。即請籌安。本廠會計所啓。六月初六日

諸君均此。

第九十一號（六月初六日）

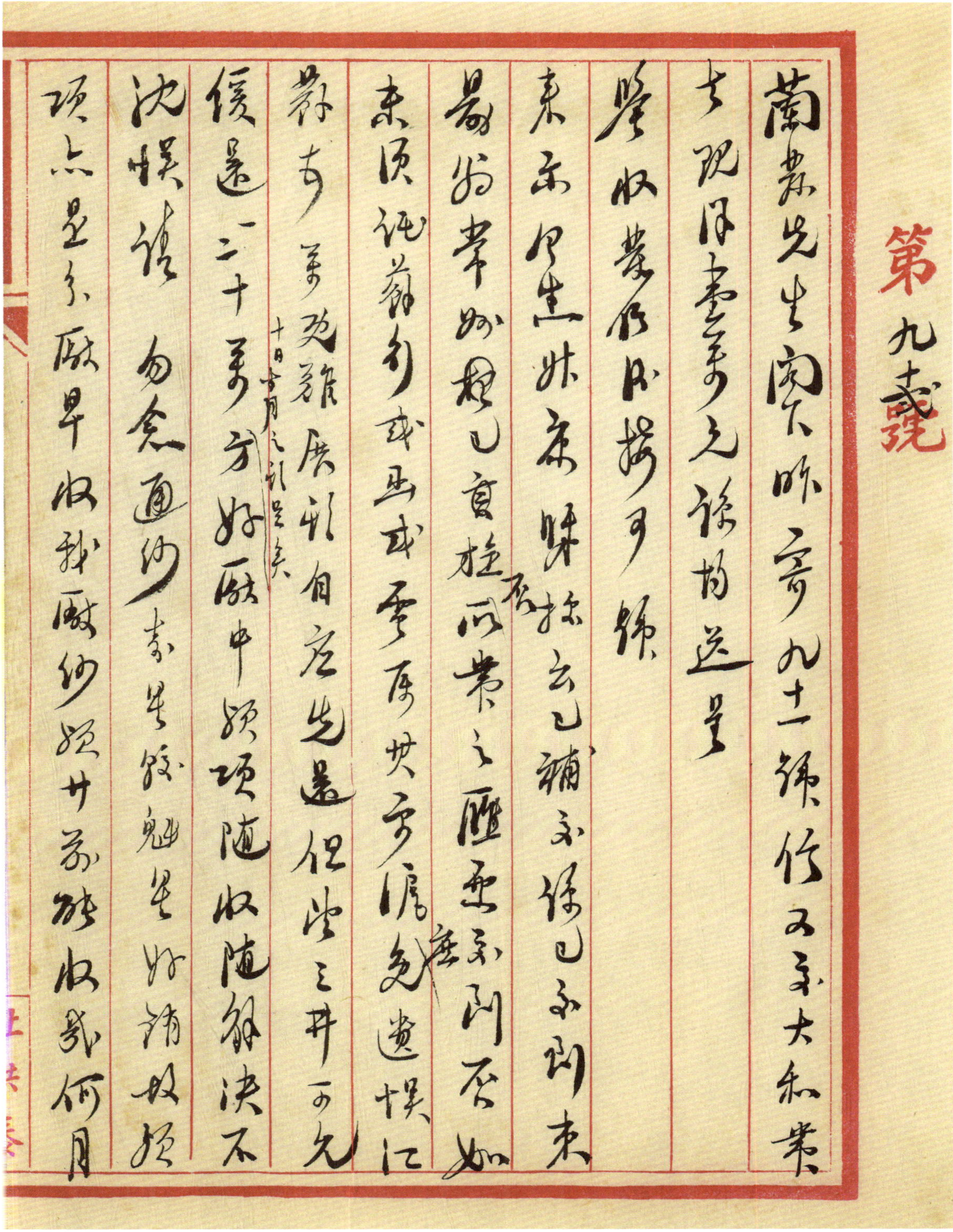

第九十二號（六月初七日）

蘭蓀先生閣下：昨寄九十一號信，又交大和帶去現洋壹萬元，諒均送呈鑒收。發信後接一百號來示，具悉。昇康二千兩，據云已補交，諒已交到。東翁常州已旋否？所帶之匯票交到否？如未，須托蘇行，或函或電，屬其寄滬，庶免遺誤。江蘇十五萬既難展期，自應先還，但望三井可允緩還一二十萬（十日、半月之期足矣）方好。廠中款項隨收隨解，决不耽誤，請勿念。通紗壽星較魁星好銷，故款項亦是分廠早收，我廠紗款廿前能收幾何，月半前當有大數。三井之款縱缺，亦不過十餘

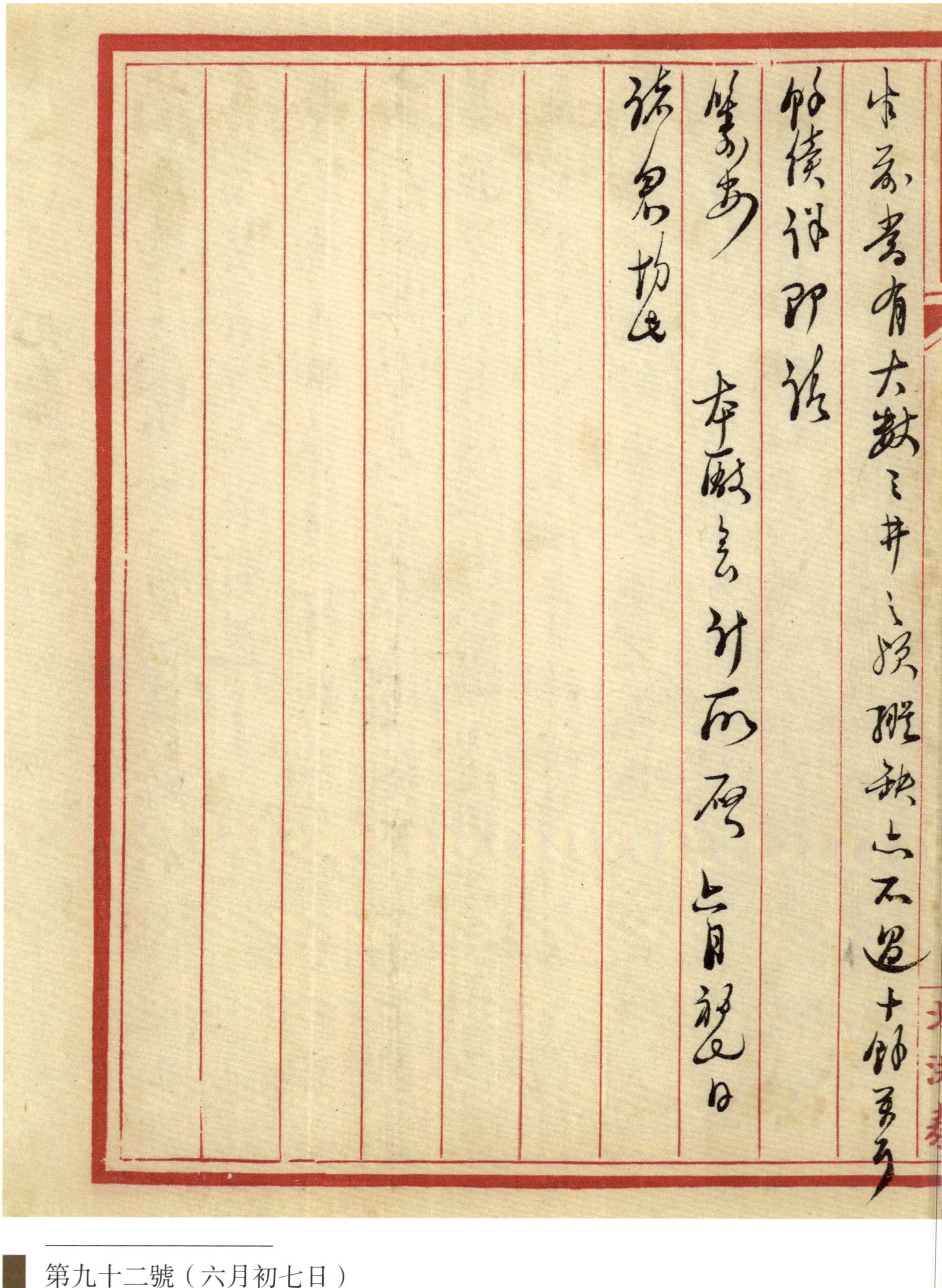

第九十二號（六月初七日）

萬耳。餘續詳。即請籌安。本廠會計所啓。六月初七日
諸君均此。

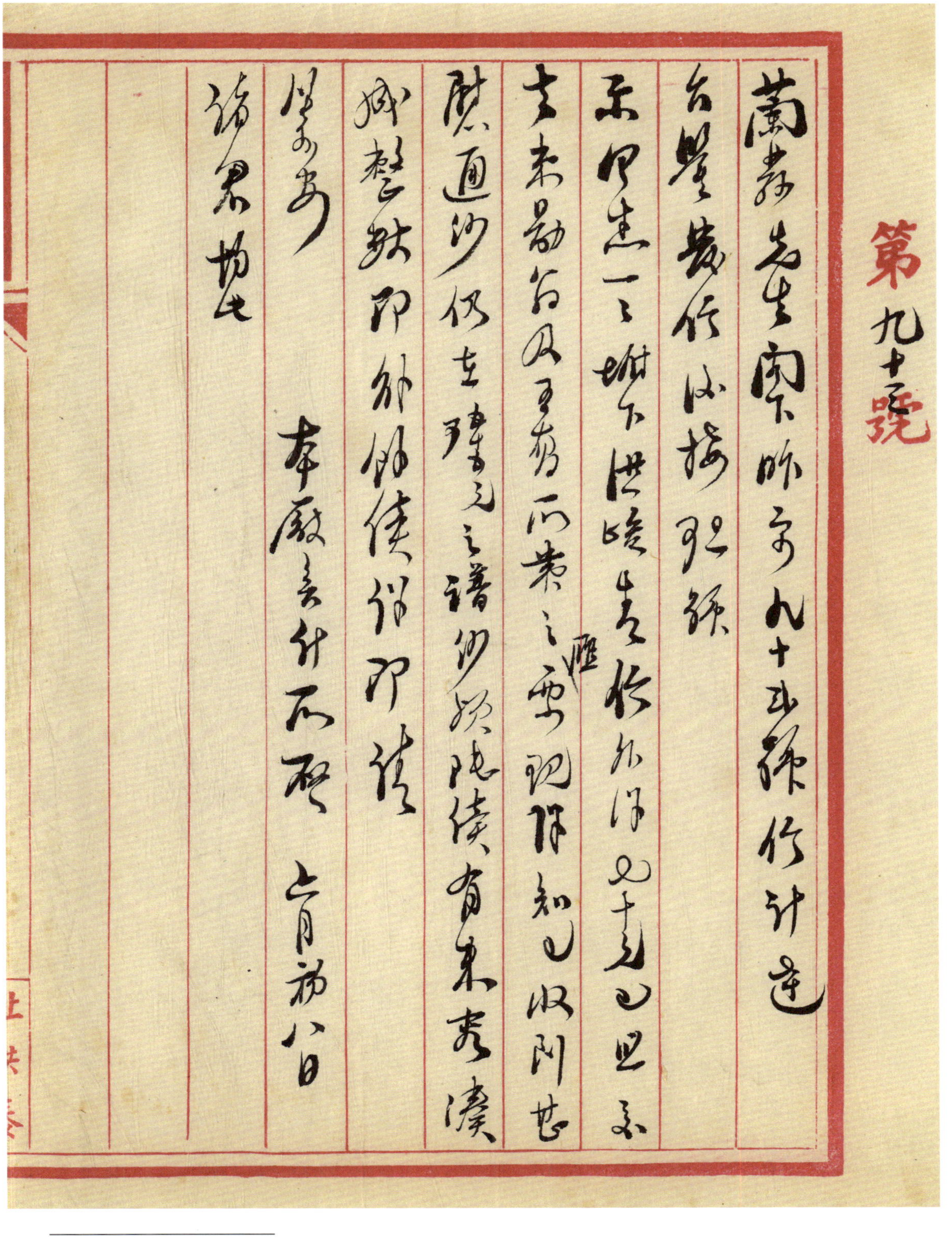

第九十三號（六月初八日）

蘭蓀先生閣下：昨寄九十式號信，計達台鑒。發信後接一百零一號示，具悉一一。附下洪峻青信，外洋七十元，已照交去。東勗翁及王喬所帶之匯票、現洋，知已收到，甚慰。通紗仍在一百五十五元之譜，紗款陸續有來，容凑成整數即解。餘續詳。即請籌安。本廠會計所啓。六月初八日

諸君均此。

第九十三號（六月初八日）

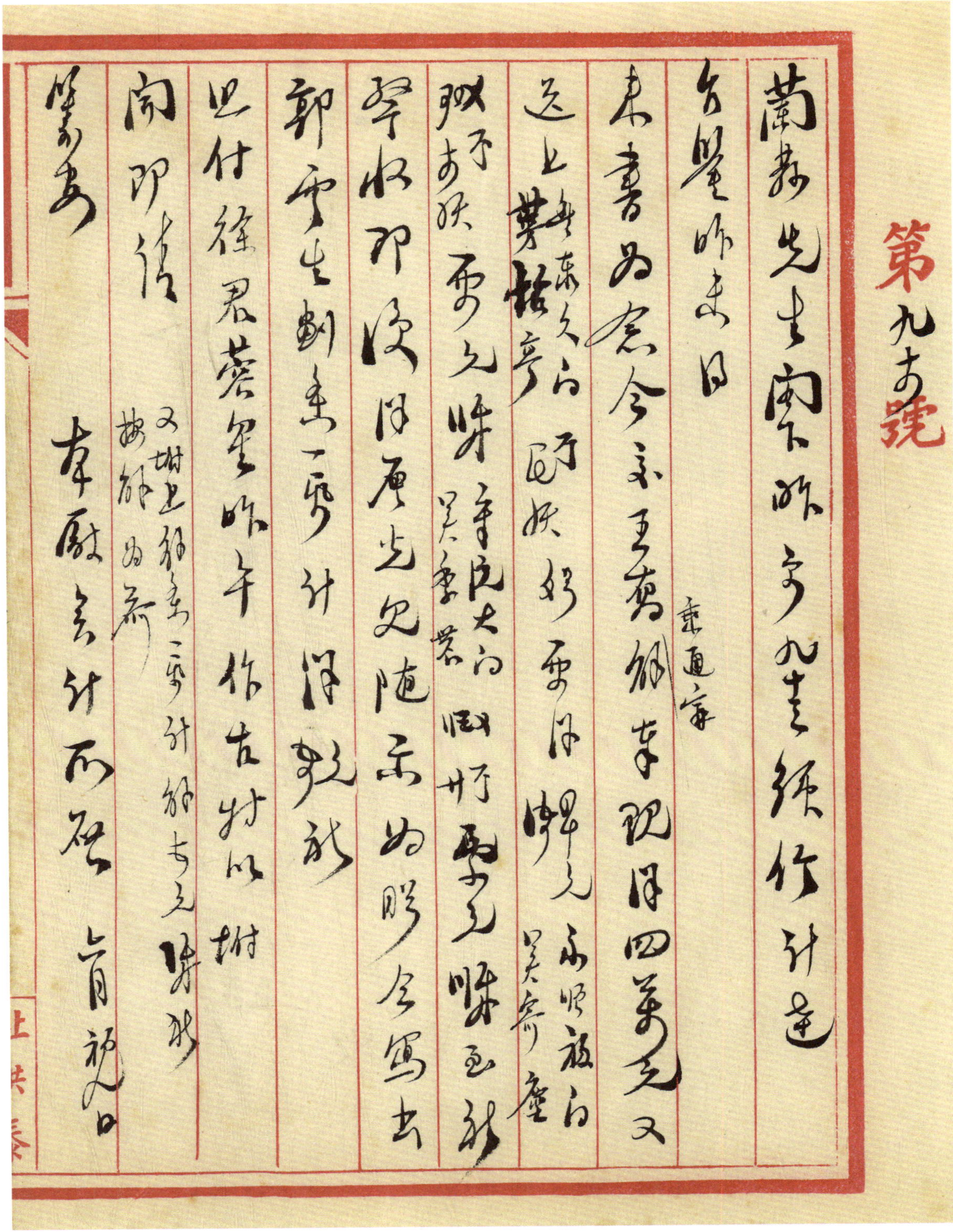

第九十四號（六月初九日）

蘭蓀先生閣下：昨寄九十三號信，計達台鑒。昨未得來書，爲念。今交王喬乘通寧解奉現洋四萬元，又送上豐泰久向茅怡亭六月初七（五天）九號票洋一千五百四十元、永順福向吴寄塵（一百零四）六月十四（五天）票元二千兩、章源大向吴季農（二三四）六月廿票元三千兩，至祈察收即復，洋匣兑見隨示爲盼。今寫出郭雲生劃條一紙，計洋五百元，祈照付。徐君蓉星昨午作古，特以附聞。即請籌安。本廠會計所啓。六月初九日

第九十四號（六月初九日）

又附上解條一紙，計解十五元一千兩，祈按解爲荷。

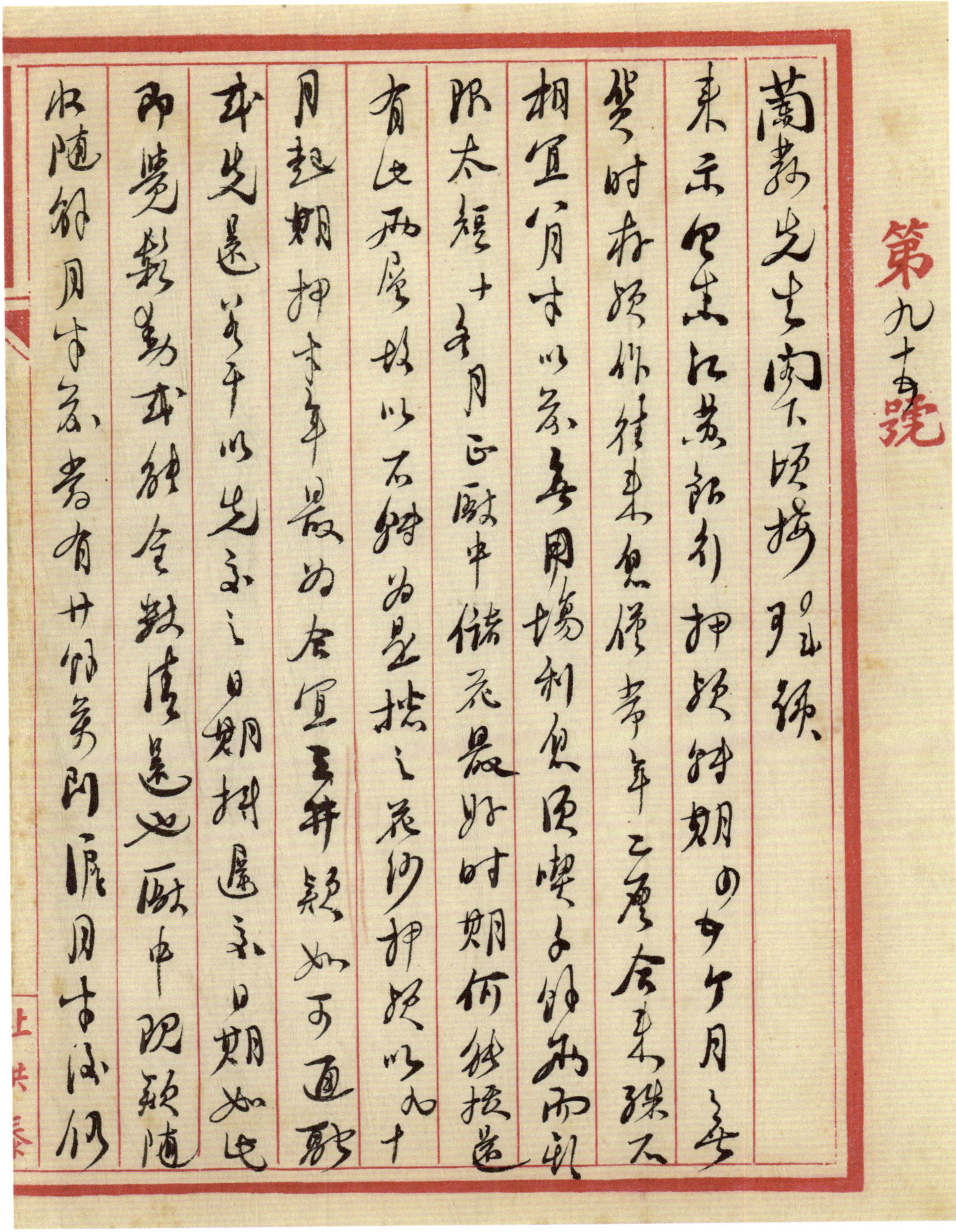

第九十五號（六月初九日）

蘭蓀先生閣下：頃接一百零弍號來示，具悉。江蘇銀行押款轉期四五個月，無貨時存款作往來，息僅常年二厘，合來殊不相宜。八月半以前無用場，利息須吃千餘兩，而期限太短；十、冬月正廠中儲花最好時期，何能撥還？有此兩層，故以不轉爲是。總之，花紗押款以九、十月起期，押半年最爲合宜。三井款如可通融，或先還若干，以先交之日期抵遲交日期，如此即覺鬆動，或能全數清還也。廠中現款隨收隨解，月半前當有廿餘萬到滬，月半後仍陸續可收十餘萬。前聞嗇公言江岸借

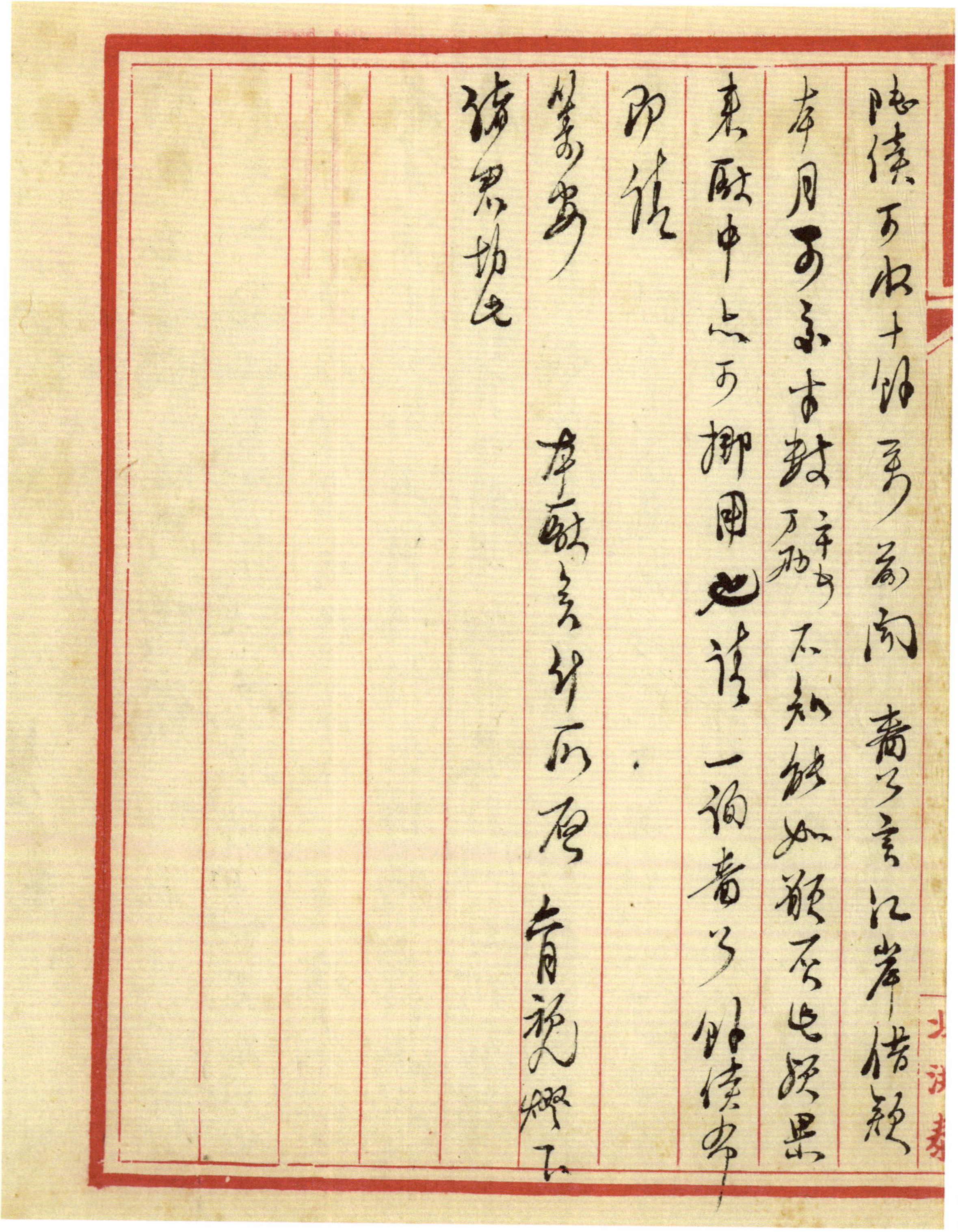

陸續可收十餘萬兩 嗇公言江岸借款
本月可交半數 二十五萬兩 不知能如願否此款果
來廠中亦可挪用也請一詢嗇公餘續布
即請
籌安
諸君均此
本廠會計所啓
六月初九燈下

第九十五號（六月初九日）

款，本月可交半數（二十五萬兩），不知能如願否？此款果來，廠中亦可挪用也。請一詢嗇公。餘續布。即請籌安。本廠會計所啓。六月初九燈下

諸君均此。

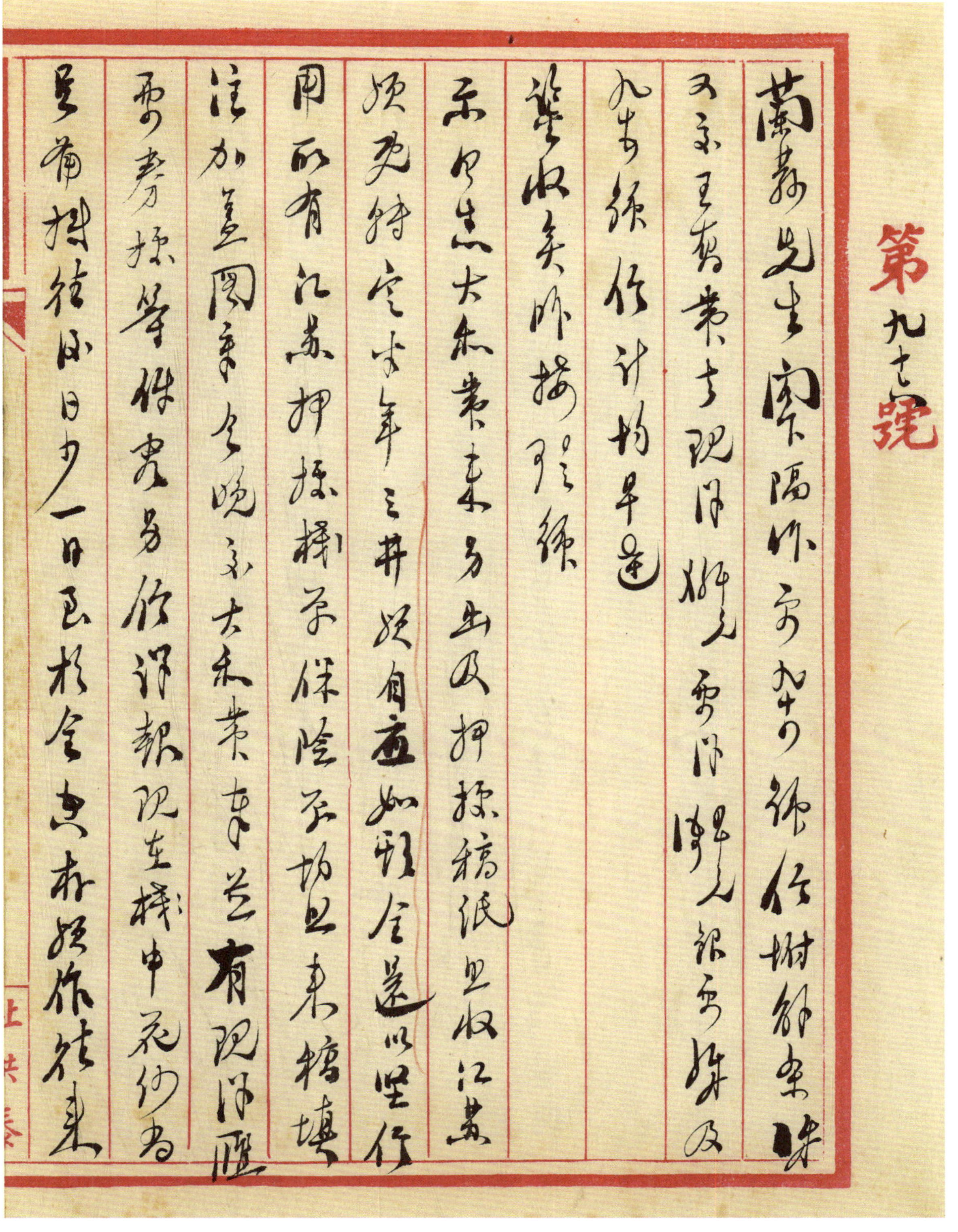
第九十六號
蘭蓀先生閣下隔昨寄九十四號信附解條一千兩又交王喬帶去現洋四萬五千元票洋一千五百四十元銀票五千兩及九十五號信計均早達鑒收矣昨接一百零三號示具悉大和帶來另函及押據稿紙照收江蘇款既轉定半年三井款自應如期全還以堅信用所有江蘇押據棧單保險單均照來稿填注加蓋圖章今晚交大和帶奉并有現洋匯票券據等件容另信詳報現在棧中花紗尚足備抵往後日少一日至於全空存款作往來

第九十六號（六月十一日）

蘭蓀先生閣下：隔昨寄九十四號信，附解條一千兩，又交王喬帶去現洋四萬五千元、票洋一千五百四十元、銀票五千兩及九十五號信，計均早達鑒收矣。昨接一百零三號示，具悉。大和帶來另函及押據稿紙，照收。江蘇款既轉定半年，三井款自應如期全還，以堅信用。所有江蘇押據、棧單、保險單，均照來稿填注，加蓋圖章，今晚交大和帶奉，并有現洋、匯票、券據等件，容另信詳報。現在棧中花紗尚足備抵，往後日少一日，至於全空。存款作往來，息僅二厘，究覺吃虧。今擬補救

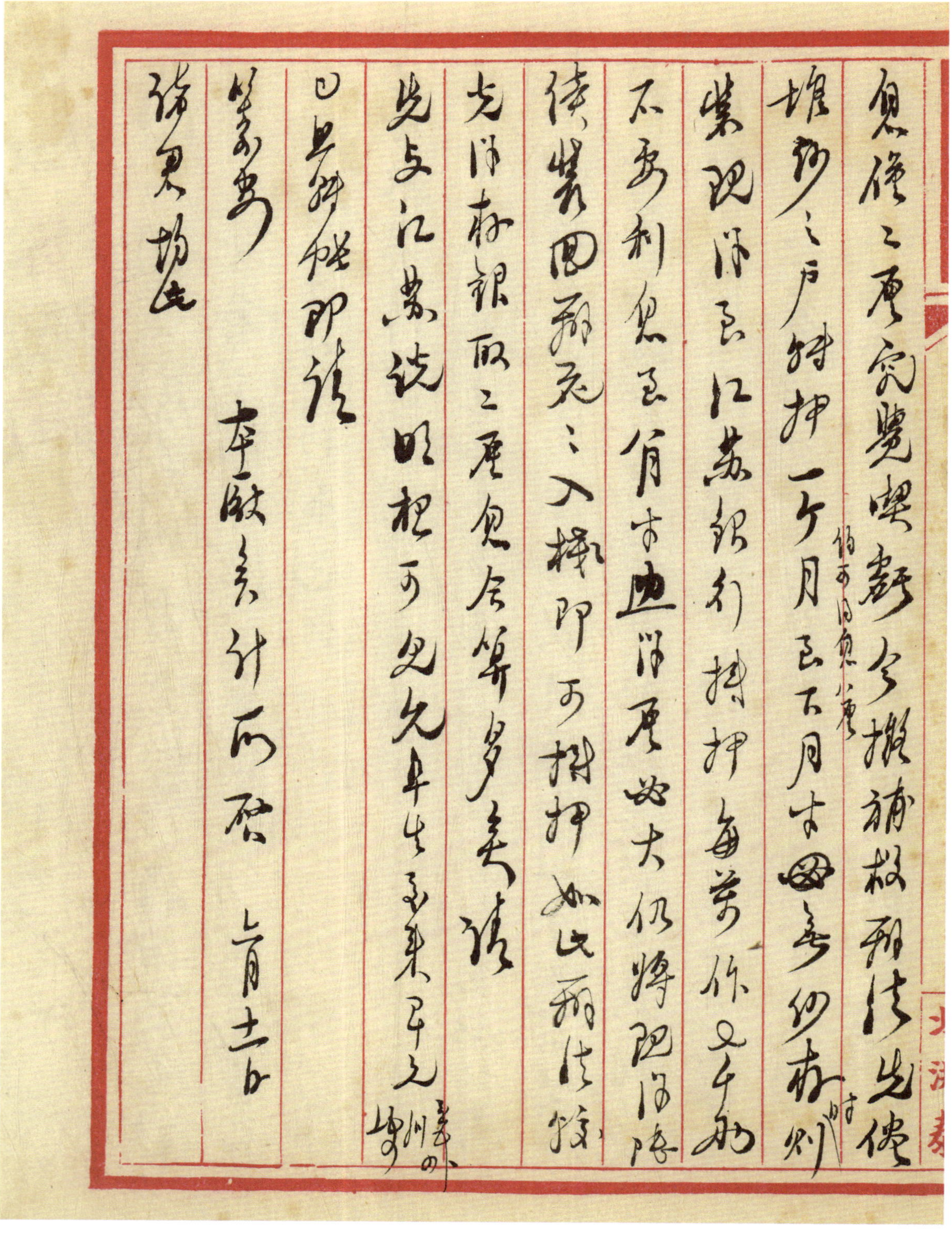
息僅二厘，究覺吃虧。今擬補救辦法，先儘
堆紗之户轉押一個月（約可得息八厘）至下月半無紗存時，則
裝現洋至江蘇銀行抵押，每萬作七千兩，
不要利息，至八月半邊，洋厘必大，仍將現洋陸
續裝回辦花，花入棧即可抵押。如此辦法，較
兑洋存銀取二厘息合算多矣。請
先與江蘇説明，想可見允。阜生交來初十元六千五百五十三兩三錢五分四，
已照轉帳。即請
籌安 本廠會計所啓 六月十一日
諸君均此

第九十六號（六月十一日）

辦法，先儘堆紗之户轉押一個月（約可得息八厘），至下月半無紗存時，則裝現洋至江蘇銀行抵押，每萬作七千兩，不要利息，至八月半邊，洋厘必大，仍將現洋陸續裝回辦花，花入棧即可抵押。如此辦法，較兑洋存銀取二厘息合算多矣。請先與江蘇説明，想可見允。阜生交來初十元六千五百五十三兩三錢五分四，已照轉帳。即請籌安。本廠會計所啓。六月十一日

諸君均此。

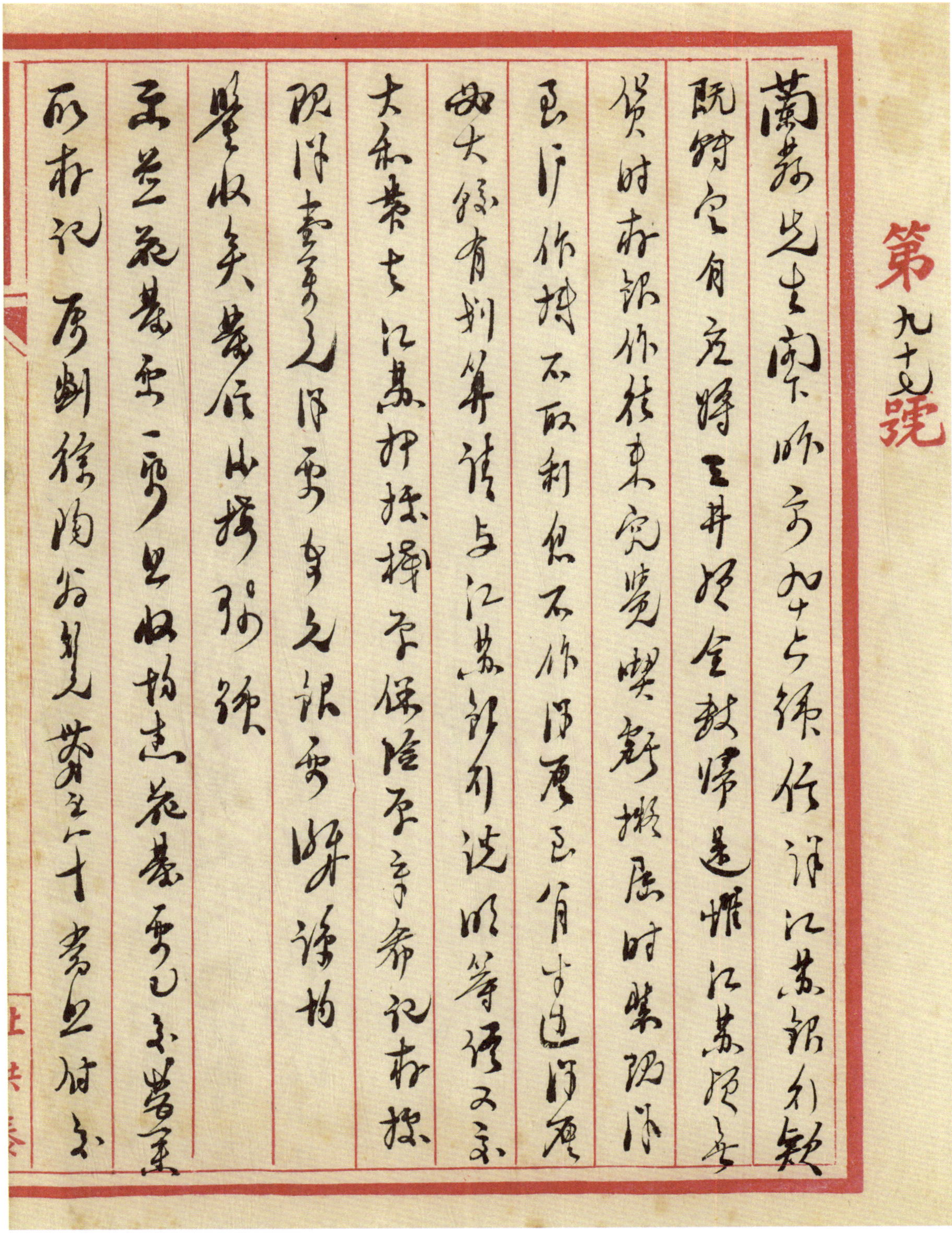

第九十七號（六月十二日）

蘭蓀先生閣下：昨寄九十六號信，詳江蘇銀行款既轉定，自應將三井款全數歸還，惟江蘇款無貨時存銀作往來，究覺吃虧，擬届時裝現洋至滬作抵，不取利息，不作洋厘，至八月半邊洋厘必大，較有劃算，請與江蘇銀行説明等語；又交大和帶去江蘇押據、棧單、保險單，章希記存據現洋壹萬元、洋票五百元、銀票一萬五千兩，諒均鑒收矣。發信後接一百零四號示并花發票一紙，照收均悉。花發票已交營業所存記。屬劃徐陶翁九八元卅九兩二錢八分一，當照付交。今由豫豐莊匯上十六期

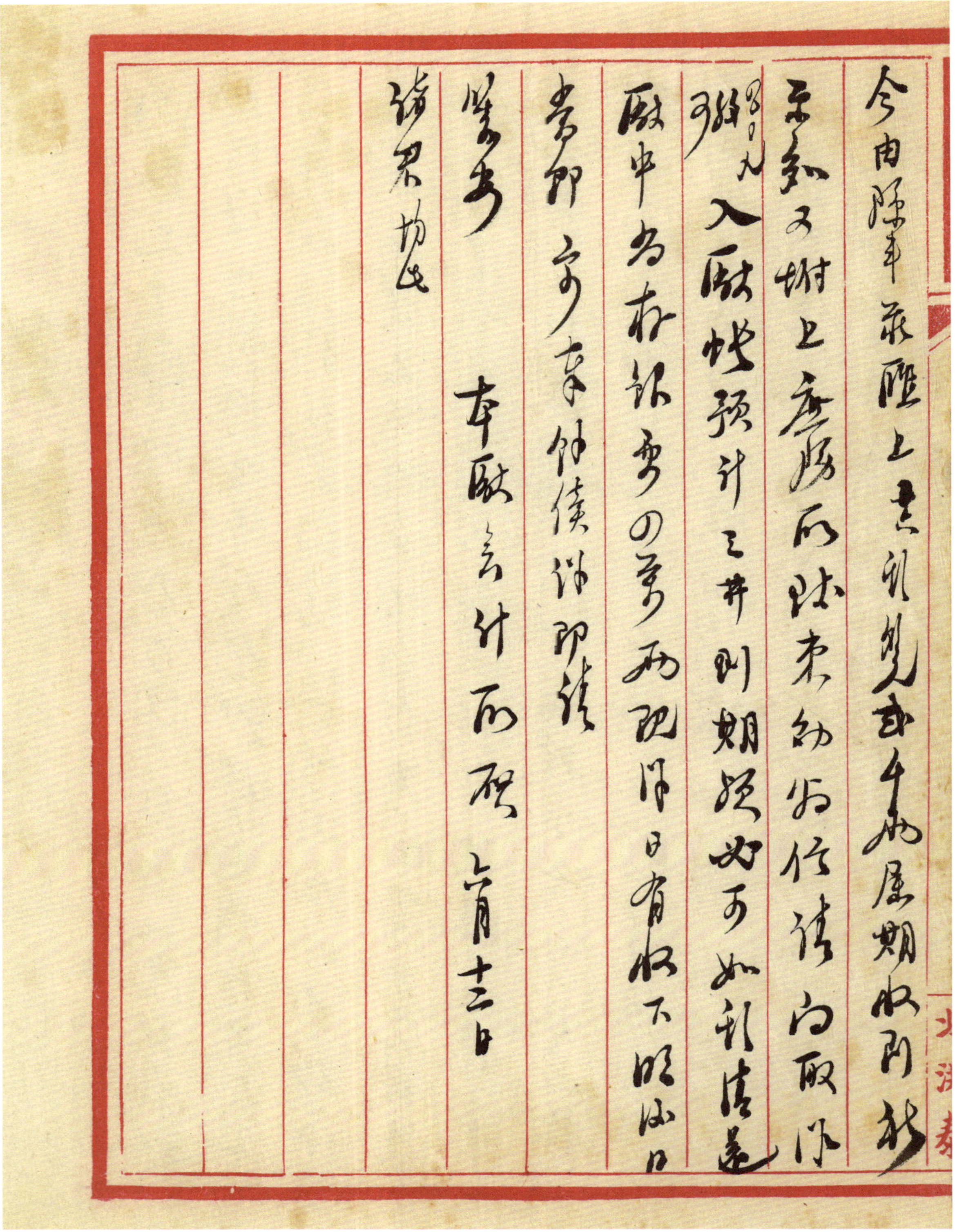

第九十七號（六月十二日）

九八元弍千兩，届期收到祈示知。又附上庶務所致東劭翁信，請向取洋一百五十九元四角零九入廠帳。預計三井到期款，必可如斯清還。廠中尚存銀票四萬兩，現洋日有收下，明後日當即寄奉。餘續詳。即請籌安。本廠會計所啓。六月十二日

諸君均此。

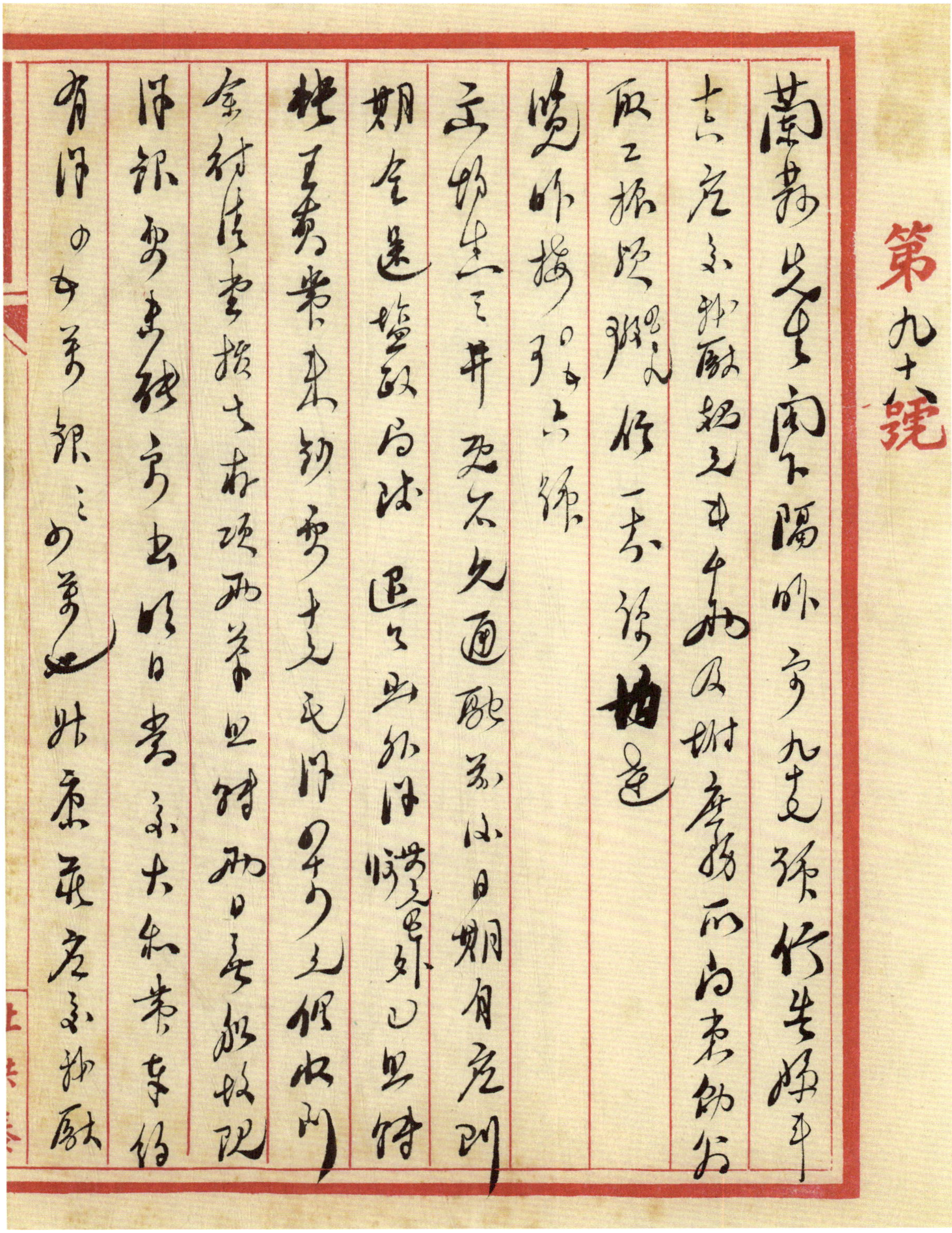

第九十八號（六月十四日）

蘭蓀先生閣下：隔昨寄九十七號信，告豫豐十六應交我廠規元弍千兩，及附庶務所向東劭翁取工振款一百五十九元四角零九信一封，諒均達覽。昨接一百零五、一百零六號示，均悉。三井既不允通融前後日期，自應到期全還。鹽政局致退公函，外洋二千二百卅四元四角一分九，已照轉帳。王喬帶來鈔票十元、毛洋四十四元，俱收到。余待清堂撥去存項兩筆，照轉。兩日無船，故現洋、銀票未能寄出，明日當交大和帶奉，約有洋四五萬，銀三四萬也。昇康莊應交我廠十五元二千兩，收到祈

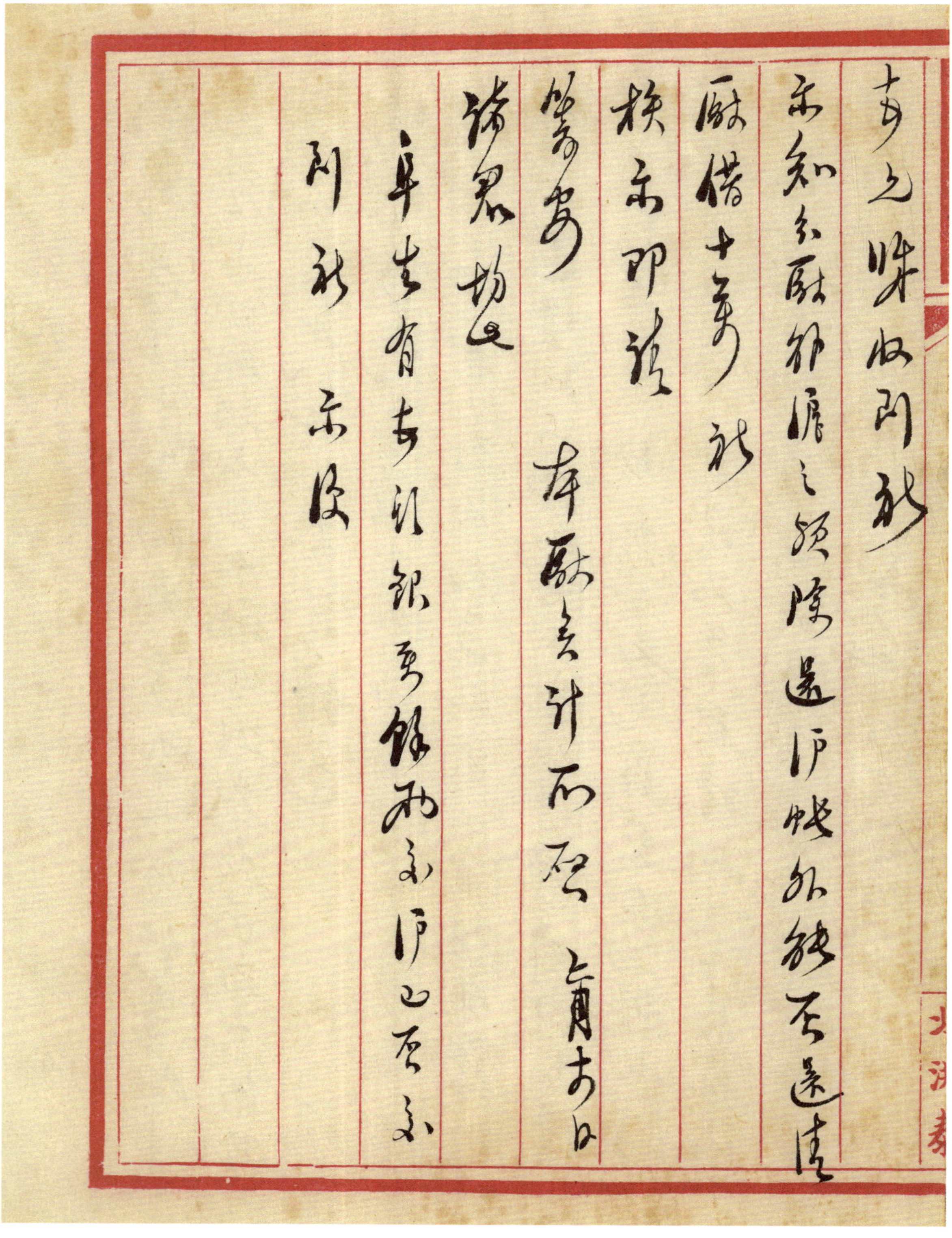

第九十八號（六月十四日）

示知。分廠解滬之款，除還滬帳外，能否還清廠借十萬，祈核示。即請籌安。本廠會計所啓。六月十四日

諸君均此。

阜生有十五期銀萬餘兩交滬，已否交到，祈示復。

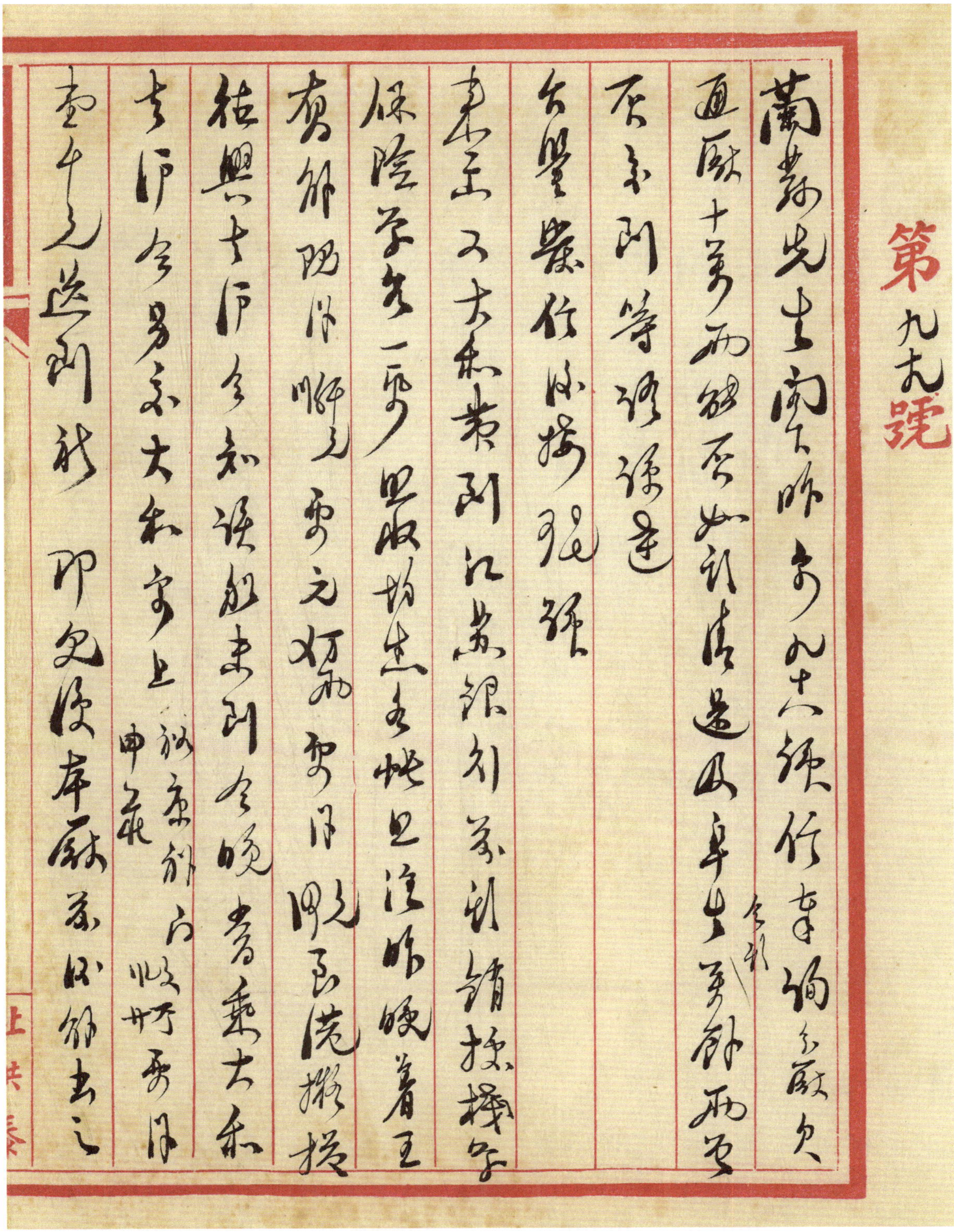

第九十九號（六月十五日）

蘭蓀先生閣下：昨寄九十八號信，奉詢分廠欠通廠十萬兩能否如期清還，及阜生今期萬餘兩曾否交到等語，諒達台鑒。發信後接一百零七號來示，又大和帶到江蘇銀行前期銷據、棧單、保險單各一紙，照收均悉，各帳照注。昨晚着王喬解現洋三萬五千元、票元四萬兩、票洋一千四百元至港，擬搭德興去滬，今知該船未到，今晚當乘大和去滬。今另交大和寄上裕康祥向申莊（二六九）六月廿票洋壹千元，送到祈即見復。本廠前後解出之款及分廠還款已逾四十萬，足敷還三井之用，三井還後，滬

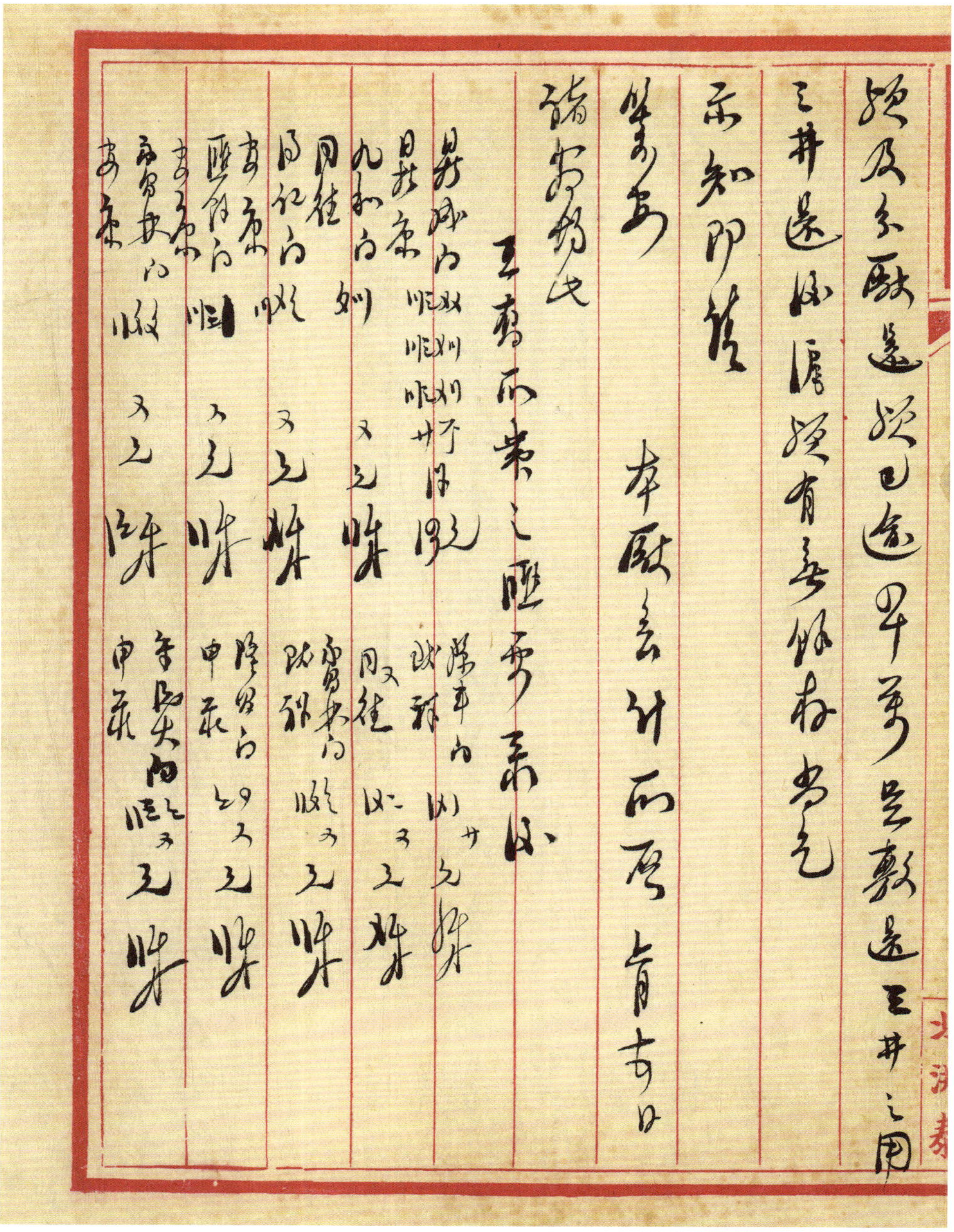

第九十九號（六月十五日）

款有無餘存，尚乞示知。即請籌安。本廠會計所啓。六月十五日
諸翁均此。
王喬所帶之匯票録後：
鼎成向鼎康，三三四四、三三四三、三三四二，六月廿，洋一千四百元
九和向同德，九三，又，元二千兩
得記向安康，三四八，又，元四千兩
匯餘向安康，三三一，又，元二千兩
永昌林向安康，二九九，又，元一萬七千兩
豫豐向致祥，一四一，廿，元五千兩
又同德，一四二，又，元四千兩
永昌林向致祥，二九八，又，元二千兩
隆昌向申莊，七〇，又，元二千兩
章源大向申莊，二三七，又，元二千兩

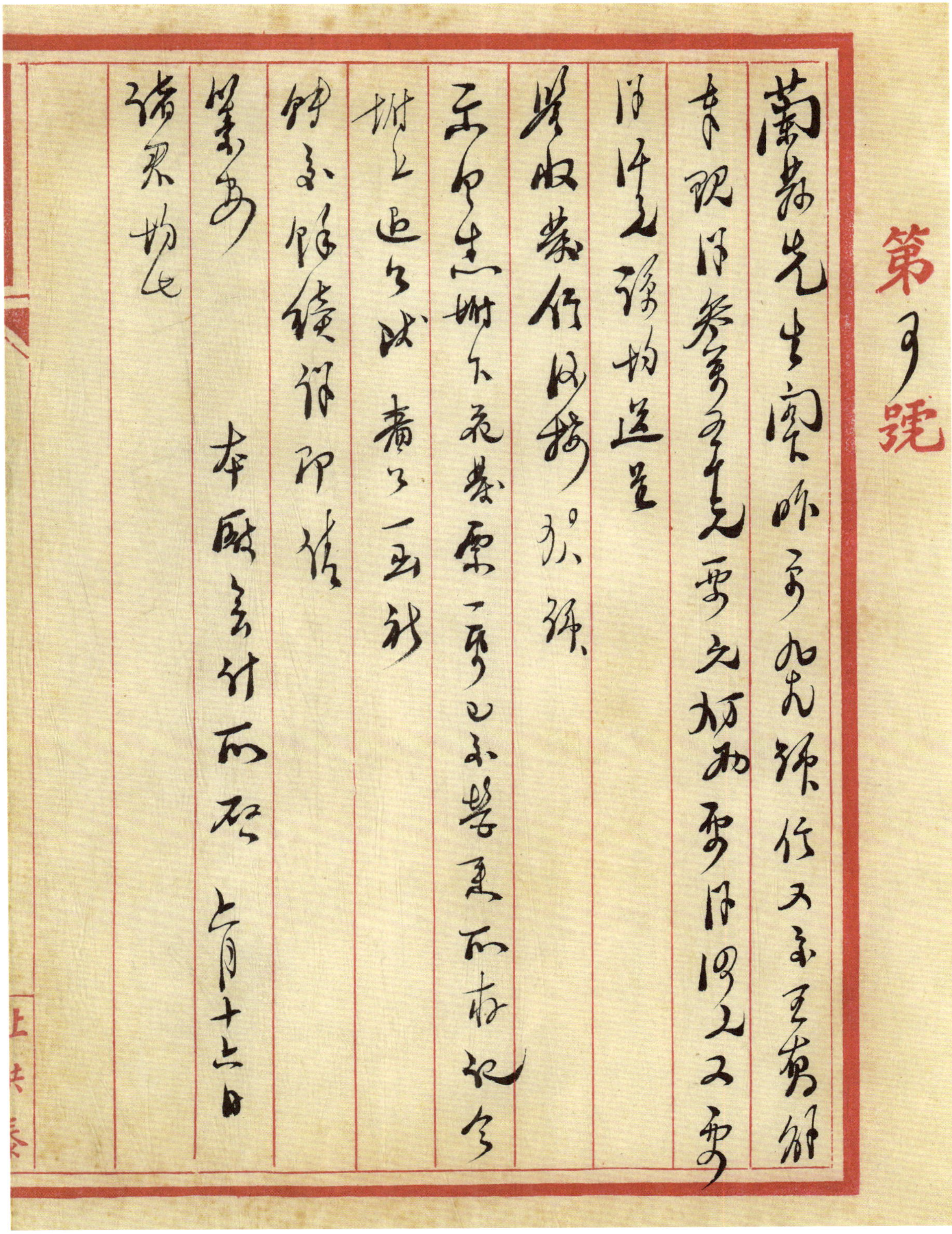

第一百號（六月十六日）

蘭蓀先生閣下：昨寄九十九號信，又交王喬解奉現洋叁萬五千元、票元四萬兩、票洋一千四百元，又票洋一千元，諒均送呈鑒收。發信後接一百零八號示，具悉。附下花發票一紙，已交營業所存記。今附上退公致嗇公一函，祈轉交。餘續詳。即請籌安。本廠會計所啓。六月十六日

諸君均此。

第一百號（六月十六日）

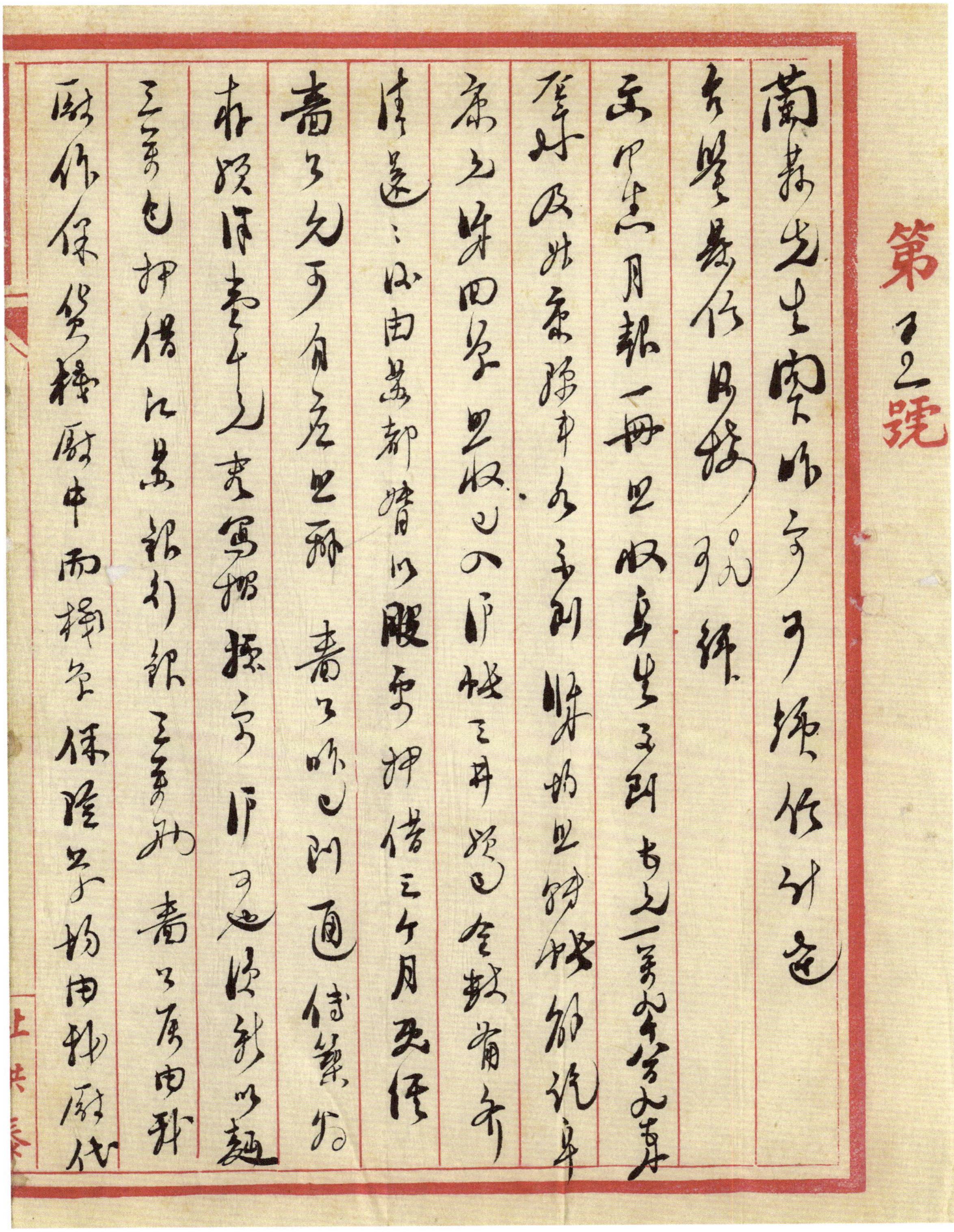

第一百零一號（六月十八日）

蘭蓀先生閣下：昨寄一百號信，計達台鑒。發信後接一百零九號示，具悉，月報一册照收。阜生交到十五元一萬九千八百九十五兩六錢二分七，及昇康、豫豐各交到二千兩，均照轉帳解訖。阜康元一千兩回單照收，已入滬帳。三井款已全數備齊，清還之後，由蘇都督以股票押借三個月，既經嗇公允可，自應照辦。嗇公昨已到通。傅築翁存款洋壹千元，容寫摺據寄滬可也。復新以麵三萬包押借江蘇銀行銀三萬兩，嗇公屬由我廠作保，貨棧廠中，而棧單、保險單均由我廠代出。昨韓獻翁去

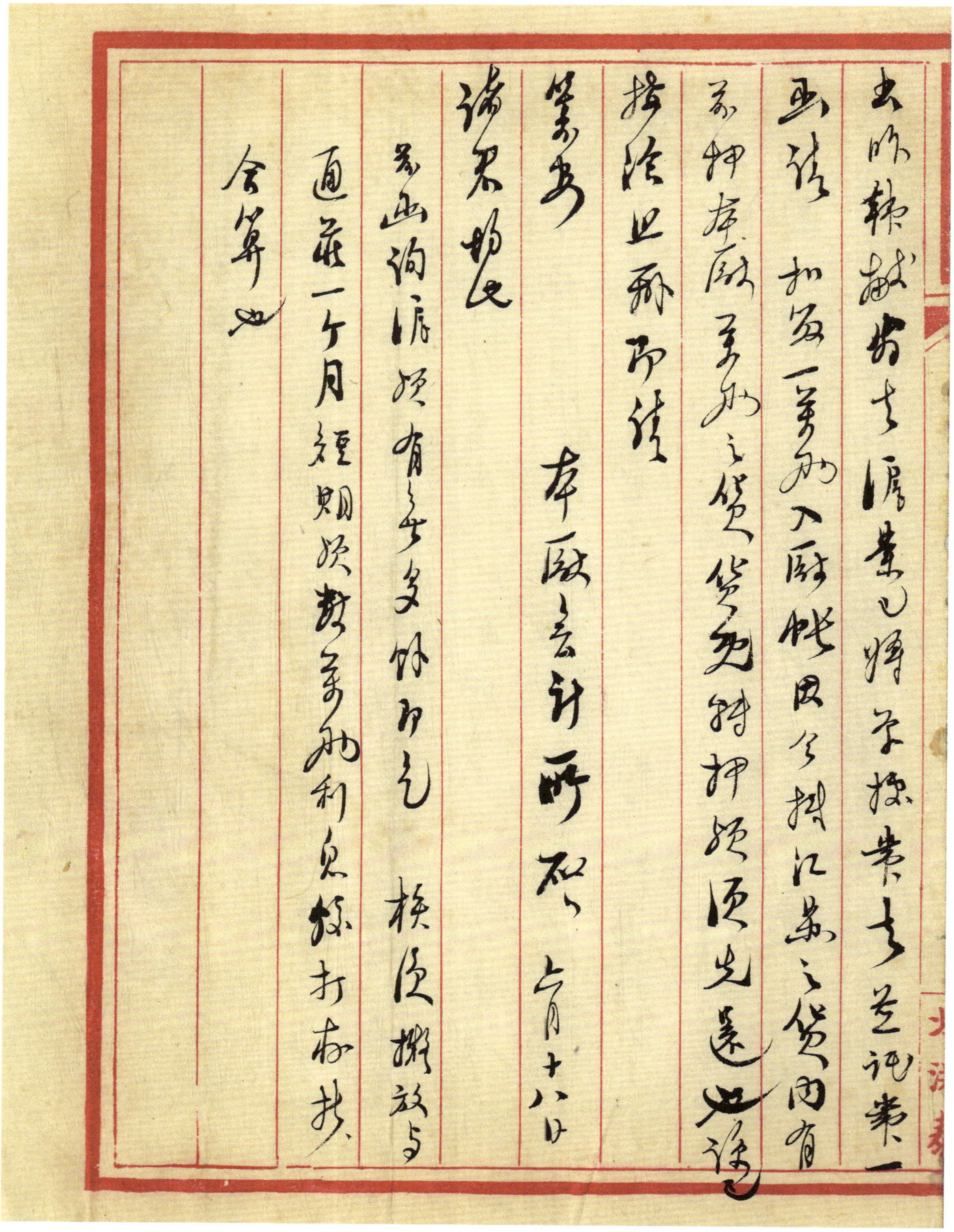

第一百零一號（六月十八日）

滬，業已將單據帶去，并托帶一函，請扣留一萬兩入廠帳，因今抵江蘇之貨内有前押本廠萬兩之貨，貨既轉押，款須先還也。諒已接洽照辦。即請籌安。本廠會計所啓。六月十八日

諸君均此。

前函詢滬款有無多餘，即乞核復，擬放與通莊一個月短期款數萬兩，利息較打存折合算也。

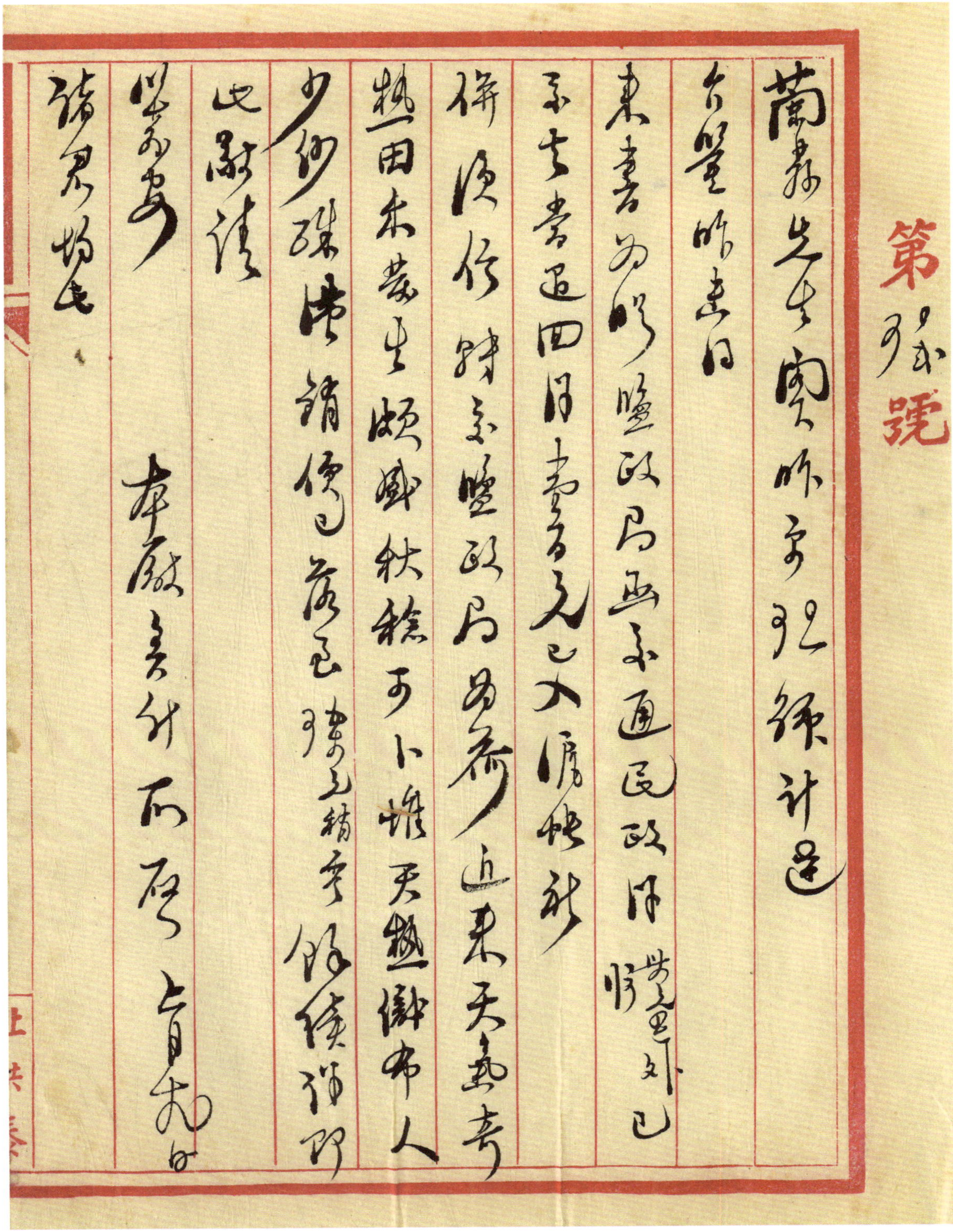

第一百零二號（六月十九日）

蘭蓀先生閣下：昨寄一百零一號，計達台鑒。昨未得來書，爲盼。鹽政局函交通民政洋二千二百卅四元四角一分九，已交去，當退回洋壹百元，已入滬帳，祈并復信轉交鹽政局爲荷。近來天氣奇熱，田禾發生頗盛，秋稔可卜。惟天熱織布人少，紗殊滯銷，價已落至一百五十四元稍零。餘續詳。即此敬請籌安。本廠會計所啓。六月十九日

諸君均此。

第一百零二號（六月十九日）

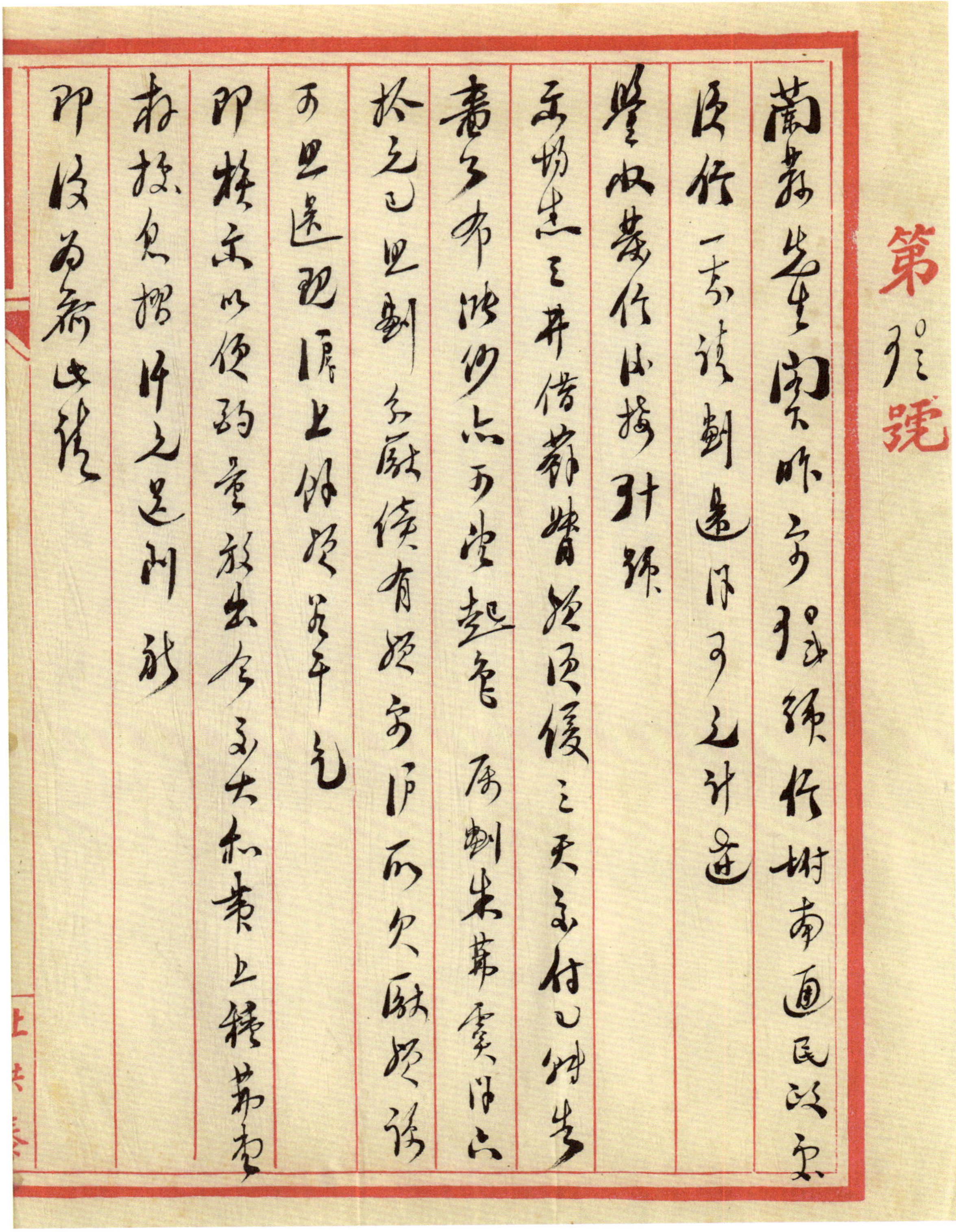

第一百零三號（六月廿日）

蘭蓀先生閣下：昨寄一百零式號信，附南通民政處復信一封，請劃還洋一百元，計達鑒收。發信後接一百十號示，均悉。三井借蘇督款須緩三天交付，已轉告嗇公。布漲紗亦可望起色。屬劃朱茀虞洋六拾元已照劃。分廠續有款寄滬，所欠廠款諒可照還。現滬上餘款若干，乞即核示，以便酌量放出。今交大和帶上種茀堂存據息摺一千元，送到祈即復爲荷。此請籌安。本廠會計所啓。六月廿日
諸君均此。

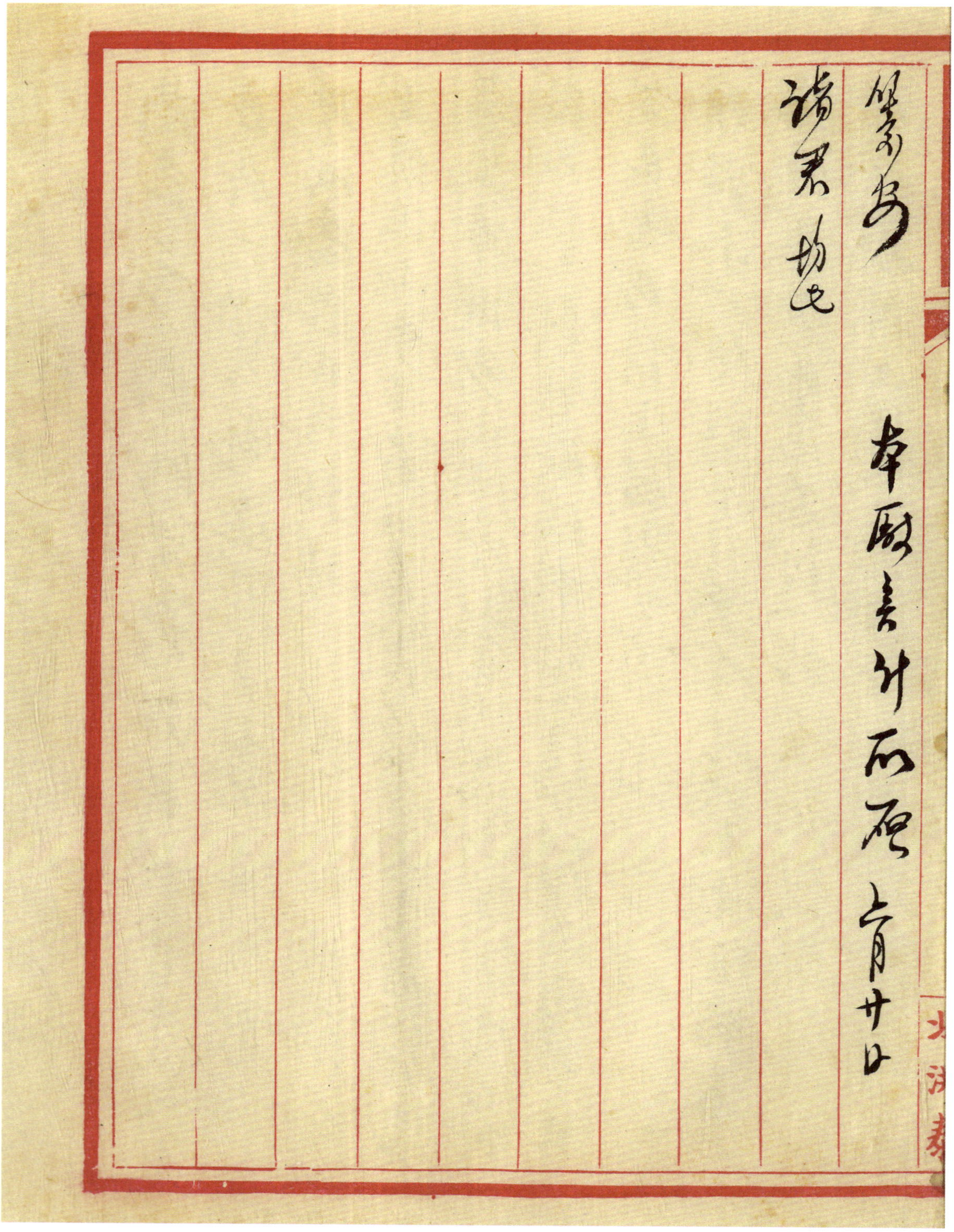
暑安

諸君均此

本廠書計所覆 六月廿日

第一百零三號（六月廿日）

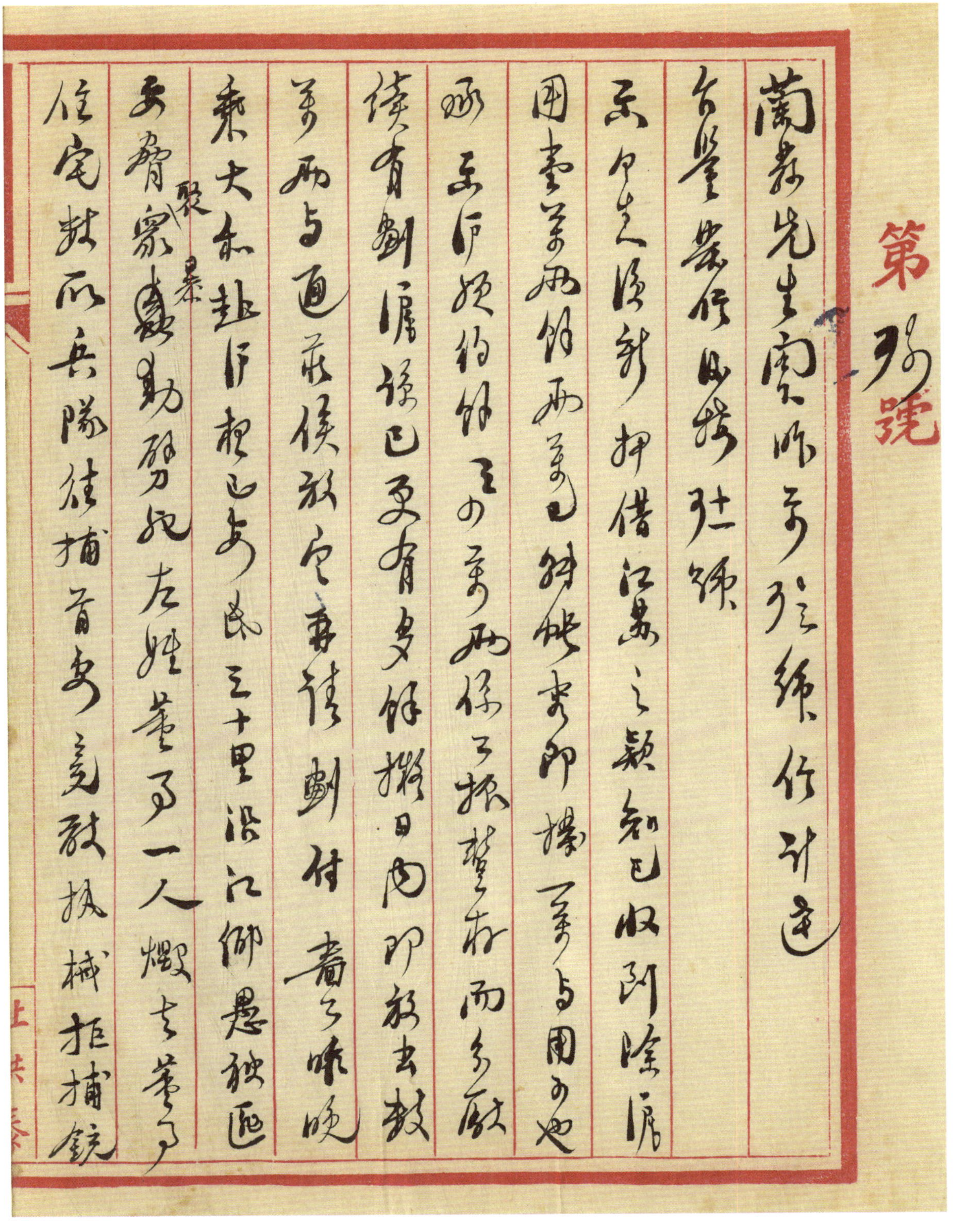

第一百零四號（六月廿一日）

蘭孫先生閣下：昨寄一百零三號信，計達台鑒。發信後接一百十一號示，具悉。復新押借江蘇之款，知已收到，除滬用壹萬兩，餘兩萬已轉帳，容即撥一萬與用可也。承示滬款約餘三四萬兩，係工振暫存，而分廠續有劃滬，諒已更有多餘，擬日内即放出數萬兩與通莊，俟放定，再請劃付。嗇公昨晚乘大和赴滬，想已安抵。三十里沿江鄉愚被匪要脅，聚衆暴動，劈死左姓董事一人，毀去董事住宅數所。兵隊往捕，首要竟敢執械拒捕，銃傷兵士一名，當即開槍還擊，計斃匪五人，拿獲

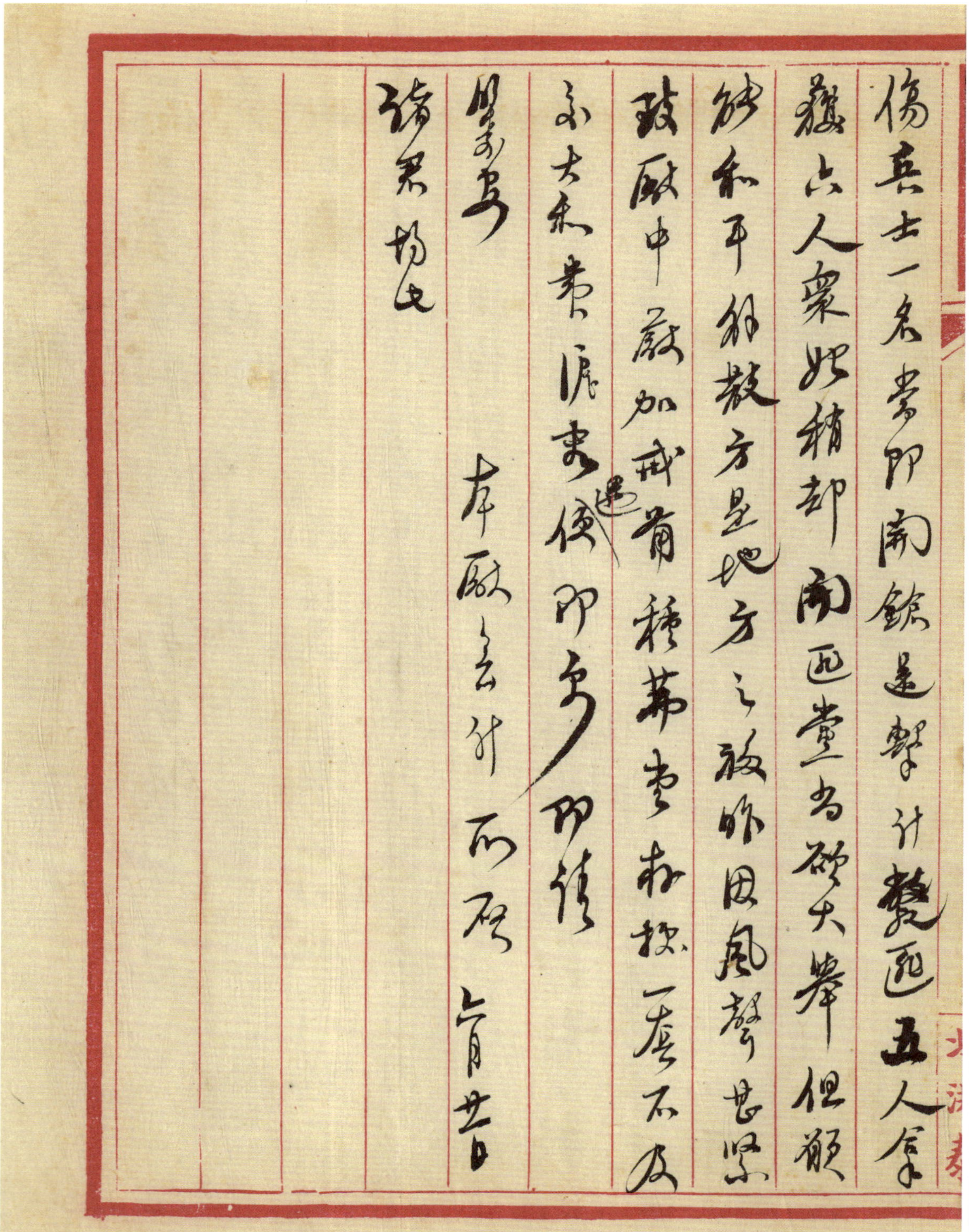

第一百零四號（六月廿一日）

六人，衆始稍却。聞匪黨尚欲大舉，但願能和平解散，方是地方之福。昨因風聲甚緊，致廠中嚴加戒備，種苐堂存據一套不及交大和帶滬，容遇便即寄。即請籌安。

本廠會計所啓。六月廿一日

諸君均此。

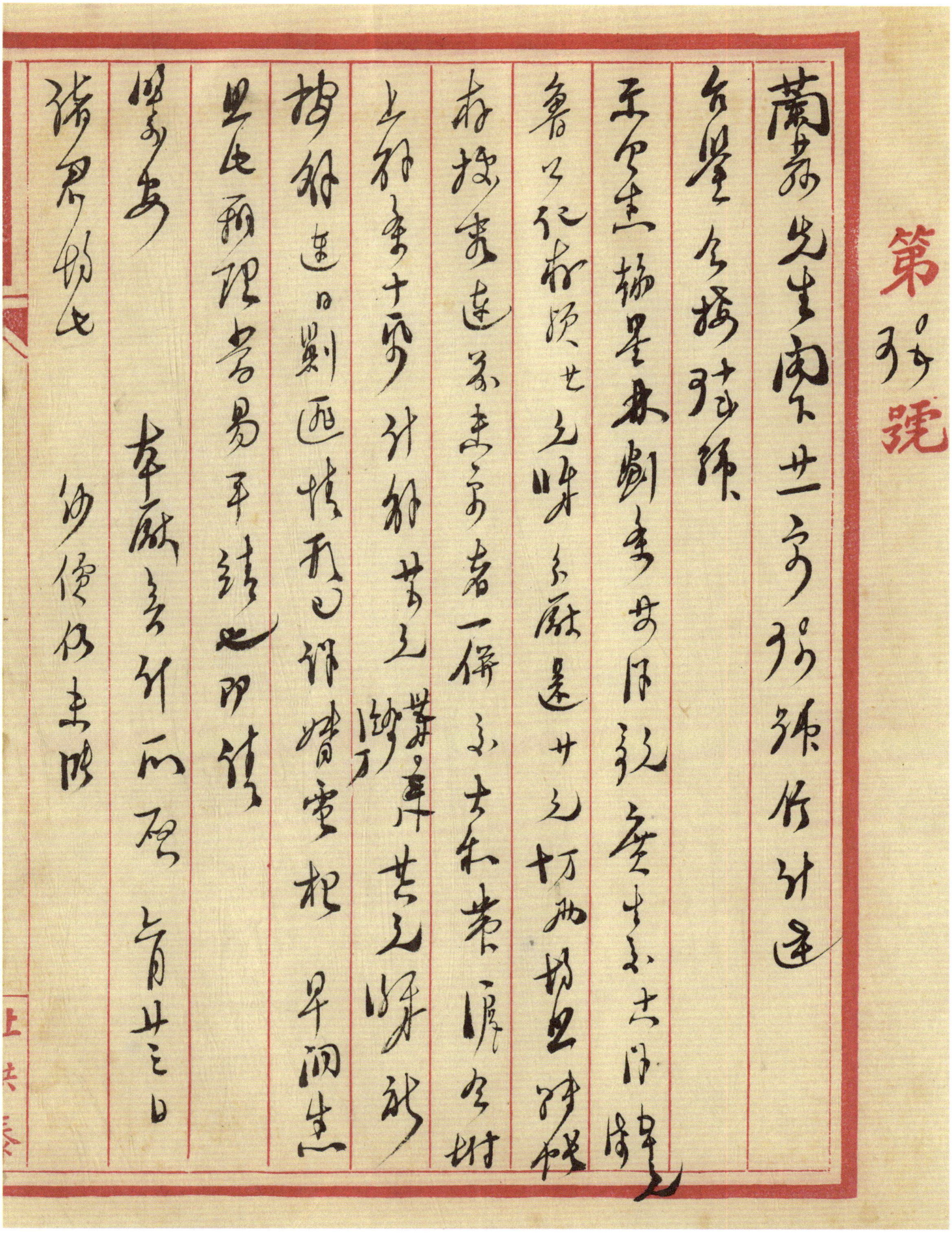

第一百零五號（六月廿三日）

蘭蓀先生閣下：廿一寄一百零四號信，計達台鑒。今接一百十式號示，具悉。翰墨林劃條廿四洋三百元，廣生交十八洋一千七百五十元，魯公記存款廿一元二千兩，分廠還廿元十萬兩，均照轉帳，存據容連前未寄者一并交大和帶滬。今附上解條十紙，計解廿五元一萬八千九百卅五兩零三分八、廿六元一萬五千兩，祈按解。連日剿匪情形已詳督電，想早洞悉。照此辦理，當易平靖也。即請籌安。本廠會計所啓。六月廿三日

第一百零五號（六月廿三日）

諸君均此。

紗價仍未漲。

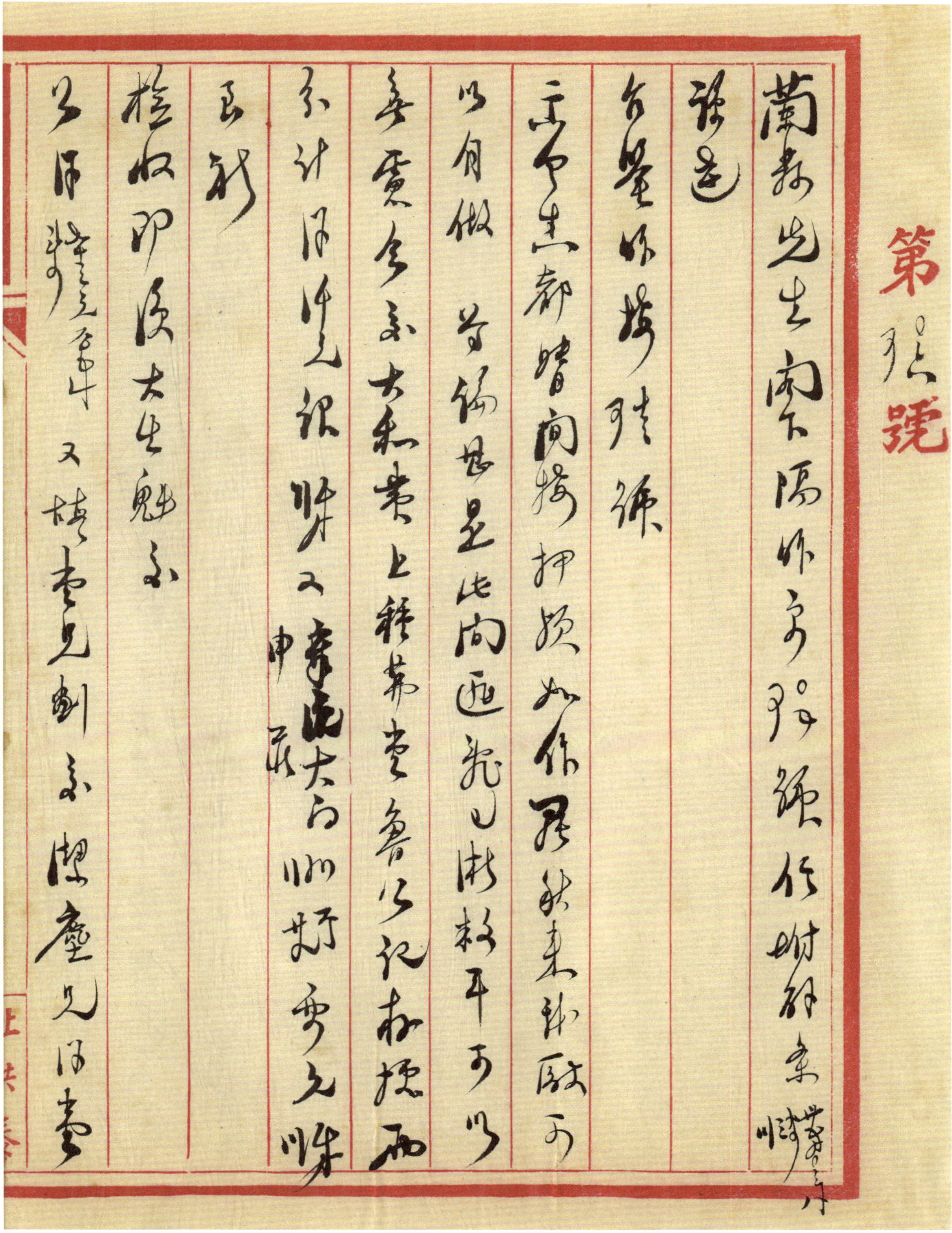

第一百零六號（六月廿五日）

蘭蓀先生閣下：隔昨寄一百零五號信，附解條三萬三千九百卅五兩零三分八，諒達台鑒。昨接一百十三號示，具悉。都督間接押款如作罷，秋來我廠可以自做，尊論甚是。此間匪亂已漸敉平，可以無慮。今交大和帶上種苐堂、魯公記存據兩分，計洋一千元、銀二千兩，又章源大向申莊（二五二）六月廿九票元三千兩，至祈檢收即復。大生魁交公洋式百七十三元六角五分二，又椵堂兄劃交潔塵兄洋壹百元，均已收入滬帳，祈照轉廠帳。潔兄之款，或交吴寄塵兄代收亦可。阜生友人云，章

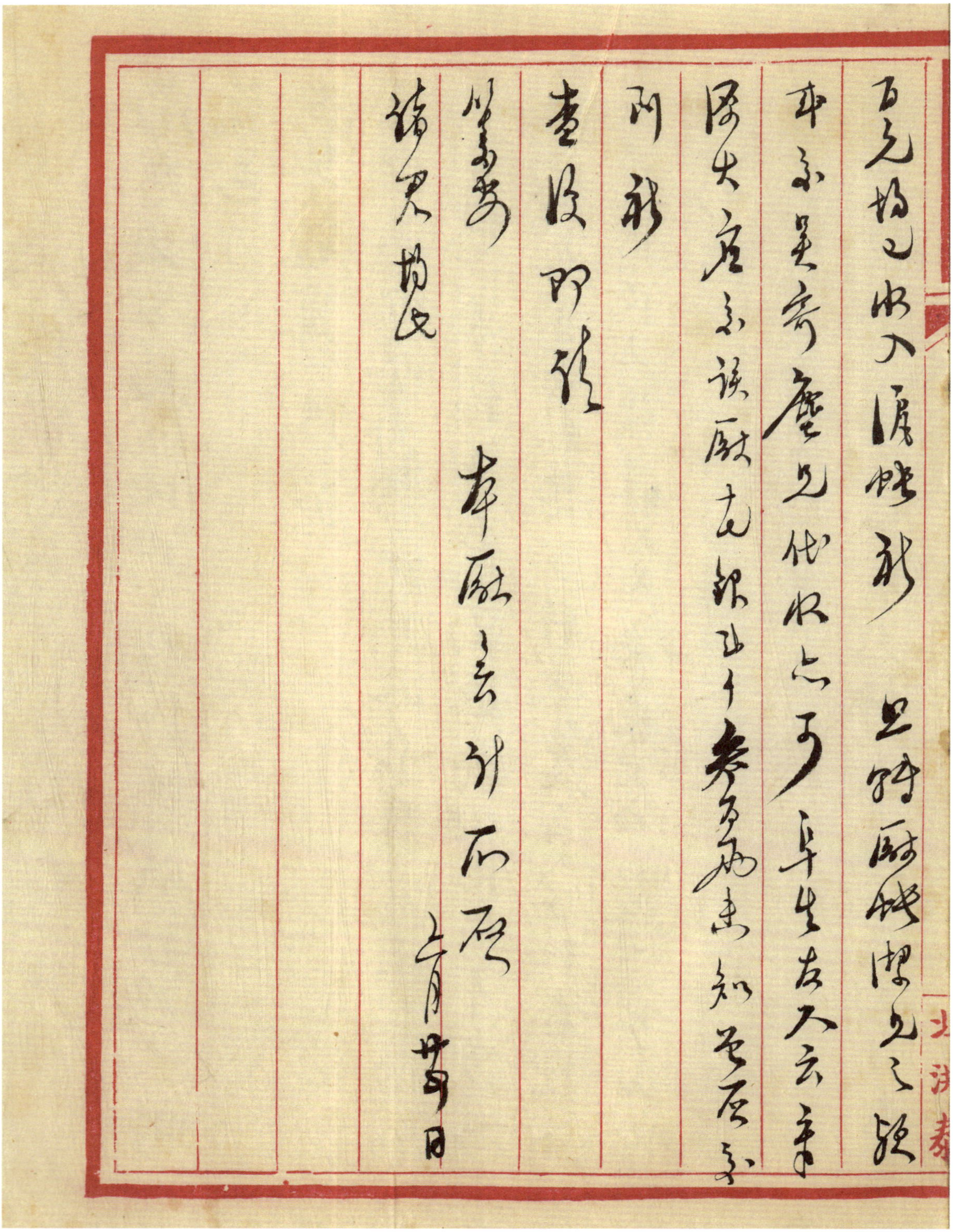

第一百零六號（六月廿五日）

源大應交該廠十七銀式千叁百兩，未知曾否交到，祈查復。即請籌安。本廠會計所啓。六月廿五日

諸君均此。

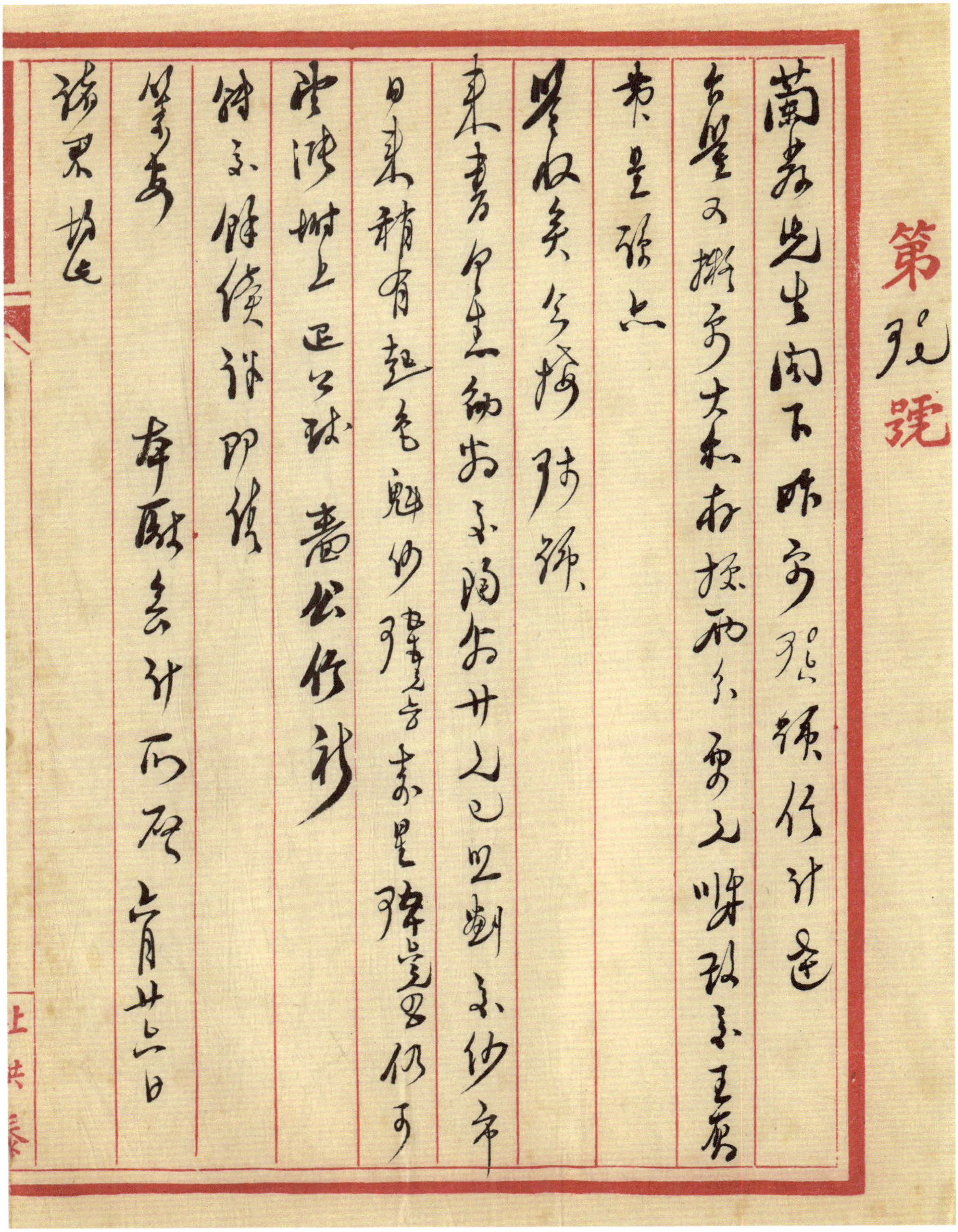

第一百零七號（六月廿六日）

蘭蓀先生閣下：昨寄一百零六號信，計達台鑒。又擬寄大和存據兩分，票元三千兩，改交王喬帶呈，諒亦鑒收矣。今接一百十四號來書，具悉。劭翁交陶翁廿元，已照劃交。紗市日來稍有起色，魁紗一百五十五元六角、壽星一百五十六元四角，仍可望漲。附上退公致啬公信，祈轉交。餘續詳。即請籌安。本廠會計所啓。六月廿六日

諸君均此。

第一百零七號（六月廿六日）

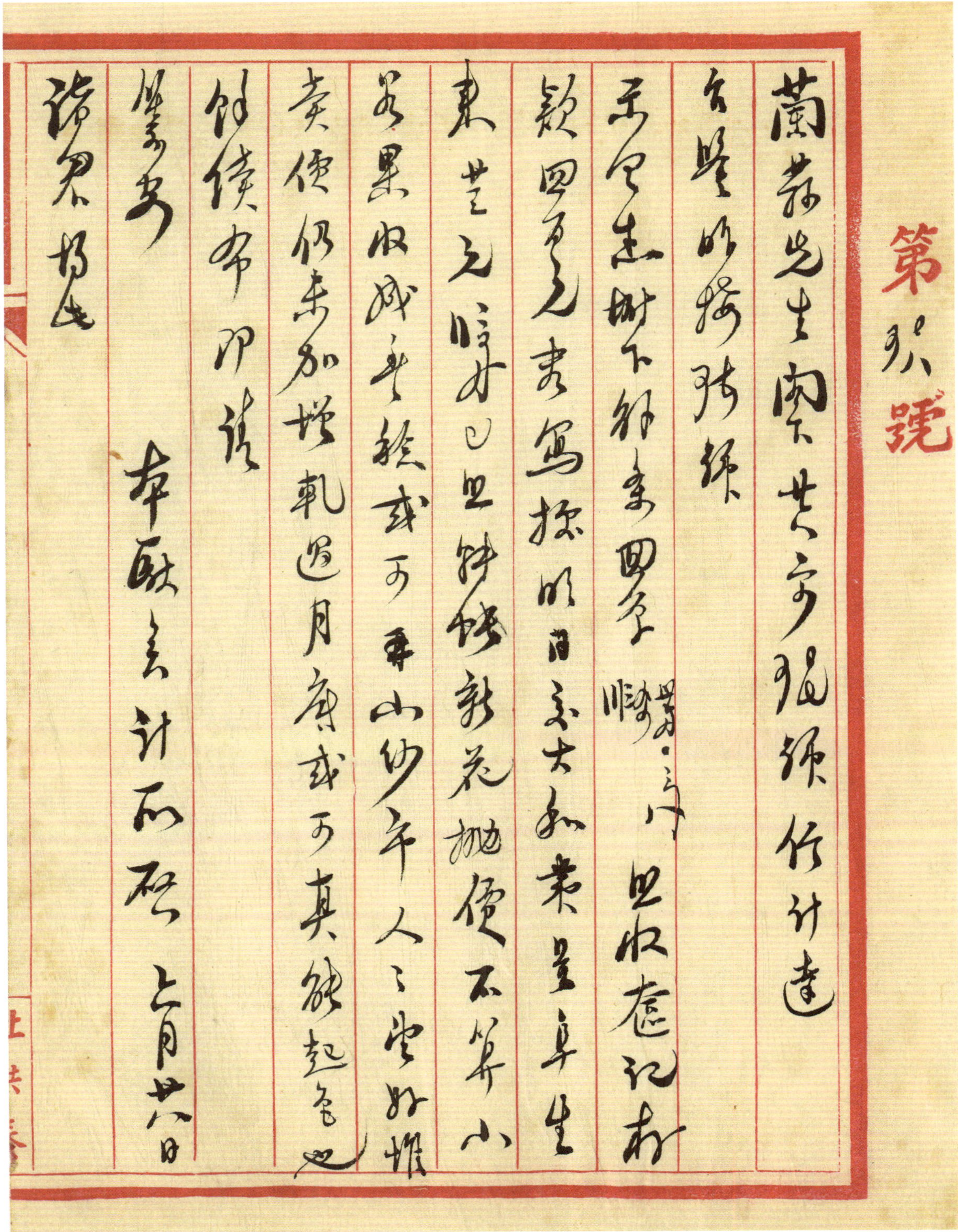

第一百零八號（六月廿八日）

蘭蓀先生閣下：廿六寄一百零七號信，計達台鑒。昨接一百十五號示，具悉。附下解條回單三萬三千九百卅五兩零三分八，照收。奩記存款四百元，容寫據明日交大和帶呈。阜生來廿三元二千三百兩，已照轉帳。新花抛價不算小，若果收成豐稔，或可再小。紗市人人望好，惟賣價仍未加增，軋過月底，或可真能起色也。餘續布。即請籌安。本廠會計所啓。六月廿八日
諸君均此。

第一百零八號（六月廿八日）

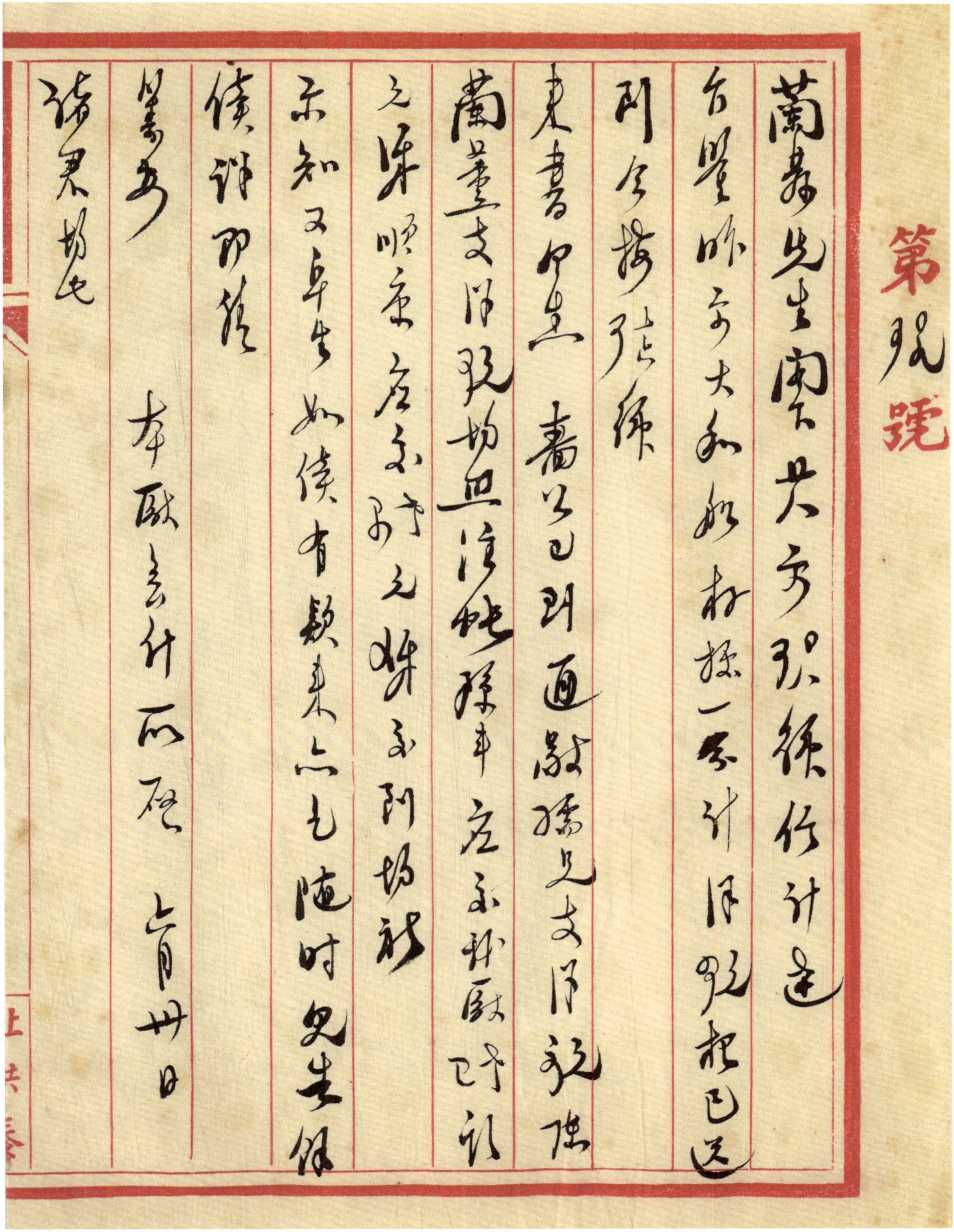

第一百零九號（六月卅日）

蘭蓀先生閣下：廿八寄一百零八號信，計達台鑒。昨寄大和船存據一分，計洋四百元，想已送到。今接一百十六號來書，具悉。嗇公已到通。敬孺兄支洋二百元，陳蘭薰支洋一百元，均照注帳。豫豐應交我廠七月初一期元一千兩，順康應交七月初四元四千兩，交到均祈示知。又阜生如續有款來，亦乞隨時見告。餘續詳。即請籌安。本廠會計所啓。六月卅日

諸君均此。

第一百零九號（六月卅日）

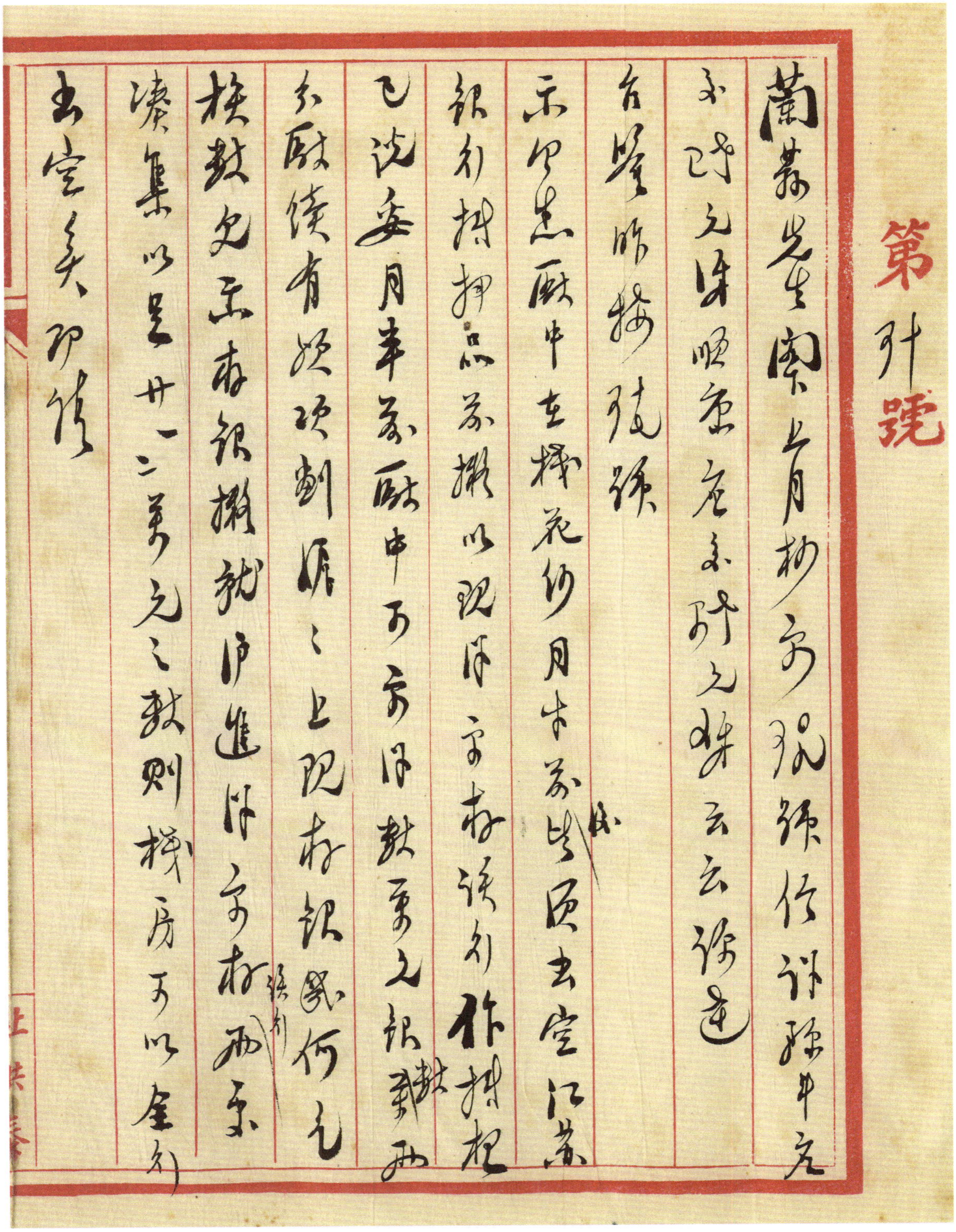

第一百十號（七月初二日）

蘭蓀先生閣下：上月杪寄一百零九號信，詳豫豐應交七月初一元一千兩、順康應交七月初四元四千兩云云，諒達台鑒。昨接一百十七號示，具悉。廠中在棧花紗，月半前後皆須出空。江蘇銀行抵押品，前擬以現洋寄存該行作抵，想已説妥。月半前廠中可寄洋數萬元、銀數萬兩，分廠續有款項劃滬，滬上現存銀幾何，乞核數見示。存銀擬就滬進洋寄存該行，兩處湊集以足廿一二萬元之數，則棧房可以全行出空矣。即請籌安。本廠會計所啓。七月初弍日

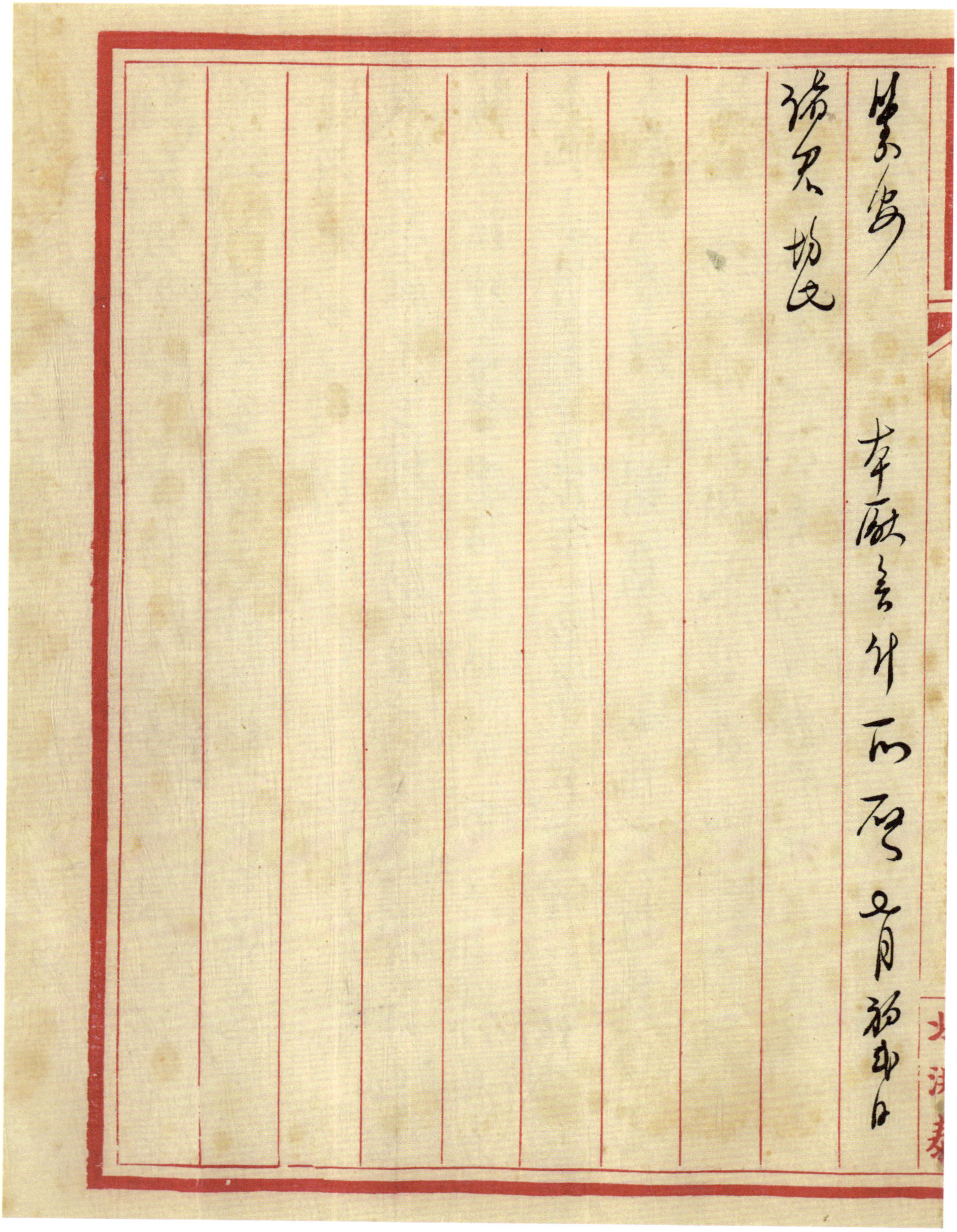
業安
本廠會計所啟 七月初二日
諸君均此

第一百十號（七月初二日）

諸君均此。

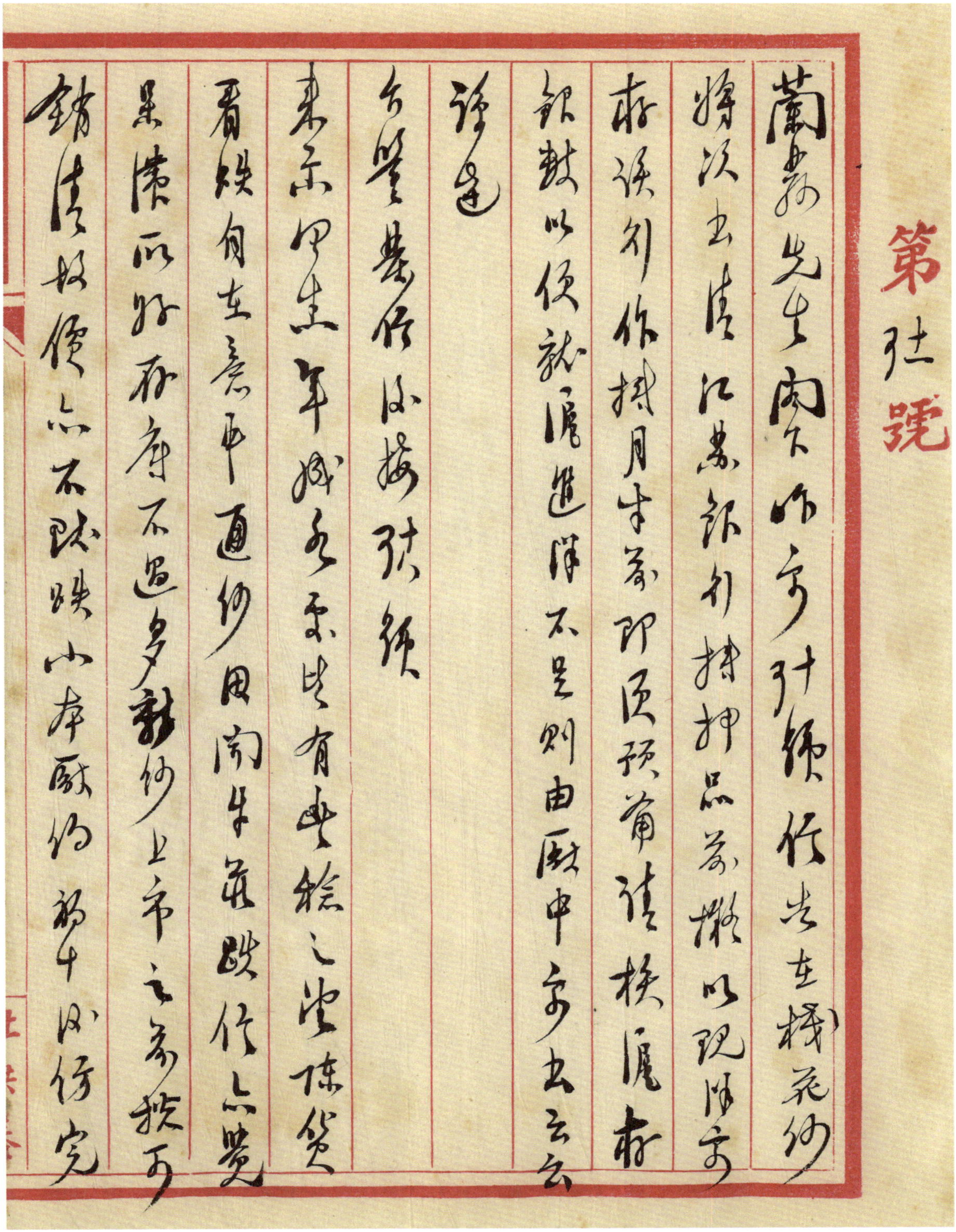

第一百十一號（七月初三日）

蘭蓀先生閣下：昨寄一百十號信，告在棧花紗將次出清，江蘇銀行抵押品前擬以現洋寄存該行作抵，月半前即須預備，請核滬存銀數，以便就滬進洋，不足則由廠中寄出云云，諒達台鑒。發信後接一百十八號來示，具悉。年成各處皆有豐稔之望，陳貨看跌，自在意中。通紗因聞牛莊跌信，亦覺呆滯，所好存底不過多，新紗上市之前總可銷清，故價亦不致跌小。本廠約初十後紡完停工，紗已拋出，并無餘存。豫豐、源生來款已照轉帳。阜生款遵俟到期收到見示再轉。日前退公爲匪亂事致

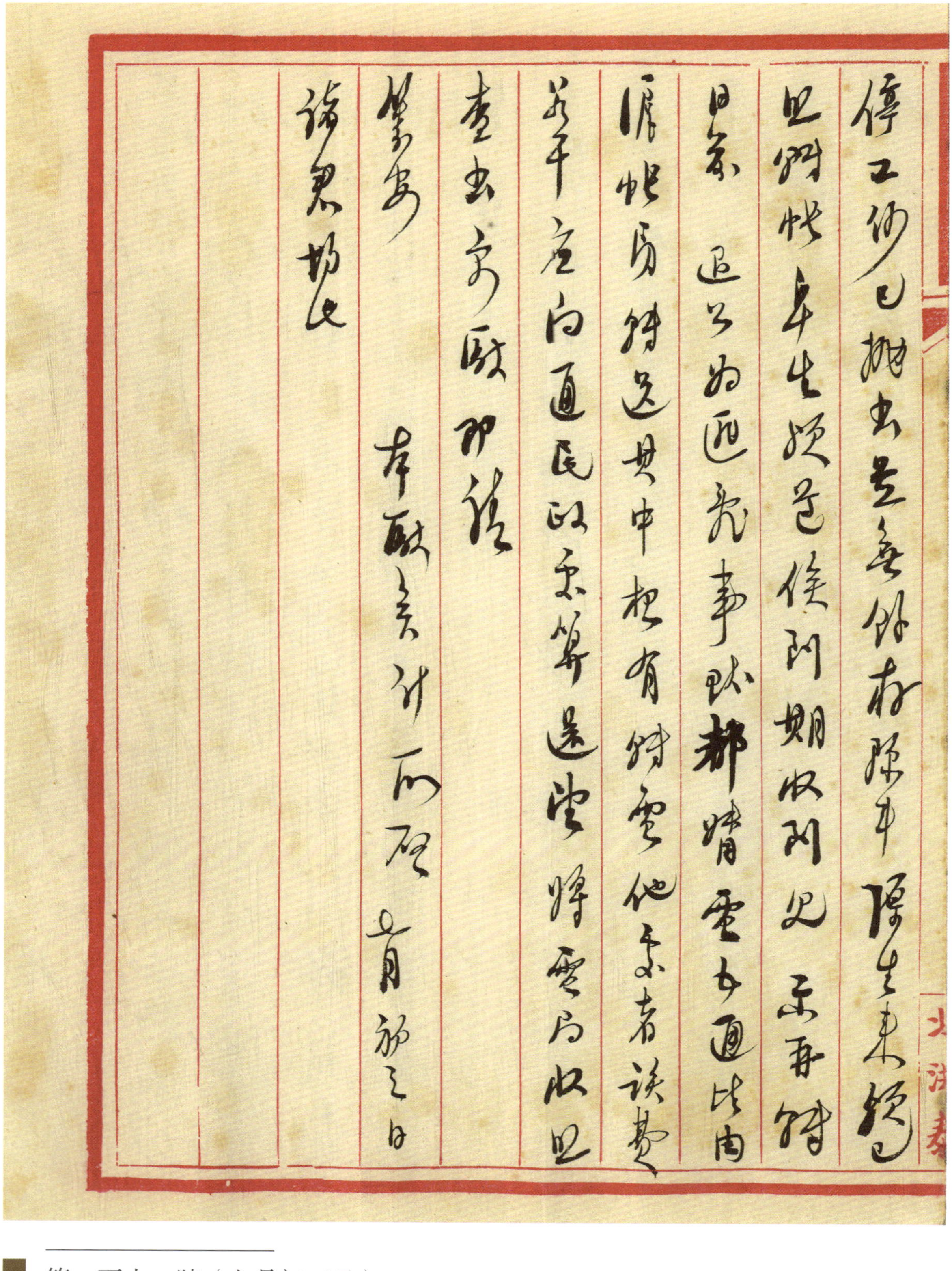

第一百十一號（七月初三日）

都督電五通，皆由滬帳房轉送，其中想有轉電他處者，該費若干，應向通民政處算還，望將電局收照查出寄廠。即請籌安。本廠會計所啓。七月初三日

諸君均此。

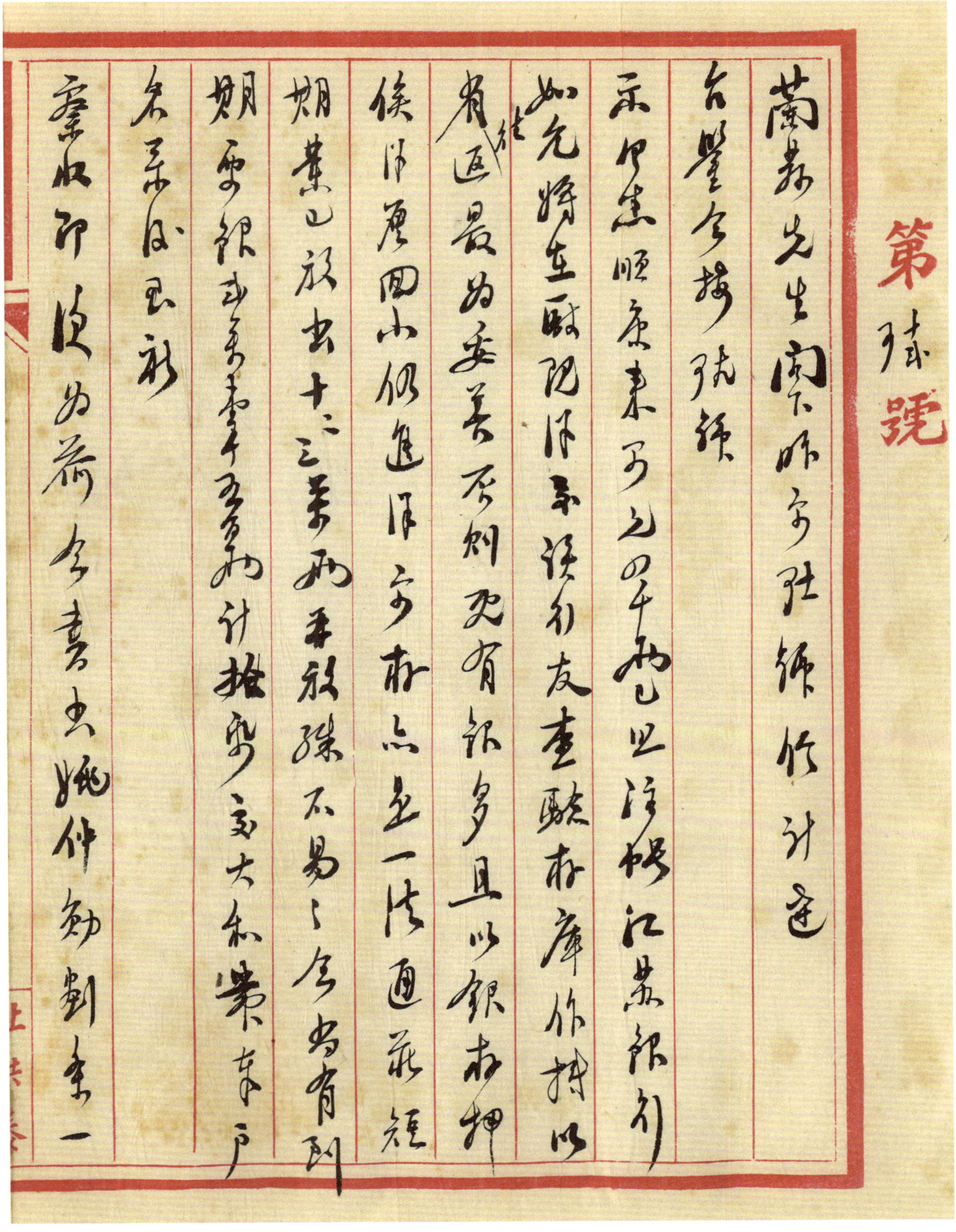

第一百十二號（七月初四日）

蘭蓀先生閣下：昨寄一百十一號信，計達台鑒。今接一百十九號示，具悉。順康來初四元四千兩，已照注帳。江蘇銀行如允將在廠現洋交該行友查驗存庫作抵，以省往返，最爲妥善。否則既有銀多，且以銀存押，俟洋厘回小，仍進洋寄存，亦是一法。通莊短期業已放出十二三萬兩，再放殊不易易。今尚有到期票銀式萬壹千五百兩，計拾紙，交大和帶奉，户名録後，至祈察收即復爲荷。今書出姚仲勛劃條一紙，計元式千零九十二兩，祈照付。即請籌安。本廠會計所啓。七月初四日

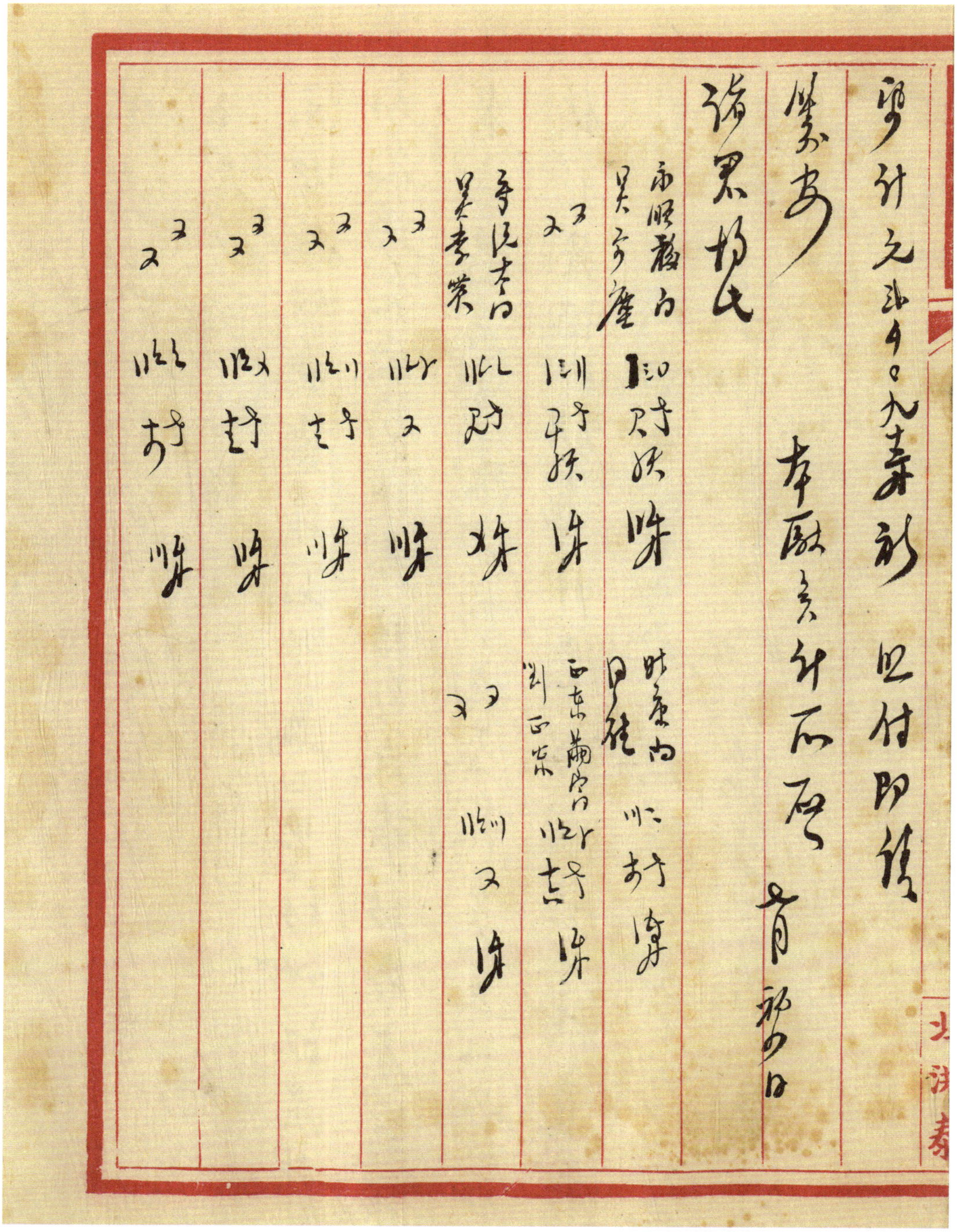

第一百十二號（七月初四日）

諸君均此。
永順福向吴寄塵，一三〇，七月初八（五天），二千兩
又又，一三二，七月初十（五天），一千兩
章源大向吴季農，二六六，七月初九，四千兩
又又，二六五，又，三千兩
又又，二七二，七月十二，三千兩
又又，二七四，七月十三，二千兩
又又，二七七，七月十四，三千兩
昇康向同德，三二，七月十四，一千五百兩
正泰繭局向劉正泰，二七五，七月十六，一千兩
又又，二七三，又，一千兩

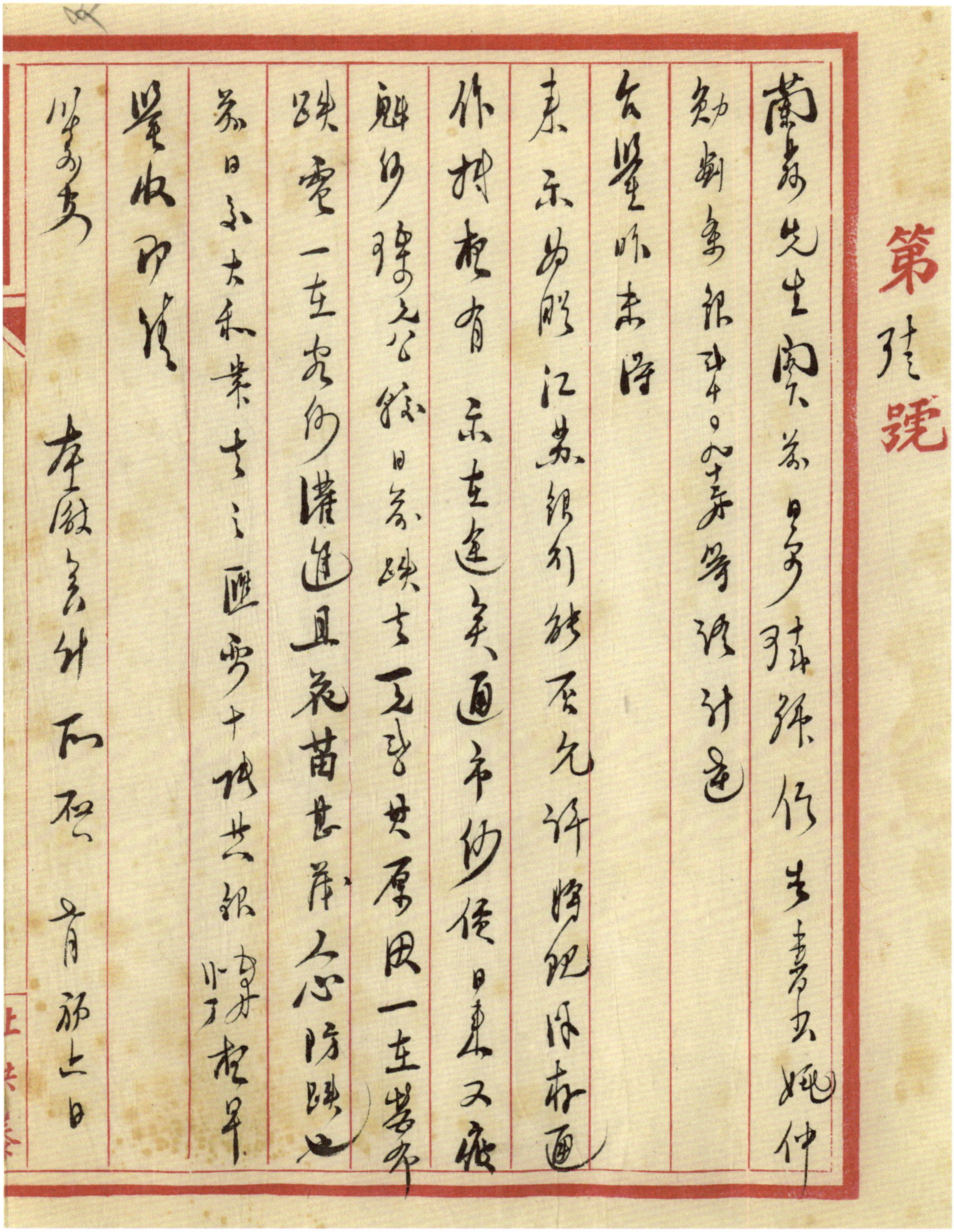

第一百十三號（七月初六日）

蘭蓀先生閣下：前日寄一百十弍號信，告書出姚仲勛劃條銀弍千零九十二兩等語，計達台鑒。昨未得來示，爲盼。江蘇銀行能否允許將現洋存通作抵，想有示在途矣。通市紗價日來又疲，魁紗一百五十四元八角，較日前跌去一元弍角，其原因一在營布跌電，一在客紗灌進，且花苗甚茂，人心防跌也。前日交大和帶去之匯票十張，共銀二萬一千五百兩，想早鑒收。即請籌安。本廠會計所啓。七月初六日

諸君均此。

諸兄均此

第一百十三號（七月初六日）

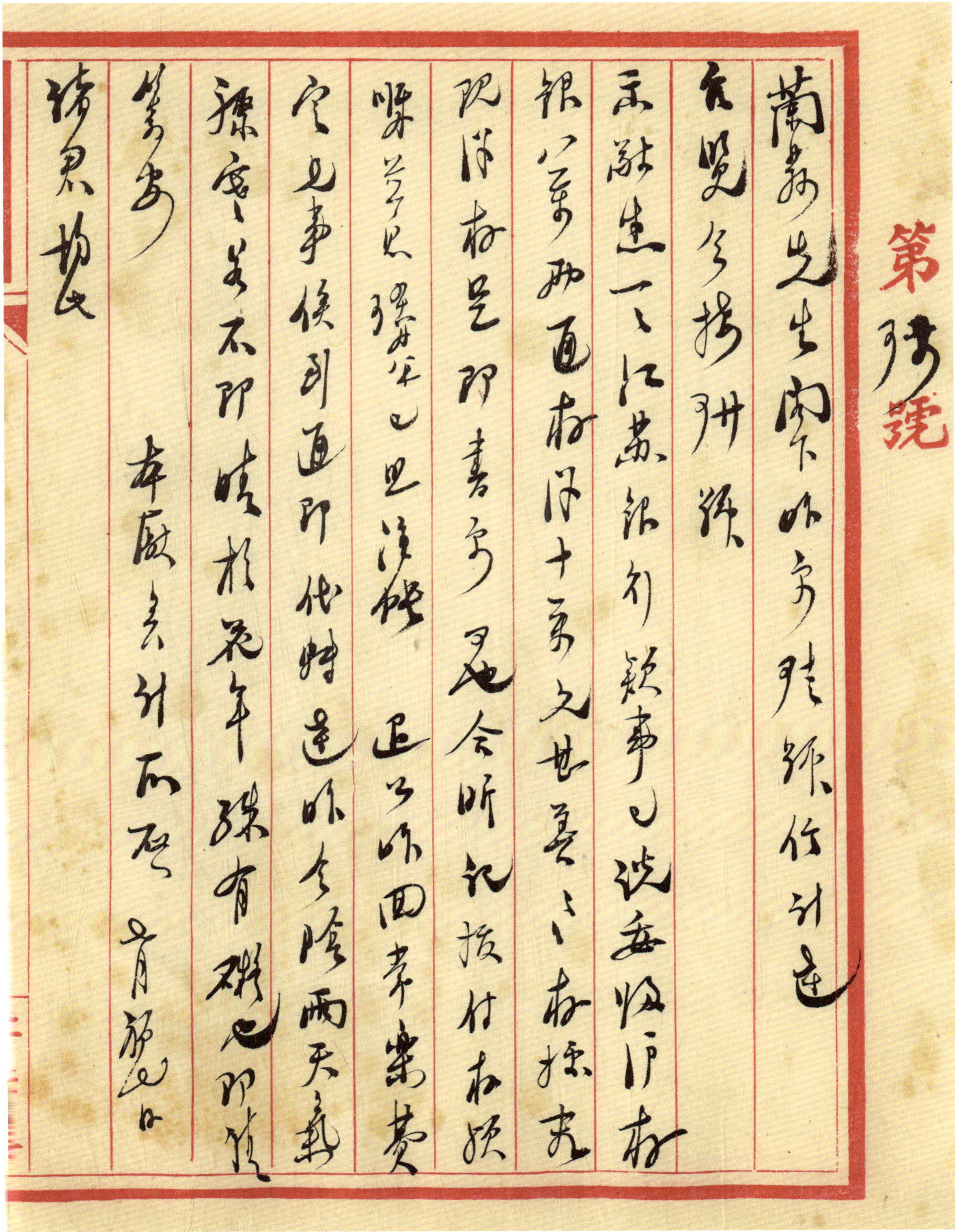

第一百十四號（七月初七日）

蘭蓀先生閣下：昨寄一百十三號信，計達台覽。今接一百廿號示，敬悉一一。江蘇銀行款事已説妥，歸滬存銀八萬兩，通存洋十萬元，甚善甚善。存據容現洋存足，即書寄可也。合昕記撥付存款三千兩并息一百四十八兩八錢，已照注帳。退公昨回常樂，費定兄事俟到通即代轉達。昨、今陰雨，天氣驟寒，若不即晴，於花年殊有礙也。即請籌安。本廠會計所啓。七月初七日

諸君均此。

第一百十四號（七月初七日）

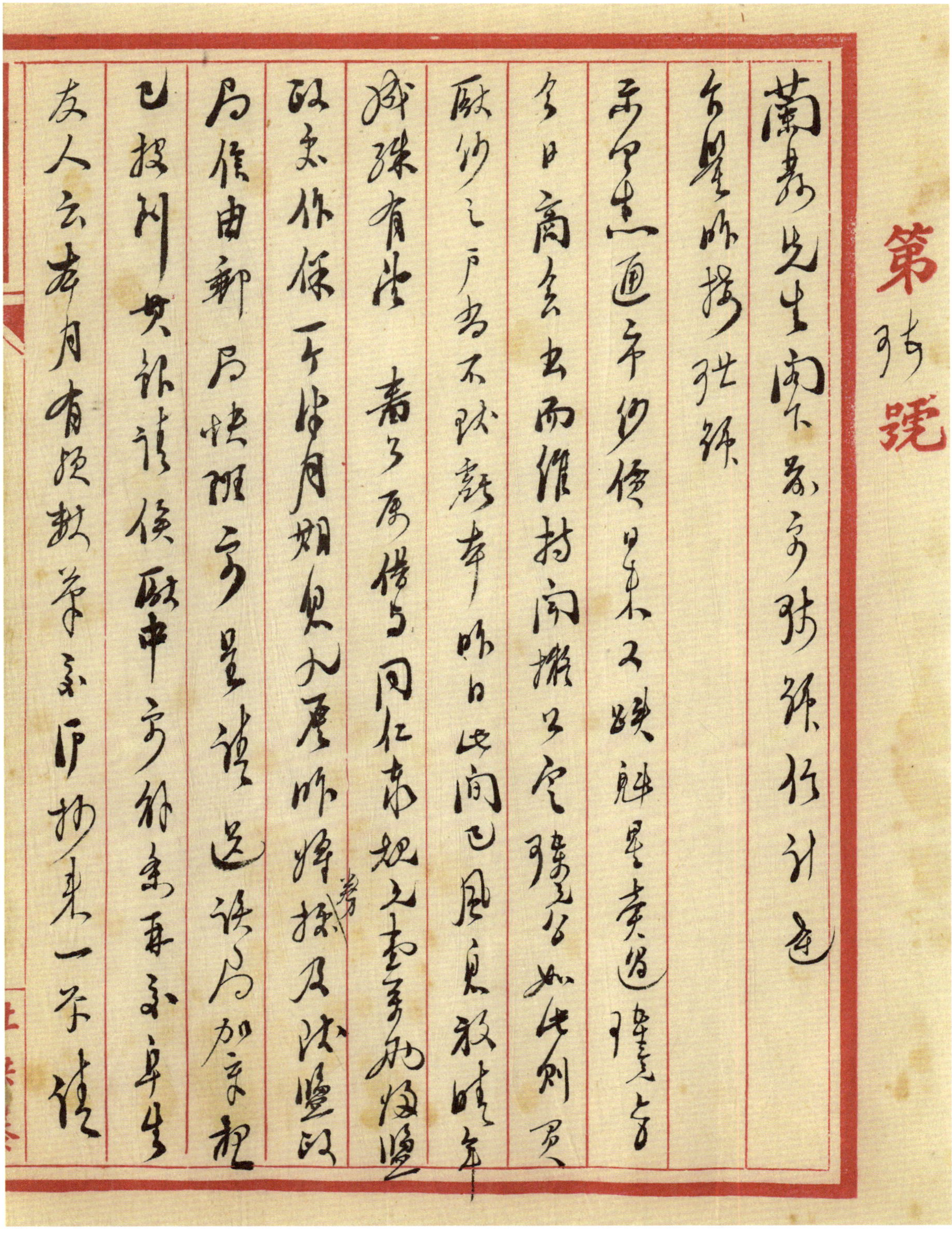

第一百十五號（七月初九日）

蘭蓀先生閣下：前寄一百十四號信，計達台鑒。昨接一百廿一號示，具悉。通市紗價日來又跌，魁星賣過一百五十三元六角。今日商會出而維持，聞擬公定一百五十四元八角，如此則買廠紗之户尚不致虧本。昨日此間已風息放晴，年成殊有望。嗇公屬借與同仁泰規元壹萬兩，歸鹽政處作保，一個半月，期息九厘。昨將券據及致鹽政局信，由郵局快班寄呈，請送該局加章，想已投到。其銀請俟廠中寄解條再交。阜生友人云，本月有款數筆交滬，抄來一單，請查對見復。即請籌安。

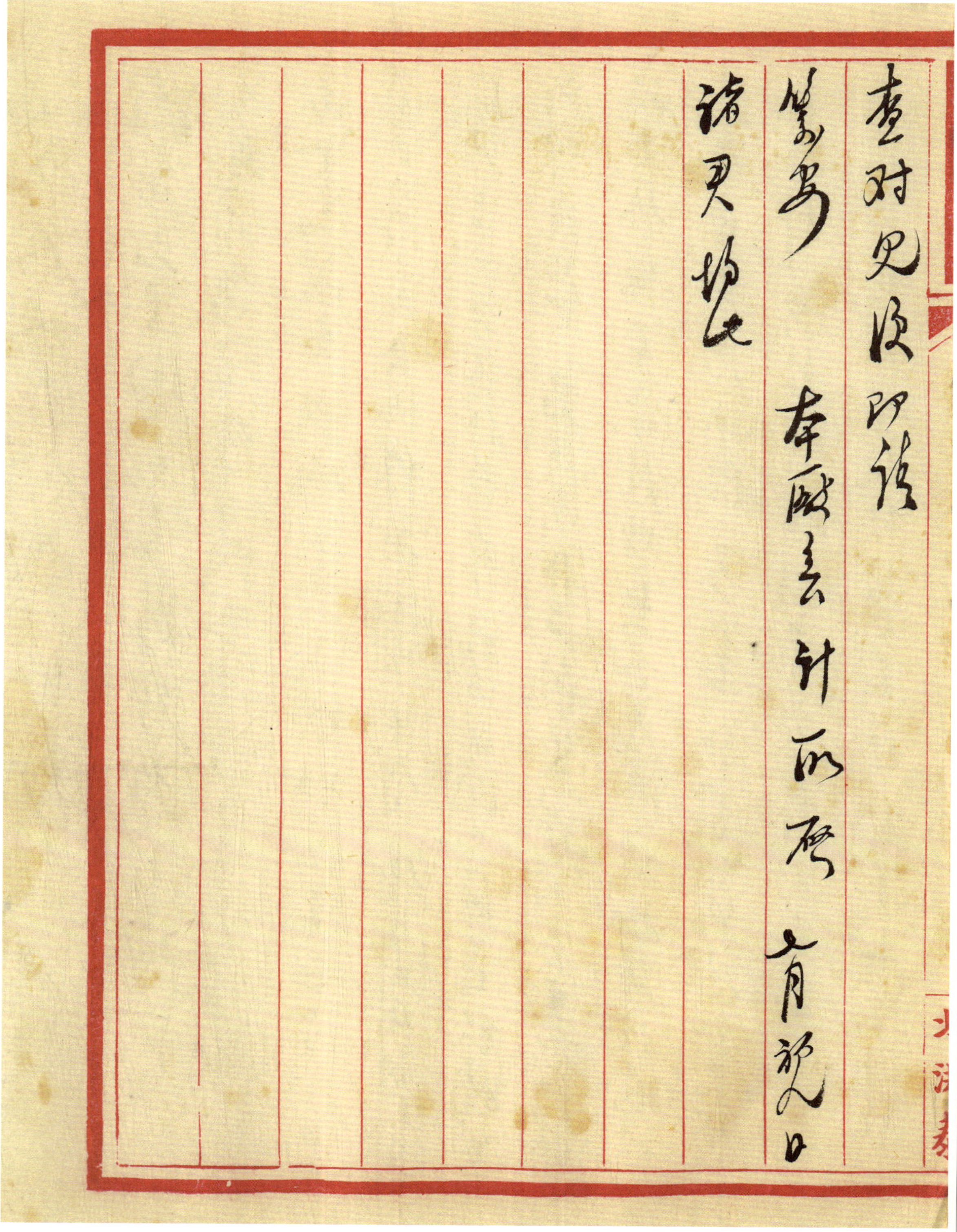
查對見復即請
籌安　本廠會計所啓　七月初九日
諸君均此

第一百十五號（七月初九日）

本廠會計所啓。七月初九日
諸君均此。

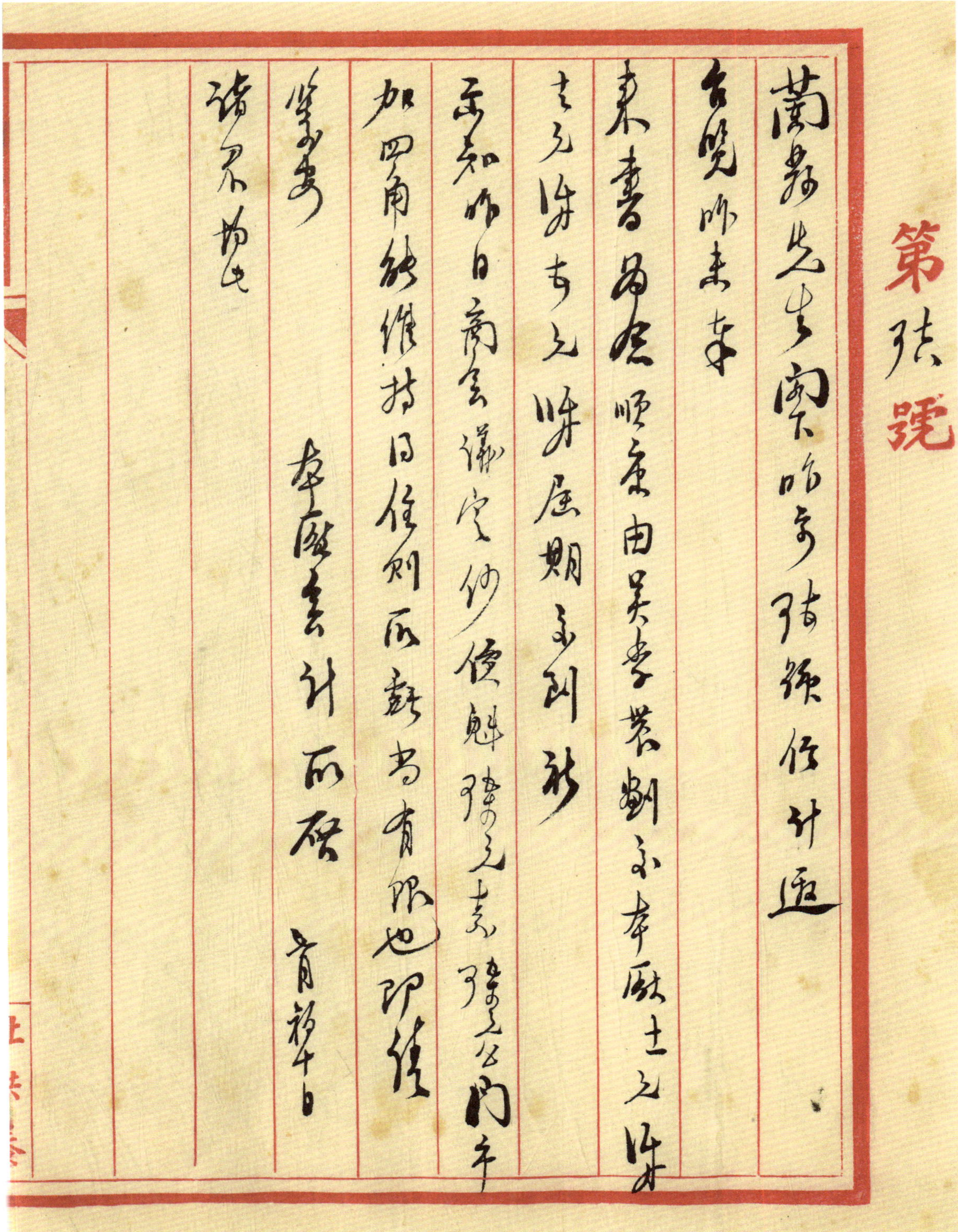

第一百十六號（七月初十日）

蘭蓀先生閣下：昨寄一百十五號信，計邀台覽。昨未奉來書，爲念。順康由吴季農劃交本廠十一元一千兩、十二元一千兩、十五元二千兩，届期交到祈示知。昨日商會議定紗價，魁一百五十四元、壽一百五十四元八角，門市加四角，能維持得住，則所虧尚有限也。即請籌安。本廠會計所啓。七月初十日

諸君均此。

第一百十六號（七月初十日）

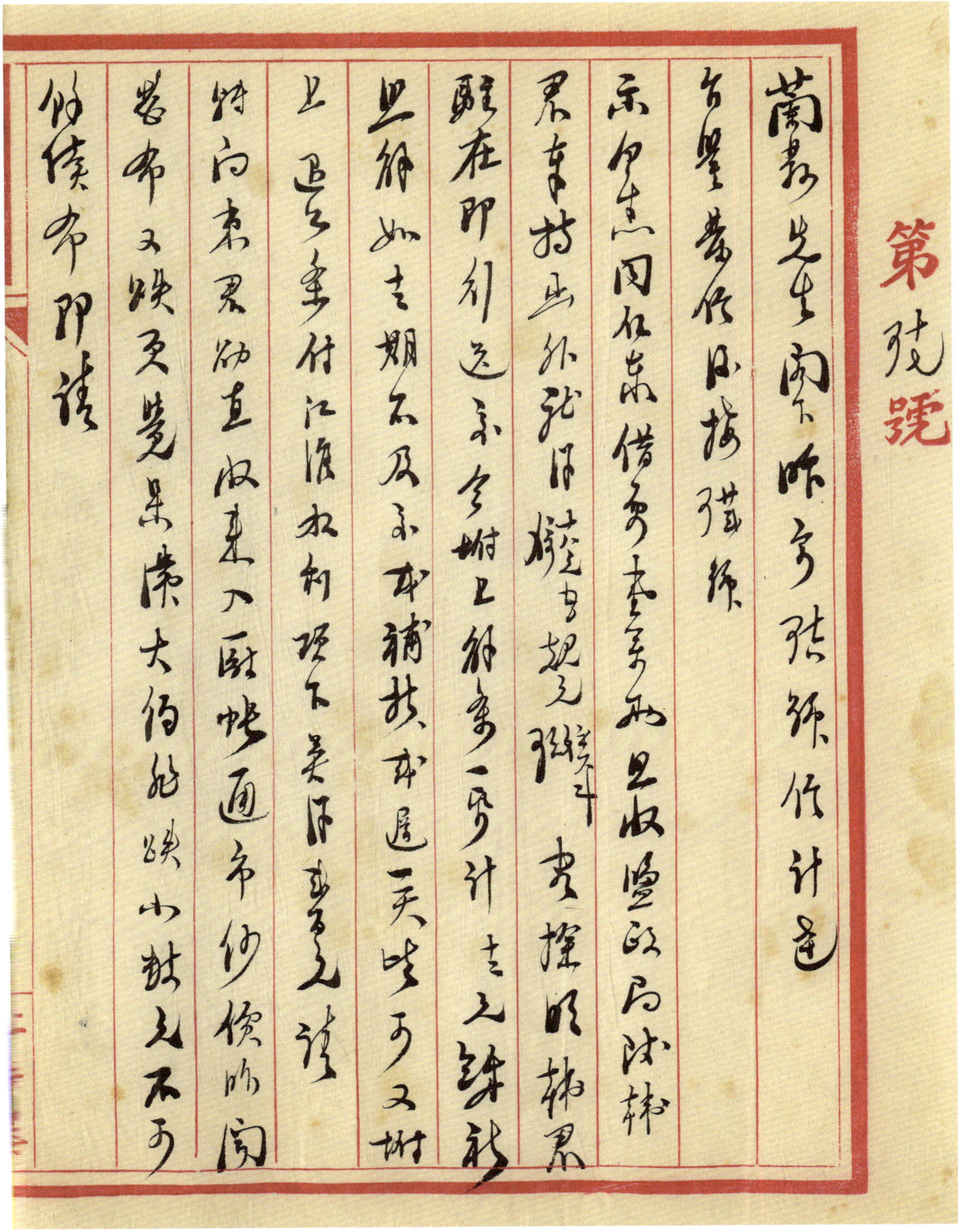

第一百十七號（七月十一日）

蘭蓀先生閣下：昨寄一百十六號信，計達台鑒。發信後接一百廿式號示，具悉。同仁泰借票壹萬兩，照收。鹽政局致韓君奉持函，外龍洋四千三百十八元五角、規元一百七十九兩二錢六分二，容探明韓君駐在，即行送交。今附上解條一紙，計十二元八千兩，祈照解，如十二期不及交，或補折或遲一天，皆可。又附上退公條，付江淮水利項下英洋式百元，請轉向東君劭直收來，入廠帳。通市紗價，昨聞營布又跌，更覺呆滯，大約非跌小數元不可。餘續布。即請籌安。本廠會計所啓。七月十一日

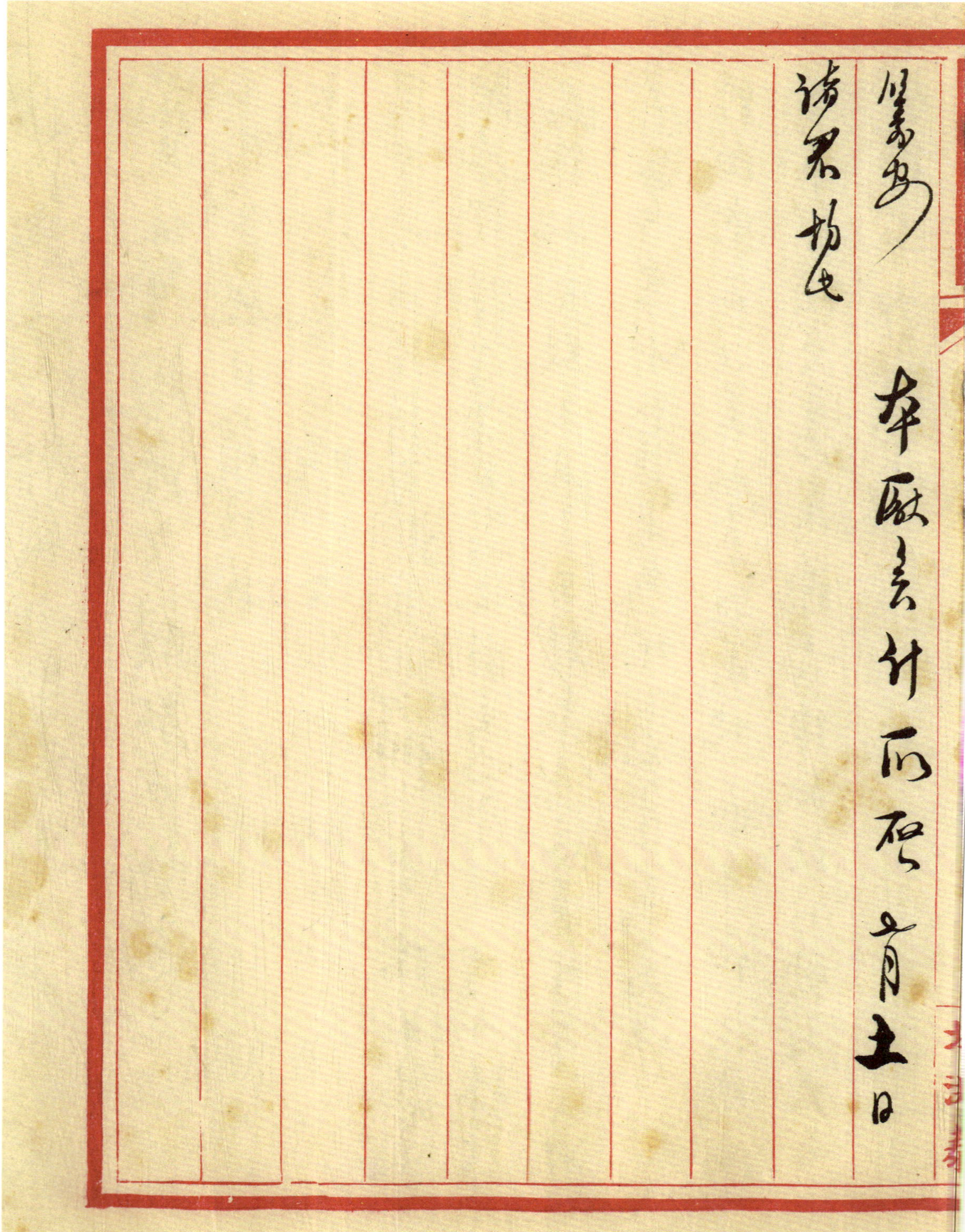

第一百十七號（七月十一日）

諸君均此。

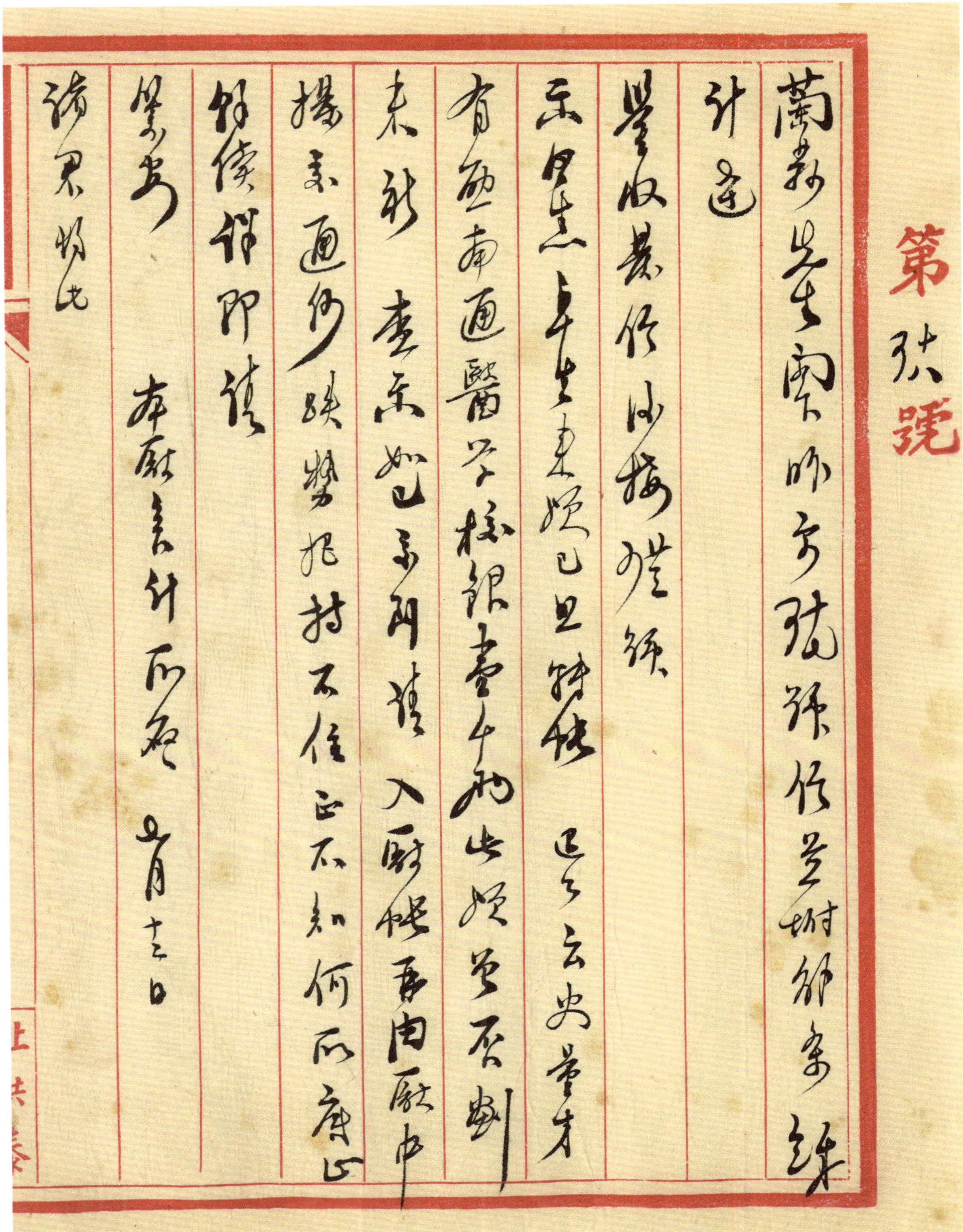

第一百十八號（七月十二日）

蘭蓀先生閣下：昨寄一百十七號信，并附解條八千兩，計達鑒收。發信後接一百廿三號示，具悉。阜生來款已照轉帳。退公云史量才有助南通醫學校銀壹千兩，此款曾否劃來，祈查示。如已交到，請入廠帳，再由廠中撥交。通紗跌勢把持不住，正不知何所底止。餘續詳。即請籌安。本廠會計所啓。七月十二日

諸君均此。

第一百十八號（七月十二日）

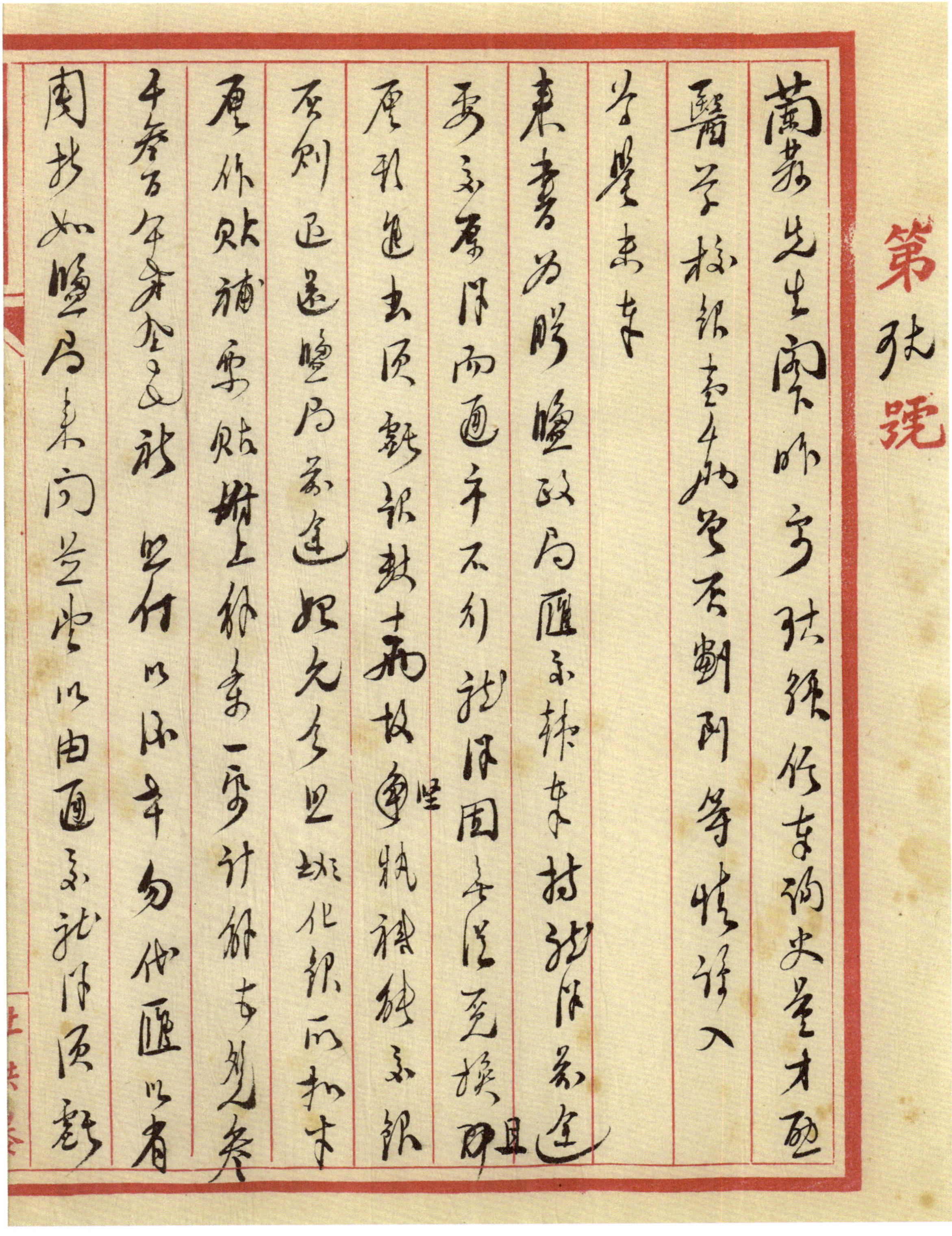

第一百十九號

蘭蓀先生閣下昨寄一百十八號信奉詢史量才助
醫學校銀壹千兩曾否劃到等情諒入
尊鑒未奉
來書爲盼鹽政局匯交韓奉持龍洋前途
要交原洋而通市不行龍洋因無從覓換且
厘期進出須虧銀數十兩故堅執祇能交銀
否則退還鹽局前途始允今照七四三化銀所扣半
厘作貼補票貼附上解條一紙計解十五九八元叁
千叁百八十七兩九錢零七祈照付以後幸勿代匯以省
周折如鹽局來問並望以由通交龍洋須虧

第一百十九號（七月十三日）

蘭蓀先生閣下：昨寄一百十八號信，奉詢史量才助醫學校銀壹千兩曾否劃到等情，諒入尊鑒。未奉來書，爲盼。鹽政局匯交韓奉持龍洋，前途要交原洋，而通市不行龍洋，因無從覓換，且厘期進出須虧銀數十兩，故堅執祇能交銀，否則退還鹽局，前途始允。今照七四三化銀所扣半厘作貼補票貼。附上解條一紙，計解十五九八元叁千叁百八十七兩九錢零七，祈照付。以後幸勿代匯，以省周折。如鹽局來問，并望以由通交龍洋須虧耗情形告之。紗價日小，已見一百五十二元，尚無銷路，聞營

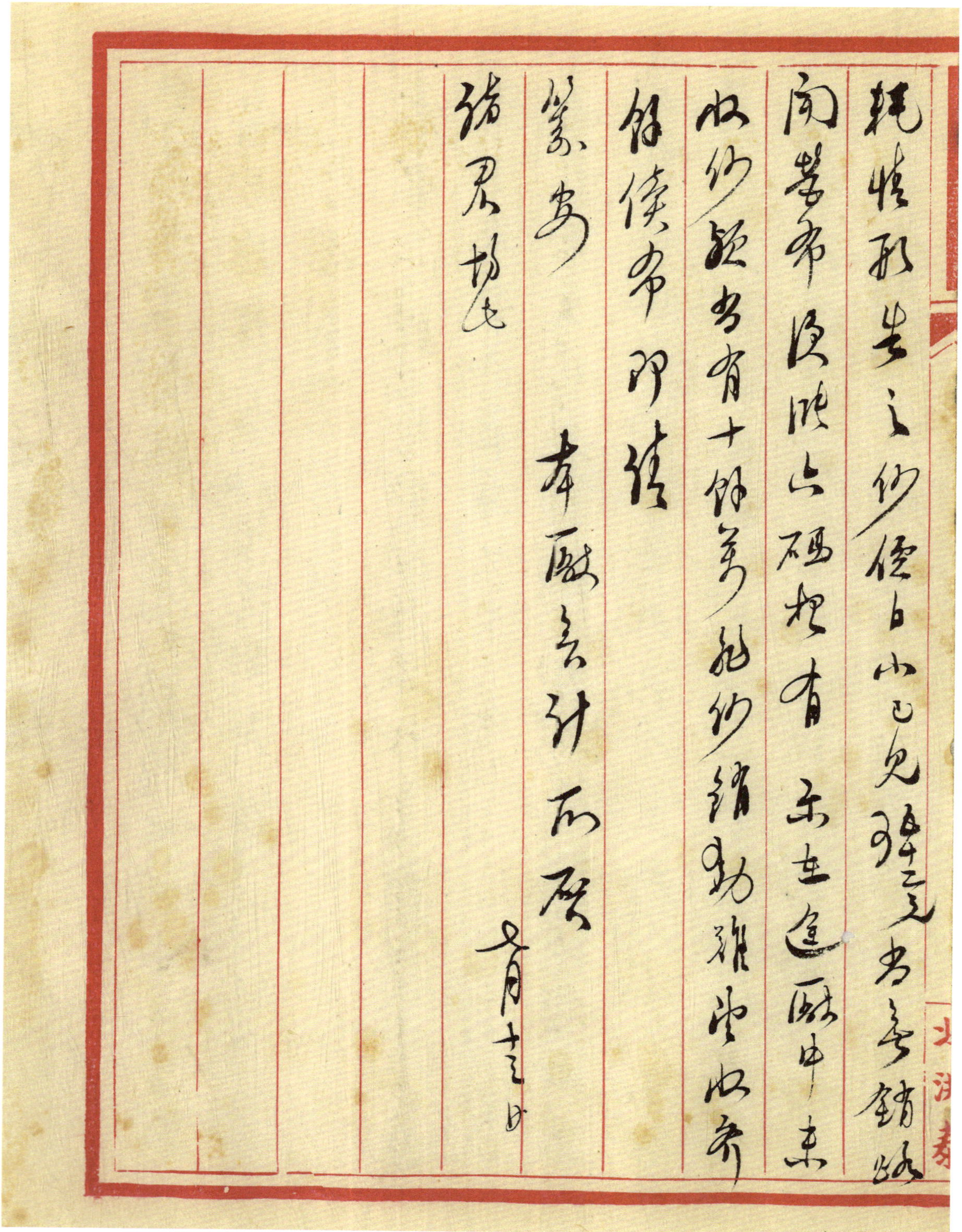

第一百十九號（七月十三日）

布復漲六碼，想有示在途。廠中未收紗款尚有十餘萬，非紗銷動，難望收齊。餘續布。即請籌安。本廠會計所啓。七月十三日
諸君均此。

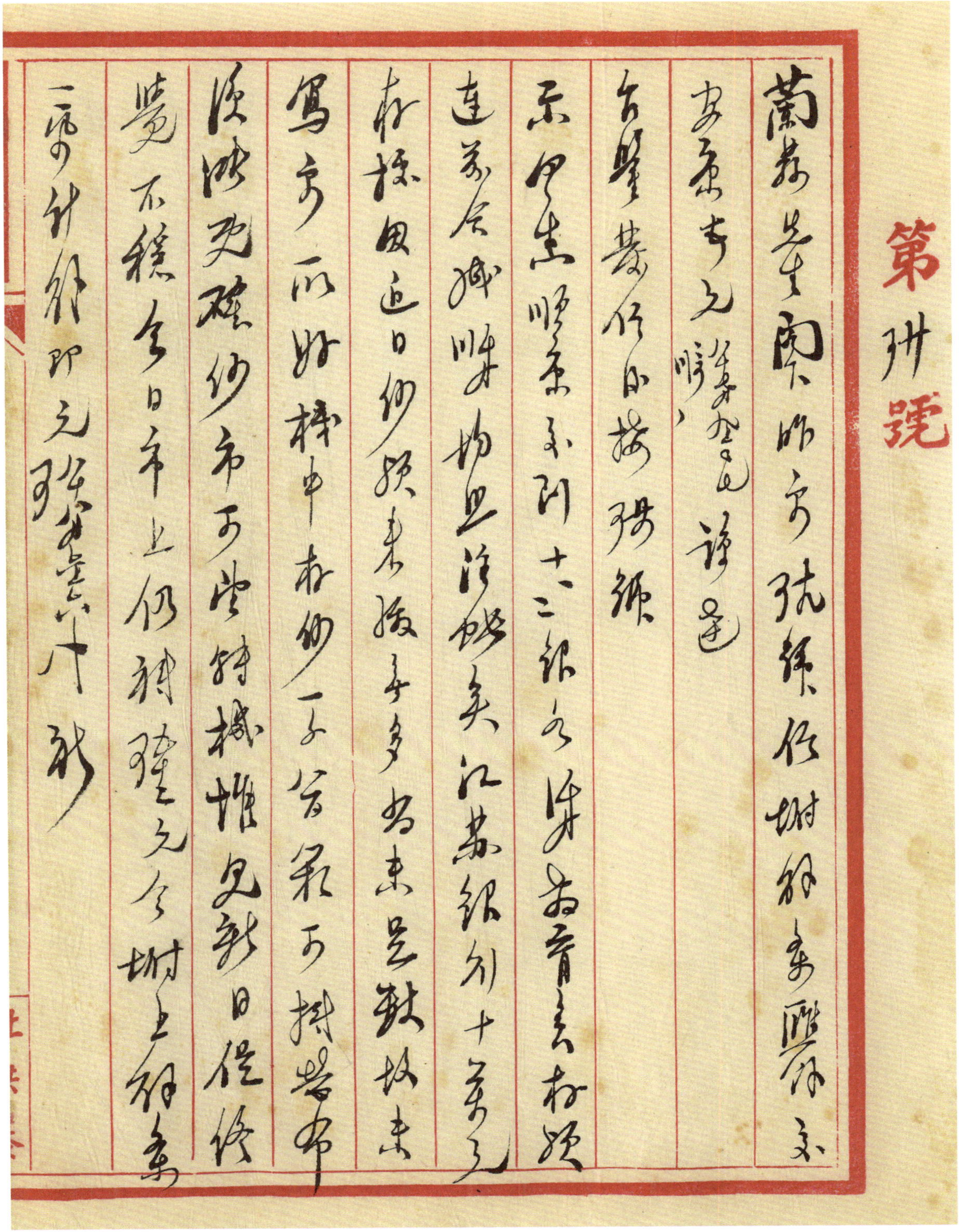

第一百二十號（七月十四日）

蘭蓀先生閣下：昨寄一百十九號信，附解條匯餘交安康十五元三千三百八十七兩九錢零七，諒達台鑒。發信後接一百廿四號示，具悉。順康交到十一、十二銀各一千兩，教育會存款連前合成三千兩，均照注帳矣。江蘇銀行十萬元存據，因近日紗款來繳無多，尚未足數，故未寫寄，所好棧中存紗一千八百箱可抵。營布復漲既確，紗市可望轉機，惟見新日促，終覺不穩。今日市上仍衹一百五十二元。今附上解條一紙，計解即元一百八十八兩六錢六分八，祈按解。即請籌安。本廠會計所啓。七

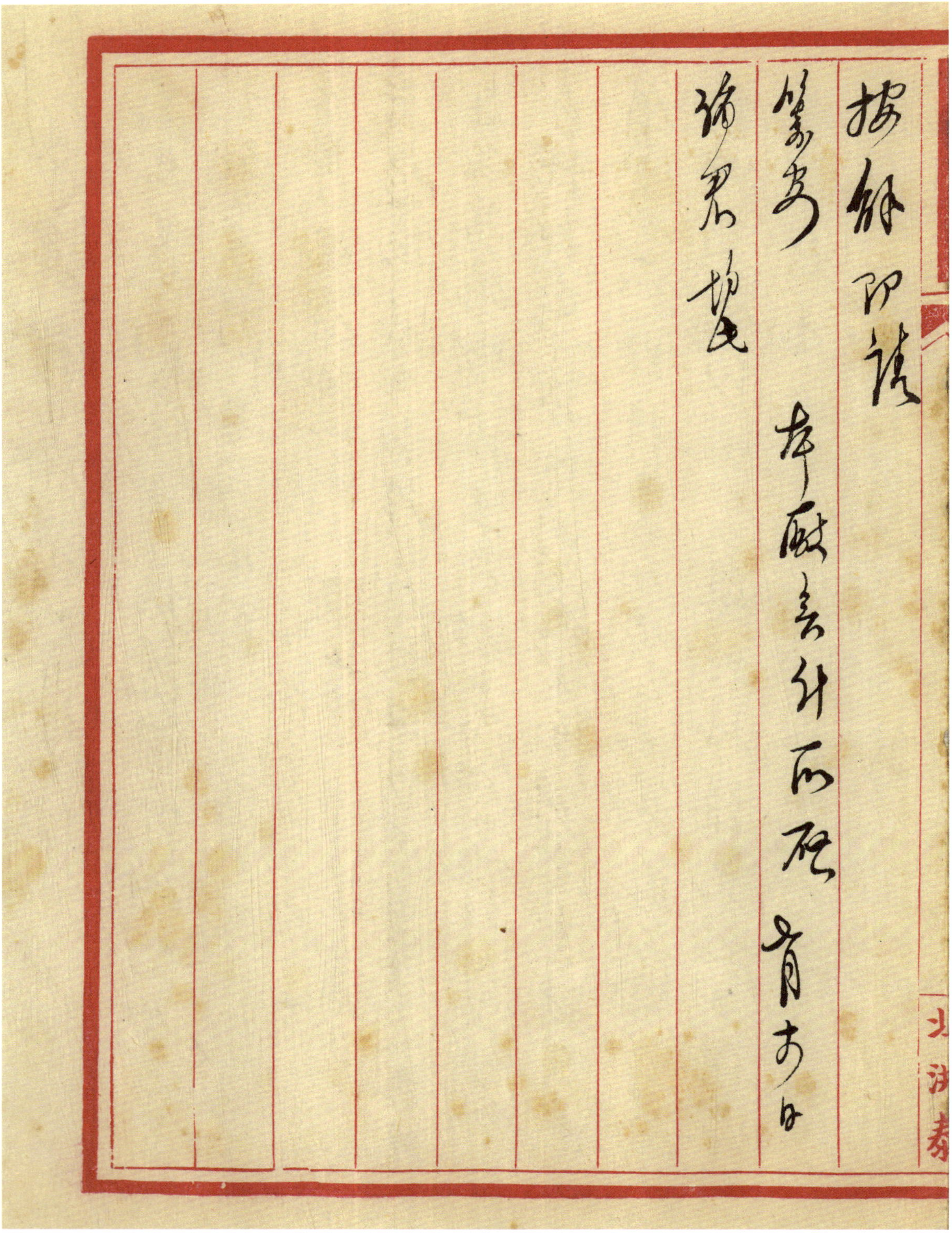

第一百二十號（七月十四日）

月十四日
諸君均此。

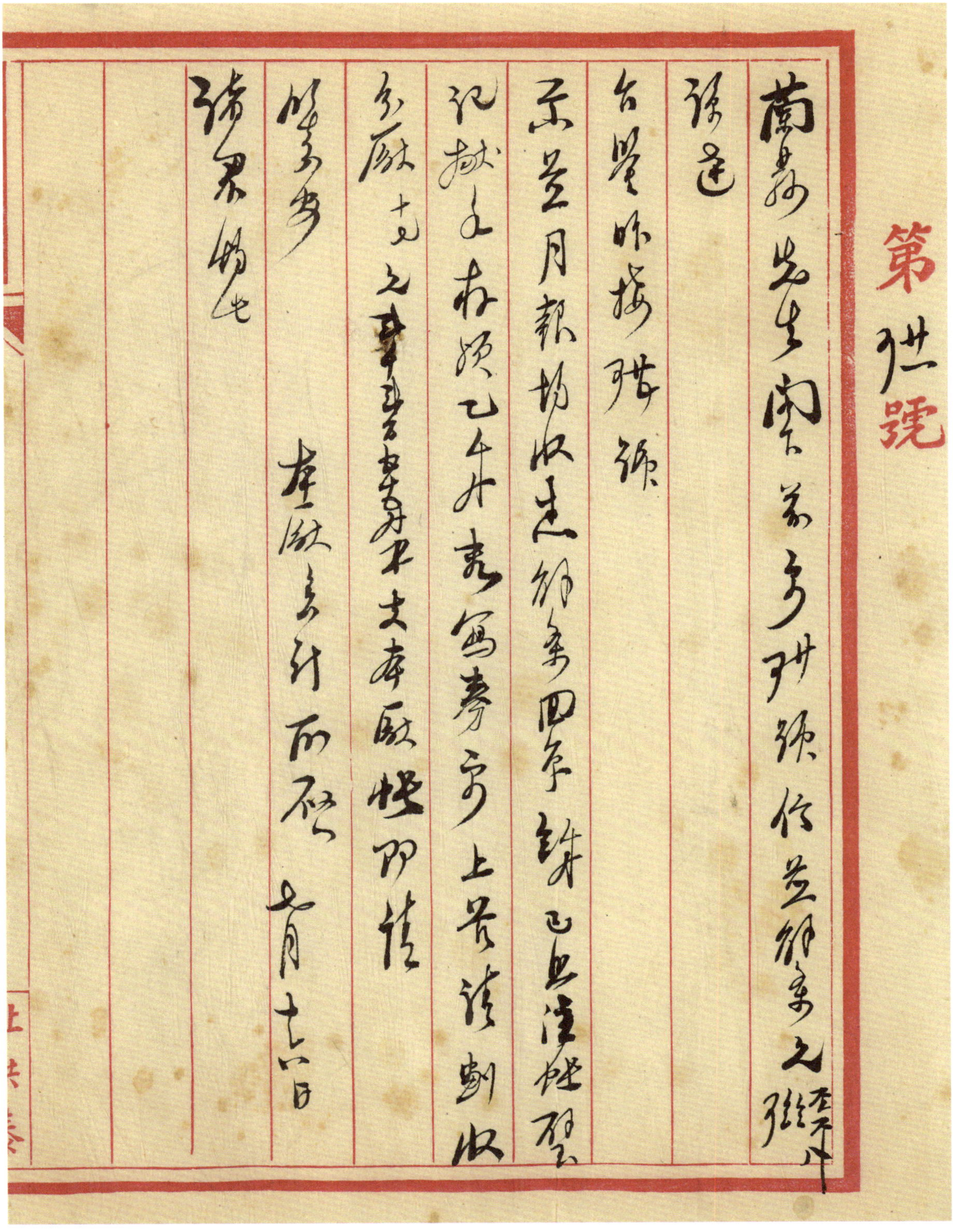

第一百二十一號（七月十六日）

蘭蓀先生閣下：前寄一百卄號信并解條元一百八十八兩六錢六分八，諒達台鑒。昨接一百卄五號示并月報，均收悉。解條回單八千兩，已照注帳。璧記獻手存款一千兩，容寫券寄上。玆請劃收分廠十七元弍千弍百五十五兩一錢，支本廠帳。即請籌安。本廠會計所啓。七月十六日

諸君均此。

第一百二十一號（七月十六日）

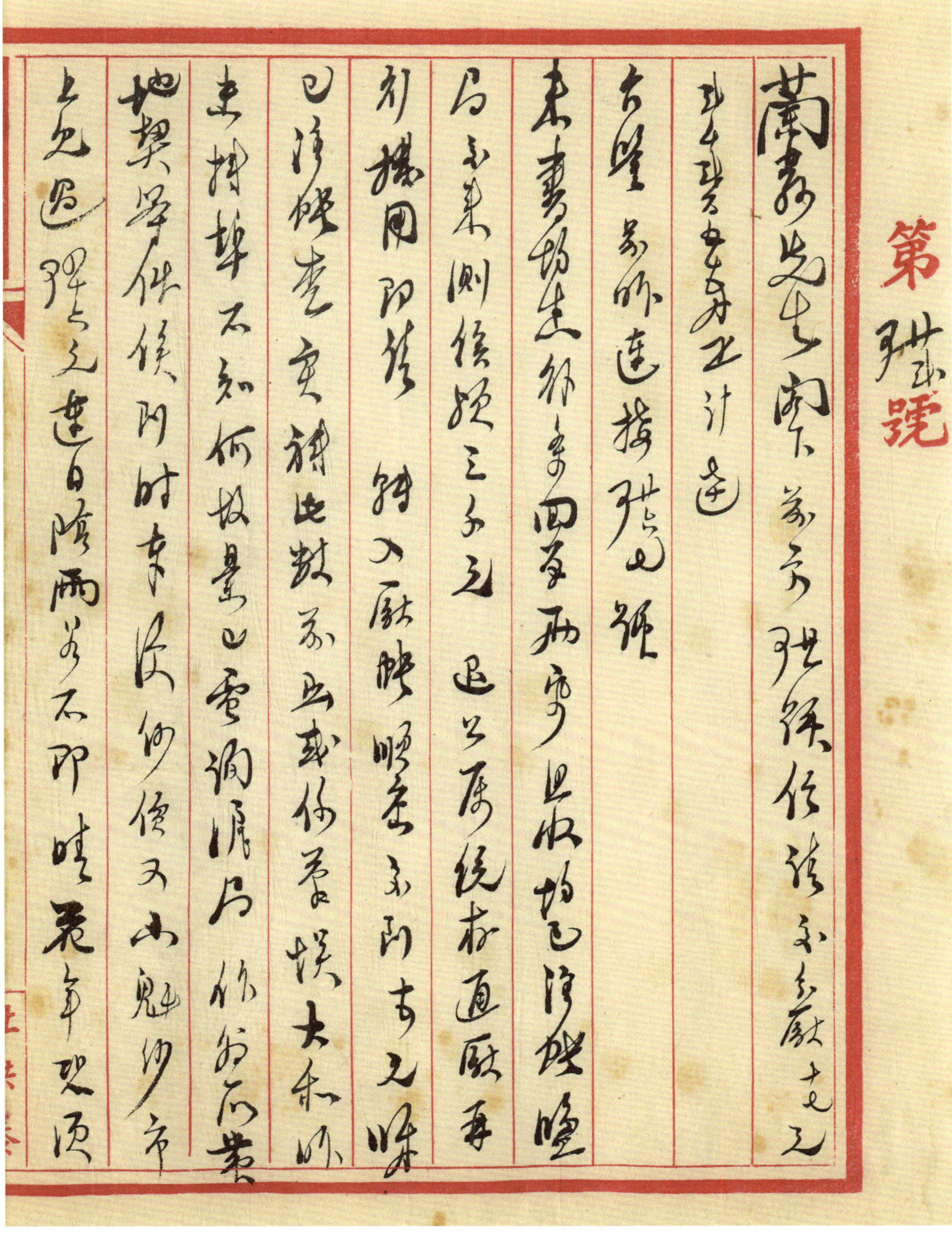
蘭蓀先生閣下：前寄一百廿一號信，請交分廠十七元式千式百五十五兩一錢，計達台鑒。前、昨連接一百廿六、一百廿七號來書，均悉。解條回單兩紙照收，均已注帳。鹽局交來測繪款三千元，退公屬統存通廠再行撥用，即請轉入廠帳。順康交到十五元二千兩，已注帳查實，衹此數，前函或係筆誤。大和昨未抵埠，不知何故，業已電詢滬局。作翁所帶地契等件，俟到時奉復。紗價又小，魁紗市上見過一百四十六元。連日陰雨，若不即晴，花年恐須

第一百二十二號（七月十八日）

蘭蓀先生閣下：前寄一百廿一號信，請交分廠十七元式千式百五十五兩一錢，計達台鑒。前、昨連接一百廿六、一百廿七號來書，均悉。解條回單兩紙照收，均已注帳。鹽局交來測繪款三千元，退公屬統存通廠再行撥用，即請轉入廠帳。順康交到十五元二千兩，已注帳查實，衹此數，前函或係筆誤。大和昨未抵埠，不知何故，業已電詢滬局。作翁所帶地契等件，俟到時奉復。紗價又小，魁紗市上見過一百四十六元。連日陰雨，若不即晴，花年恐須減色。餘續布。即請籌安。本廠會

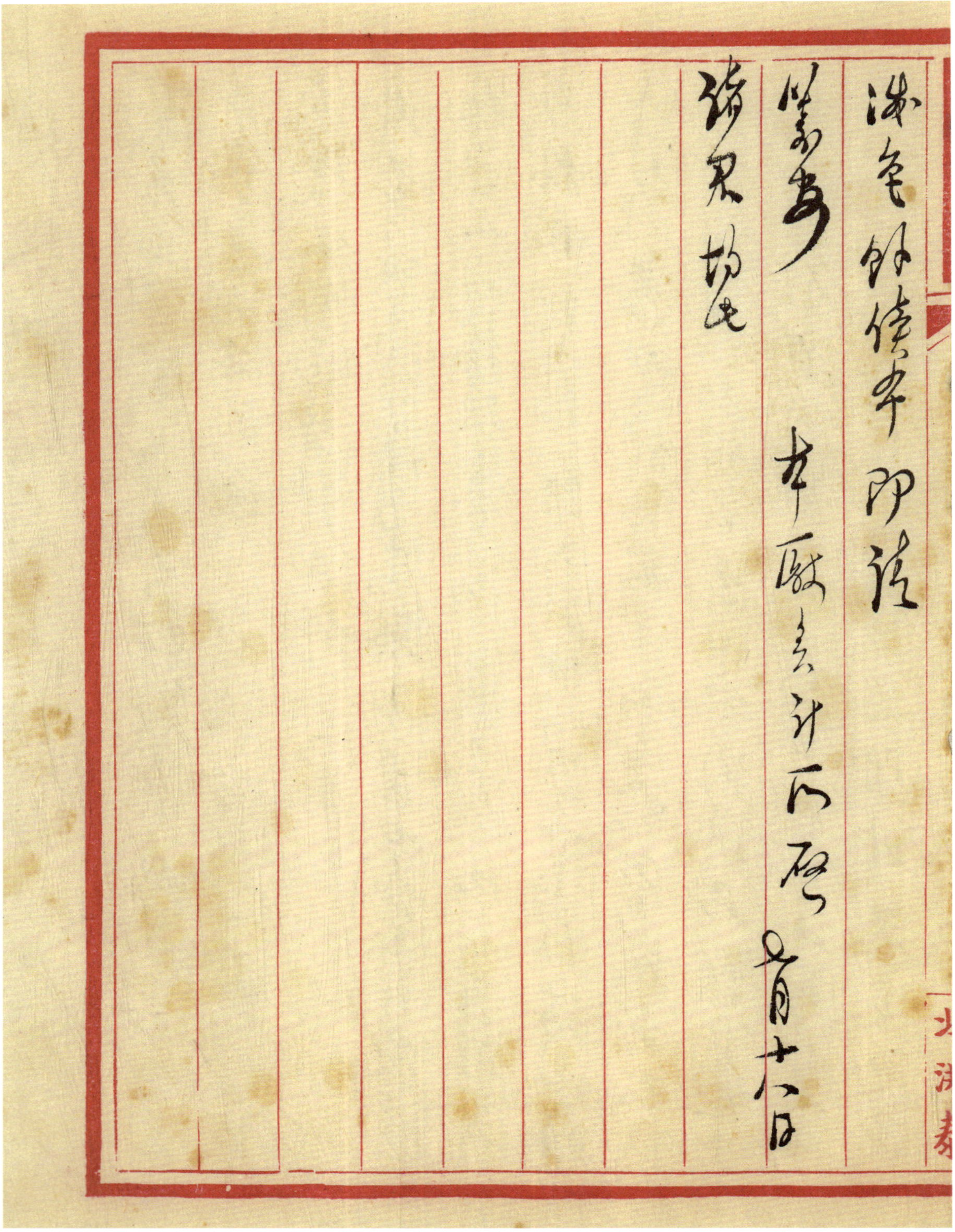
滬處錢信來即請
叢翁　本廠主計所啓　七月十八日
諸君均此

第一百二十二號（七月十八日）

計所啓。七月十八日

諸君均此。

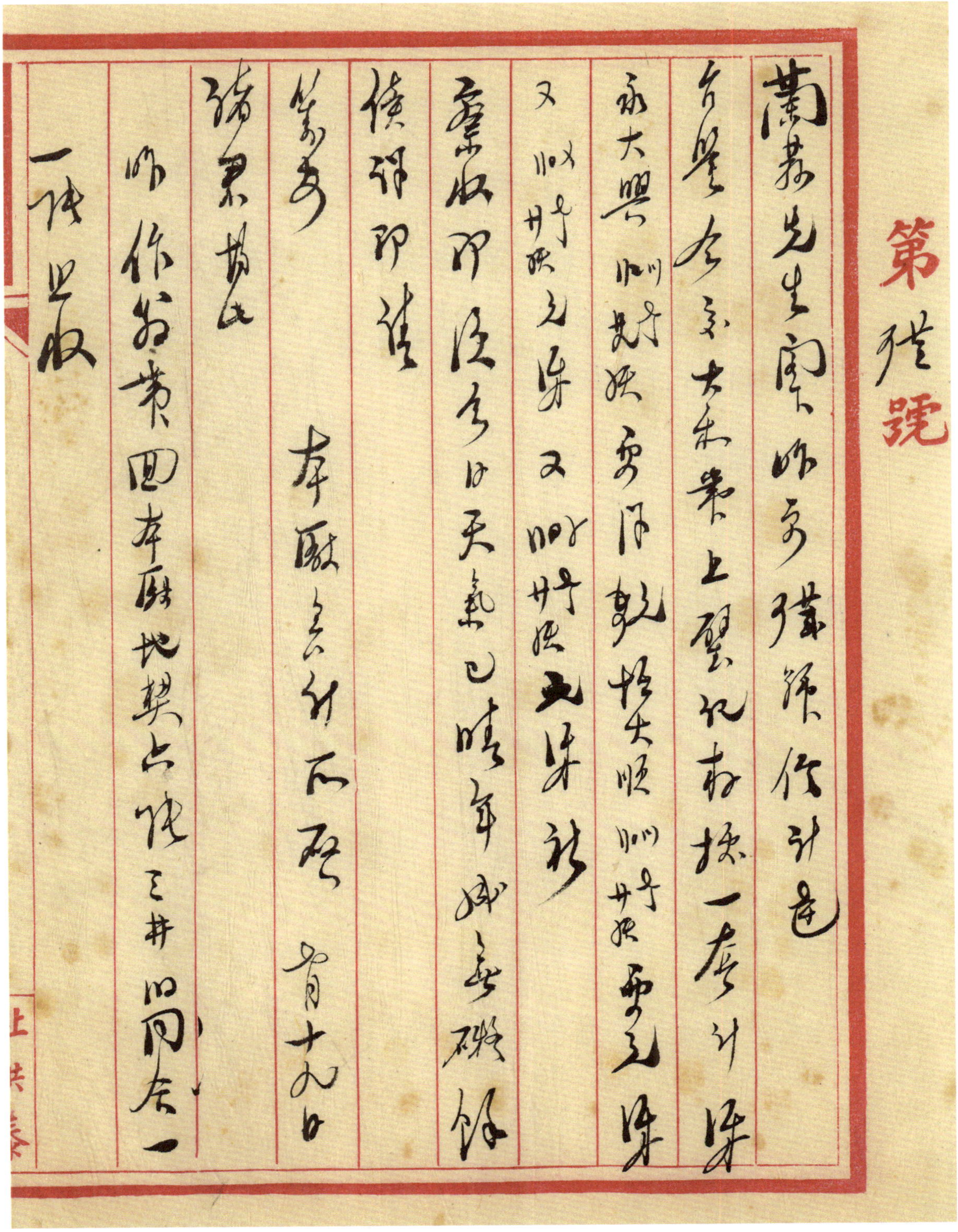

第一百二十三號（七月十九日）

蘭蓀先生閣下：昨寄一百廿式號信，計達台鑒。今交大和帶上壁記存據一套計一千兩，永大興（二二三）七月廿九（五天）票洋五百元，恒大順（二〇三）七月廿（五天）票元一千兩，又（二〇四）七月廿（五天）元一千兩，又（二〇五）七月廿（五天）元一千兩，祈察收即復。今日天氣已晴，年成無礙。餘續詳。即請籌安。本廠會計所啓。七月十九日

諸君均此。

第一百二十三號（七月十九日）

昨作翁帶回本廠地契六張、三井舊合同一張，照收。

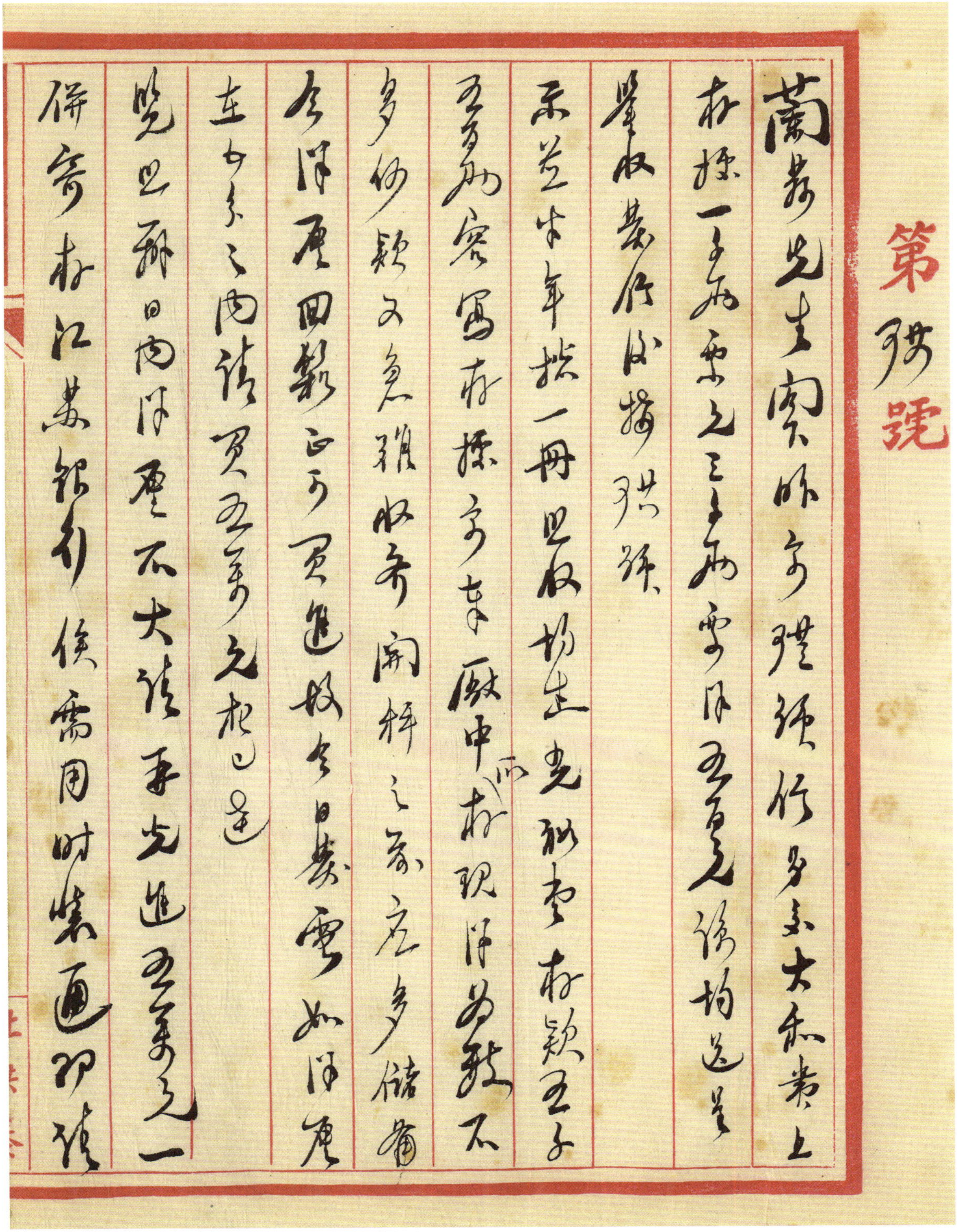

第一百二十四號（七月廿日）

蘭蓀先生閣下：昨寄一百廿三號信，另交大和帶上存據一千兩、票元三千兩、票洋五百元，諒均送呈鑒收。發信後接一百廿八號示并半年總一册，照收均悉。光裕堂存款五千五百兩，容寫存據寄奉。廠中所存現洋爲數不多，紗款又急〔极〕難收齊，開秤之前應多儲備，今洋厘回鬆，正可買進，故今日發電，如洋厘在五分之内，請買五萬元，想已達覽照辦。日内洋厘不大，請再兑進五萬元，一并寄存江蘇銀行，俟需用時裝通，即請酌辦。聞滬布小八錢開出弍千件，想有示在途。即請籌

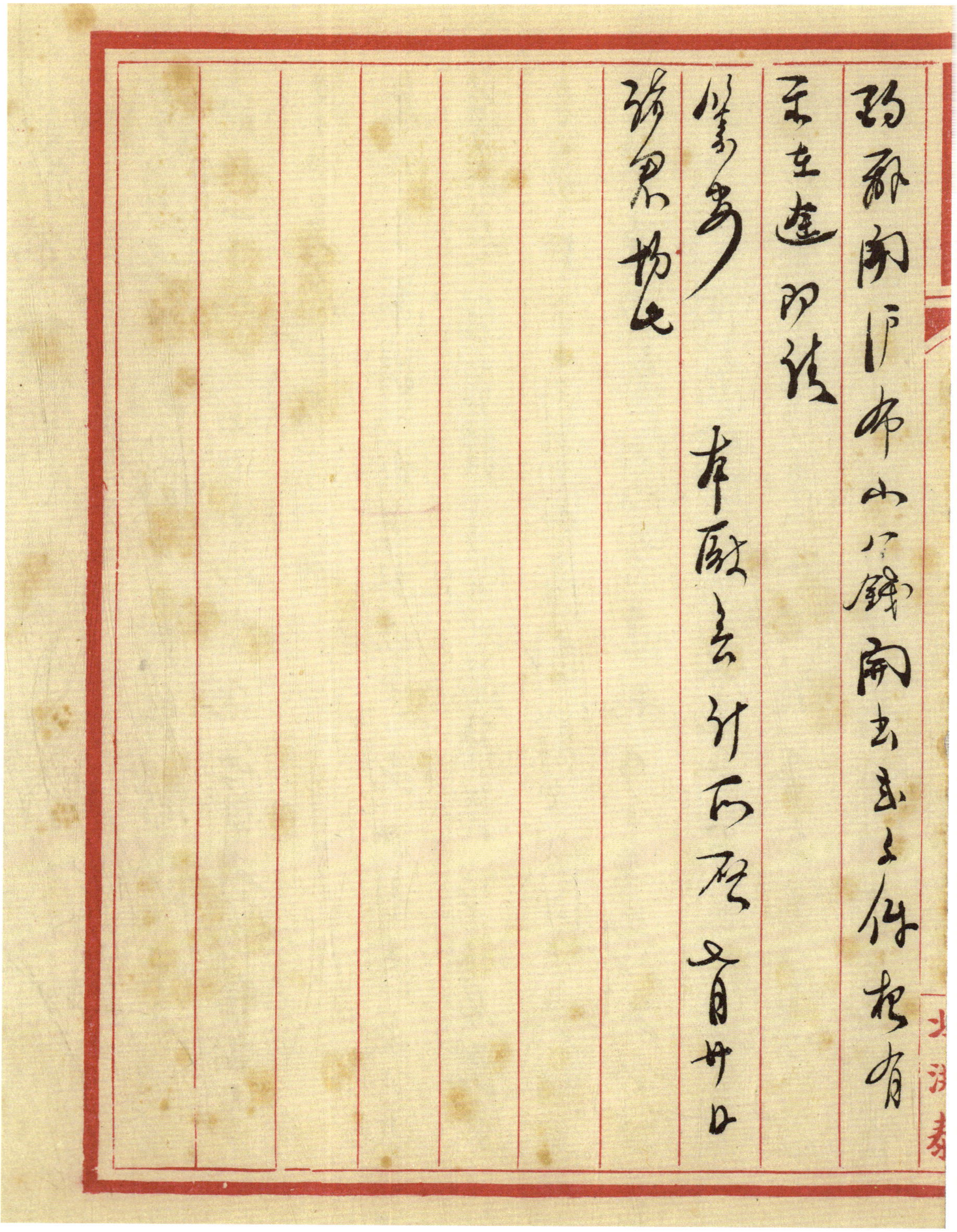

第一百二十四號（七月廿日）

安。本廠會計所啓。七月廿日
諸君均此。

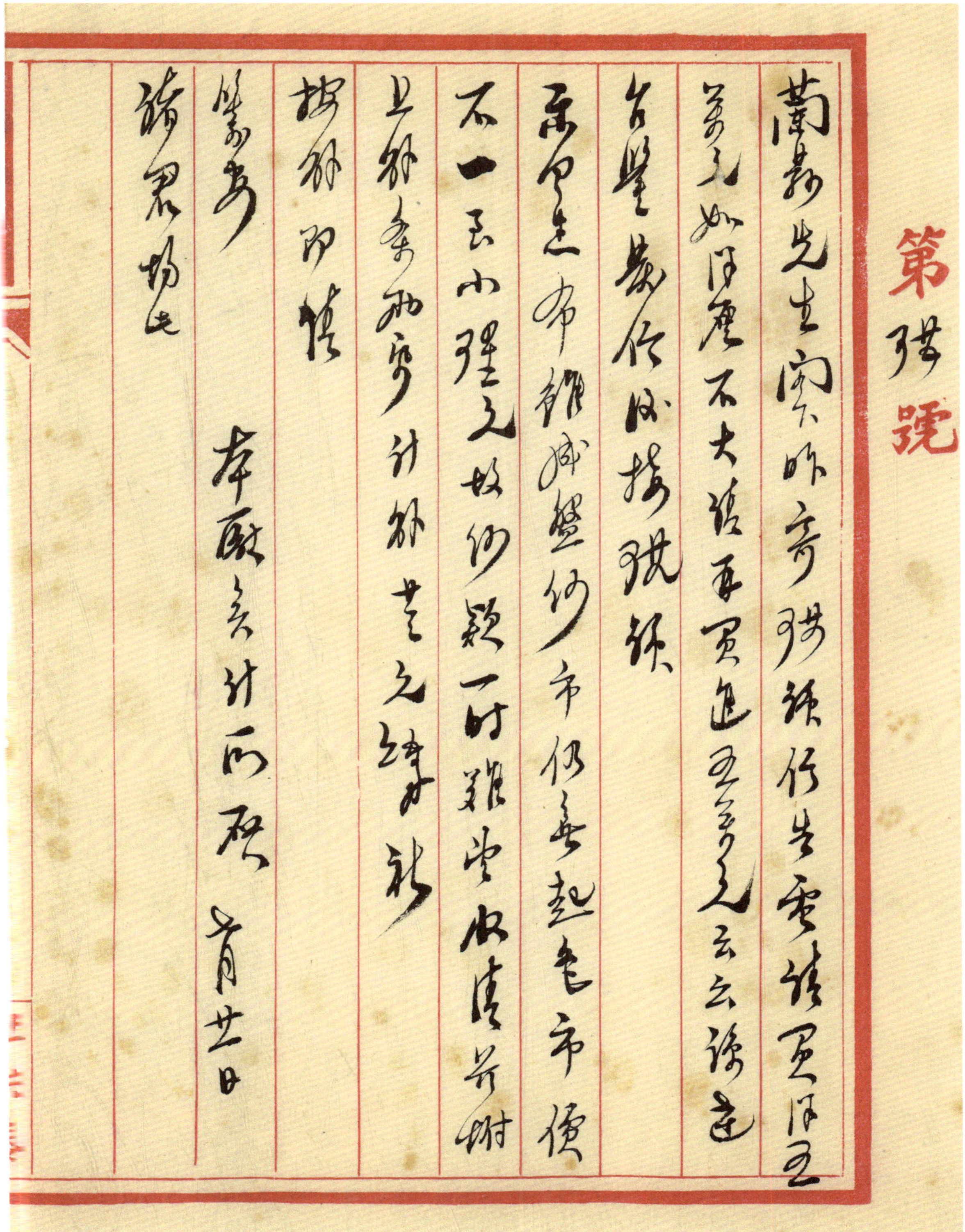

第一百二十五號（七月廿一日）

蘭蓀先生閣下：昨寄一百廿四號信，告電請買洋五萬元，如洋厘不大請再買進五萬元云云，諒達台鑒。發信後接一百廿九號示，具悉。布雖成盤，紗市仍無起色，市價不一，至小一百四十二元，故紗款一時難望收清。茲附上解條兩紙，計解廿三元七千五百兩，祈按解。即請籌安。本廠會計所啓。七月廿一日

諸君均此。

第一百二十五號（七月廿一日）

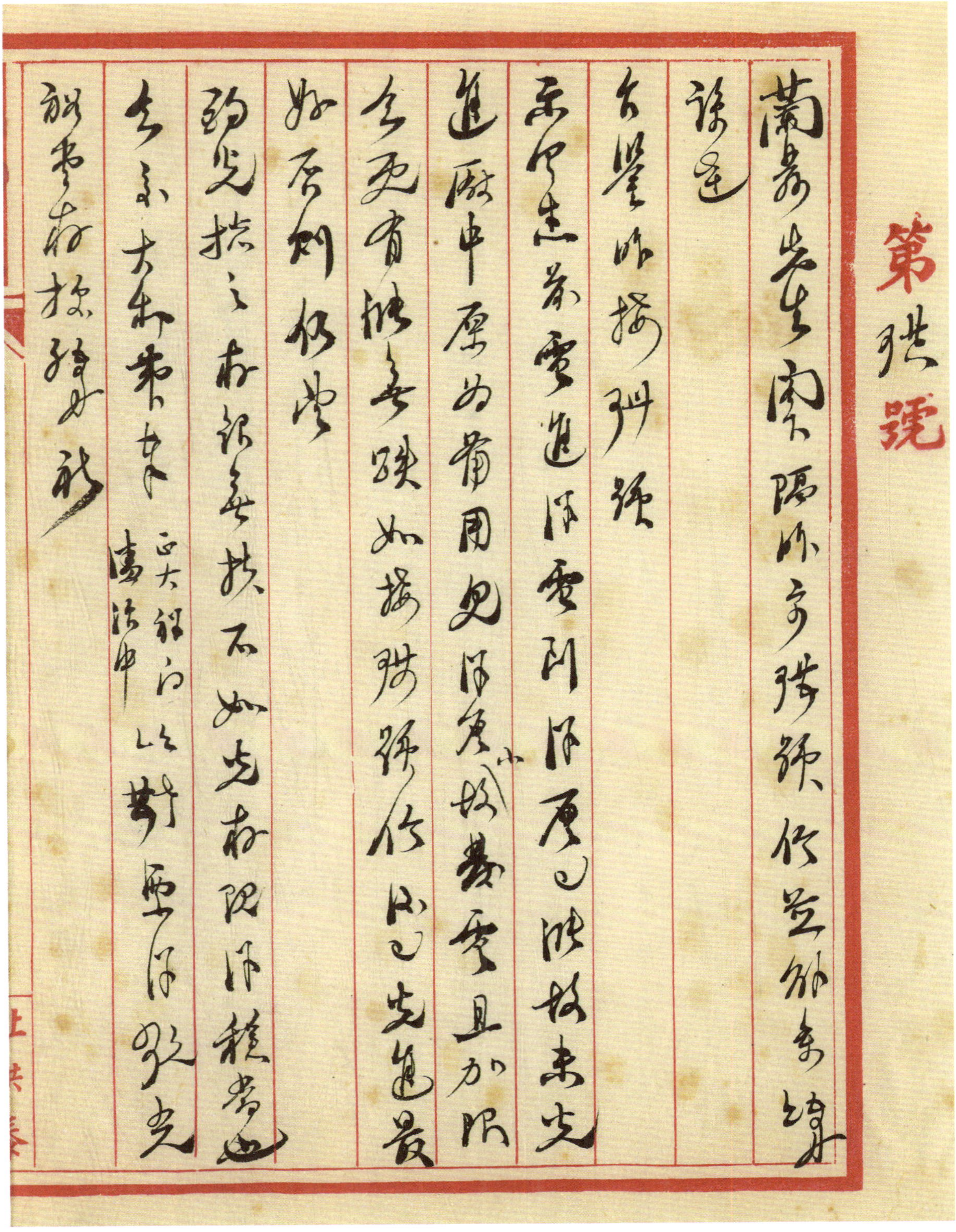

第一百二十六號（七月廿三日）

蘭蓀先生閣下：隔昨寄一百廿五號信并解條七千五百兩，諒達台鑒。昨接一百卅號示，具悉。前電進洋，電到洋厘已漲，故未兑進。廠中原爲備用，見洋厘小，故發電，且加限，今既有漲無跌，如接一百廿四號信後已兑進最好，否則仍望酌兑。總之，存銀無折，不如兑存現洋穩當也。今交大和帶奉正大祥向潘治中（六七）七月廿五票洋四百元，光裕堂存據五千五百兩，祈察收即復。通紗又復狂跌，竟有願以一百卅八元售出者，市面破壞，正此輩也。滬上現存銀若干，祈約數示知。即請籌安。本廠

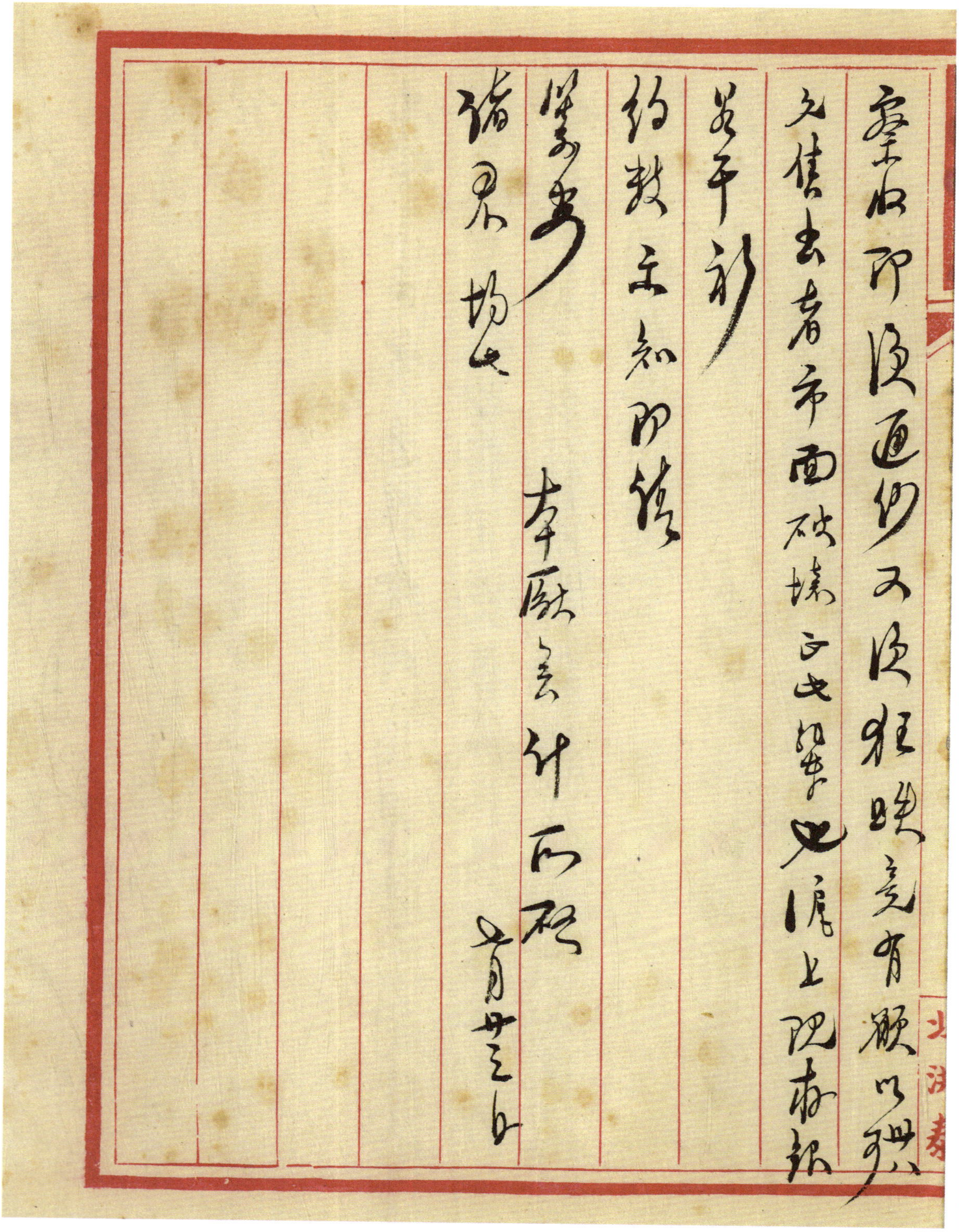

第一百二十六號（七月廿三日）

會計所啓。七月廿三日

諸君均此。

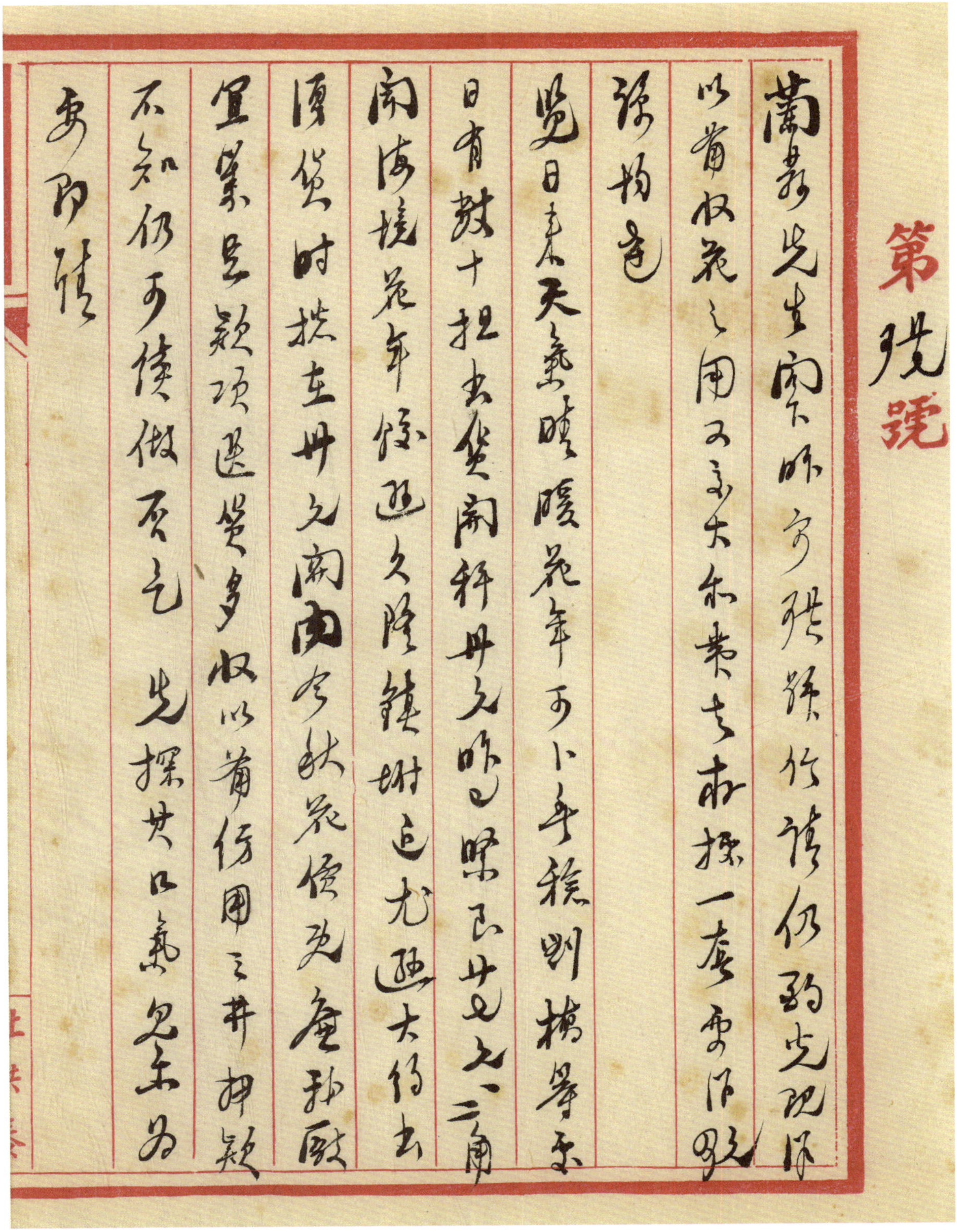

第一百二十七號（七月廿四日）

蘭蓀先生閣下：昨寄一百廿六號信，請仍酌兑現洋以備收花之用，又交大和帶去存據一套、票洋四百元，諒均達覽。日來天氣晴暖，花年可卜豐稔。劉橋等處日有數十擔出貨，開秤卅元，昨已緊至廿七元一二角。聞海境花年較遜，久隆鎮附近尤遜，大約出涌貨時總在卅元關内。今秋花價既廉，我廠宜籌足款項，選貨多收，以備紡用。三井押款，不知仍可續做否？乞先探其口氣，見示爲要。即請籌安。本廠會計所啓。七月廿四

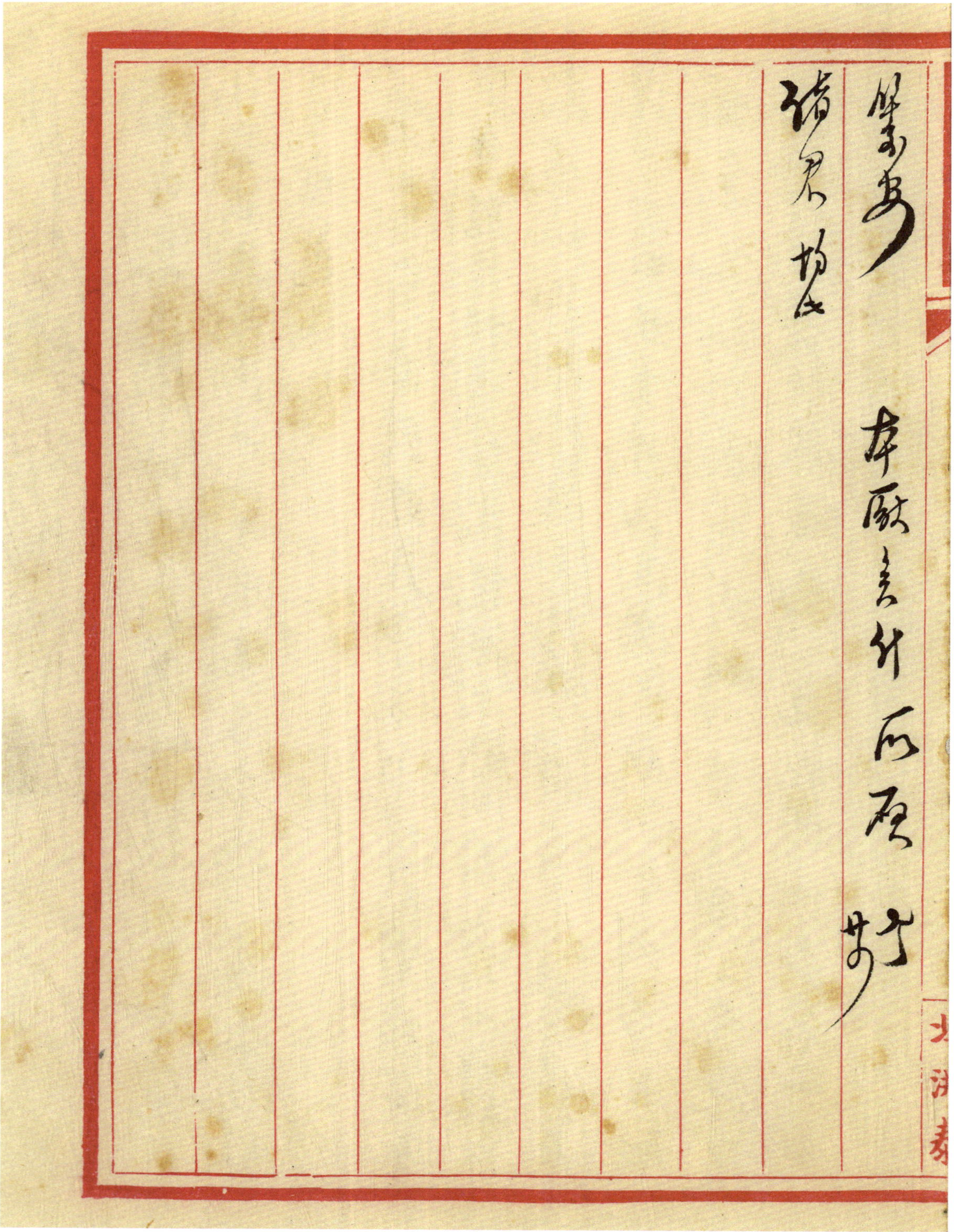
諸君均此

第一百二十七號（七月廿四日）

諸君均此。

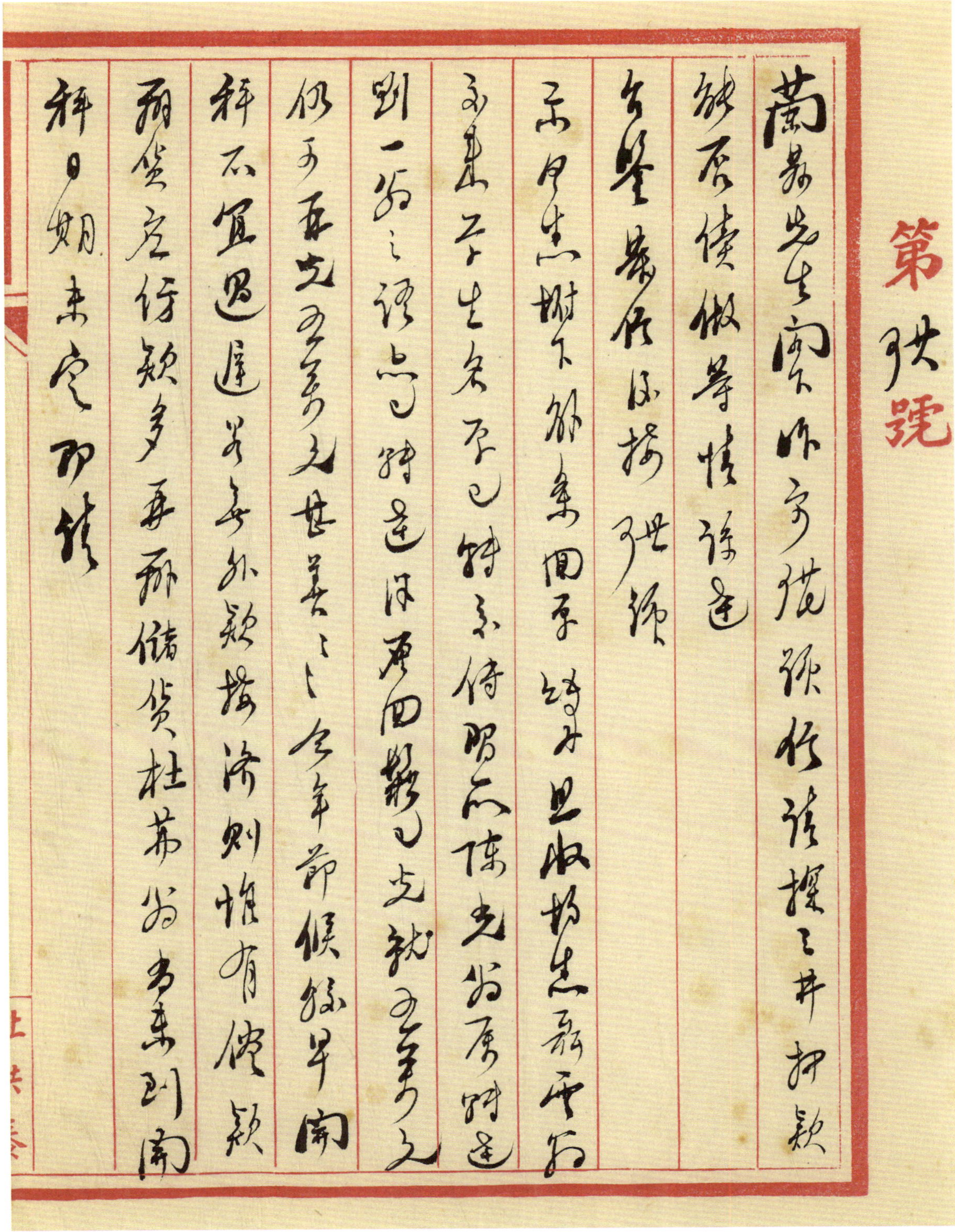

第一百二十八號（七月廿五日）

蘭蓀先生閣下：昨寄一百廿七號信，請探三井押款能否續做等情，諒達台鑒。發信後接一百卅一號示，具悉。附下解條回單七千五百兩，照收均悉。聶雲翁交來學生名單，已轉交傳習所。陳光翁屬轉達劉一翁之語，亦已轉達。洋厘回鬆，已兑就五萬元，仍可再兑五萬元，甚善甚善。今年節候較早，開秤不宜過遲，若無外款接濟，則惟有儘款辦貨應紡，款多再辦儲貨。杜苐翁尚未到，開秤日期未定。即請籌安。本廠會計所啓。七月廿五日

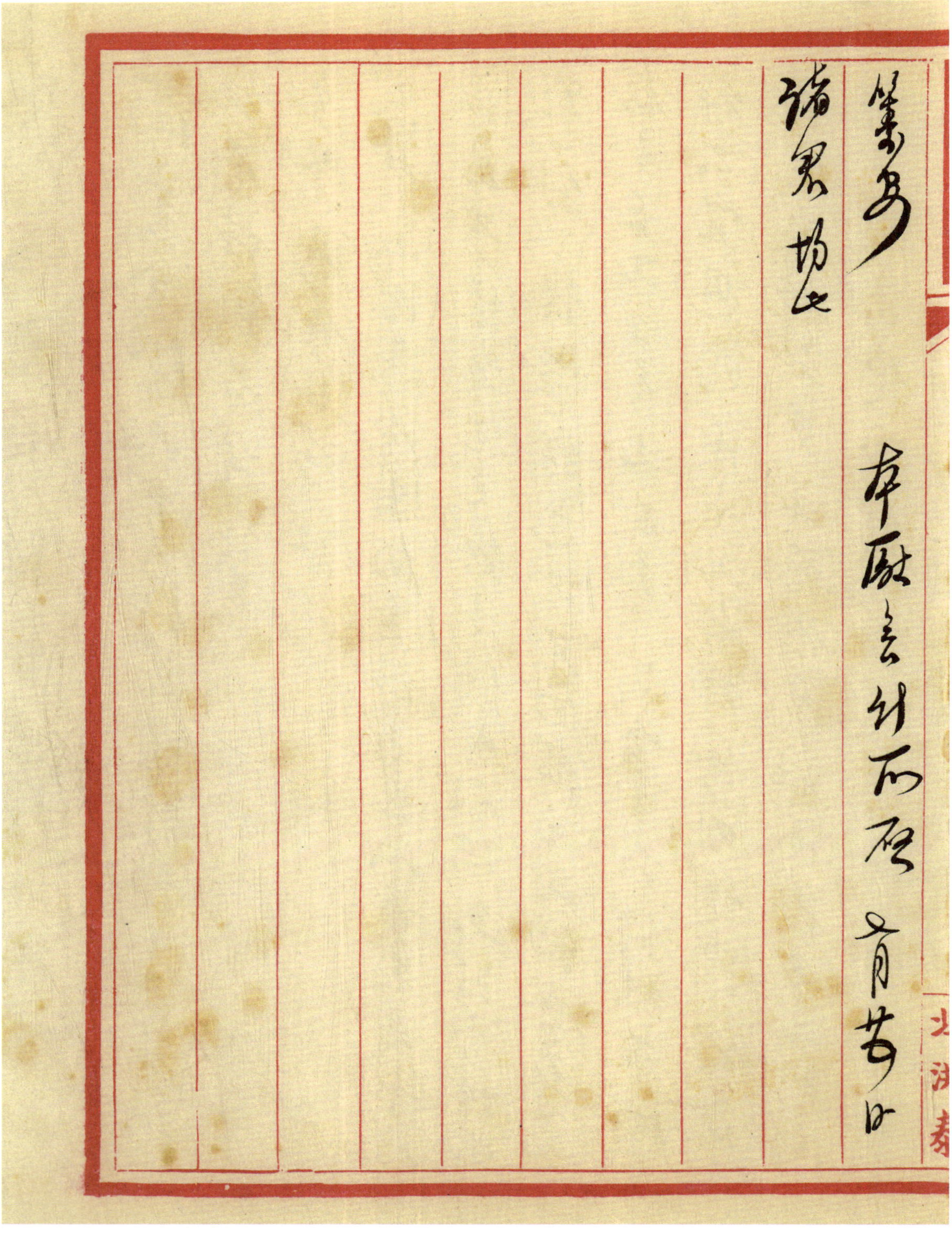

第一百二十八號（七月廿五日）

諸君均此。

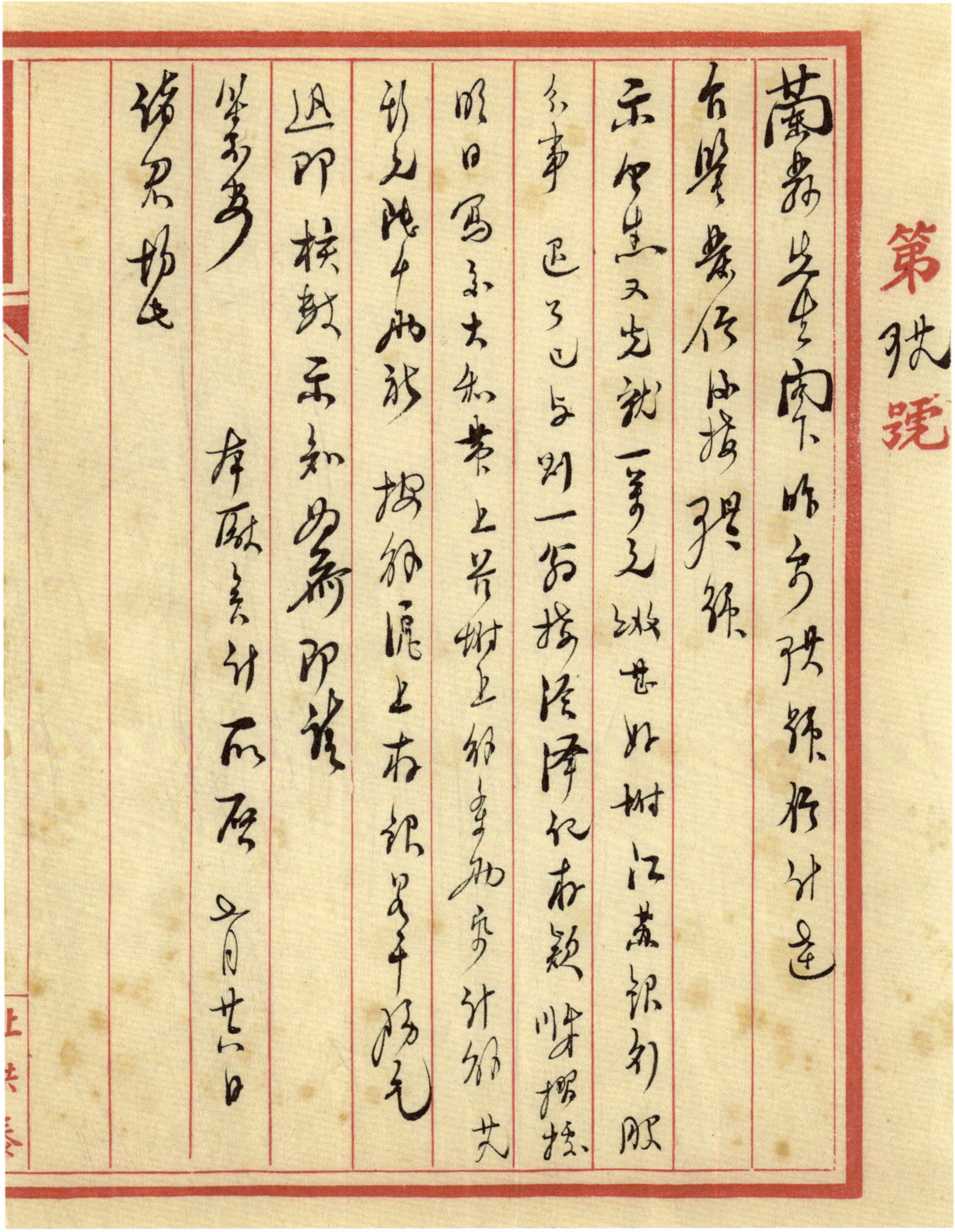

第一百二十九號（七月廿六日）

蘭蓀先生閣下：昨寄一百廿八號信，計達台鑒。發信後接一百卅二號示，具悉。又兑就一萬元（七四九），甚好。附江蘇銀行股分事，退公已與劉一翁接洽。澤記存款三千兩，摺據明日寫交大和帶上。兹附上解條兩紙，計解廿九期元陸千兩，祈按解。滬上存銀若干，務乞迅即核數示知爲荷。即請籌安。本廠會計所啓。七月廿六日

諸君均此。

第一百二十九號（七月廿六日）

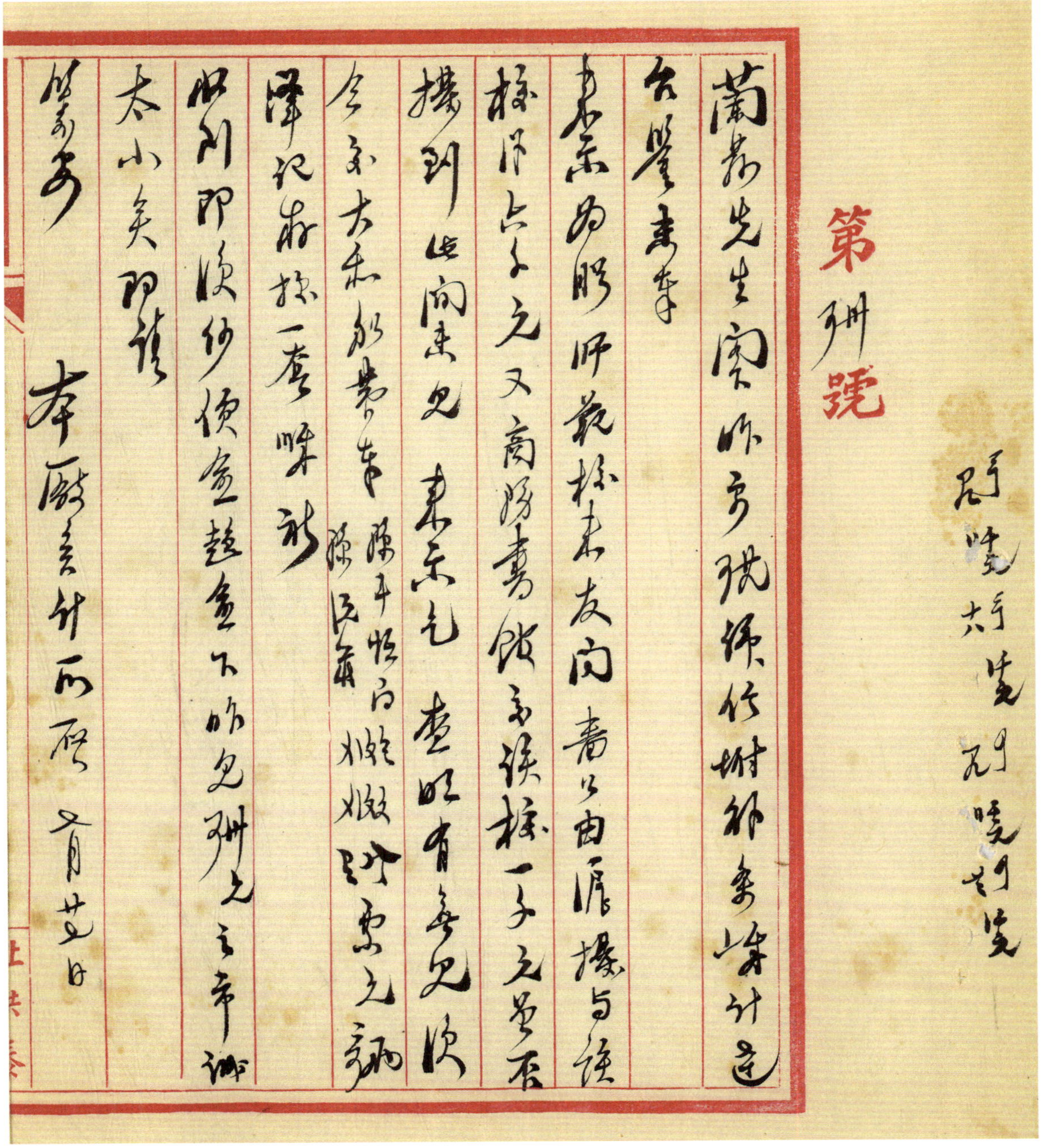

第一百三十號（七月廿七日）

蘭蓀先生閣下：昨寄一百廿九號信，附解條六千兩，計達台鑒。未奉來示，爲盼。師範校來友問，啬公由滬撥與該校洋六千元，又商務書館交該校一千元，曾否撥到，此間未見來示，乞查明有無見復。今交大和船帶奉豫豐恒向豫源莊（四一九八）（四一九九）八月初二票元三百兩，澤記存據一套三千兩，祈收到即復。紗價愈趨愈下，昨見一百卅元之市，誠太小矣。即請籌安。本廠會計所啓。七月廿七日

諸君均此

第一百三十號（七月廿七日）

諸君均此。

（按：本頁邊記：“三月初九二千元、三月十八一千元、四月初九二千元、四月廿二一千元”）

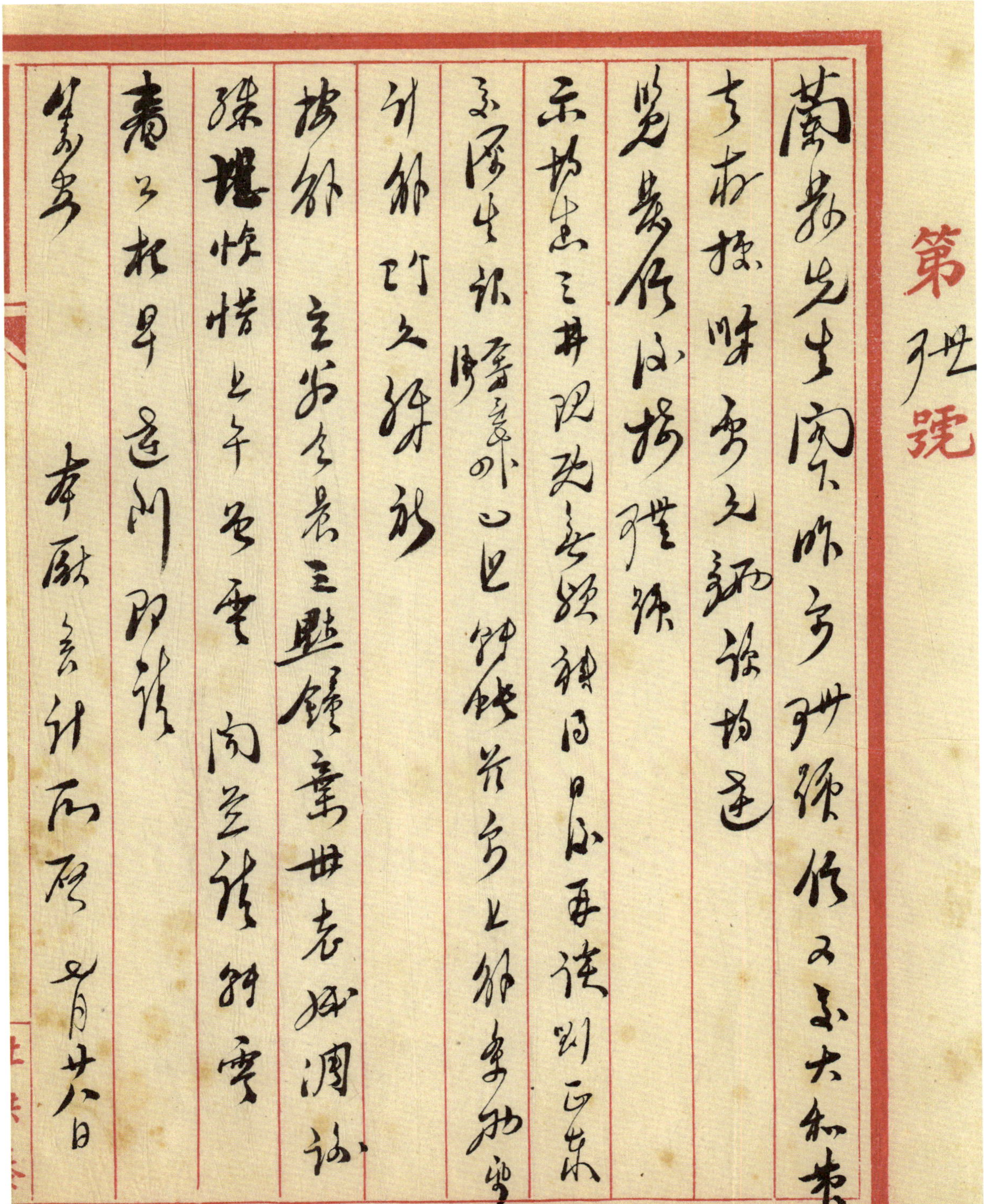

第一百三十一號（七月廿八日）

蘭蓀先生閣下：昨寄一百卅號信，又交大和帶去存據三千兩、票元三百兩，諒均達覽。發信後接一百卅三號示，均悉。三井現既無款，衹得日後再談。劉正泰交源生銀一千五百六十一兩三錢七分四，已照轉帳。玆寄上解條兩紙，計解八月初一元五千兩，祈按解。立翁今晨三點鐘棄世，老成凋謝，殊堪悼惜。上午曾電聞，并請電啬公，想早達到。即請籌安。本廠會計所啓。七月廿八日

諸君均此。

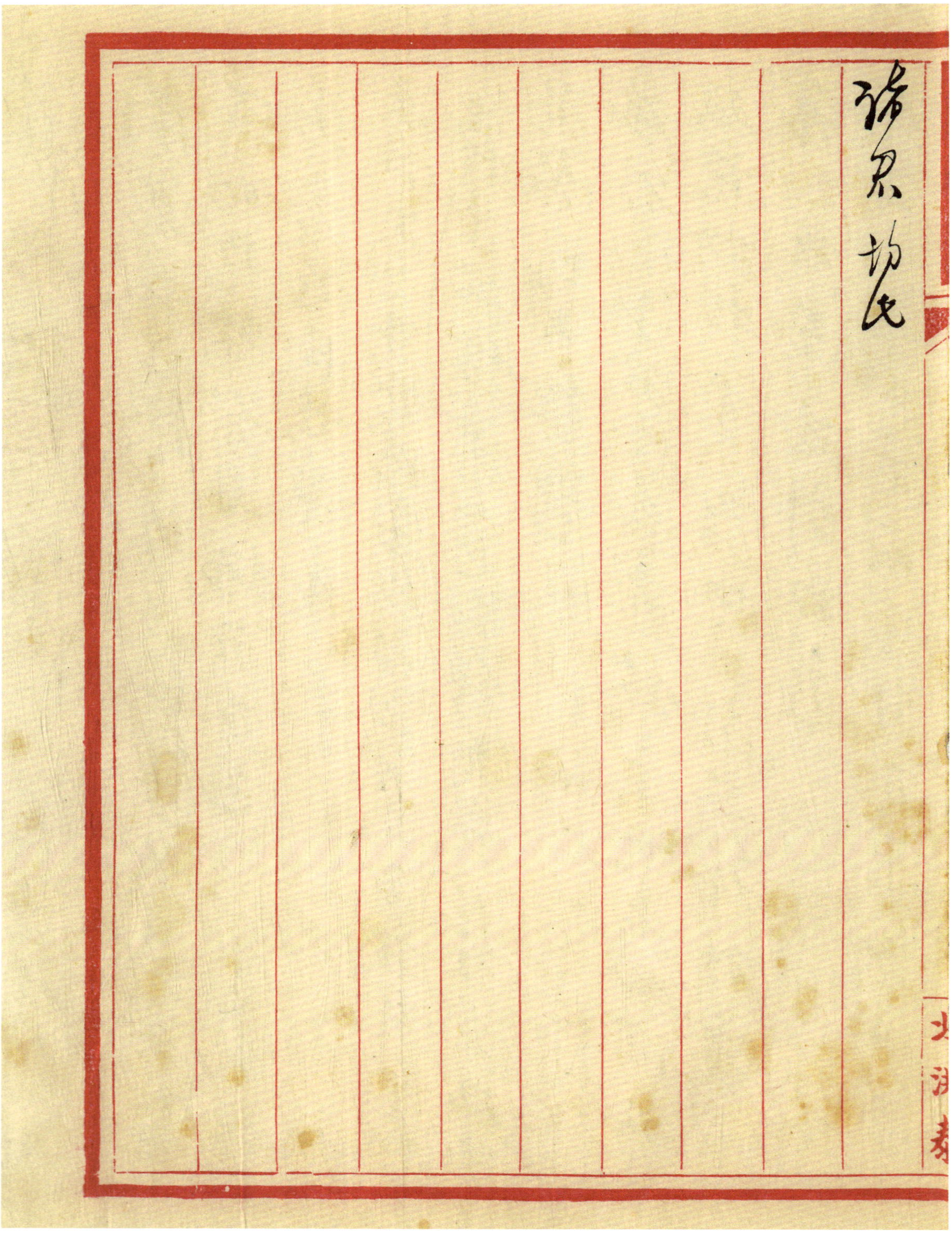
諸君均此

第一百三十一號（七月廿八日）

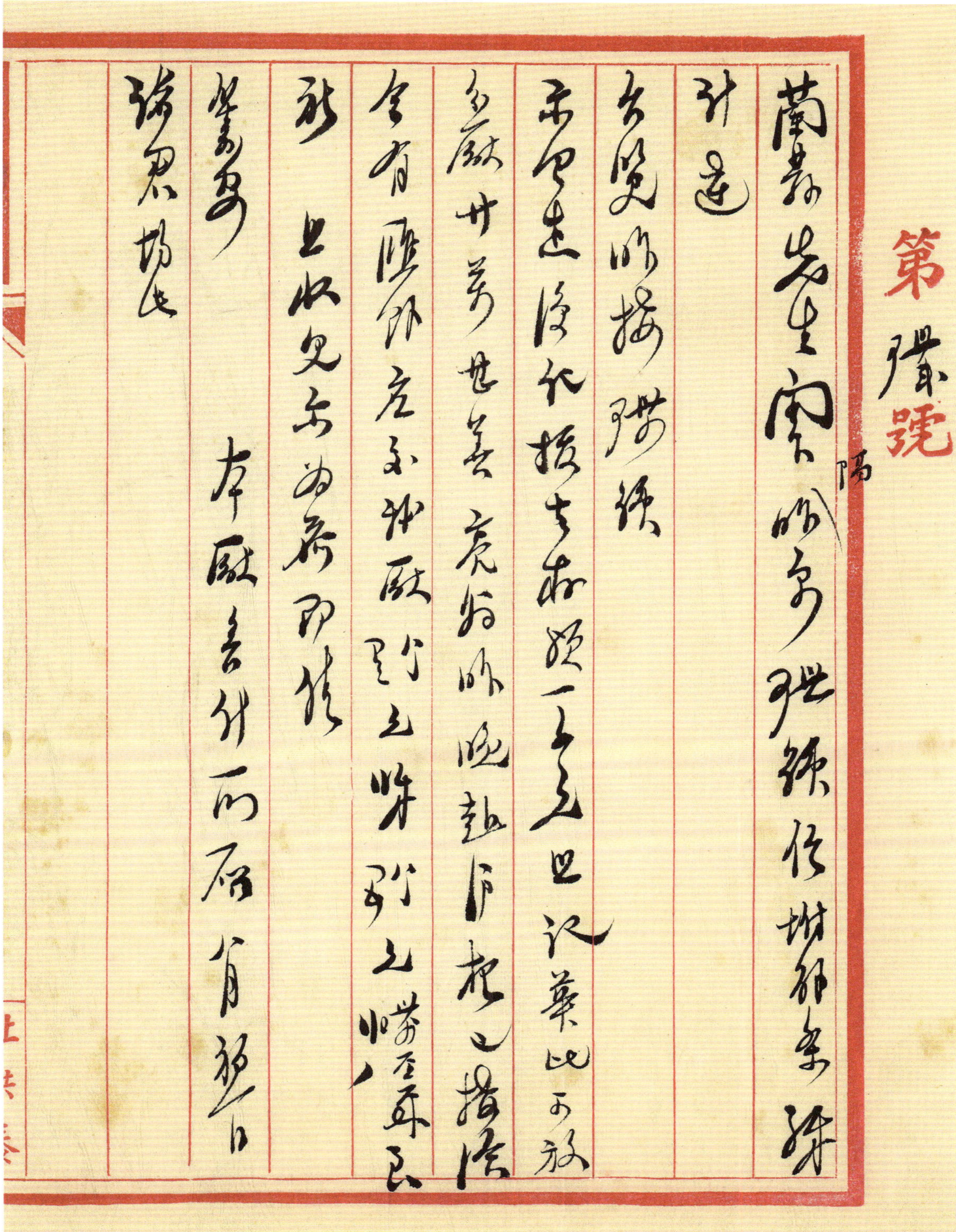

第一百三十二號（八月初一日）

蘭蓀先生閣下：隔昨寄一百卅一號信，附解條五千兩，計達台覽。昨接一百卅四號示，具悉。復記撥去存款一千元，照記。華比可放分廠廿萬，甚善。亮翁昨晚赴滬，想已接洽。今有匯餘應交我廠八月初三元二千兩、八月初五元二千零卅八兩六錢六分七，至祈照收，見示爲荷。即請籌安。本廠會計所啓。八月初一日
諸君均此。

第一百三十二號（八月初一日）

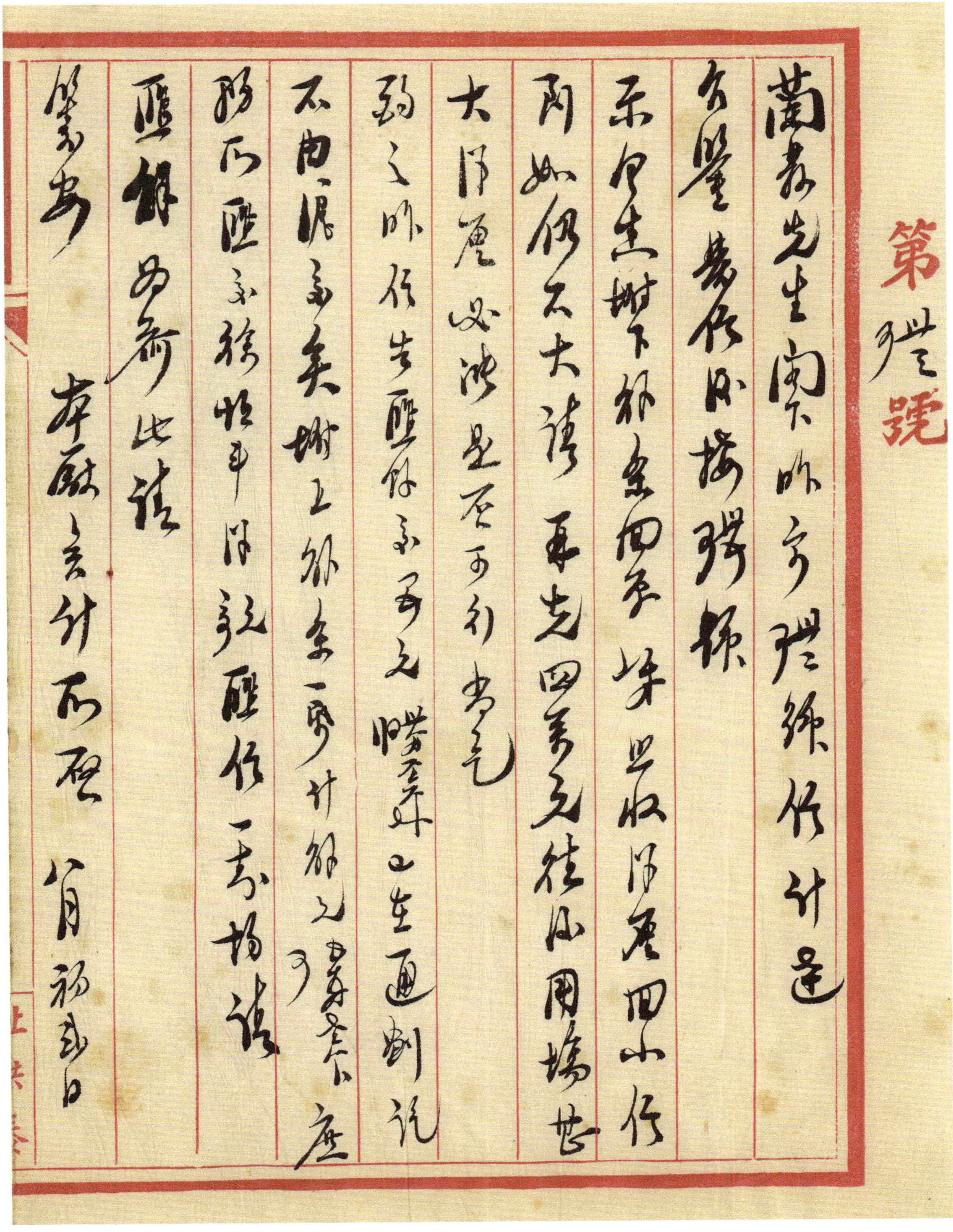

第一百三十三號（八月初二日）

蘭蓀先生閣下：昨寄一百卅二號信，計達台鑒。發信後接一百卅五號示，具悉。附下解條回單六千兩，照收。洋厘回小，信到如仍不大，請再兑四萬元，往後用場甚大，洋厘必漲，是否可行，尚乞酌之。昨信告匯餘交初五元二千零卅八兩六錢六分七，已在通劃訖，不由滬交矣。附上解條一紙，計解元一百五十兩七錢八分，庶務所匯交徐恒豐洋三百元匯信一封，均請匯解爲荷。此請籌安。本廠會計所啓。八月初弍日

諸君均此

第一百三十三號（八月初二日）

諸君均此。

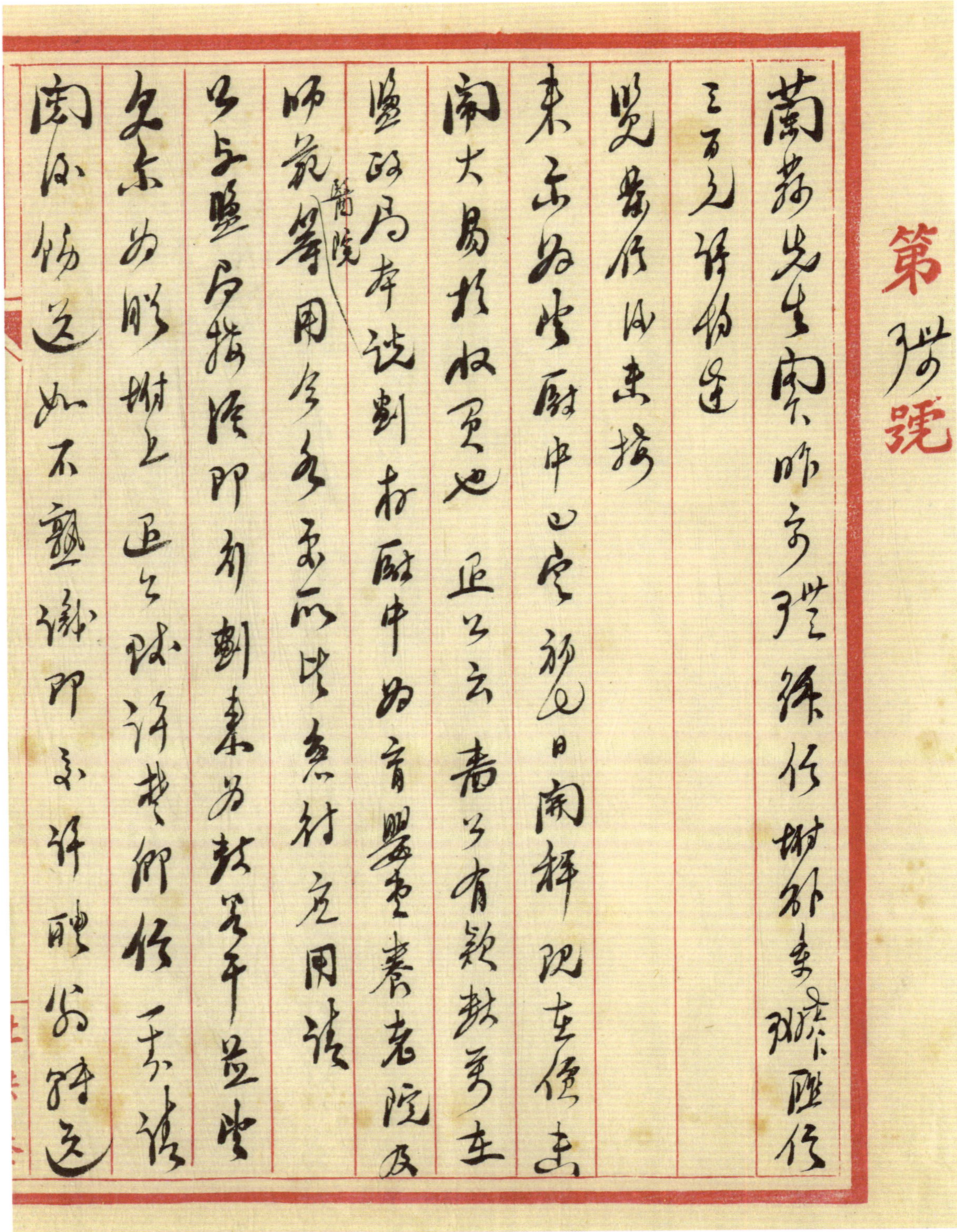

第一百三十四號（八月初三日）

蘭蓀先生閣下：昨寄一百卌三號信，附解條一百四十五兩七錢八分、匯信三百元，諒均達覽。發信後未接來示，爲望。廠中已定初七日開秤，現在價未鬧大，易於收買也。退公云嗇公有款數萬在鹽政局，本說劃存廠中，爲育嬰堂、養老院及師範、醫院等用，今各處所皆急待應用，請公與鹽局接洽，即行劃來爲數若干，并望見示爲盼。附上退公致許楚卿信一封，請閱後飭送，如不熟識，即交許聘翁轉送亦可。即請籌安。本廠會計所啓。八月初三日

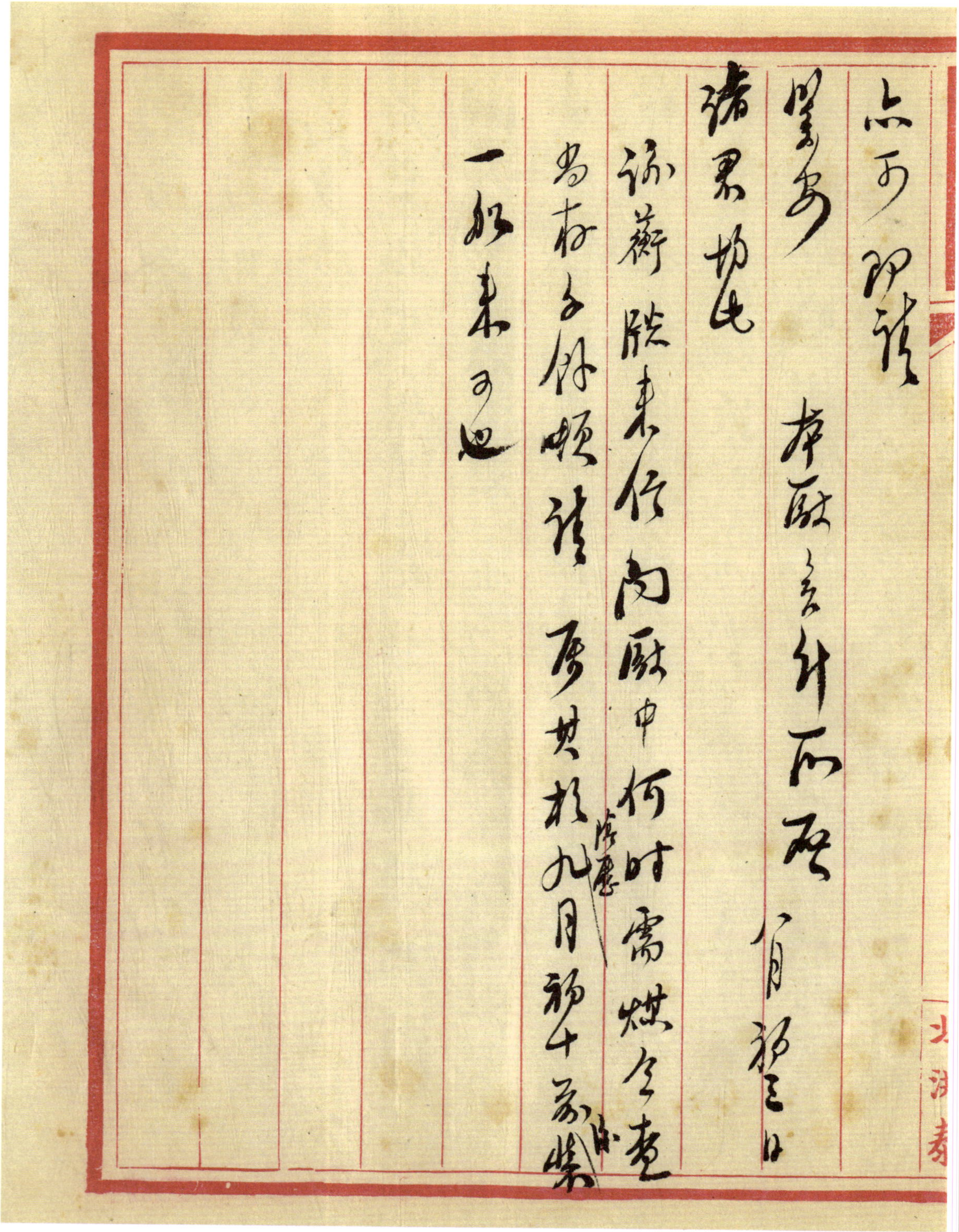
点石印請
墨安 本廠來件所屬 八月初三日
諸君均此
謝蘅牕來信，問廠中何時需煤。今查
尚存千餘噸，請屬其於陰曆九月初十前後裝
一船來可也

第一百三十四號（八月初三日）

諸君均此。

謝蘅牕來信，問廠中何時需煤。今查尚存千餘噸，請屬其於陰曆九月初十前後裝一船來可也。

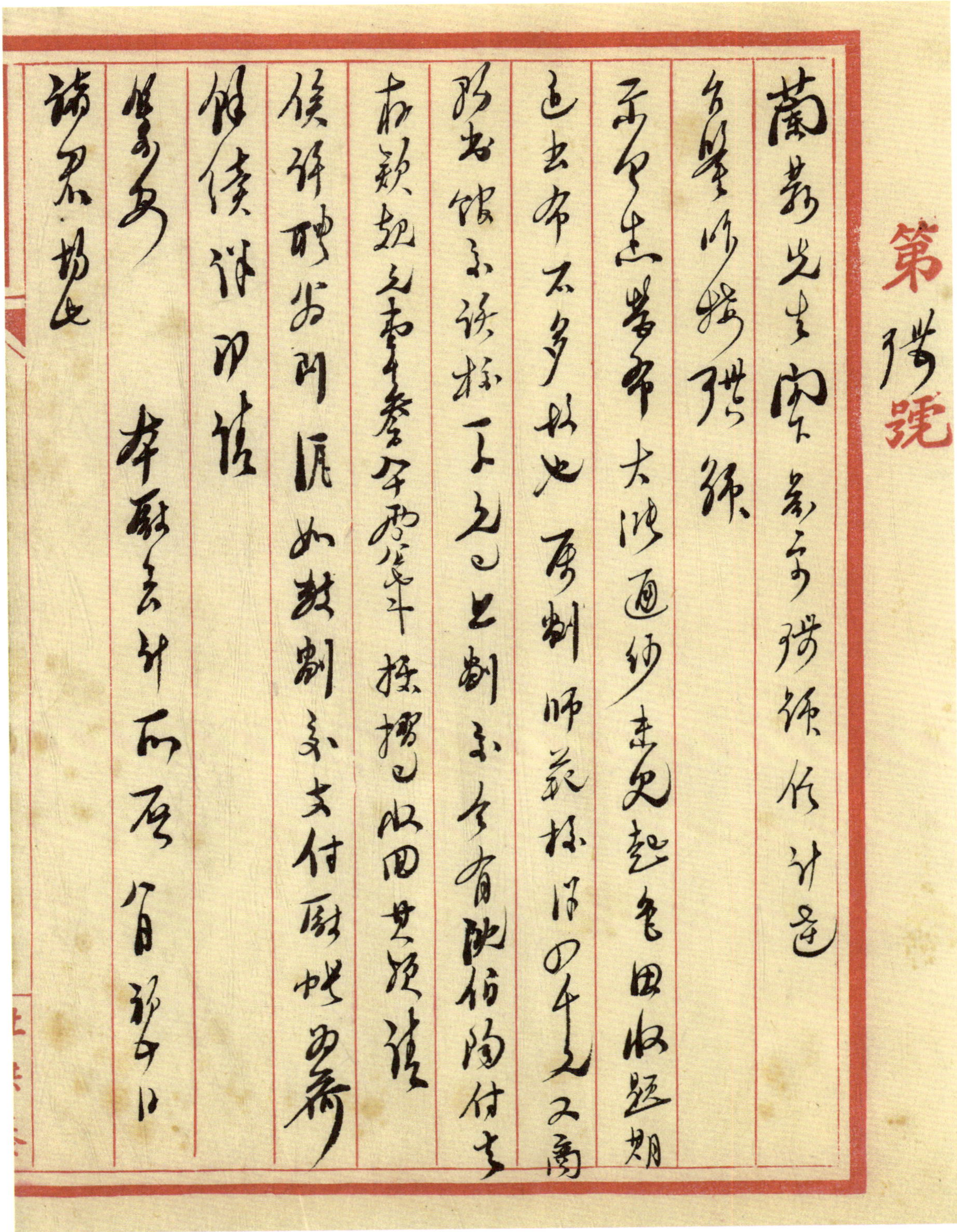

第一百三十五號（八月初五日）

蘭蓀先生閣下：前寄一百卅四號信，計達台鑒。昨接一百卅六號示，具悉。營布大漲，通紗未見起色，因收題期近，出布不多故也。屬劃師範校洋四千元，又商務書館交該校一千元，已照劃交。今有沈伯陶付去存款規元壹千叁百八十兩零八錢七分二，據摺已收回，其款請俟許聘翁到滬，如數劃交，支付廠帳爲荷。餘續詳。即請

籌安。本廠會計所啓。八月初五日

諸君均此。

第一百三十五號（八月初五日）

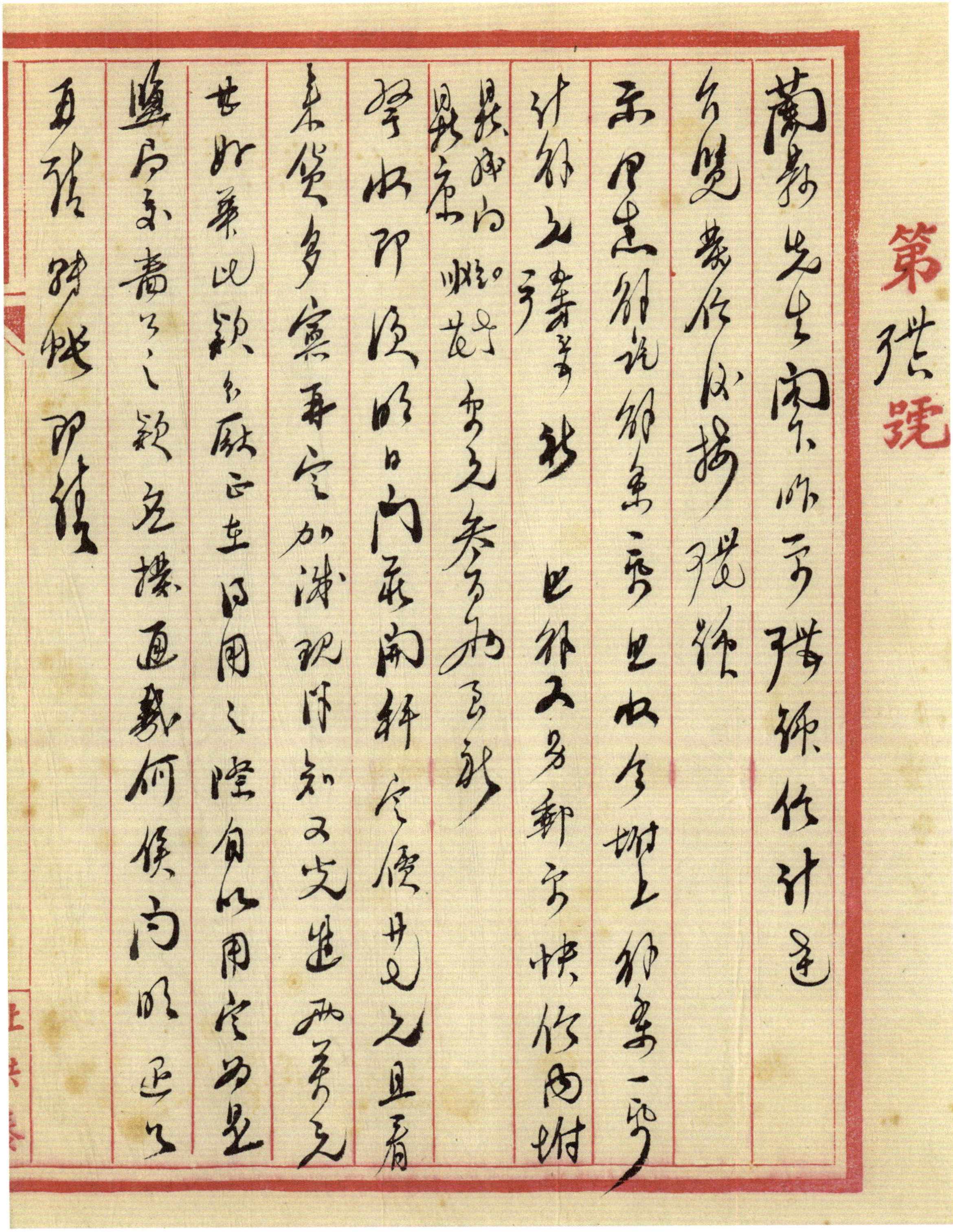

第一百三十六號（八月初六日）

蘭蓀先生閣下：昨寄一百卅五號信，計達台覽。發信後接一百卅七號示，具悉。解訖解條一紙，照收。今附上解條一紙，計解元二百五十一兩二錢五，祈照解。又另郵寄快信，内附鼎成向鼎康（三四八〇）七月廿七票元叁百兩，至祈察收即復。明日門莊開秤，定價廿七元，且看來貨多寡再定加減。現洋知又兑進兩萬元，甚好。華比款，分廠正在得用之際，自以用定爲是。鹽局交嗇公之款，應撥通幾何，俟問明退公再請轉帳。即請籌安。本廠會計所啓。八月初六日

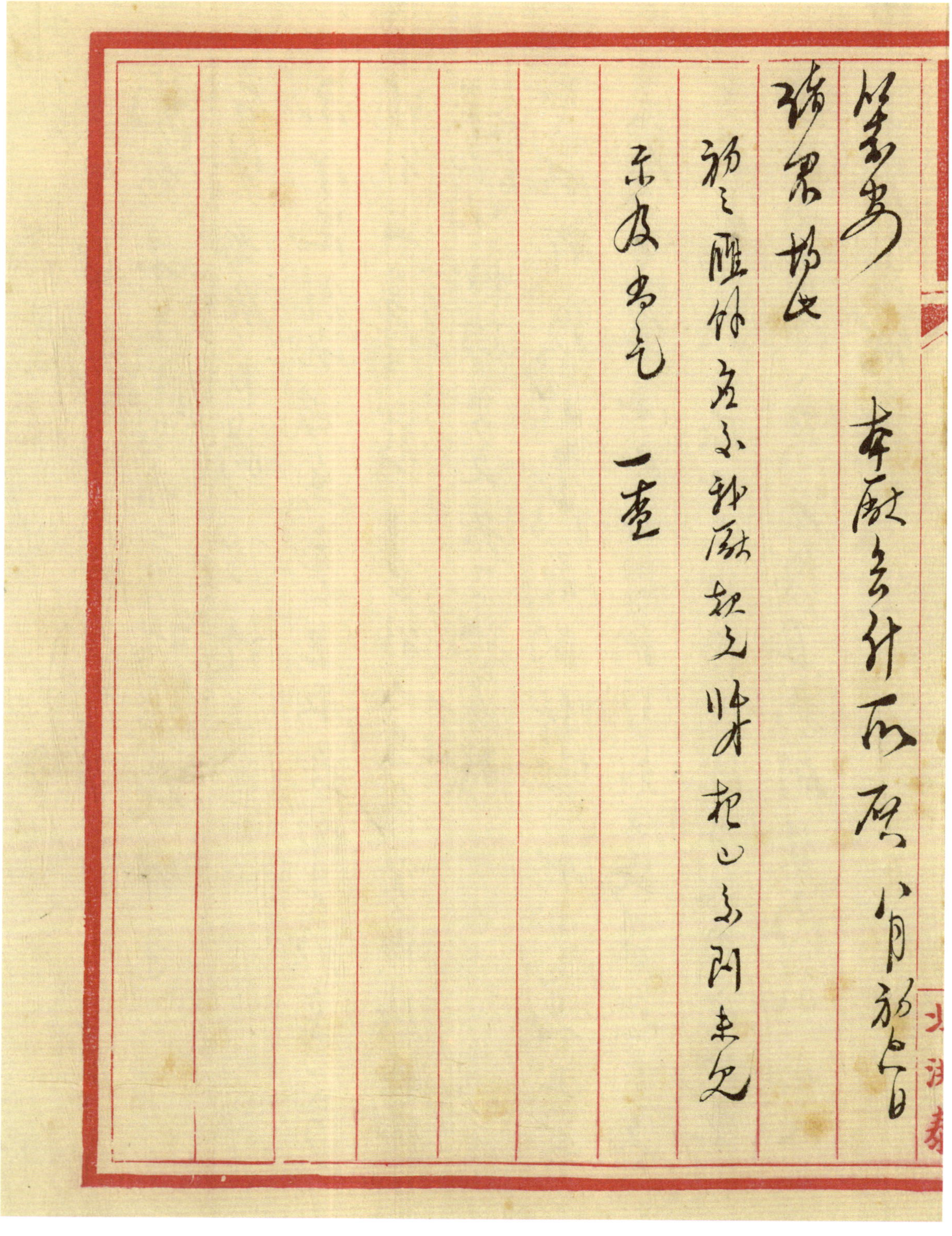

第一百三十六號（八月初六日）

諸君均此。

初三匯餘應交我廠規元二千兩，想已交到，未見示及，尚乞一查。

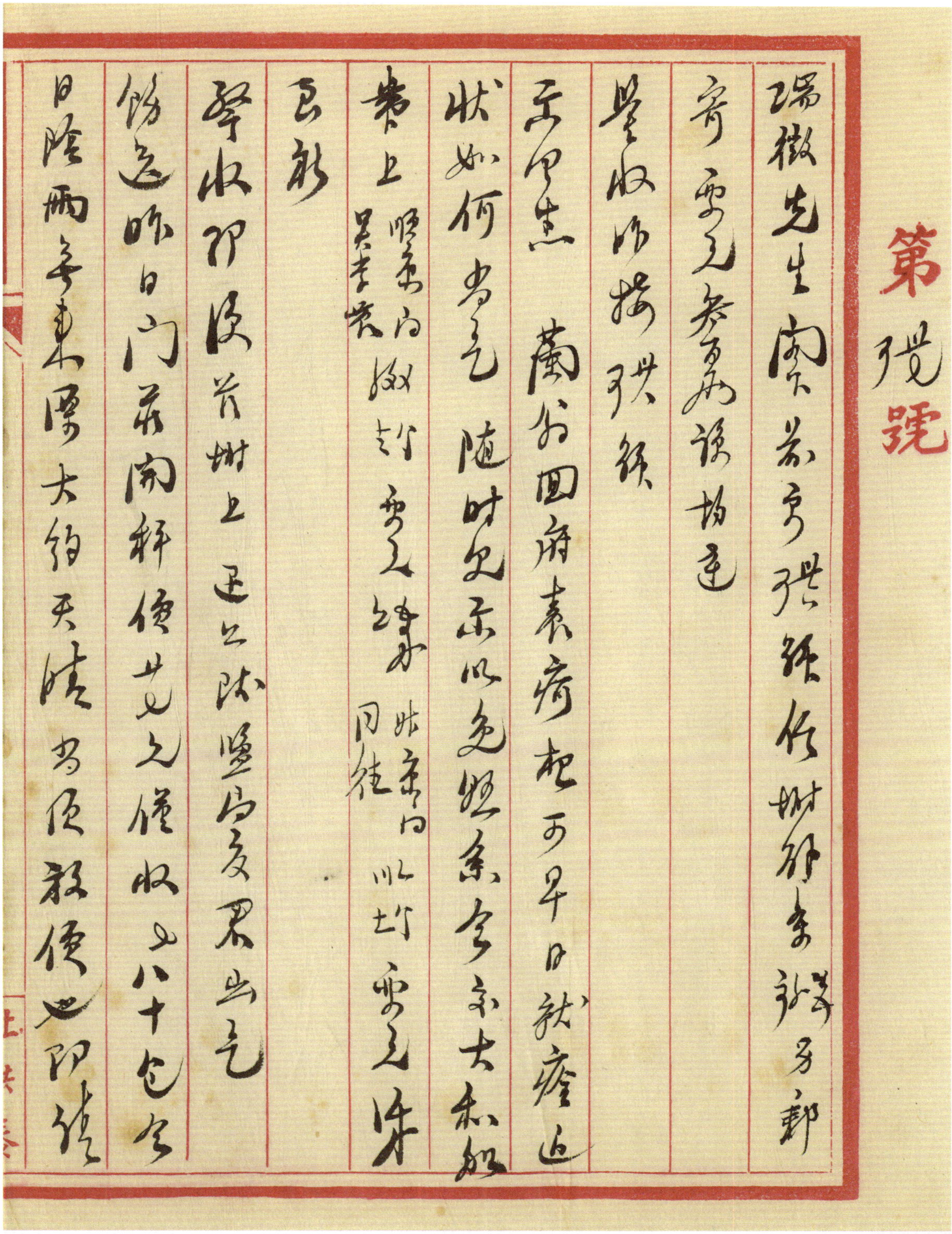

第一百三十七號（八月初八日）

瑞徵先生閣下：前寄一百卅六號信，附解條二百五十一兩式錢五，另郵寄票元叁百兩，諒均達鑒收。昨接一百卅八號示，具悉。蘭翁回府養疴，想可早日就痊。近狀如何，當乞隨時見示，以免懸系。今交大和船帶上順康向吳季農（五九四）八月十二票元七千五百兩、昇康向同德（三六）八月十一票元一千兩，至祈察收即復。茲附上退公致鹽局夏君函，乞飭送。昨日門莊開秤，價廿七元，僅收七八十包，今日陰雨無來源，大約天晴當便放價也。即請籌安。本廠會計所啓。八月初八日

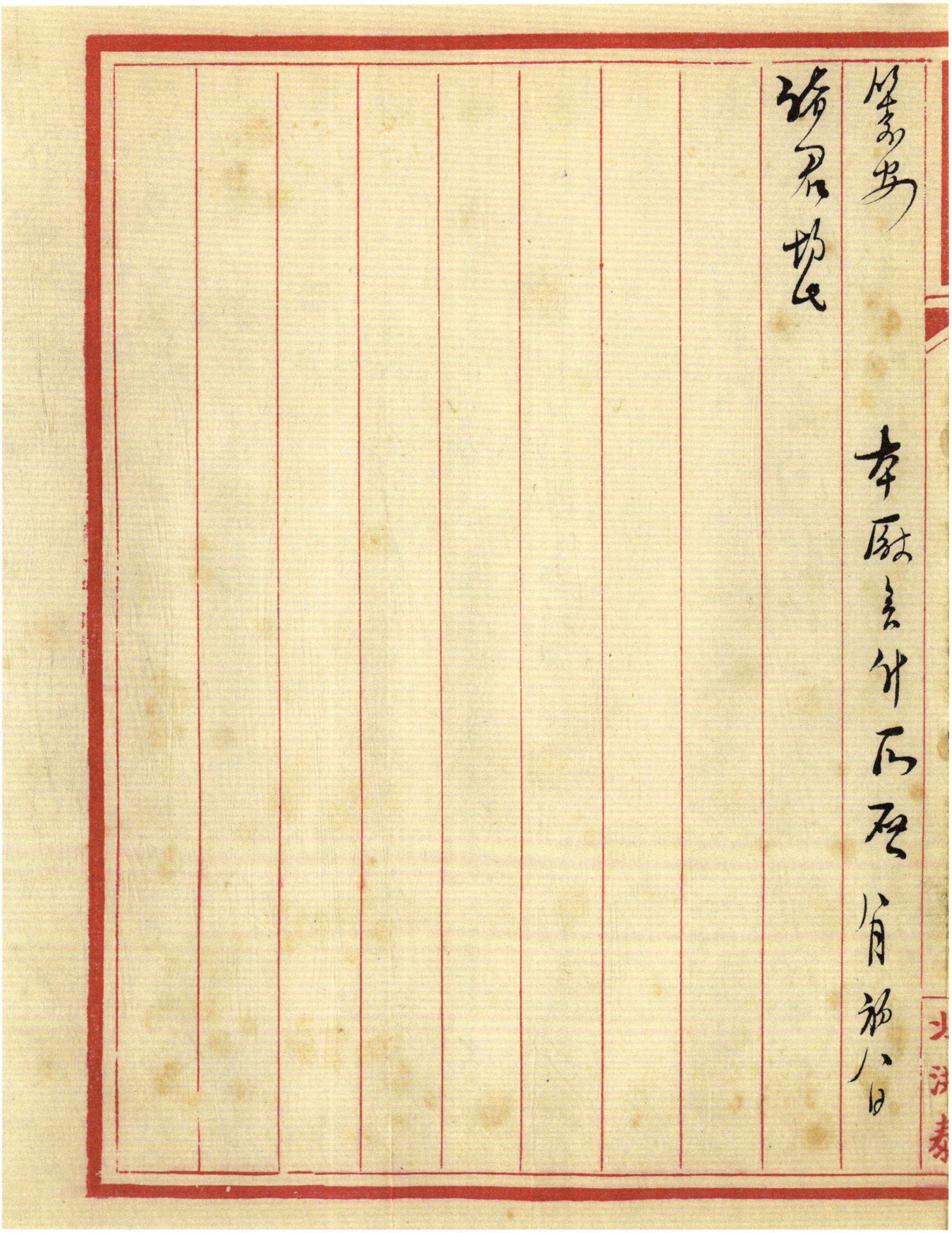
籌安
諸君均此
本廠會計處啟 八月初八日

第一百三十七號（八月初八日）

諸君均此。

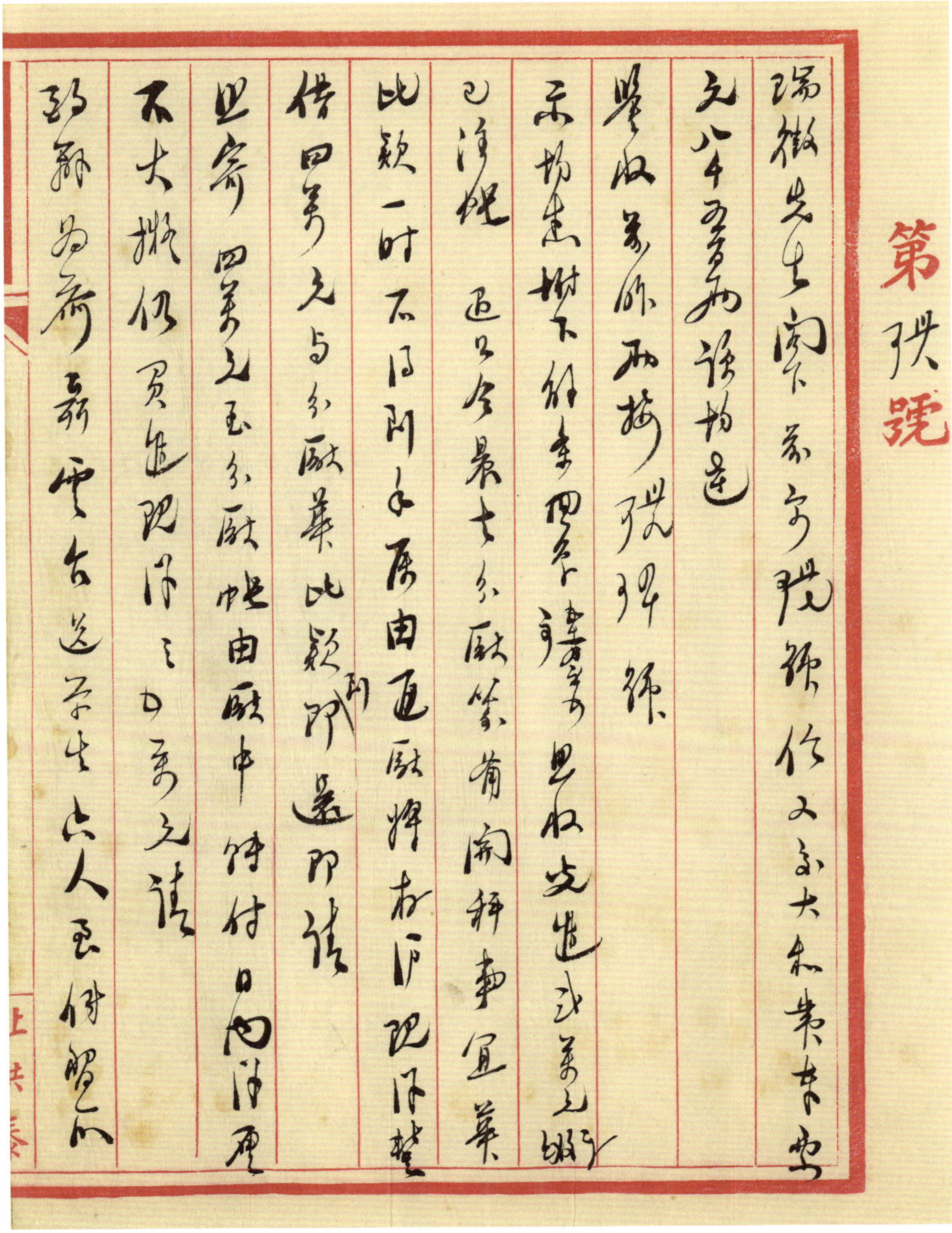

第一百三十八號（八月初十日）

瑞徵先生閣下：前寄一百卅七號信，又交大和帶奉票元八千五百兩，諒均達鑒收。前、昨兩接一百卅九、一百四十號示，均悉。附下解條回單二百五十一兩二錢五，照收。兑進弍萬元（七四九二五），已注帳。退公今晨去分廠籌備開秤事宜，華比款一時不得到手，屬由通廠將存滬現洋暫借四萬元與分廠，華比款到即還。即請照寄四萬元至分廠，帳由廠中轉付。日内洋厘不大，擬仍買進現洋三五萬元，請酌辦爲荷。聶雲台送學生六人至傳習所，據云學膳費等已交至尊處，爲數若干，乞查

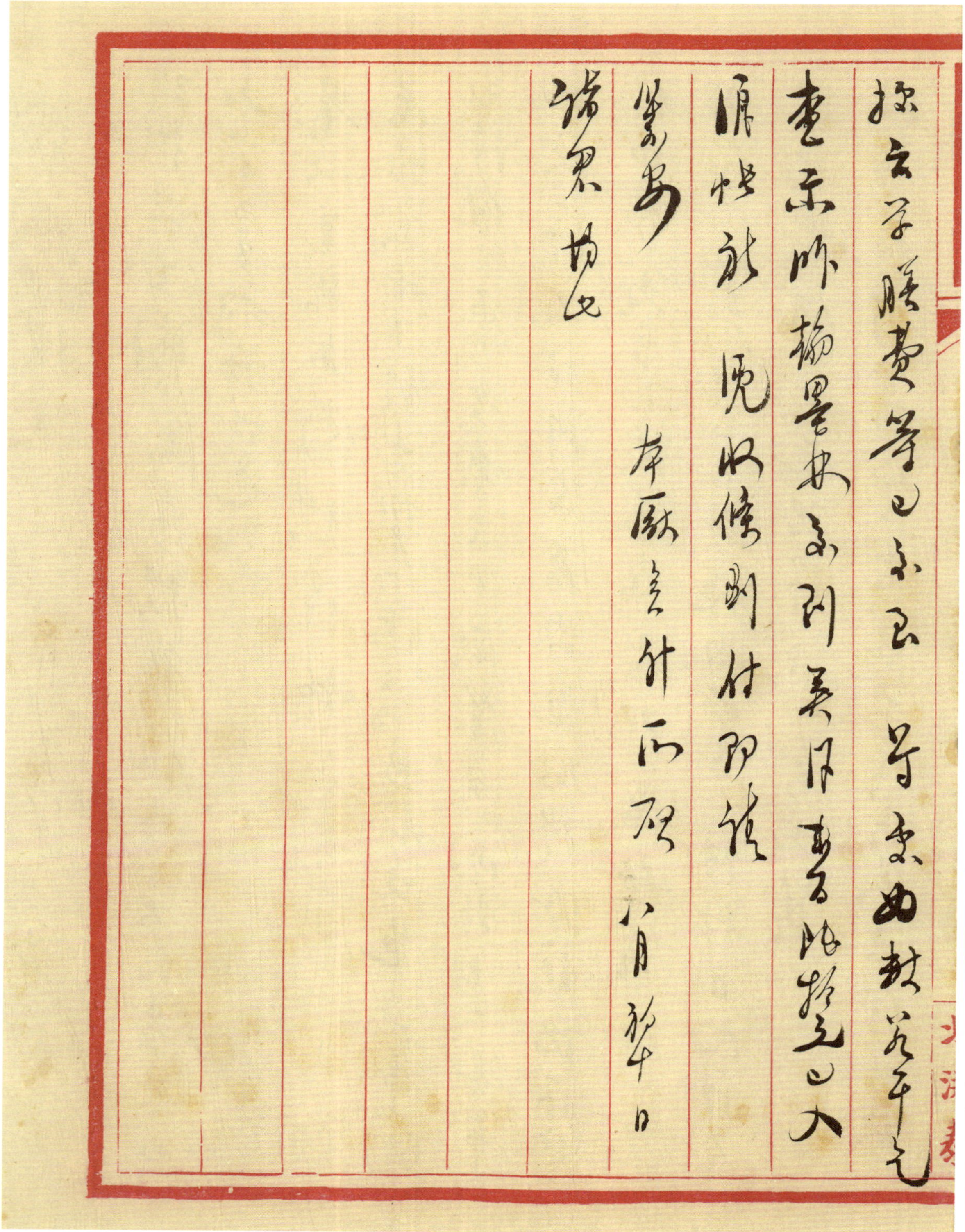

第一百三十八號（八月初十日）

示。昨翰墨林交到英洋式百陸拾元，已入滬帳，祈憑收條劃付。即請籌安。本廠會計所啓。八月初十日

諸君均此。

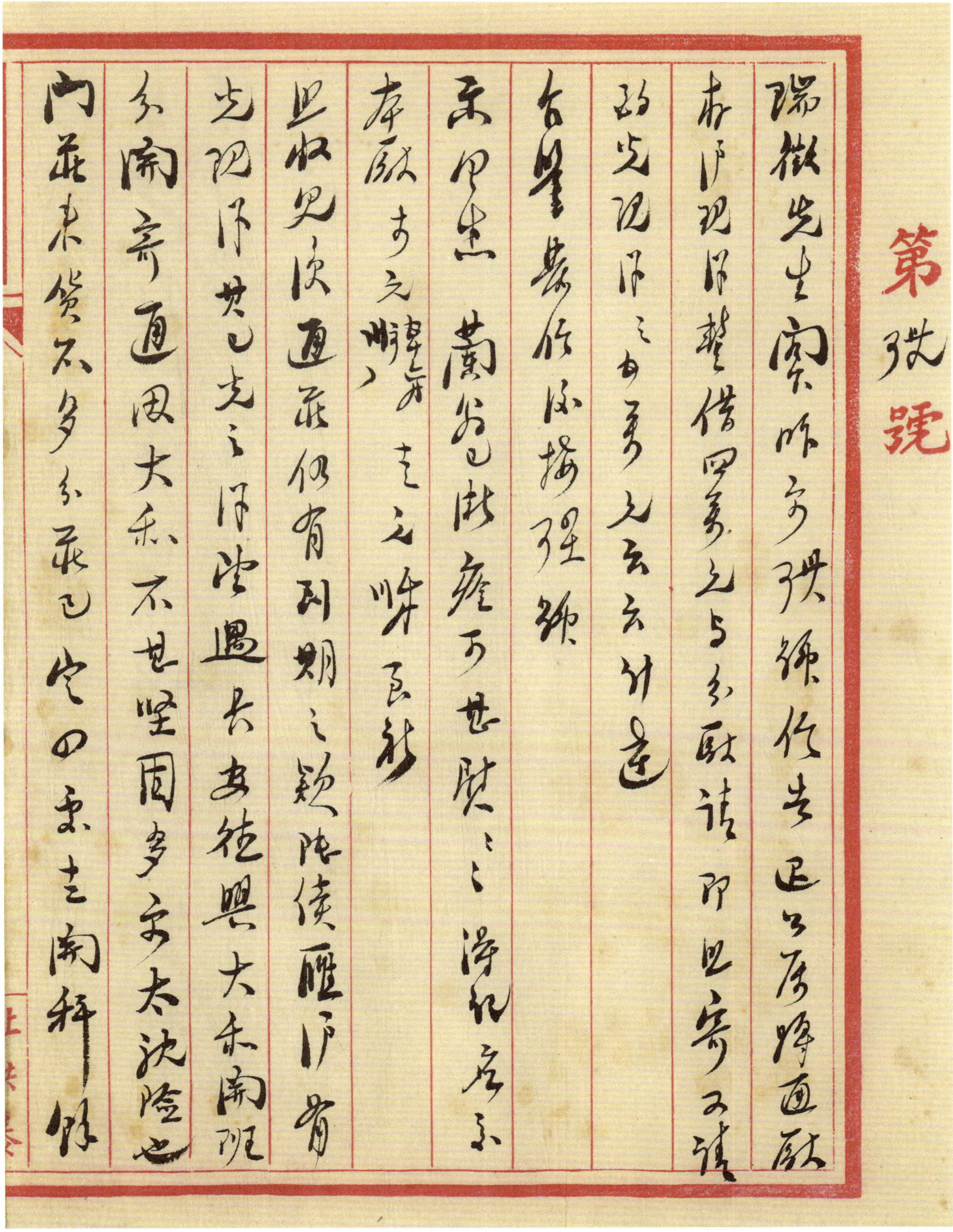

第一百三十九號（八月十一日）

瑞徵先生閣下：昨寄一百卅八號信，告退公屬將通廠存滬現洋暫借四萬元與分廠，請即照寄，又請酌兑現洋三五萬元云云，計達台鑒。發信後接一百四十一號示，具悉。蘭翁已漸痊可，甚慰甚慰。得記應交本廠十四元三千二百五十六兩、十三元三千兩，至祈照收見復。通莊仍有到期之款陸續匯滬，備兑現洋，其已兑之洋，望遇長安、德興、大和開班，分開寄通，因大和不甚堅固，多寄太耽險也。門莊來貨不多，分莊已定四處，十二開秤。餘續詳。即請籌安。本廠會計所啓。八月拾壹日

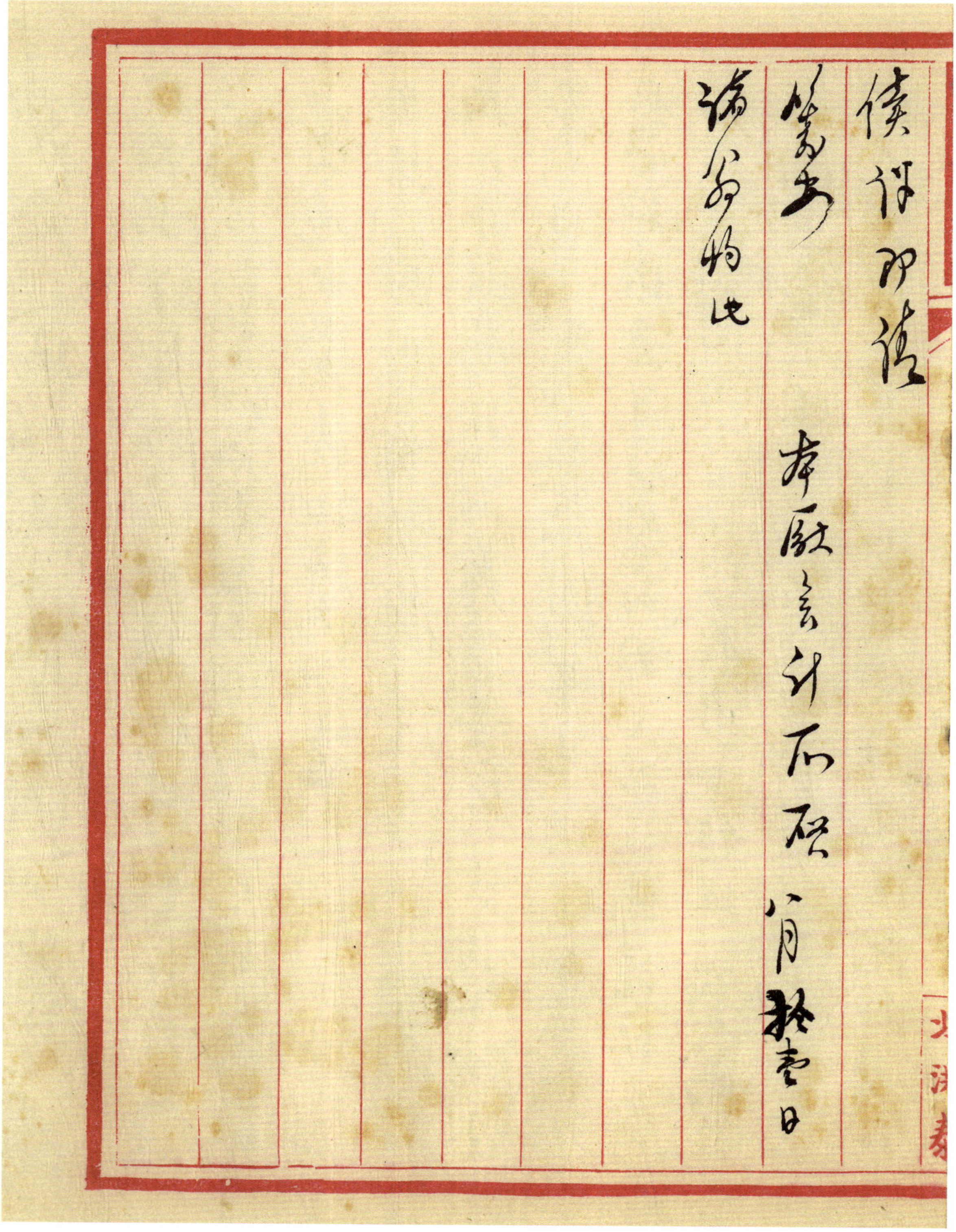

第一百三十九號（八月十一日）

諸翁均此。

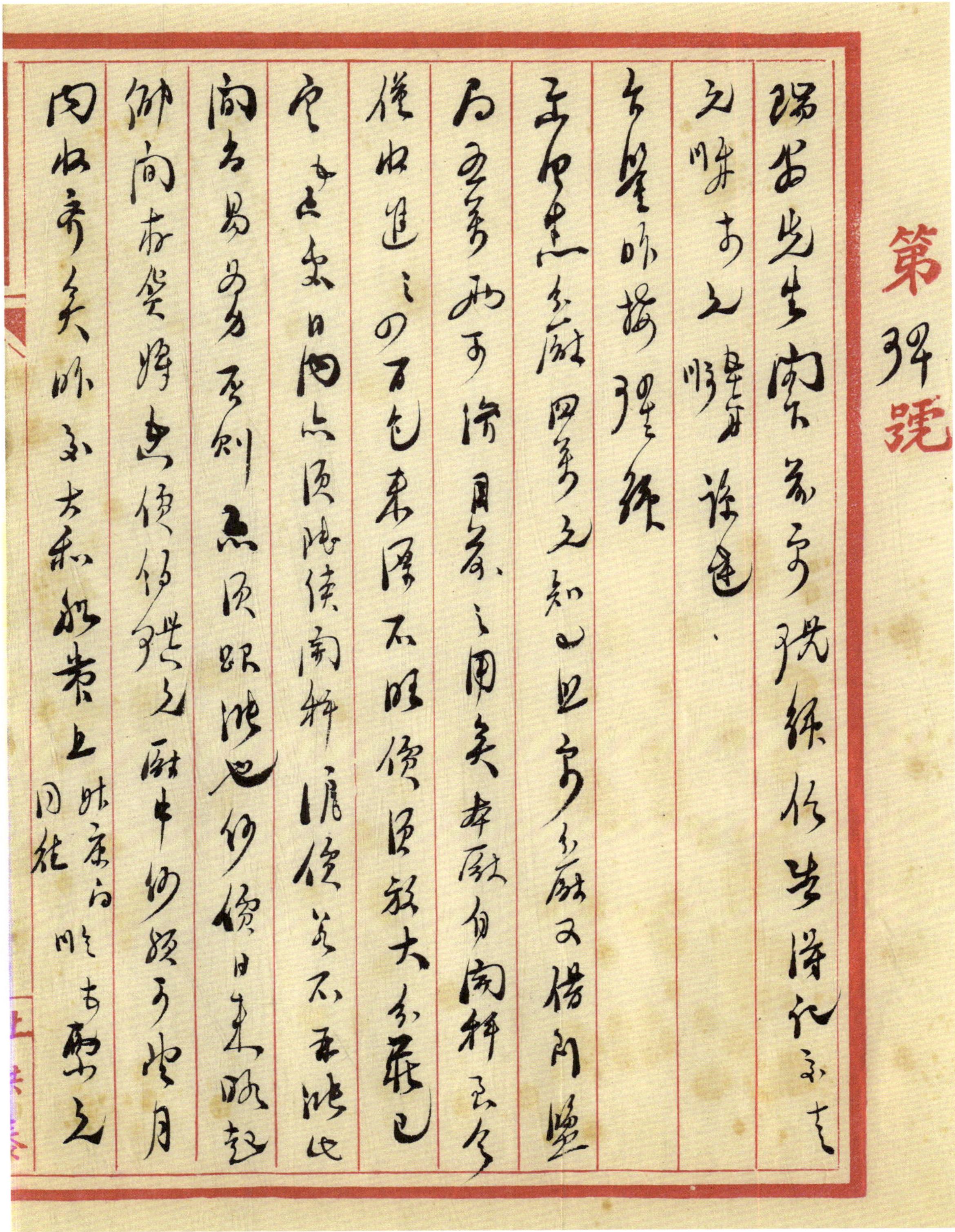

第一百四十號（八月十三日）

瑞翁先生閣下：前寄一百卅九號信，告得記交十三元三千兩、十四元三千二百五十六兩，諒達台鑒。昨接一百四十二號示，具悉。分廠四萬元知已照寄，分廠又借到鹽局五萬兩，可濟目前之用矣。本廠自開秤至今，僅收進三四百包，來源不旺，價須放大，分莊已定五六處，日內亦須陸續開秤。滬價若不再漲，此間尚易爲力，否則亦須跟漲也。紗價日來略起，鄉間存貨將空，價約一百卅六元，廠中紗款可望月內收齊矣。昨交大和船帶上昇康向同德（三八）十五票元五百兩、昇康向同德

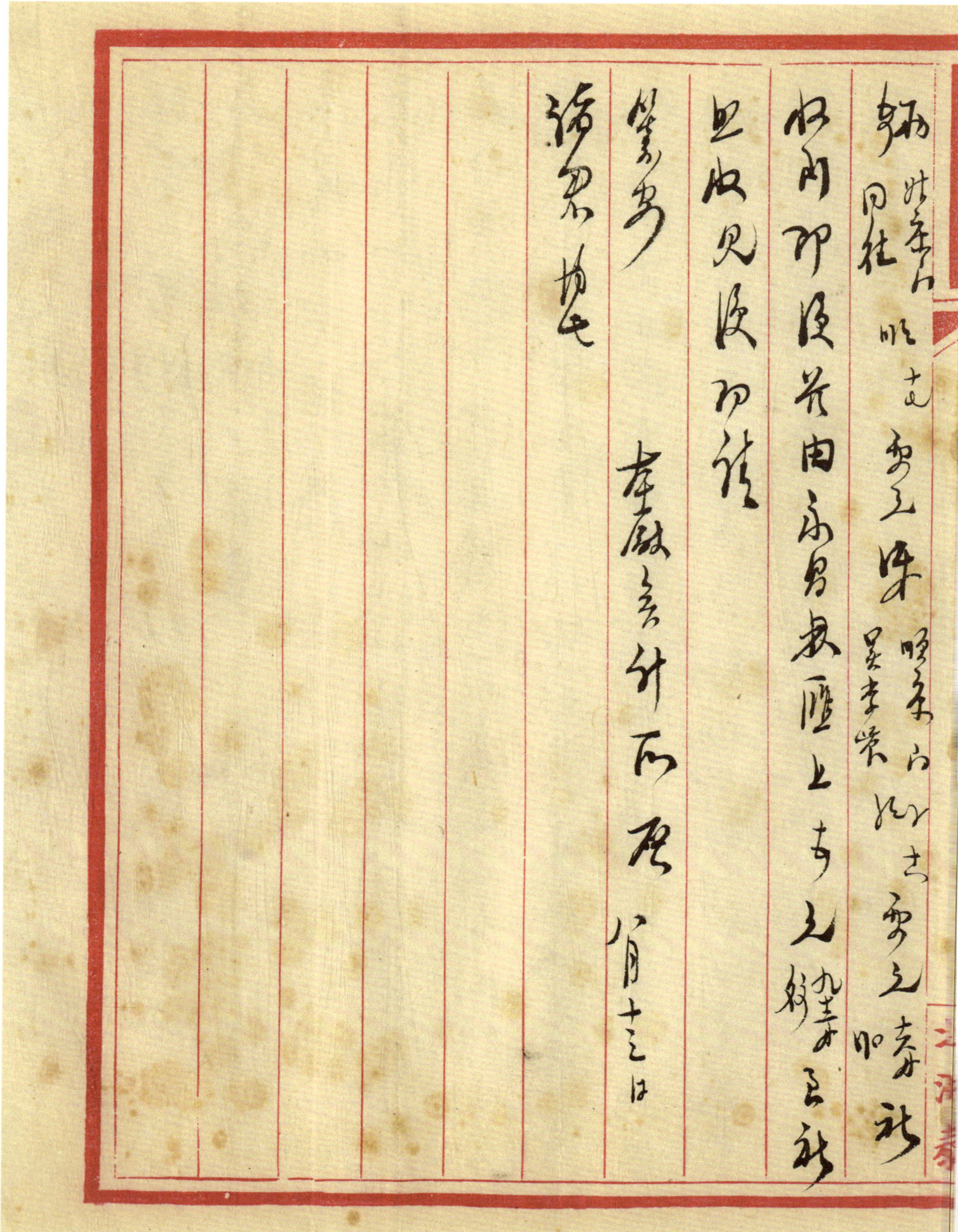

第一百四十號（八月十三日）

（三七）十七票元一千兩、順康向吴季農（五七五）十八票元二千零十六兩，祈收到即復。兹由永昌林匯上十五元九千二百九十二兩，至祈照收見復。即請籌安。本廠會計所啓。八月十三日

諸君均此。

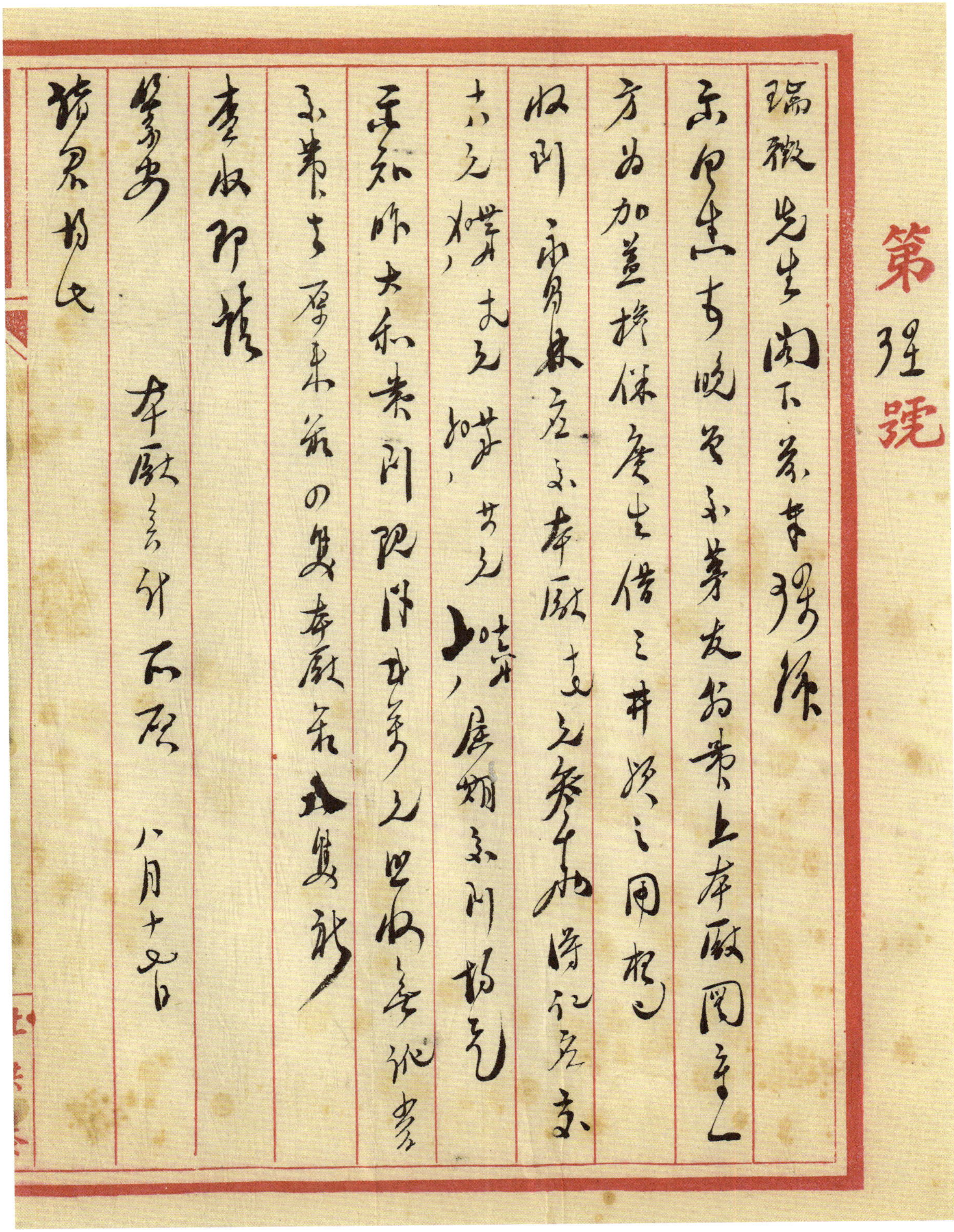

第一百四十一號（八月十七日）

瑞徵先生閣下：前奉一百四十四號示，具悉。十五晚曾交茅友翁帶上本廠圖章一方，爲加蓋擔保廣生借三井款之用，想已收到。永昌林應交本廠十七元叁千兩，得記應交十八元四千零卅二兩、十九元五千零廿兩、廿四元六千零十六兩，屆期交到，均乞示知。昨大和帶到現洋弍萬元，照收無訛。當交帶去原來箱四隻、本廠箱八隻，祈查收。即請籌安。本廠會計所啓。八月十七日

諸君均此。

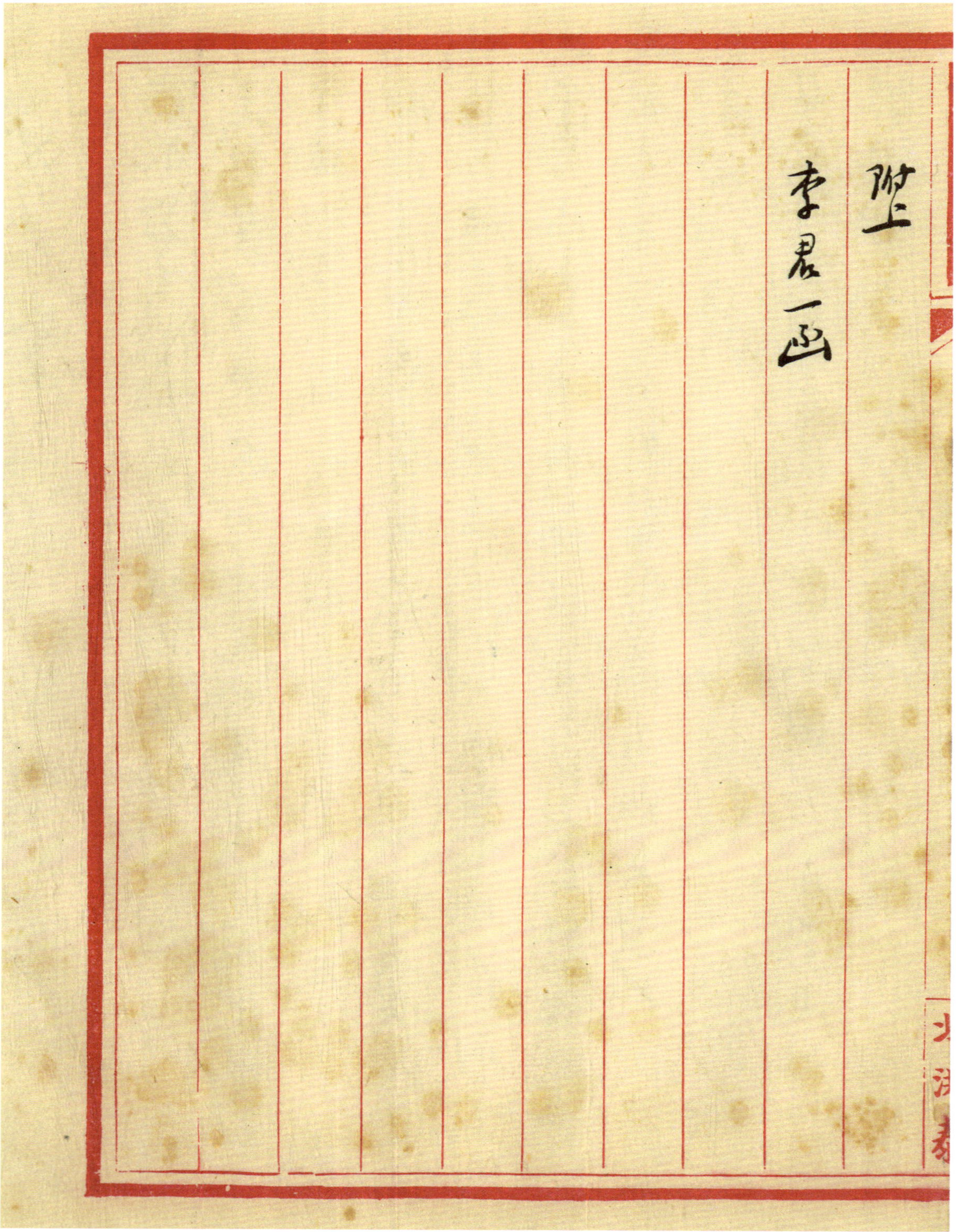
附上
李君一函

第一百四十一號（八月十七日）

附上李君一函。

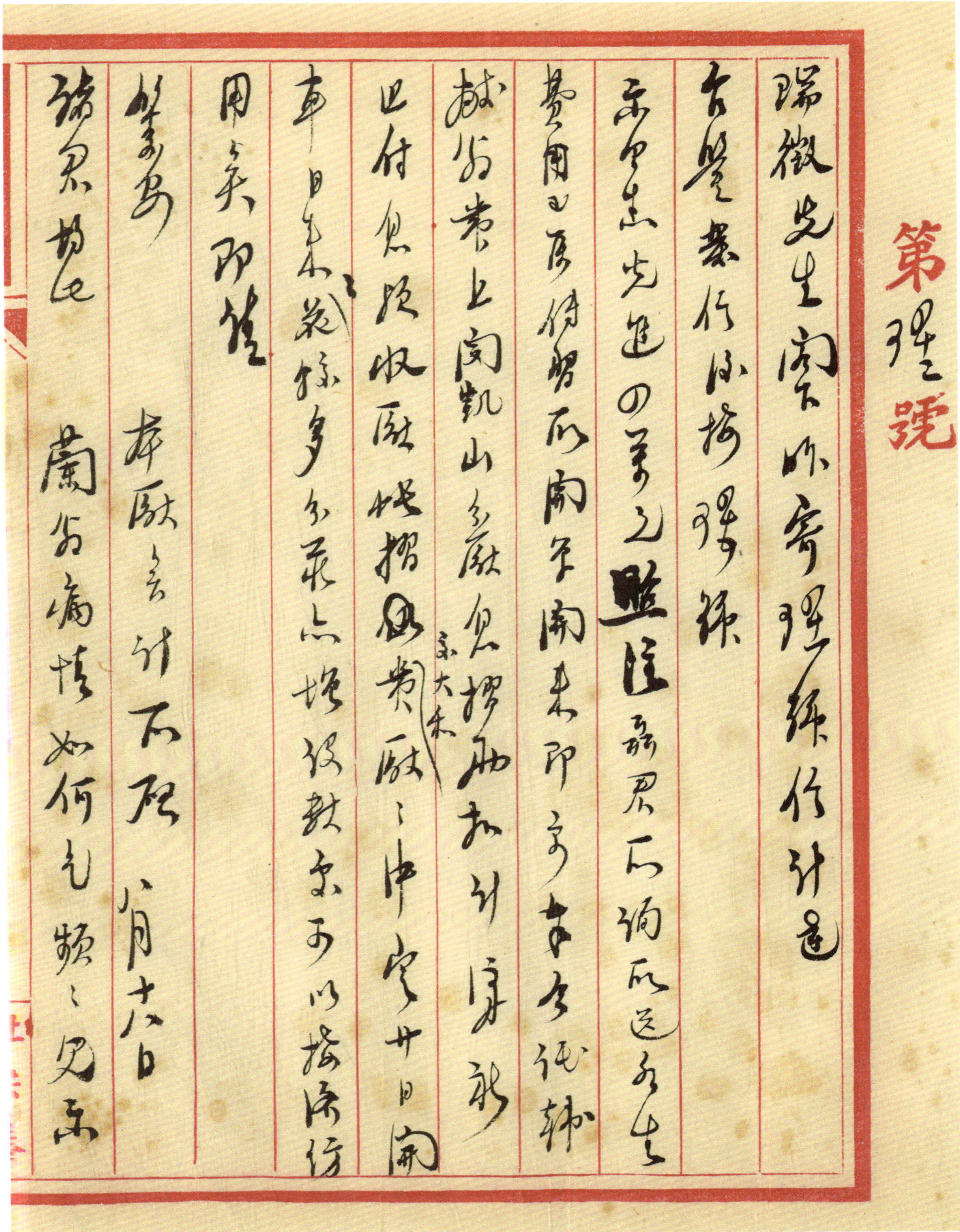

第一百四十二號（八月十八日）

瑞徵先生閣下：昨寄一百四十一號信，計達台鑒。發信後接一百四十五號示，具悉。兑進四萬元，照注。聶君所詢所送各生費用，已屬傳習所開單，開來即寄奉。今托韓獻翁帶上閔凱山分廠息摺兩扣，計一千二百兩，祈照付，息款收廠帳，摺交大和帶廠。廠中定廿日開車。日來來花較多，分莊亦增設數處，可以接濟紡用矣。即請籌安。本廠會計所啓。八月十八日

諸君均此。

第一百四十二號（八月十八日）

蘭翁病情如何，乞頻頻見示。

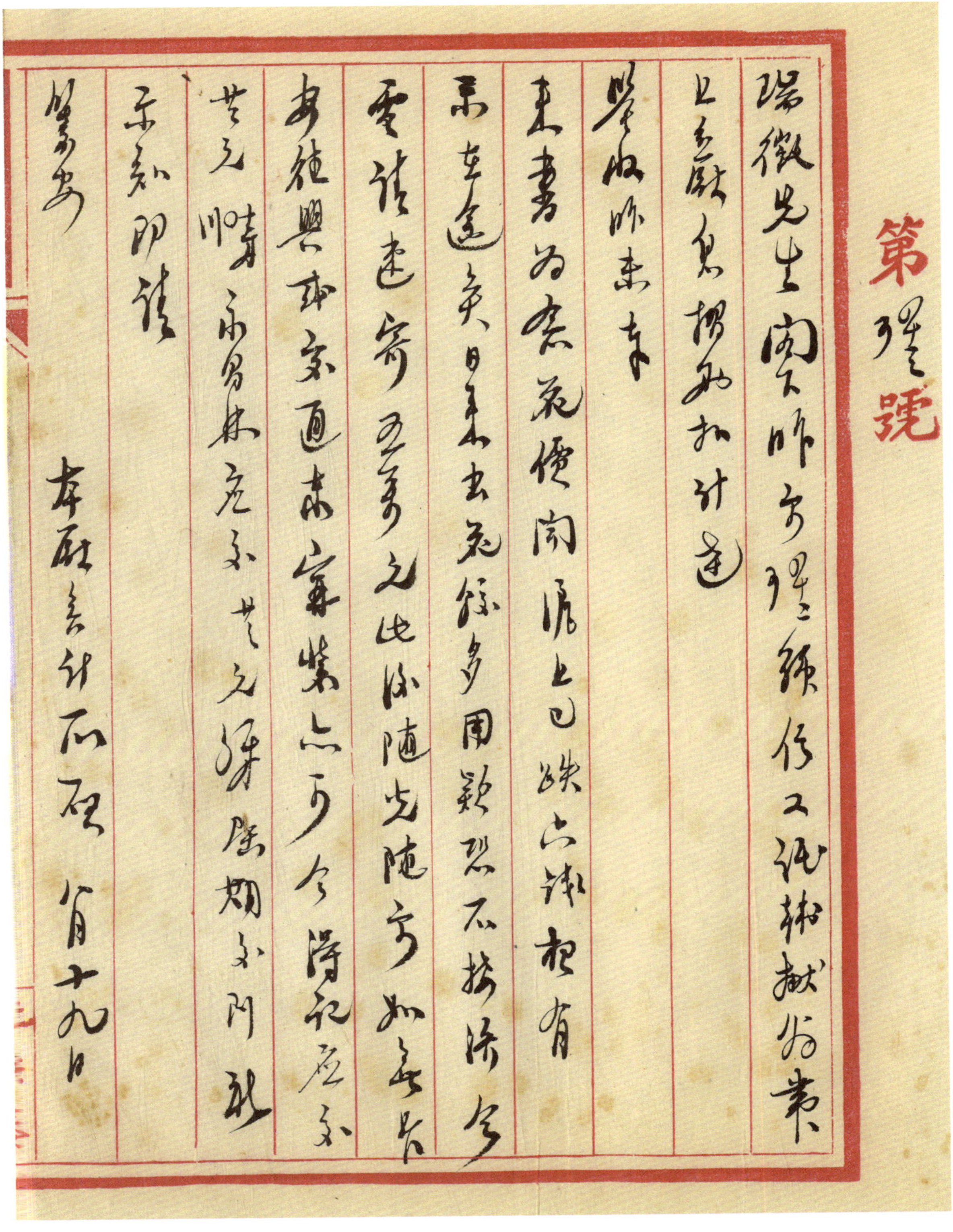

第一百四十三號（八月十九日）

瑞徵先生閣下：昨寄一百四十二號信，又托韓獻翁帶上分廠息摺兩扣，計達鑒收。昨未奉來書，爲念。花價聞滬上已跌六錢，想有示在途矣。日來出花較多，用款恐不接濟，今電請速寄五萬元，此後隨兑隨寄，如無長安、德興，或交通泰寧裝亦可。今得記應交廿二元三千零十二兩，永昌林應交廿三元五千兩，届期交到，祈示知。即請籌安。本廠會計所啓。八月十九日

諸翁均此。

諸希勿延

■ 第一百四十三號（八月十九日）

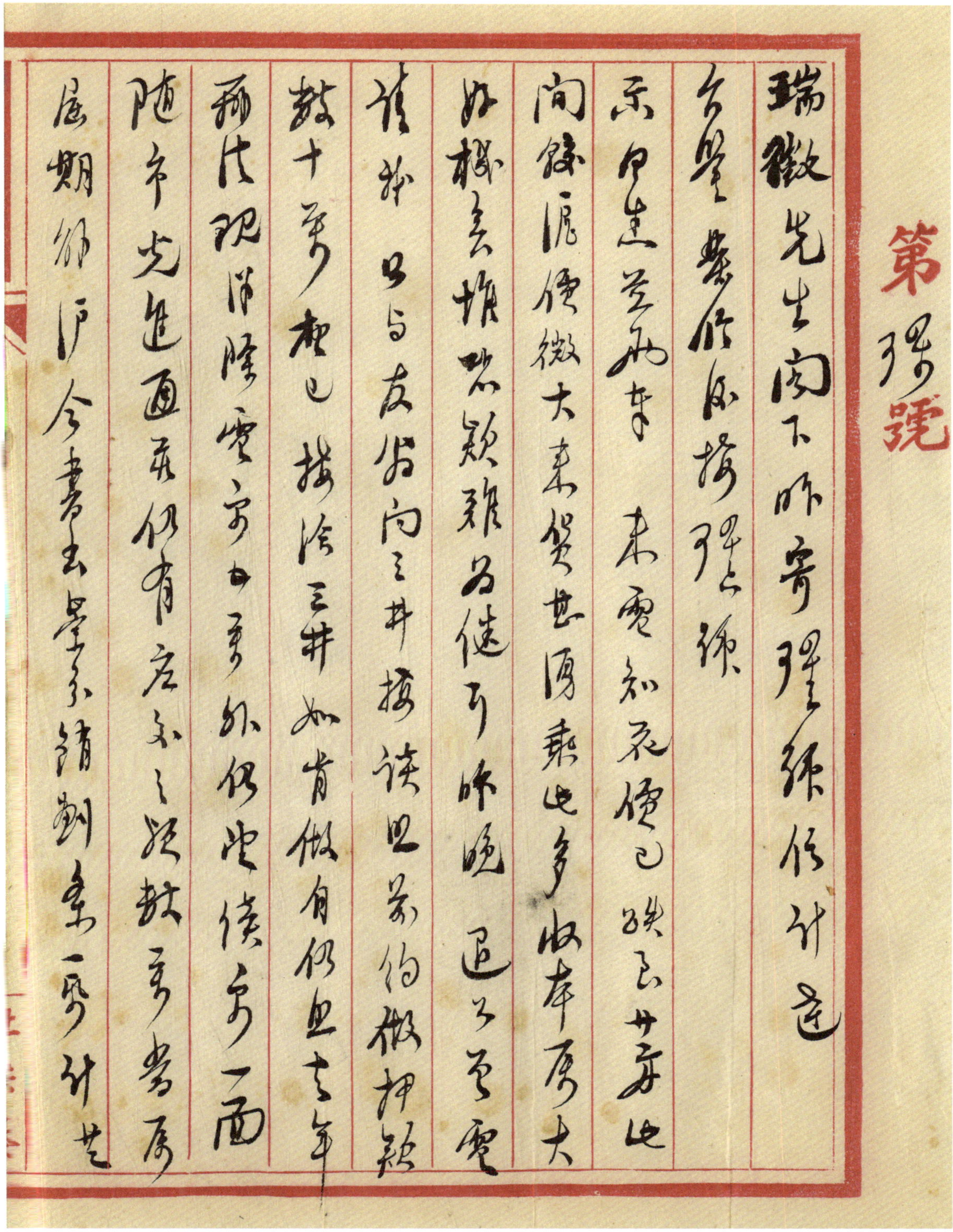
瑞徵先生閣下昨寄一百四十三號信計達
台鑒發信後接一百四十六號
示具悉并兩奉　來電知花價已跌至廿二兩此
間較滬價微大來貨甚涌乘此多收本屬大
好機會惟恐款難爲繼耳昨晚退公曾電
請我公與友翁向三井接談照前約做押款
數十萬想已接洽三井如肯做自仍照去年
辦法現洋除電寄五萬外仍望續寄一面
隨市兌進通莊仍有應交之款數萬當屬
屆期解滬今書出崇分銷劃條一紙計廿

第一百四十四號（八月廿日）

瑞徵先生閣下：昨寄一百四十三號信，計達台鑒。發信後接一百四十六號示，具悉。并兩奉來電，知花價已跌至廿二兩，此間較滬價微大，來貨甚涌，乘此多收，本屬大好機會，惟恐款難爲繼耳。昨晚退公曾電請我公與友翁向三井接談，照前約做押款數十萬，想已接洽，三井如肯做，自仍照去年辦法。現洋除電寄五萬外，仍望續寄，一面隨市兑進。通莊仍有應交之款數萬，當屬屆期解滬。今書出崇分銷劃條一紙，計廿二元壹千兩，至祈照付，其款已入滬帳。附信兩封，望交束君。即請

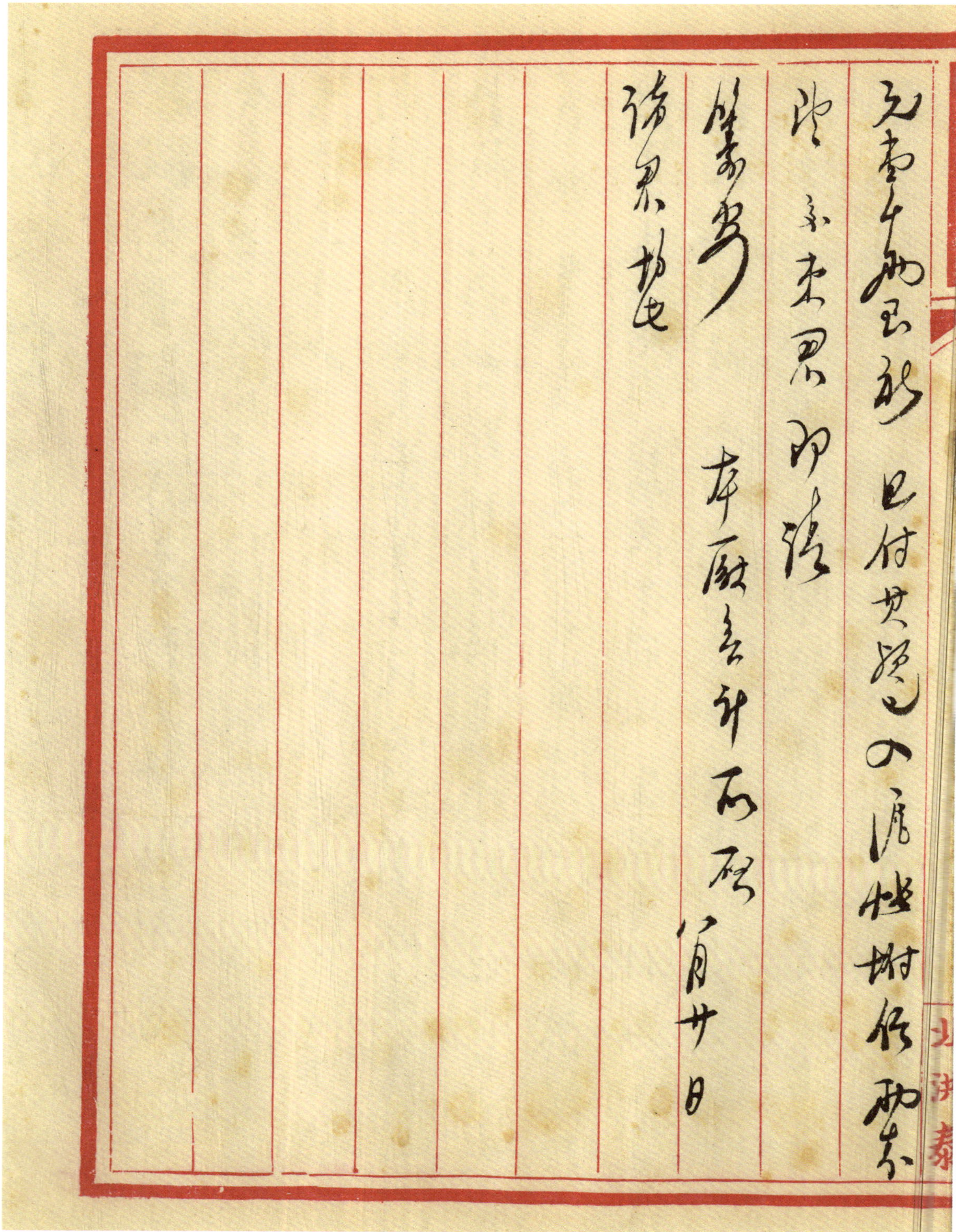

第一百四十四號（八月廿日）

籌安。本廠會計所啓。八月廿日
諸君均此。

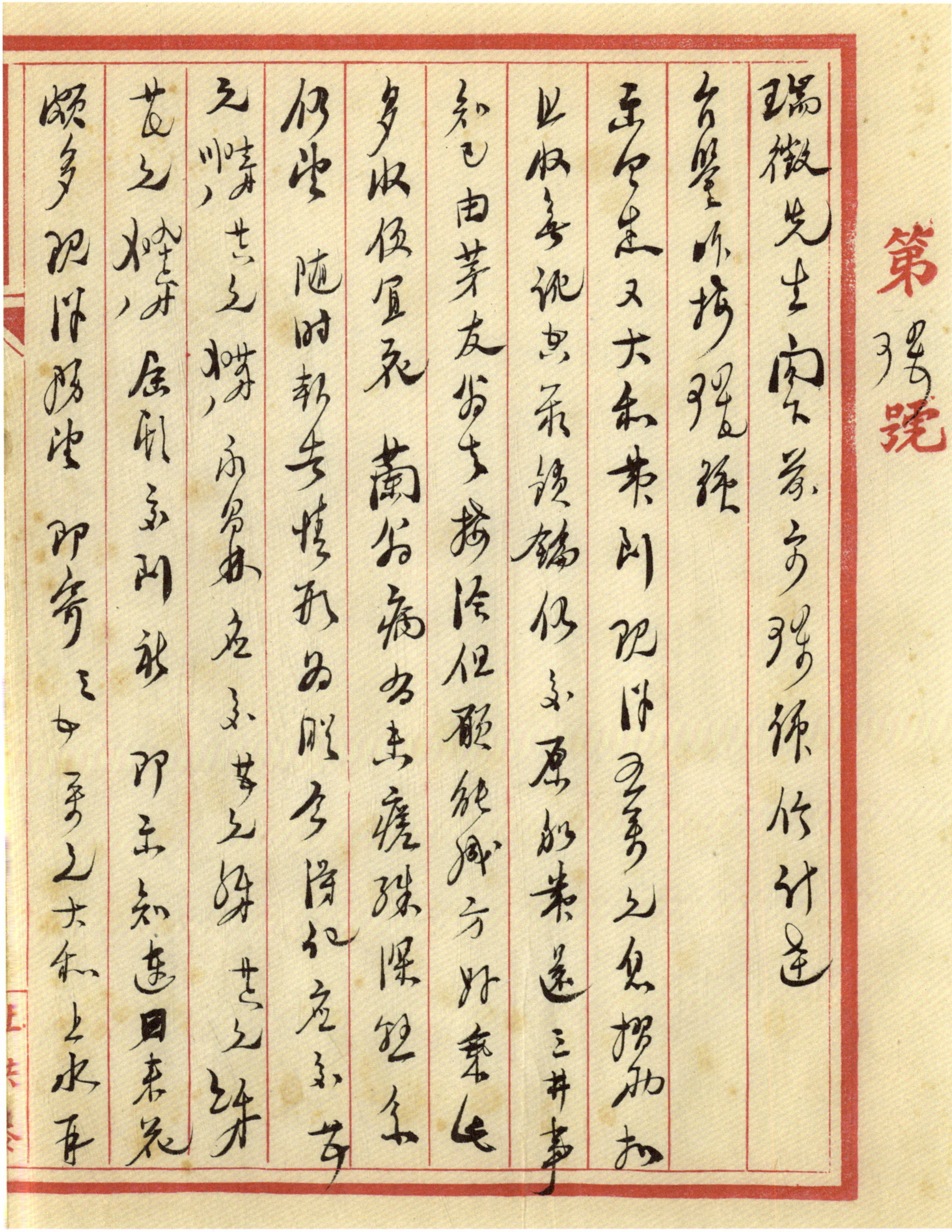

第一百四十五號（八月廿二日）

瑞徵先生閣下：前寄一百四十四號信，計達台鑒。昨接一百四十七號示，具悉。又大和帶到現洋五萬元、息摺兩扣，照收無訛，空箱、鎖鑰仍交原船帶還。三井事，知已由茅友翁去接洽，但願能成，方好乘此多收便宜花。蘭翁病尚未瘥，殊深懸系，仍望隨時報告情形爲盼。今得記應交廿五元三千零十二兩、廿六元四千零廿四兩，永昌林應交廿五元五千兩、廿六元七千兩、廿七元四千零九十六兩，届期交到，祈即示知。連日來花頗多，現洋務望即寄三五萬元，大和上水再寄五萬元爲

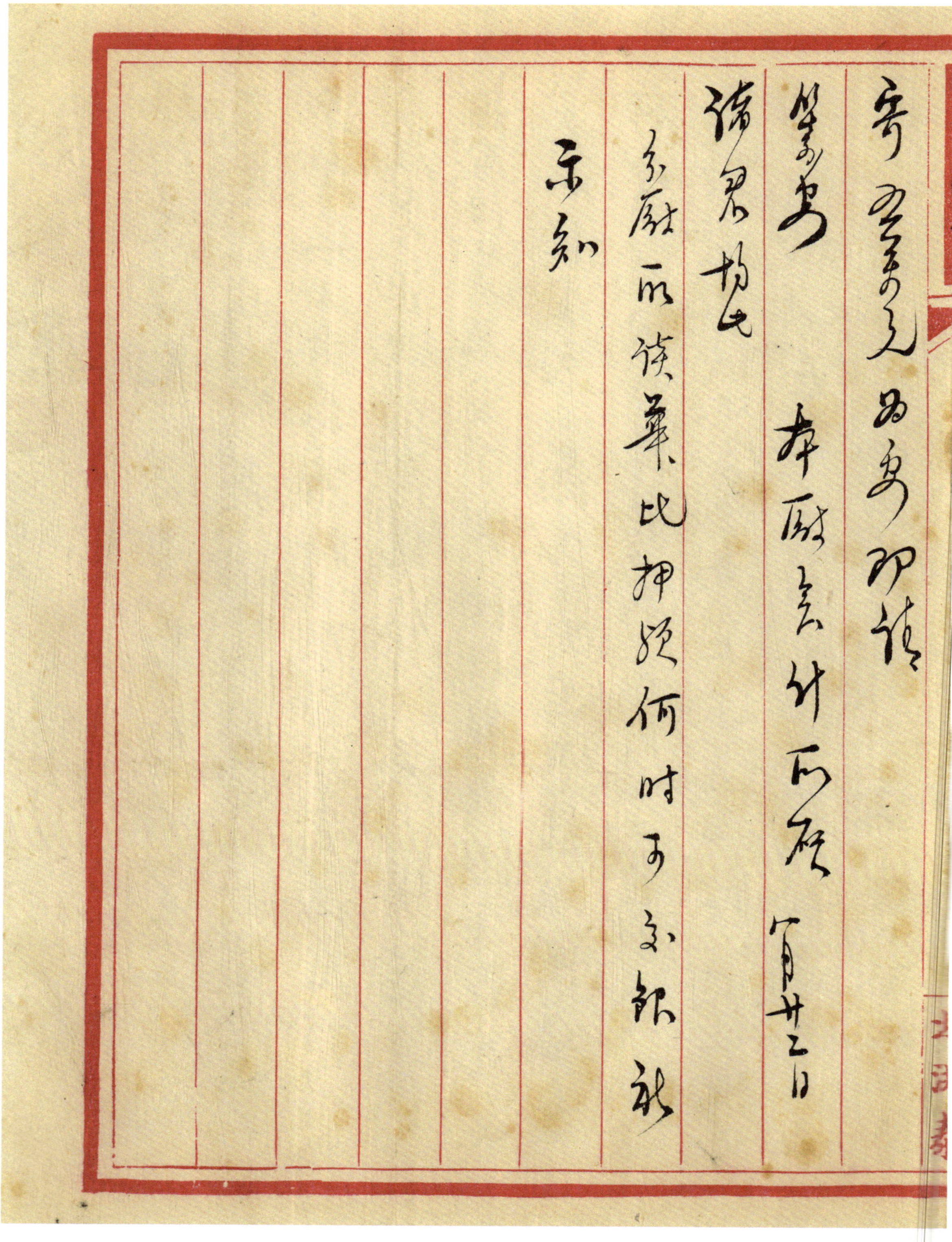

第一百四十五號（八月廿二日）

要。即請籌安。本廠會計所啓。八月廿二日

諸君均此。

分廠所談華比押款，何時可交銀，祈示知。

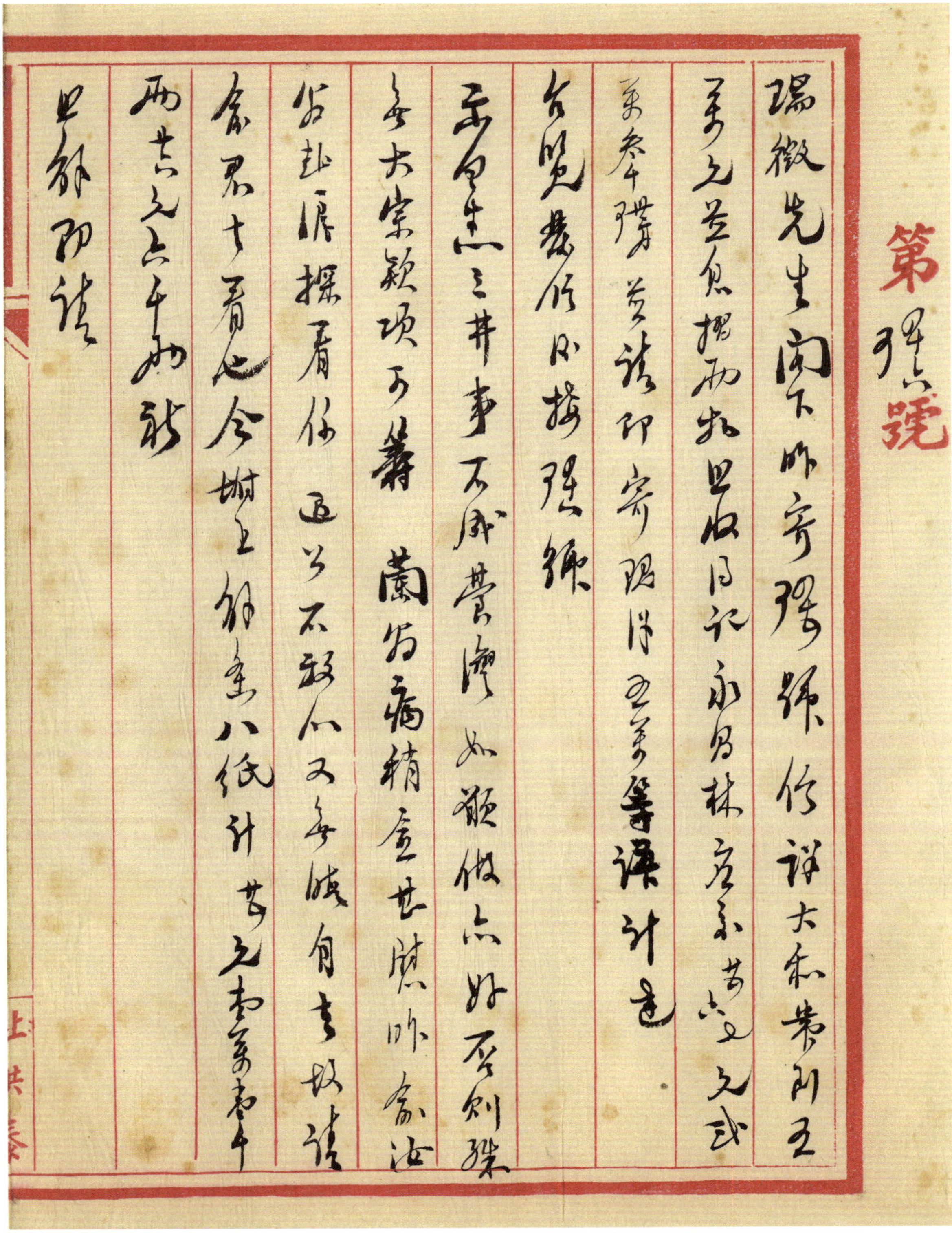

第一百四十六號（八月廿三日）

瑞徵先生閣下：昨寄一百四十五號信，詳大和帶到五萬元并息摺兩扣照收，得記、永昌林應交廿五、廿六、廿七元弍萬叁千一百卅二兩，并請即寄現洋五萬等語，計達台覽。發信後接一百四十八號示，具悉。三井事不成，臺灣如願做亦好，否則殊無大宗款項可籌。蘭翁病稍愈，甚慰。昨俞汝翁赴滬探看，係退公不放心，又無暇自去，故請俞君去看也。今附上解條八紙，計廿五元壹萬壹千兩、廿六元六千兩，祈照解。即請籌安。會計所啓。八月廿三日

諸君均此
八月廿三日

第一百四十六號（八月廿三日）

諸君均此。

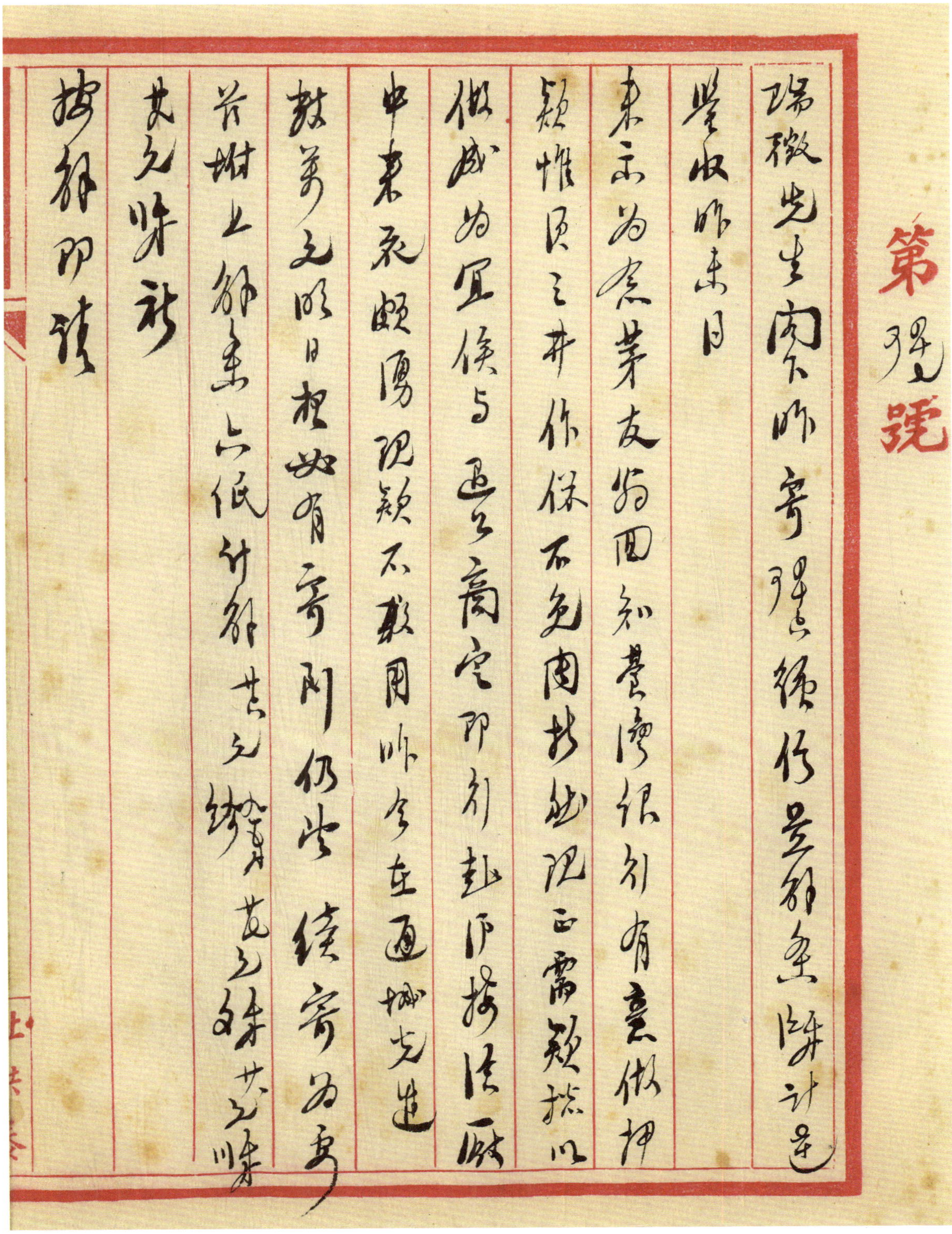

第一百四十七號（八月廿四日）

瑞徵先生閣下：昨寄一百四十六號信并解條一萬七千兩，計達鑒收。昨未得來示，爲念。茅友翁回，知臺灣銀行有意做押款，惟須三井作保，不免周折，然現正需款，總以做成爲宜。俟與退公商定，即行赴滬接洽。廠中來花頗涌，現款不敷用，昨、今在通城兑進數萬元，明日想必有寄到，仍望續寄爲要。兹附上解條六紙，計解廿六元八千九百九十五兩、廿七元九千兩、廿八元三千兩、廿九元二千兩，祈按解。即請籌安。會計所啓。八月廿四日

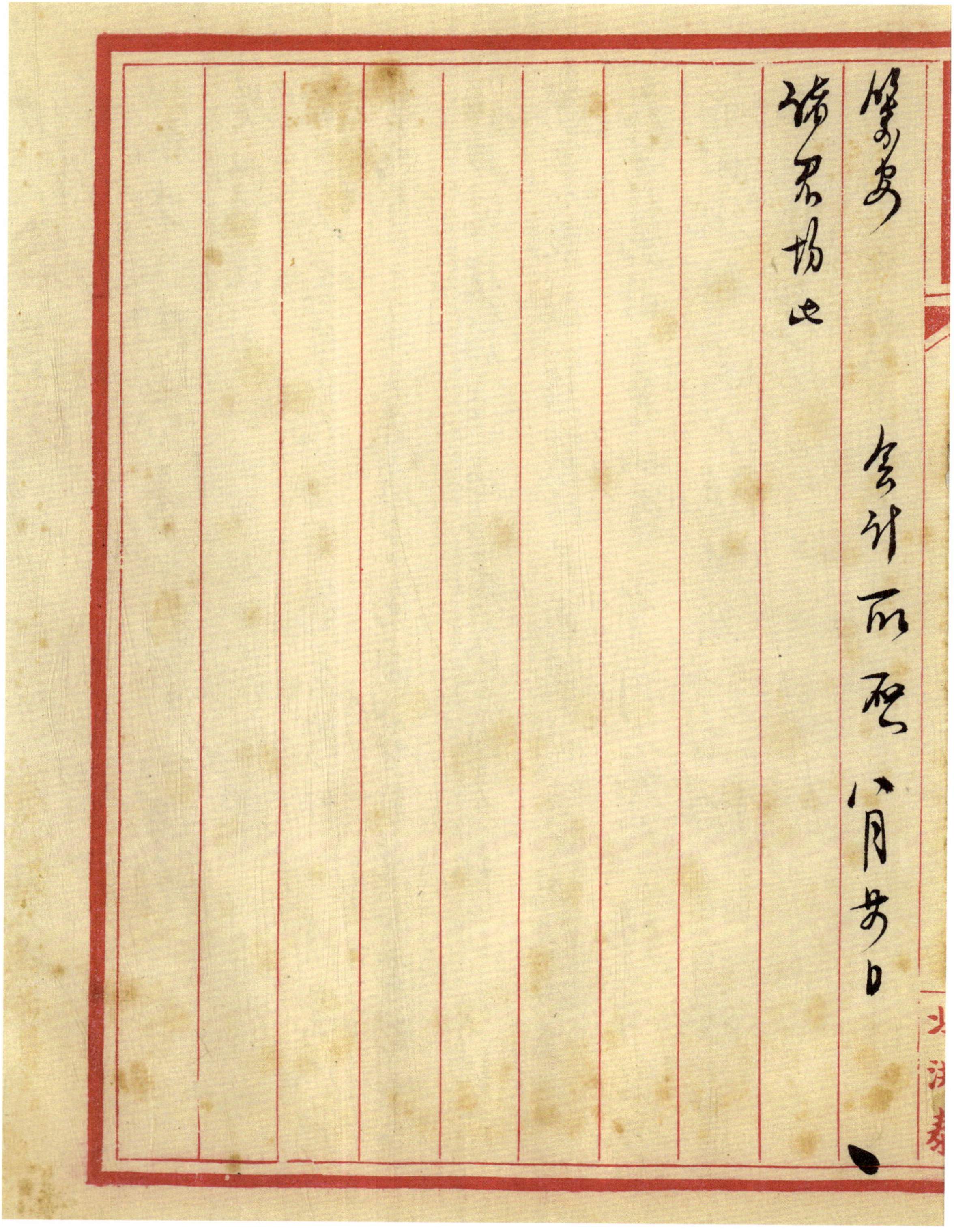

台安

諸君均此

八月廿四日

第一百四十七號（八月廿四日）

諸君均此。

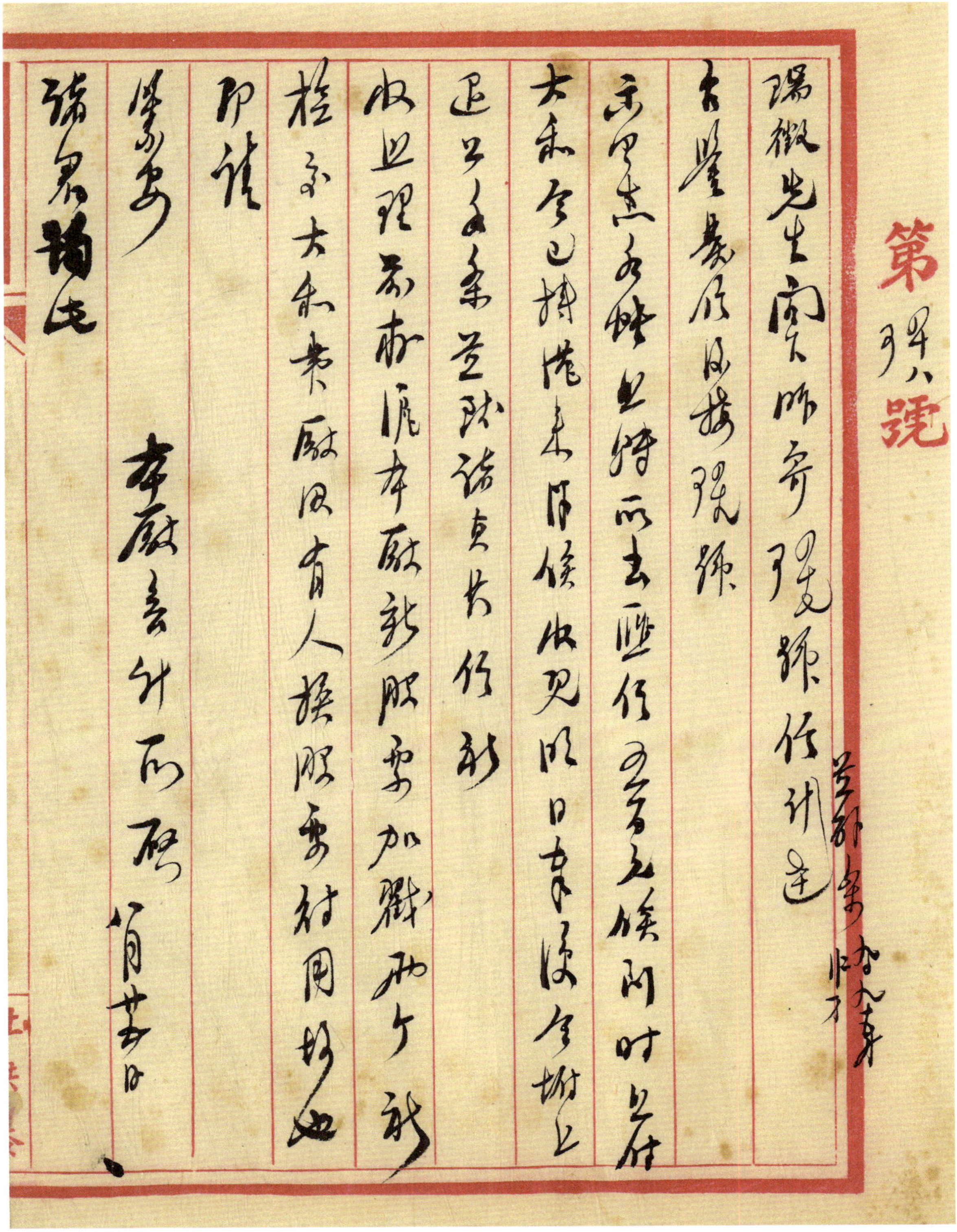

第一百四十八號（八月廿五日）

瑞徵先生閣下：昨寄一百四十七號信并解條二萬二千九百九十五兩，計達台鑒。發信後接一百四十九號示，具悉。各帳照轉。所出匯信五百元，俟到時照付。大和今已抵港，來洋俟收既，明日奉復。今附上退公手條并致諸貞長信，祈收照理。前存滬本廠新股票加戳兩個，祈檢交大和帶廠，因有人換股票待用故也。即請籌安。本廠會計所啓。八月廿五日

諸君均此。

第一百四十八號（八月廿五日）

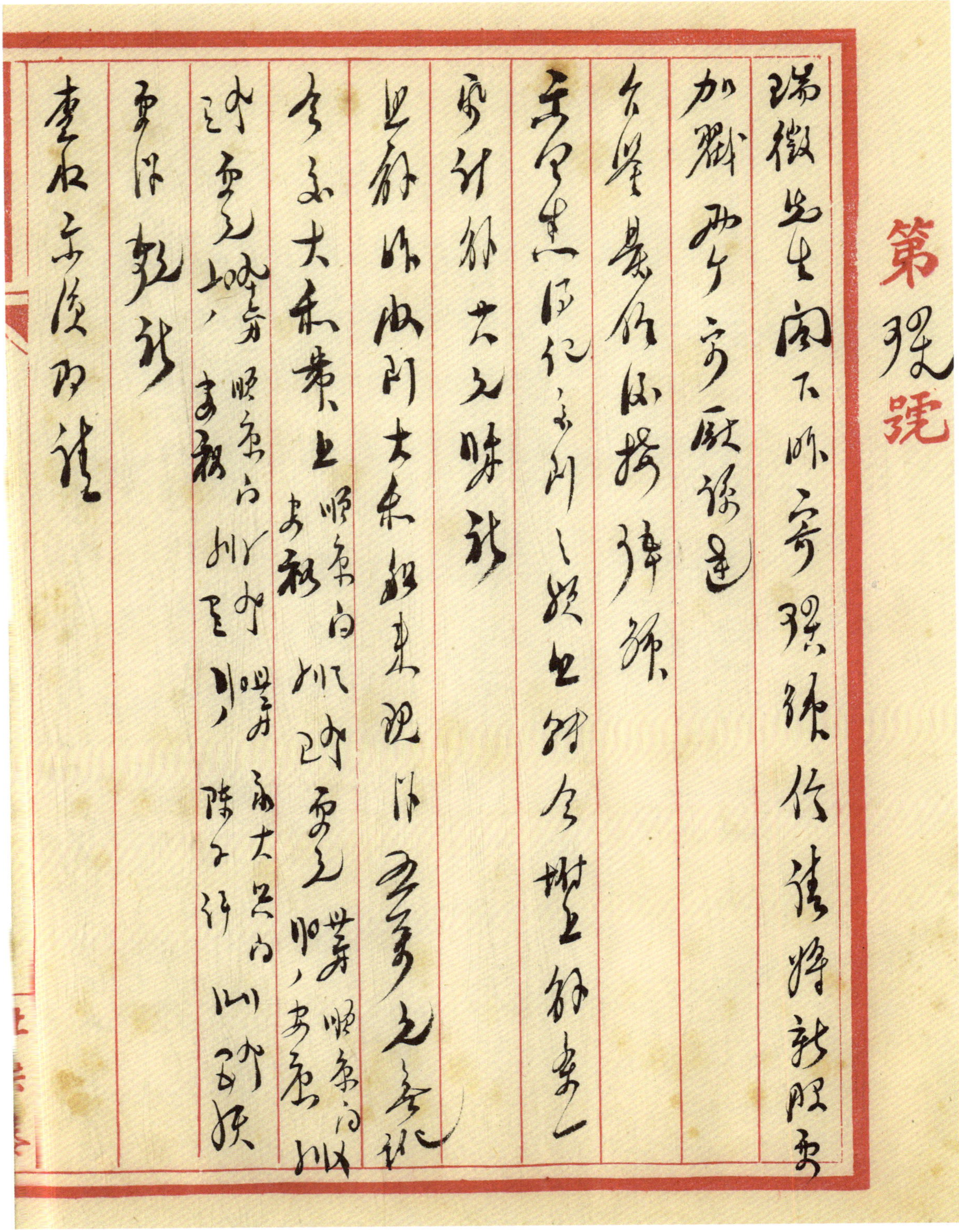

第一百四十九號（八月廿六日）

瑞徵先生閣下：昨寄一百四十八號信，請將新股票加戳兩個寄廠，諒達台鑒。發信後接一百五十號示，具悉。得記交到之款照轉。今附上解條一紙，計解廿八元二千兩，祈照解。昨收到大和船來現洋五萬元，無訛。今交大和帶上順康向安裕（五二三）九月初一票元二千零卅二兩、順康向安康（五二四）九月初二票元六千零九十六兩、順康向安裕（五二五）九月初三二千零卅二兩、永大興向陳子訏（一六二）九月初五（五天）票洋五百元，祈查收示復。即請籌安。本廠會計所

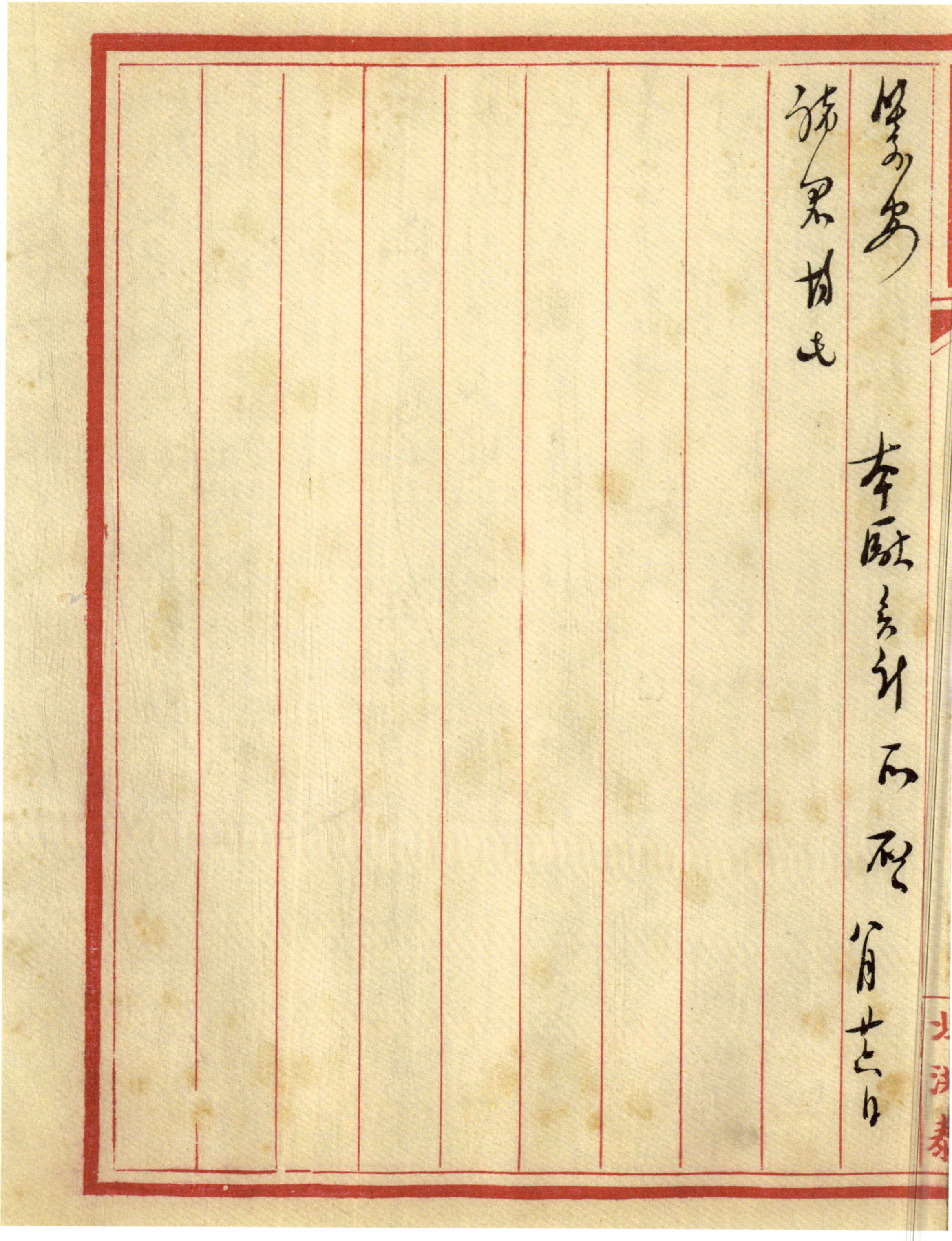

第一百四十九號（八月廿六日）

啓。八月廿六日

諸君均此。

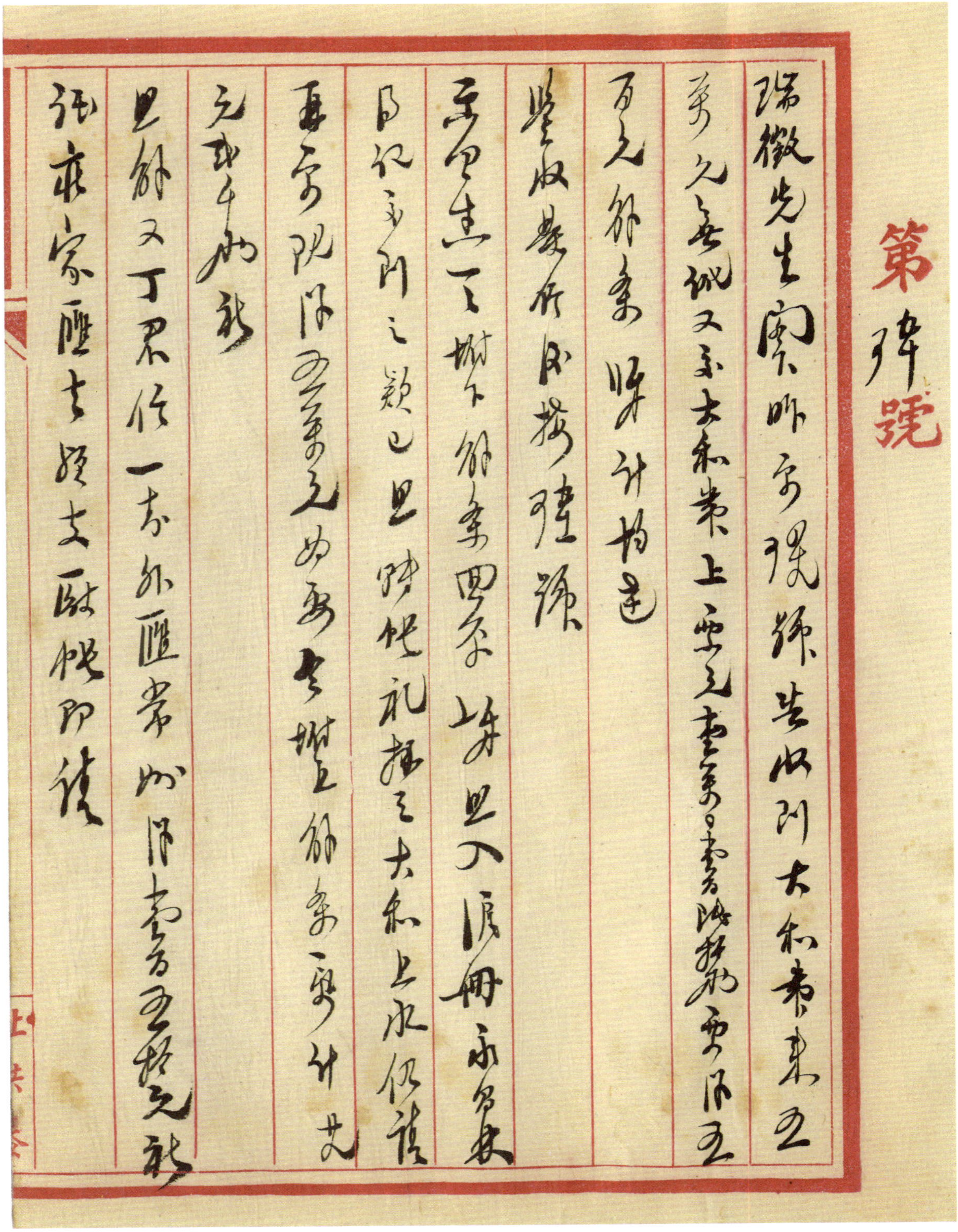

第一百五十號（八月廿七日）

瑞徵先生閣下：昨寄一百四十九號，告收到大和帶來五萬元無訛，又交大和帶上票元壹萬零壹百陸拾兩、票洋五百元、解條二千兩，計均達鑒收。發信後接一百五十一號示，具悉一一。附下解條回單六千兩，照入滬册。永昌林、得記交到之款已照轉帳。禮拜三大和上水，仍請再寄現洋五萬元爲要。今附上解條一紙，計廿九元弍千兩，祈照解。又丁君信一封，外匯常州洋壹百五拾元，祈托莊家匯去，款支廠帳。即請籌安。本廠會計所啓。八月廿七日

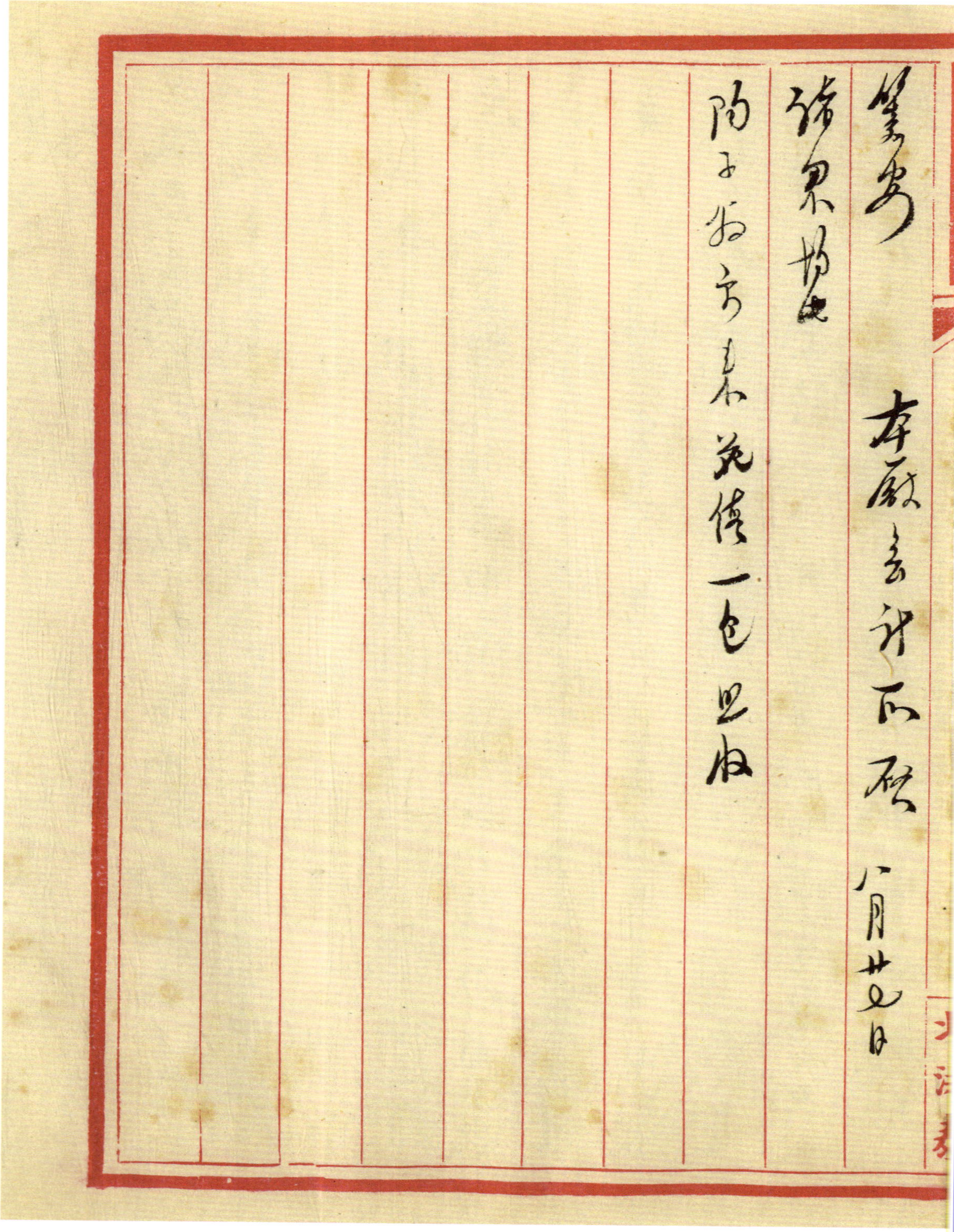

諸君均此
陶子翁寄來花緞一包照收
籌安 本廠手啟 八月廿七日

第一百五十號（八月廿七日）

諸君均此。

陶子翁寄來花緞一包，照收。

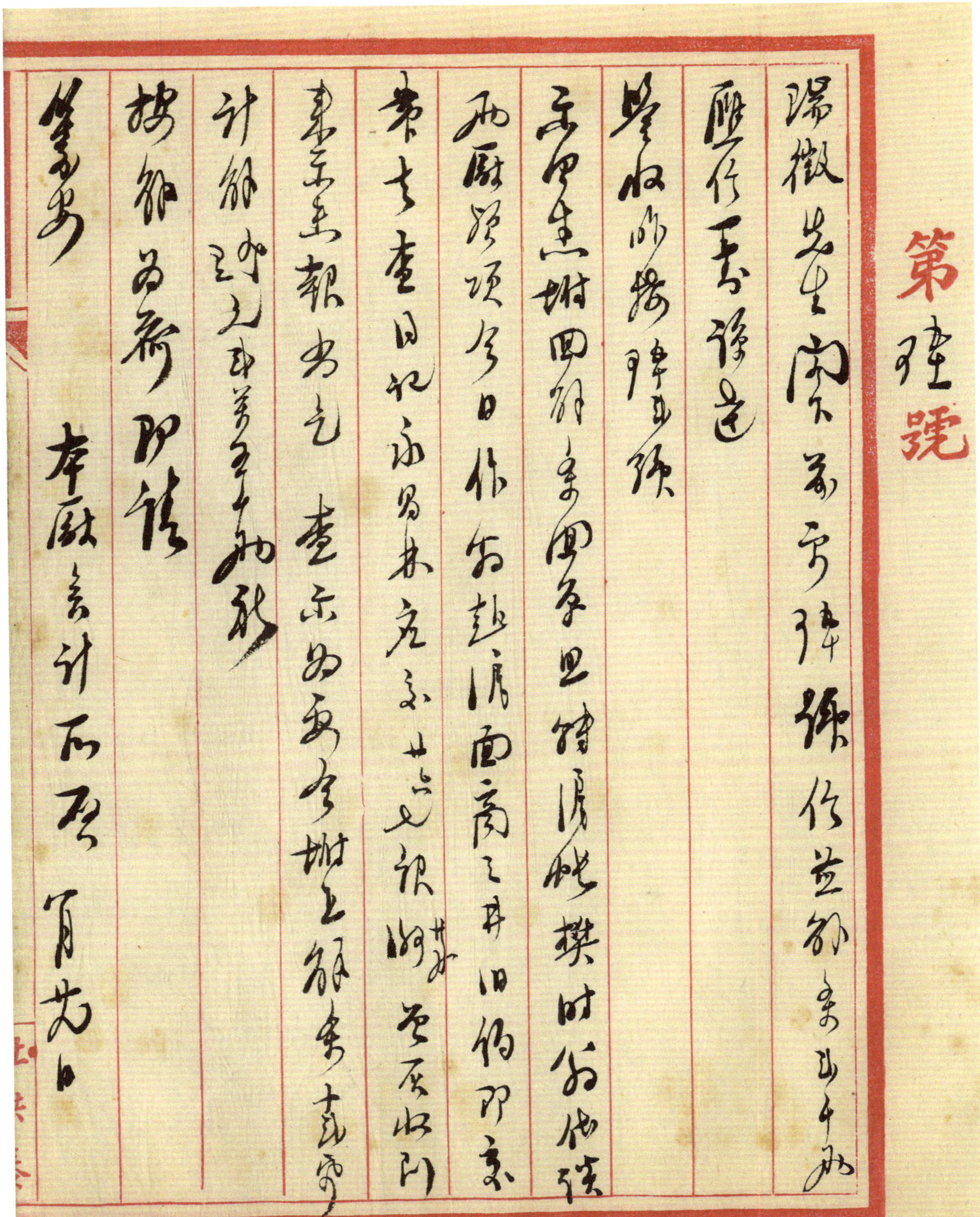

第一百五十一號（八月廿九日）

瑞徵先生閣下：前寄一百五十號信并解條式千兩、匯信一封，諒達鑒收。昨接一百五十式號示，具悉。附回解條回單，照轉滬帳。樊時翁代談兩廠款項，今日作翁赴滬面商，三井舊約即交帶去。查得記、永昌林應交廿六、廿七銀一萬五千一百廿兩，曾否收到，來示未報，尚乞查示爲要。今附上解條十式紙，計解九月初二元式萬五千兩，祈按解爲荷。即請籌安。本廠會計所啓。八月廿九日

諸君均此。

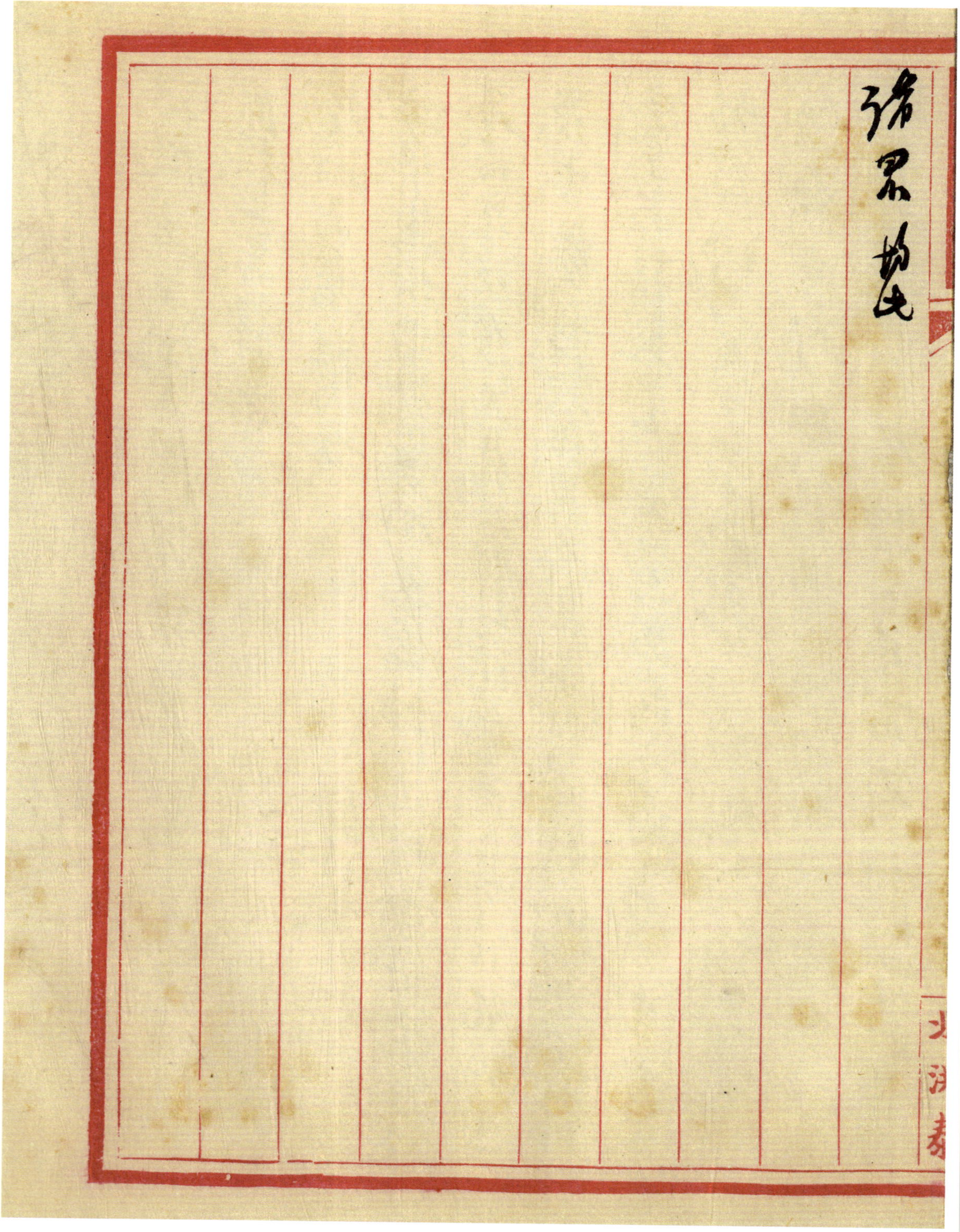
諸眾均覽

第一百五十一號（八月廿九日）

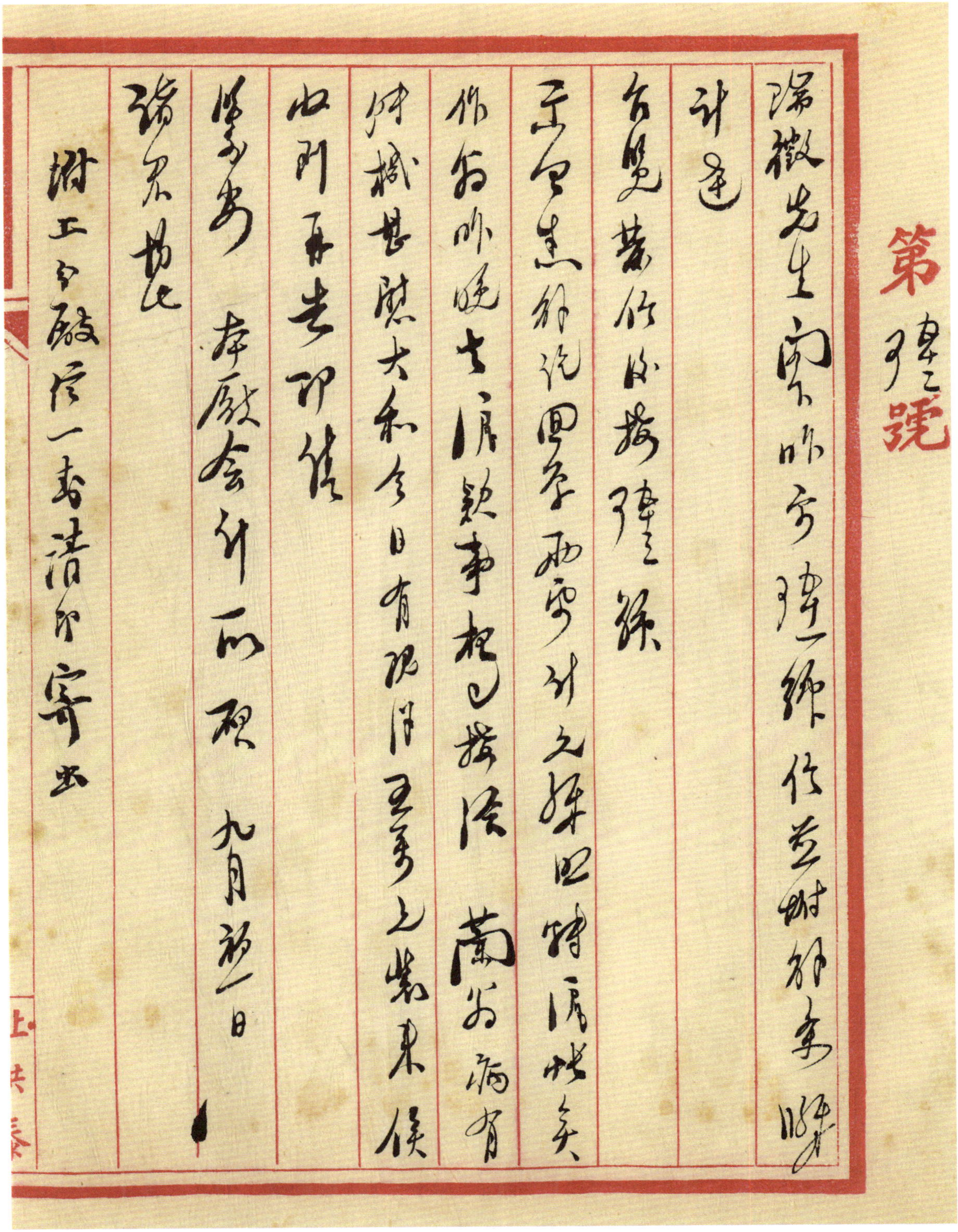

第一百五十二號（九月初一日）

瑞徵先生閣下：昨寄一百五十一號信，并附解條二萬五千兩，計達台覽。發信後接一百五十三號示，具悉。解訖回單兩紙，計元五千兩，照轉滬帳矣。作翁昨晚去滬，款事想已接洽。蘭翁病有轉機，甚慰。大和今日有現洋五萬元裝來，俟收到再告。即請籌安。本廠會計所啓。九月初一日

諸君均此。

附上分廠信一封，請即寄出。

第一百五十二號（九月初一日）

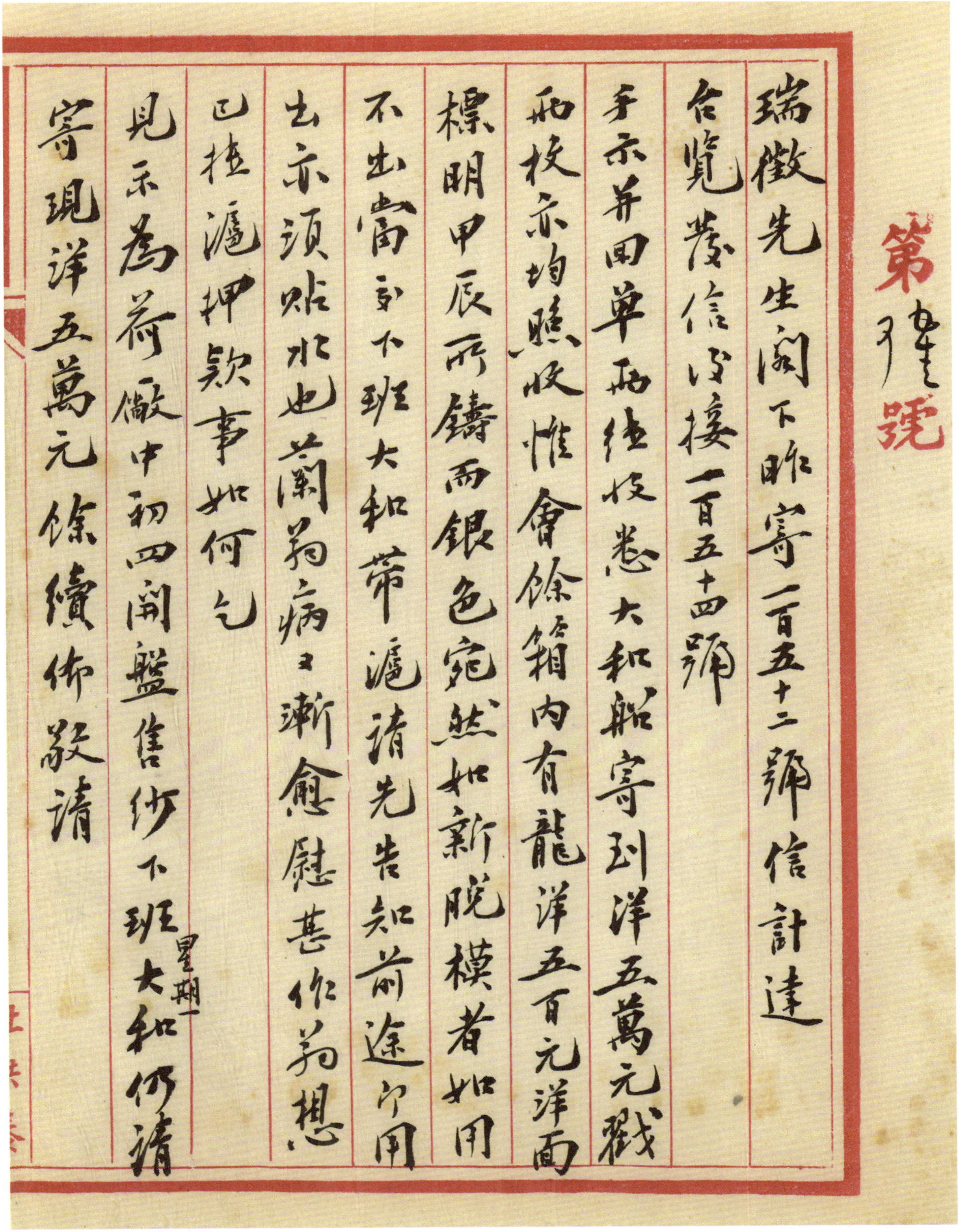

第一百五十三號（九月初二日）

瑞徵先生閣下：昨寄一百五十二號信，計達台覽。發信後接一百五十四號手示并回單兩紙，收悉。大和船寄到洋五萬元、戳兩枚，亦均照收。惟會餘箱内有龍洋五百元，洋面標明甲辰所鑄，而銀色宛然如新脱模者，如用不出，當交下班大和帶滬，請先告知前途，即用出，亦須貼水也。蘭翁病又漸愈，慰甚。作翁想已抵滬，押款事如何，乞見示爲荷。廠中初四開盤售紗，下班（星期一）大和仍請寄現洋五萬元。餘續布。敬請籌安。本廠會計所啓。九月初二日

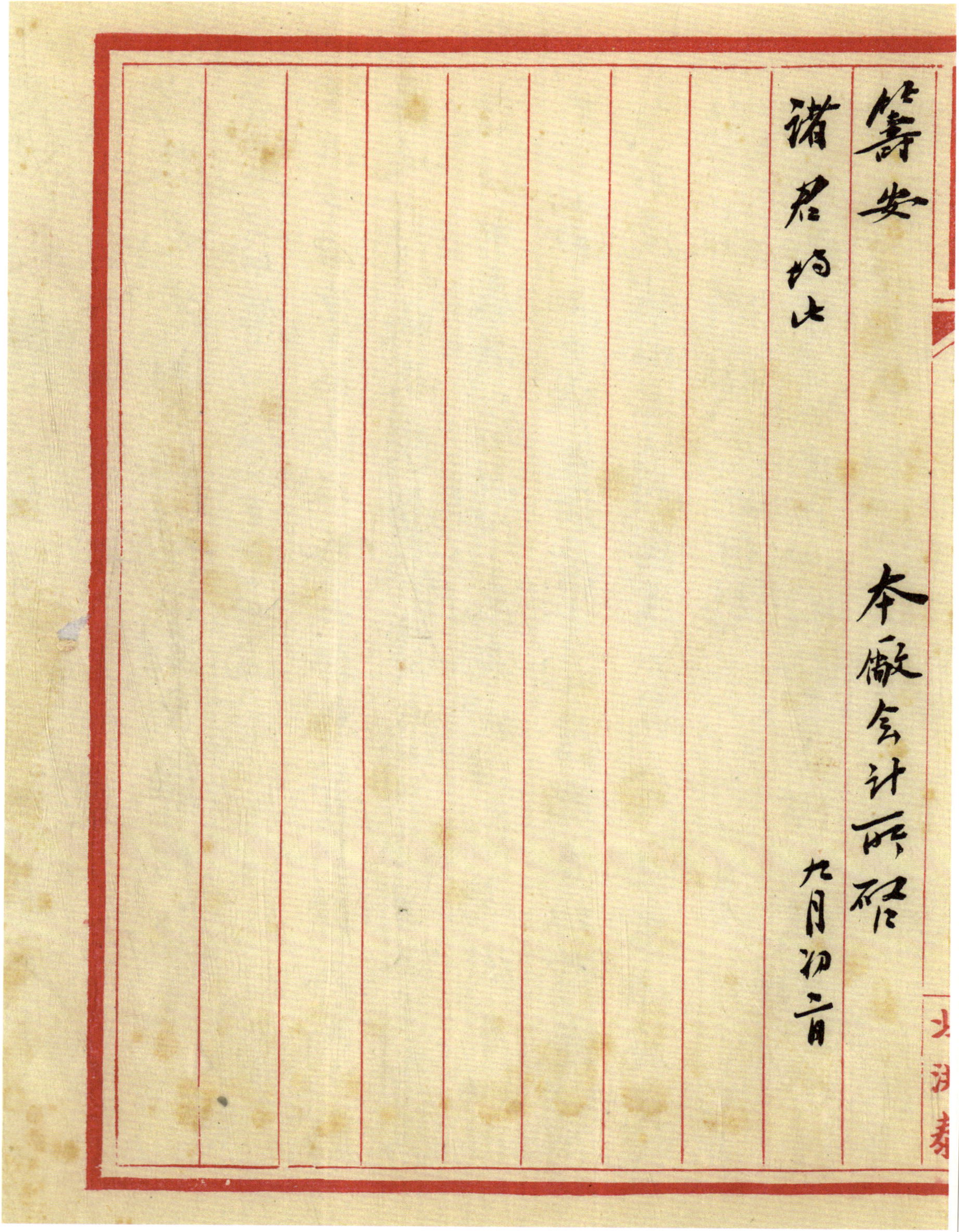

籌安
諸君均此
本廠會計所啓
九月初二日

第一百五十三號（九月初二日）

諸君均此。

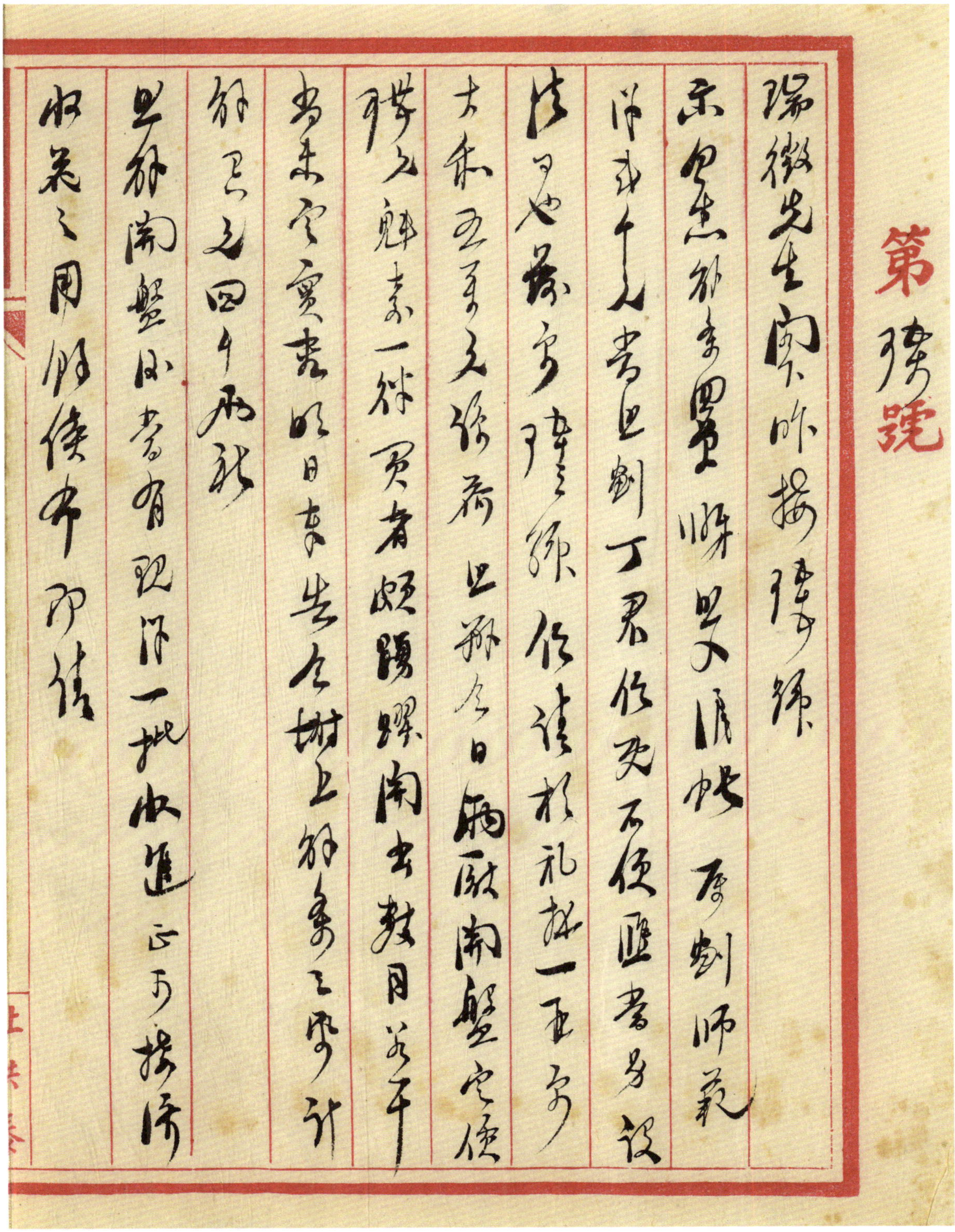

第一百五十四號（九月初四日）

瑞徵先生閣下：昨接一百五十五號示，具悉。解條回單二萬五千兩，照入滬帳。屬劃師範洋弍千元，當照劃。丁君信既不便匯，當另設法可也。前寄一百五十三號信，請於禮拜一再寄大和五萬元，諒荷照辦。今日兩廠開盤，定價一百卅五元，魁、壽一律，買者頗踴躍。開出數目若干，尚未定實，容明日奉告。今附上解條三紙，計解初六元四千兩，祈照解。開盤後當有現洋一批收進，正可接濟收花之用。餘續布。即請籌安。本廠會計所啓。九月初四日

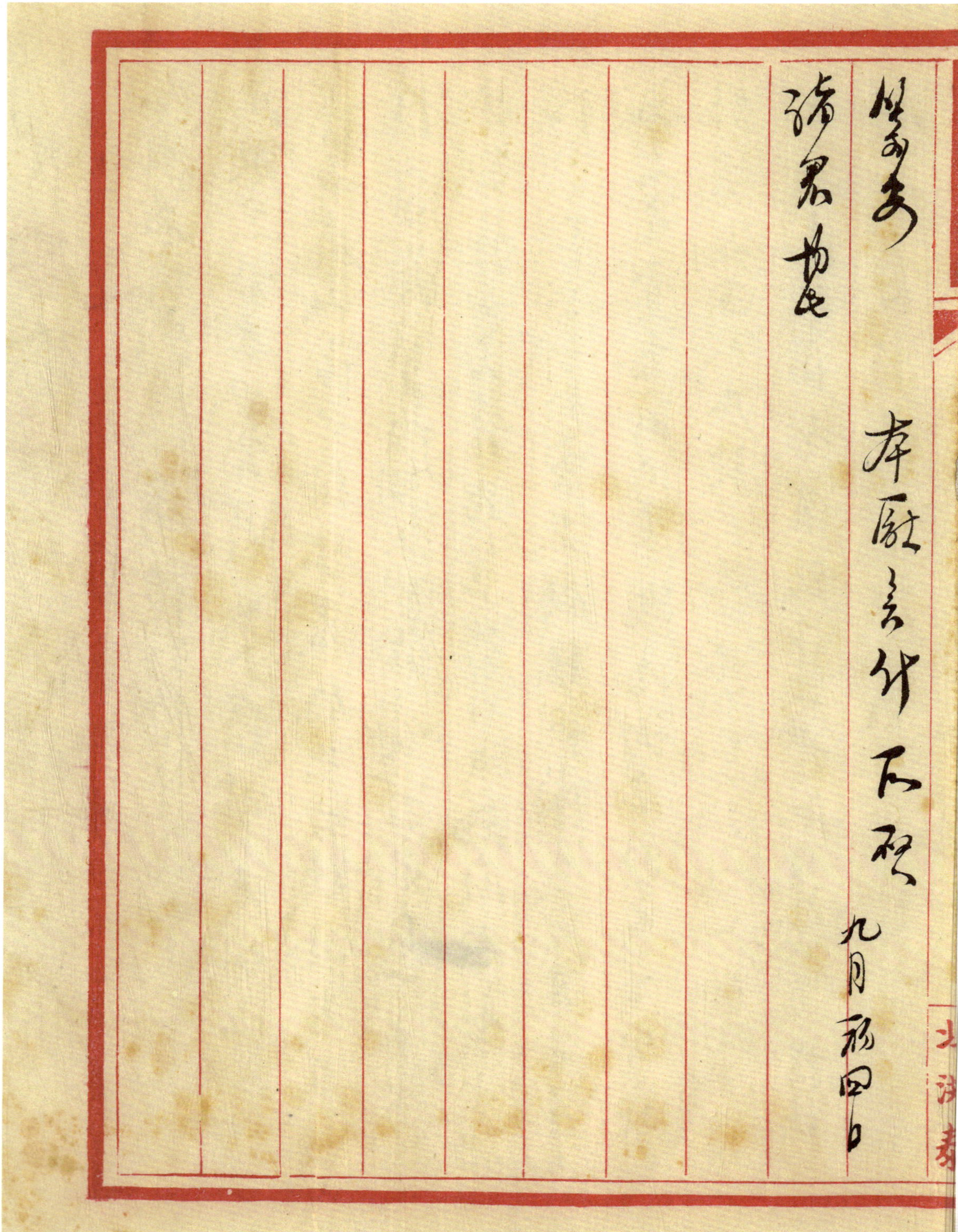

第一百五十四號（九月初四日）

諸君均此。

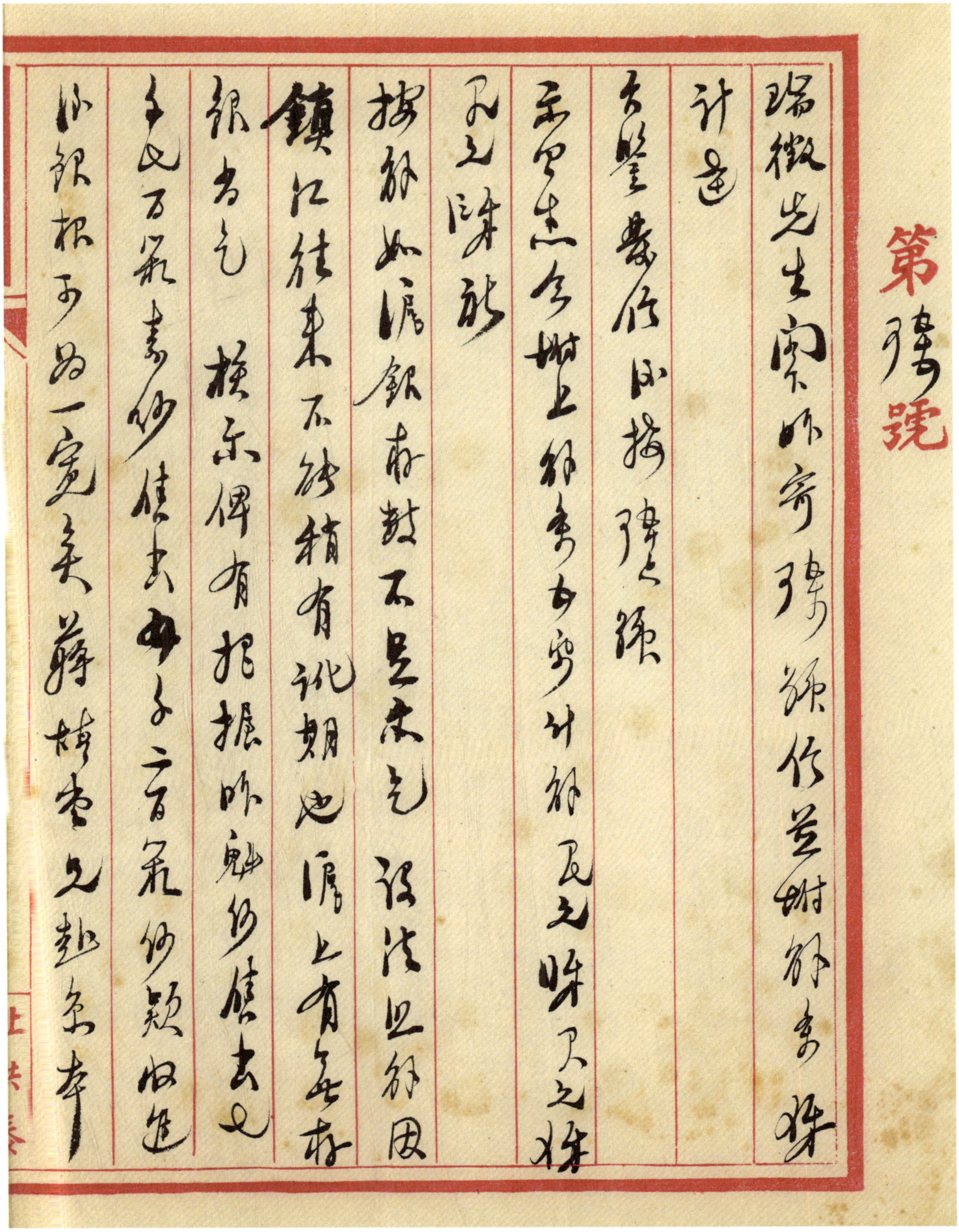

第　號

瑞徵先生閣下：昨寄一百五十四號信，并附解條四千兩，計達台鑒。發信後接一百五十六號示，具悉。今附上解條五紙，計解初七元二千兩、初八元四千兩、初九元一萬三千兩，祈按解。如滬銀存數不足，亦乞設法照解，因鎮江往來不能稍有誤期也。滬上有無存銀，尚乞核示，俾有把握。昨魁紗售出七千七百箱，壽紗售出五千二百箱，紗款收進後，銀根可爲一寬矣。蔣嘏堂兄赴京，本

第一百五十五號（九月初五日）

瑞徵先生閣下：昨寄一百五十四號信，并附解條四千兩，計達台鑒。發信後接一百五十六號示，具悉。今附上解條五紙，計解初七元二千兩、初八元四千兩、初九元一萬三千兩，祈按解。如滬銀存數不足，亦乞設法照解，因鎮江往來不能稍有誤期也。滬上有無存銀，尚乞核示，俾有把握。昨魁紗售出七千七百箱，壽紗售出五千二百箱，紗款收進後，銀根可爲一寬矣。蔣嘏堂兄赴京，本約與商會馬息深君同行，今馬君因事不能即行，嘏兄如未赴寧，乞告知，或另約伴，或一人先行。

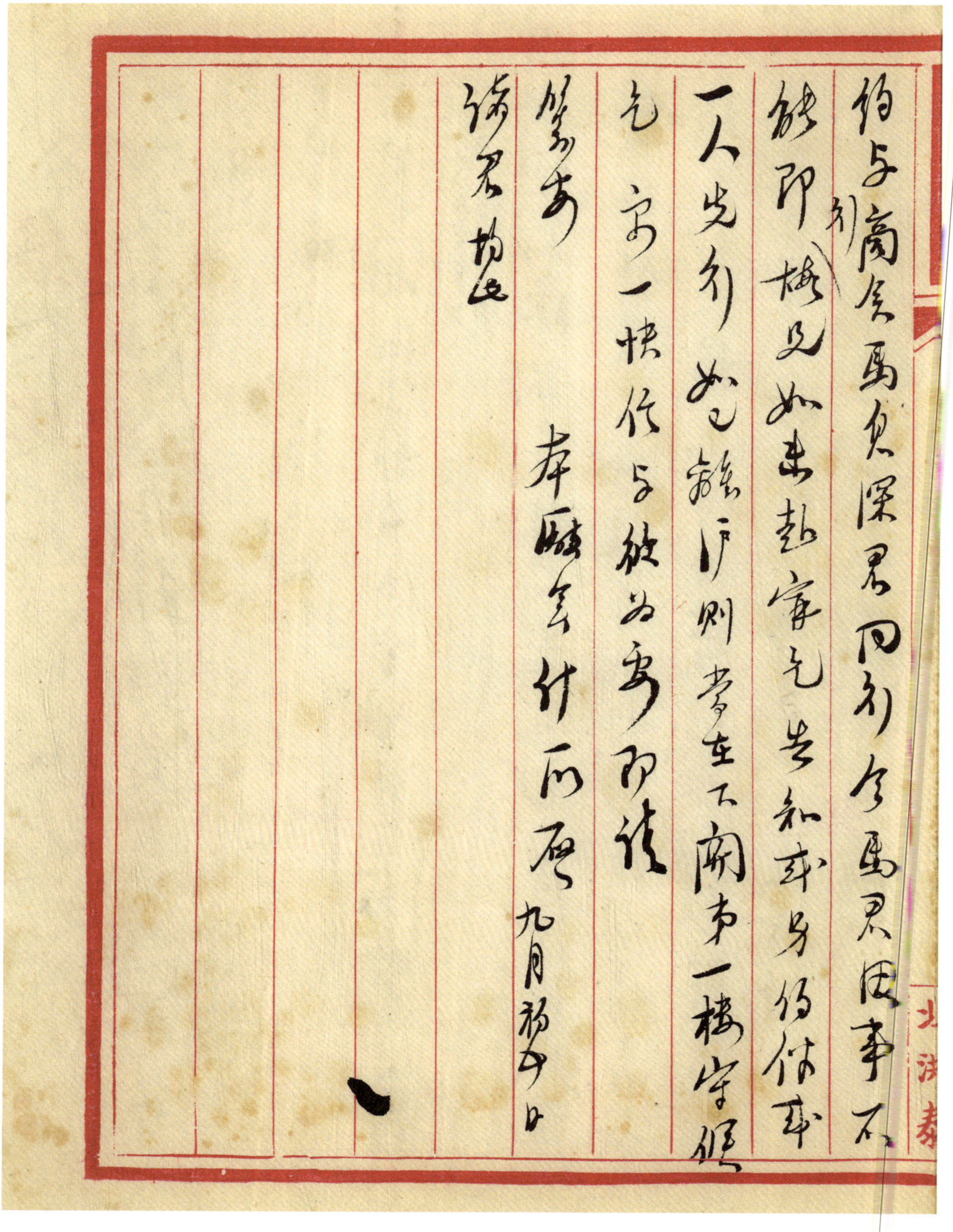

第一百五十五號（九月初五日）

如已離滬，則當在下關第一樓守候，乞寄一快信與彼爲要。即請籌安。本廠會計所啓。九月初五日
諸君均此。

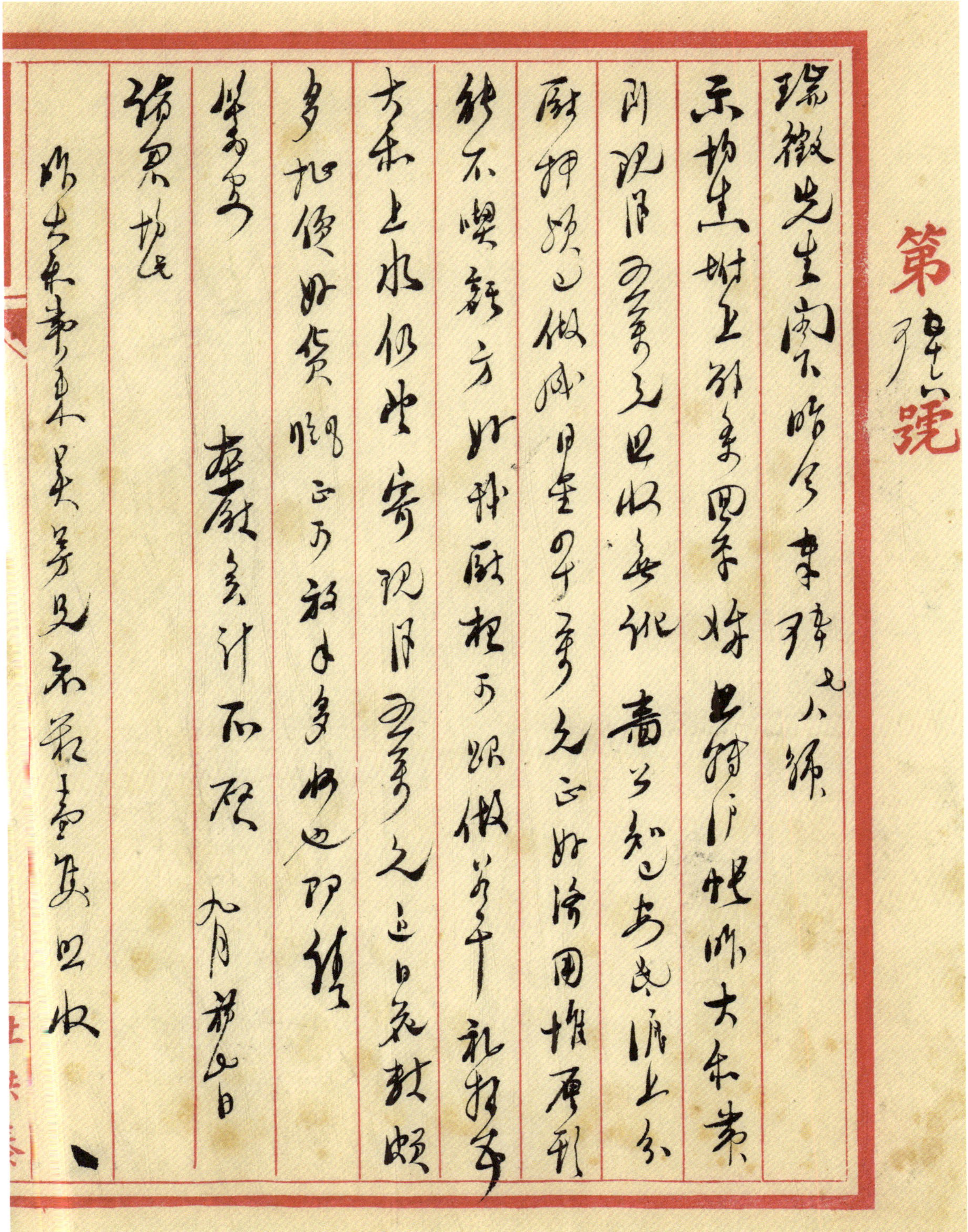

第一百五十六號（九月初七日）

瑞徵先生閣下：昨、今奉一百五十七、一百五十八號示，均悉。附上解條回單四千兩，照轉滬帳。昨大和帶到現洋五萬元，照收無訛。啬公知已安抵滬上。分廠押款已做成，日金四十萬元，正好濟用。惟厘期能不吃虧方好，我廠想可跟做若干。禮拜五大和上水，仍望寄現洋五萬元。近日花數頗多，扯價好貨二十八元四角，正可放手多收也。即請籌安。本廠會計所啓。九月初七日

諸君均此。

第一百五十六號（九月初七日）

昨大和帶來吴芳兄衣箱一隻，照收。

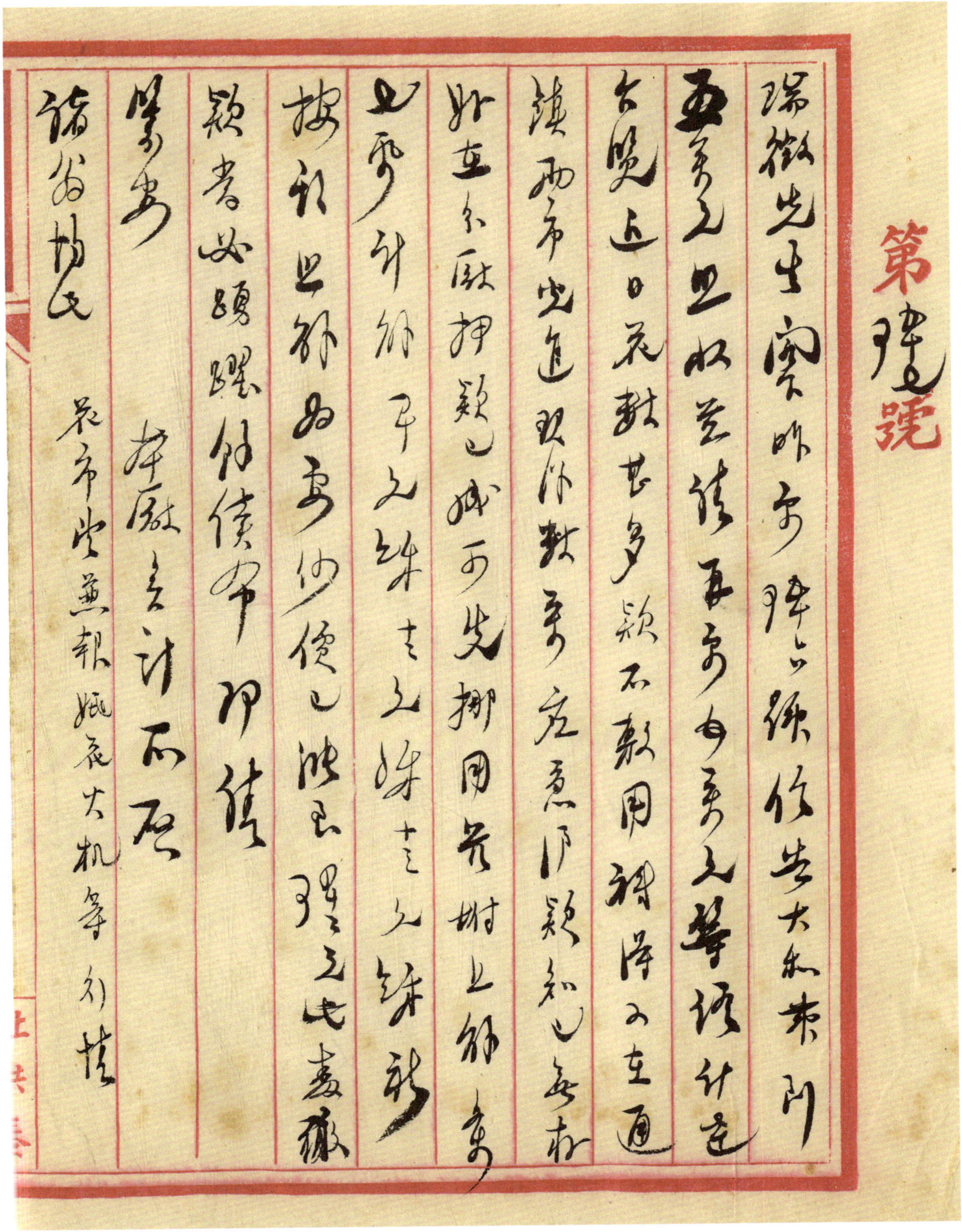

第一百五十七號

瑞徵先生閣下：昨寄一百五十六號信，告大和帶到五萬元照收，并請再寄五萬元等語，計達台覽。近日花數甚多，款不敷用，衹得又在通、鎮兩市兑進現洋數萬應急。滬款知已無存，好在分廠押款已成，可先挪用。兹附上解條七紙，計解初十元七千兩、十二元五千兩、十三元八千兩，祈按期照解爲要。紗價已漲至一百四十二元，此處繳款當必踴躍。餘續布。即請籌安。本廠會計所啓。

諸翁均此。

第一百五十七號

花市望兼報姚花、火機等行情。

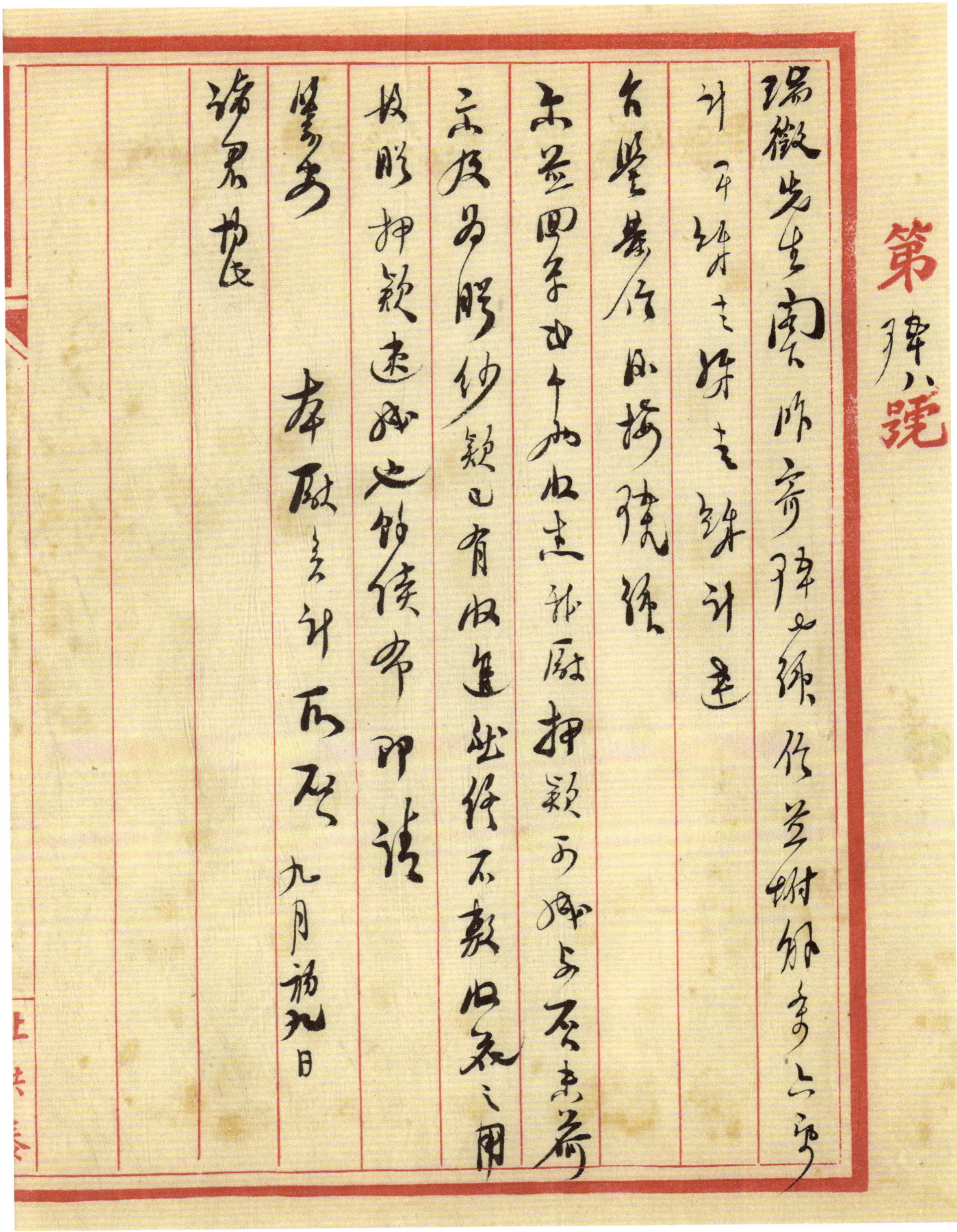

第一百五十八號（九月初九日）

瑞徵先生閣下：昨寄一百五十七號信，并附解條六紙，計初十七千兩、十二五千兩、十三八千兩，計達台鑒。發信後接一百五十九號示并回單弍千兩，收悉。我廠押款可成與否，未荷示及，爲盼。紗款已有收進，然終不敷收花之用，故盼押款速成也。餘續布。即請籌安。本廠會計所啓。九月初九日

諸君均此。

（按：解條六紙，前信云爲七紙）

第一百五十八號（九月初九日）

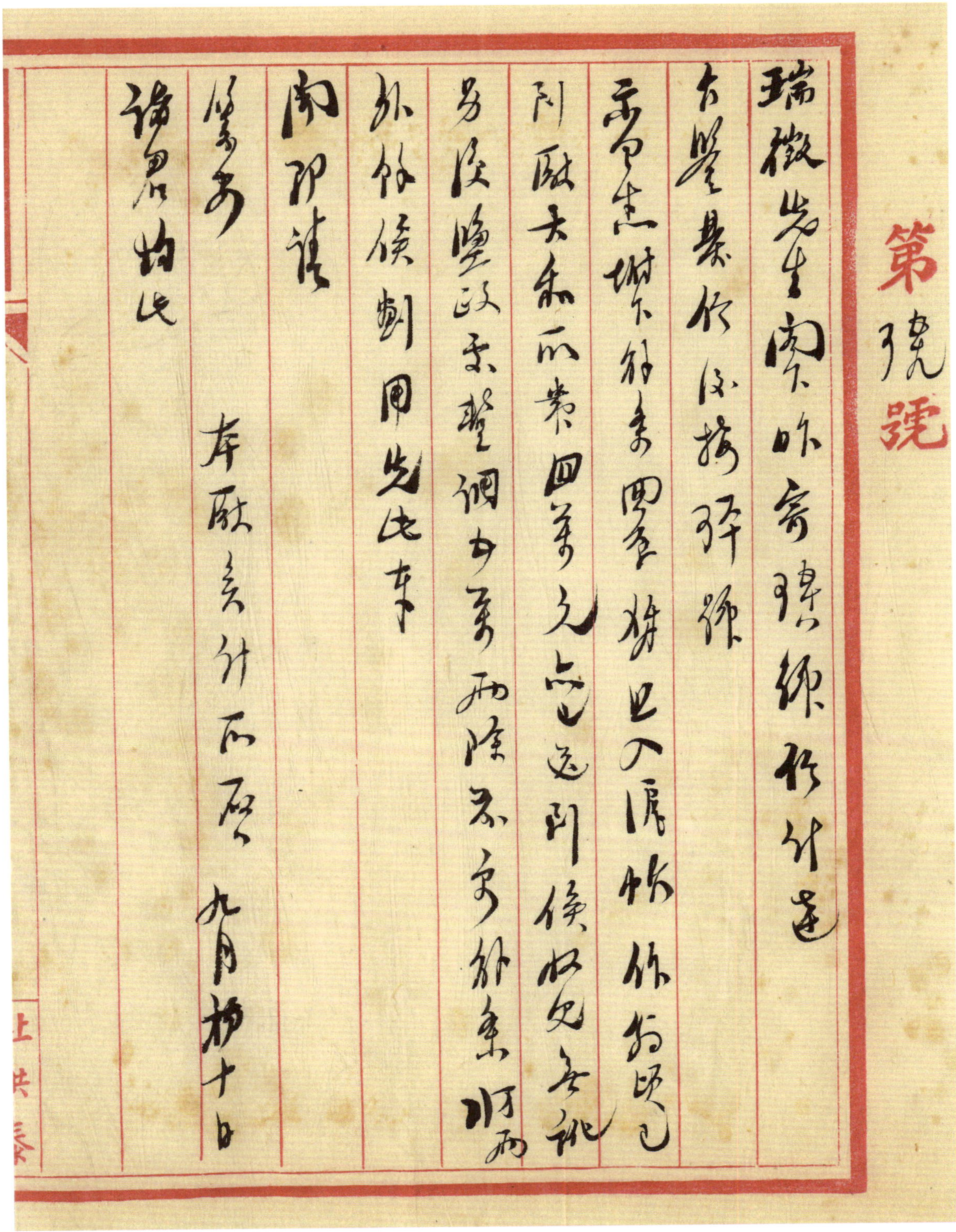

第一百五十九號（九月初十日）

瑞徵先生閣下：昨寄一百五十八號信，計達台鑒。發信後接一百六十號示，具悉。附下解條回單四千兩，照入滬帳。作翁頃已到廠，大和所帶四萬元亦已送到，俟收見無訛另復。鹽政處暫調五萬兩，除前寄解條二萬兩外，餘俟劃用，先此奉聞。即請籌安。本廠會計所啓。九月初十日

諸君均此。

第一百五十九號（九月初十日）

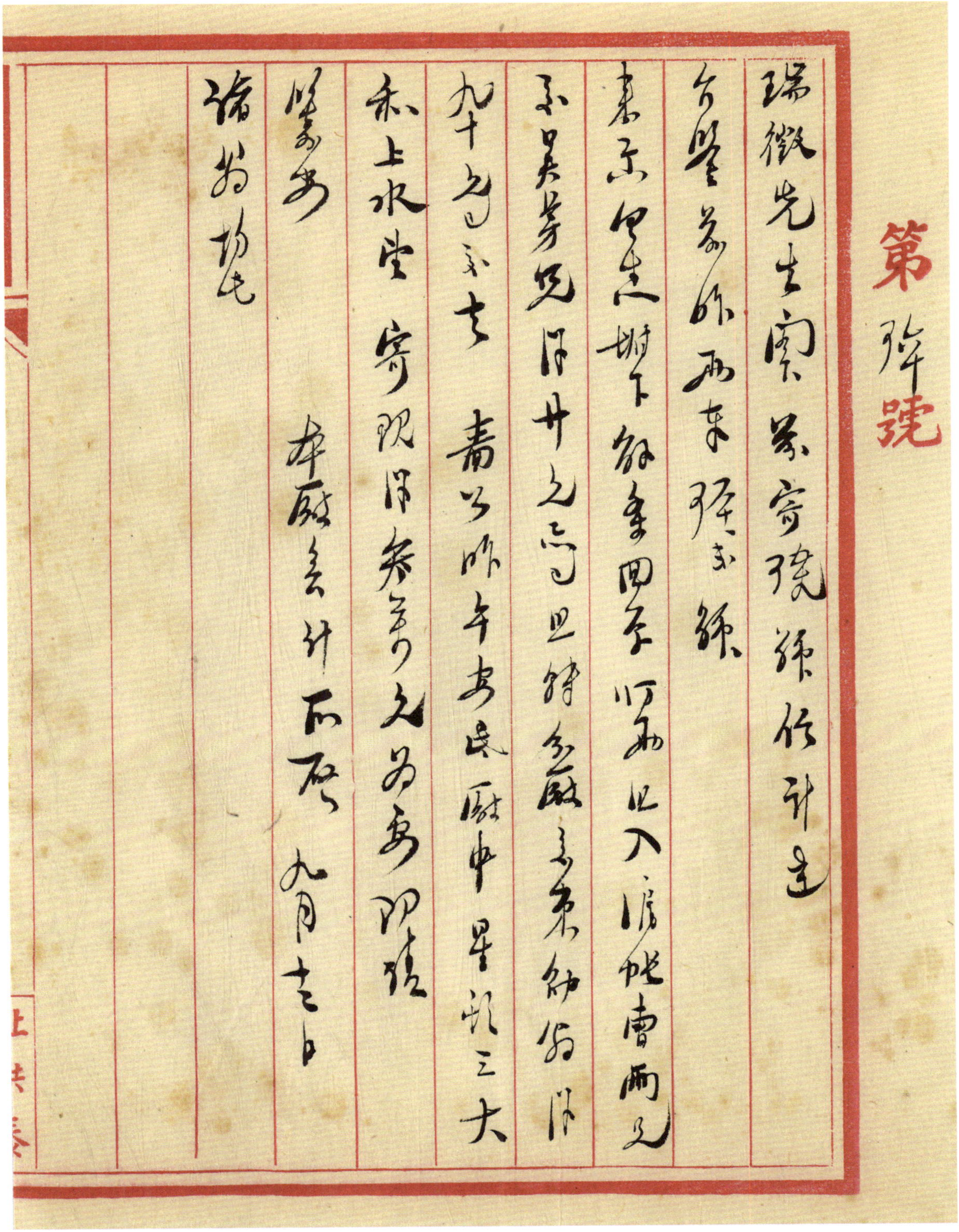

第一百六十號（九月十二日）

瑞徵先生閣下：前寄一百五十九號信，計達台鑒。前、昨兩奉一百六十一、一百六十式號來示，具悉。附下解條回單二萬兩，照入滬帳。曹雨兄交吴芳兄洋廿元，亦已照轉。分廠交東劭翁洋九十元，已交去。嗇公昨午安抵廠中。星期三大和上水，望寄現洋三萬元爲要。即請籌安。本廠會計所啓。九月十二日

諸翁均此。

第一百六十號（九月十二日）

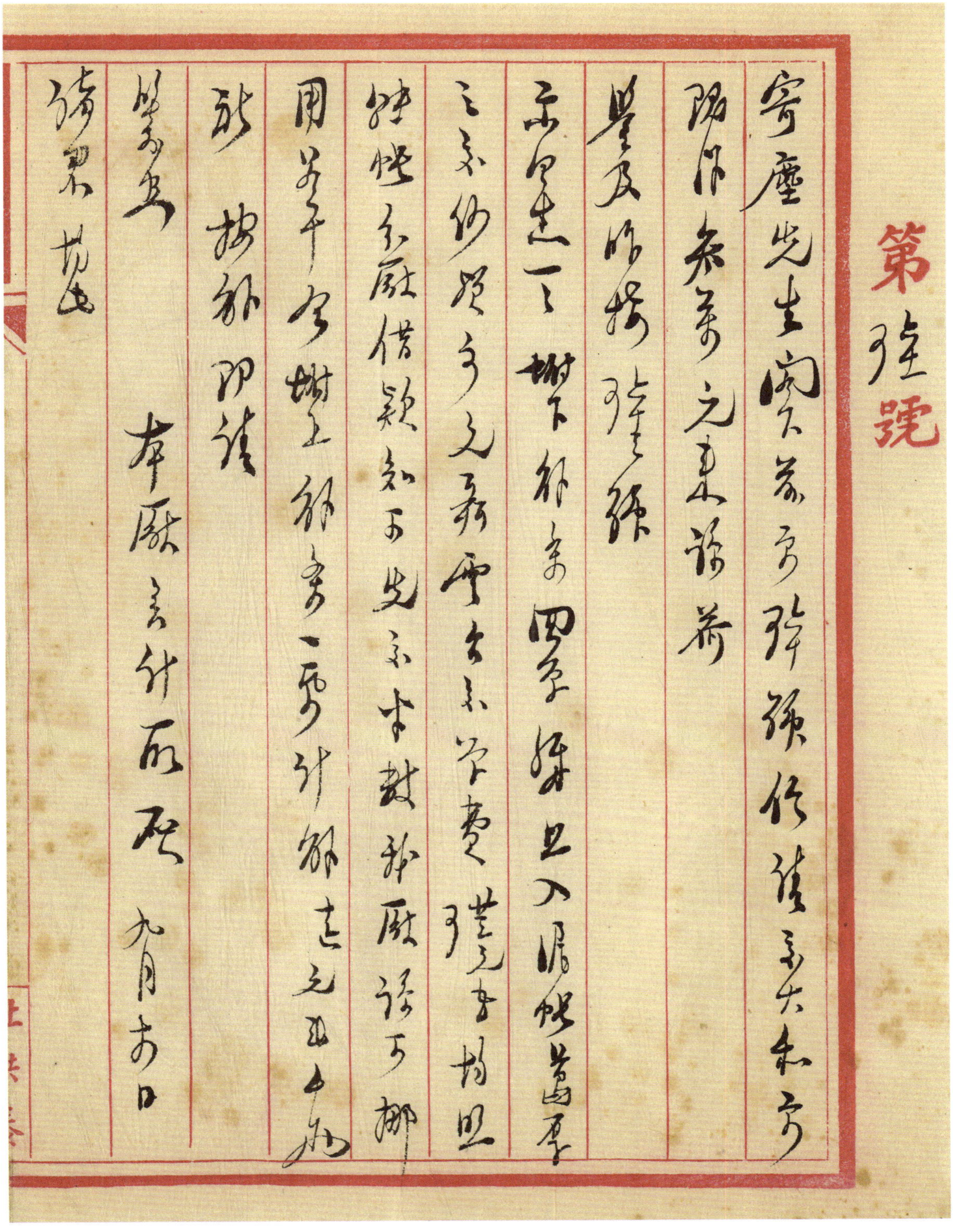

第一百六十一號（九月十四日）

寄塵先生閣下：前寄一百六十號信，請交大和寄現洋叁萬元來，諒荷鑒及。昨接一百六十三號示，具悉一一。附下解條回單五千兩，照入滬帳。葛厚之交紗款二百元，聶雲台交學費一百廿三元五角，均照轉帳。分廠借款知可先交半數，我廠諒可挪用若干。今附上解條一紙，計解十六元式千兩，祈按解。即請籌安。本廠會計所啓。九月十四日

諸君均此。

第一百六十一號（九月十四日）

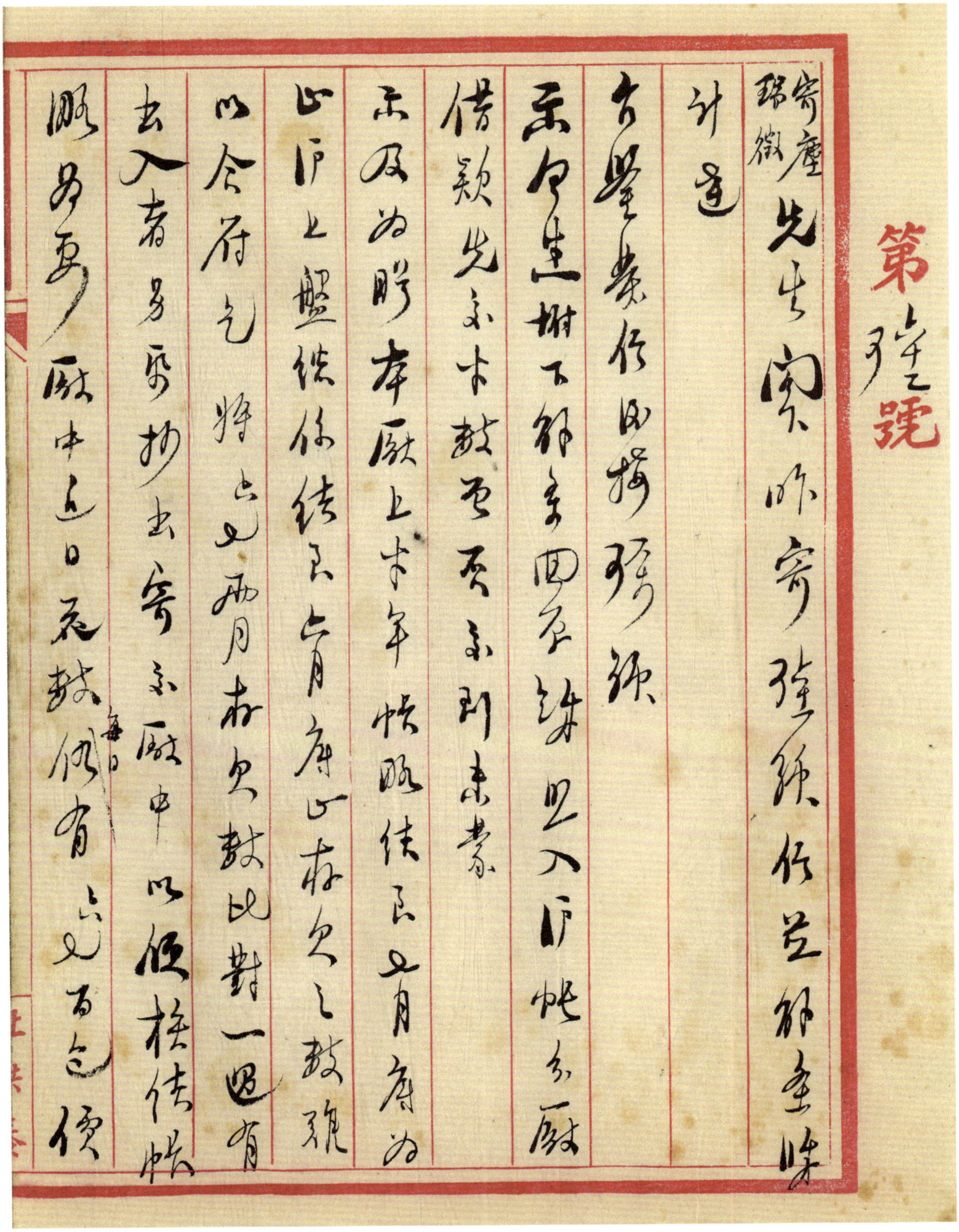

第一百六十二號（九月十五日）

寄塵、瑞徵先生閣下：昨寄一百六十一號信并解條二千兩，計達台鑒。發信後接一百六十四號示，具悉。附下解條回單八千兩，照入滬帳。分廠借款先交半數，曾否交到，未蒙示及，爲盼。本廠上半年帳略結至七月底爲止，滬上盤總係結至六月底止，存欠之數難以合符，乞將六、七兩月存欠數比對一過，有出入者另紙抄出，寄交廠中，以便核結帳略爲要。廠中近日花數每日仍有六七百包，價扯二百八十五元六角，祇恐款不接濟耳。即請籌安。本廠會計所啓。九月十五日

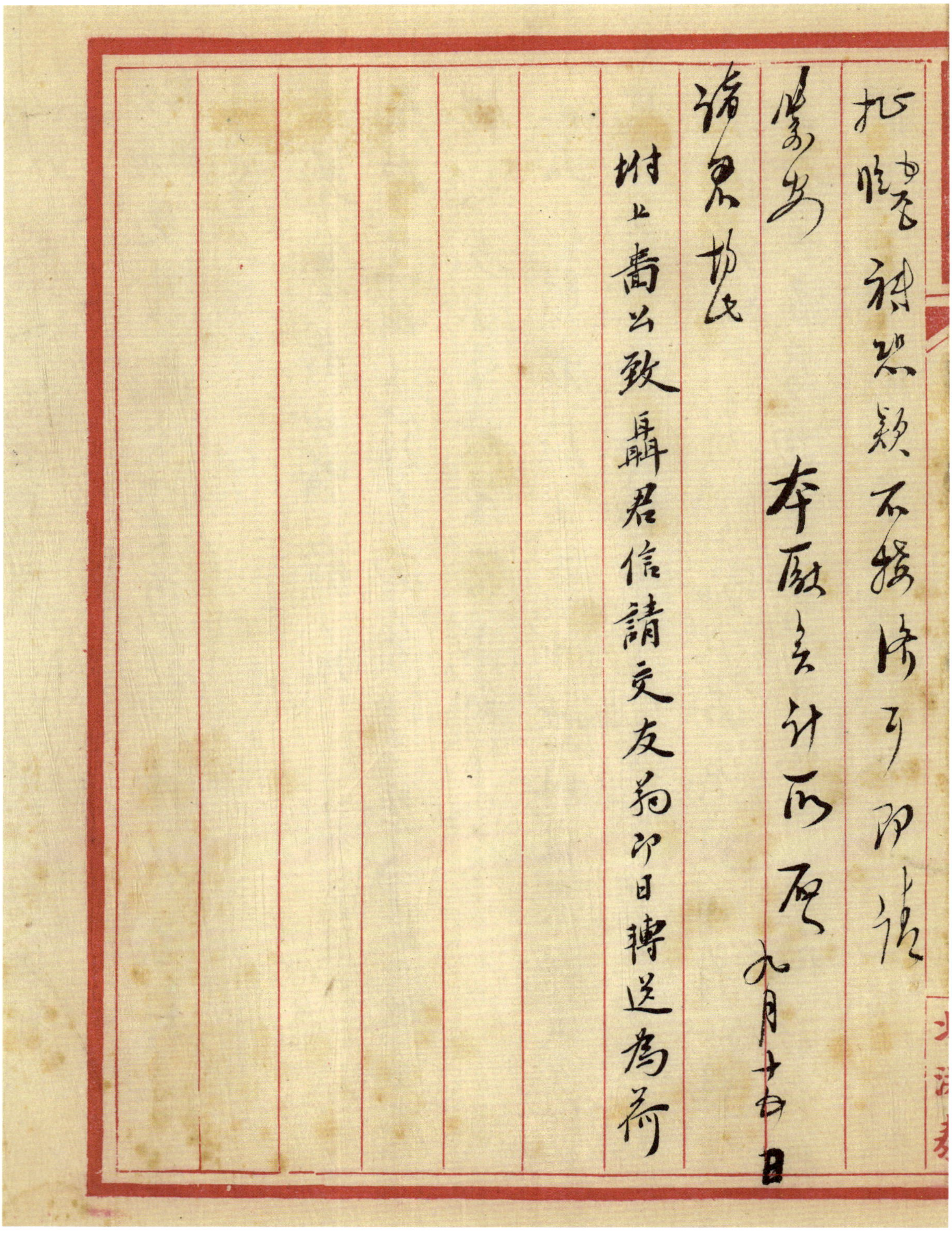
業安
本廠主計所啓
九月十五日
諸君均此
附上嗇公致聶君信請交友翁即日轉送爲荷

第一百六十二號（九月十五日）

諸君均此。

附上嗇公致聶君信，請交友翁即日轉送爲荷。

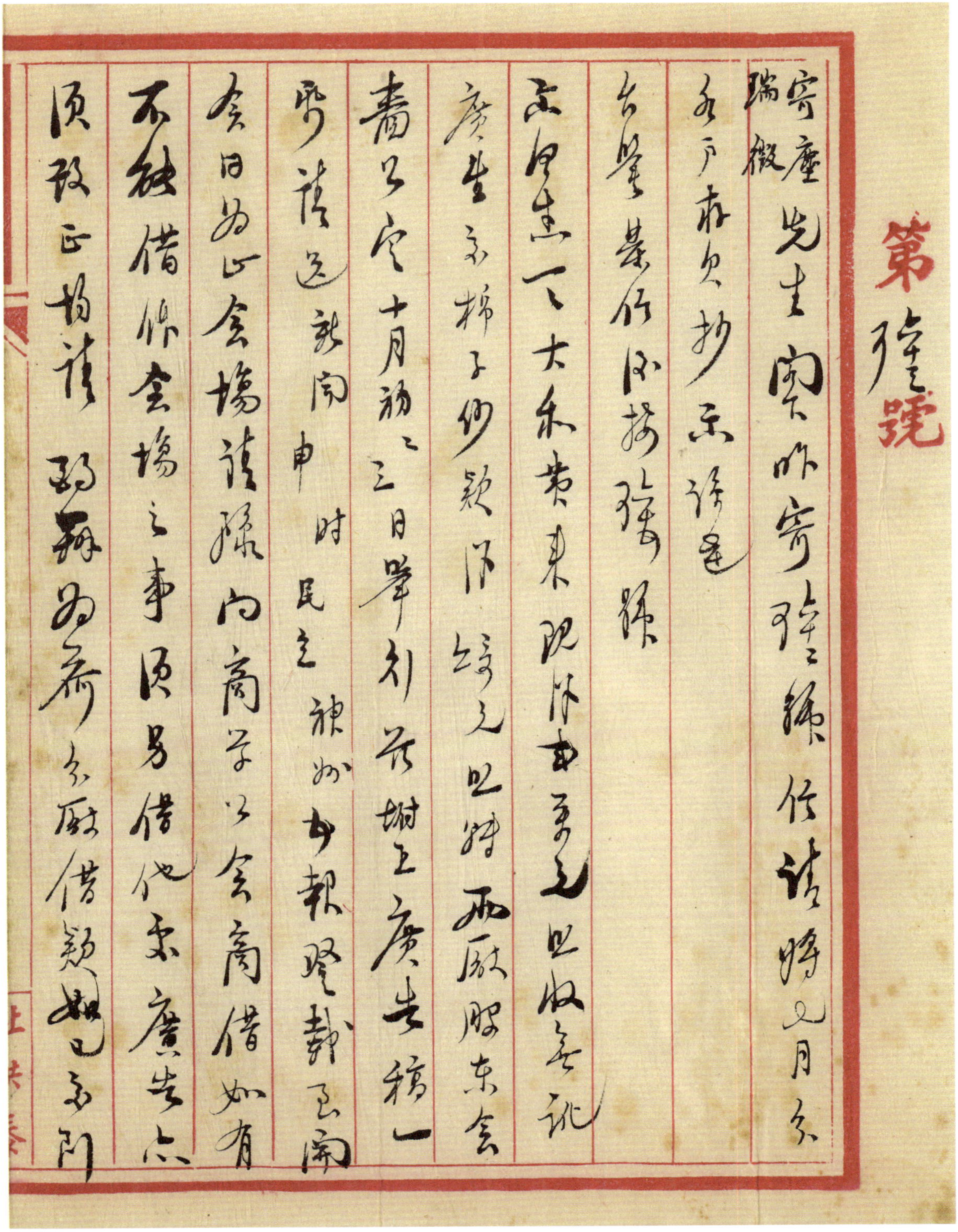

第一百六十三號（九月十六日）

寄塵、瑞徵先生閣下：昨寄一百六十二號信，請將七月分各户存欠抄示，諒達台鑒。發信後接一百六十五號示，具悉一一。大和帶來現洋式萬元，照收無訛。廣生交棉子紗款洋七千三百元，照轉。兩廠股東會，嗇公定十月初二、初三日舉行，兹附上廣告稿一紙，請送《新聞》《申》《時》《民立》《神州》五報登載，至開會日爲止。會場請豫向商學公會商借，如有不能借作會場之事，須另借他處，廣告亦須改正。均請酌辦爲荷。分廠借款如已交到，星期一大和上水，仍望寄現洋數萬

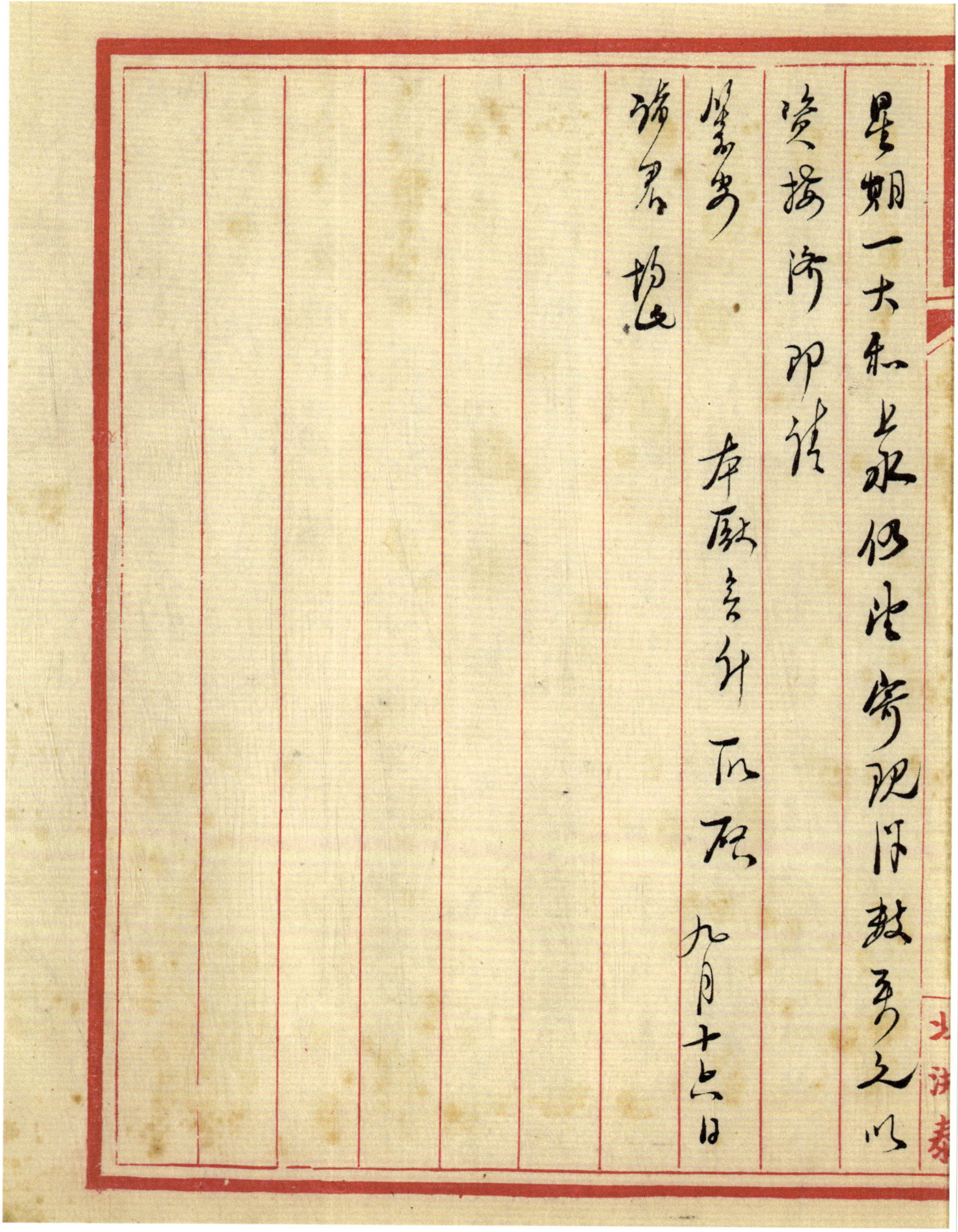
星期一大和上泉仍照寄現洋數[illegible]之以
資接濟即請
籌安
本廠會計所啓
九月十六日
諸君均此

第一百六十三號（九月十六日）

元，以資接濟。即請籌安。本廠會計所啓。九月十六日
諸君均此。

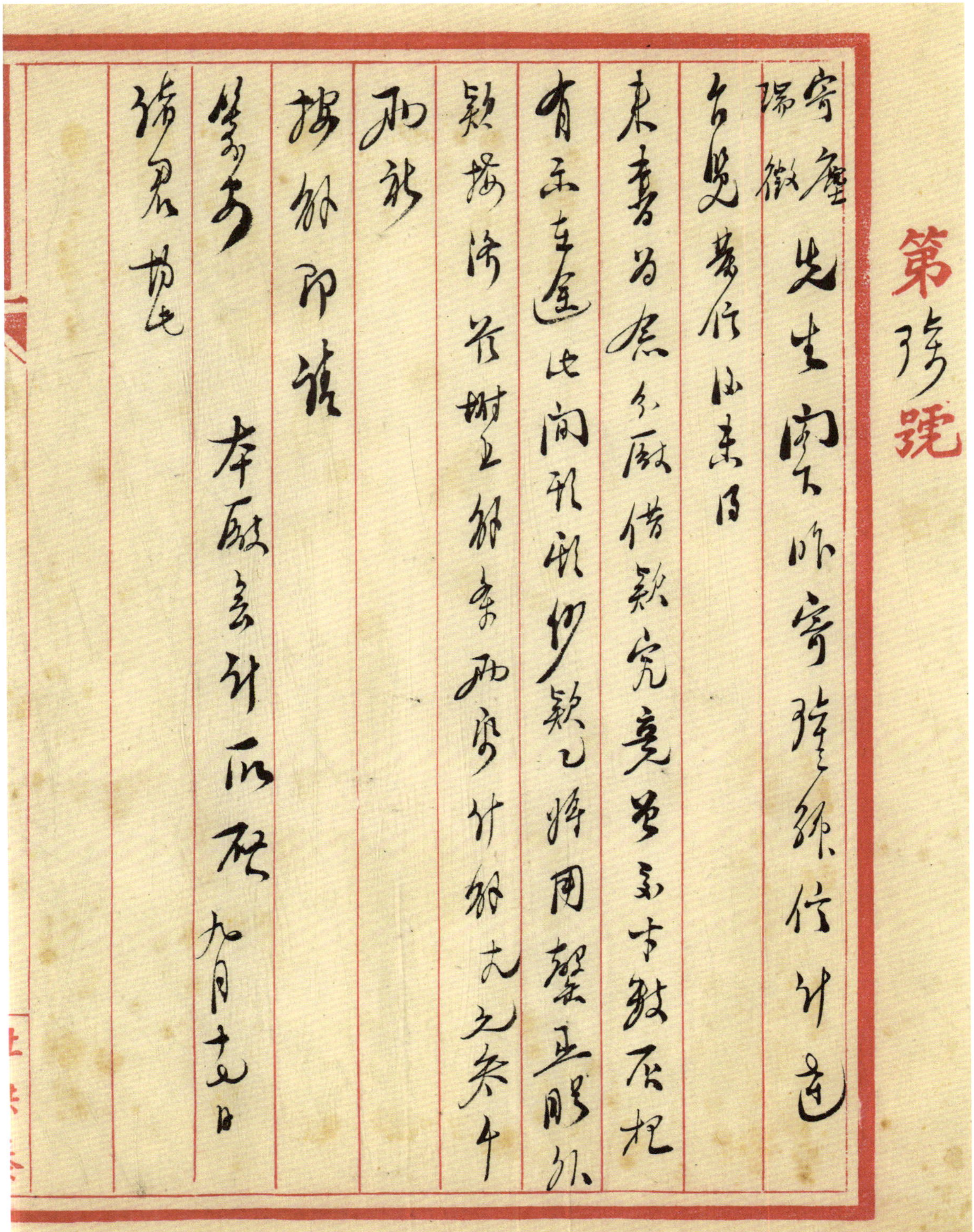

第一百六十四號（九月十七日）

寄塵、瑞徵先生閣下：昨寄一百六十三號信，計達台覽。發信後未得來書，爲念。分廠借款究竟曾交半數否？想有示在途。此間期期紗款已將用罄，亟盼外款接濟。兹附上解條兩紙，計解十九元叁千兩，祈按解。即請籌安。本廠會計所啓。九月十七日

諸君均此。

第一百六十四號（九月十七日）

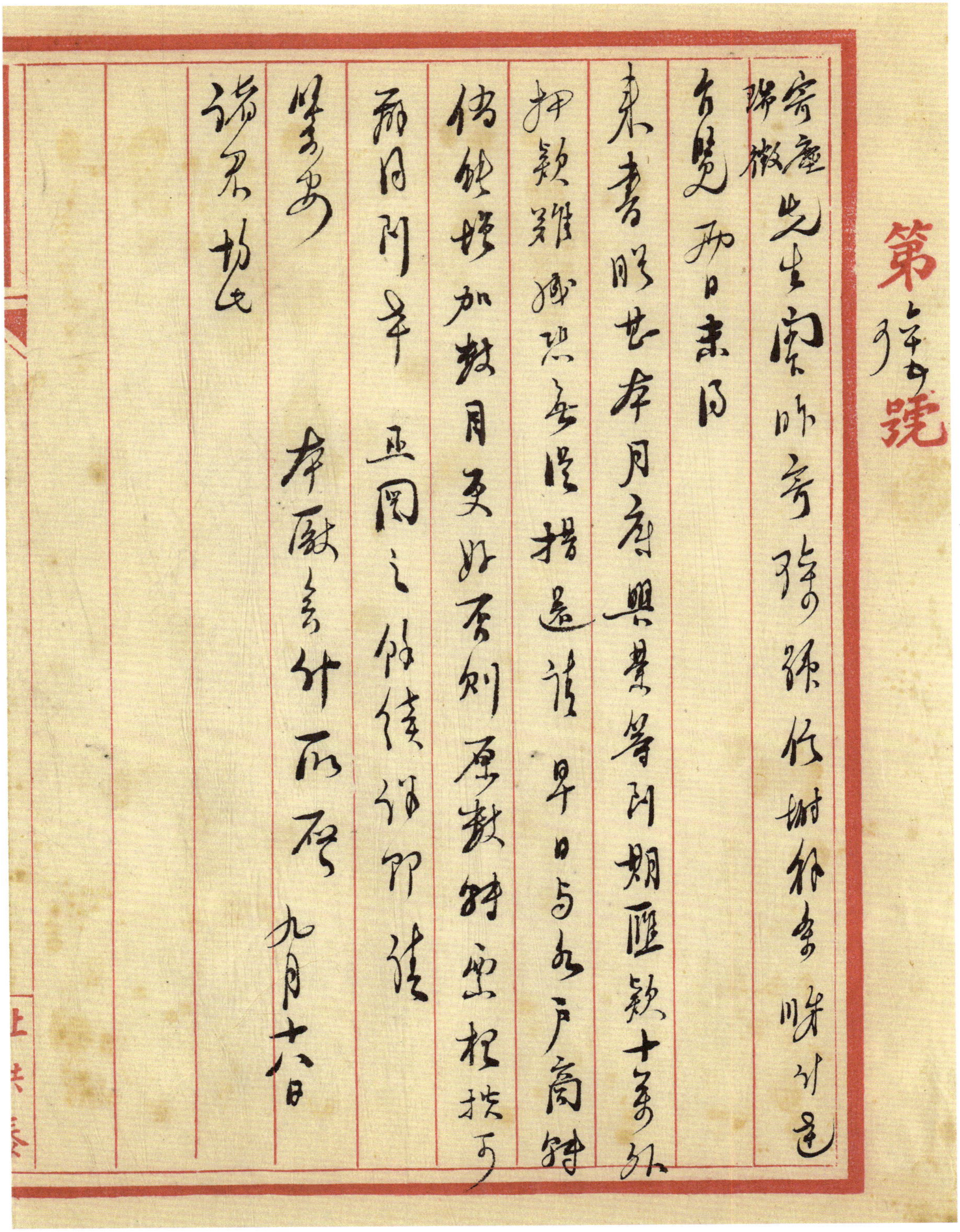

第一百六十五號（九月十八日）

寄塵、瑞徵先生閣下：昨寄一百六十四號信，附解條三千兩，計達台覽。兩日未得來書，盼甚。本月底興業等到期匯款十萬外，押款難成，恐無從措還，請早日與各户商轉，倘能增加數月更好，否則原數轉票，想總可辦得到，幸亟圖之。餘續詳。即請籌安。本廠會計所啓。九月十八日

諸君均此。

第一百六十五號（九月十八日）

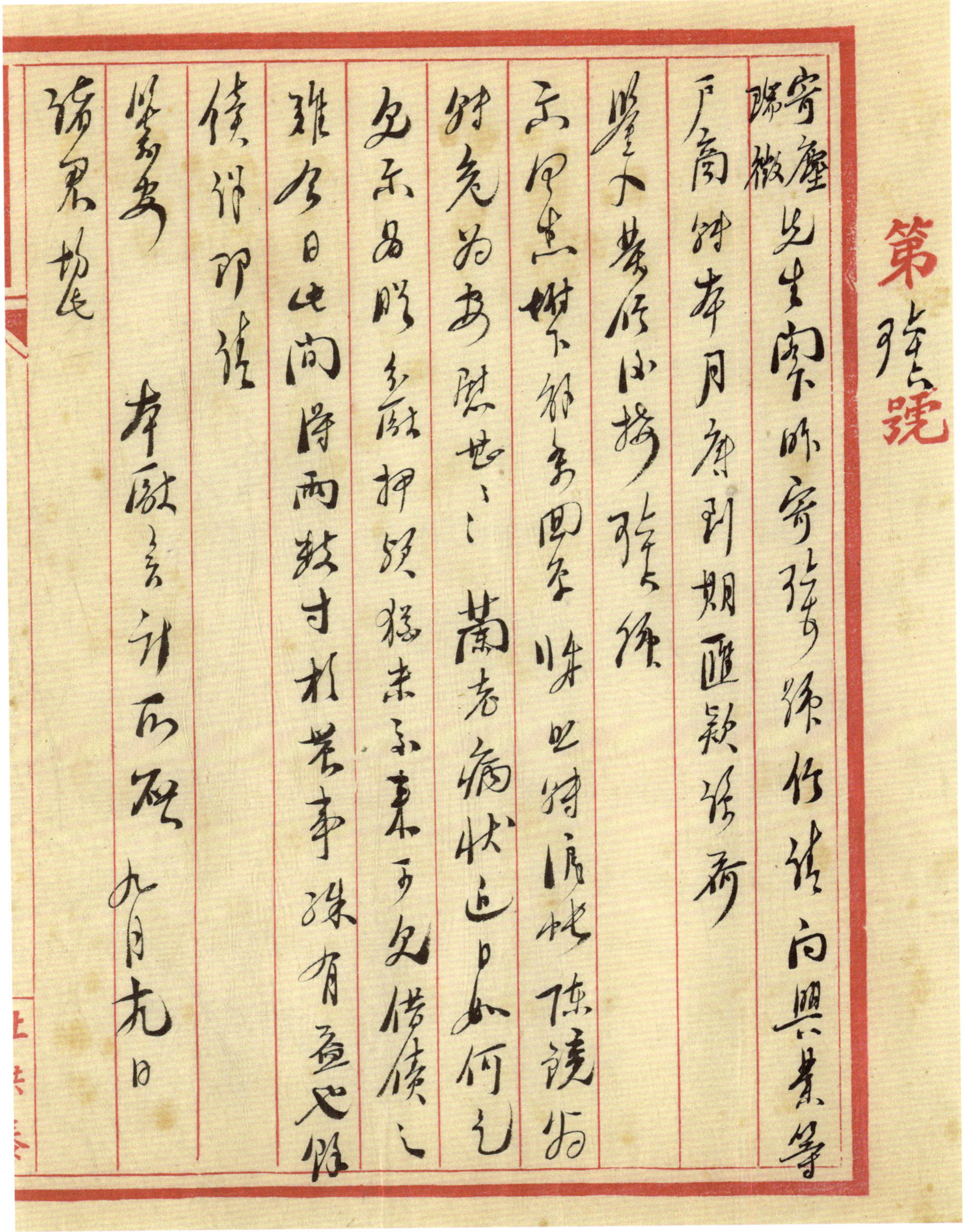

第一百六十六號（九月十九日）

寄塵、瑞徵先生閣下：昨寄一百六十五號信，請向興業等户商轉本月底到期匯款，諒荷鑒入。發信後接一百六十六號示，具悉。附下解條回單二千兩，照轉滬帳。陳鏡翁轉危爲安，慰甚慰甚。蘭老病狀近日如何，乞見示爲盼。分廠押款猶未交來，可見借債之難。今日此間得雨數寸，於農事殊有益也。餘續詳。即請籌安。本廠會計所啓。九月十九日

諸君均此。

第一百六十六號（九月十九日）

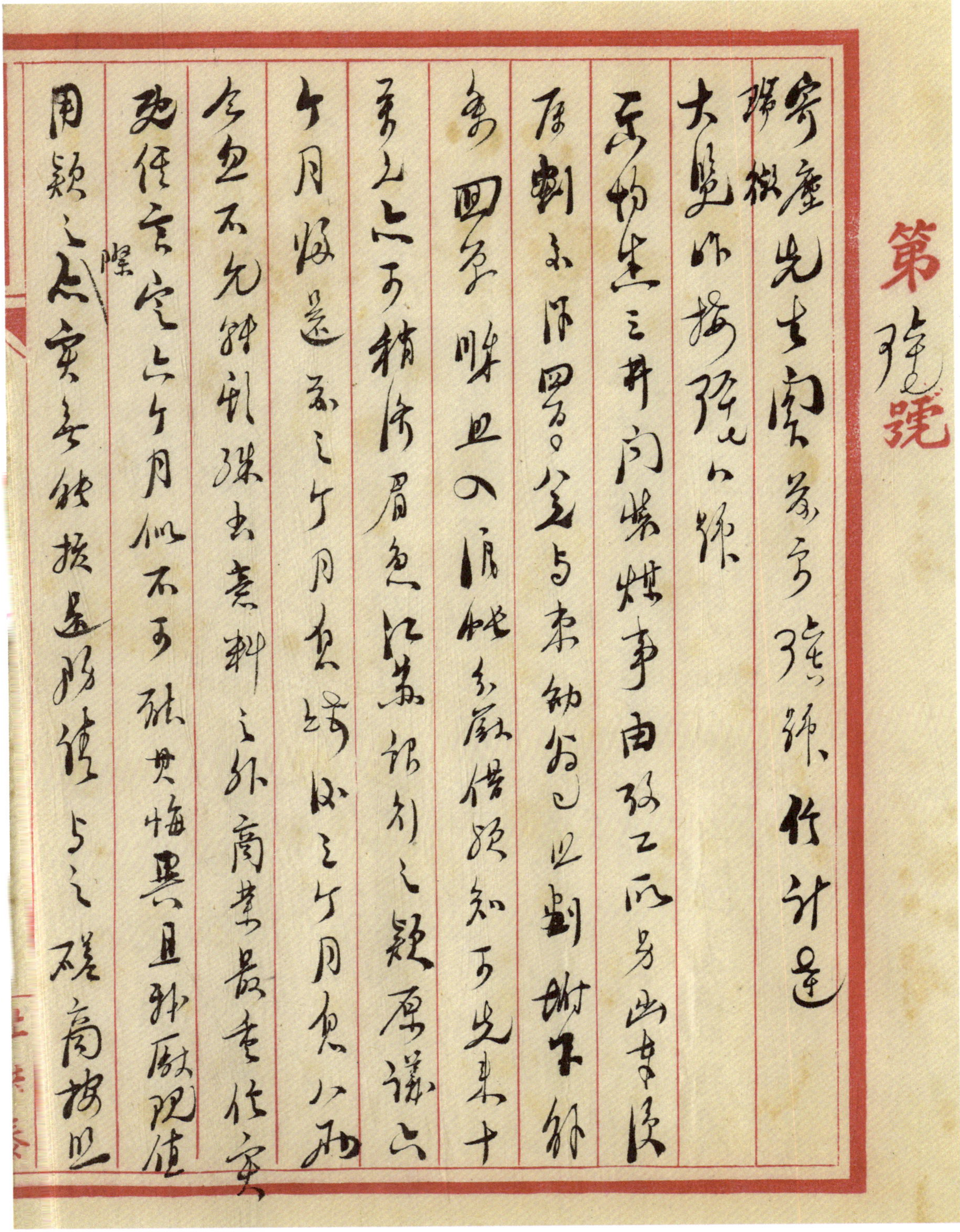

第一百六十七號（九月廿一日）

寄塵、瑞徵先生閣下：前寄一百六十六號信，計達大覽。昨接一百六十七、一百六十八號示，均悉。三井問裝煤事，由考工所另函奉復。屬劃交洋四百零八元與東劭翁，已照劃。附下解條回單三千兩，照入滬帳。分廠借款知可先來十萬元，亦可稍濟眉急。江蘇銀行之款，原議六個月歸還，前三個月息七兩七錢五，後三個月息八兩，今忽不允轉期，殊出意料之外。商業最重信實，既經言定六個月，似不可聽其悔异。且我廠現值用款之際，亦實無能撥還。務請與之磋商，按照原議全數

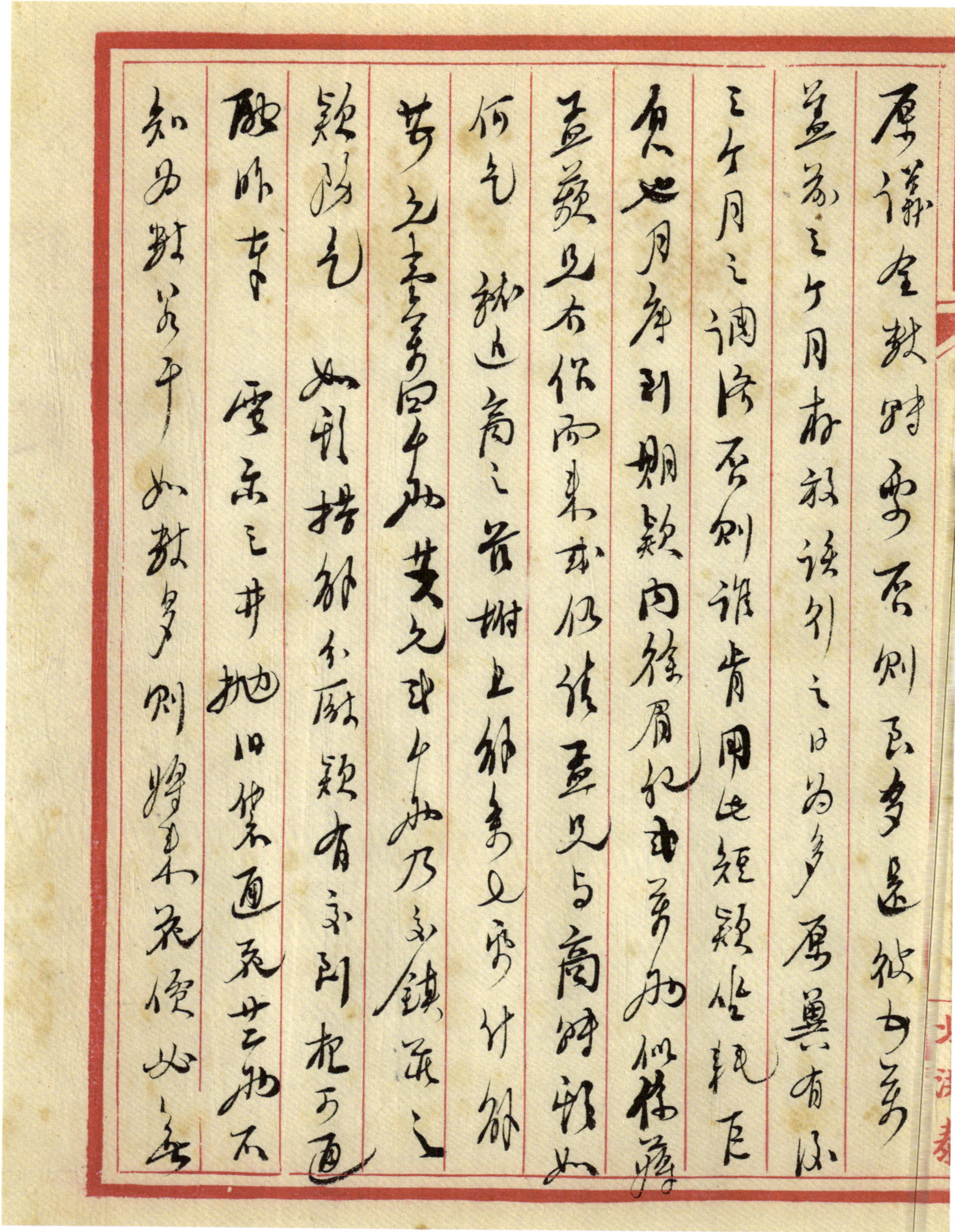

第一百六十七號（九月廿一日）

轉票，否則至多還彼五萬，蓋前三個月存放該行之日爲多，原冀有後三個月之調濟，否則誰肯用此短款坐耗巨息也？月底到期款内，徐眉記弍萬兩，似係君孟蘋兄介紹而來，或仍請孟兄與商轉期如何，乞就近商之。兹附上解條七紙，計解廿五元壹萬四千兩、廿六元弍千兩，乃交鎮莊之款，務乞如期措解。分廠款有交到，想可通融。昨奉電示，三井抛舊裝通花廿二兩，不知爲數若干，如數多則將來花價必無漲市，否則彼不敢多抛也。此間花數仍不減少，第款難妥濟

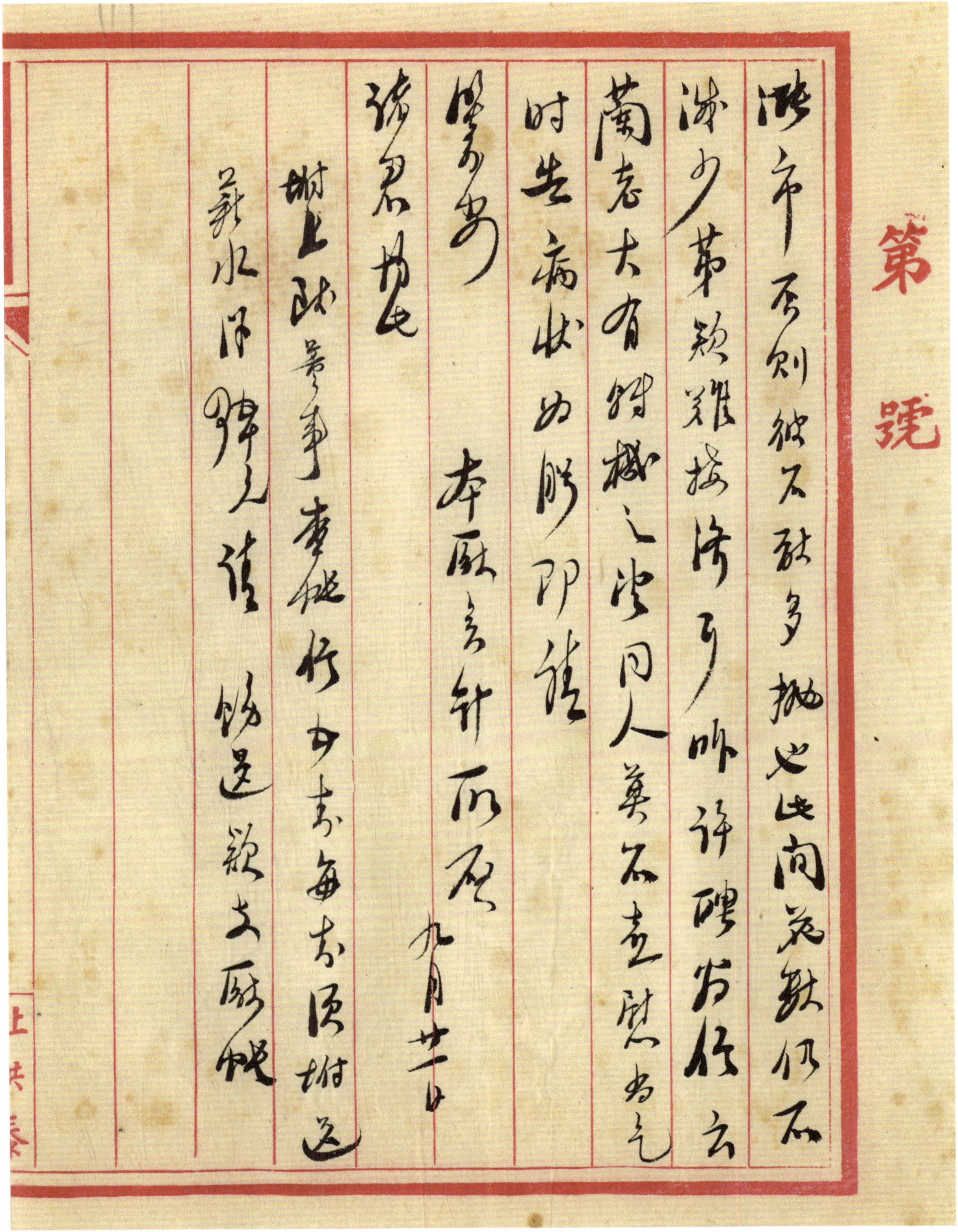

第一百六十七號（九月廿一日）

耳。昨許聘翁信云，蘭老大有轉機之望，同人莫不喜慰，尚乞時告病狀爲盼。即請籌安。本廠會計所啓。九月廿一日

諸君均此。

附上致董事、查帳信五封，每封須附送薪水洋四百五十元，請飭送，款支廠帳。

第一百六十七號（九月廿一日）

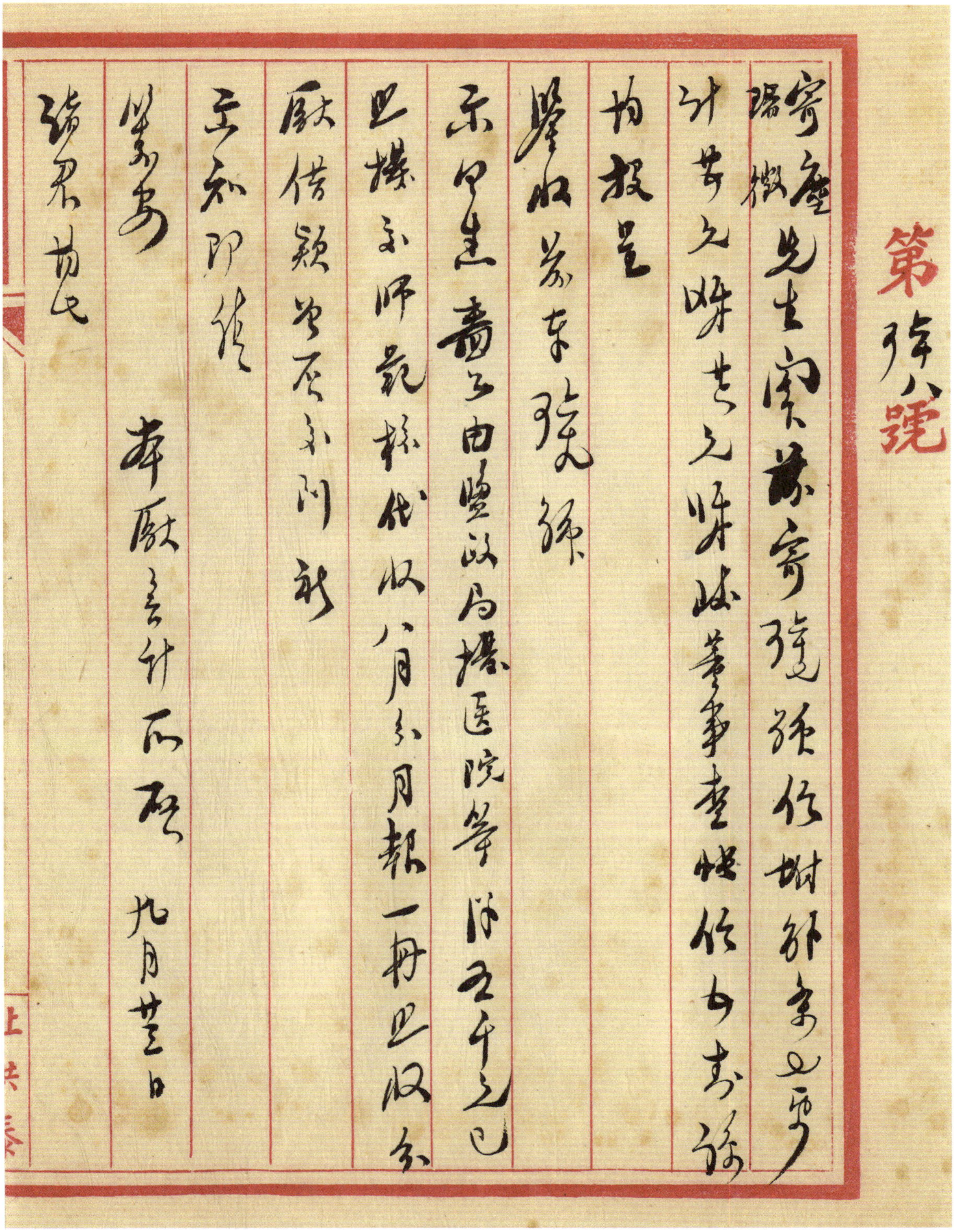

第一百六十八號（九月廿三日）

寄塵、瑞徵先生閣下：前寄一百六十七號信，附解條七紙，計廿五元一萬四千兩、廿六元二千兩，致董事、查帳信五封，諒均投呈鑒收。前奉一百六十九號示，具悉。嗇公由鹽政局撥醫院等洋五千元，已照撥交。師範校代收八月分月報一册，照收。分廠借款曾否交到，祈示知。即請籌安。本廠會計所啓。九月廿三日

諸君均此。

第一百六十八號（九月廿三日）

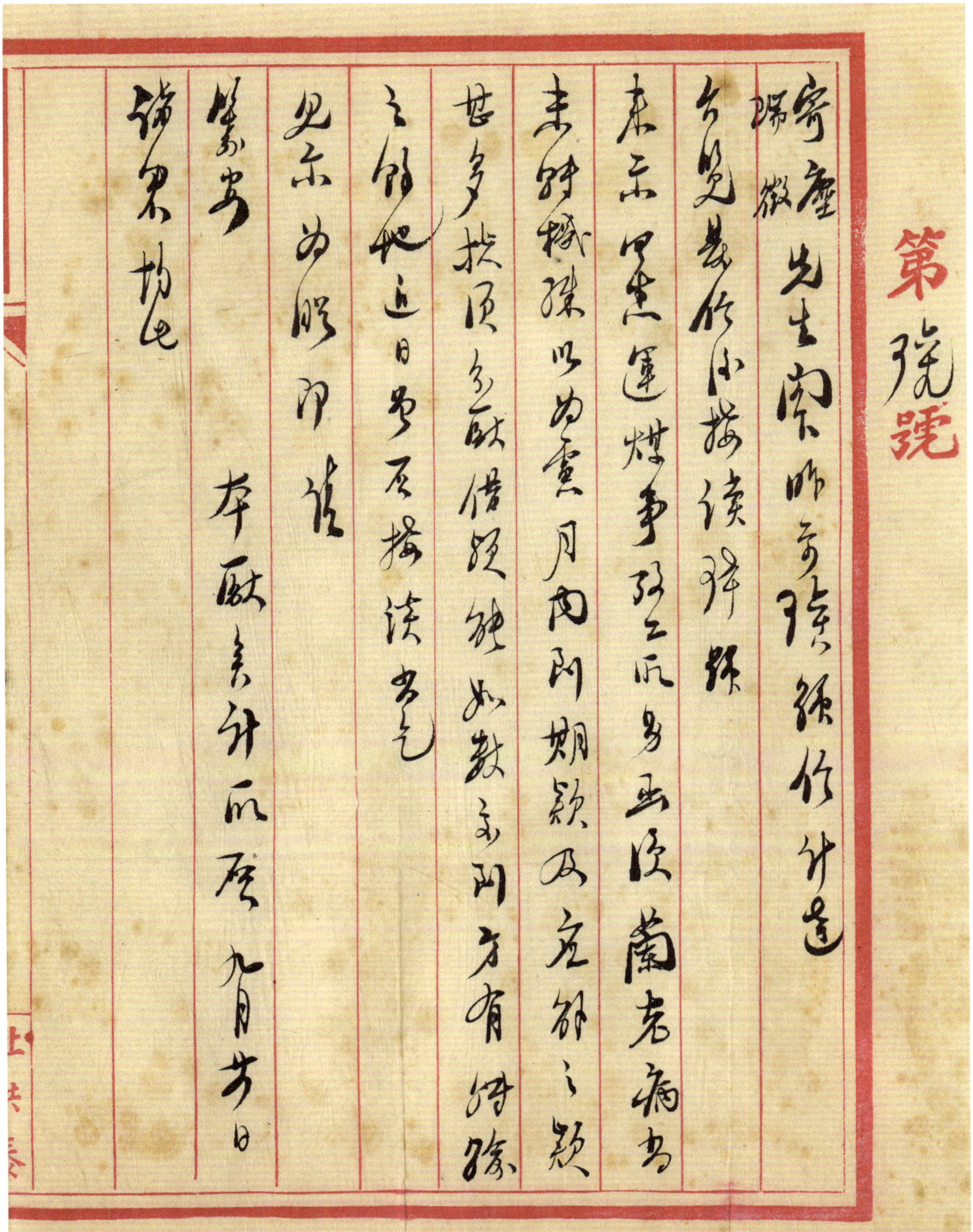

第一百六十九號（九月廿四日）

寄塵、瑞徵先生閣下：昨寄一百六十八號信，計達台覽。發信後接讀一百七十號來示，具悉。運煤事，考工所另函復。蘭老病尚未轉機，殊以爲慮。月内到期款及應解之款甚多，總須分廠借款能如數交到，方有轉輪之餘地。近日曾否接談，尚乞見示爲盼。即請籌安。本廠會計所啓。九月廿四日

諸君均此。

第一百六十九號（九月廿四日）

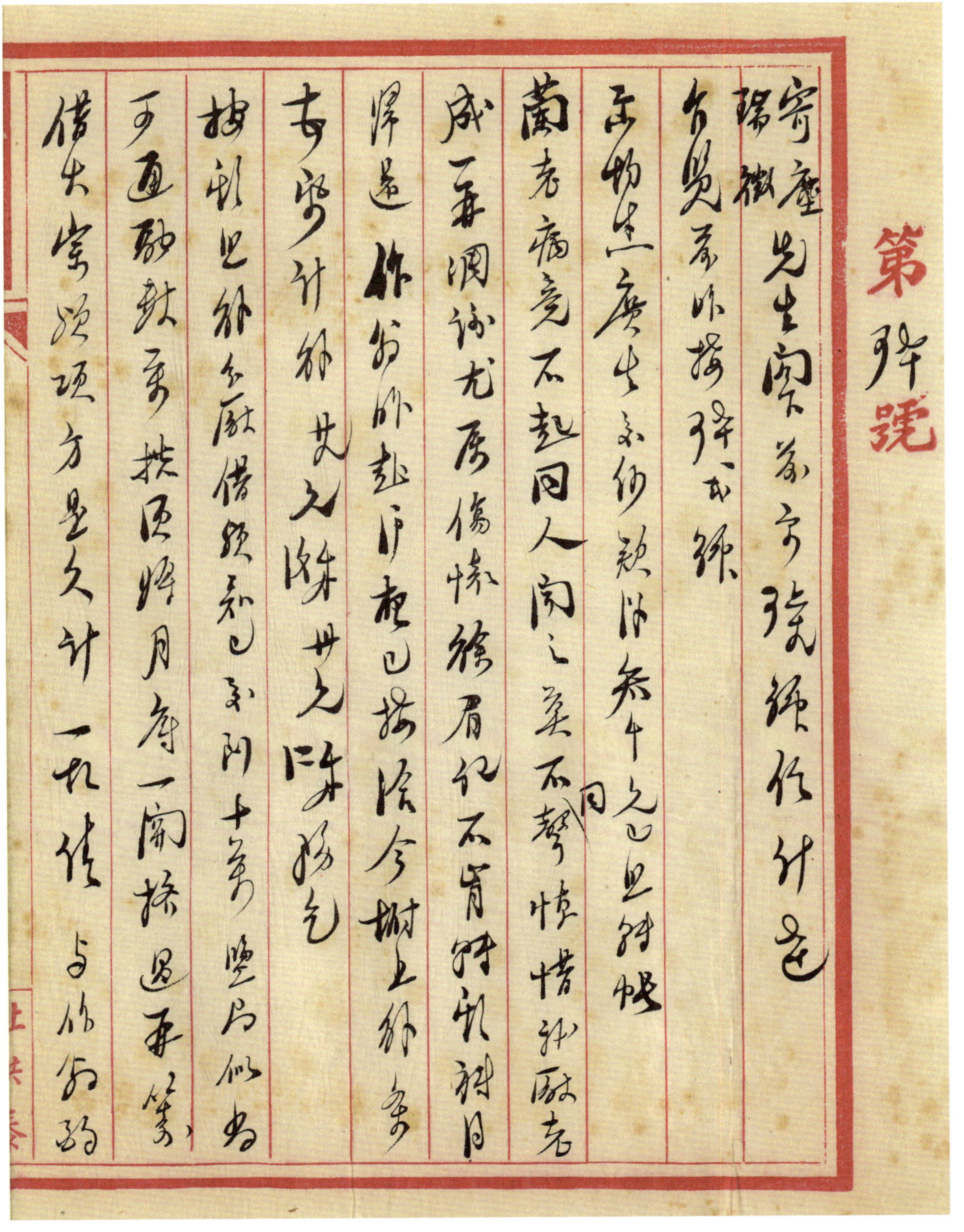

第一百七十號（九月廿六日）

寄塵、瑞徵先生閣下：前寄一百六十九號信，計達台覽。前、昨接一百七十一、一百七十式號示，均悉。廣生交紗款洋叁千元，已照轉帳。蘭老病竟不起，同人聞之莫不同聲悼惜，我廠老成一再凋謝，尤屬傷懷。徐眉記不肯轉期，祇得歸還。作翁昨赴滬，想已接洽。今附上解條十五紙，計解廿九元一萬九千兩、卅元一萬二千兩，務乞按期照解。分廠借款知已交到十萬，鹽局似尚可通融數萬，總須將月底一關擠過，再籌借大宗款項，方是久計。一切請與作翁酌辦可也。即請籌安。本廠會

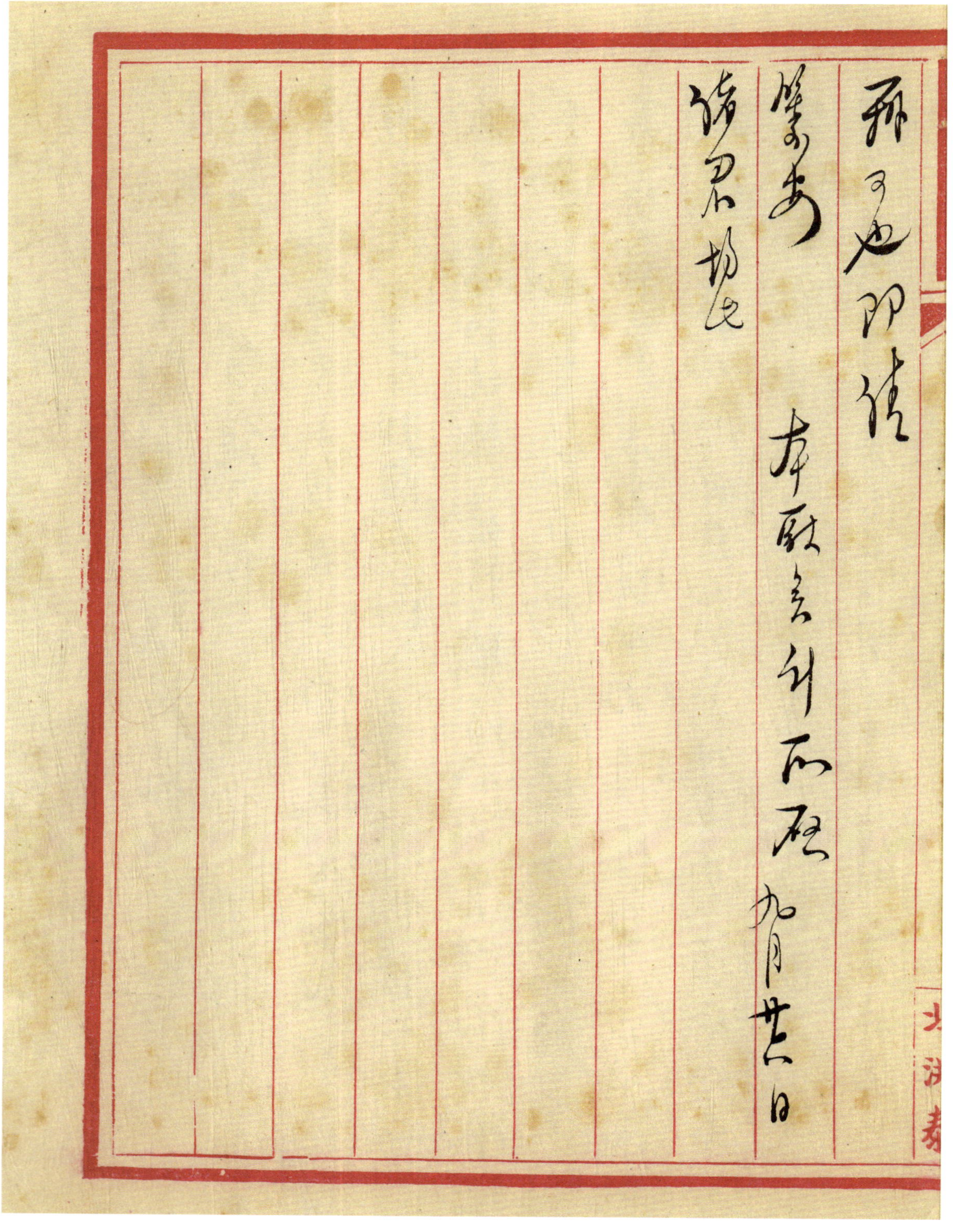

彌可也即請
業安　本廠會計所啓　九月廿六日
諸君均此

第一百七十號（九月廿六日）

計所啓。九月廿六日
諸君均此。

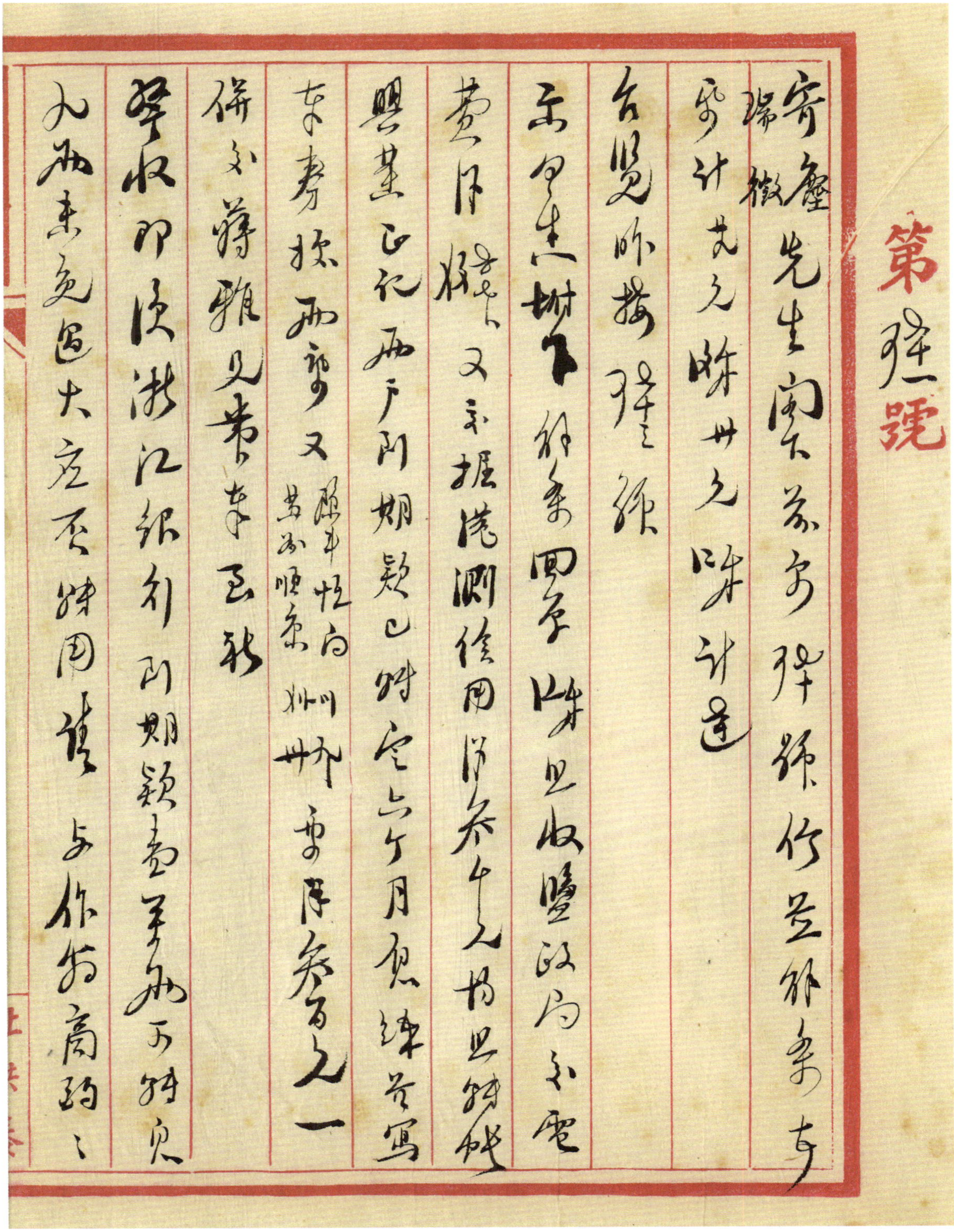

第一百七十一號（九月廿八日）

寄塵、瑞徵先生閣下：前寄一百七十號信，并解條十五紙，計廿九元一萬九千兩、卅元一萬二千兩，計達台覽。昨接一百七十三號示，具悉。附下解條回單一萬六千兩，照收。鹽政局交電費洋四十九元七角七分，又交掘港測繪用洋叁千元，均照轉帳。興業、正記兩户到期款已轉定六個月，息八兩五錢，兹寫奉券據兩紙。又豫豐恒向蘇州順康（四二一三）九月卅票洋叁百元，一并交蔣雅兄帶奉，至祈察收即復。浙江銀行到期款壹萬兩可轉，息九兩，未免過大，應否轉用，請與作翁商酌，

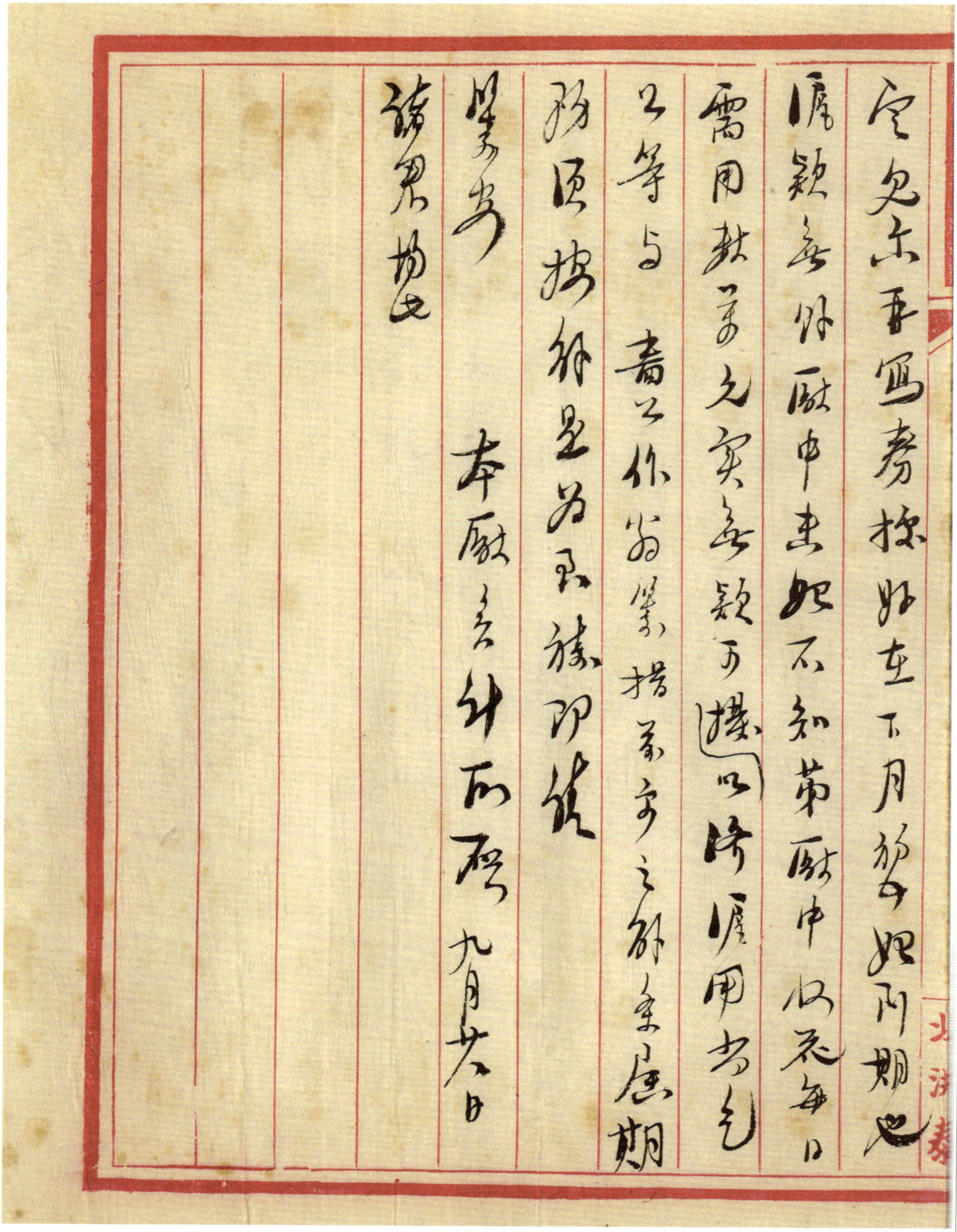

第一百七十一號（九月廿八日）

酌定見示，再寫券據，好在下月初五始到期乜。滬款無餘，廠中未始不知，第廠中收花每日需用數萬元，實無款可以撥濟滬用，尚乞公等與嗇公、作翁籌措。前寄之解條，届期務須按解，是爲至禱。即請籌安。本廠會計所啓。九月廿八日

諸君均此。

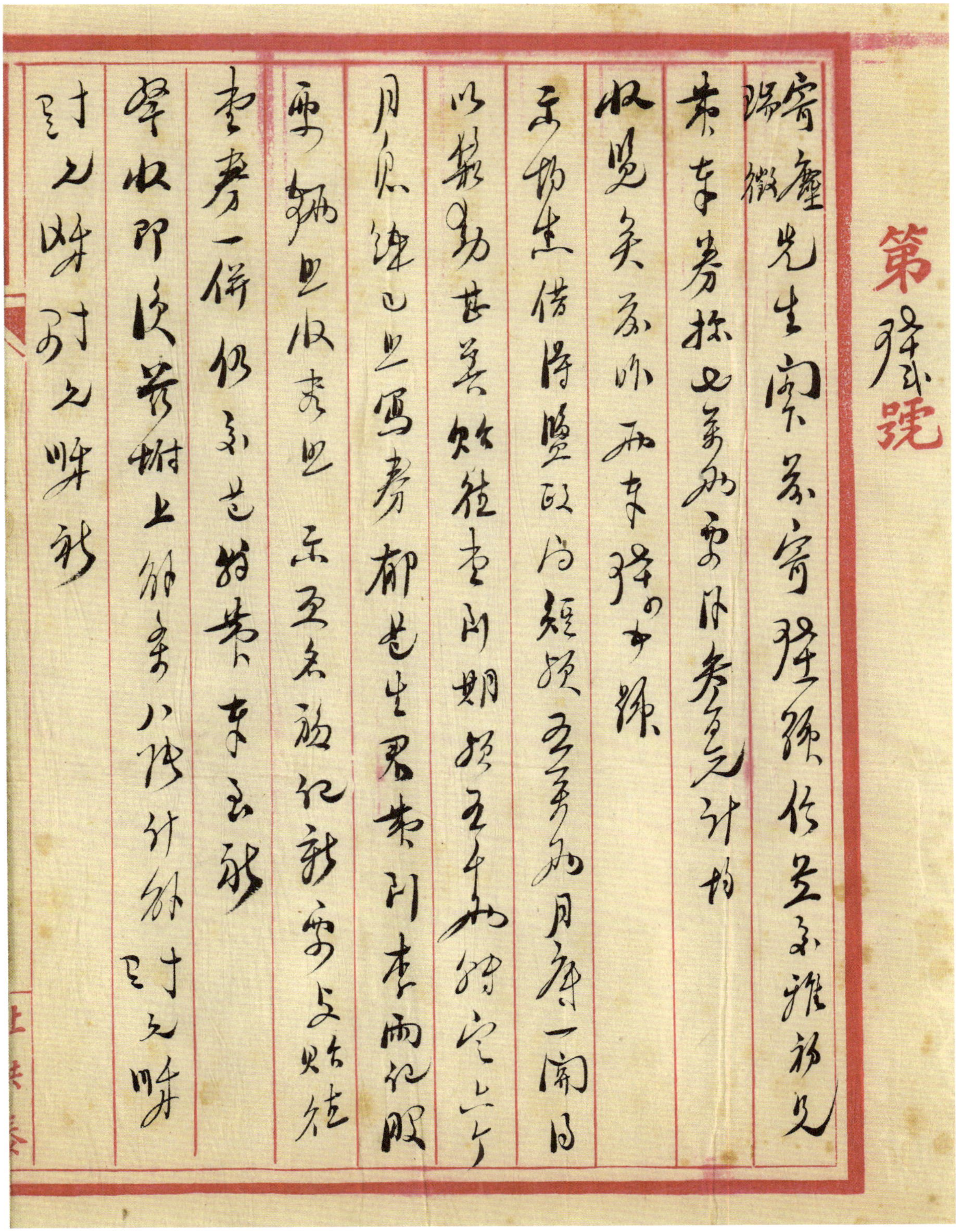

第一百七十二號（九月卅日）

寄塵、瑞徵先生閣下：前寄一百七十一號信，并交雅初兄帶奉券據七萬兩、票洋叁百元，計均收覽矣。前、昨兩奉一百七十四、一百七十五號示，均悉。借得鹽政局短款五萬兩，月底一關得以鬆動，甚善。貽德堂到期款五千兩，轉定六個月，息八兩五錢，已照寫券。郁芑生君帶到李雨記股票五百兩，照收，容照示更名福記，新票與貽德堂券一并仍交芑翁帶奉，至祈察收即復。兹附上解條八張，計解十月初二元三千兩、十月初三元一萬四千兩、十月初四元三千兩，祈按期照解。即請籌安。

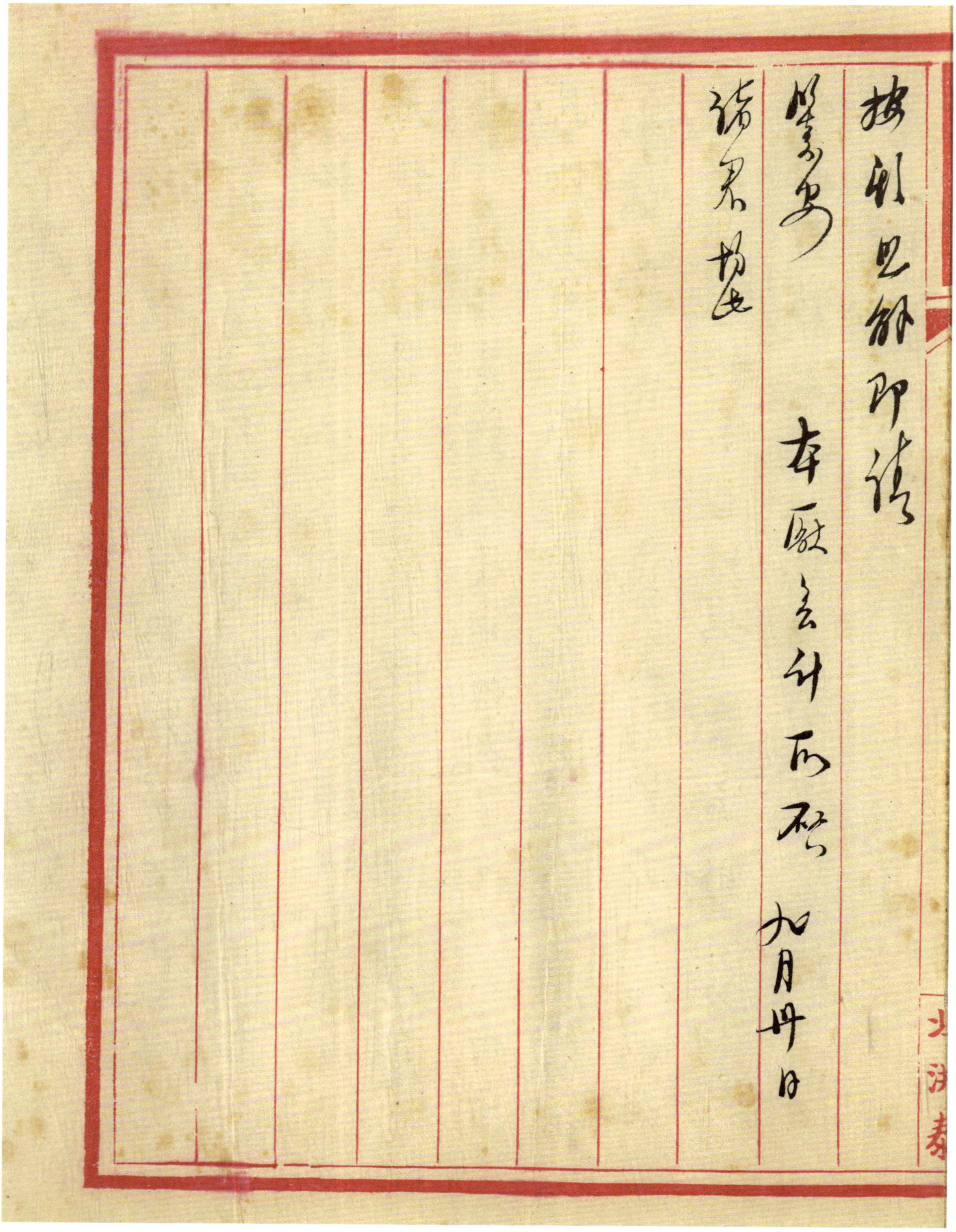

第一百七十二號（九月卅日）

本廠會計所啓。九月卅日
諸君均此。

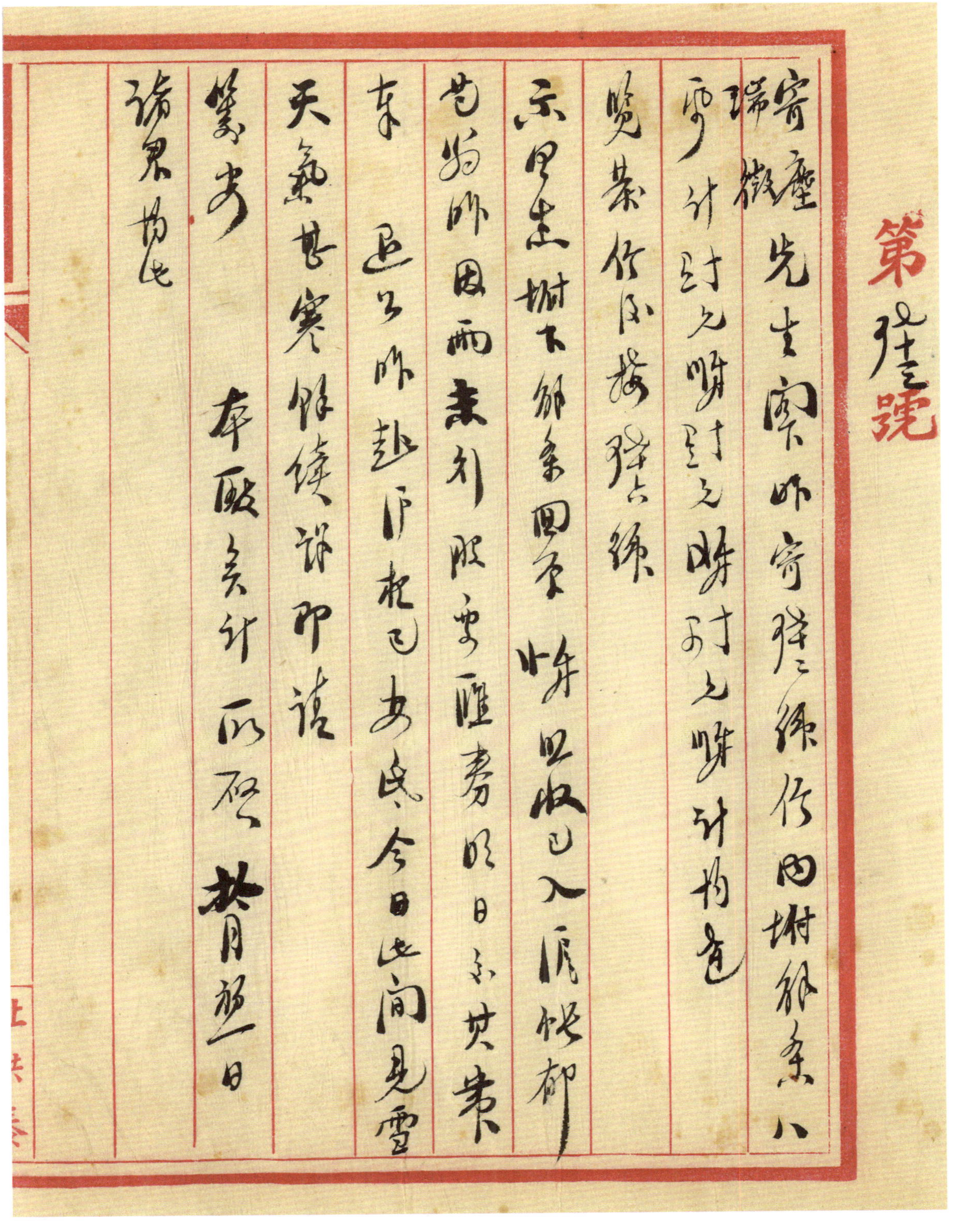

第一百七十三號（十月初一日）

寄塵、瑞徵先生閣下：昨寄一百七十二號信，内附解條八紙，計十月初二元三千兩、十月初三元一萬四千兩、十月初四元三千兩，計均達覽。發信後接一百七十六號示，具悉。附下解條回單二萬一千兩，照收，已入滬帳。郁芑翁昨因雨未行，股票、匯券明日交其帶奉。退公昨赴滬，想已安抵。今日此間見雪，天氣甚寒。餘續詳。即請籌安。本廠會計所啓。拾月初一日

諸君均此。

第一百七十三號（十月初一日）

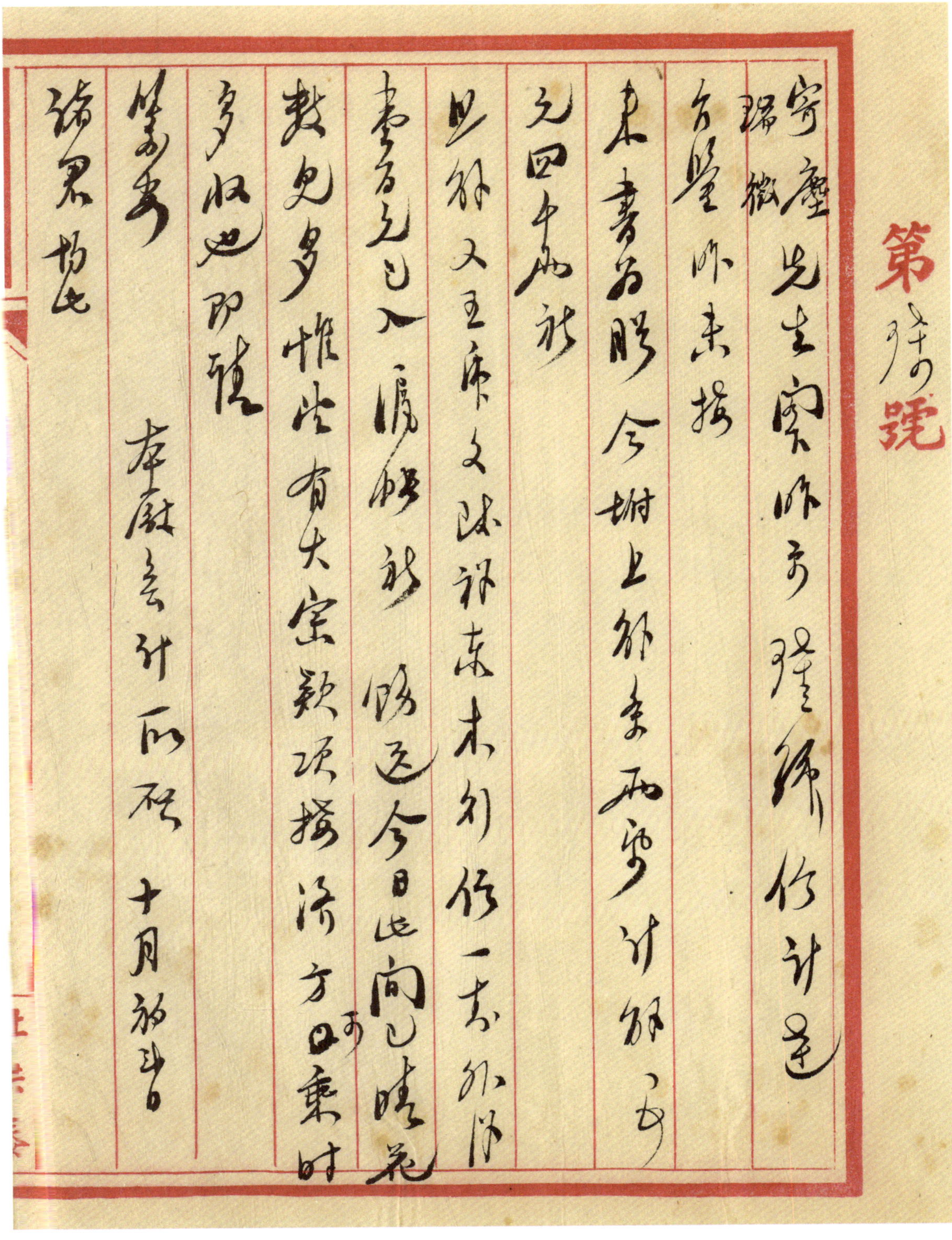

第一百七十四號（十月初二日）

寄塵、瑞徵先生閣下：昨寄一百七十三號信，計達台鑒。昨未接來書，爲盼。今附上解條兩紙，計解初五元四千兩，祈照解。又王虎文致裕泰木行信一封，外洋壹百元，已入滬帳，祈飭送。今日此間已晴，花數見多，惟望有大宗款項接濟，方可乘時多收也。即請籌安。本廠會計所啓。十月初弍日

諸君均此。

第一百七十四號（十月初二日）

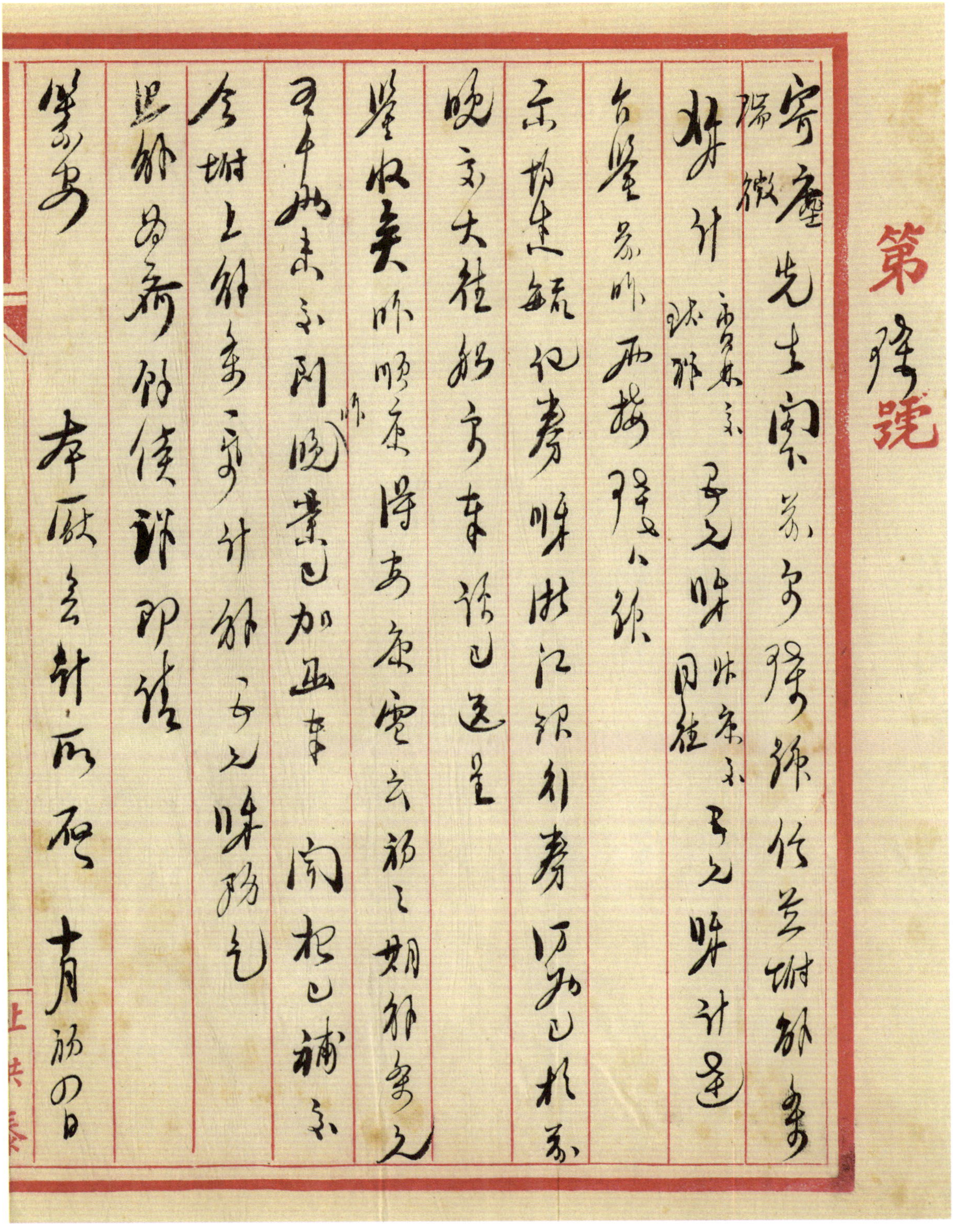

第一百七十五號（十月初四日）

寄塵、瑞徵先生閣下：前寄一百七十四號信，并附解條四千兩，計永昌林交致祥初五元二千兩、昇康交同德初五元二千兩，計達台鑒。前、昨兩接一百七十七、一百七十八號示，均悉。毓記券三千兩、浙江銀行券一萬兩，已於前晚交大德船寄奉，諒已送呈鑒收矣。昨順康得安康電云，初三期解條元五千兩未交到，昨晚業已加函奉聞，想已補交。今附上解條一紙，計解初五元二千兩，務乞照解爲荷。餘續詳。即請籌安。本廠會計所啓。十月初四日

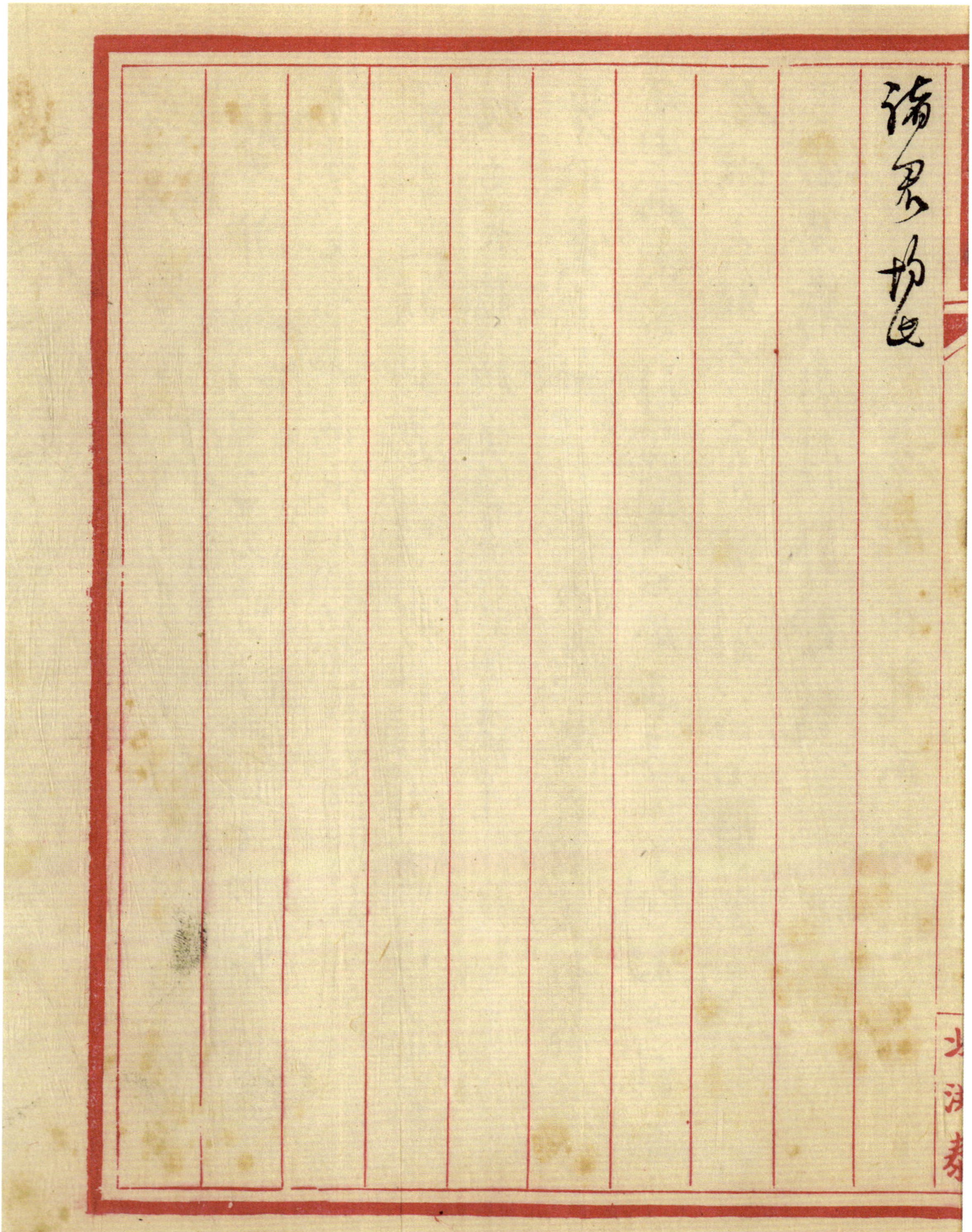
諸君均此

第一百七十五號（十月初四日）

諸君均此。

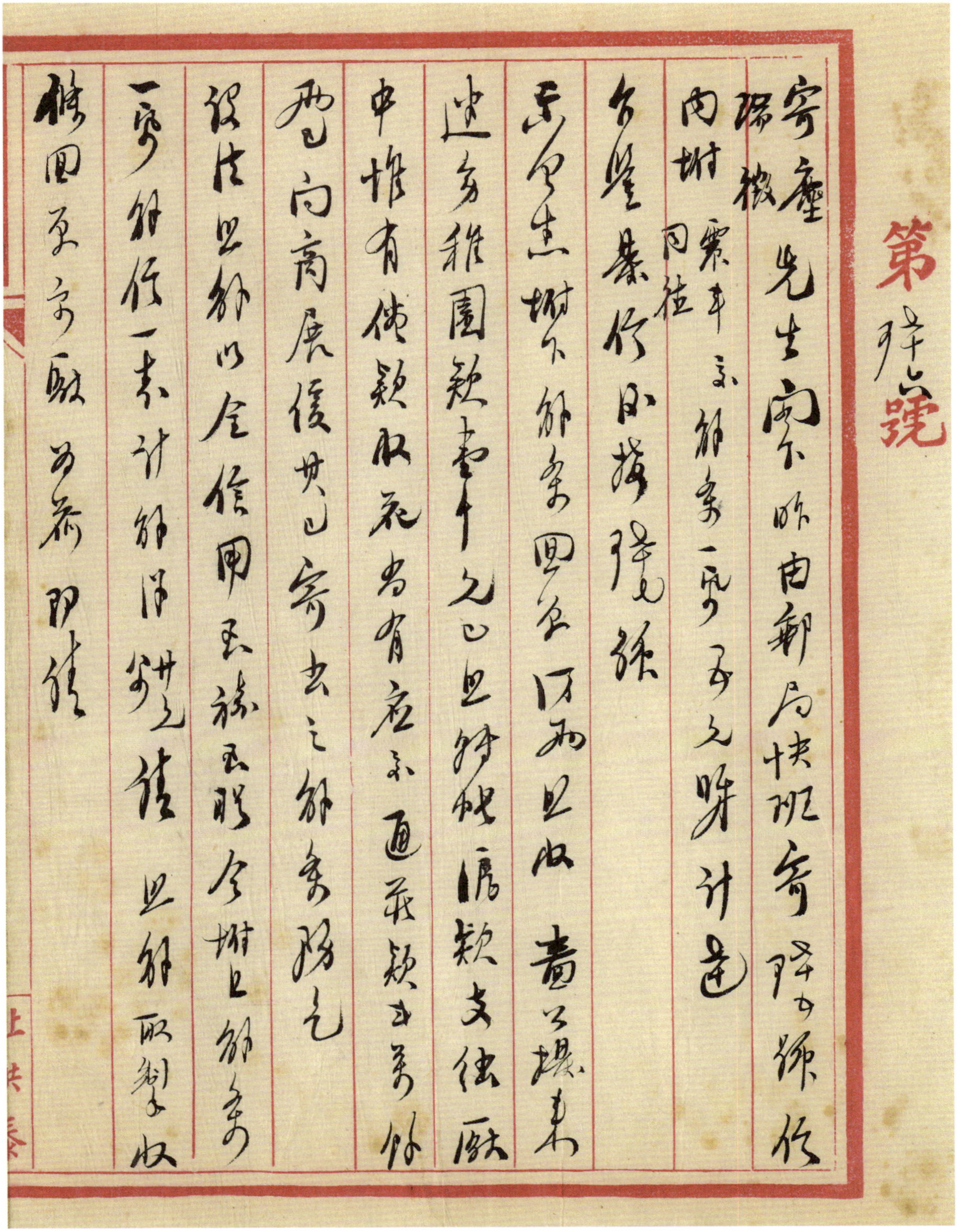

第一百七十六號（十月初五日）

寄塵、瑞徵先生閣下：昨由郵局快班寄一百七十五號信，内附震豐交同德解條一紙初五元二千兩，計達台鑒。發信後接一百七十七號示，具悉。附下解條回單一萬兩，照收。嗇公撥來建幼稚園款壹千元，已照轉帳。滬款支絀，廠中惟有儘款收花，尚有應交通莊款式萬餘兩，已向商展緩，其已寄出之解條，務乞設法照解，以全信用，至禱至盼。今附上解條一紙、解信一封，計解洋八百廿元，請照解，取掣收條回單寄廠爲荷。即請籌安。會計所啓。十月初五日

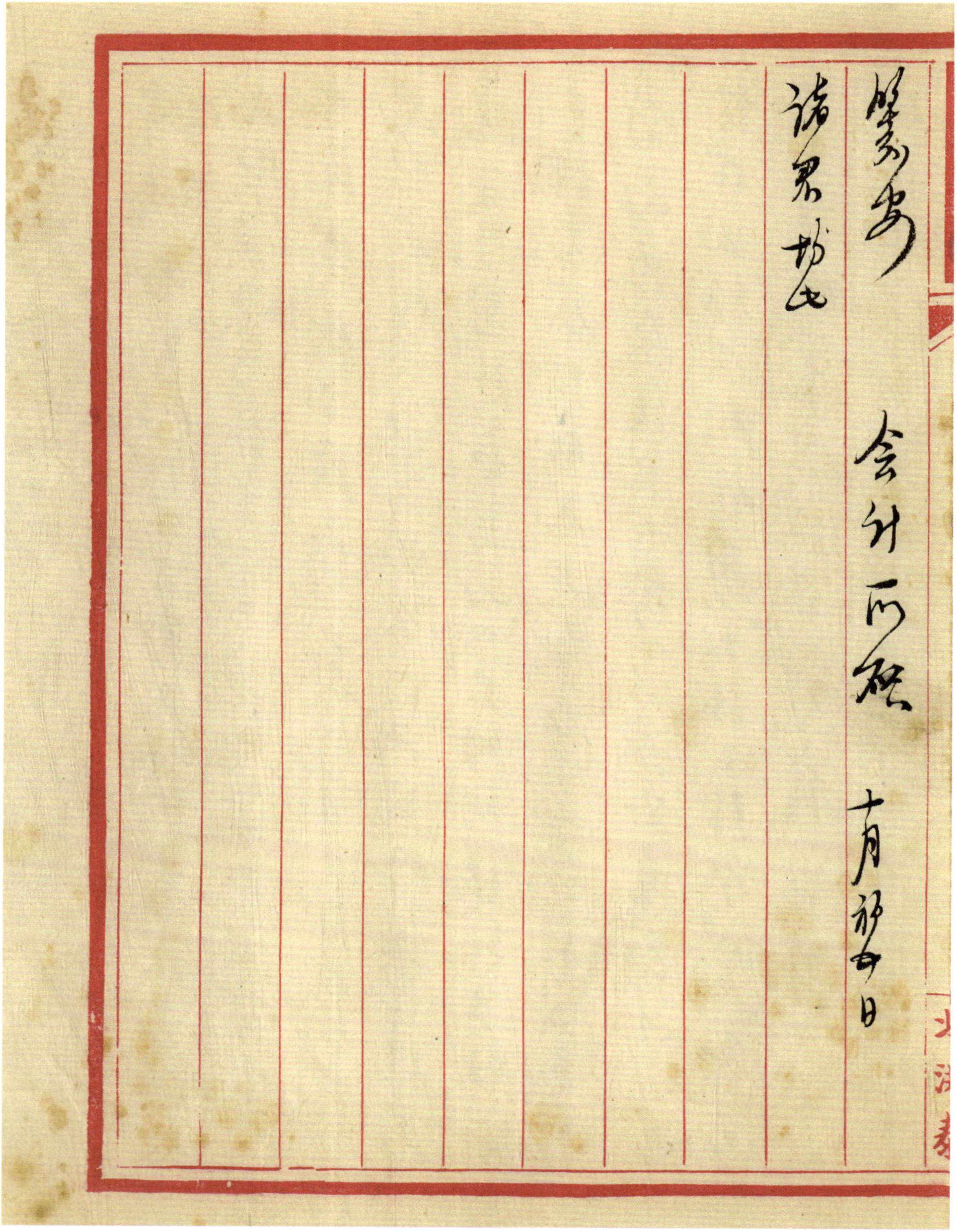
照發

諸君均此

十月初五日

第一百七十六號（十月初五日）

諸君均此。

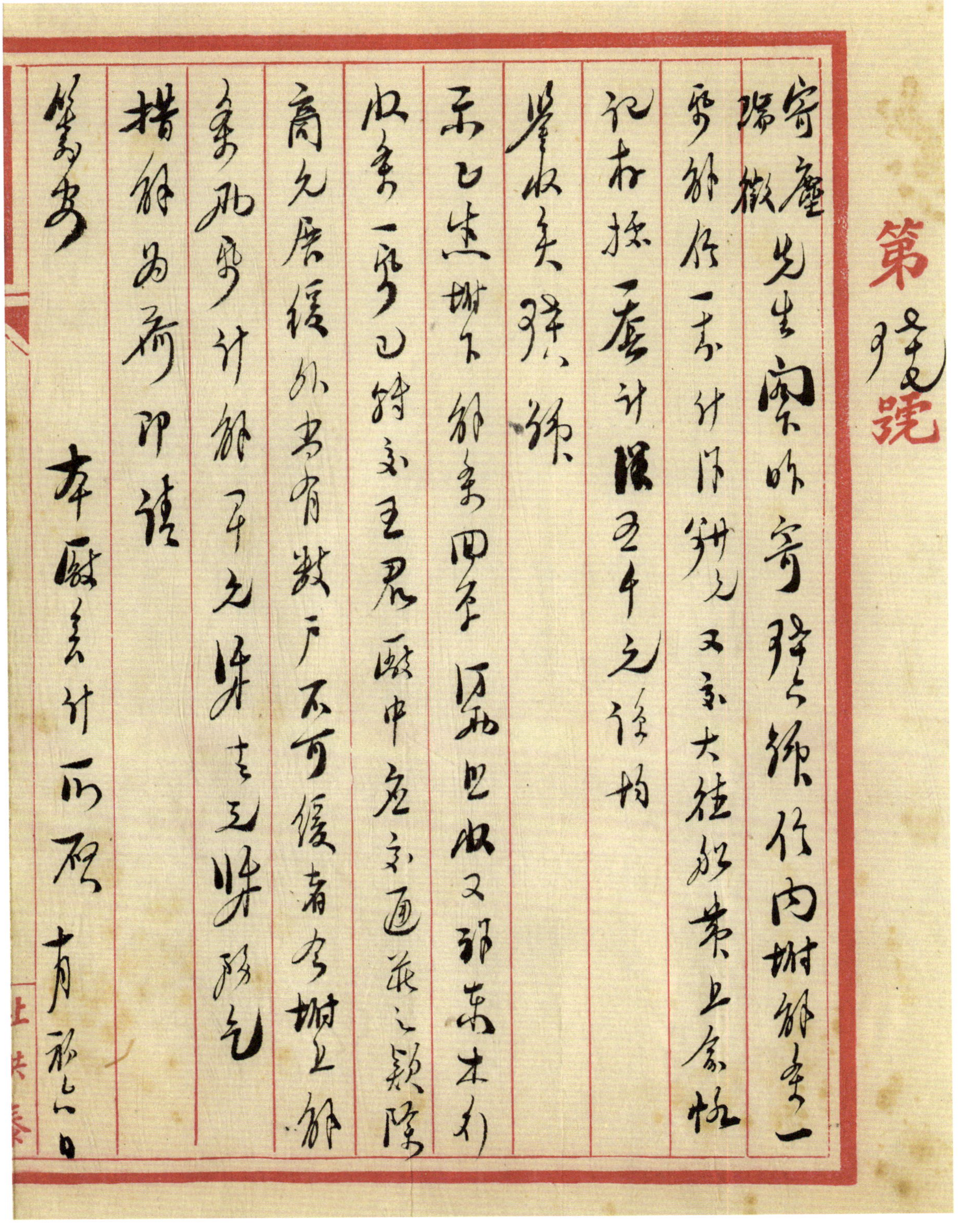

第一百七十七號（十月初六日）

寄塵、瑞徵先生閣下：昨寄一百七十六號信，内附解條一紙、解信一封，計洋八百廿元；又交大德船帶上俞恪記存據一套，計洋五千元，諒均鑒收矣。一百七十八號示已悉，附下解條回單一萬兩，照收。又祥泰木行收條一紙，已轉交王君。廠中應交通莊之款，除商允展緩外，尚有數户不可緩者。今附上解條兩紙，計解初十元一千兩、十二元二千兩，務乞措解爲荷。即請籌安。本廠會計所啓。十月初六日

諸君均此。

諸累均也

第一百七十七號（十月初六日）

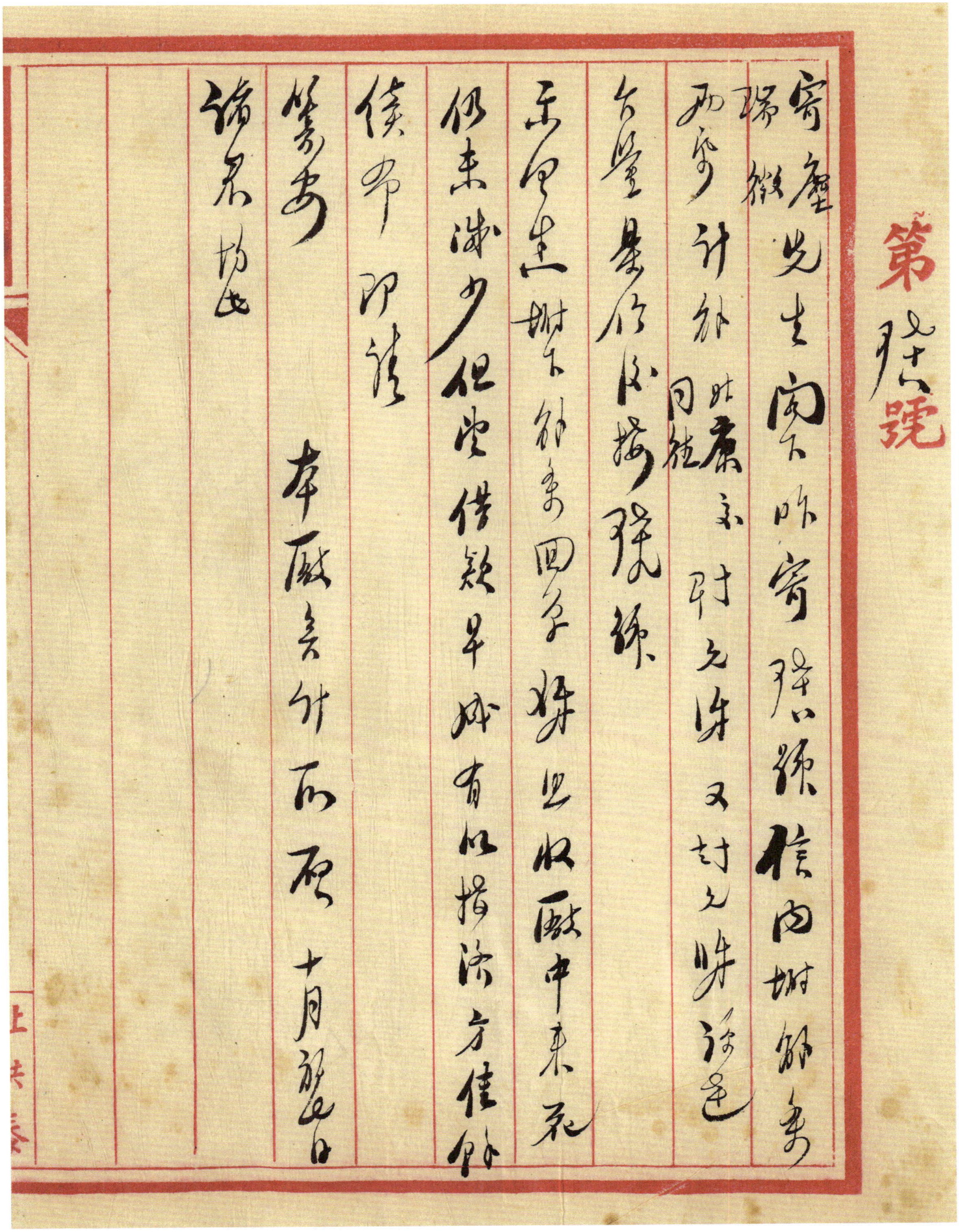

第一百七十八號（十月初七日）

寄塵、瑞徵先生閣下：昨寄一百七十八〔七〕號信，内附解條兩紙，計解昇康交同德十月初十元一千兩，又十月十二元二千兩，諒達台鑒。發信後接一百七十九號示，具悉。附下解條回單四千兩，照收。廠中來花仍未減少，但望借款早成，有以接濟方佳。餘續布。即請籌安。本廠會計所啓。十月初七日

諸君均此。

第一百七十八號（十月初七日）

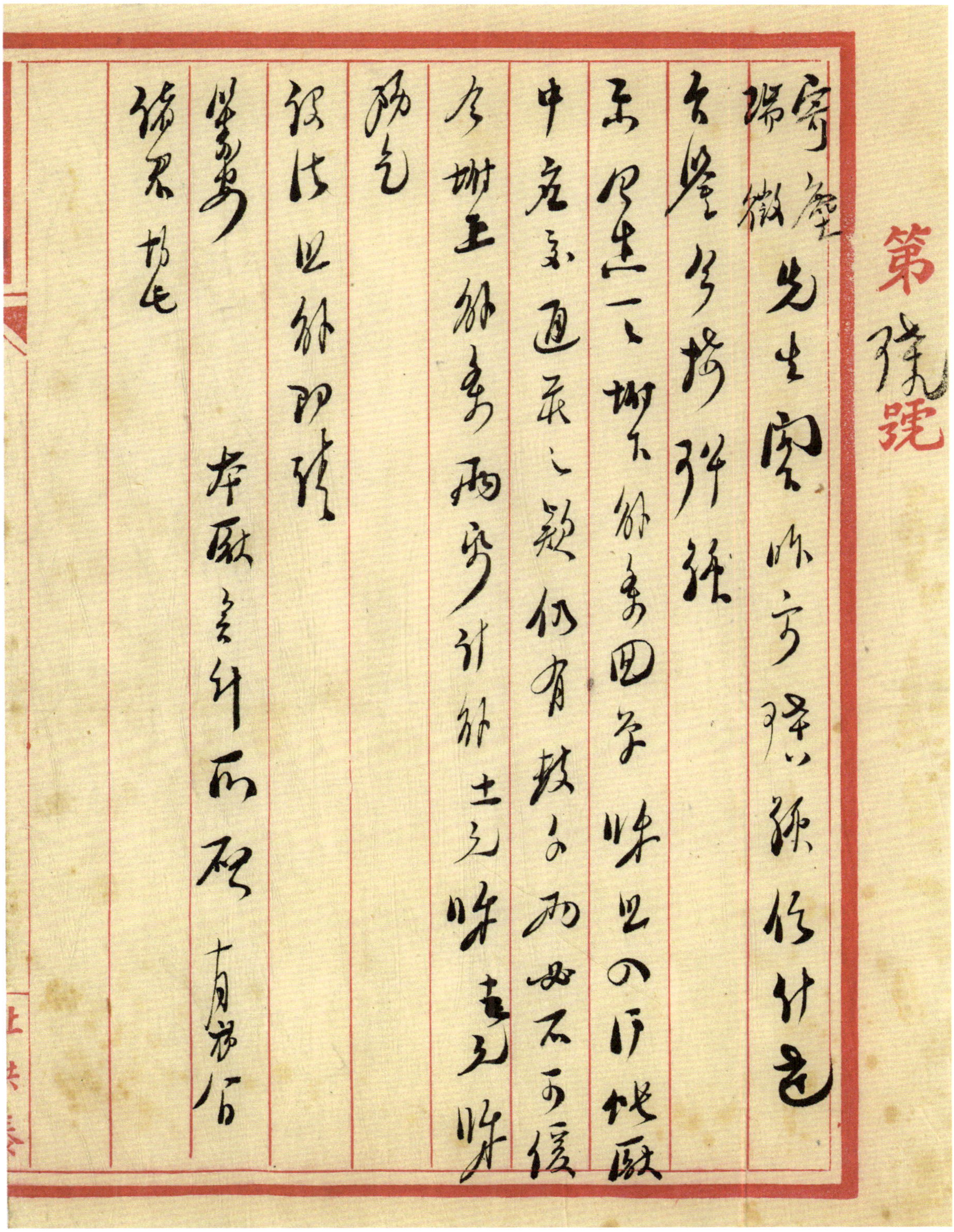

第一百七十九號（十月初八日）

寄塵、瑞徵先生閣下：昨寄一百七十八號信，計達台鑒。今接一百八十號示，具悉一一。附下解條回單二千兩，照入滬帳。廠中應交通莊之款，仍有數千兩，必不可緩。今附上解條兩紙，計解十一元二千兩、十三元二千兩，務乞設法照解。即請籌安。本廠會計所啓。十月初八日

諸君均此。

第一百七十九號（十月初八日）

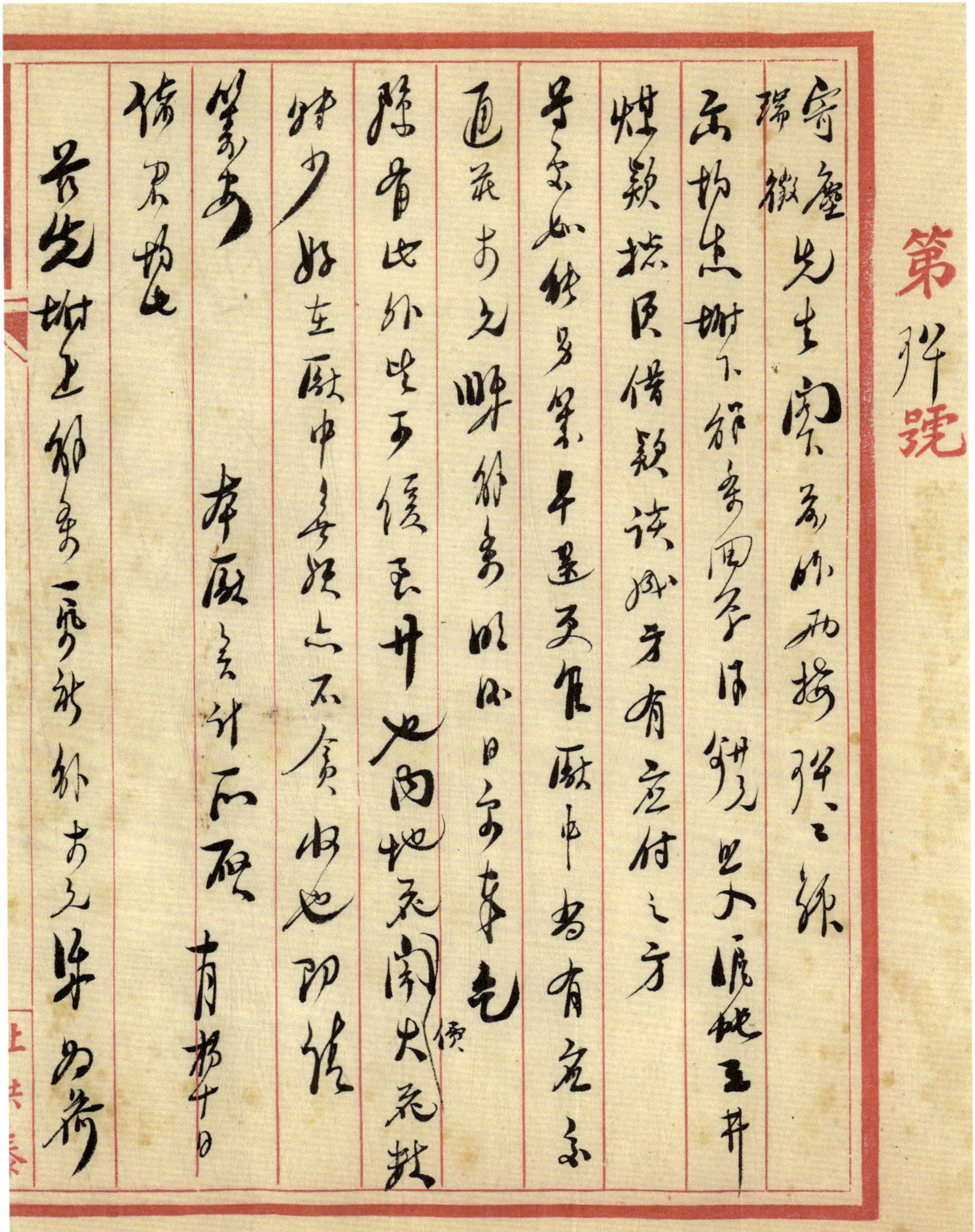

第一百八十號（十月初十日）

寄塵、瑞徵先生閣下：前、昨兩接一百八十一、一百八十二號示，均悉。附下解條回單洋八百廿元，照入滬帳。三井煤款，總須借款談成，方有應付之方，尊處如能另籌，早還更佳。廠中尚有應交通莊十四元三千兩，解條明後日寄奉，乞豫備，此外皆可緩至廿也。內地花價闊大，花數轉少，好在廠中無款，亦不貪收也。即請籌安。本廠會計所啓。十月初十日

諸君均此。

第一百八十號（十月初十日）

茲先附上解條一紙，祈解十四元一千兩爲荷。

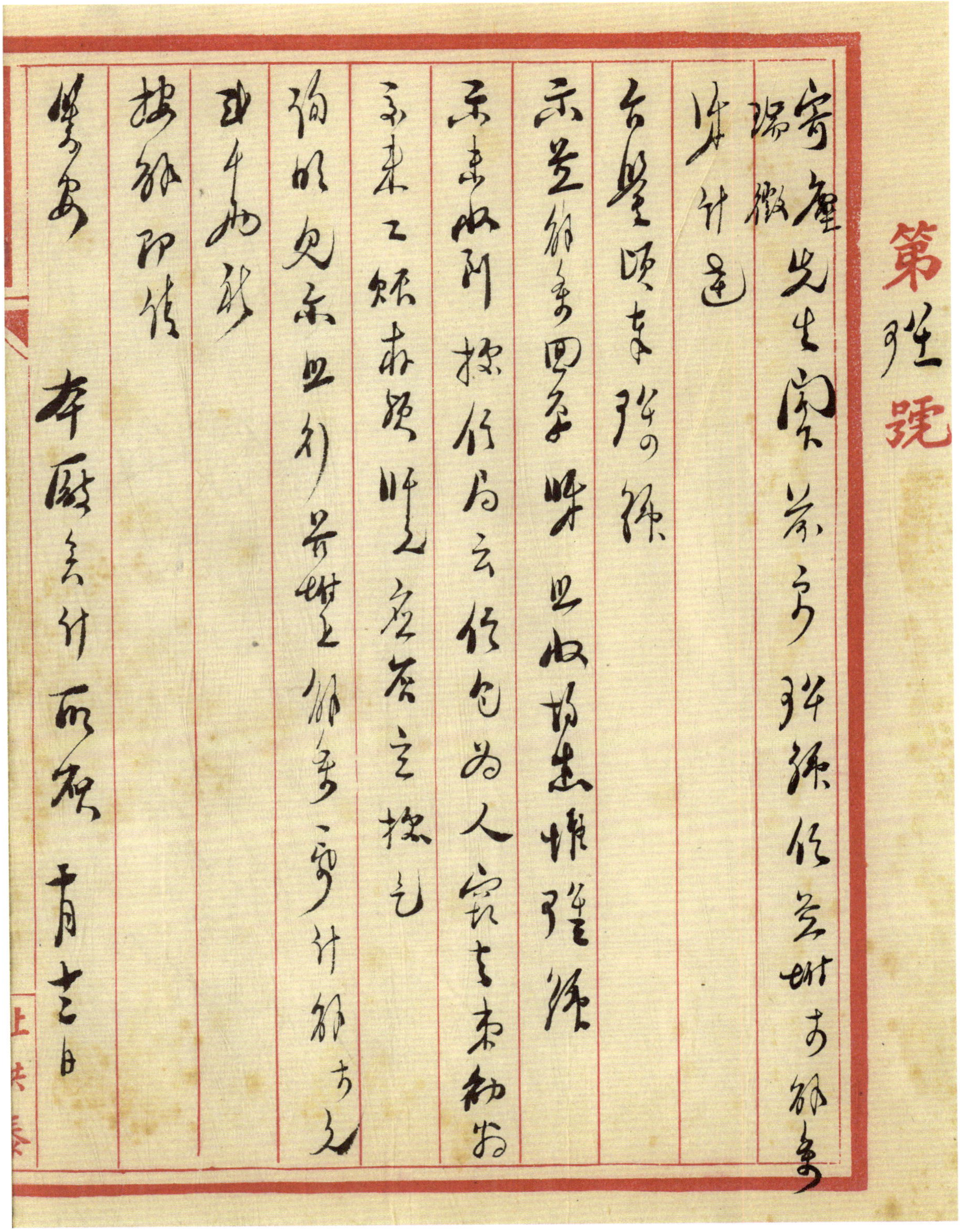

第一百八十一號（十月十二日）

寄塵、瑞徵先生閣下：前寄一百八十號信，并附十四解條一千兩，計達台鑒。頃奉一百八十四號示并解條回單二千兩，照收均悉。惟一百八十三號示未收到，據信局云，信包爲人竊去。東劭翁交來工賑存款二千元，應否立據，乞詢明見示照行。兹附上解條一紙，計解十四元弍千兩，祈按解。即請籌安。本廠會計所啓。十月十二日

諸君均此。

第一百八十一號（十月十二日）

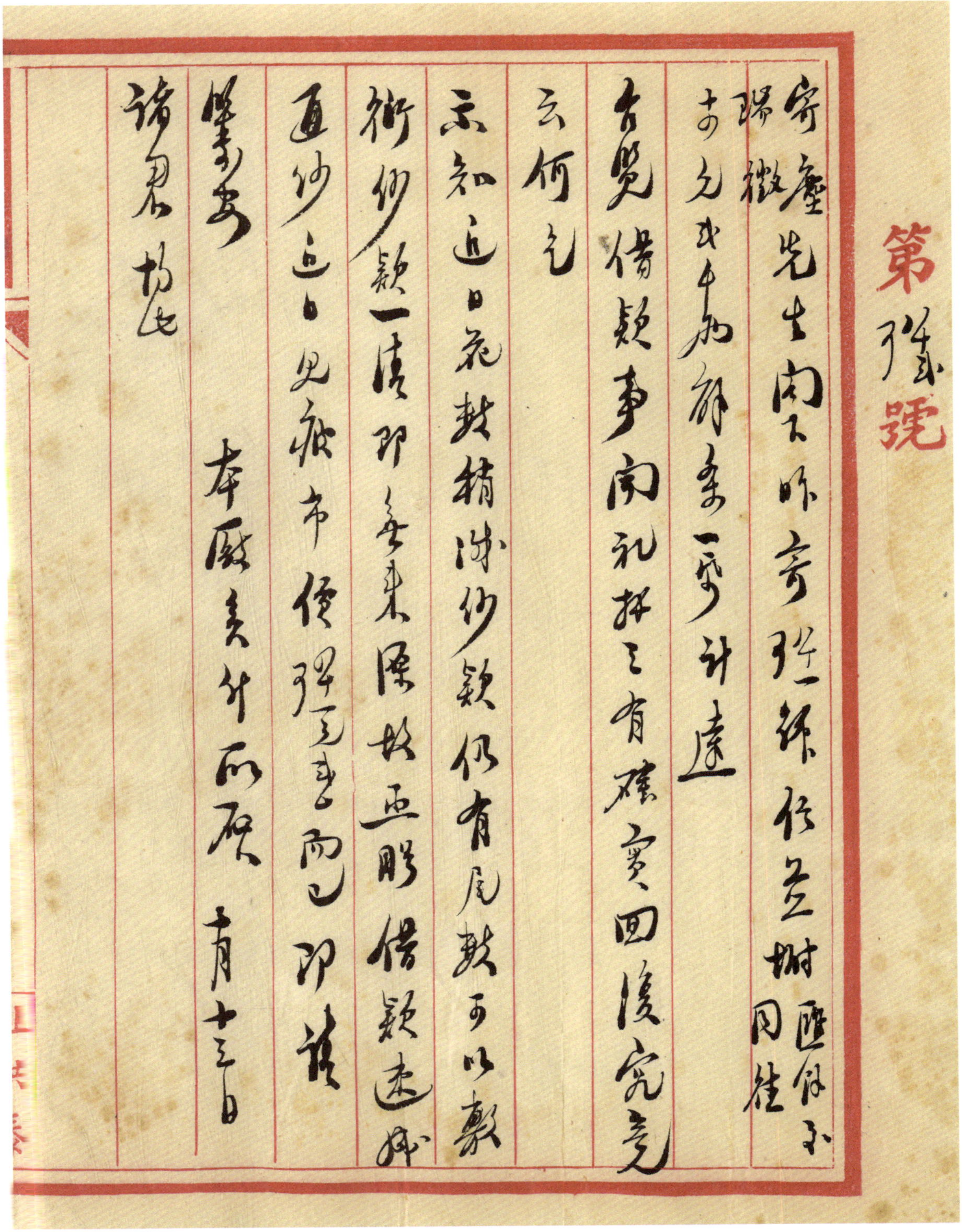

第一百八十二號（十月十三日）

寄塵、瑞徵先生閣下：昨寄一百八十一號信，并附匯餘交同德十四元式千兩解條一紙，計達台覽。借款事，聞禮拜三有確實回復，究竟云何，乞示知。近日花數稍減，紗款仍有尾數可以敷衍，紗款一清即無來源，故亟盼借款速成。通紗近日見疲，市價一百四十一元式角而已。即請籌安。本廠會計所啓。十月十三日

諸君均此。

第一百八十二號（十月十三日）

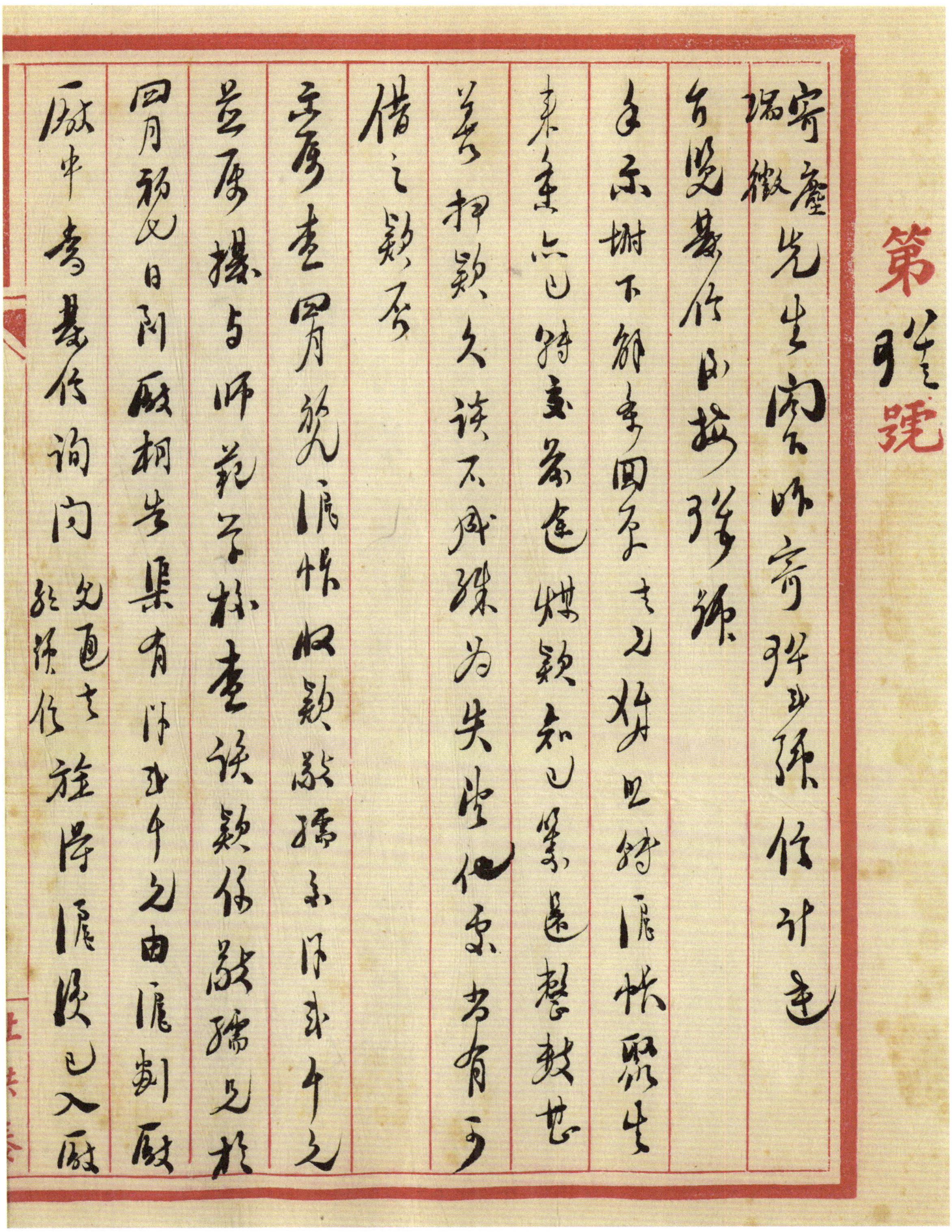

第一百八十三號（十月十四日）

寄塵、瑞徵先生閣下：昨寄一百八十弍號信，計達台覽。發信後接一百八十五號手示，附下解條回單十二元四千兩，照轉滬帳，聚生來條亦已轉交前途。煤款知已籌還整數，甚善。押款久談不成，殊爲失望，他處尚有可借之款否？示屬查四月初九滬帳收款，敬孺交洋弍千元，并屬撥與師範學校。查該款係敬孺兄於四月初七日到廠相告，渠有洋弍千元由滬劃廠，廠中當發信詢問（見通去五十七號信），旋得滬復已入廠帳（見滬來六十二號信），及月結寄到核對，亦祇注敬孺交，并無師範字

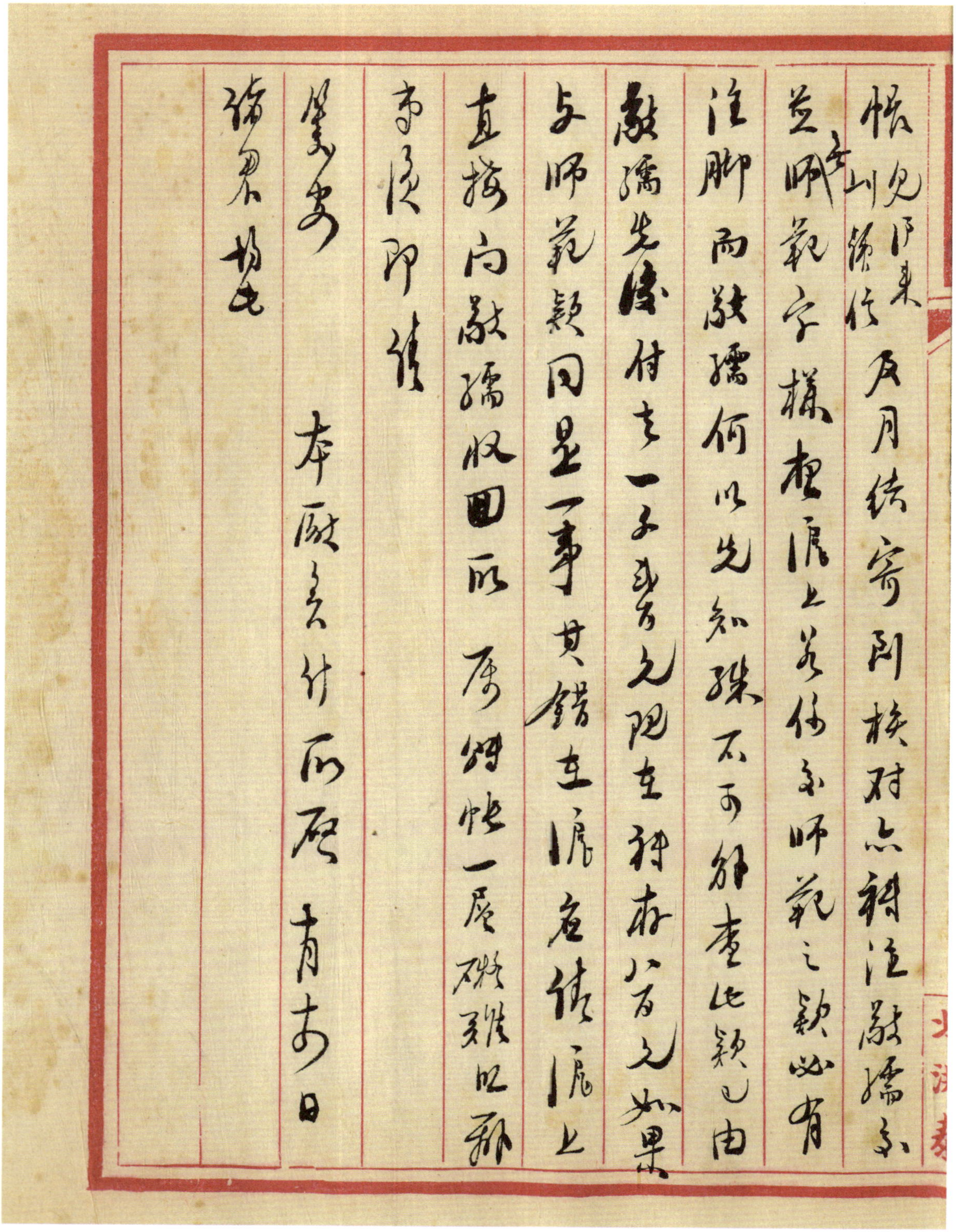

第一百八十三號（十月十四日）

樣。想滬上若係交師範之款，必有注脚，而敬孺何以先知？殊不可解。查此款已由敬孺先後付去一千弍百元，現在衹存八百元，如果與師範款同是一事，其錯在滬，應請滬上直接向敬孺收回，所屬轉帳一層，礙難照辦。專復，即請籌安。本廠會計所啓。十月十四日
諸君均此。

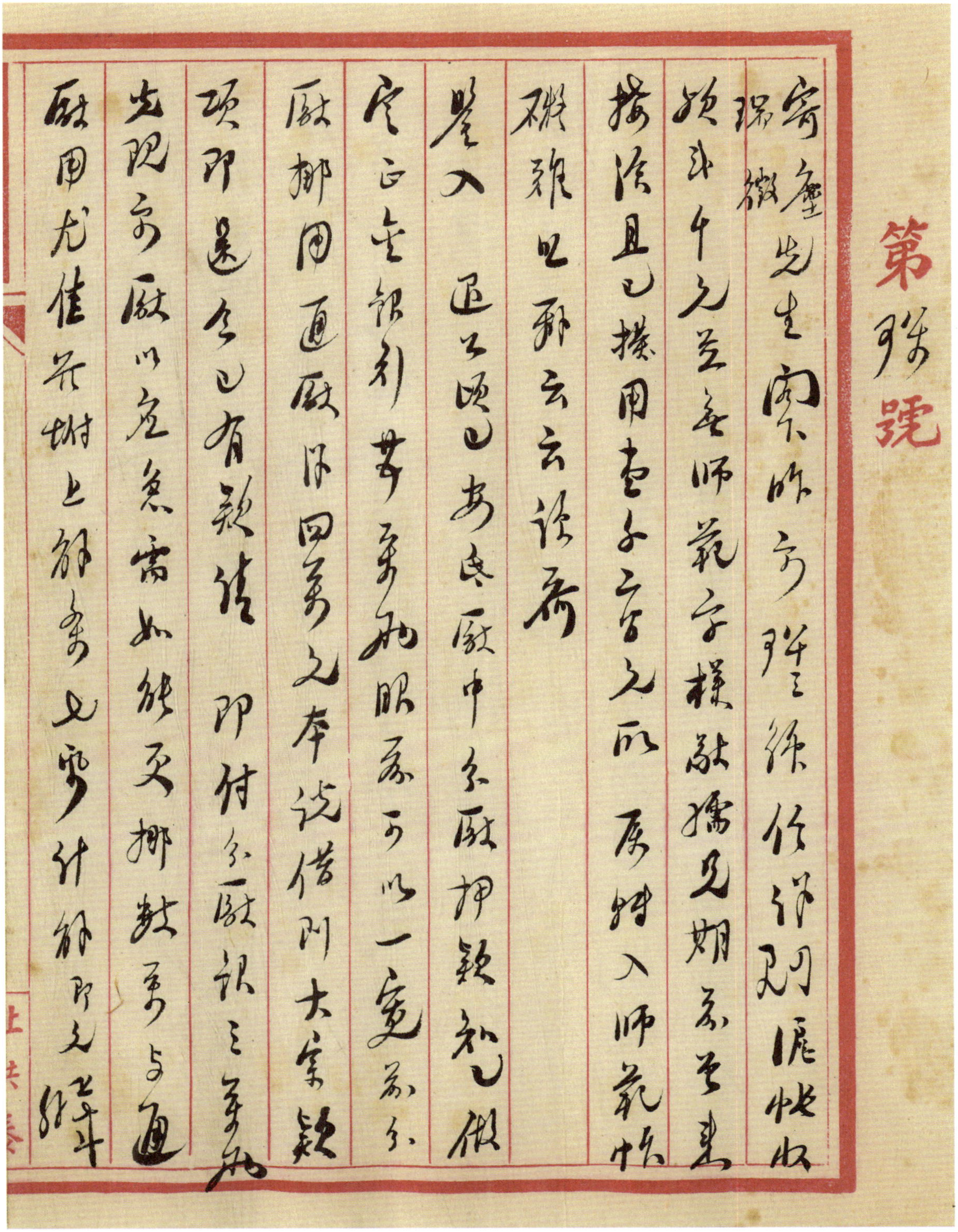

第一百八十四號

寄塵、瑞徵先生閣下：昨寄一百八十三號信，詳四月初九滬帳收款弍千元并無師範字樣，敬孺兄期前曾來接洽，且已撥用壹千二百元，所屬轉入師範帳，礙難照辦云云，諒荷鑒入。退公頃已安抵廠中。分廠押款，知已做定正金銀行廿五萬兩，眼前可以一寬。前分廠挪用通廠洋四萬元，本説借到大宗款項即還，今已有款，請即付分廠銀三萬兩，兑現寄廠，以應急需。如能更挪數萬與通廠用，尤佳。兹附上解條七紙，計解即元五十五兩一錢七分二、十八元三千兩、十九元七千兩、廿四元

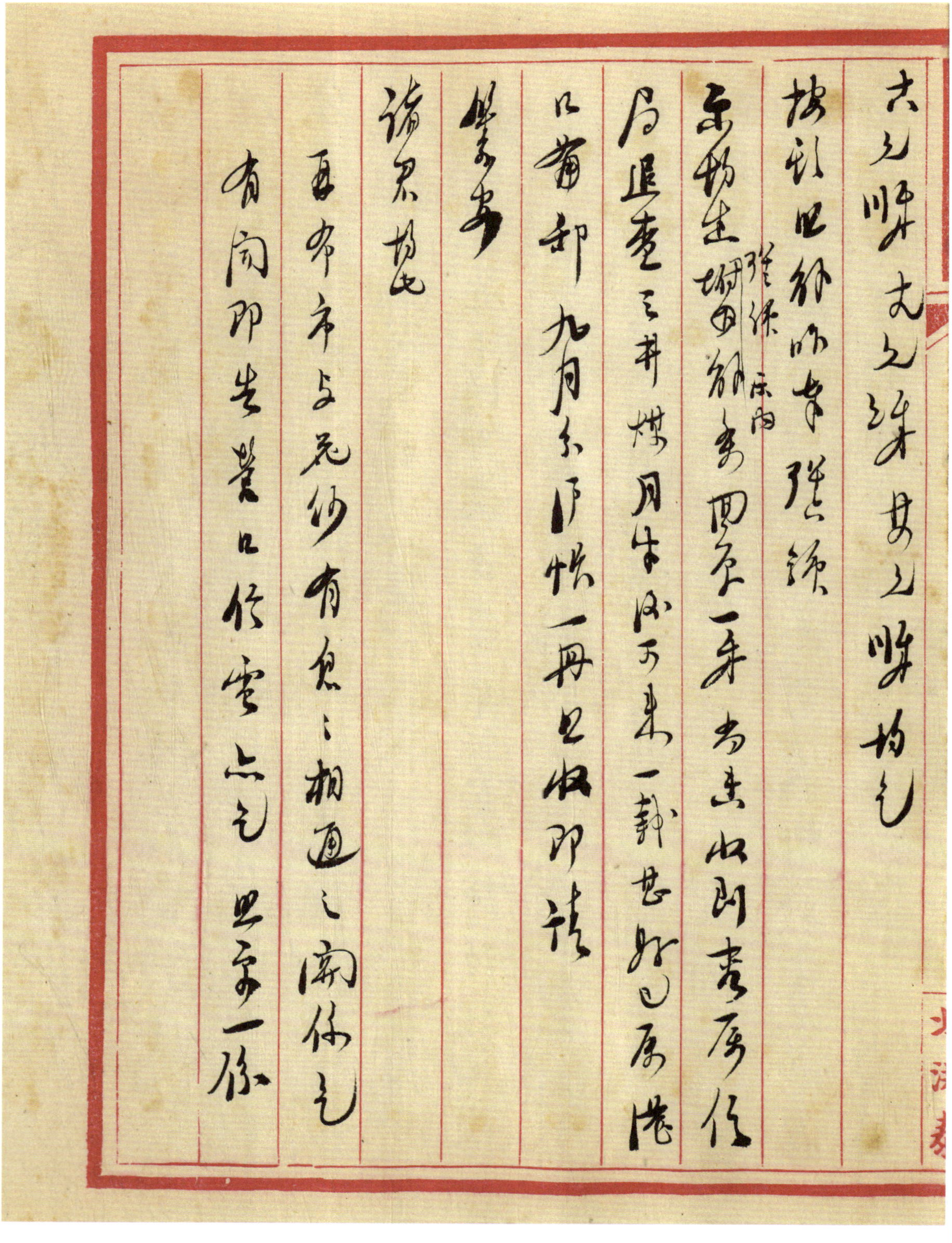

第一百八十四號

三千兩，均乞按期照解。昨奉一百八十六號示，均悉。一百八十三號示内附解條回單一千兩，尚未收到，容屬信局追查。三井煤月半後可來一載，甚好，已屬港口備卸。九月分滬帳一册照收。即請籌安。

諸君均此。

再：布市與花紗有息息相通之關係，乞有聞即告，營口信電亦乞照寄一份。

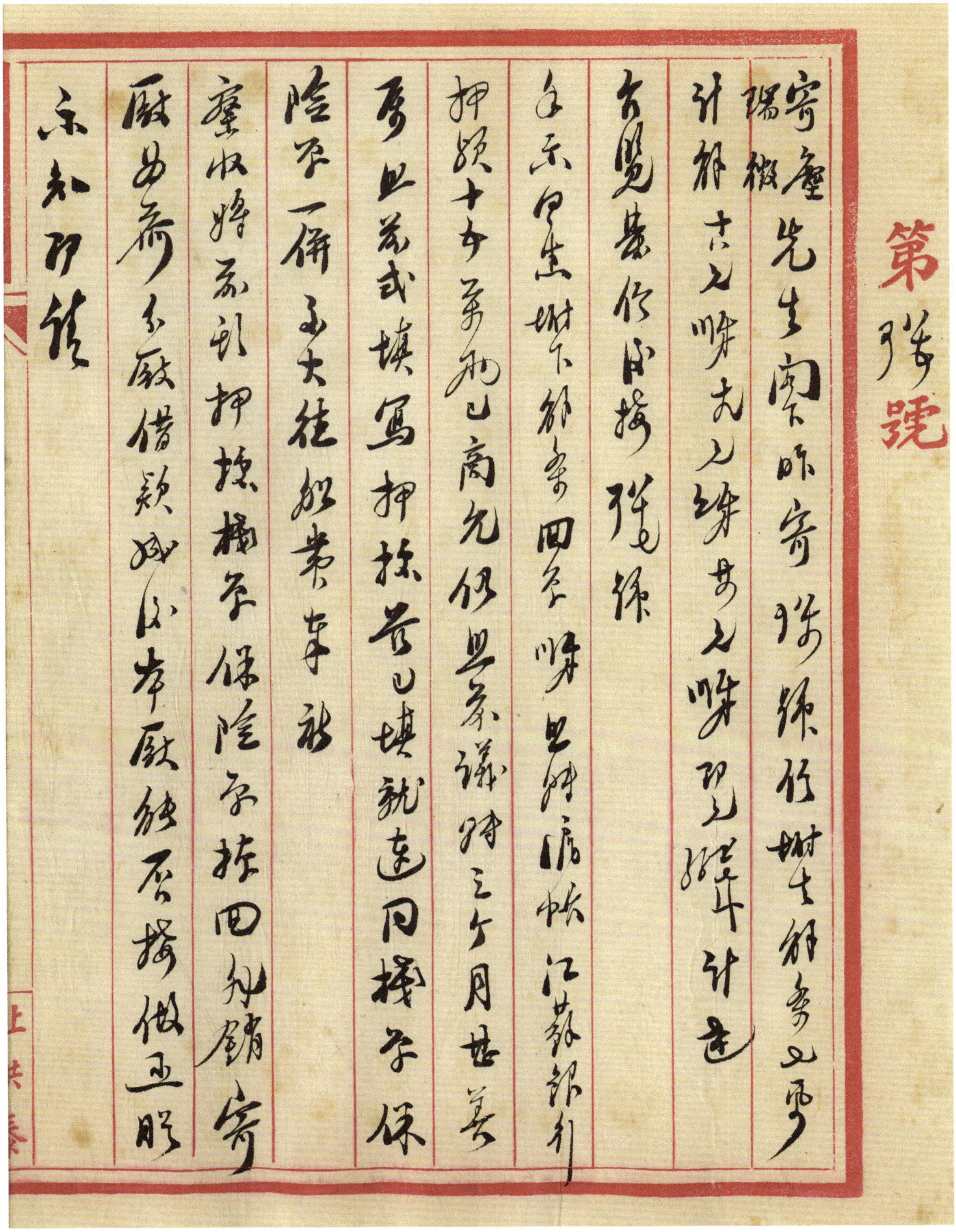

第一百八十五號（十月十六日）

寄塵、瑞徵先生閣下：昨寄一百八十四號信，附去解條七紙，計解十八元三千兩、十九元七千兩、廿四元三千兩、即元五十五兩一錢七分二，計達台覽。發信後接一百八十七號手示，具悉。附下解條回單三千兩，照轉滬帳。江蘇銀行押款十五萬兩，已商允，仍照前議轉三個月，甚善。屬照前式填寫押據，玆已填就，連同棧單、保險單，一并交大德船帶奉，祈察收。將前期押據、棧單、保險單掉回□銷寄廠爲荷。分廠借款成後，本廠能否接做，亟盼示知。即請籌安。本廠會計所啓。十

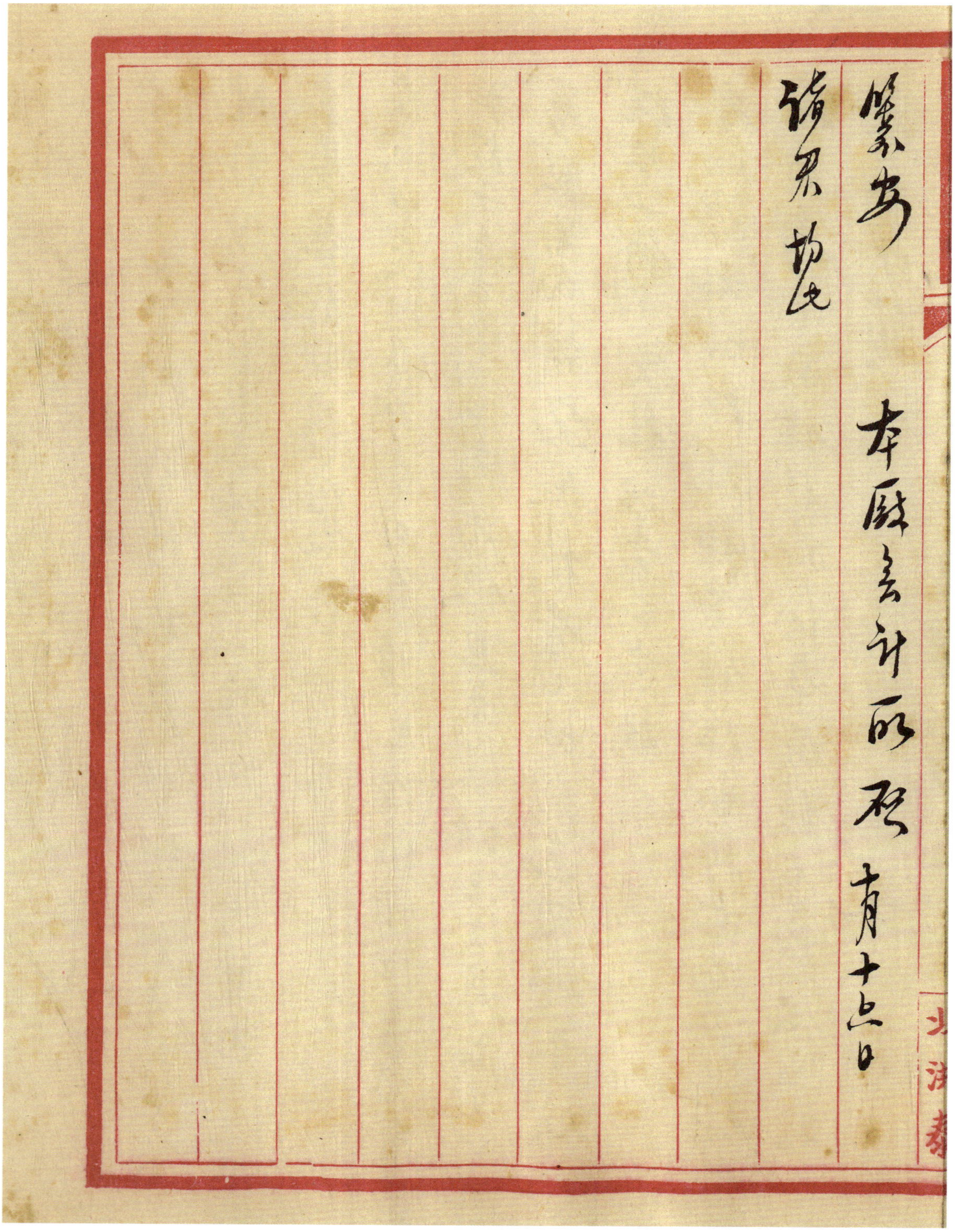
籌安
諸君均此
本廠會計所啓
十月十六日

第一百八十五號（十月十六日）

月十六日
諸君均此。

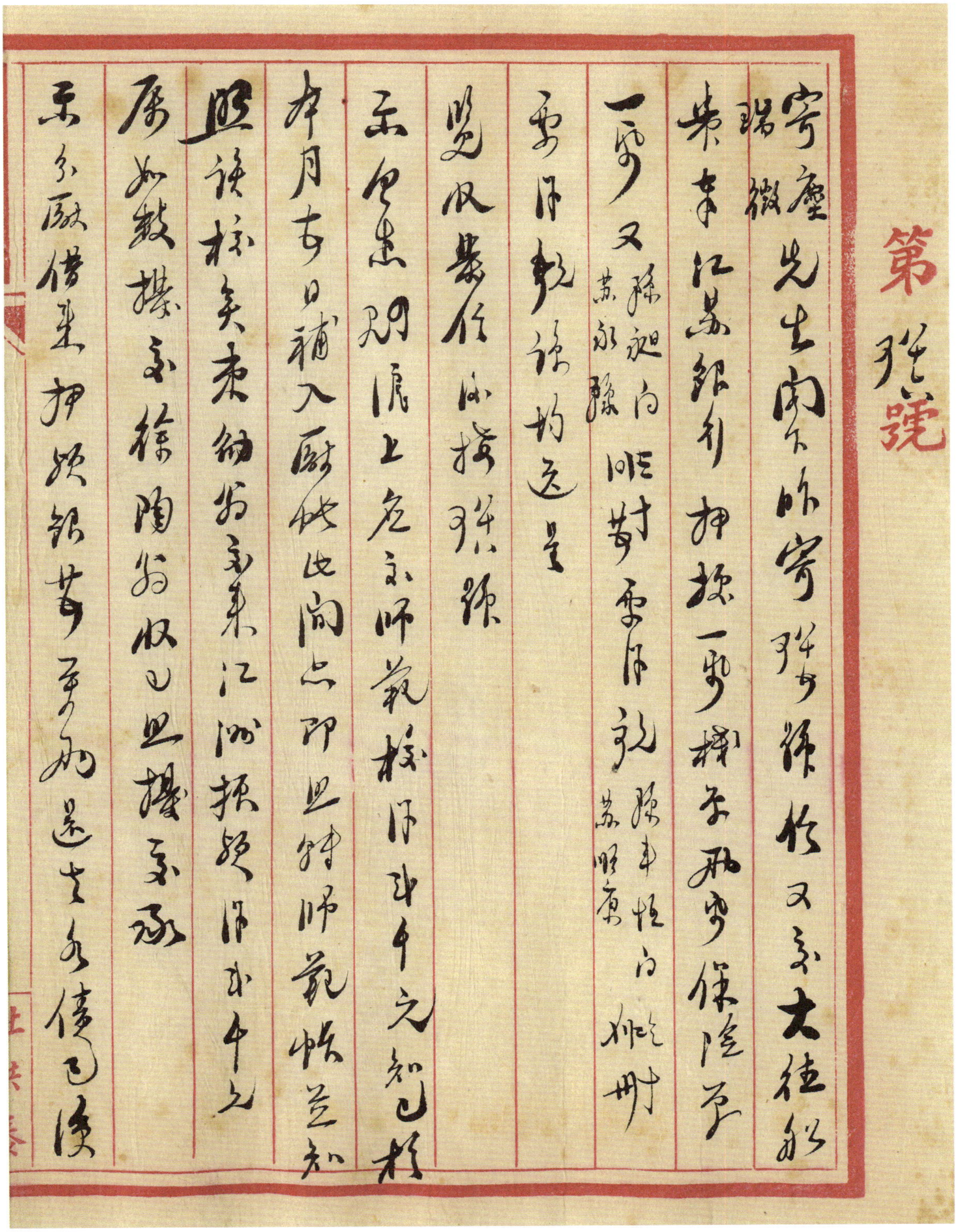

第一百八十六號（十月十七日）

寄塵、瑞徵先生閣下：昨寄一百八十五號信，又交大德船帶奉江蘇銀行押據一紙、棧單兩紙、保險單一紙，又豫昶向蘇永豫（一〇一三）十月廿五票洋二百元、豫豐恒向蘇順康（四二二八）十月卅票洋五百元，諒均送呈覽收。發信後接一百八十八號示，具悉。四月初九滬上應交師範校洋弍千元，知已於本月十五日補入廠帳，此間亦即照轉師範帳，并知照該校矣。東劭翁交來江洲振款洋弍千元，屬如數撥交徐陶翁收，已照撥交。承示，分廠借來押款銀廿五萬兩，還去各債，已復無餘，但願

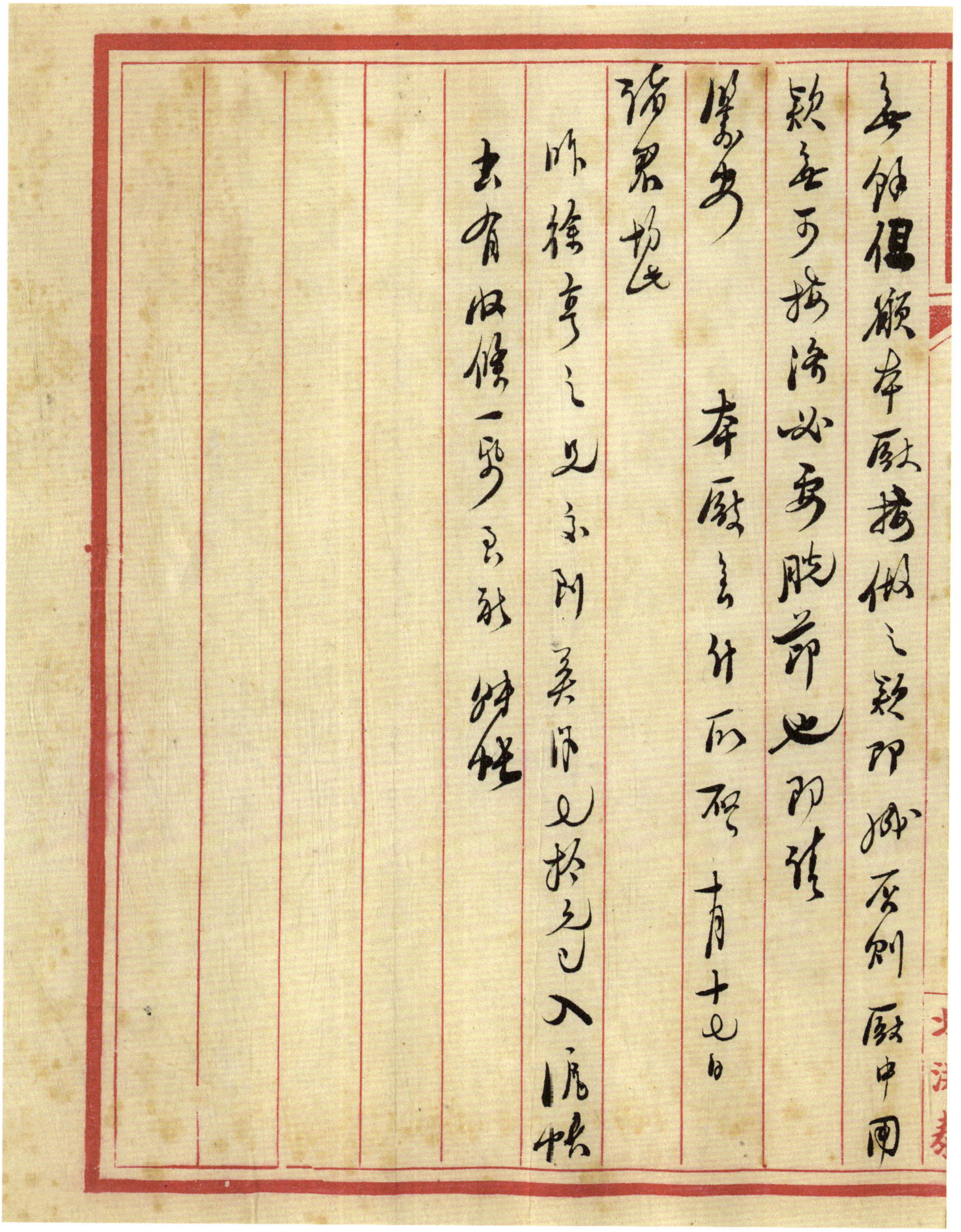

第一百八十六號（十月十七日）

本廠接做之款即成，否則廠中用款無可接濟，必要脱節也。即請籌安。本廠會計所啓。十月十七日

諸君均此。

昨徐亨之兄交到英洋七拾元，已入滬帳，出有收條一紙，至祈轉帳。

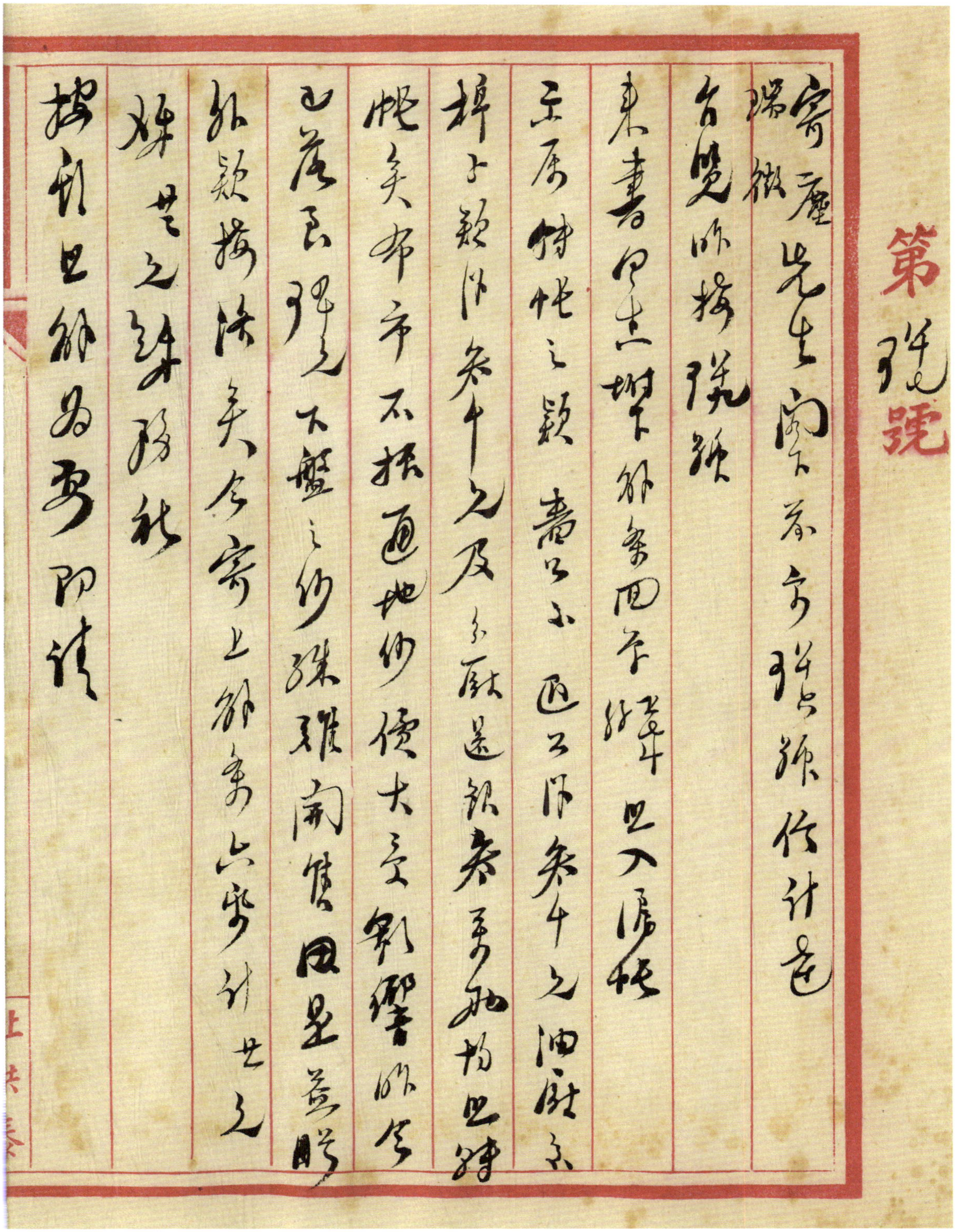

第一百八十七號（十月十九日）

寄塵、瑞徵先生閣下：前寄一百八十六號信，計達台覽。昨接一百八十九號來書，具悉。附下解條回單五十五兩一錢七分二，照入滬帳。示屬轉帳之款、啬公交退公洋叁千元、油廠交棉子款洋叁千元及分廠還銀叁萬兩，均照轉帳矣。布市不振，通地紗價大受影響，昨、今已落至一百四十元，下盤之紗殊難開售，因是益盼外款接濟矣。今寄上解條六紙，計廿一元四千兩、廿二元八千兩，務祈按期照解爲要。即請籌安。本廠會計所啓。十月十九日

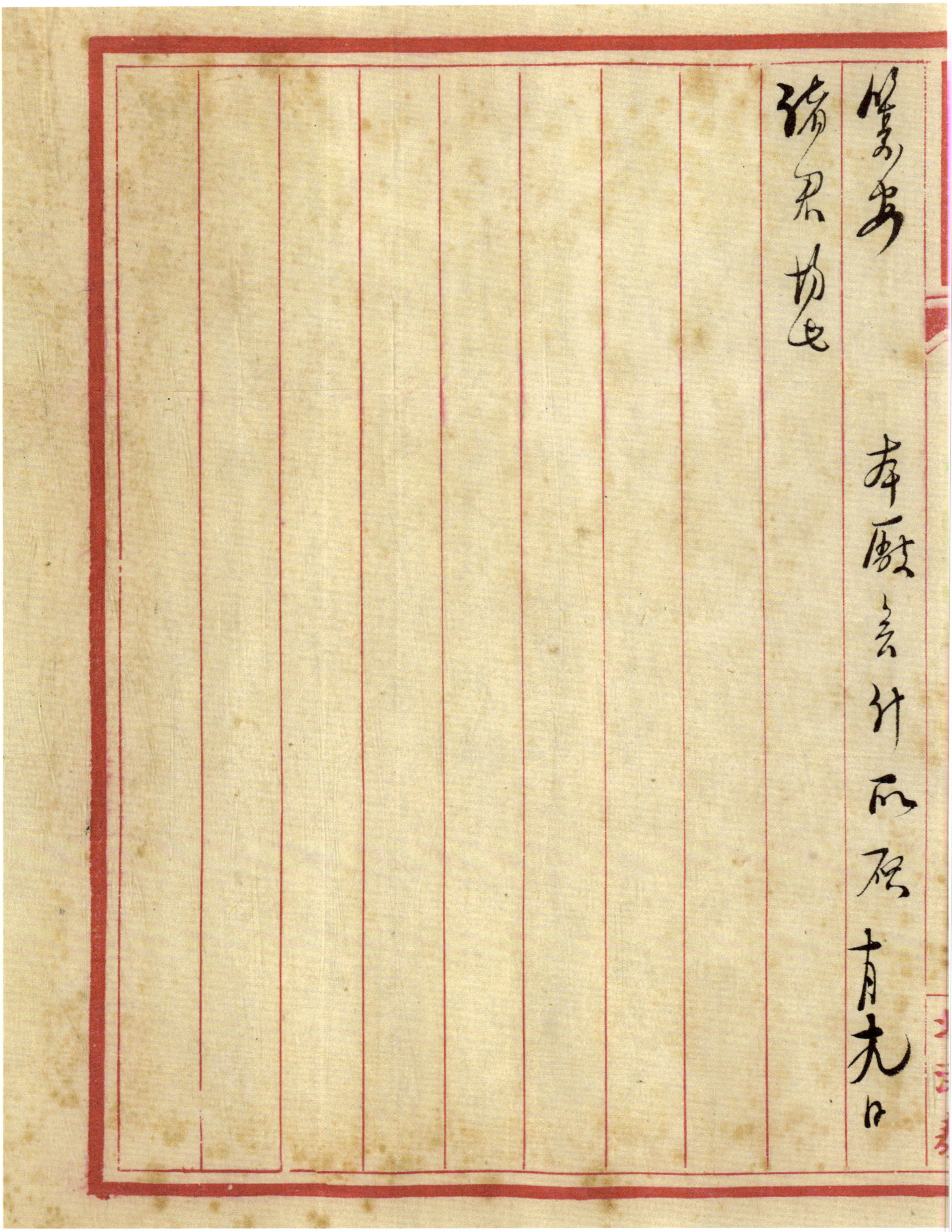

本廠會計所啟 十月十九日

業安

諸君均此

第一百八十七號（十月十九日）

諸君均此。

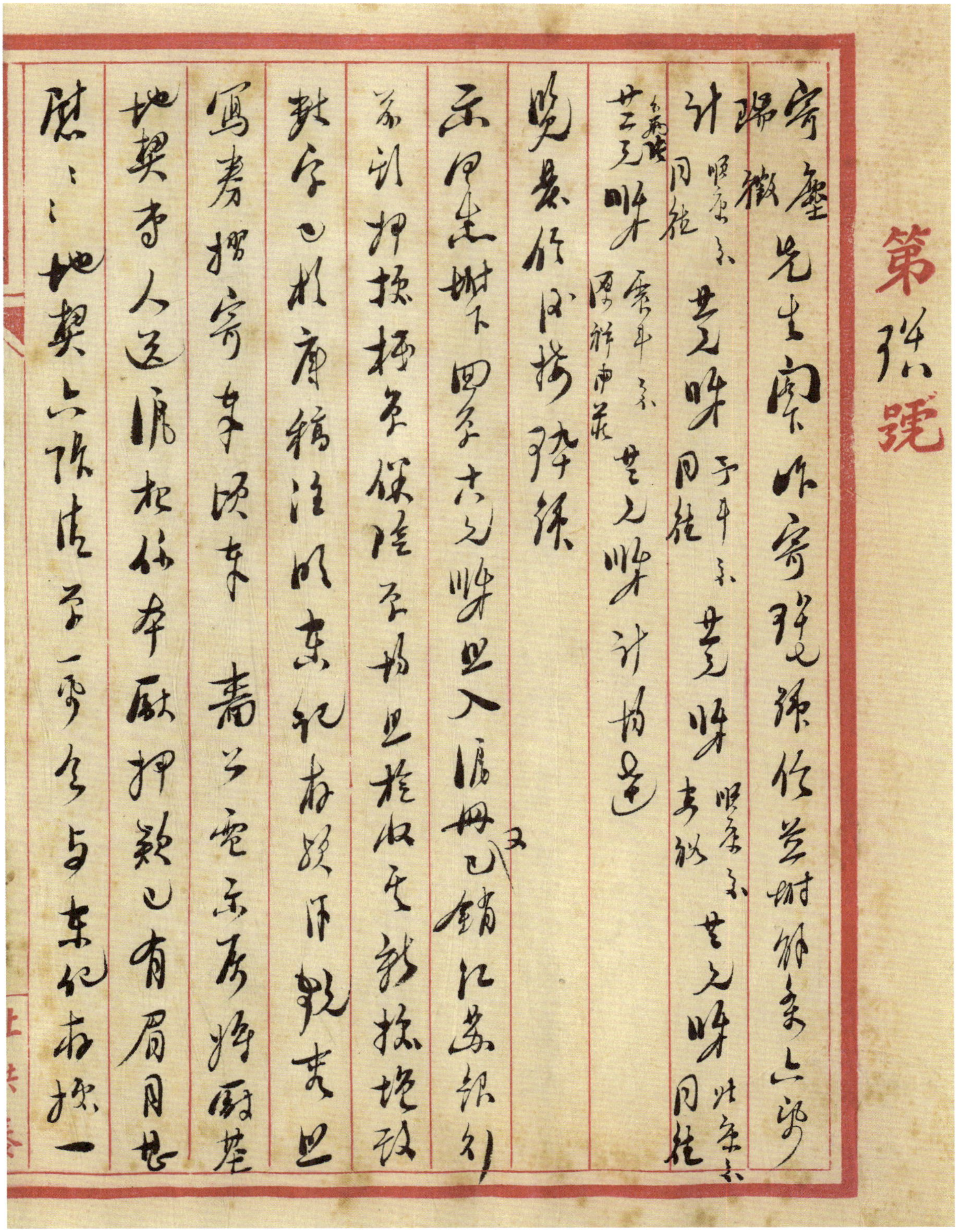

第一百八十八號（十月廿日）

寄塵、瑞徵先生閣下：昨寄一百八十七號信，并附解條六紙，計順康交同德廿一元二千兩、豫豐交同德廿一元二千兩、順康交安裕廿二元二千兩、昇康交同德廿二元（分兩張）三千兩、震豐交源祥申莊廿二元三千兩，計均達覽。發信後接一百九十號示，具悉。附下回單十八元三千兩，照入滬册。又已銷江蘇銀行前期押據、棧單、保險單，均照檢收，其新據增改數字已於底稿注明。東記存款洋五百元，容照寫券摺寄奉。頃奉嗇公電示，屬將廠基地契專人送滬，想係本廠押款已有眉目，甚

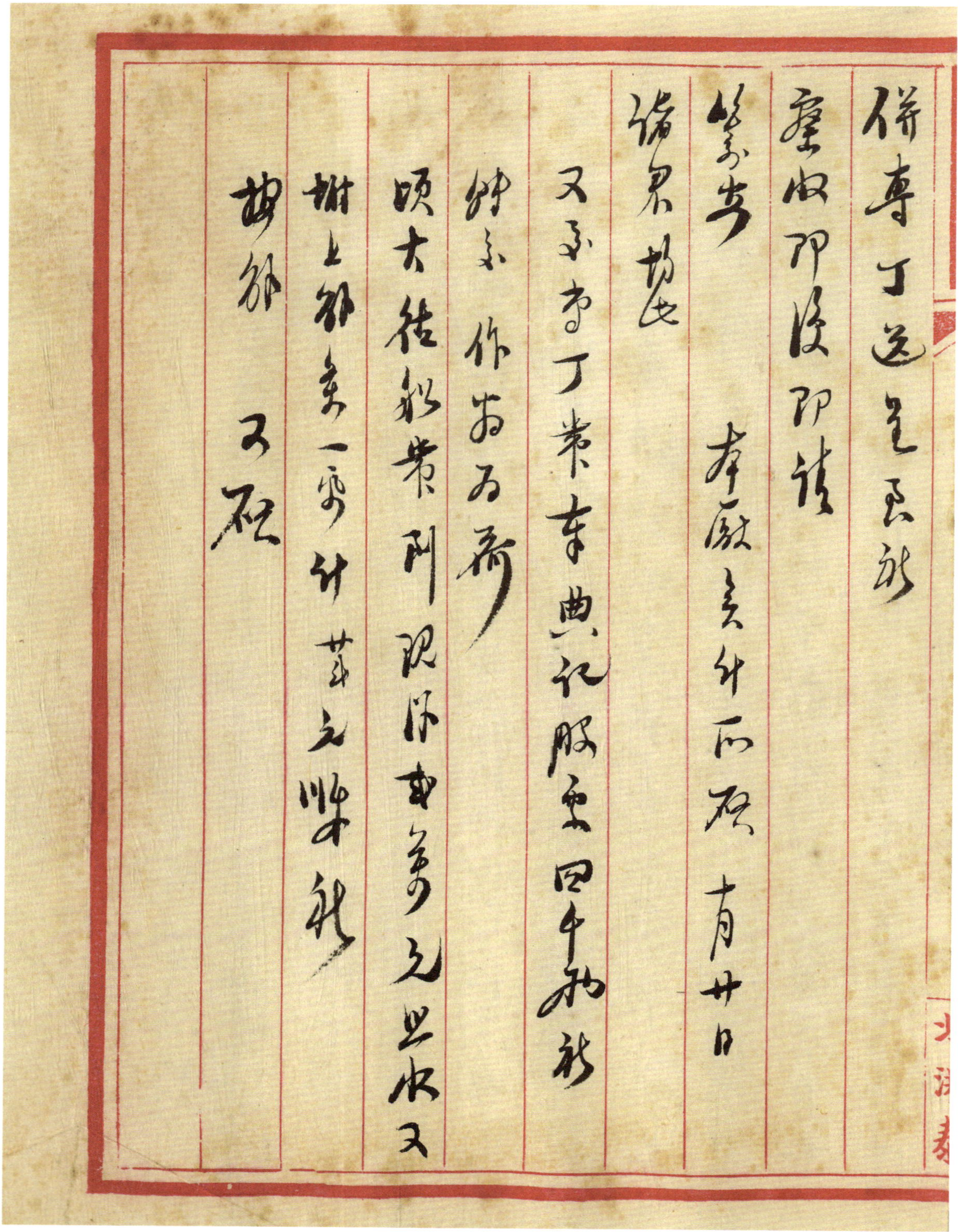

第一百八十八號（十月廿日）

慰甚慰。地契六張、清單一紙，今與東記存據一并專丁送呈，至祈察收即復。即請籌安。本廠會計所啓。十月廿日

諸君均此。

又交專丁帶奉典記股票四千兩，祈轉交作翁爲荷。

頃大德船帶到現洋式萬元，照收。又附上解條一紙，計廿式元三千兩，祈按解。又啓。

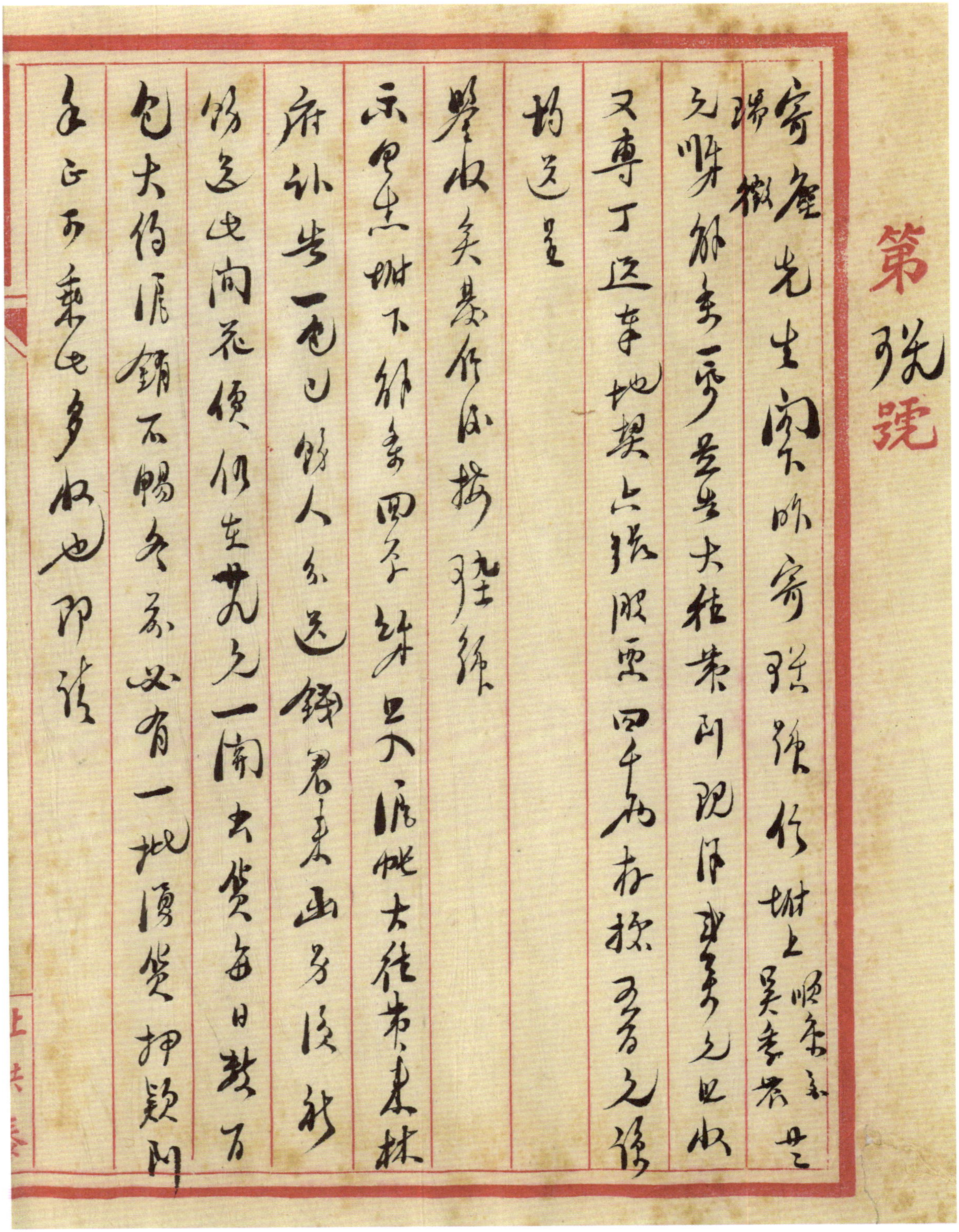

第一百八十九號（十月廿一日）

寄塵、瑞徵先生閣下：昨寄一百八十八號信，附上順康交吴季農廿二元三千兩解條一紙，并告大德帶到現洋式萬元照收，又專丁送奉地契六張、股票四千兩、存據五百元，諒均送呈鑒收矣。發信後接一百九十一號示，具悉。附下解條回單七千兩，照入滬帳。大德帶來林府訃告一包，已飭人分送。錢君來函另復，祈飭送。此間花價仍在廿九元一關，出貨每日數百包，大約滬銷不暢，冬前必有一批涌貨，押款到手，正可乘此多收也。即請籌安。本廠會計所啓。十月廿一日

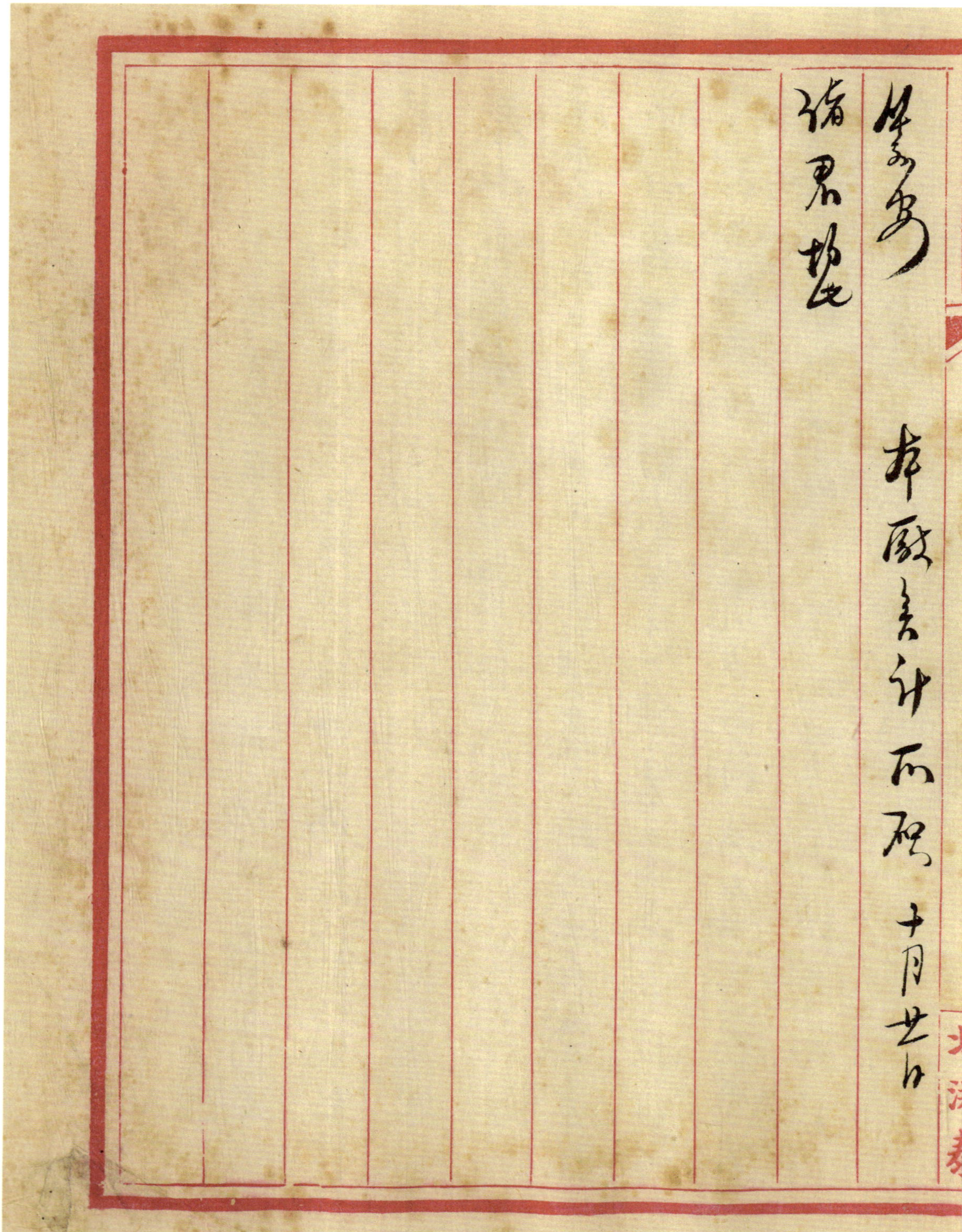

第一百八十九號（十月廿一日）

諸君均此。

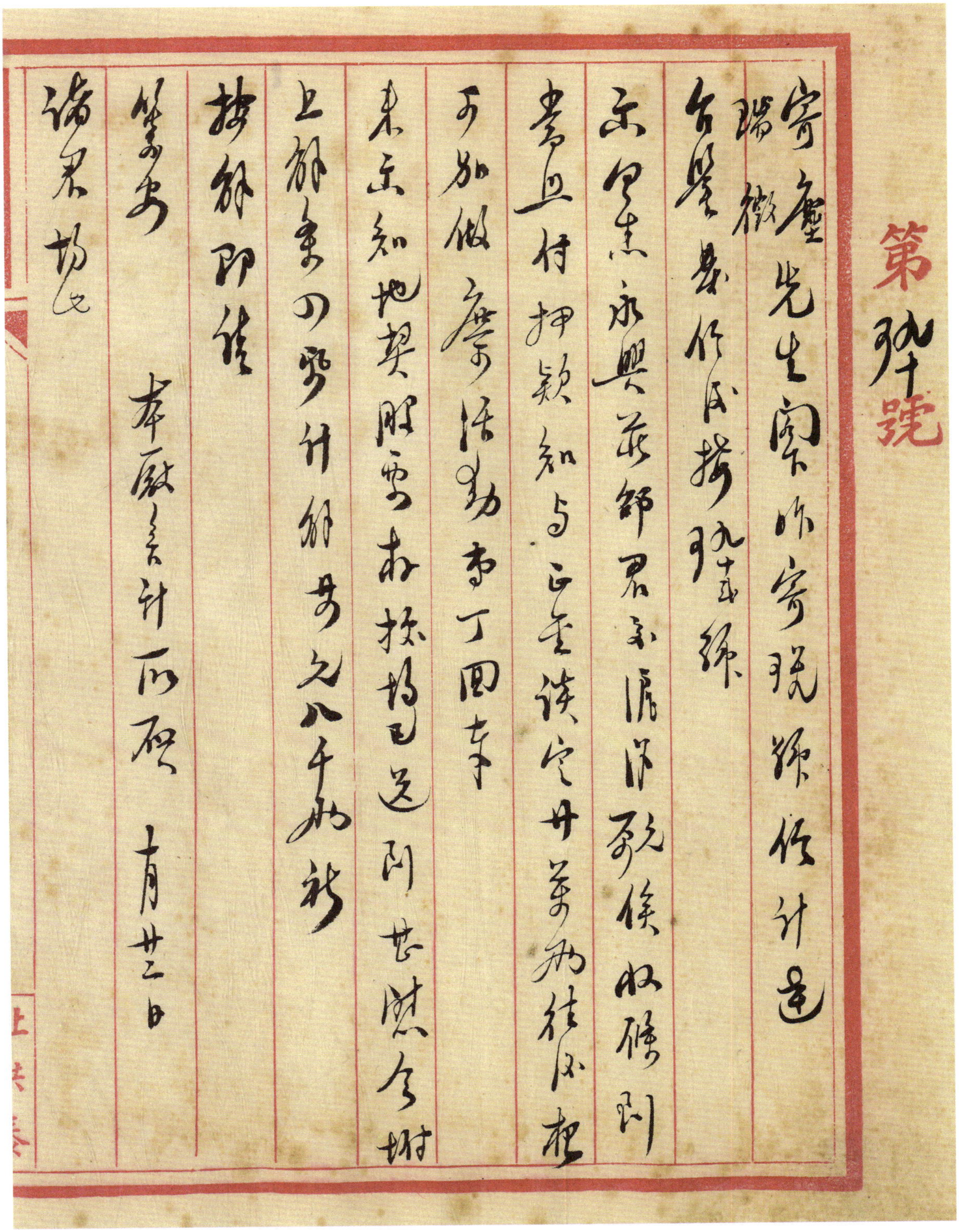

第一百九十號（十月廿二日）

寄塵、瑞徵先生閣下：昨寄一百八十九號信，計達台鑒。發信後接一百九十式號示，具悉。永興莊邵君交滬洋六百元，俟收條到當照付。押款知與正金談定廿萬兩，往後想可加做，庶可活動。專丁回，奉來示，知地契、股票、存據均已送到，甚慰。今附上解條四紙，計解廿四元八千兩，祈按解。即請籌安。本廠會計所啓。十月廿二日

諸君均此。

第一百九十號（十月廿二日）

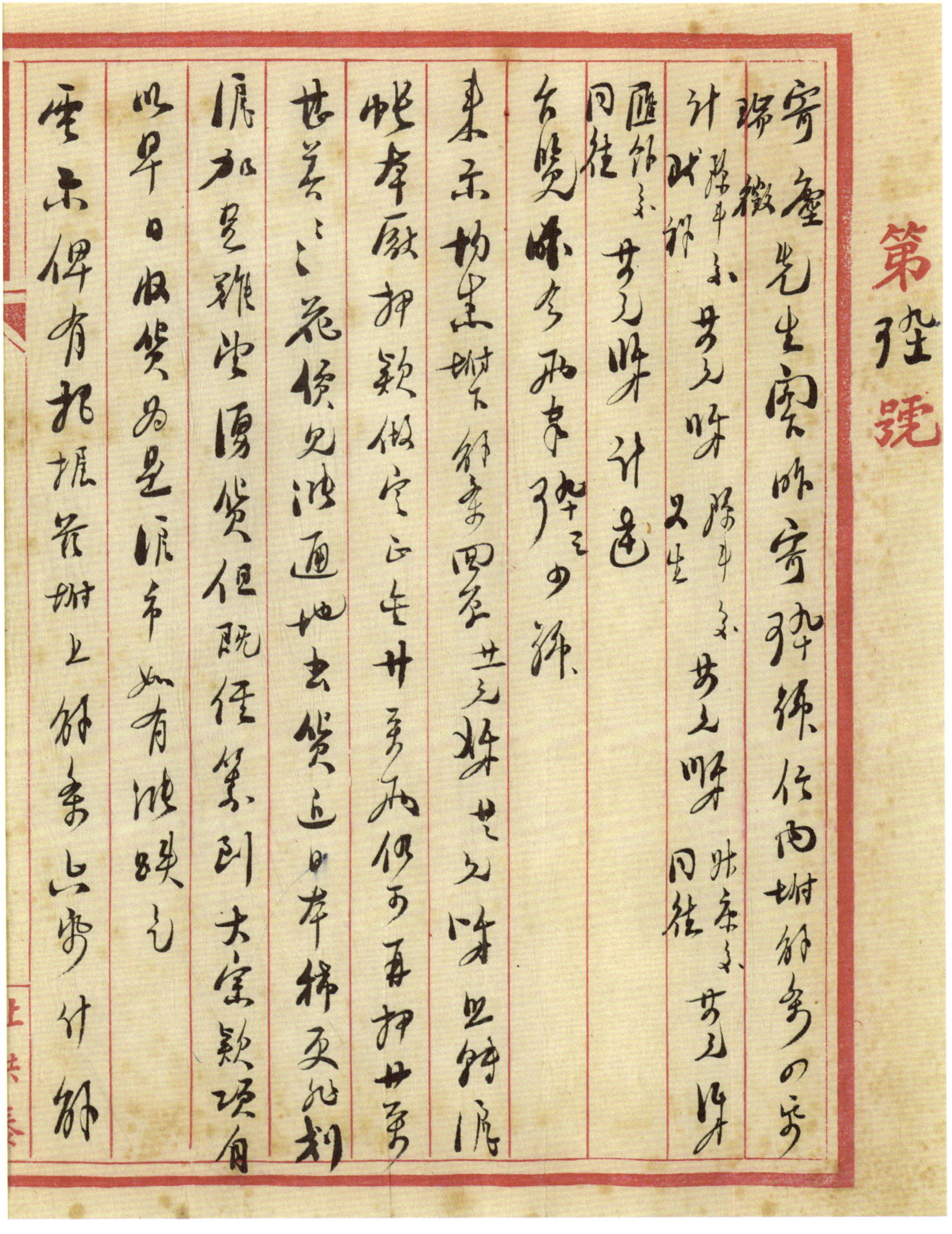

第一百九十一號（十月廿三日）

寄塵、瑞徵先生閣下：昨寄一百九十號信，内附解條四紙，計豫豐交致祥廿四元二千兩、豫豐交義生廿四元三千兩、昇康交同德廿四元一千兩、匯餘交同德廿四元二千兩，計達台覽。昨、今兩奉一百九十三、一百九十四號來示，均悉。附下解條回單廿一元四千兩、廿二元一萬一千兩，照轉滬帳。本廠押款做定正金廿萬兩，仍可再押廿萬，甚善甚善。花價見漲，通地出貨近日本稀，更非劃滬加足難望涌貨，但既經籌到大宗款項，自以早日收貨爲是。滬市如有漲跌，乞電示，俾有把握。茲

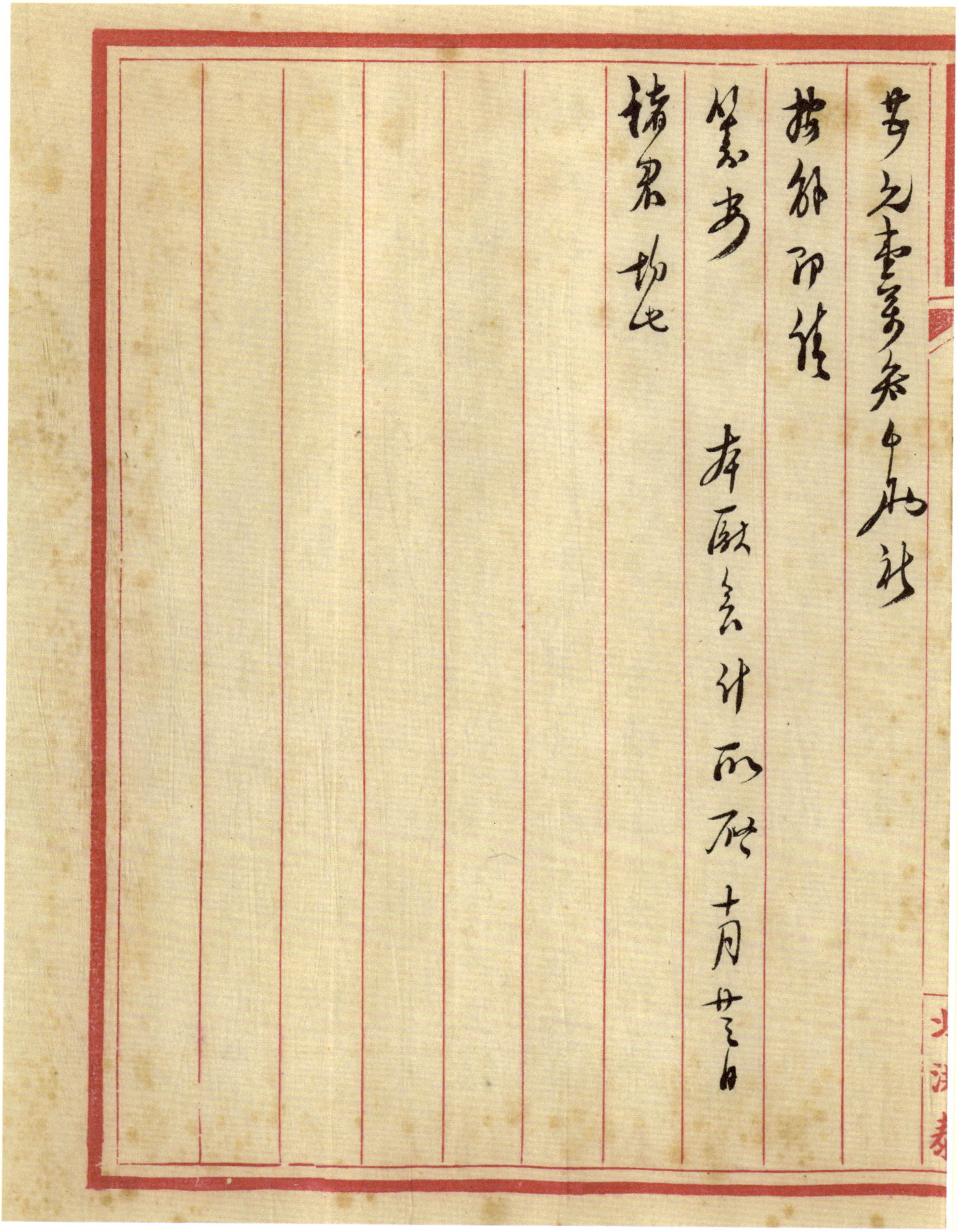
廿五元壹萬叁千兩，祈
按解，即請
籌安。　本廠會計所啓　十月廿三日
諸君均此。

第一百九十一號（十月廿三日）

附上解條六紙，計解廿五元壹萬叁千兩，祈按解。即請籌安。本廠會計所啓。十月廿三日

諸君均此。

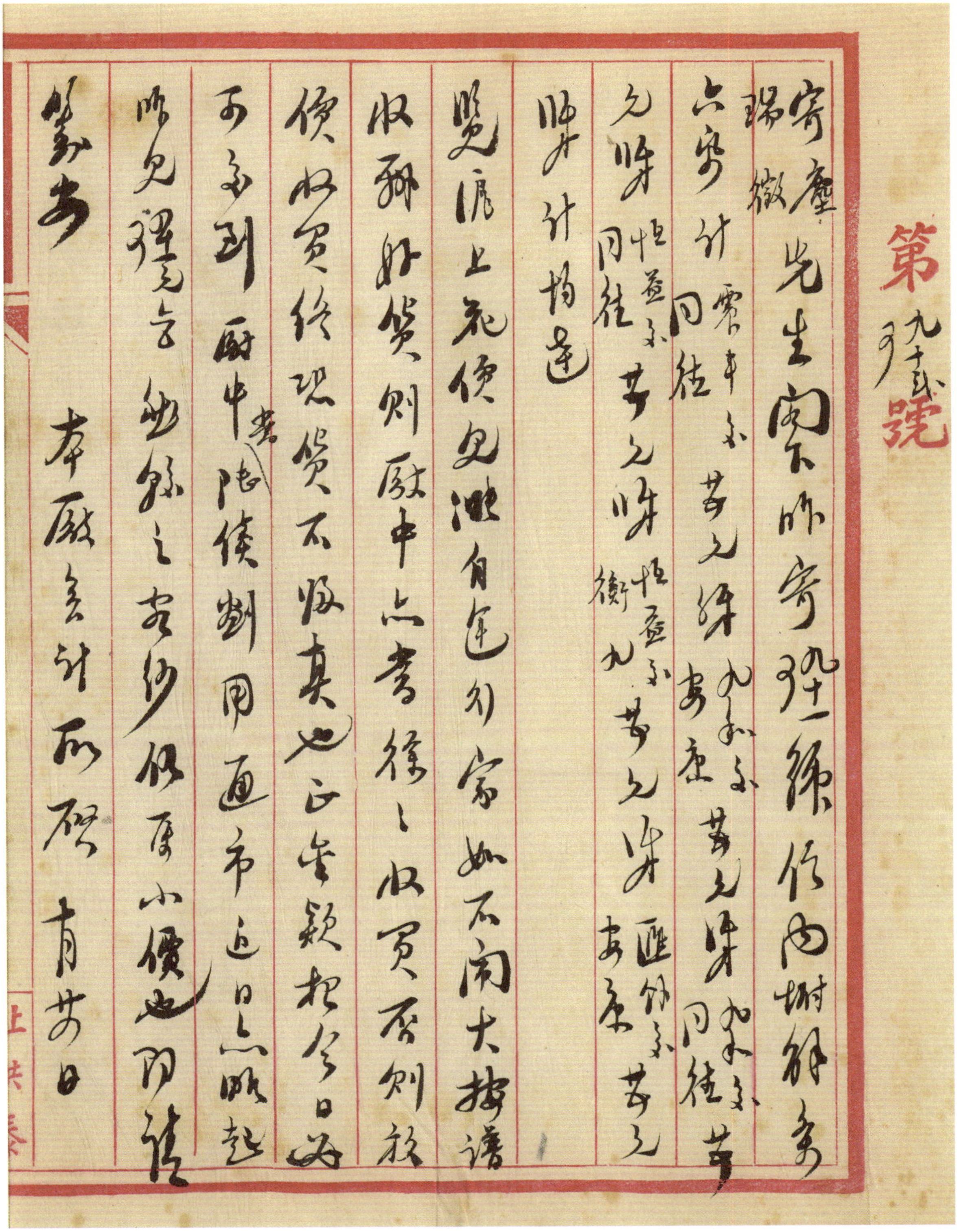

第一百九十二號（十月廿四日）

寄塵、瑞徵先生閣下：昨寄一百九十一號信，内附解條六紙，計震豐交同德廿五元五千兩、九和交安康廿五元一千兩、九和交同德廿五元二千兩、恒益交同德廿五元二千兩、恒益交衡九廿五元一千兩、匯餘交安康廿五元二千兩，計均達覽。滬上花價見漲，自運行家如不闊大，按譜收辦好貨，則廠中亦當徐徐收買，否則放價收買，終恐貨不歸真也。正金款想今日必可交到，廠中當陸續劃用。通市近日亦略起，昨見一百四十一元六角，然較之客紗，仍屬小價也。即請籌安。本廠會計所

諸君均此

第一百九十二號（十月廿四日）

啓。十月廿四日

諸君均此。

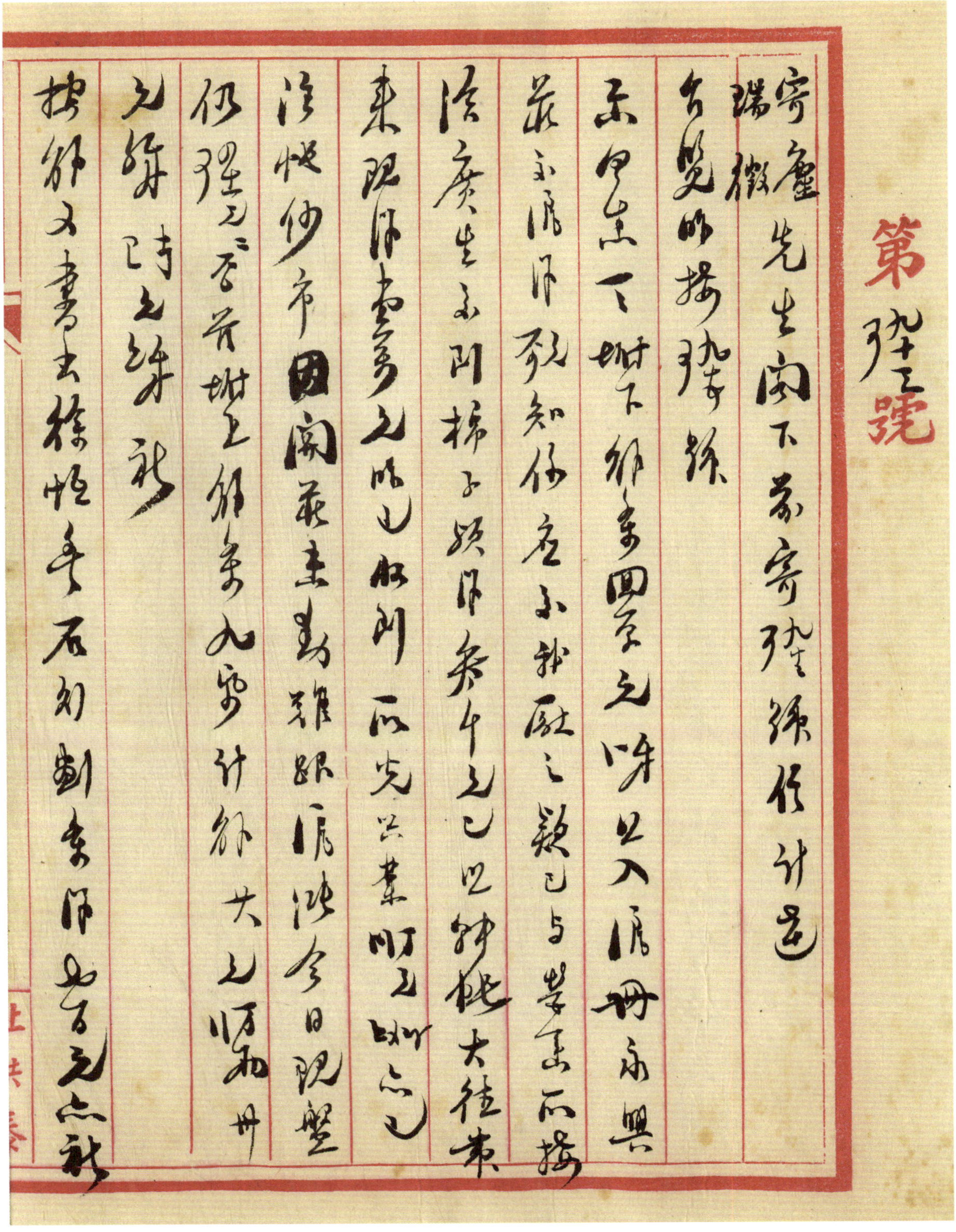

第一百九十三號（十月廿六日）

寄塵、瑞徵先生閣下：前寄一百九十二號信，計達台覽。昨接一百九十五號示，具悉一一。附下解條回單元一萬一千兩，照入滬册。永興莊交滬洋六百元，知係應交我廠之款，已與營業所接洽。廣生交到棉子款洋叁千元，已照轉帳。大德帶來現洋壹萬元，昨已收到。所兑興業三萬元（七四二五），亦已注帳。紗市因關莊未動，難跟滬漲，今日現盤仍一百四十一元二至六角。兹附上解條九紙，計解廿八元二萬兩、卅元五千兩、十一月初一元七千兩，祈按解。又書出徐恒豐石行劃條洋七百

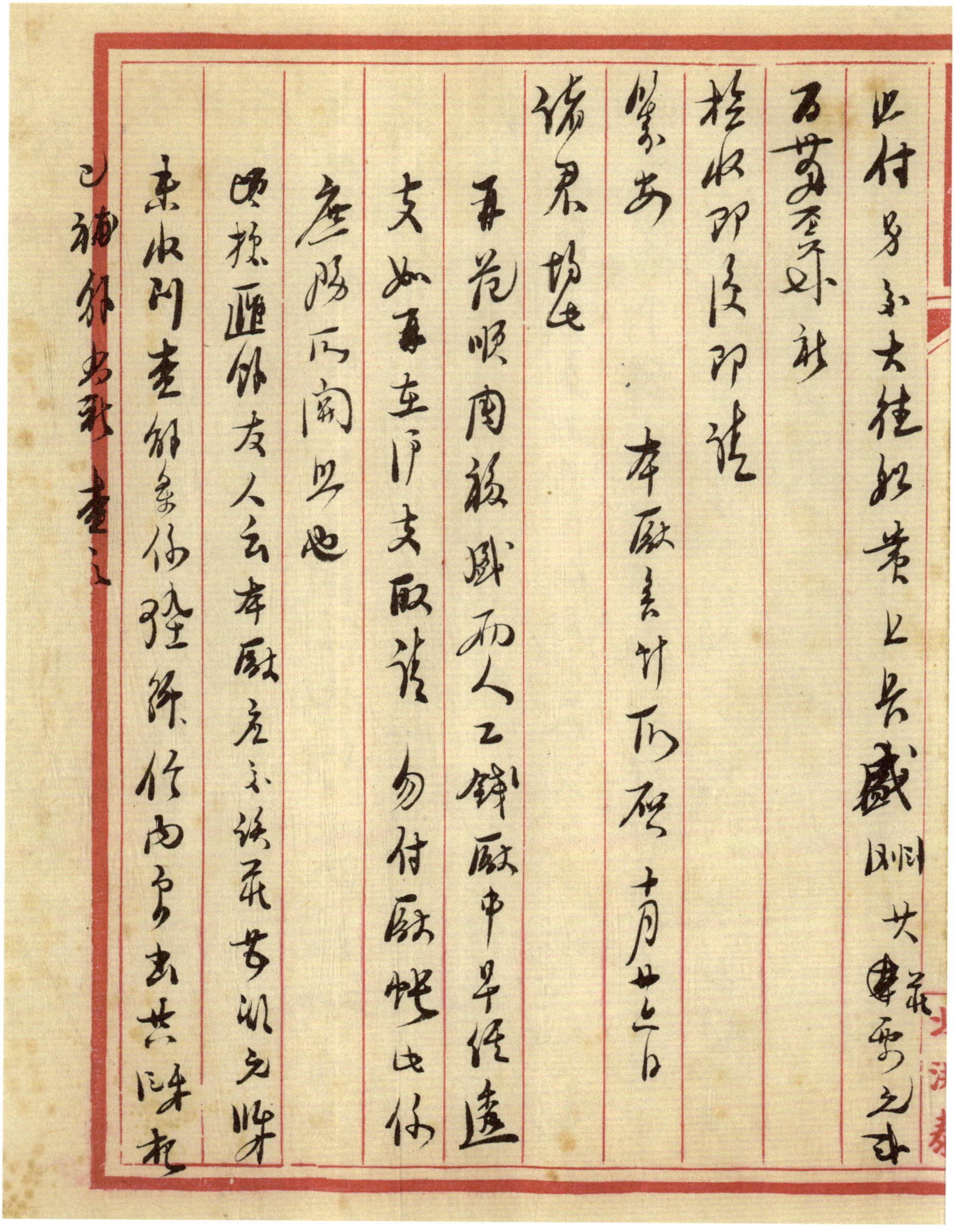

第一百九十三號（十月廿六日）

元，亦祈照付。另交大德船帶上長盛（一四二三一）廿八莊票元式百卅四兩六錢六分七，祈檢收即復。即請籌安。本廠會計所啓。十月廿六日

諸君均此。

再：范順、周福盛兩人工錢，廠中早經透支，如再在滬支取，請勿付廠帳。此係庶務所關照也。

頃據匯餘友人云，本廠應交該莊廿五期元二千兩未收到，查解條係一百九十一號信內寄出，廿六一萬三千兩，想已補解，尚祈查之。

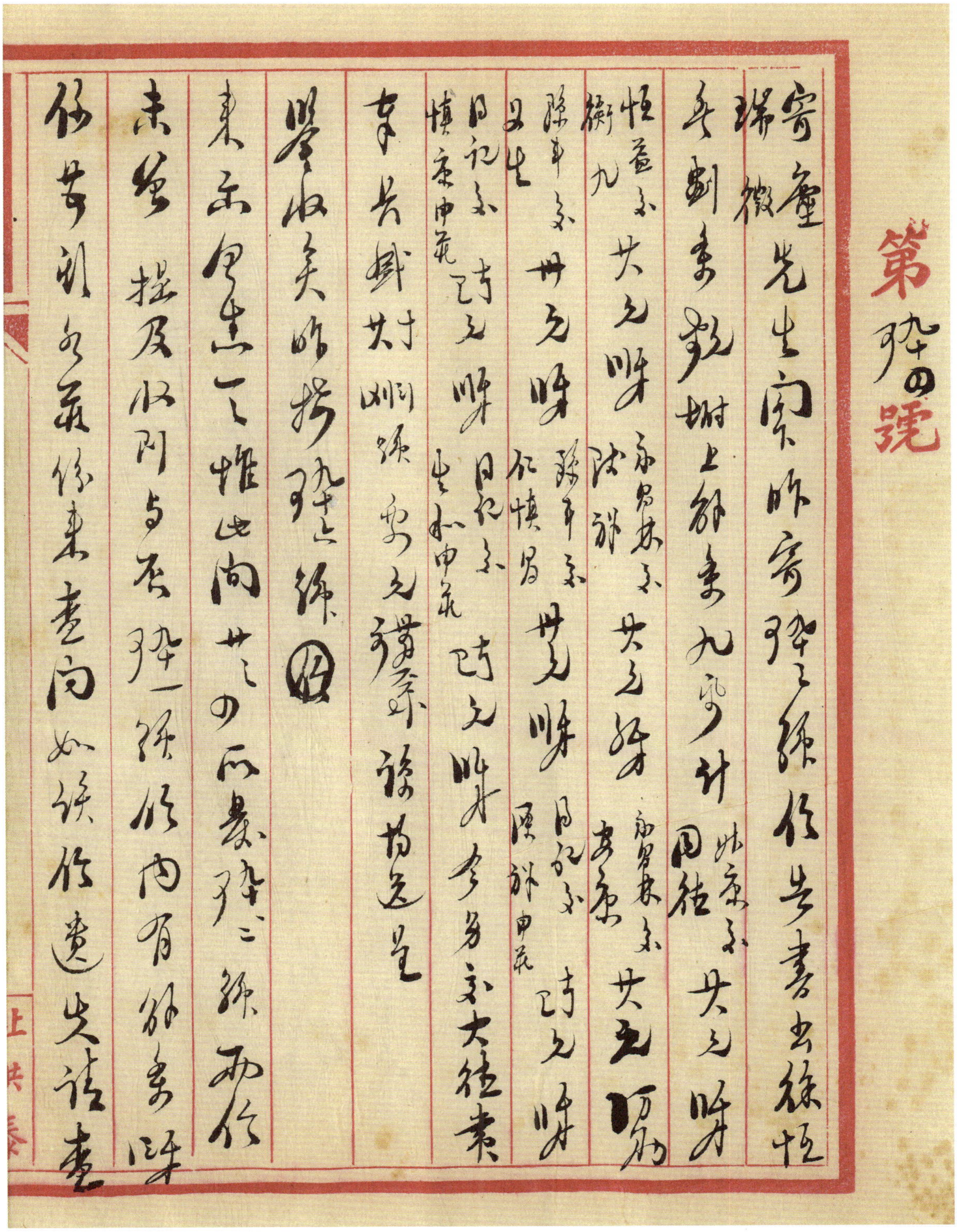

第一百九十四號（十月廿七日）

寄塵、瑞徵先生閣下：昨寄一百九十三號信，告書出徐恒豐劃條七百元，附上解條九紙，計昇康交同德廿八元二千兩、恒益交衡九廿八元三千兩、永昌林交致祥廿八元五千兩、永昌林交安康廿八元一萬兩、豫豐交義生卅元二千兩、豫豐交仁慎昌卅元三千兩、得記交源祥申莊十一月初一元二千兩、得記交慎康申莊十一月初一元三千兩、得記交生和申莊十一月初一元二千兩，今另交大德帶奉長盛十月廿八一四二三一號票元二百卅四兩六錢六分七，諒均送呈鑒收矣。昨接一百九十六號來示，具悉

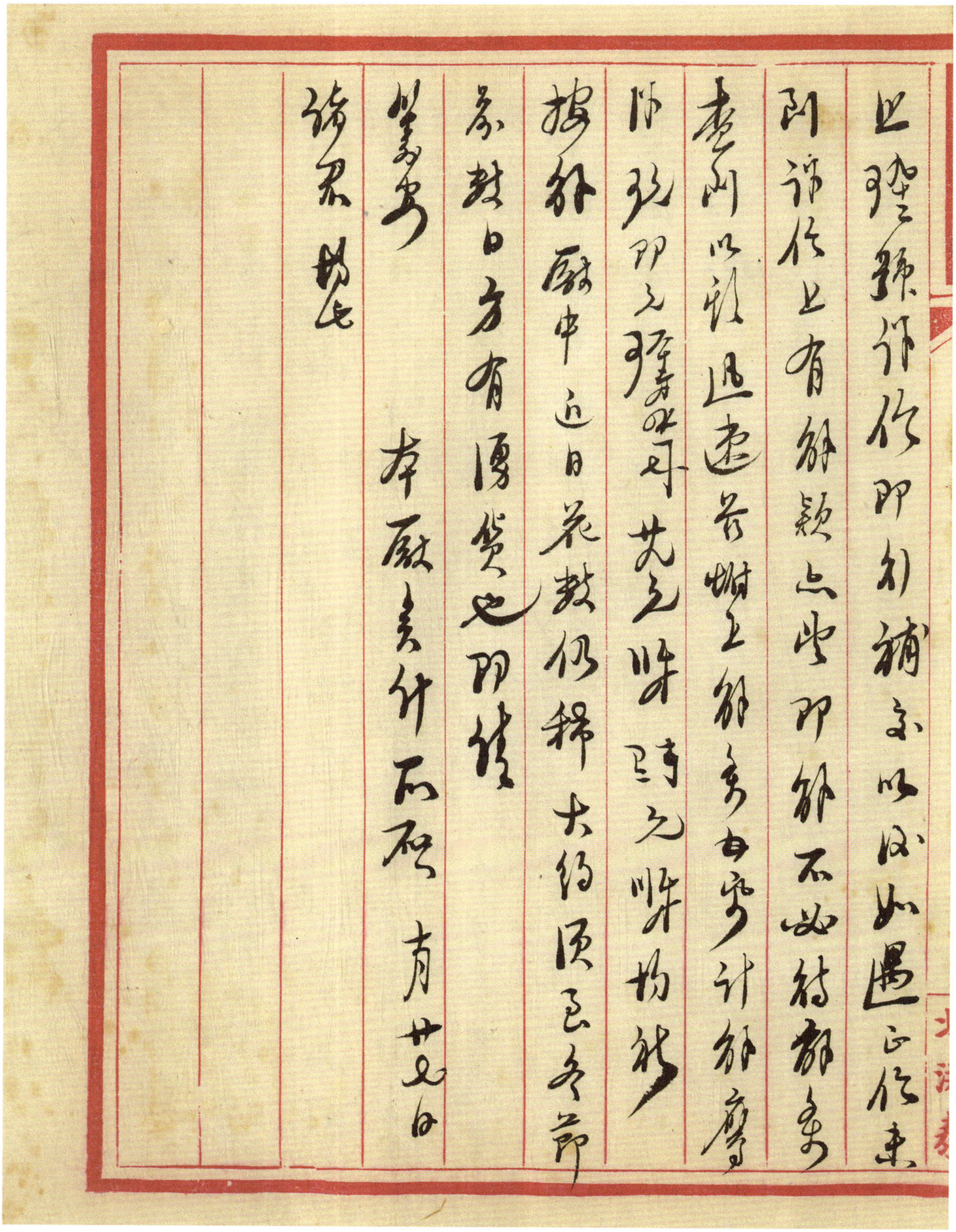

第一百九十四號（十月廿七日）

一一。惟此間廿三、廿四所發一百九十一、一百九十二號兩信未曾提及收到與否，一百九十一號信内有解條一萬三千兩，係廿五期，各莊紛來查問，如該信遺失，請查照一百九十二號詳信即行補交。以後如遇正信未到，詳信上有解款，亦望即解，不必待解條查到，以期迅速。兹附上解條五紙，計解鷹洋一百元、即元一百六十二兩四錢一分七、廿九元二千兩、十一月初二元三千兩，均祈按解。廠中近日花數仍稀，大約須至冬節前數日方有涌貨也。即請籌安。本廠會計所啓。十月廿七日
諸君均此。

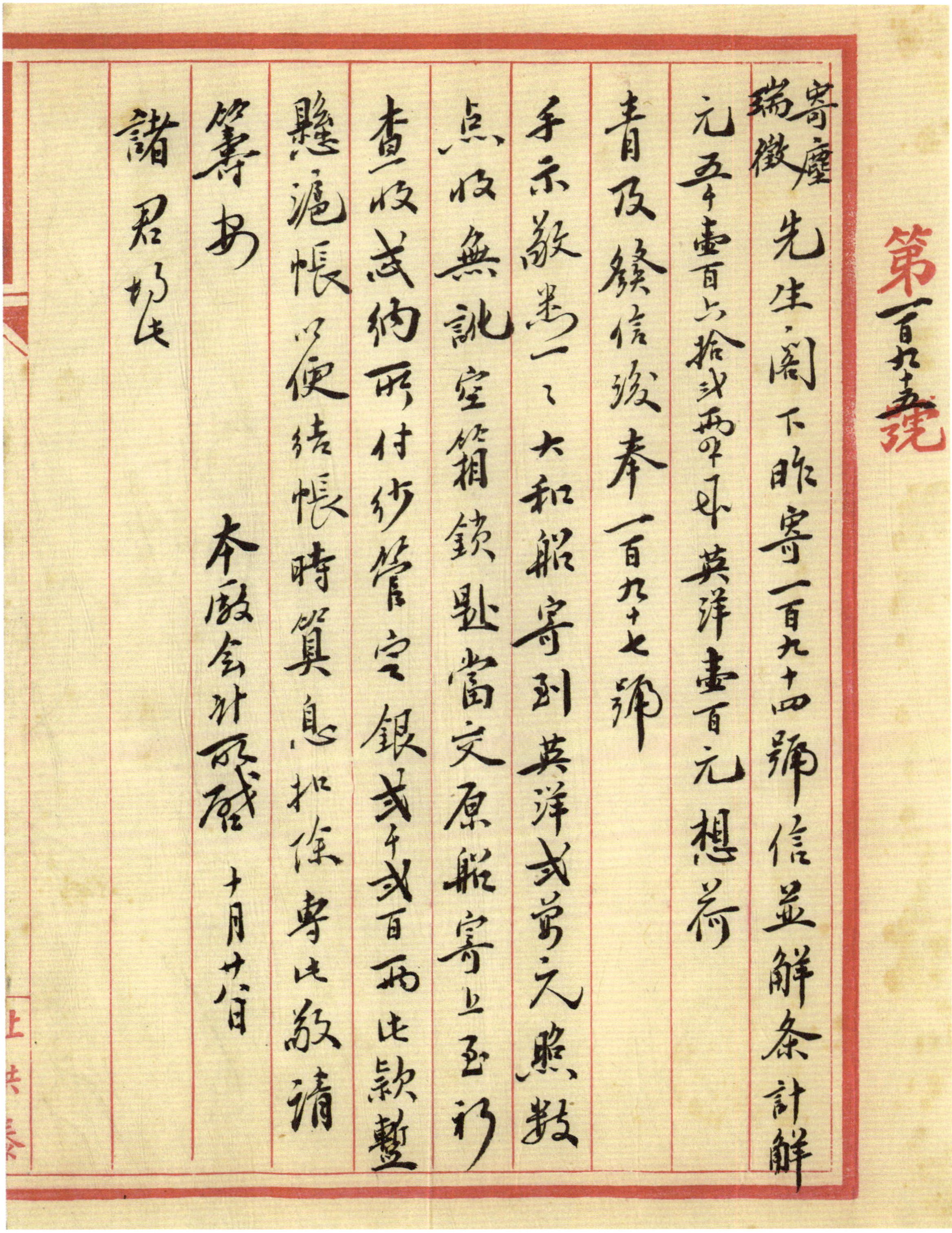

第一百九十五號（十月廿八日）

寄塵、瑞徵先生閣下：昨寄一百九十四號信并解條，計解元五千壹百六拾弍兩四錢一分七、英洋壹百元，想荷青及。發信後奉一百九十七號手示，敬悉一一。大和船寄到英洋弍萬元，照數點收無訛，空箱鎖匙當交原船寄上，至祈查收。忒納所付紗管定銀弍千弍百兩，此款暫懸滬帳，以便結帳時算息扣除。專此，敬請籌安。本廠會計所啓。十月廿八日

諸君均此。

第一百九十五號（十月廿八日）

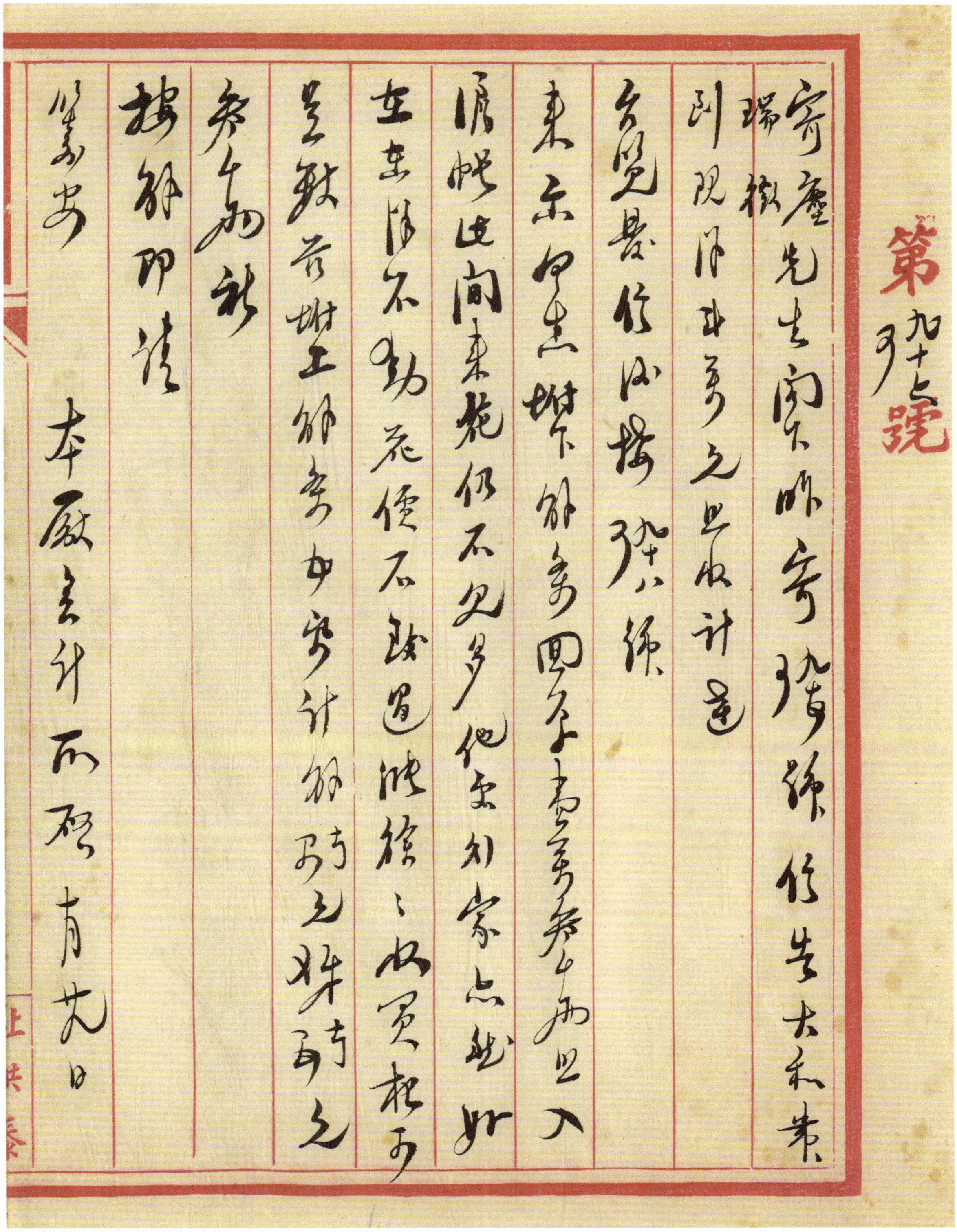

第一百九十六號（十月廿九日）

寄塵、瑞徵先生閣下：昨寄一百九十五號信，告大和帶到現洋式萬元照收，計達台覽。發信後接一百九十八號來示，具悉。附下解條回單壹萬叁千兩，照入滬帳。此間來花仍不見多，他處行家亦然，好在東洋不動，花價不致過漲，徐徐收買，想可足數。茲附上解條五紙，計解十一月初四元四千兩、十一月初五元叁千兩，祈按解。即請籌安。本廠會計所啓。十月廿九日

諸君均此。

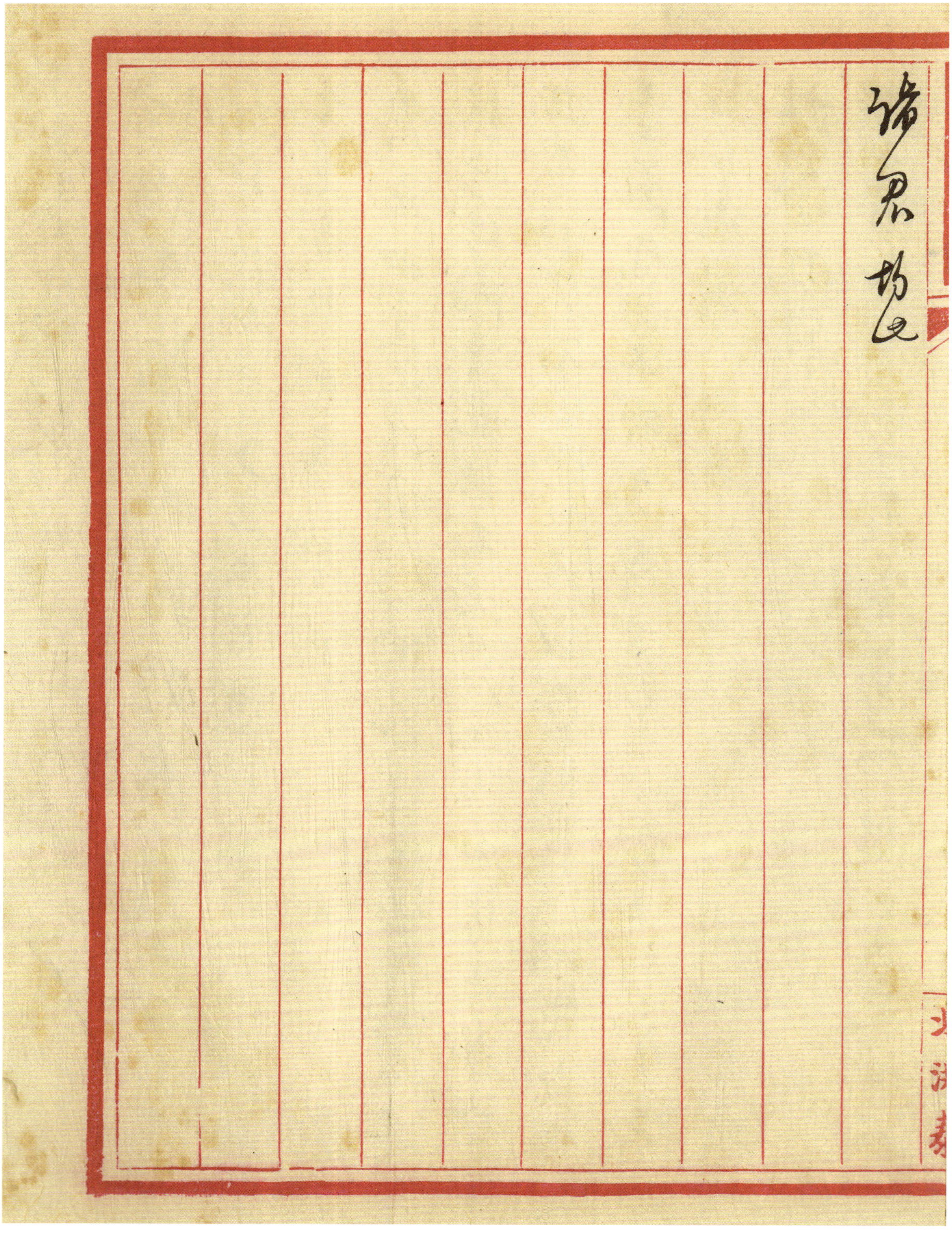

諸君均鑒

第一百九十六號（十月廿九日）

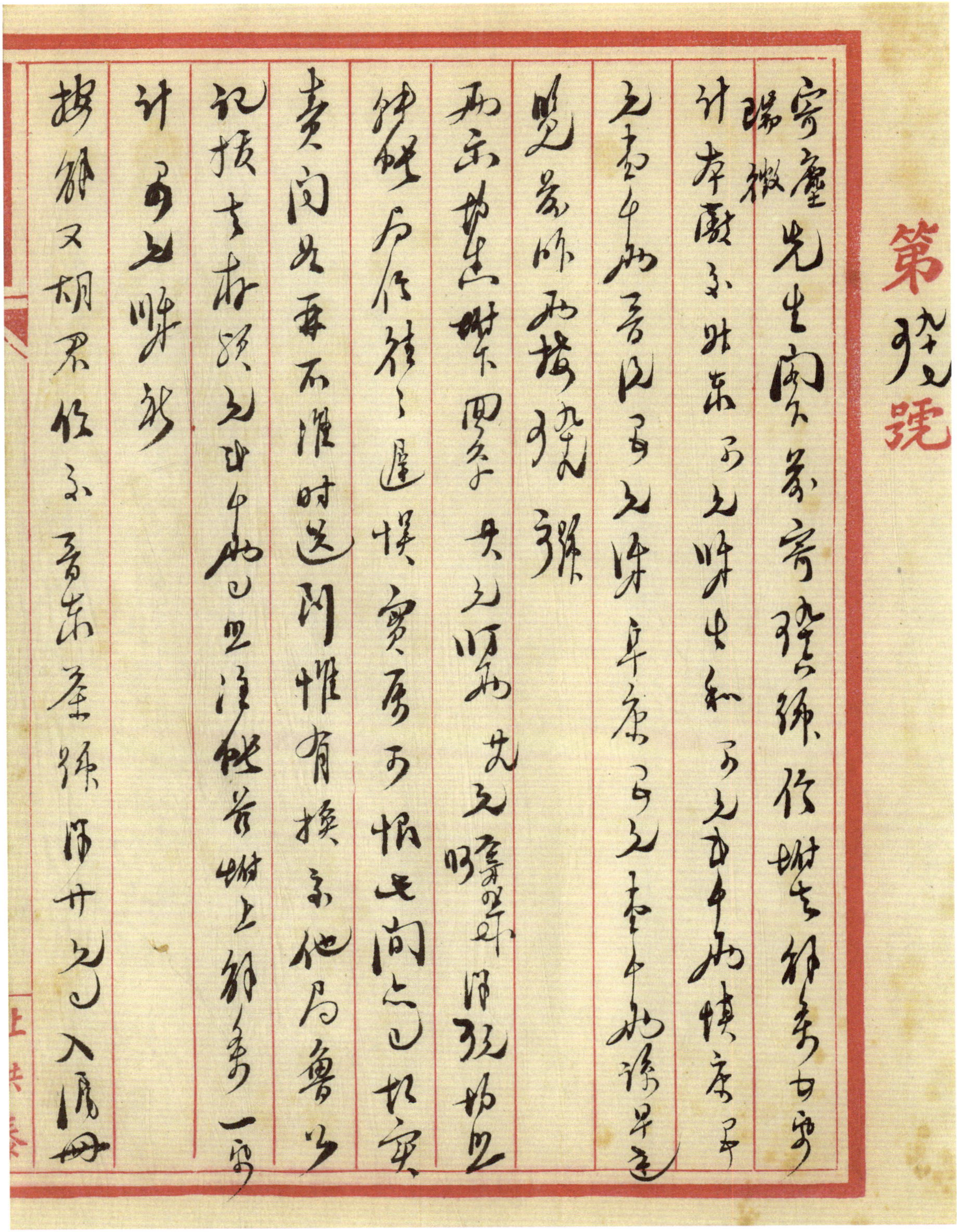

第一百九十七號（十一月初一日）

寄塵、瑞徵先生閣下：前寄一百九十六號信，附去解條五紙，計本廠交昇泰初四元二千兩、生和初四元弍千兩、慎康初五元壹千兩、晋源初五元一千兩、阜康初五元壹千兩，諒早達覽。前、昨兩接一百九十九、二百號兩示，均悉。附下回單廿八元二萬兩、廿九元二千一百六十二兩四錢一分七、洋一百元，均照轉帳。局信往往遲誤，實屬可恨，此間亦已切實責問，如再不準時送到，惟有換交他局。魯公記撥去存款元弍千兩，已照注帳。玆附上解條一紙，計初四元三千兩，祈按解。又胡君信

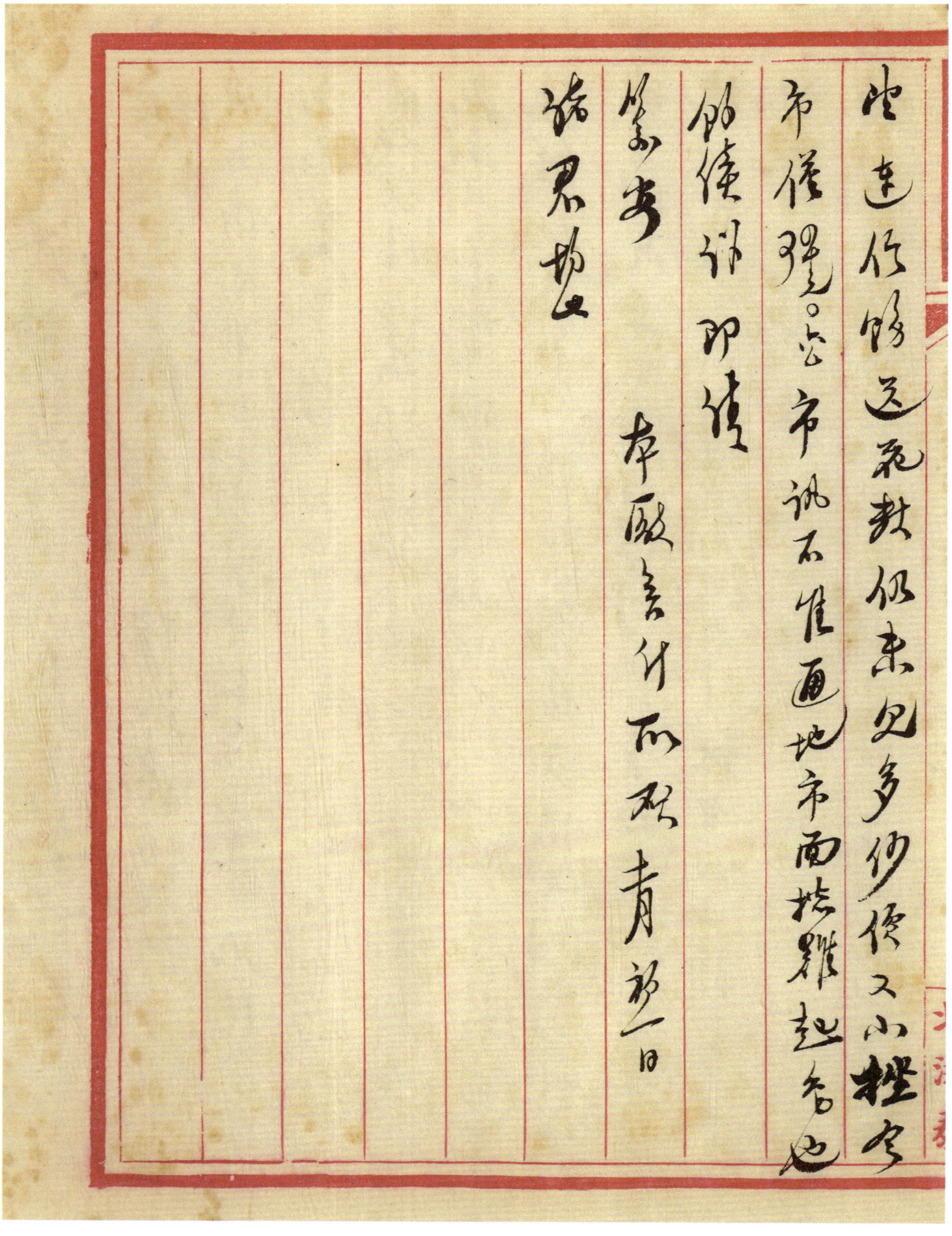
望連信飭送花數仍未見多紗價又小挫今
市僅一百四十元零六角市訊不佳通地市面總難起色也
餘續詳即請
籌安
本廠會計所啓 十一月初一日
諸君均此

第一百九十七號（十一月初一日）

交晉泰茶號洋廿元，已入滬册，望連信飭送。花數仍未見多，紗價又小挫，今市僅一百四十元零六角。市訊不佳，通地市面總難起色也。餘續詳。即請籌安。本廠會計所啓。十一月初一日

諸君均此。

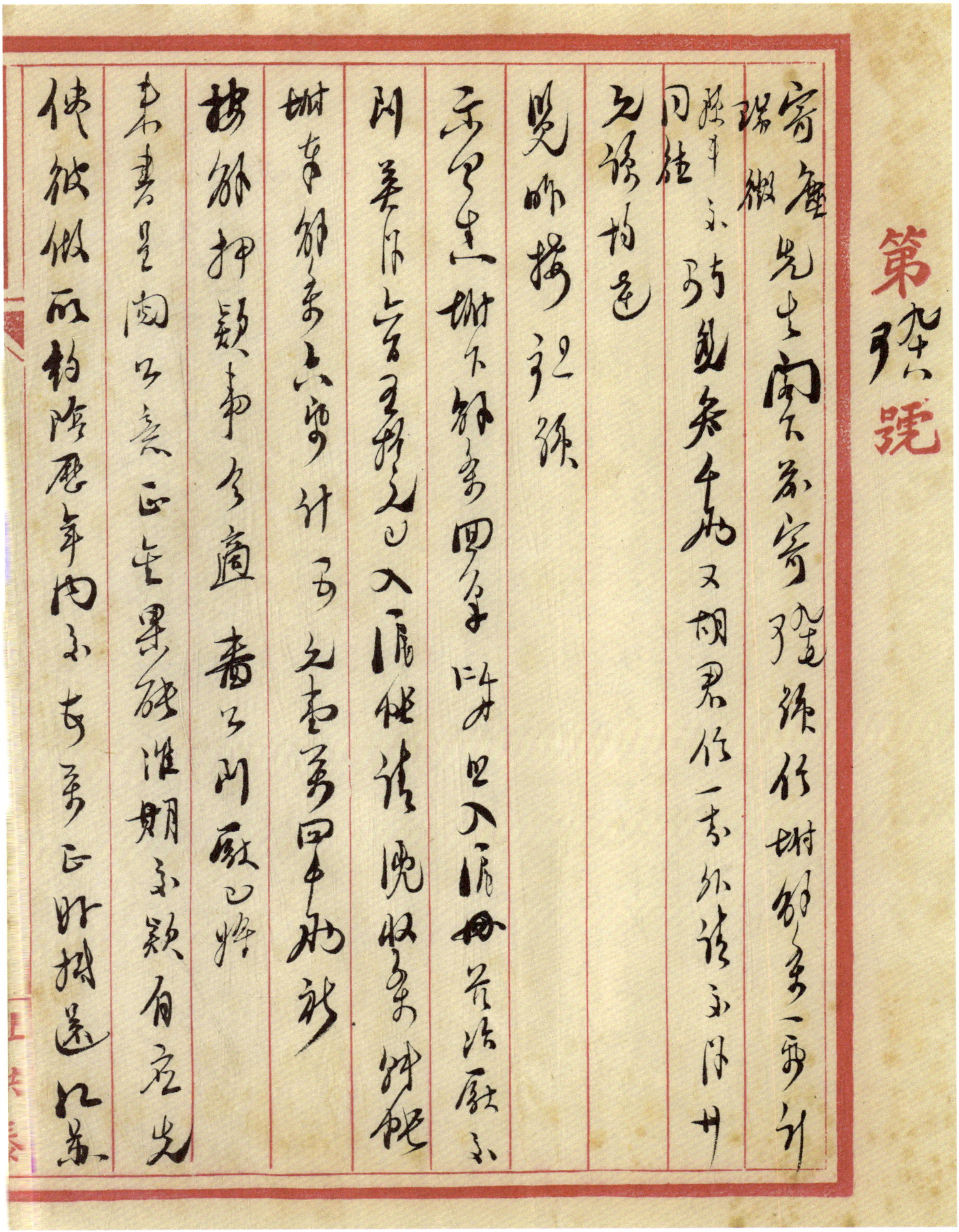

第一百九十八號（十一月初三日）

寄塵、瑞徵先生閣下：前寄一百九十七號信，附解條一紙，計豫豐交同德十一月初四九八元叁千兩，又胡君信一封，外請交洋廿元，諒均達覽。昨接二百零一號示，具悉。附下解條回單一萬二千兩，照入滬册。兹冶廠交到英洋六百五拾元，已入滬帳，請憑收條轉帳。附奉解條六紙，計初五元壹萬四千兩，祈按解。押款事，今適啬公到廠，已將來書呈閲，公意正金果能準期交款，自應先儘彼做。所約陰曆年內交十五萬，正好抵還江蘇銀行到期之款。至鹽局六萬，正金款到即還，亦無不可。

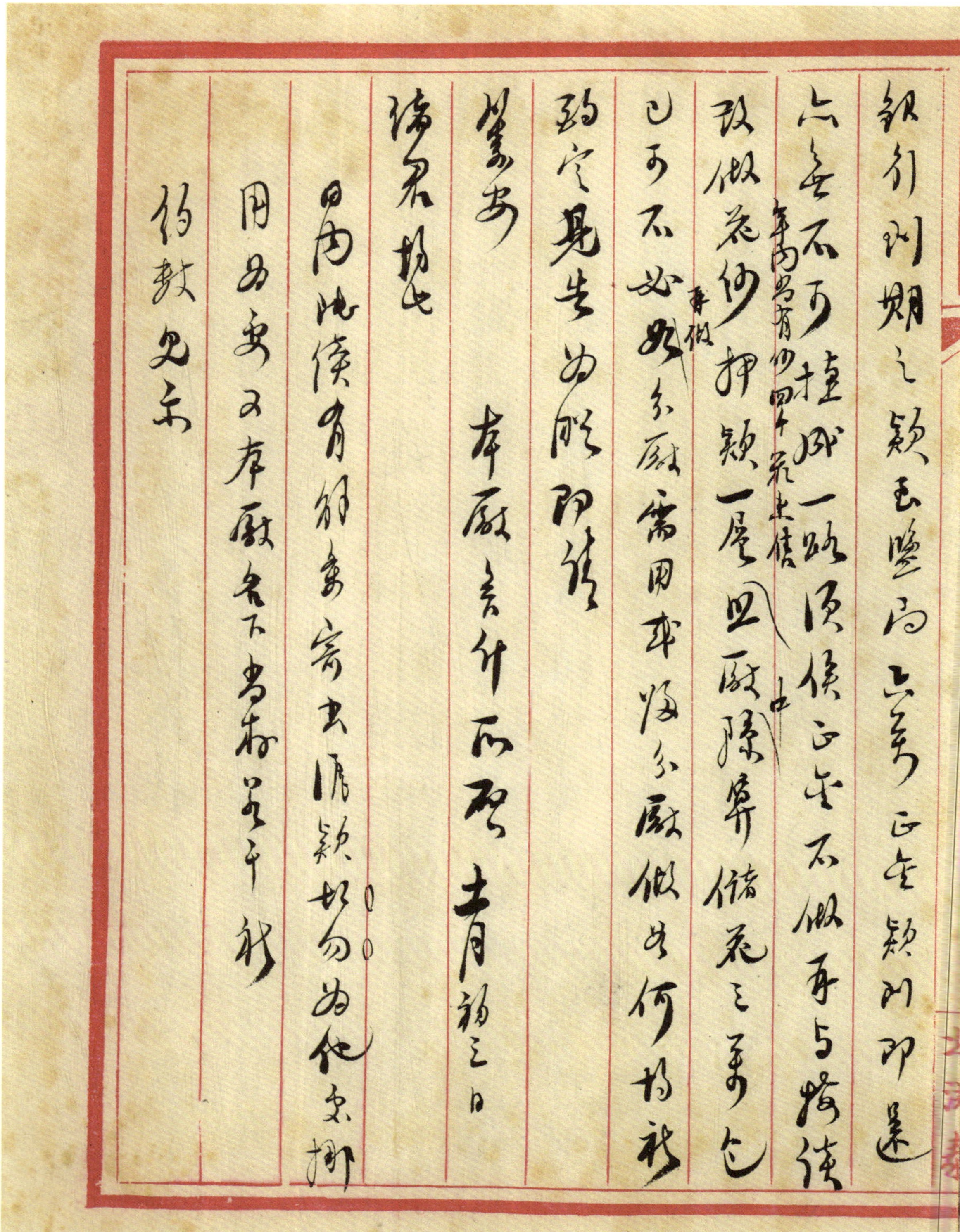

第一百九十八號（十一月初三日）

捷成一路，須俟正金不做再與接談。改做花紗押款一層，年内尚有紗四千箱未售。照廠中豫算，儲花三萬包已可，不必再做，如分廠需用，或歸分廠做如何，均祈酌定，見告爲盼。即請籌安。本廠會計所啓。十一月初三日

諸君均此。

日内陸續有解條寄出，滬款切勿爲他處挪用爲要。又，本廠名下尚存若干，祈結數見示。

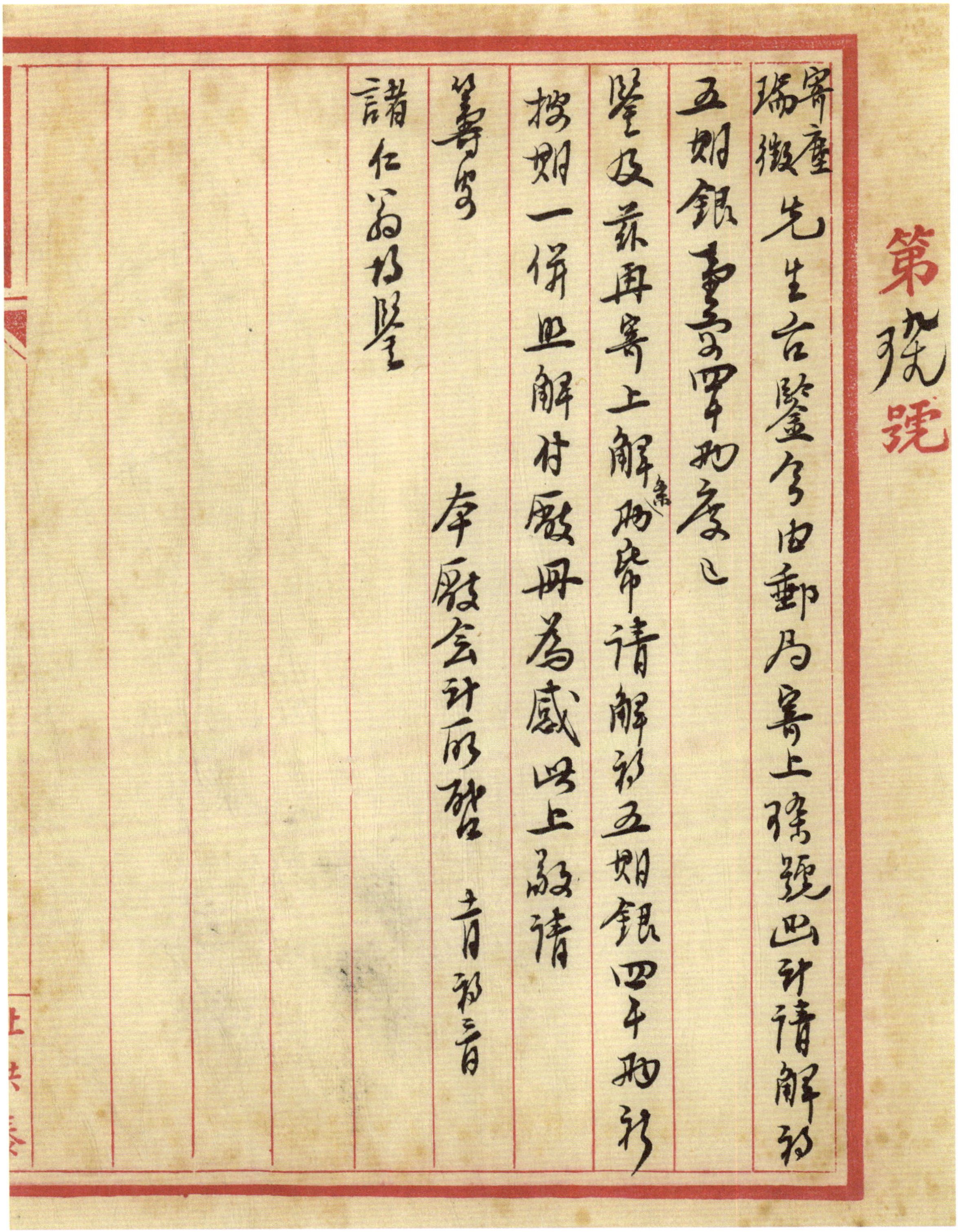

第一百九十九號（十一月初三日）

寄塵、瑞徵先生台鑒：今由郵局寄上一百九十八號函，計請解初五期銀壹萬四千兩，度已鑒及。兹再寄上解條兩紙，請解初五期銀四千兩，祈按期一并照解，付廠册爲感。此上，敬請籌安。本廠會計所啓。十一月初三日
諸仁翁均鑒。

第一百九十九號（十一月初三日）

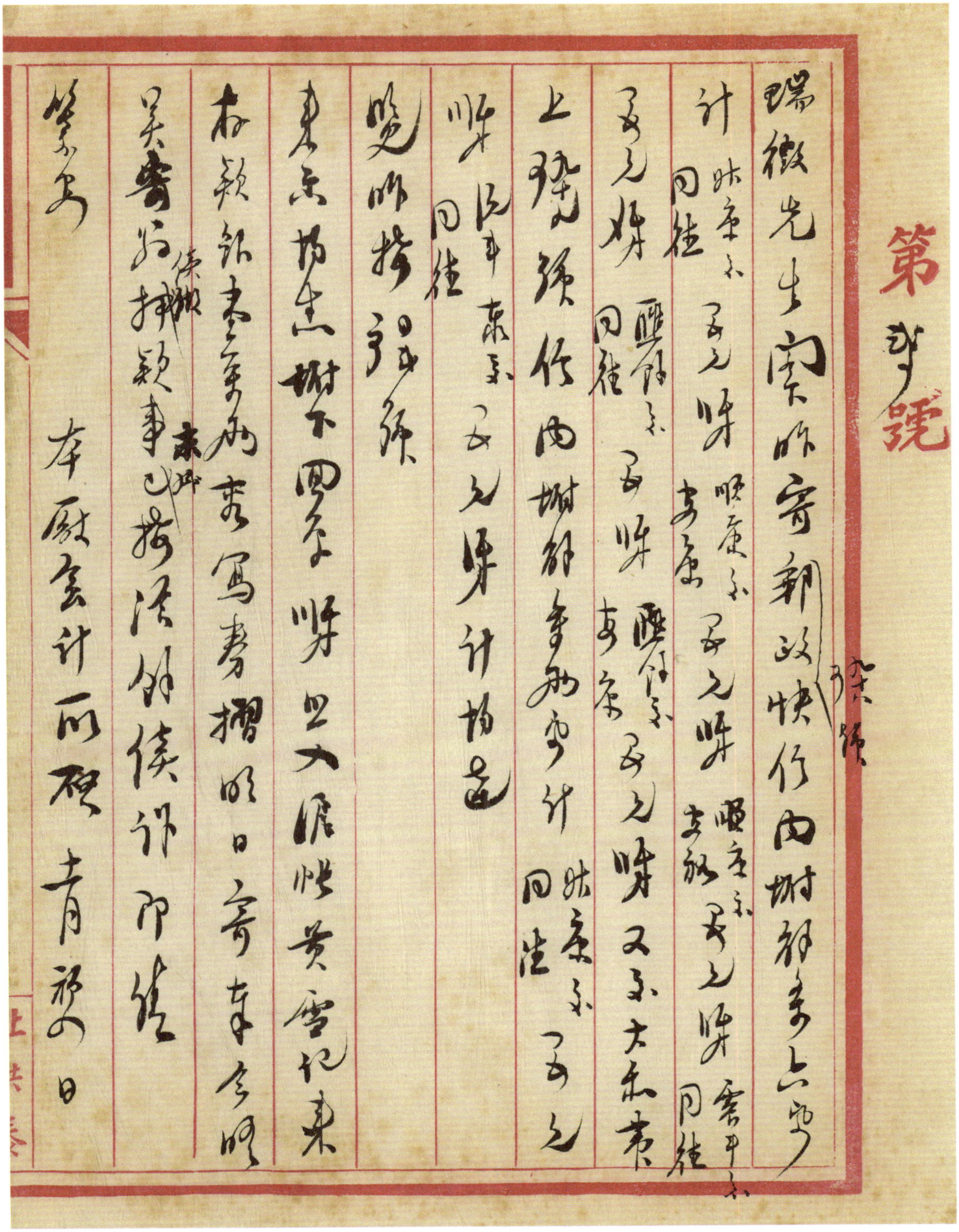

第二百號（十一月初四日）

瑞徵先生閣下：昨寄一百九十八號郵政快信，内附解條六紙，計昇康交同德初五元二千兩、順康交安康初五元二千兩、順康交安裕初五元二千兩、震豐交同德初五元四千兩、匯餘交同德初五［元］二千兩、匯餘交安康初五元二千兩；又交大和帶上一百九十九號信，内附解條兩紙，計昇康交同德初五元三千兩、源豐泰交同德初五元一千兩，計均達覽。昨接二百零式號來示，均悉。附下回單三千兩，照入滬帳。黄雪記來存款銀壹萬兩，容寫券摺，明日寄奉。今晤吴寄翁，續做押款事未成，已

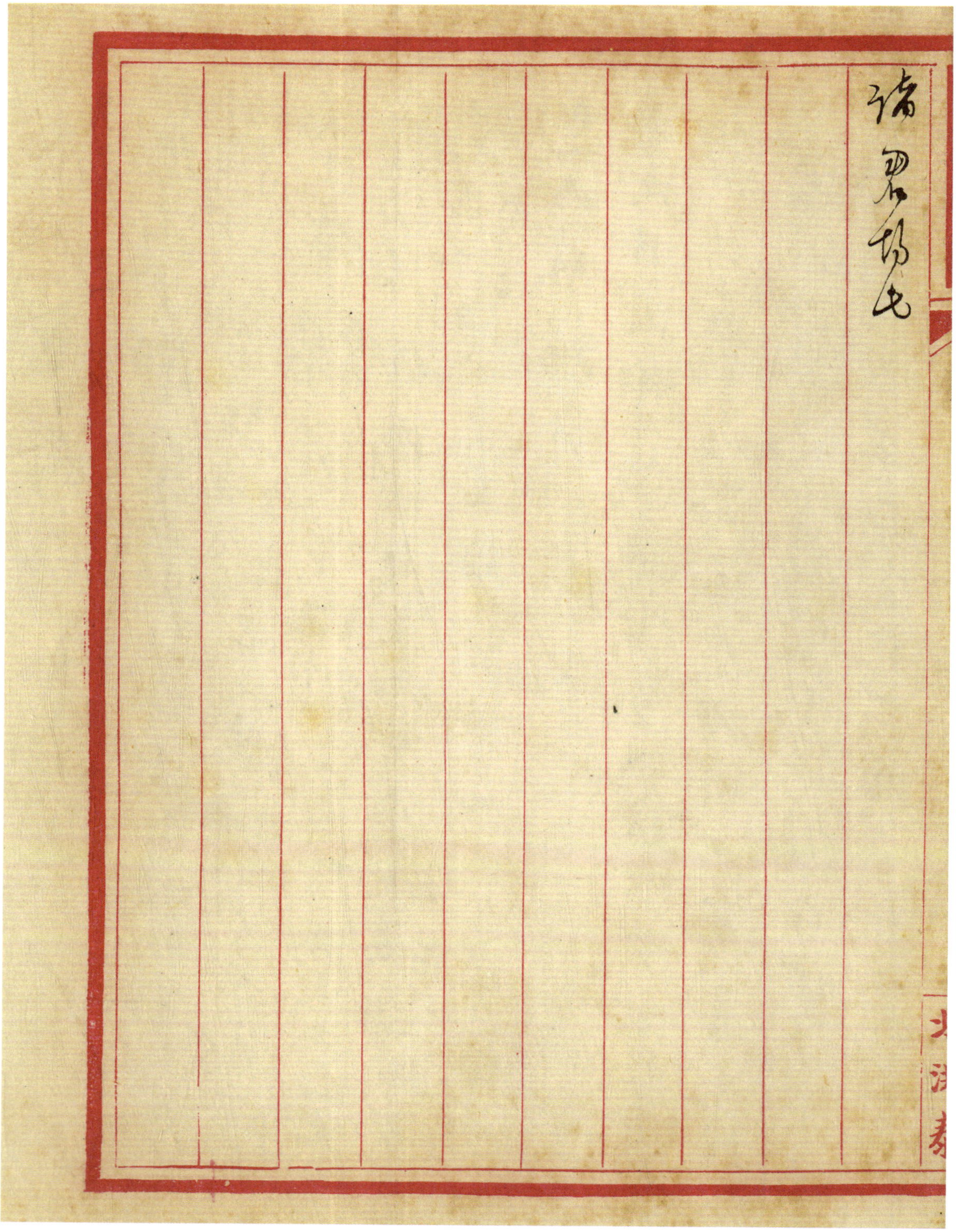
諸君均此

第二百號（十一月初四日）

接洽。餘續詳。即請籌安。本廠會計所啓。十一月初四日

諸君均此。

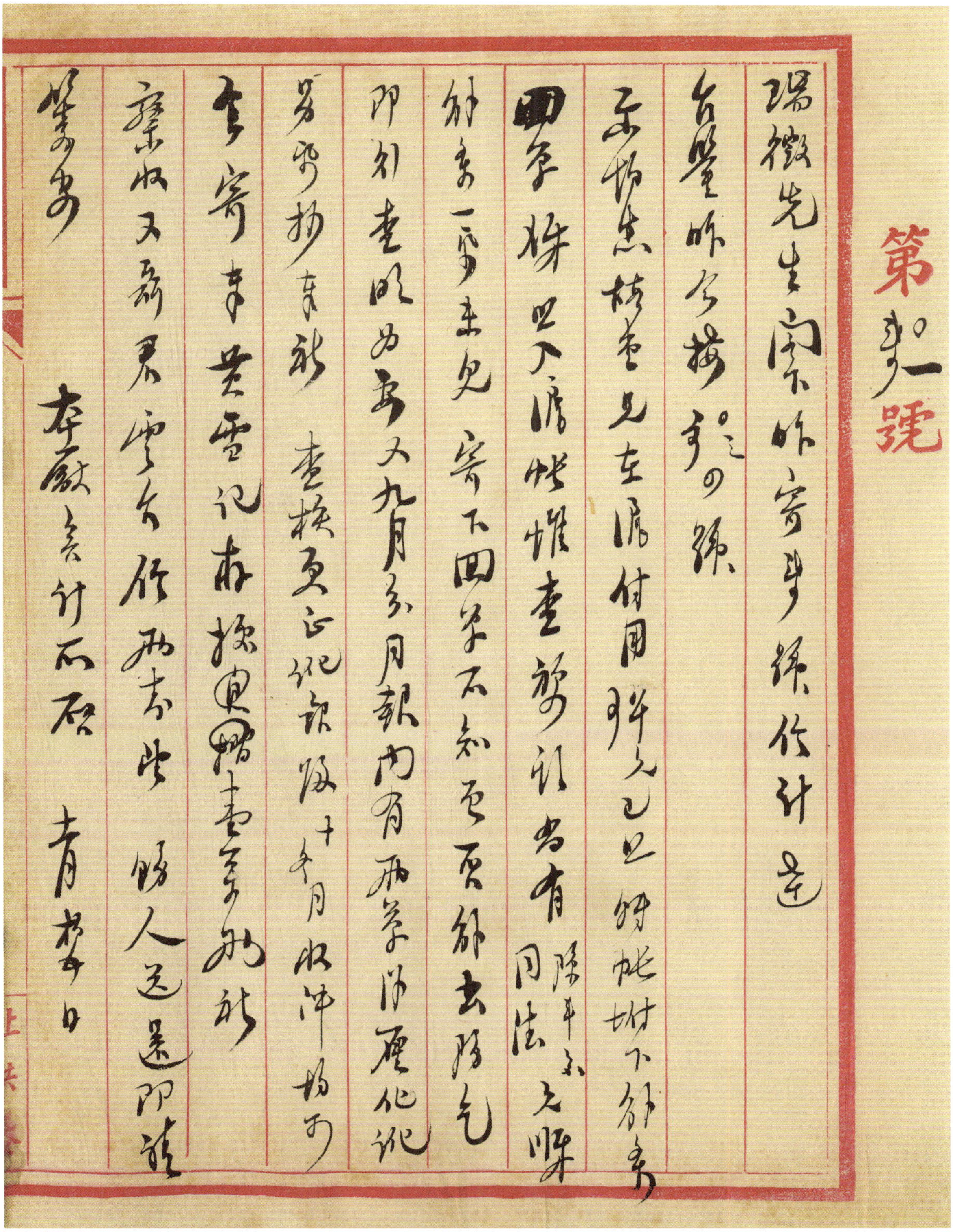

第二百零一號（十一月初五日）

瑞徵先生閣下：昨寄式百號信，計達台鑒。昨、今接式百零三、式百零四號示，均悉。遐堂兄在滬付用一百八十元，已照轉帳。附下解條回單四千兩，照入滬帳。惟查初四期尚有豫豐交同德元三千兩解條一紙，未見寄下回單，不知曾否解出，務乞即行查明爲要。又，九月分月報内有兩筆洋厘化訛，另紙抄奉，祈查核更正，訛銀歸十、冬月收冲均可。今寄奉黄雪記存據壹萬兩，祈察收。又聶君雲台信兩封，望飭人送還。即請籌安。本廠會計所啓。十一月初五日

諸君均此

第二百零一號（十一月初五日）

諸君均此。

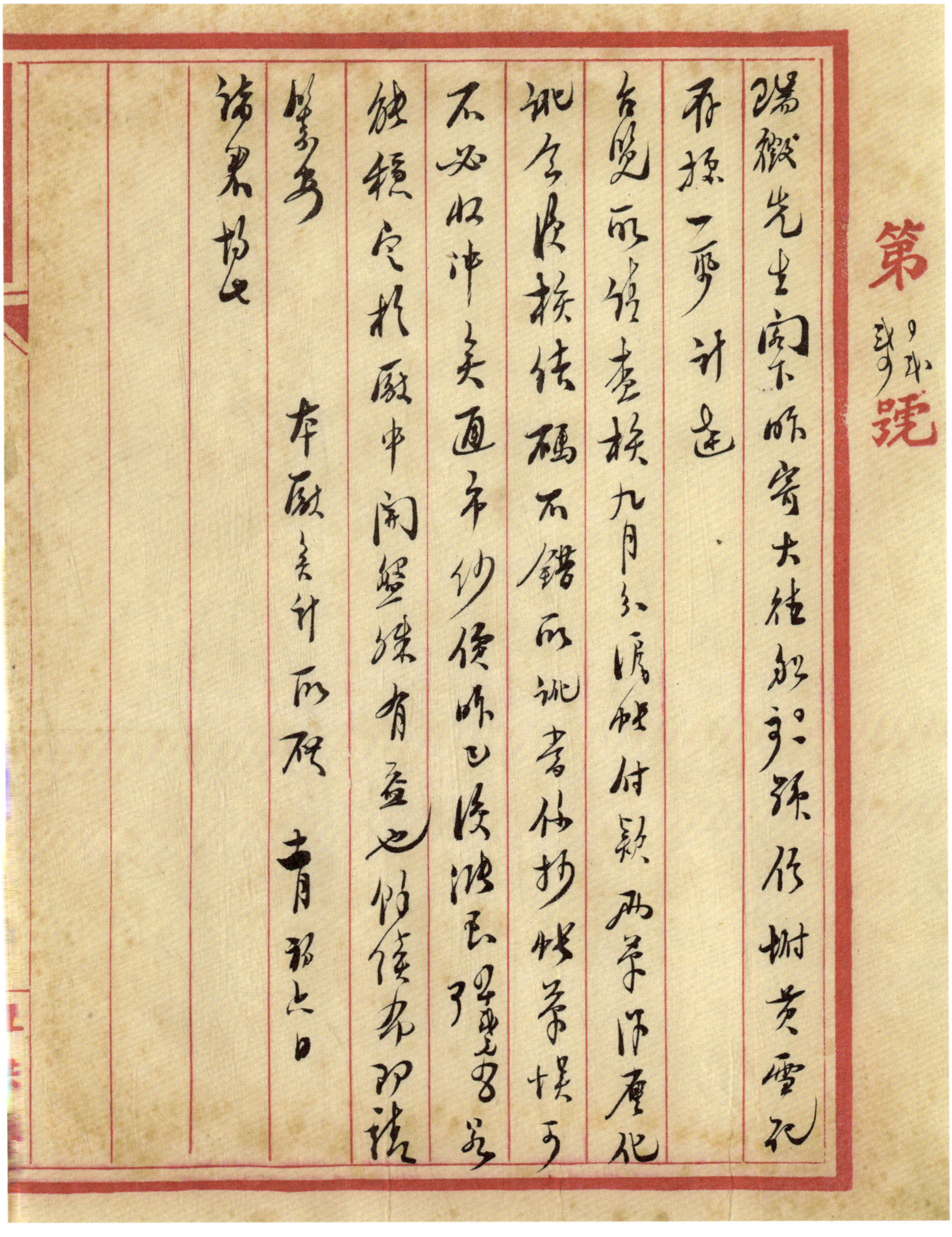

第二百零二號（十一月初六日）

瑞徵先生閣下：昨寄大德船二百零一號信，附黄雪記存據一紙，計達台覽。所請查核九月分滬帳付款兩筆洋厘化訛，今復核結碼不錯，所訛當係抄帳筆誤，可不必收冲矣。通市紗價昨已復漲至一百四十式元四角，若能穩定，於廠中開盤殊有益也。餘續布。即請籌安。本廠會計所啓。十一月初六日

諸君均此。

第二百零二號（十一月初六日）

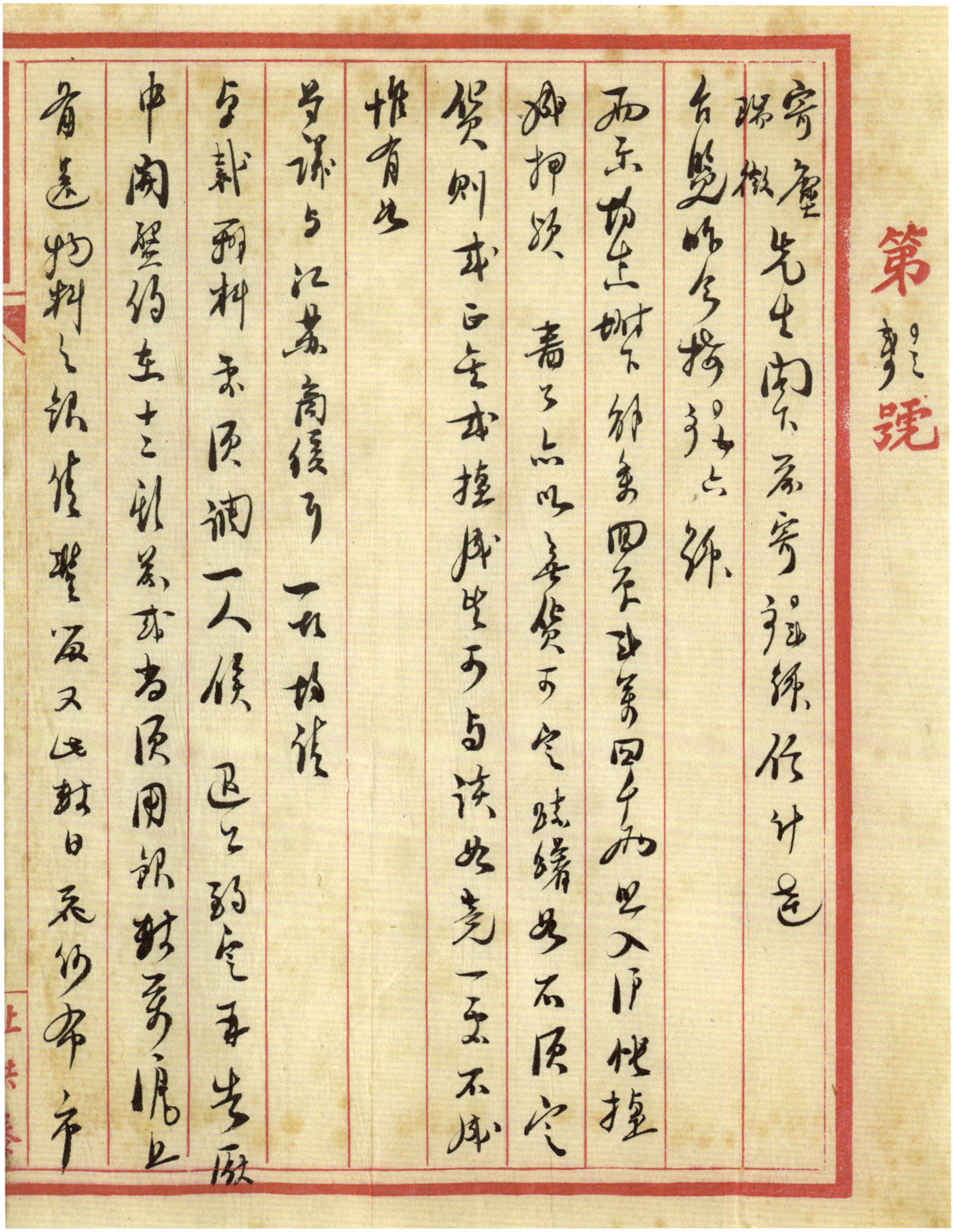

第二百零三號（十一月初八日）

寄塵、瑞徵先生閣下：前寄二百零式號信，計達台覽。昨、今接二百零五、二百零六號兩示，均悉。附下解條回單式萬四千兩，照入滬帳。捷成押款，嗇公亦以無貨可定躊躇，如不須定貨，則或正金、或捷成皆可與談，如竟一處不成，惟有如尊議與江蘇商緩耳。一切均請卓裁。辦料處須調一人，俟退公酌定再告。廠中開盤約在十二，期前或尚須用銀數萬，滬上備還物料之銀請暫留。又，此數日花紗布市面如有上落，請電告爲要。即請籌安。本廠會計所啓。十一月初八日

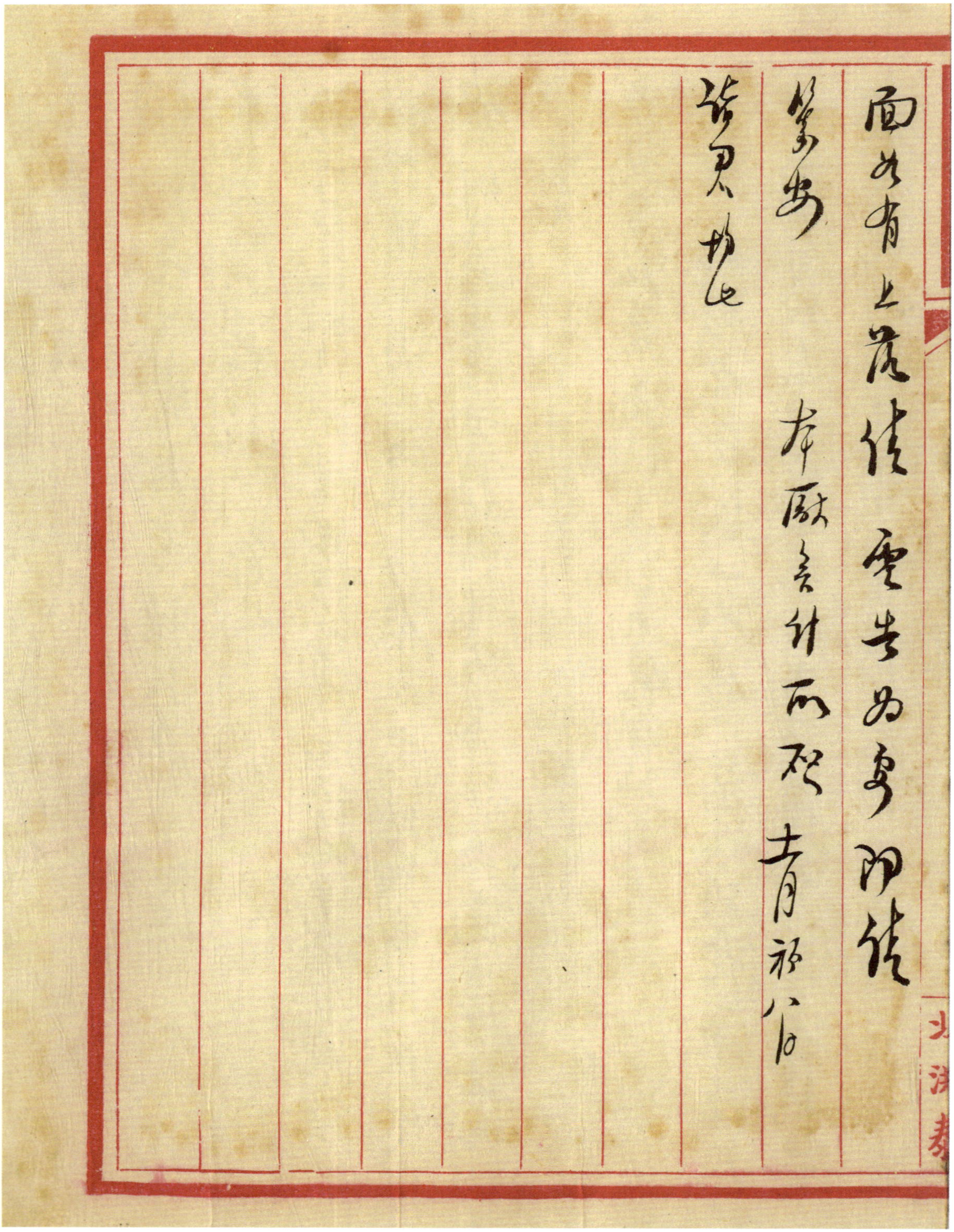

第二百零三號（十一月初八日）

諸君均此。

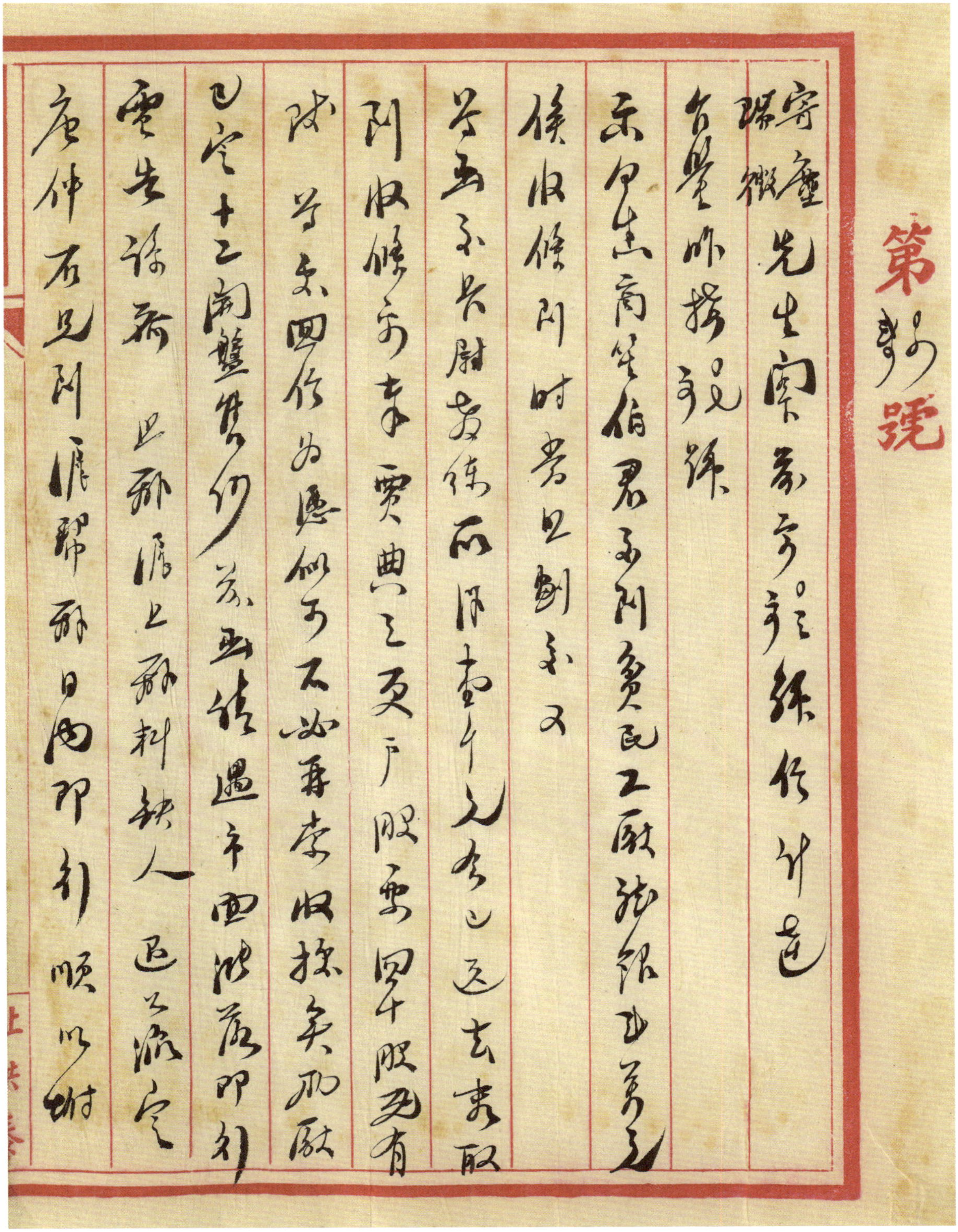

第二百零四號（十一月初十日）

寄塵、瑞徵先生閣下：前寄二百零三號信，計達台鑒。昨接二百零七號示，具悉。商笙伯君交到貧民工廠龍銀式萬元，俟收條到時當照劃交。又，尊函交長尉教練所洋壹千元，今已送去，容取到收條寄奉。賈典三更户股票四十股，既有致尊處回信爲憑，似可不必再索收據矣。兩廠已定十二開盤售紗。前函請遇市面漲落即行電告，諒荷照辦。滬上辦料缺人，退公派定唐仲石兄到滬幫辦，日内即行，順以附聞。即請籌安。本廠會計所啓。十〔十一〕月初十日

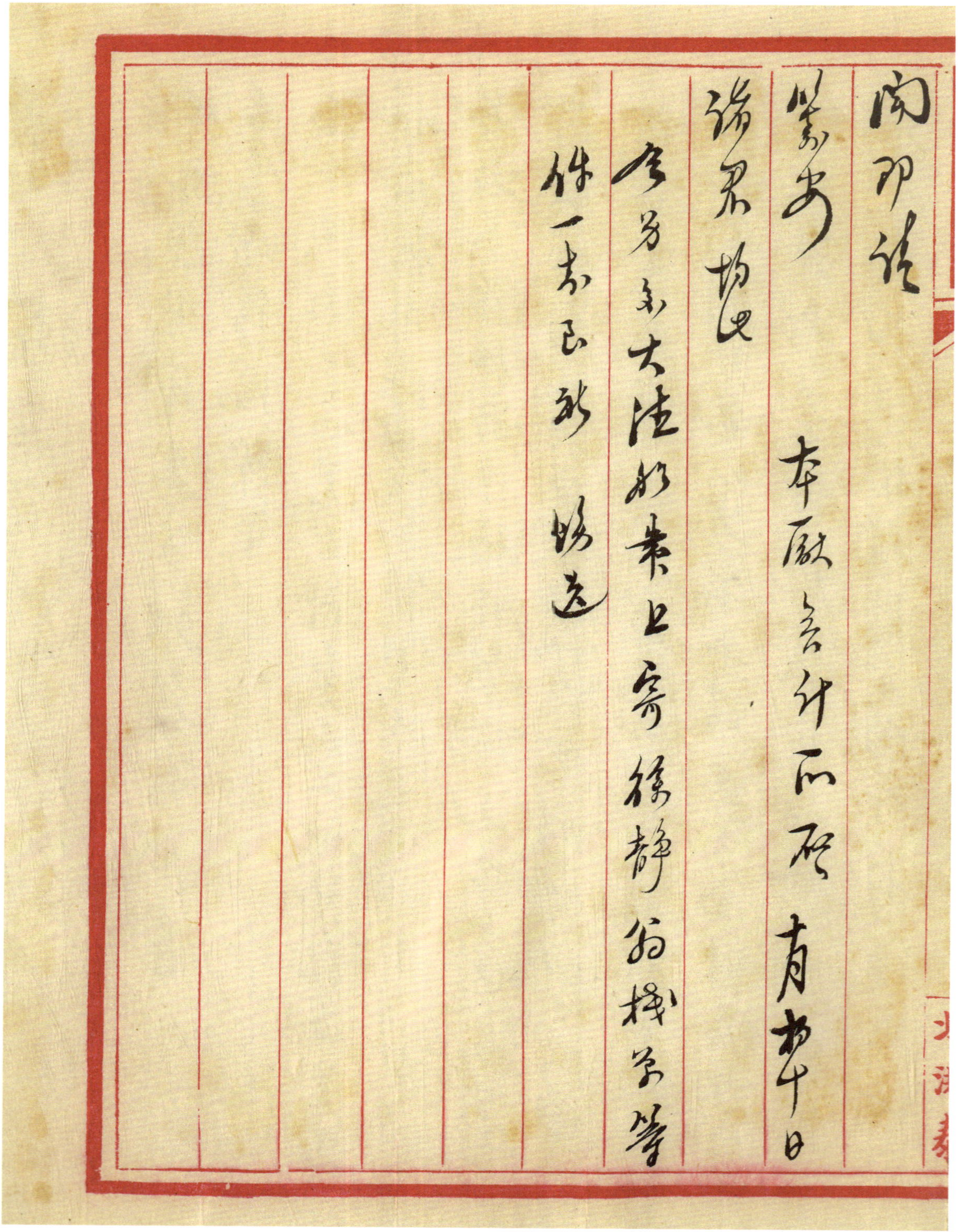

第二百零四號（十一月初十日）

諸君均此。

今另交大德船帶上寄徐静翁棧單等件一封，至祈飭送。

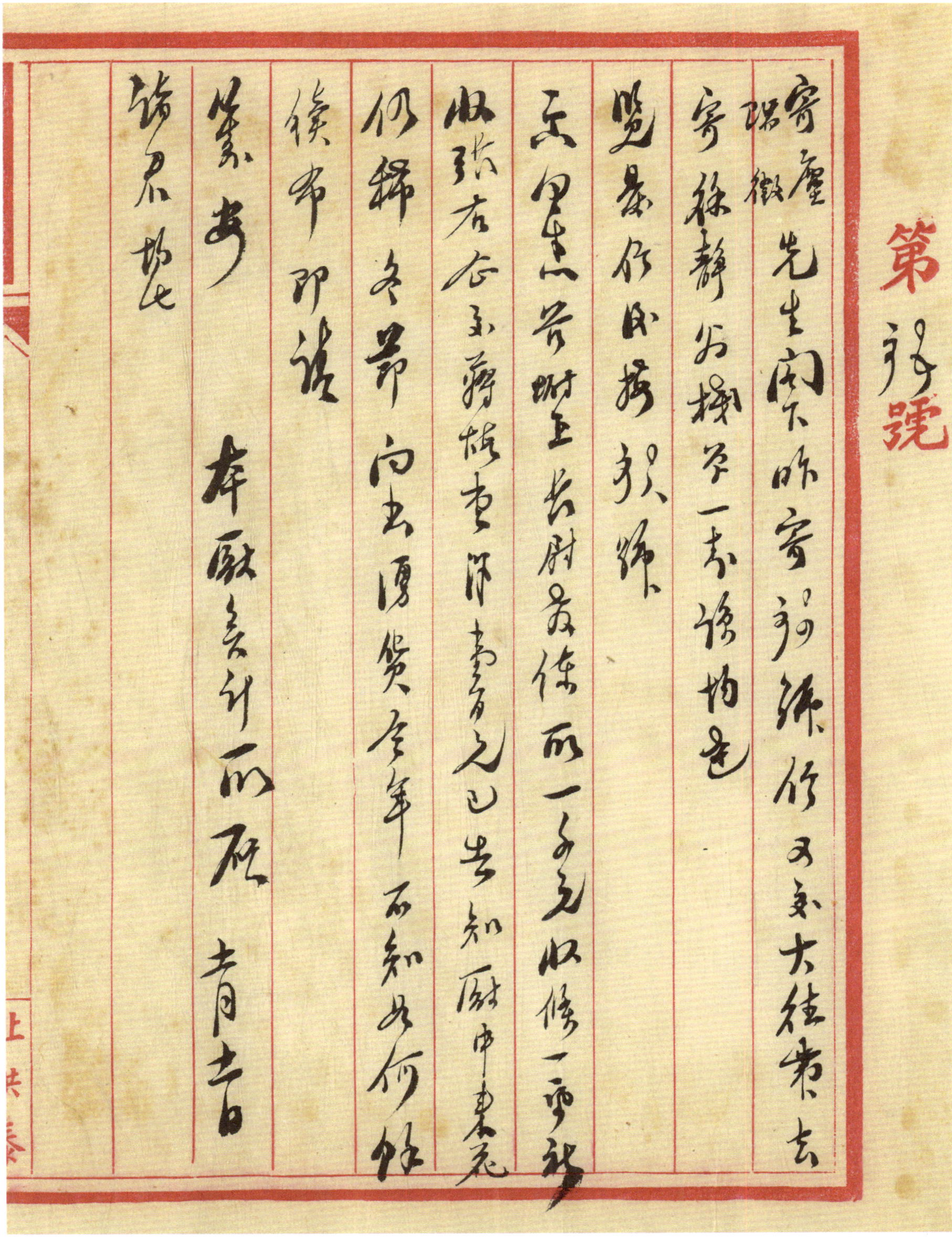

第二百零五號（十一月十一日）

寄塵、瑞徵先生閣下：昨寄二百零四號信，又交大德帶去寄徐靜翁棧單一封，諒均達覽。發信後接二百零八號示，具悉。兹附上長尉教練所一千元收條一紙，祈收。張右企交蔣碬堂洋壹百元，已告知。廠中來花仍稀，冬節向出涌貨，今年不知如何。餘續布。即請籌安。本廠會計所啓。十一月十一日
諸君均此。

第二百零五號（十一月十一日）

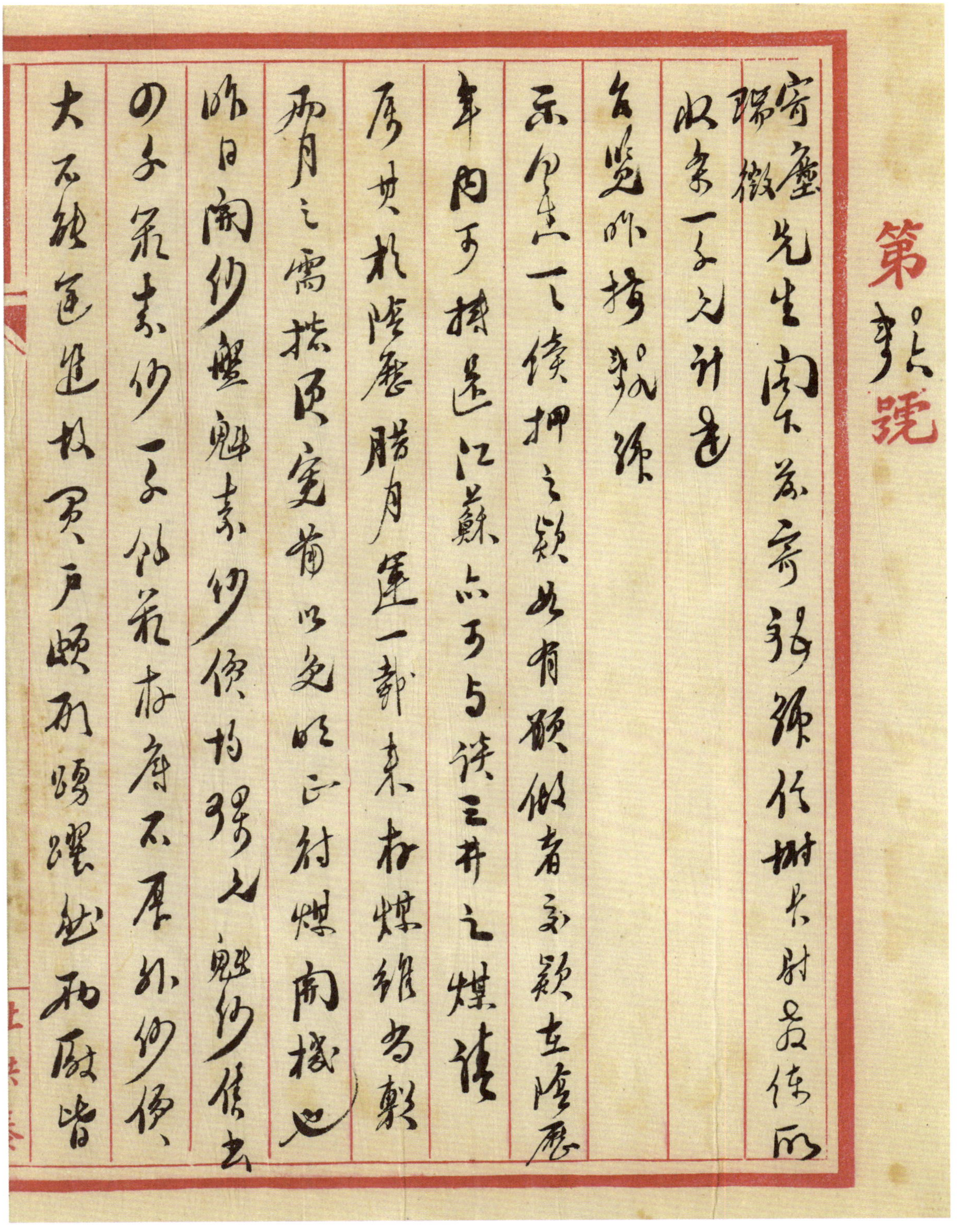

第二百零六號（十一月十三日）

寄塵、瑞徵先生閣下：前寄二百零五號信，附長尉教練所收條一千元，計達台覽。昨接式百零九號示，具悉一一。續押之款如有願做者，交款在陰曆年内，可抵還江蘇，亦可與談。三井之煤，請屬其於陰曆臘月運一載來，存煤雖尚敷兩月之需，總須寬備，以免明正待煤開機也。昨日開紗盤，魁、壽紗價均一百四十四元，魁紗售出四千箱，壽紗一千餘箱。存底不厚，外紗價大，不能運進，故買户頗形踴躍，然兩廠皆衹售清本年之貨。連日陰雨，出花不多，内地好貨現須卅一元，價既漲足，

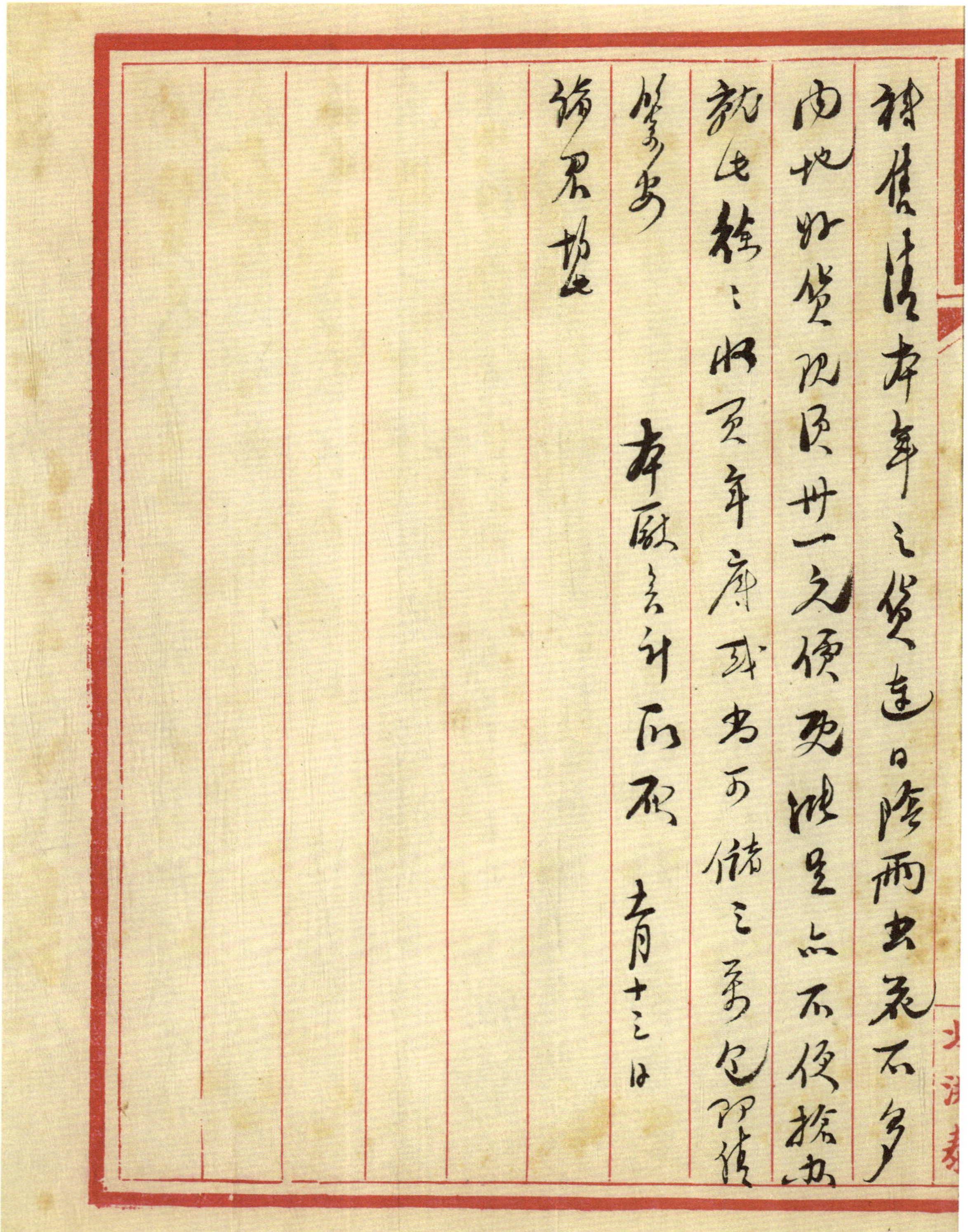

第二百零六號（十一月十三日）

亦不便搶辦，就此徐徐收買，年底或尚可儲三萬包。即請籌安。本廠會計所啓。

十一月十三日

諸君均此。

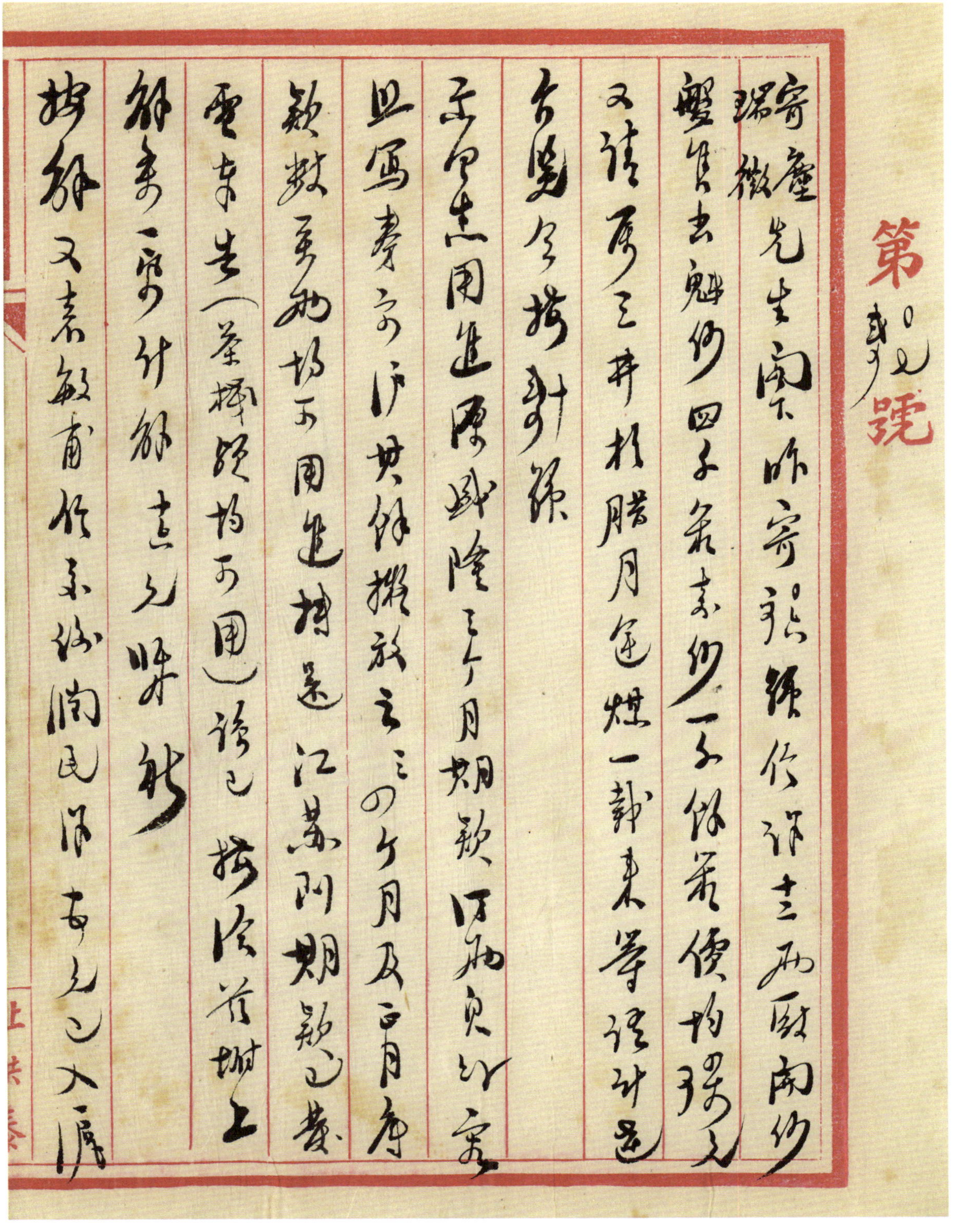

第二百零七號（十一月十四日）

寄塵、瑞徵先生閣下：昨寄二百零六號信，詳十二兩廠開紗盤售出魁紗四千箱、壽紗一千餘箱，價均一百四十四元，又請屬三井於臘月運煤一載來等語，計達台覽。今接式百十號示，具悉。用進源盛隆三個月期款一萬兩，息七兩五，容照寫券寄滬。其餘擬放之三四個月，及正月底，款數萬兩均可用進抵還。江蘇到期款已發電奉告（茶棧款均可用），諒已接洽。茲附上解條一紙，計解十六元二千兩，祈按解。又，袁敏甫信交謝潤民洋十五元，已入滬冊，祈飭送。即請籌安。本廠會計所

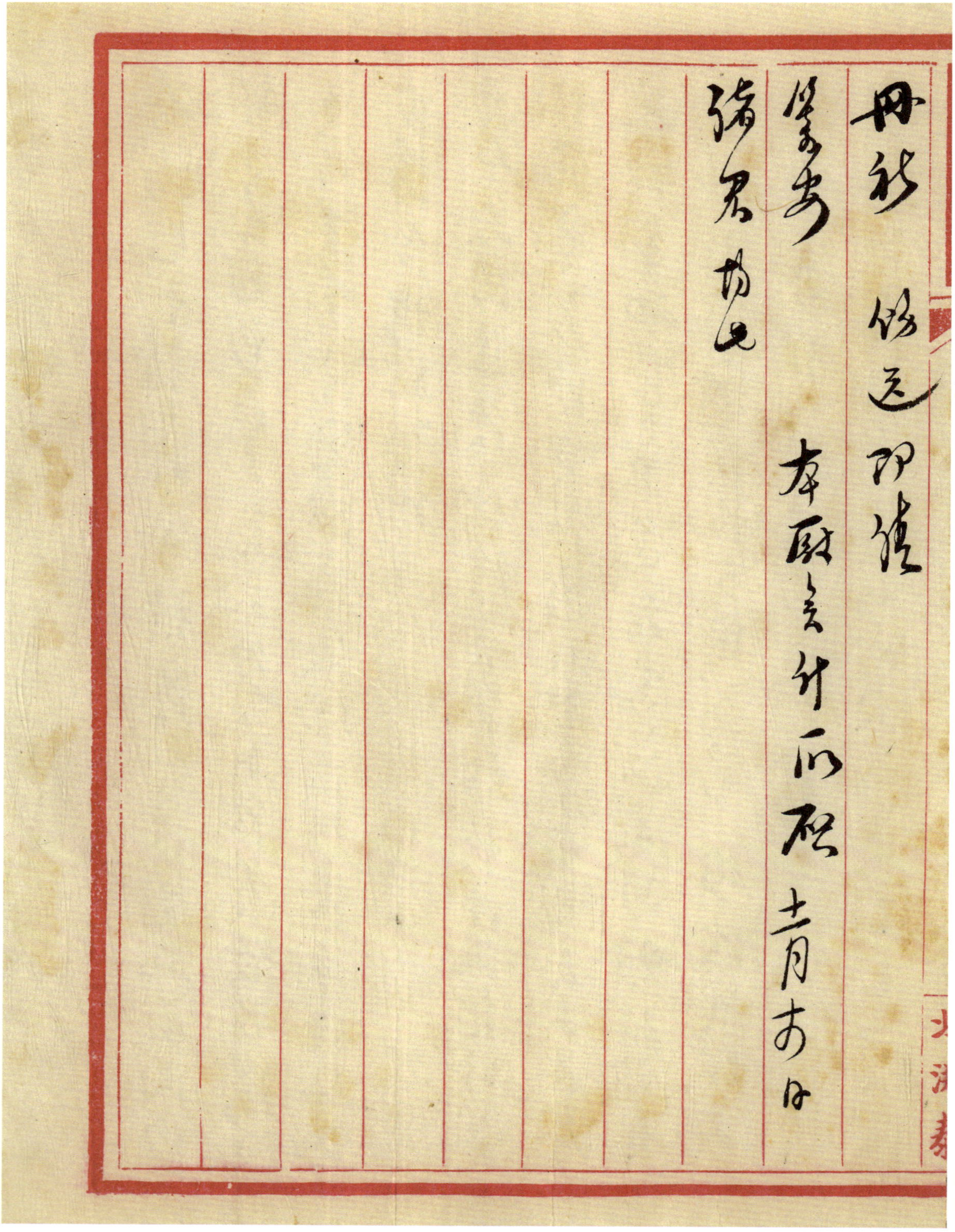

諸君均此

十一月十四日

第二百零七號（十一月十四日）

啓。十一月十四日

諸君均此。

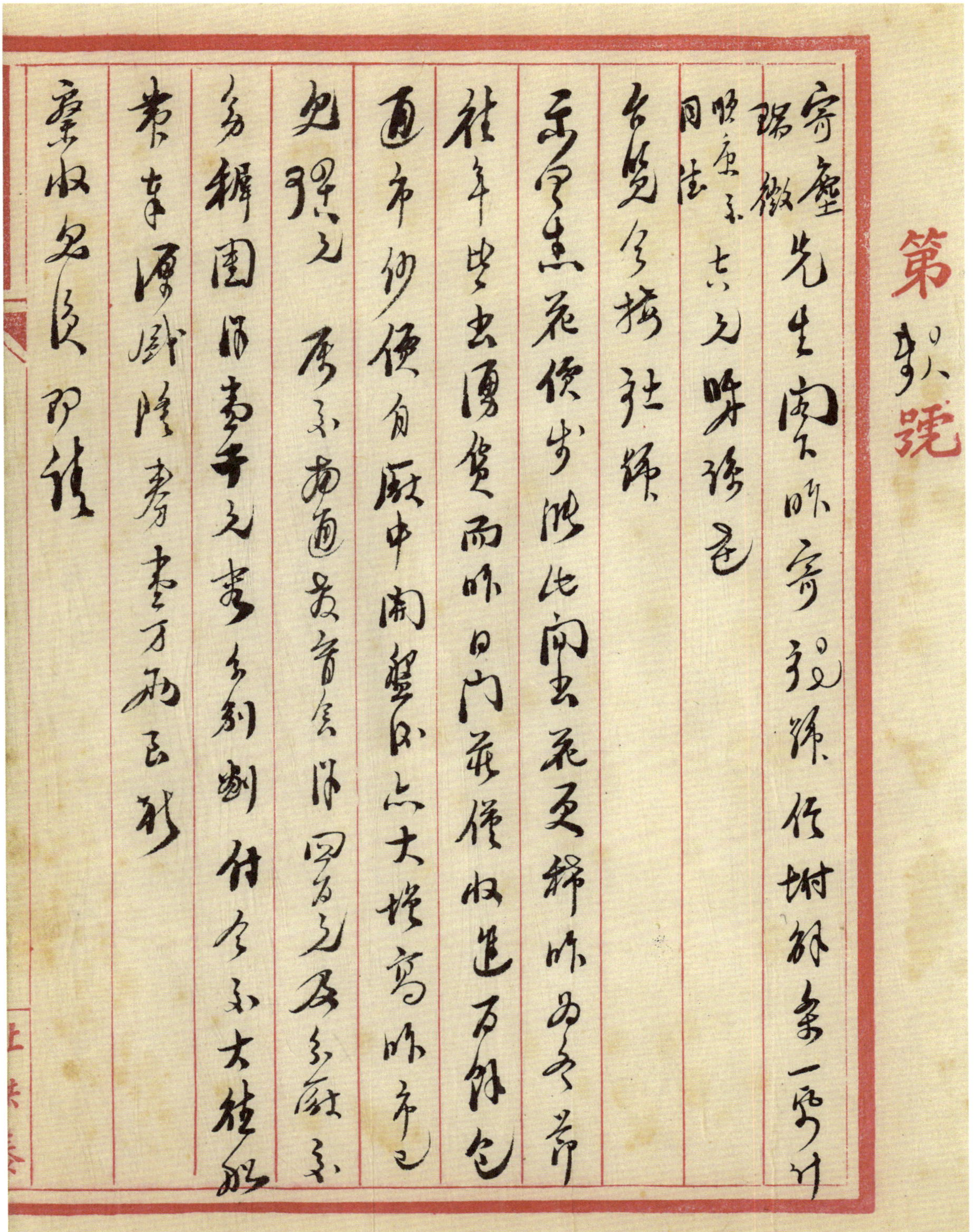

第二百零八號（十一月十五日）

寄塵、瑞徵先生閣下：昨寄二百零七號信，附解條一紙，計順康交同德十六元二千兩，諒達台覽。今接二百十一號示，具悉。花價步漲，此間出花更稀。昨爲冬節，往年皆出湧貨，而昨日門莊僅收進百餘包。通市紗價自廠中開盤後亦大增高，昨市已見一百四十八元。屬交南通教育會洋四百元，及分廠交幼稚園洋壹千元，容分別劃付。今交大德船帶奉源盛隆券壹萬兩，至祈察收見復。即請籌安。本廠會計所啓。十一月十五日

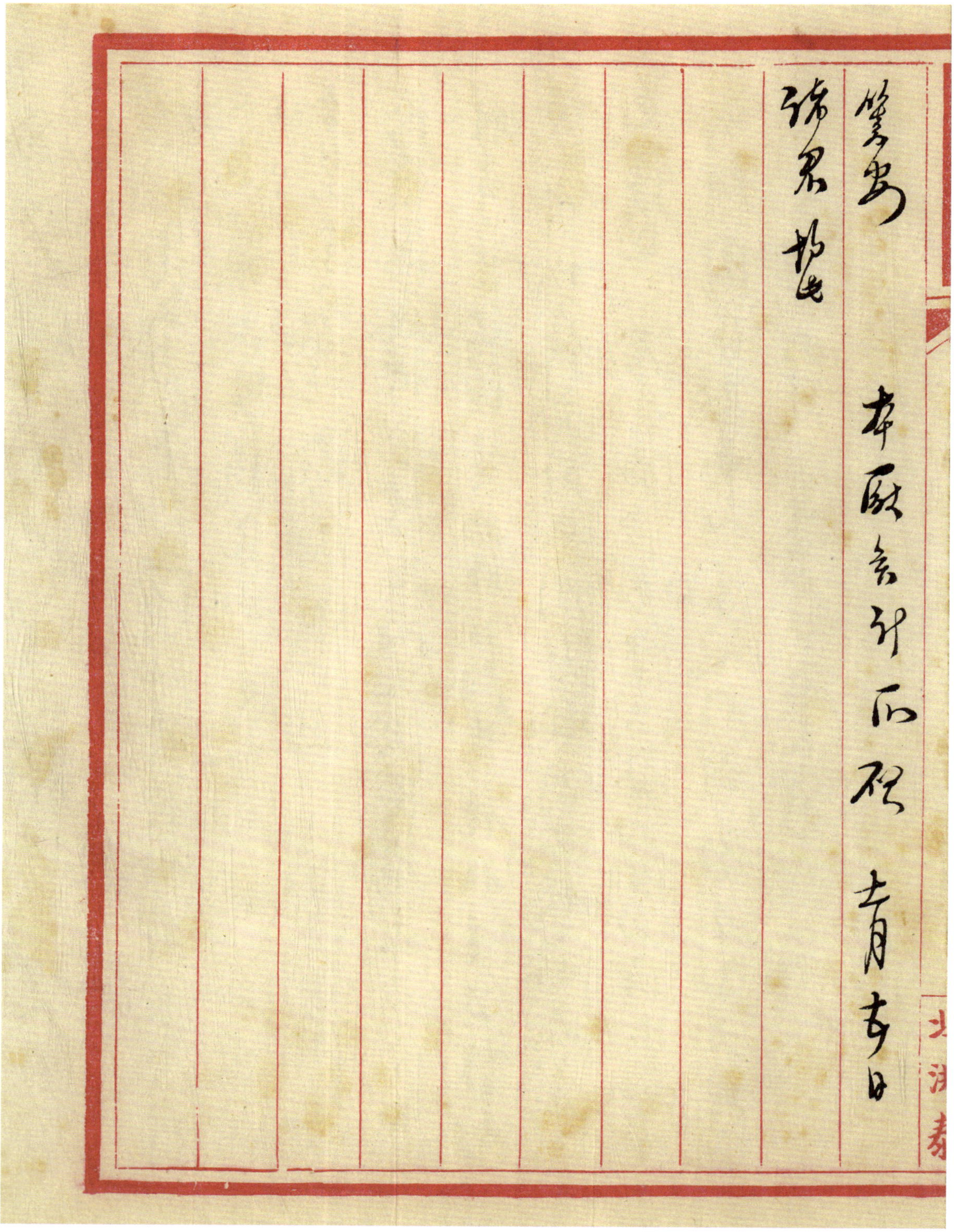

箸安

本廠會計所啓 十一月十五日

諸君均此

第二百零八號（十一月十五日）

諸君均此。

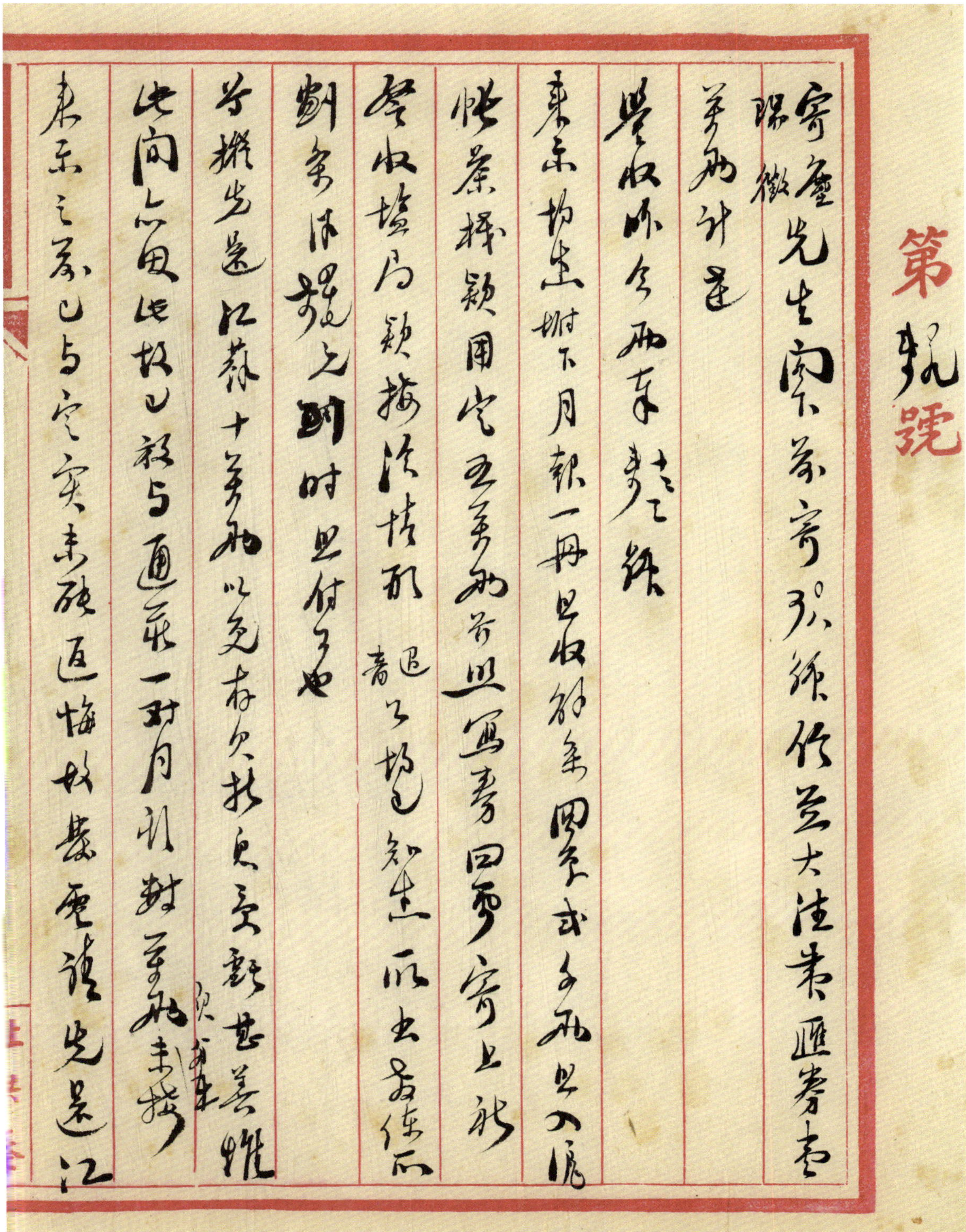

第二百零九號（十一月十七日）

寄塵、瑞徵先生閣下：前寄一〔二〕百零八號信，并大德帶匯券壹萬兩，計達鑒收。昨、今兩奉弍百十二、弍百十三號來示，均悉。附下月報一册，照收。解條回單弍千兩，照入滬帳。茶棧款用定五萬兩，兹照寫券四紙寄上，祈察收。鹽局款接洽情形，退、畜公均已知悉。所出教練所劃條洋七百四十七元，到時照付可也。尊擬先還江蘇十萬兩，以免存欠折息受虧，甚善，惟此間亦因此故，已放與通莊一對月期數萬兩，息八兩五錢，未接來示之前已與定實，未能返悔，故發電請先還江

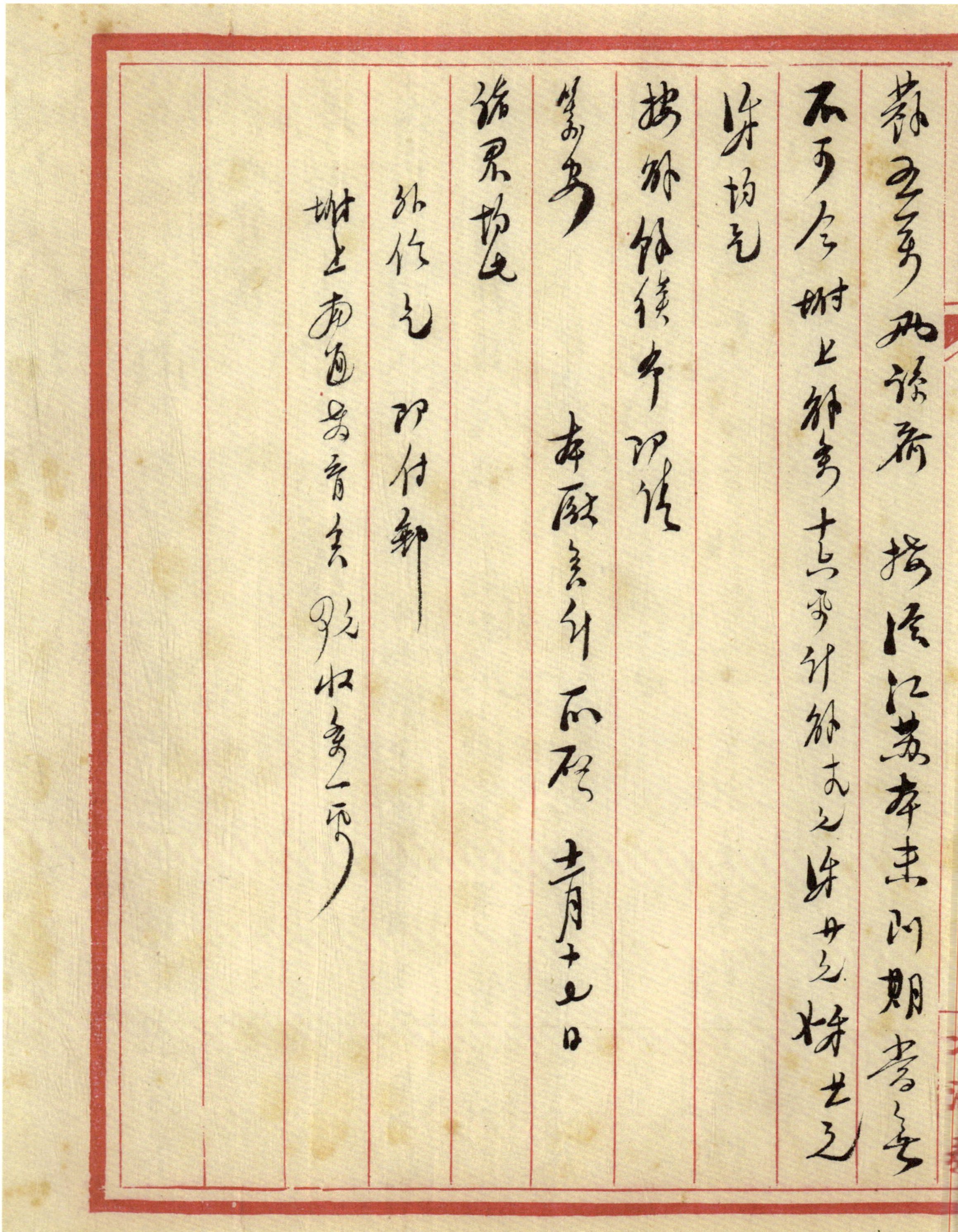

第二百零九號（十一月十七日）

蘇五萬兩，諒荷接洽。江蘇本未到期，當無不可。今附上解條十六紙，計解十九元一千兩、廿元四萬一千兩、廿一元一千兩，均乞按解。餘續布。即請籌安。本廠會計所啓。十一月十七日

諸君均此。

外信乞即付郵。

附上南通教育會四百元收條一紙。

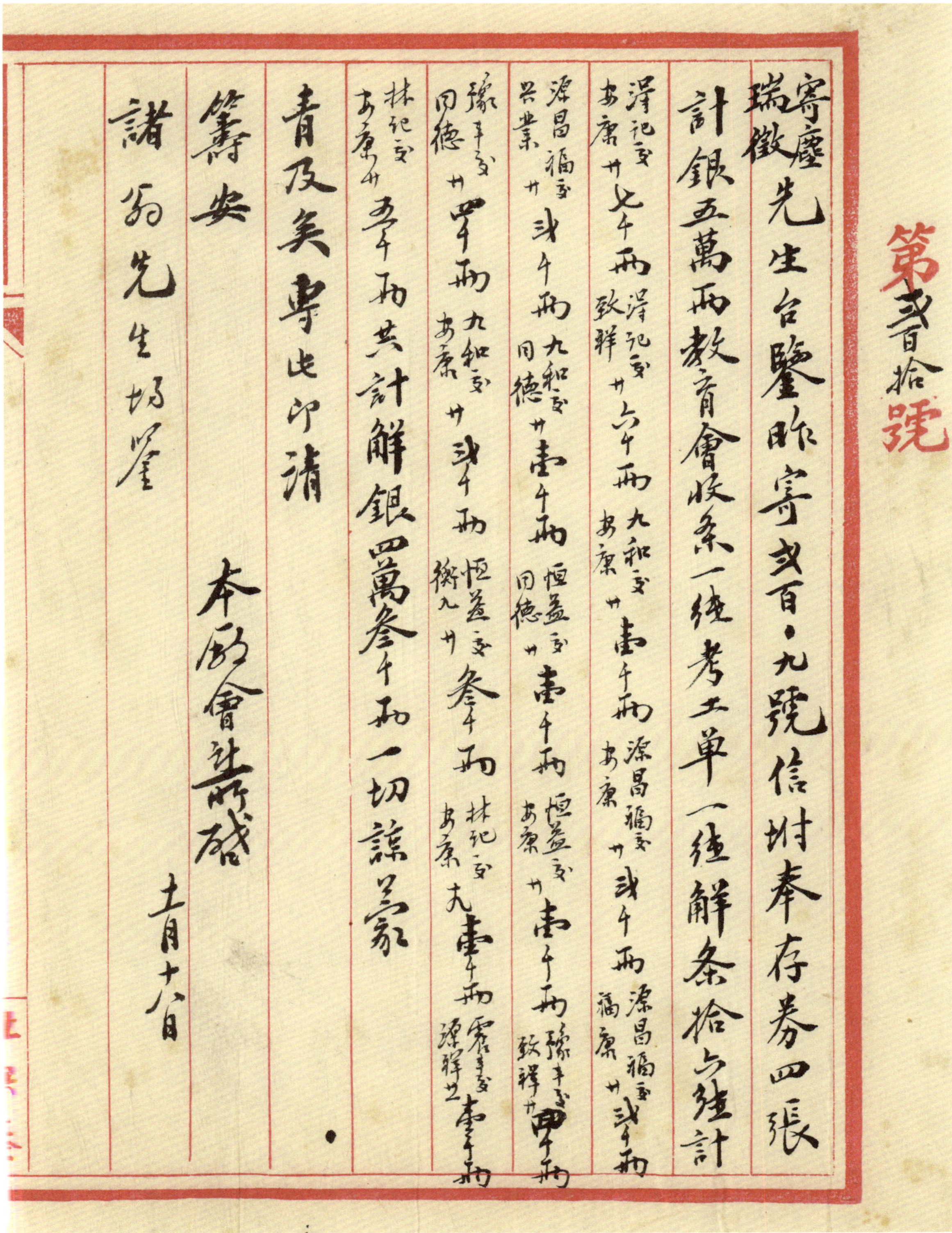

第二百十號（十一月十八日）

寄塵、瑞徵先生台鑒：昨寄式百零九號信，附奉存券四張，計銀五萬兩，教育會收條一紙，考工單一紙，解條拾陸紙，計得記交安康（廿）七千兩、得記交致祥（廿）六千兩、九和交安康（廿）壹千兩、源昌福交安康（廿）式千兩、源昌福交福康（廿）式千兩、源昌福交興業（廿）式千兩、九和交同德（廿）壹千兩、恒益交同德（廿）壹千兩、恒益交安康（廿）壹千兩、豫豐交致祥（廿）四千兩、豫豐交同德（廿）四千兩、九和交安康（廿）式千兩、恒益交衡九（廿）叁千兩、林記

第二百十號（十一月十八日）

交安康（十九）壹千兩、震豐交源祥（廿一）壹千兩、林記交安康（廿）五千兩，共計解銀四萬叁千兩，一切諒蒙青及矣。專此，即請籌安。本廠會計所啓。十一月十八日

諸翁先生均鑒。

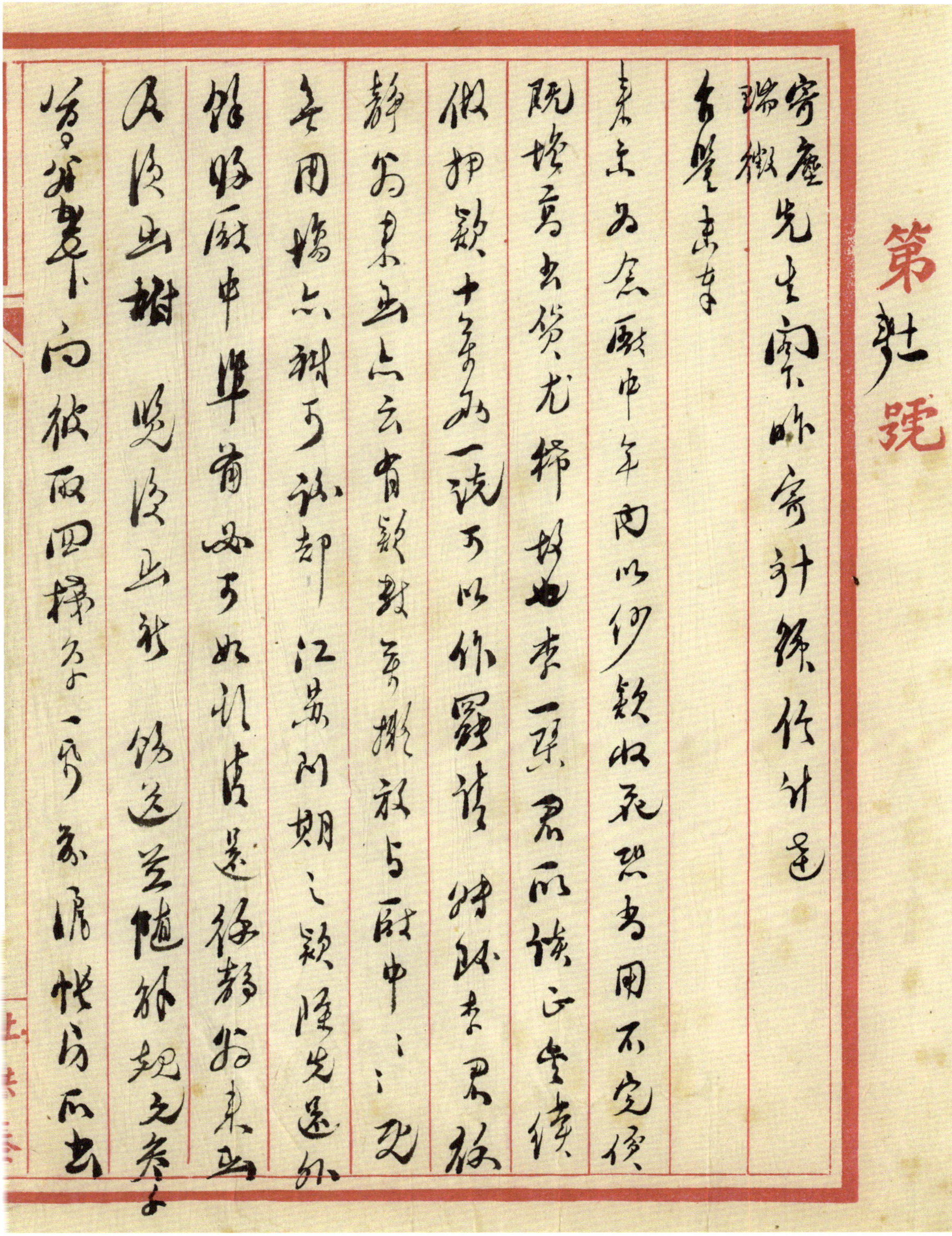

第二百十一號（十一月十九日）

寄塵、瑞徵先生閣下：昨寄二百十號信，計達台鑒。未奉來示，爲念。廠中年内以紗款收花，恐尚用不完，價既增高，出貨尤稀故也。李一琹君所談正金續做押款十萬兩一説，可以作罷，請轉致李君。徐静翁來函，亦云有款數萬，擬放與廠中。廠中既無用場，亦衹可謝却。江蘇到期之款，除先還外，餘歸廠中準備，必可如期清還。徐静翁來函及復函附覽，復函祈飭送，并隨解規元叁千八百零八兩五錢七分，向彼取回棧單一紙。前滬帳房所出收條一紙，尚有銀壹萬兩歸同仁泰劃，乞轉致静

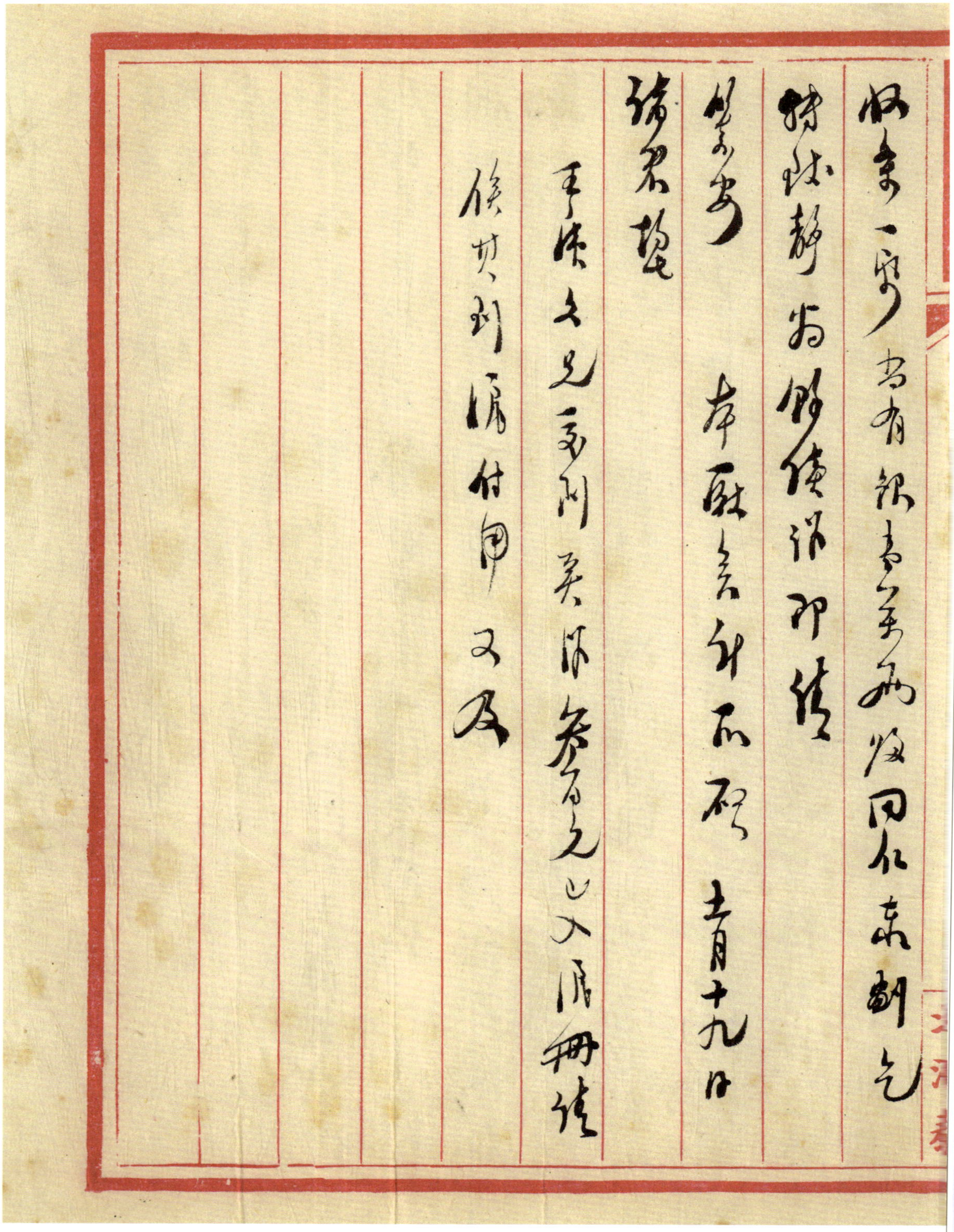

第二百十一號（十一月十九日）

翁。餘續詳。即請籌安。本廠會計所啓。十一月十九日

諸君均此。

王虎文兄交到英洋叁百元，已入滬册，請俟其到滬付用。又及。

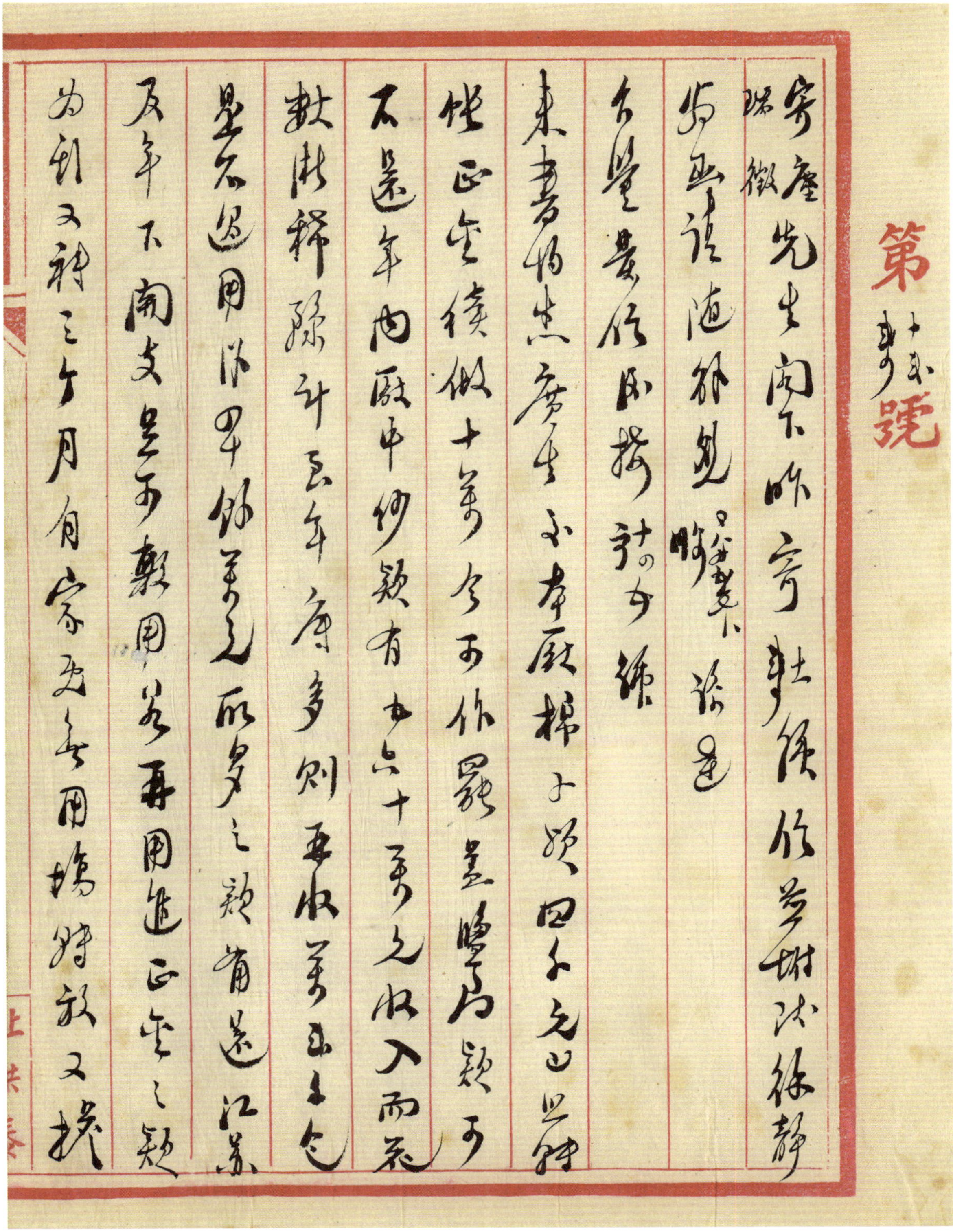

第二百十二號（十一月廿日）

寄塵、瑞徵先生閣下：昨寄弍百十一號信，并附致徐静翁函，請隨解九八元叁千八百零八兩五錢七分，諒達台鑒。發信後接二百十四、二百十五號來書，均悉。廣生交本廠棉子款四千元，已照轉帳。正金續做十萬，今可作罷，蓋鹽局款可不還。年內廠中紗款有五六十萬元收入，而花數漸稀，豫計至年底多則再收萬弍千包，是不過用洋四十餘萬元，所多之款備還江蘇及年下開支足可敷用。若再用進正金之款，爲期又祇三個月，自家既無用場，轉放又擔風險，大不合算也。請婉謝前

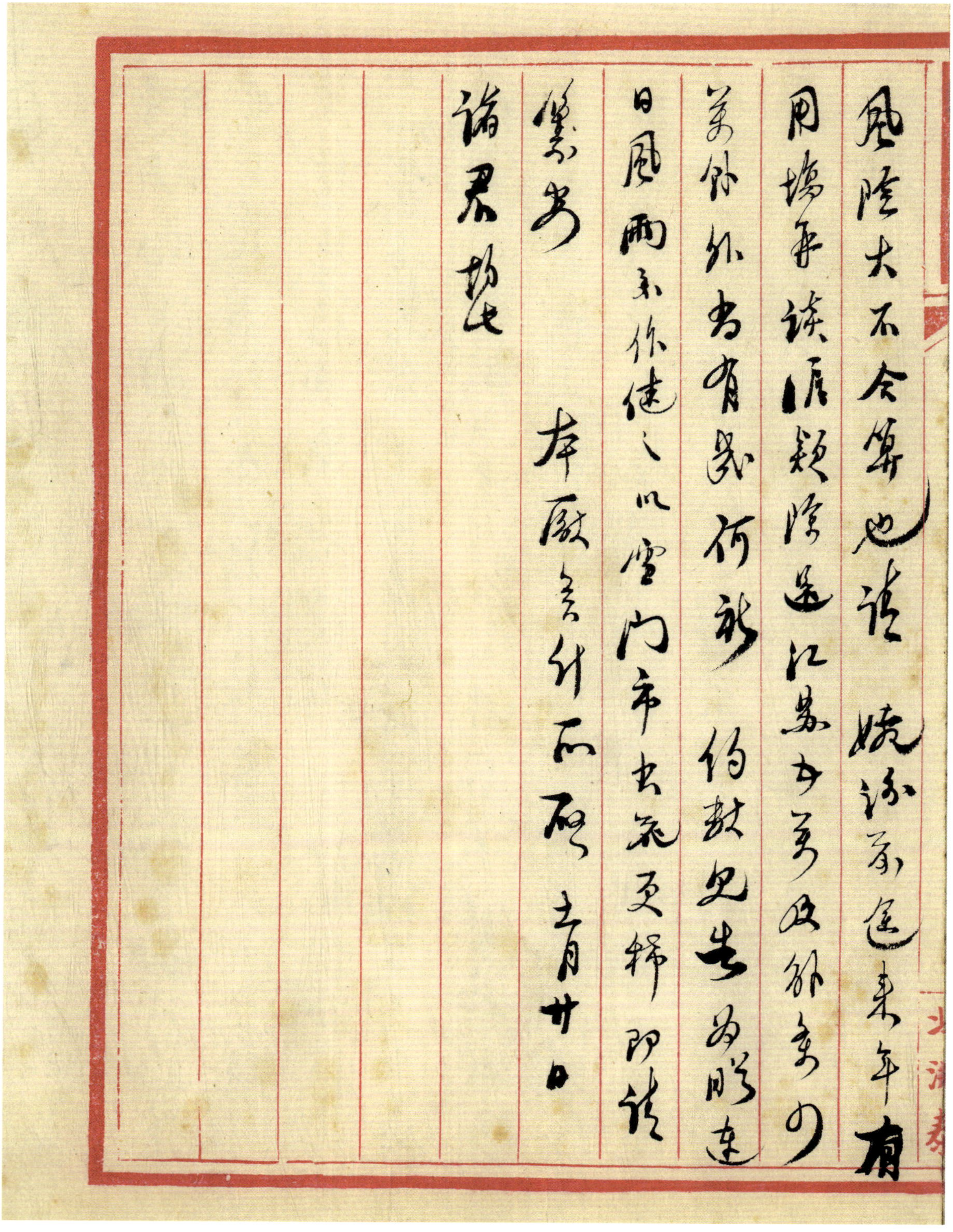

第二百十二號（十一月廿日）

途，來年有用場再談。滬款除還江蘇五萬及解條四萬餘外，尚有幾何，祈約數見告爲盼。連日風雨交作，繼之以雪，門市出花更稀。即請籌安。本廠會計所啓。十一月廿日

諸君均此。

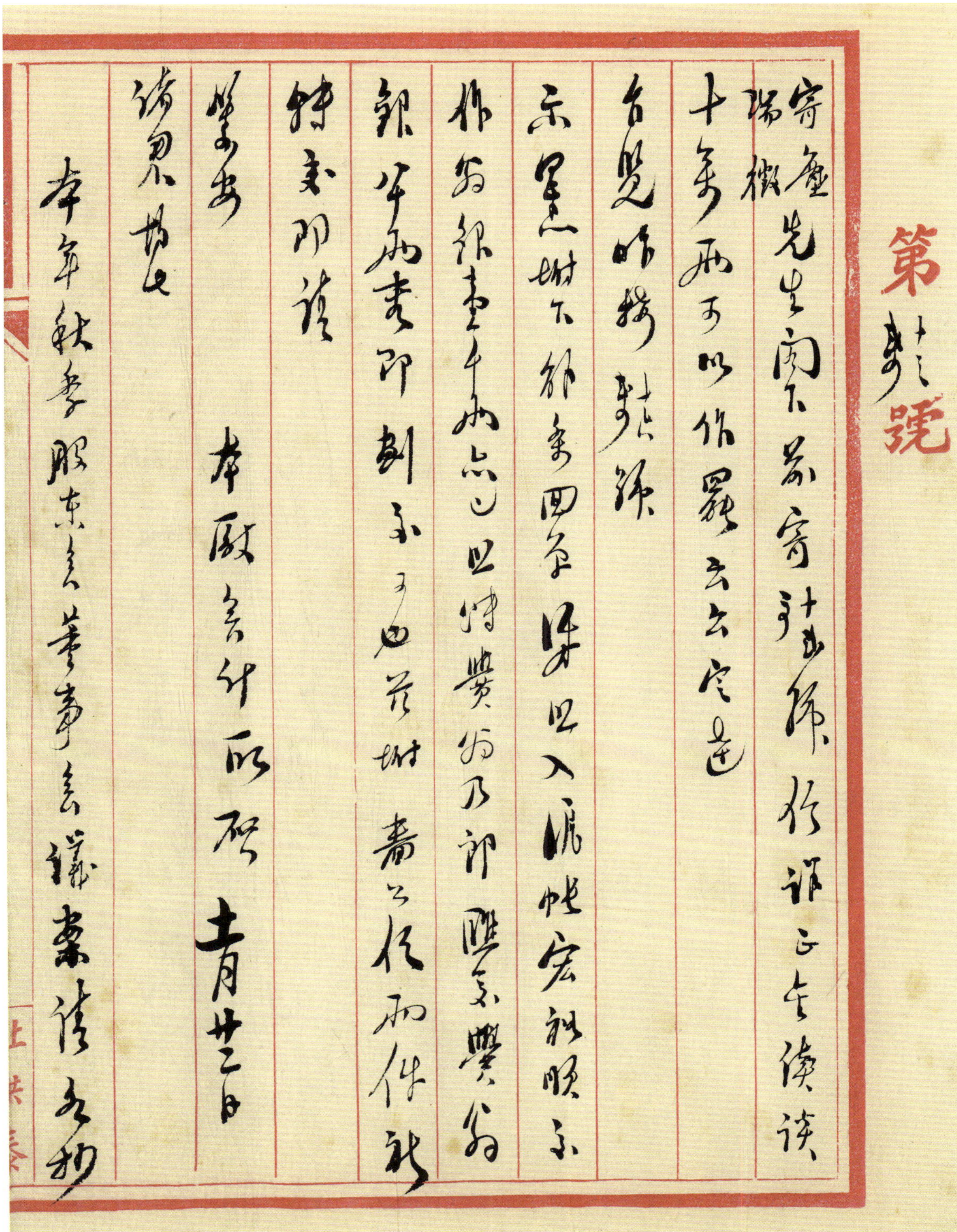

第二百十三號（十一月廿二日）

寄塵、瑞徵先生閣下：前寄二百十式號信，詳正金續談十萬兩可以作罷云云，定達台覽。昨接式百十六號示，具悉。附下解條回單一千兩，照入滬帳。宏裕順交作翁銀壹千兩，亦已照轉。釁翁乃郎匯交釁翁銀八十兩，容即劃交可也。茲附嗇公信兩件，祈轉交。即請籌安。本廠會計所啓。十一月廿二日

諸君均此。

本年秋季股東會、董事會議案，請各抄一份寄廠備查。又附奉作翁寄家信一封，外

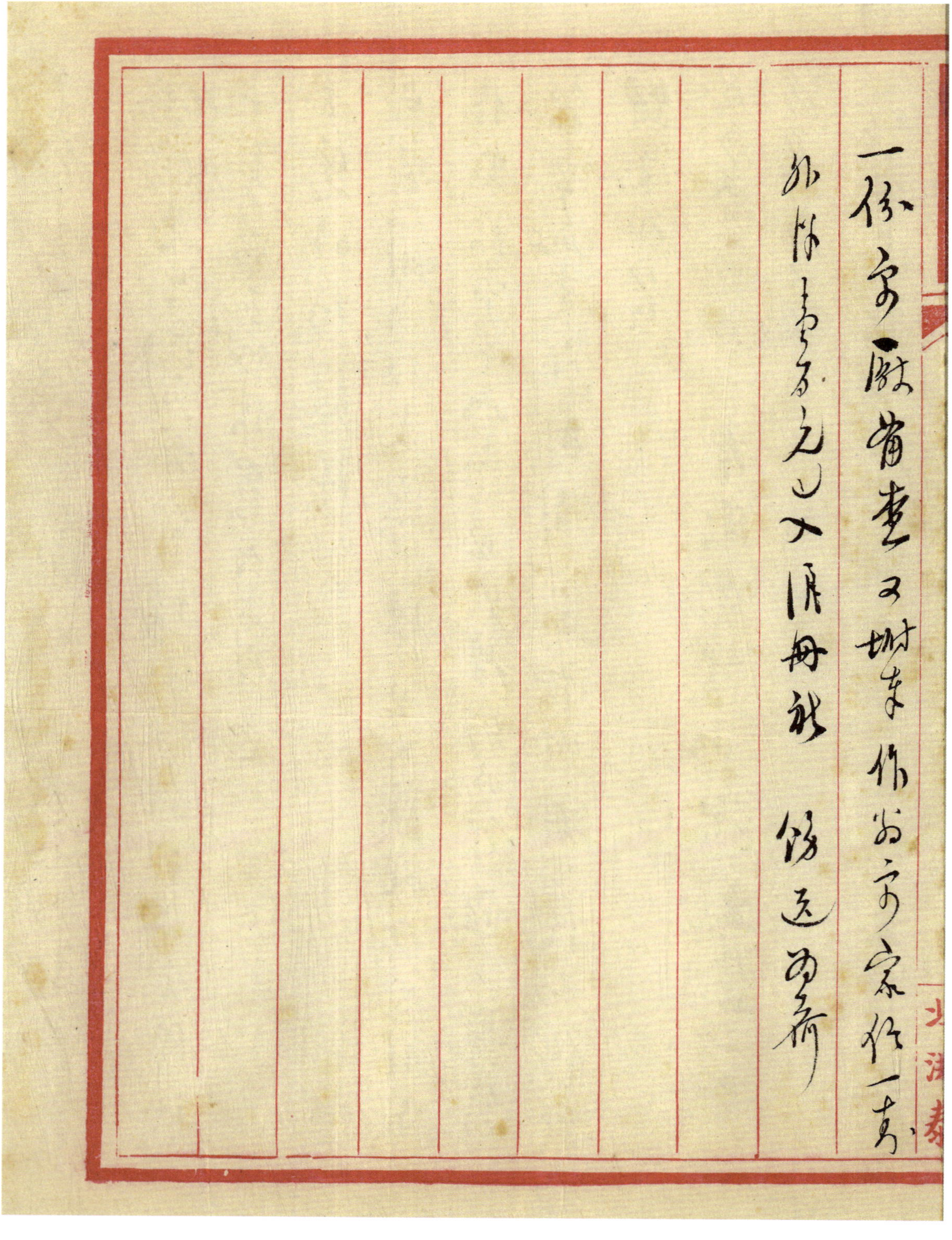

第二百十三號（十一月廿二日）

洋壹百元已入滬册，祈飭送爲荷。

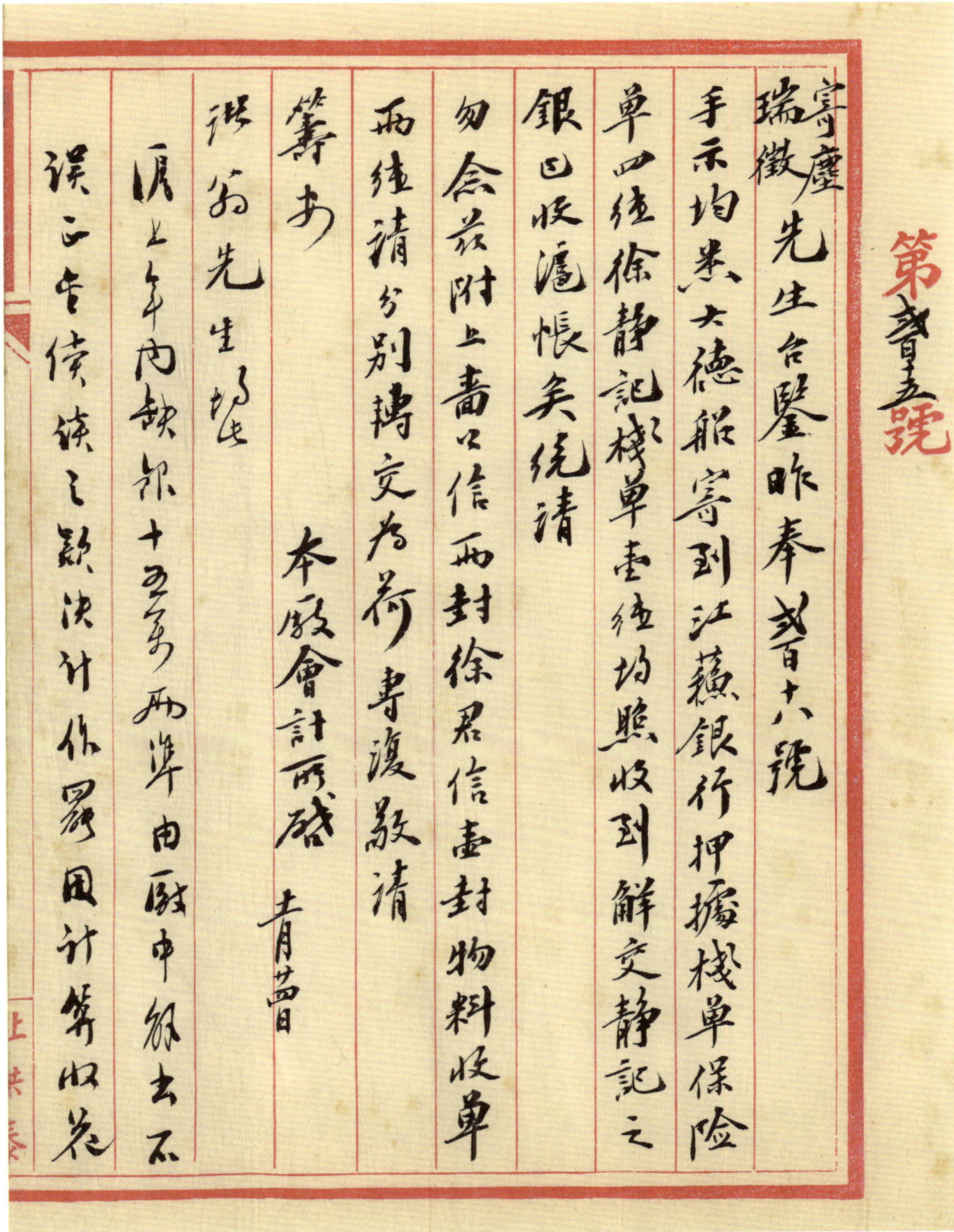

第二百十四號（十一月廿四日）

寄塵、瑞徵先生台鑒：昨奉弍百十八號手示，均悉。大德船寄到江蘇銀行押據、棧單、保險單四紙，徐静記棧單壹紙，均照收到，解交静記之銀已收滬帳矣，統請勿念。兹附上嗇公信兩封、徐君信壹封、物料收單兩紙，請分别轉交爲荷。專復，敬請籌安。本廠會計所啓。十一月廿四日

諸翁先生均此。

滬上年内缺銀十五萬兩，準由廠中解出不誤。正金續談之款决計作罷，因計算收

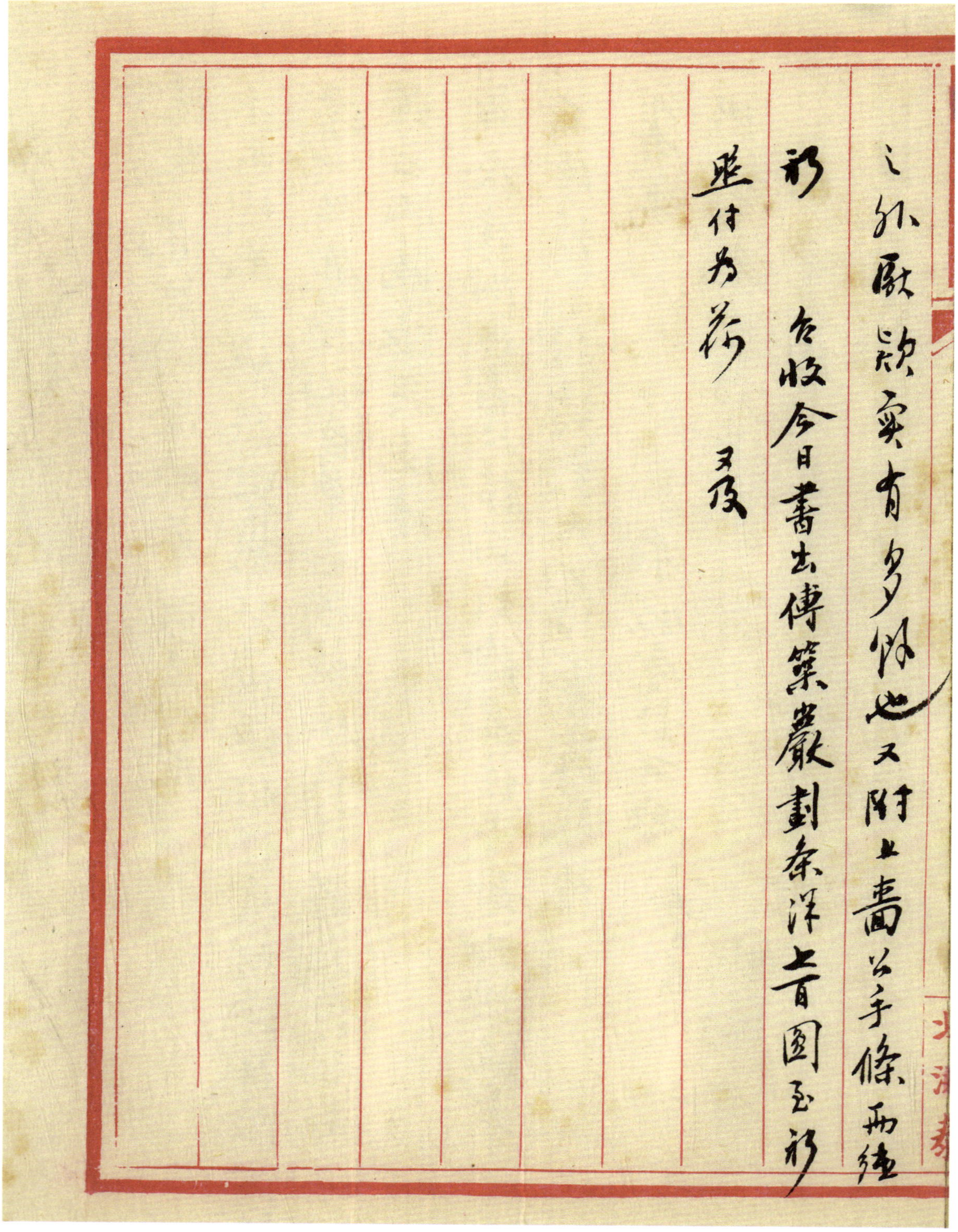
之外廠款實有多餘也又附上啬公手條兩紙
祈 台收今日書出傅築巖劃條洋七百圓至祈
照付為荷 又及

第二百十四號（十一月廿四日）

花之外，廠款實有多餘也。又附上嗇公手條兩紙，祈台收。今日書出傅築巖劃條洋七百圓，至祈照付爲荷。又及。

（按：此信以時間看，編號應作“第弍百十四號”，后信有説明）

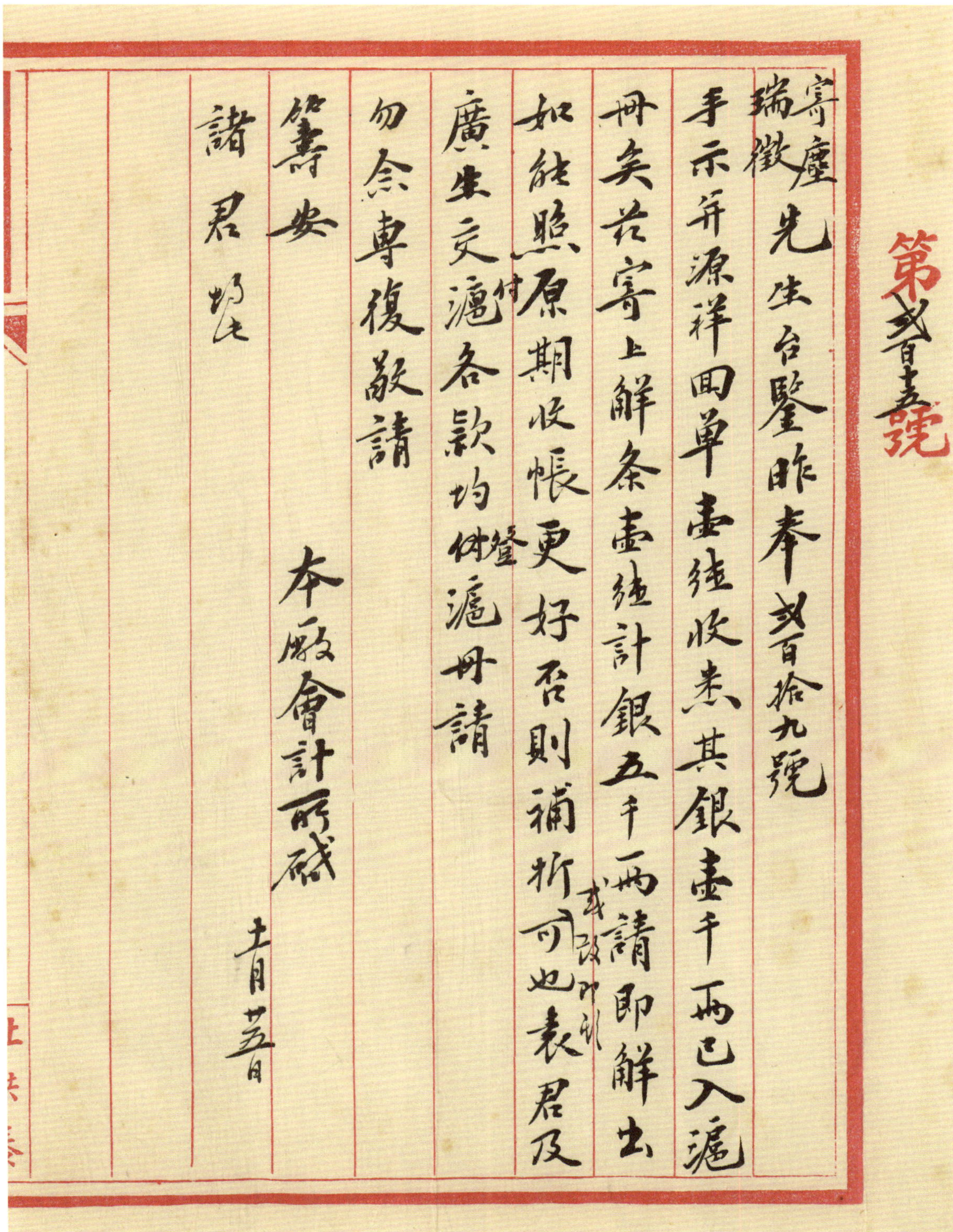
第式百十五號
寄塵
瑞徵先生台鑒：昨奉式百拾九號手示并源祥回單壹紙，收悉，其銀壹千兩已入滬冊矣。茲寄上解條壹紙，計銀五千兩，請即解出，如能照原期收帳更好，否則補折或改即期可也。袁君及廣生交付滬各款均登滬冊，請勿念。專復，敬請籌安。
本廠會計所啓
十一月廿五日
諸君均此

第二百十五號（十一月廿五日）

寄塵、瑞徵先生台鑒：昨奉式百拾九號手示并源祥回單壹紙，收悉，其銀壹千兩已入滬册矣。茲寄上解條壹紙，計銀五千兩，請即解出，如能照原期收帳更好，否則補折或改即期可也。袁君及廣生交付滬各款均登滬册，請勿念。專復，敬請籌安。

本廠會計所啓。十一月廿五日

諸君均此。

第二百十五號（十一月廿五日）

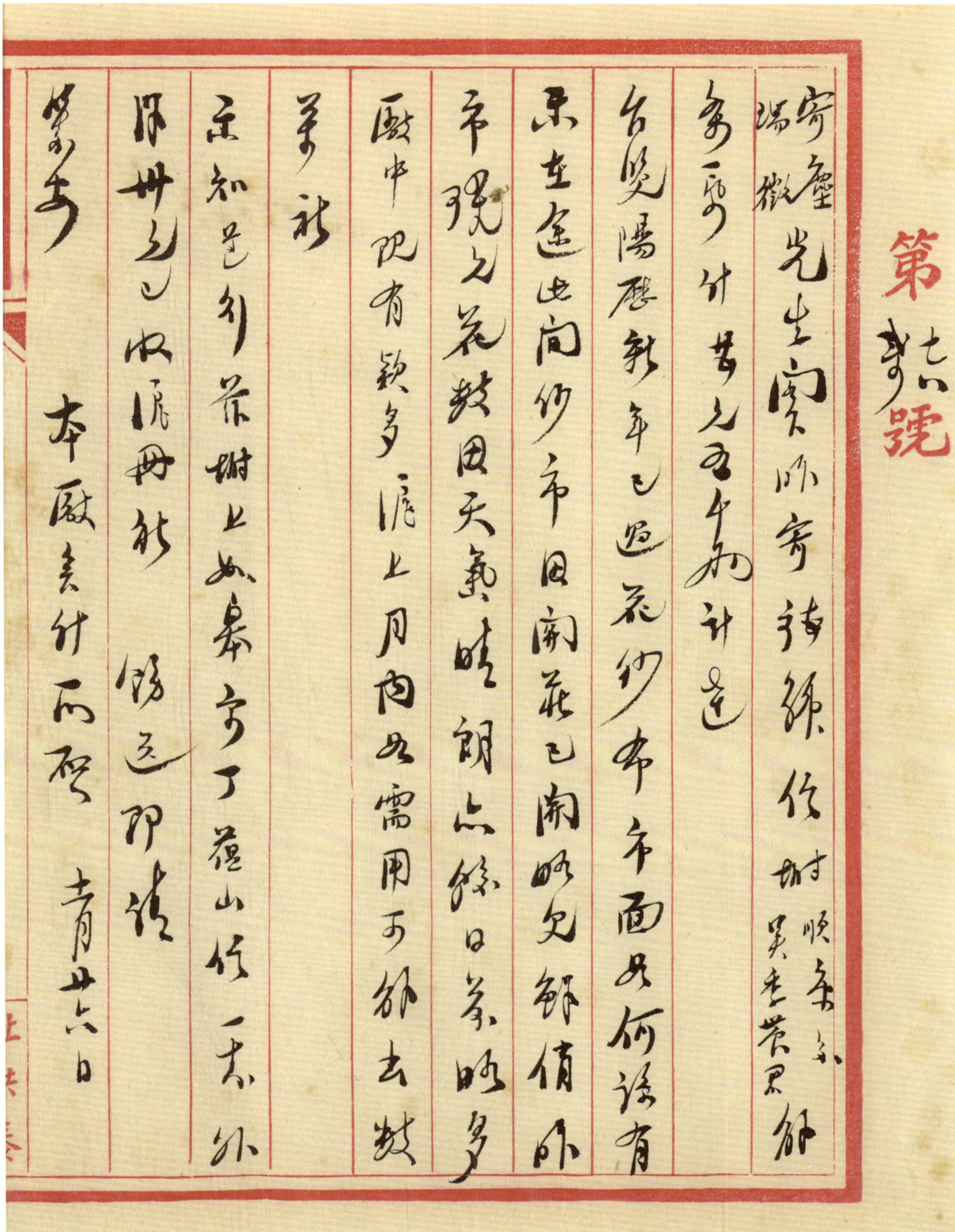

第二百十六號（十一月廿六日）

寄塵、瑞徵先生閣下：昨寄二百十五號信，附順康交吴季農君解條一紙，計廿五元五千兩，計達台覽。陽曆新年已過，花紗布市面如何，諒有示在途。此間紗市因關莊已開，略見鮮俏，昨市一百四十九元。花數因天氣晴朗，亦較日前略多。廠中現有款多，滬上月内如需用，可解出數萬，祈示知遵行。兹附上如皋寄丁藴山信一封，外洋卅元已收滬册，祈飭送。即請籌安。本廠會計所啓。十一月廿六日

諸君均此。

諸君均鑒

第二百十六號（十一月廿六日）

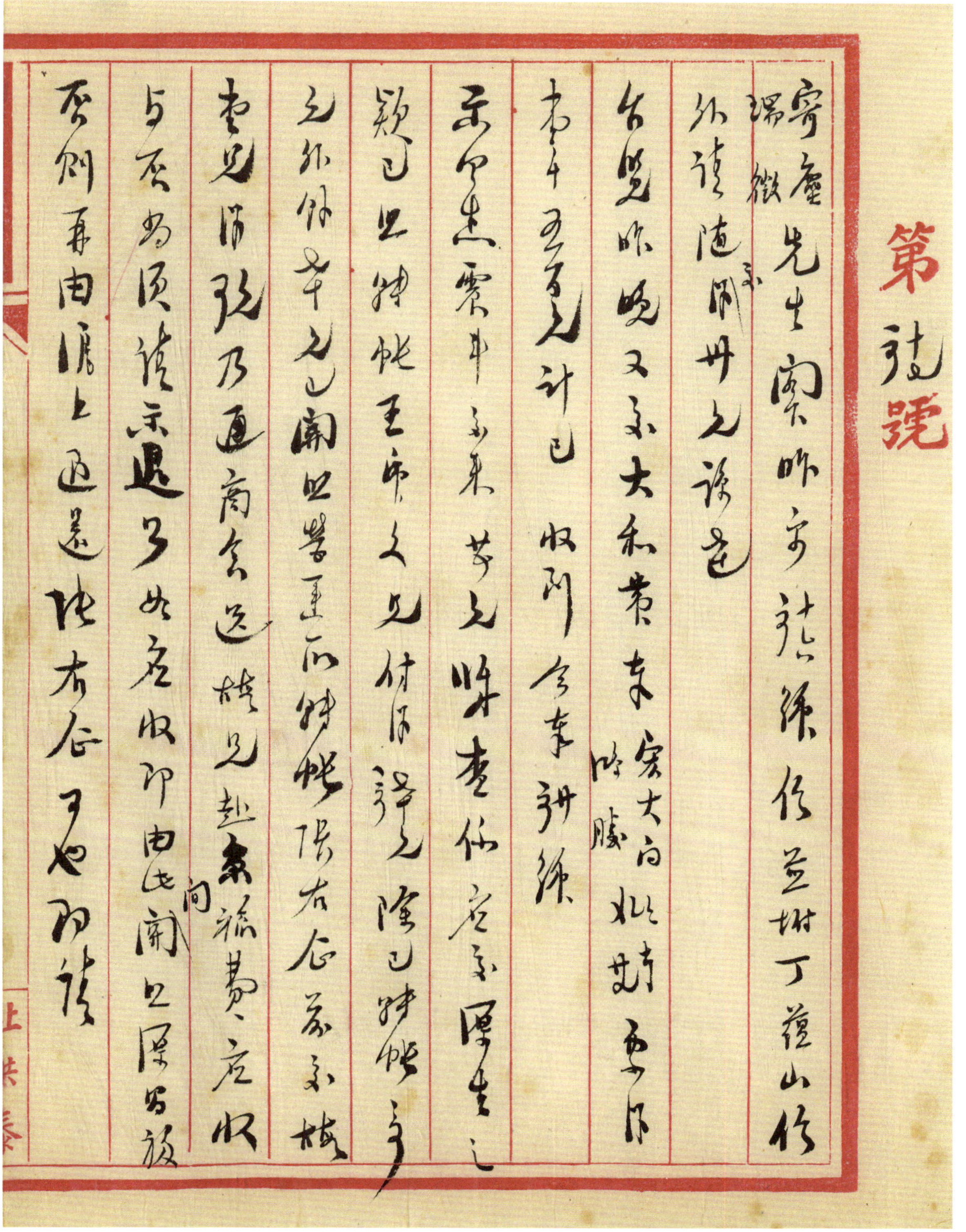

第二百十七號（十一月廿七日）

寄塵、瑞徵先生閣下：昨寄二百十六號信，并附丁蘊山信，外請隨交洋卅元，諒達台覽。昨晚又交大和帶奉宏大向鴻勝（四六七）十一月廿九票洋壹千五百元，計已收到。今奉二百廿號示，具悉。震豐交來廿五元二千兩，查係應交源生之款，已照轉帳。王虎文兄付洋三百七十元，除已轉帳三百元外，餘七十元已關照營業所轉帳。張右企前交翃堂兄洋一百元，乃通商會送翃兄赴京旅費，應收與否，尚須請示退公。如應收，即由此間關照源昌福，否則，再由滬上退還張右企可也。即請籌

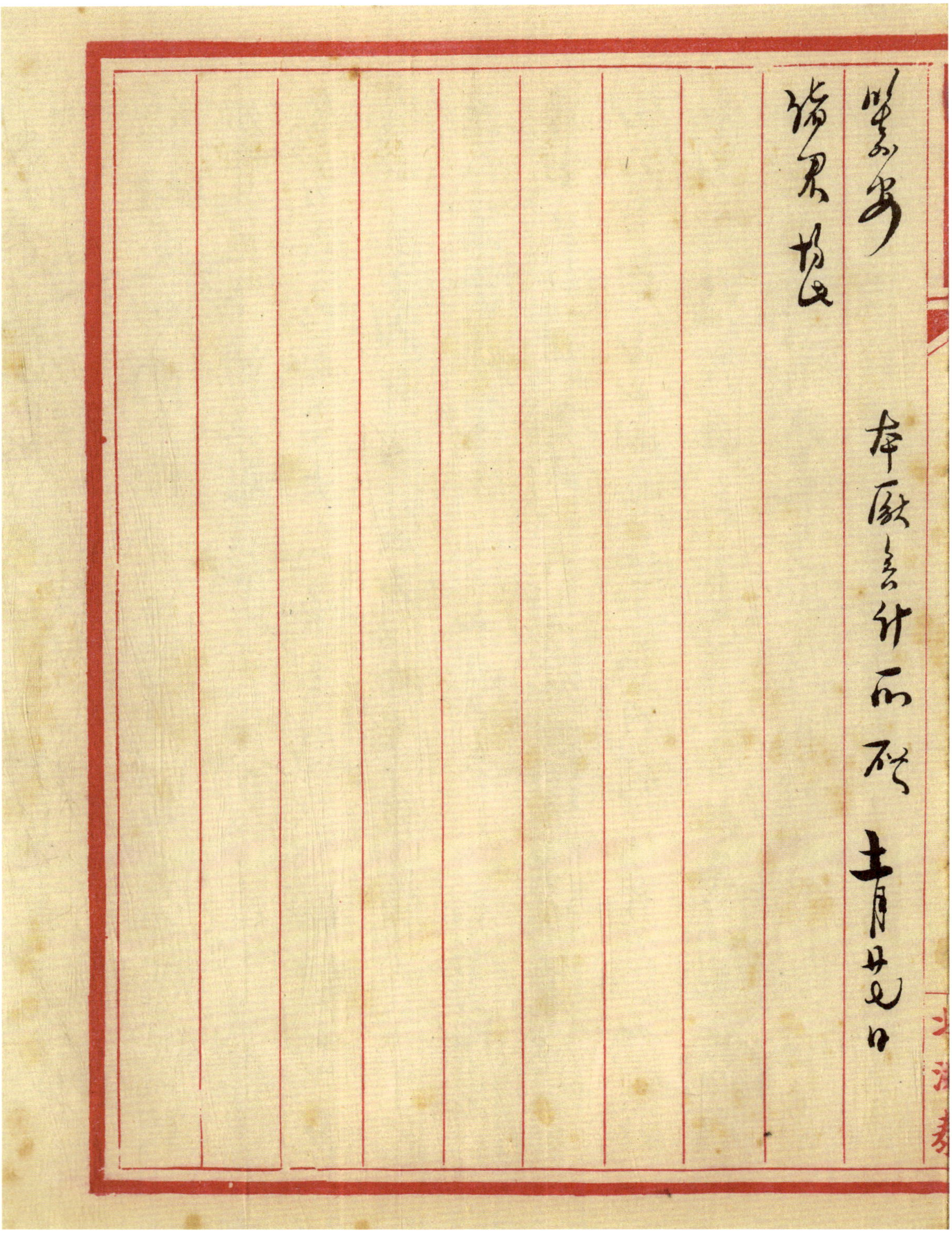
業安
諸君均此
本廠會計所啓 十一月廿七日

第二百十七號（十一月廿七日）

安。本廠會計所啓。十一月廿七日
諸君均此。

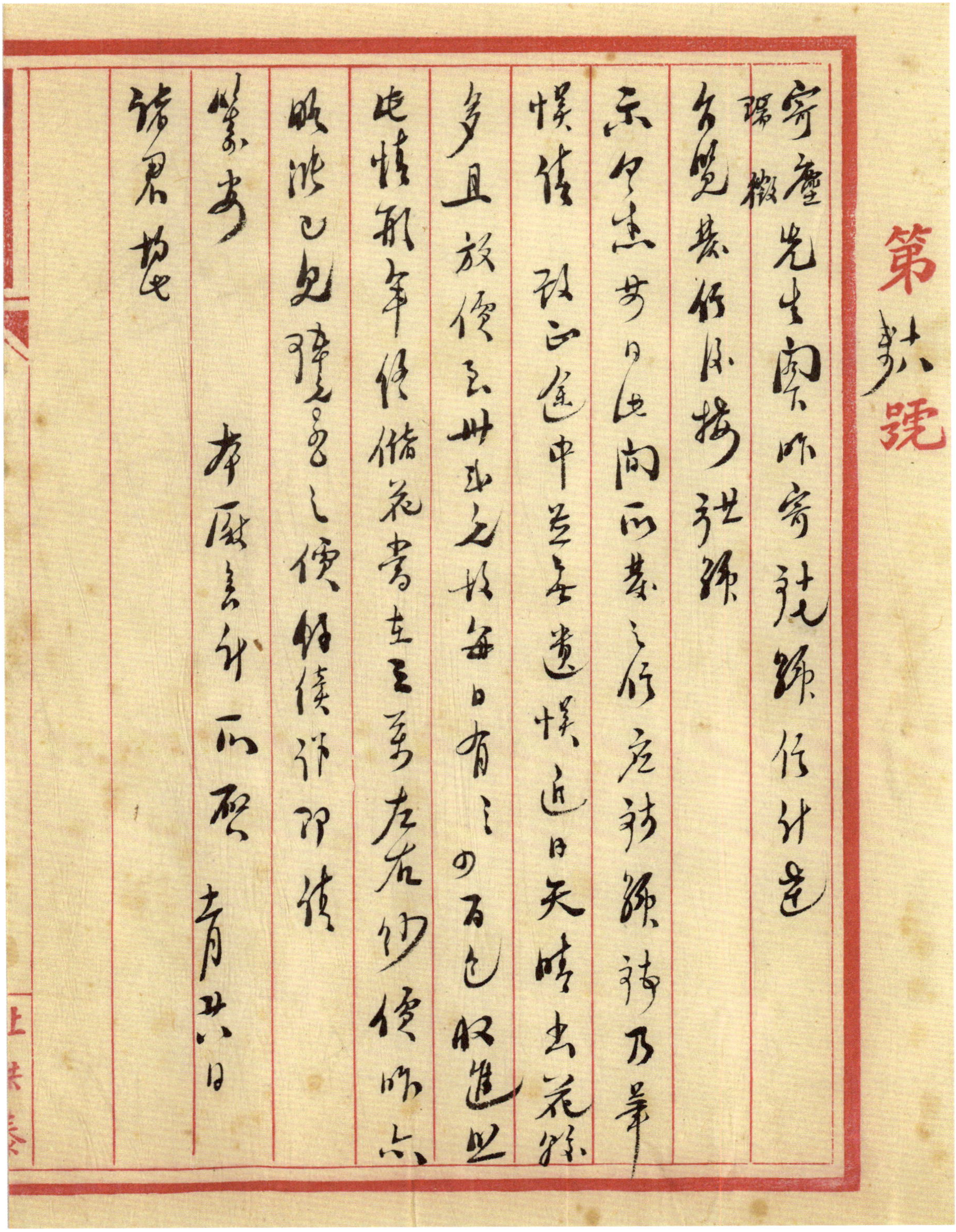

第二百十八號（十一月廿八日）

寄塵、瑞徵先生閣下：昨寄二百十七號信，計達台覽。發信後接二百廿一號示，具悉。廿四日此間所發之信，應二百十四號，二百十五乃筆誤，請改正，途中并無遺誤。近日天晴，出花較多，且放價至卅式元，故每日有三四百包收進。照此情形，年終儲花當在三萬左右。紗價昨亦略漲，已見一百五十元零四角之價。餘續詳。即請籌安。本廠會計所啓。十一月廿八日

諸君均此。

第二百十八號（十一月廿八日）

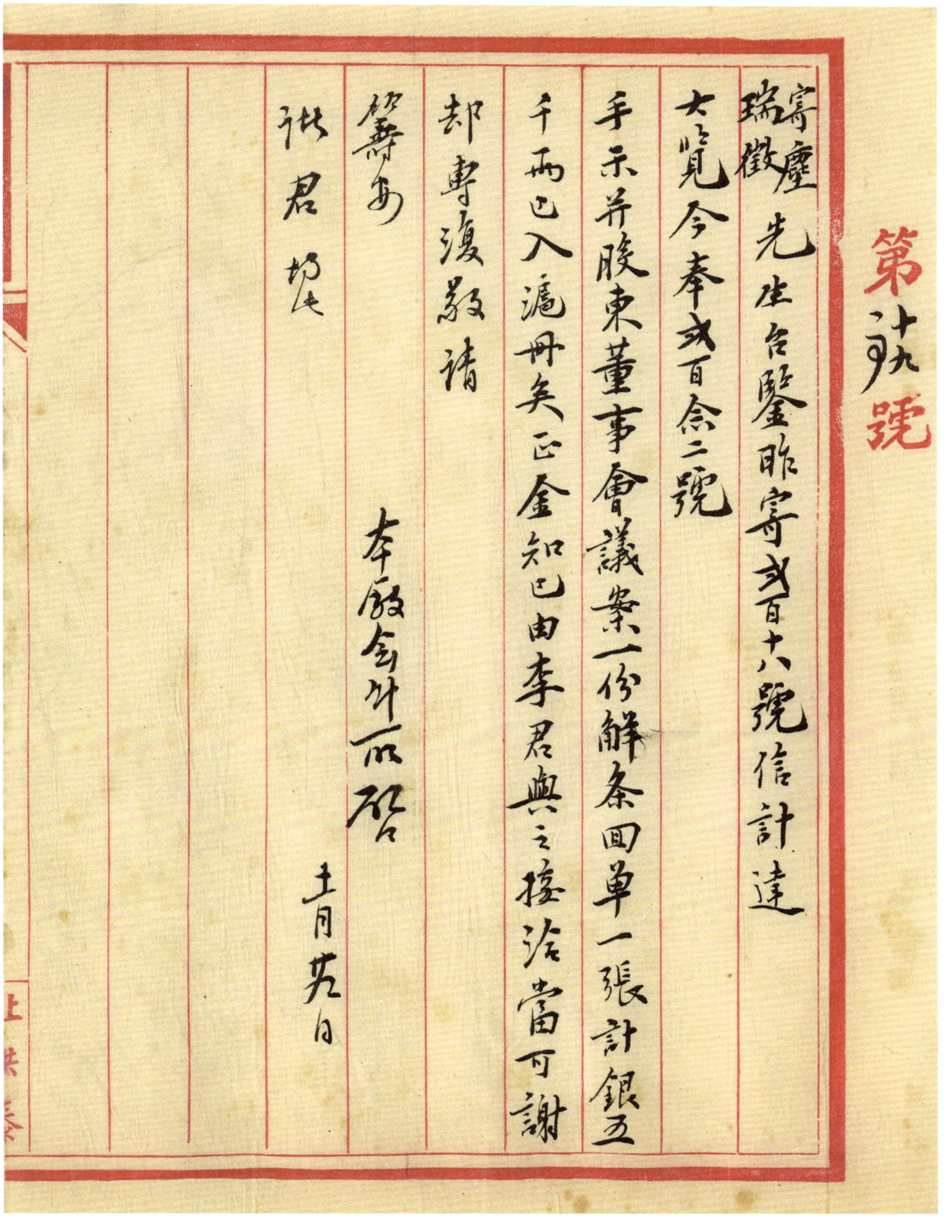
寄塵
瑞徵先生台鑒昨寄弍百十八號信計達
大覽今奉弍百念二號
手示并股東董事會議案一份解條回單一張計銀五
千兩已入滬册矣正金知已由李君與之接洽當可謝
却專復敬請
籌安
本廠會計所啓
諸君均此　十一月廿九日

第二百十九號（十一月廿九日）

寄塵、瑞徵先生台鑒：昨寄弍百十八號信，計達大覽。今奉弍百念二號手示，并股東、董事會議案一份，解條回單一張，計銀五千兩，已入滬册矣。正金知已由李君與之接洽，當可謝却。專復，敬請籌安。本廠會計所啓。十一月廿九日

諸君均此。

第二百十九號（十一月廿九日）

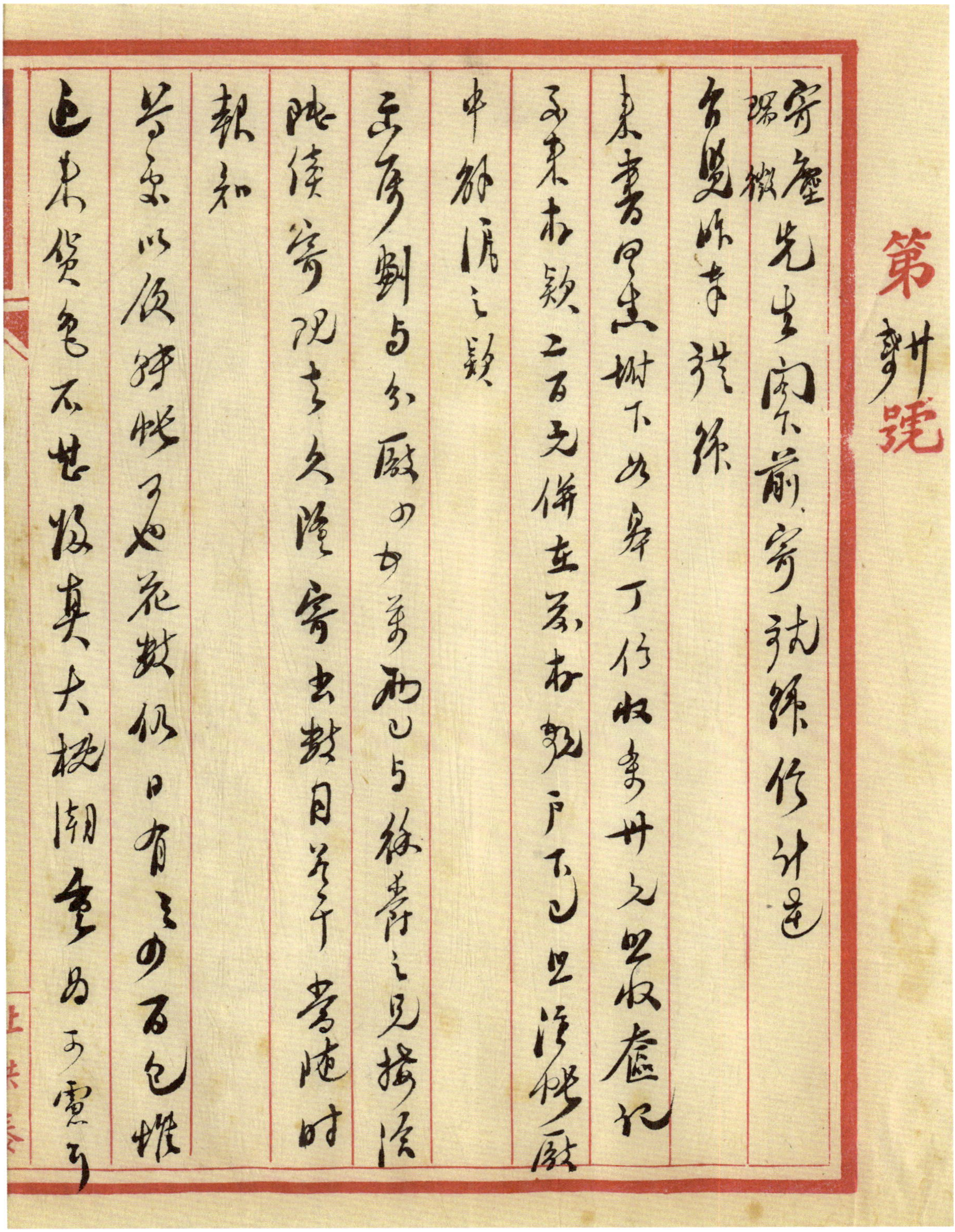

第二百二十號（十二月初二日）

寄塵、瑞徵先生閣下：前寄二百十九號信，計達台覽。昨奉二百廿三號來書，具悉。附下如皋丁信收條卅元，照收。畬記交來存款二百元，并在前存五百元户下，已照注帳。廠中解滬之款，示屬劃與分廠四五萬兩，已與徐爵之兄接洽，陸續寄現去久隆，寄出數目若干，當隨時報知尊處，以便轉帳可也。花數仍日有三四百包，惟近來貨色不甚歸真，大概潮重，爲可慮耳。今有龍銀一千數百元，此間不通用，晚間當交大和帶滬，數目另信奉告，到祈察收，即行兑去，洋厘幾何，望即示知。

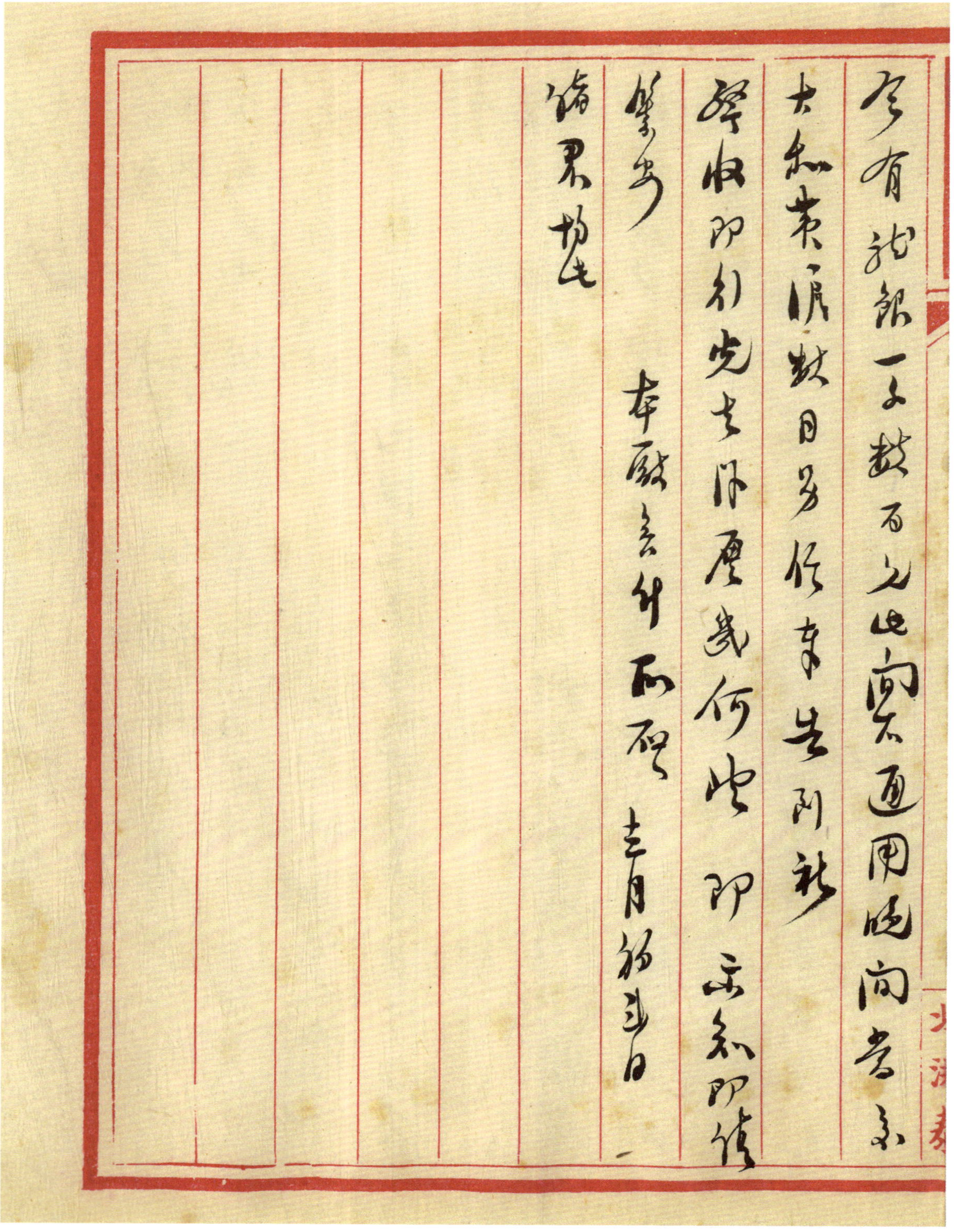

第二百二十號（十二月初二日）

即請籌安。本廠會計所啓。十二月初式日
諸君均此。

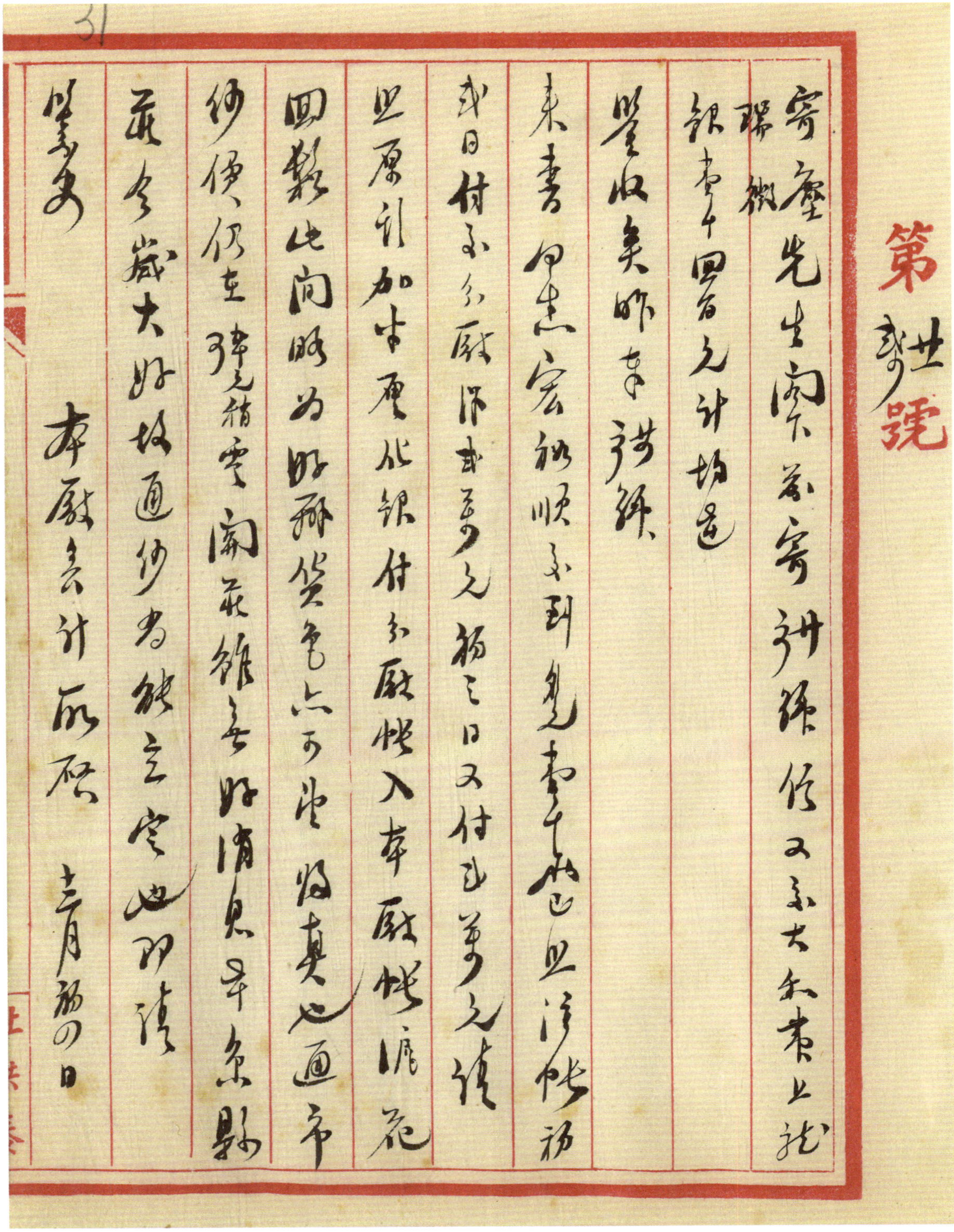

第二百二十一號（十二月初四日）

寄塵、瑞徵先生閣下：前寄二百廿號信，又交大和帶上龍銀壹千四百元，計均達鑒收矣。昨奉二百廿四號來書，具悉。宏裕順交到九八元壹千兩，已照注帳。初式日付交分廠洋式萬元，初三日又付式萬元，請照原期加半厘化銀，付分廠帳，入本廠帳。滬花回鬆，此間略爲好辦，貨色亦可望歸真也。通市紗價仍在一百五十元稍零，關莊雖無好消息，幸京縣莊今歲大好，故通紗尚能立定也。即請籌安。本廠會計所啓。十二月初四日

諸君均此

第二百二十一號（十二月初四日）

諸君均此。

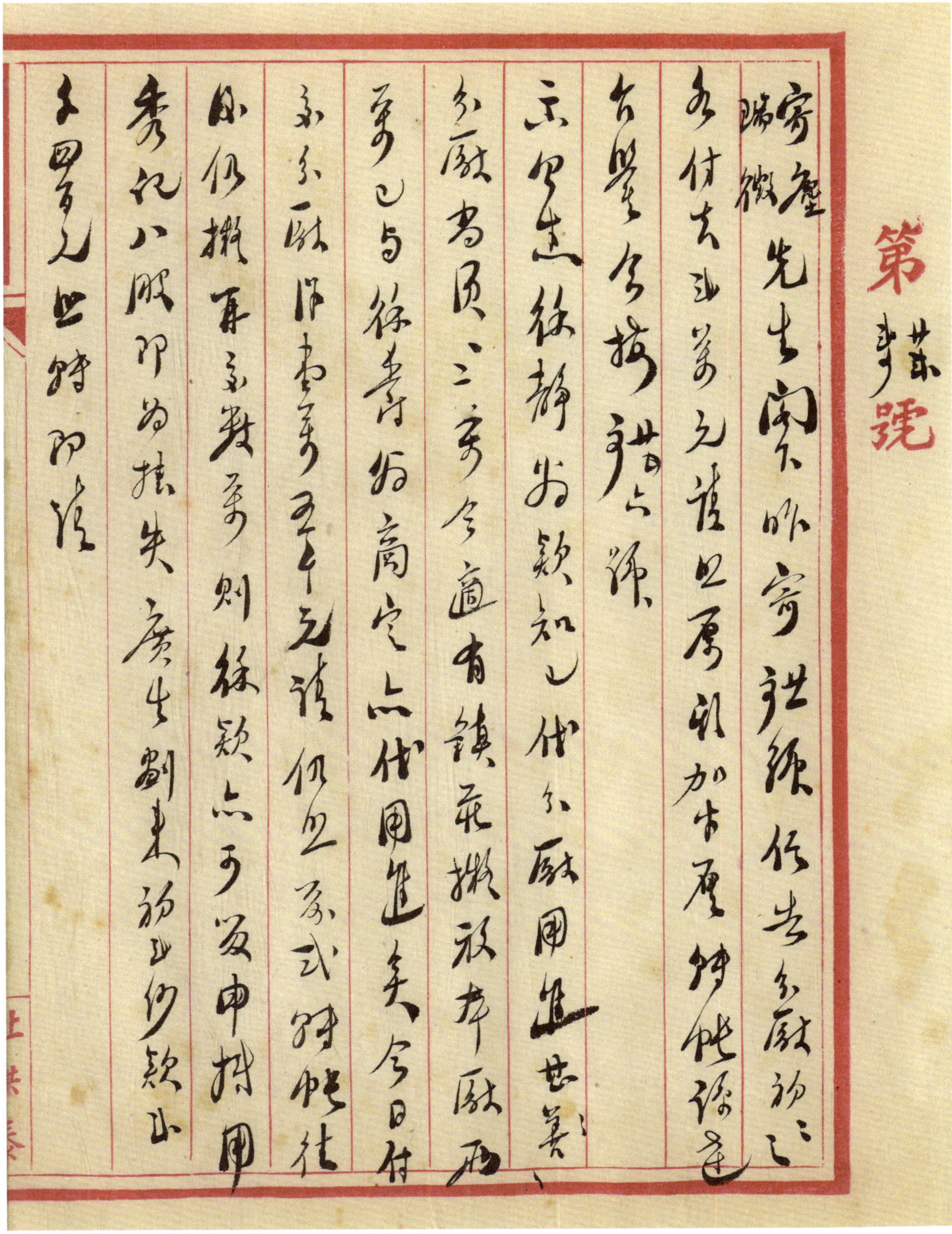

第二百二十二號

寄塵、瑞徵先生閣下：昨寄二百廿一號信，告分廠初二、初三各付去弍萬元，請照原期加半厘轉帳，諒達台鑒。今接二百廿五、二百廿六號示，具悉。徐静翁款知已代分廠用進，甚善甚善。分廠尚須一二萬，今適有鎮莊擬放本廠兩萬，已與徐爵翁商定，亦代用進矣。今日付交分廠洋壹萬五千元，請仍照前式轉帳。往後仍擬再交數萬，則徐款亦可留申抵用。秀記八股，即爲掛失。廣生劃來初弍紗款弍千四百元，照轉。即請籌安。

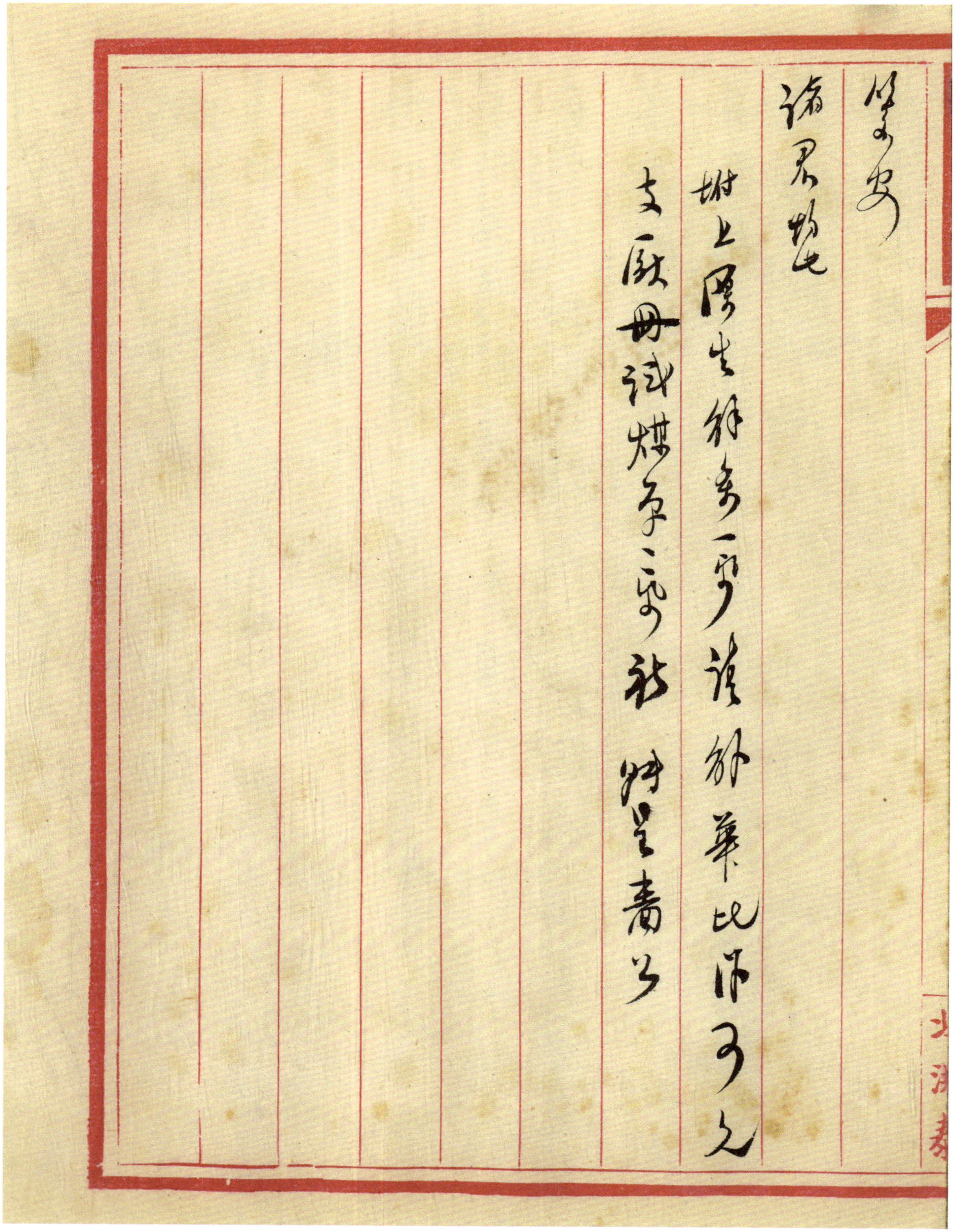

第二百二十二號

諸君均此。

附上源生解條一紙，請解華比洋一百元，支廠册。試煤單一紙，祈轉呈嗇公。

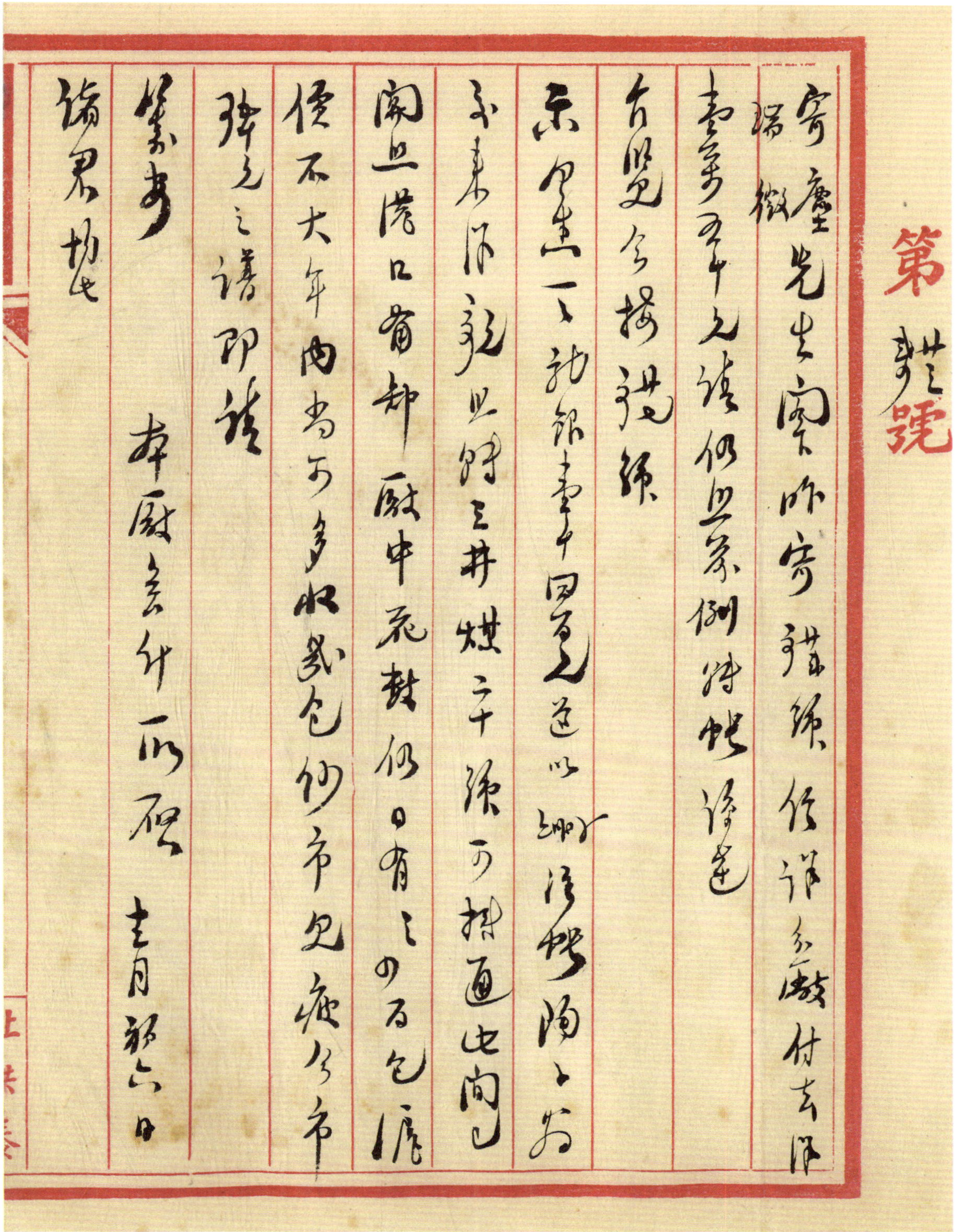

第二百二十三號（十二月初六日）

寄塵、瑞徵先生閣下：昨寄二百廿式號信，詳分廠付去洋壹萬五千元，請仍照前例轉帳，諒達台覽。今接二百廿七號示，具悉一一。龍銀壹千四百元，遵以七三〇五注帳。陶子翁交來洋三百元，照轉。三井煤二十號可抵通，此間已關照港口備卸。廠中花數仍日有三四百包，滬價不大，年内尚可多收幾包。紗市見疲，今市一百五十元之譜。即請籌安。本廠會計所啓。十二月初六日

諸君均此。

第二百二十三號（十二月初六日）

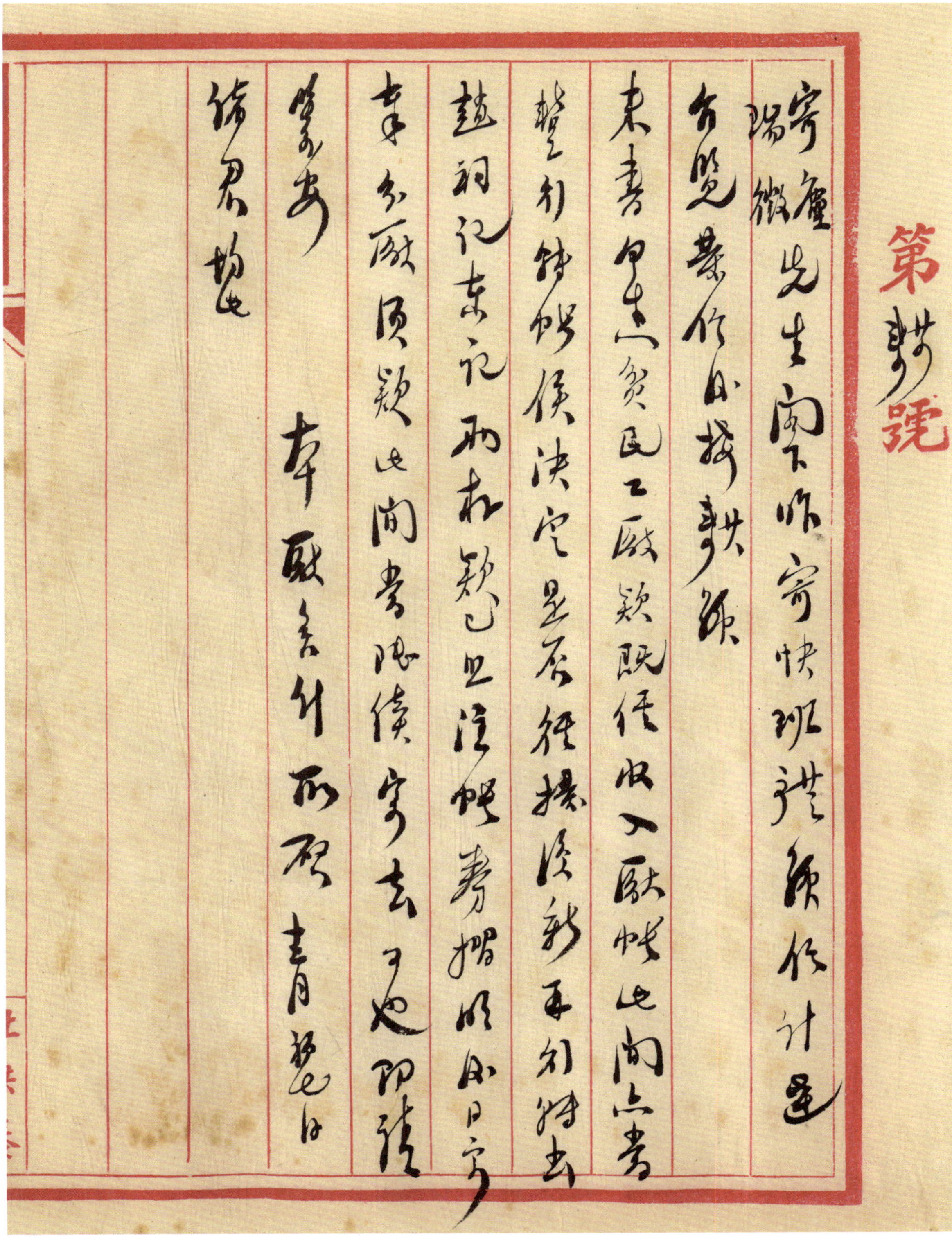

第二百二十四號（十二月初七日）

寄塵、瑞徵先生閣下：昨寄快班二百廿三號信，計達台覽。發信後接式百廿八號來書，具悉。貧民工廠款既經收入廠帳，此間亦當暫行轉帳，俟决定是否徑撥復新，再行轉出。趙祠記、東記兩存款已照注帳，券摺明後日寄奉。分廠須款，此間當陸續寄去可也。即請籌安。本廠會計所啓。十二月初七日

諸君均此。

第二百二十四號（十二月初七日）

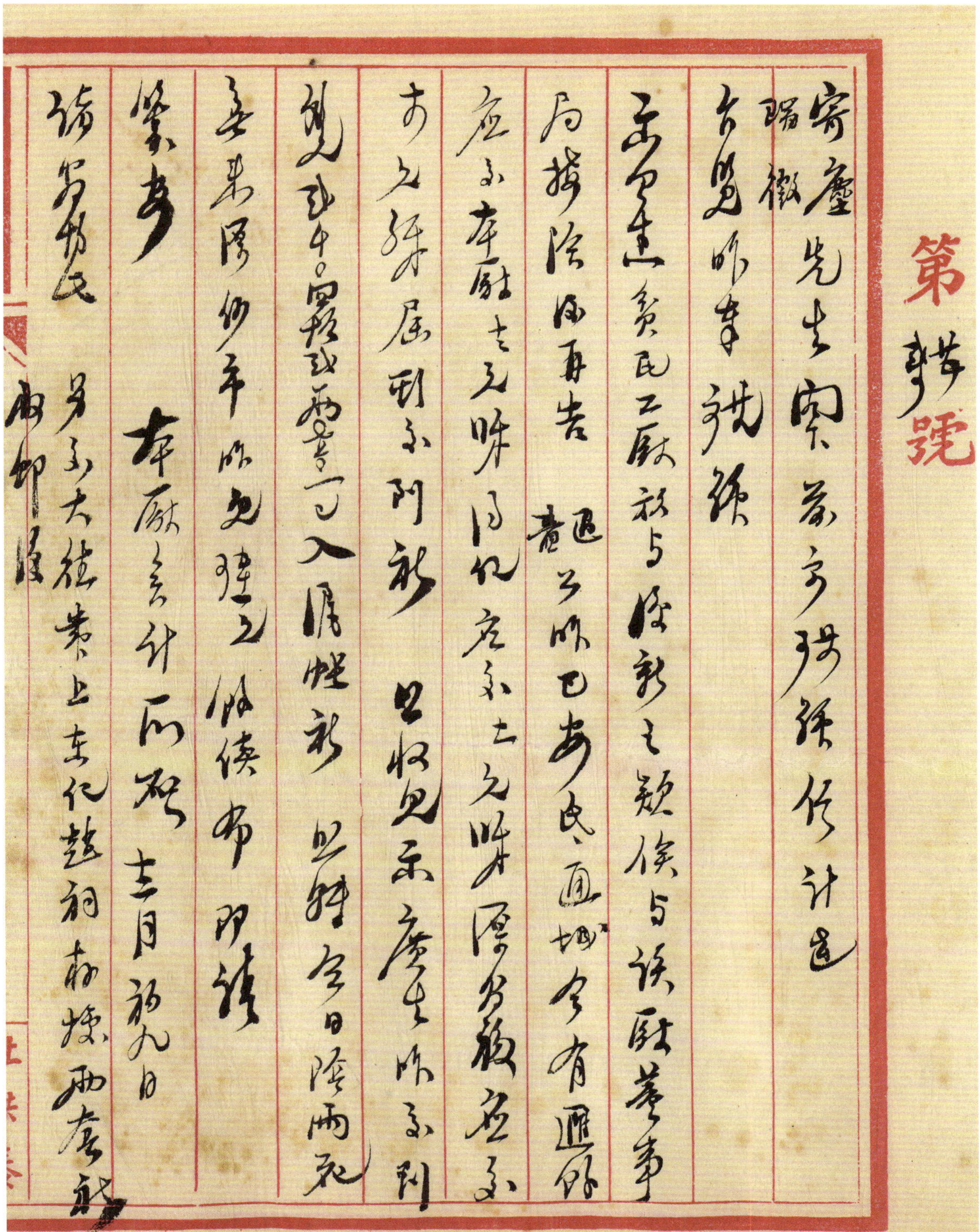

第二百二十五號（十二月初九日）

寄塵、瑞徵先生閣下：前寄一〔二〕百廿四號信，計達台覽。昨奉二百廿九號示，具悉。貧民工廠放與復新之款，俟與該廠董事局接洽後再告。退公、嗇公昨已安抵通城。今有匯餘應交本廠十二元二千兩、得記應交十一元二千兩、源昌福應交十四元五千兩，届期交到，祈照收見示。廣生昨交到九八元式千零四拾式兩七錢零一，已入滬帳，祈照轉。今日陰雨，花無來源。紗市昨見一百五十一元。餘續布。即請籌安。本廠會計所啓。十二月初九日

第二百二十五號（十二月初九日）

諸翁均此。

另交大德帶上東記、趙祠存據兩套，祈收即復。

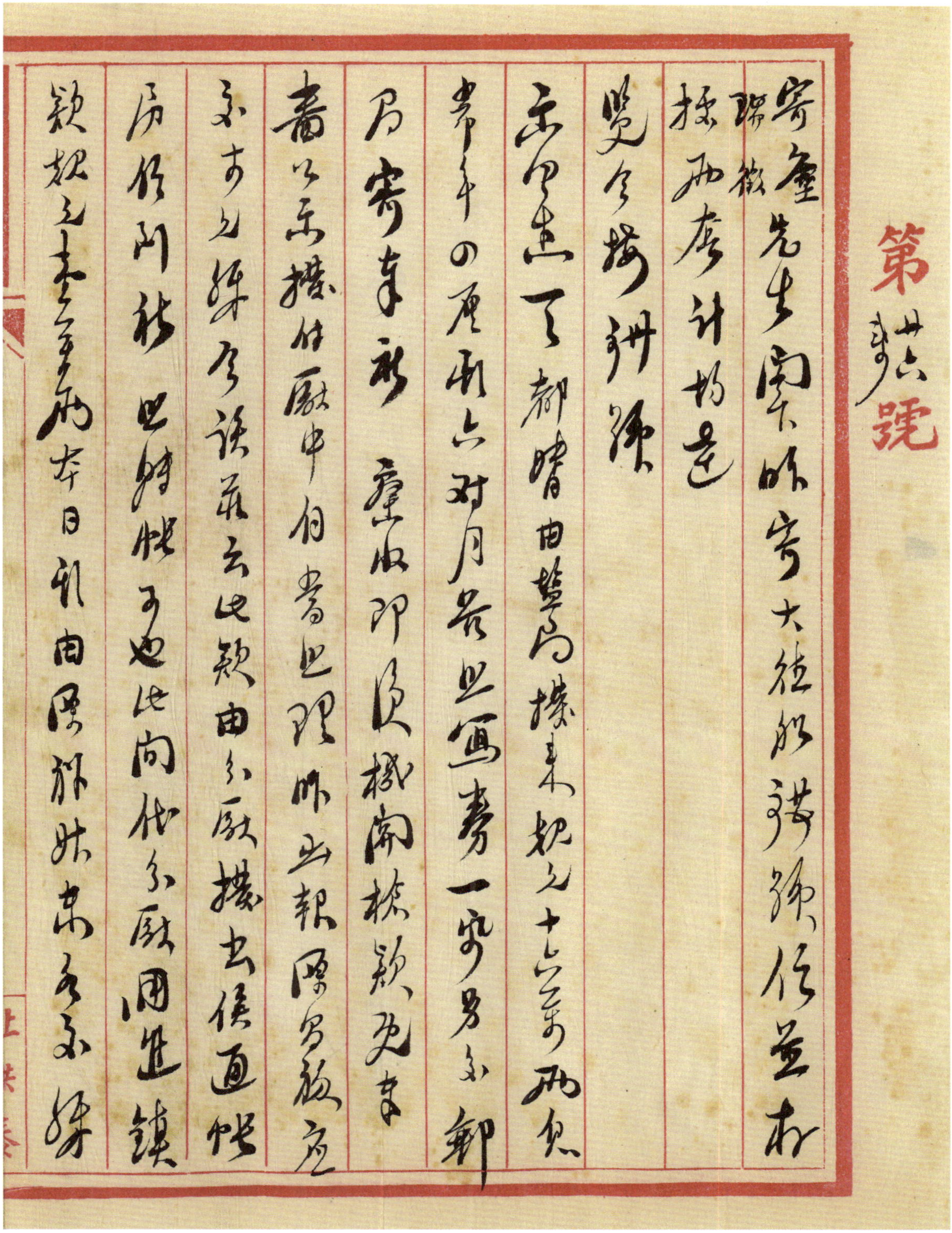

第二百二十六號（十二月初十日）

寄塵、瑞徵先生閣下：昨寄大德船二百廿五號信并存據兩套，計均達覽。今接二百卅號示，具悉一一。都督由鹽局撥來規元十六萬兩，息常年四厘，期六對月，茲照寫券一紙，另交郵局寄奉，祈察收即復。機關槍款既奉耆公示撥付廠中，自當照理。昨函報源昌福應交十四元五千兩，今該莊云此款由分廠撥出，俟通帳房信到，祈照轉帳可也。此間代分廠用進鎮款規元壹萬兩，本日期，由源祥、昇泰各交五千兩，交到祈示知，其款請入分廠帳。如已轉入本廠帳，即請收分廠初十元一萬兩，

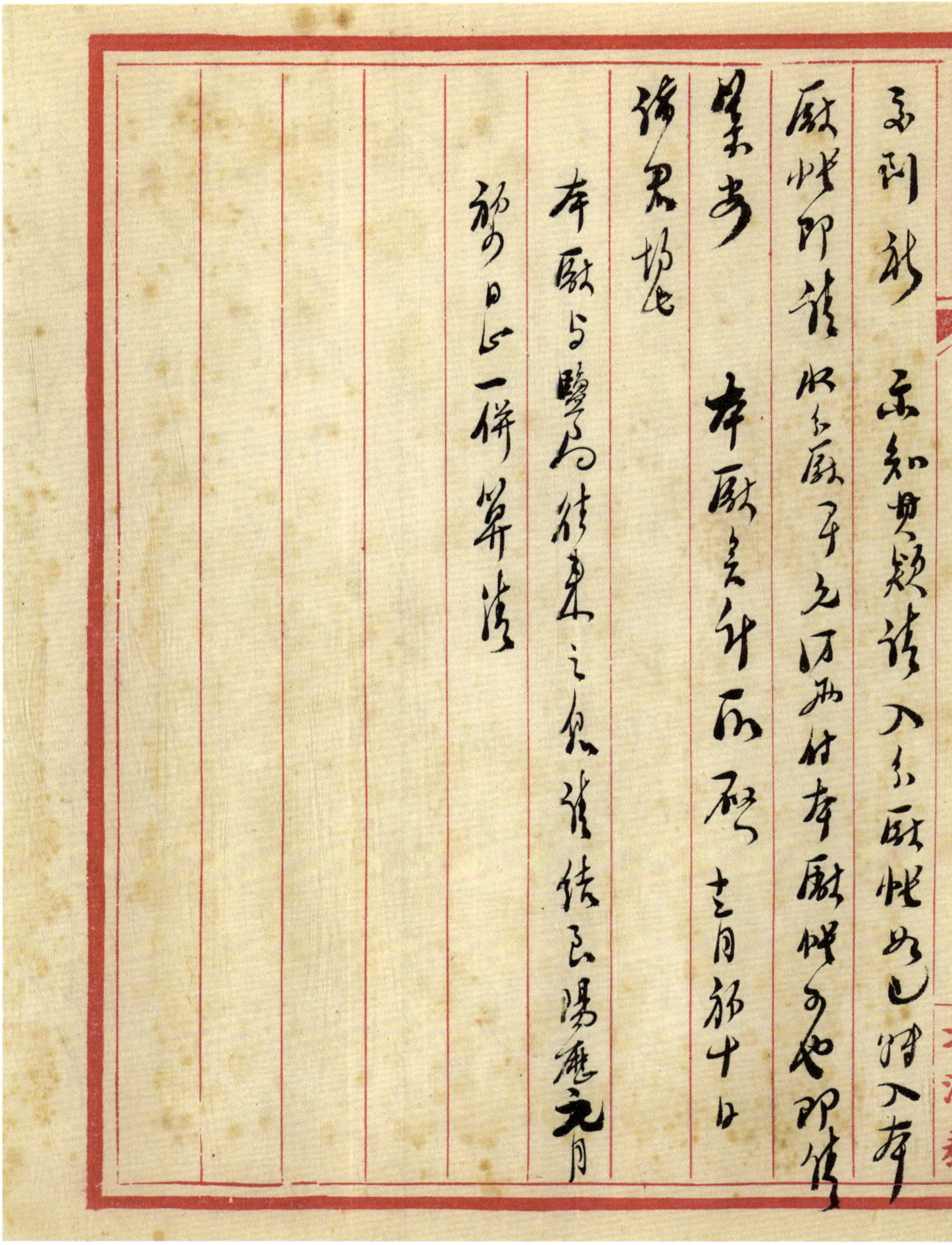

第二百二十六號（十二月初十日）

付本廠帳可也。即請籌安。本廠會計所啓。十二月初十日
諸君均此。
本廠與鹽局往來之息，請結至陽曆元月初四日止，一并算清。

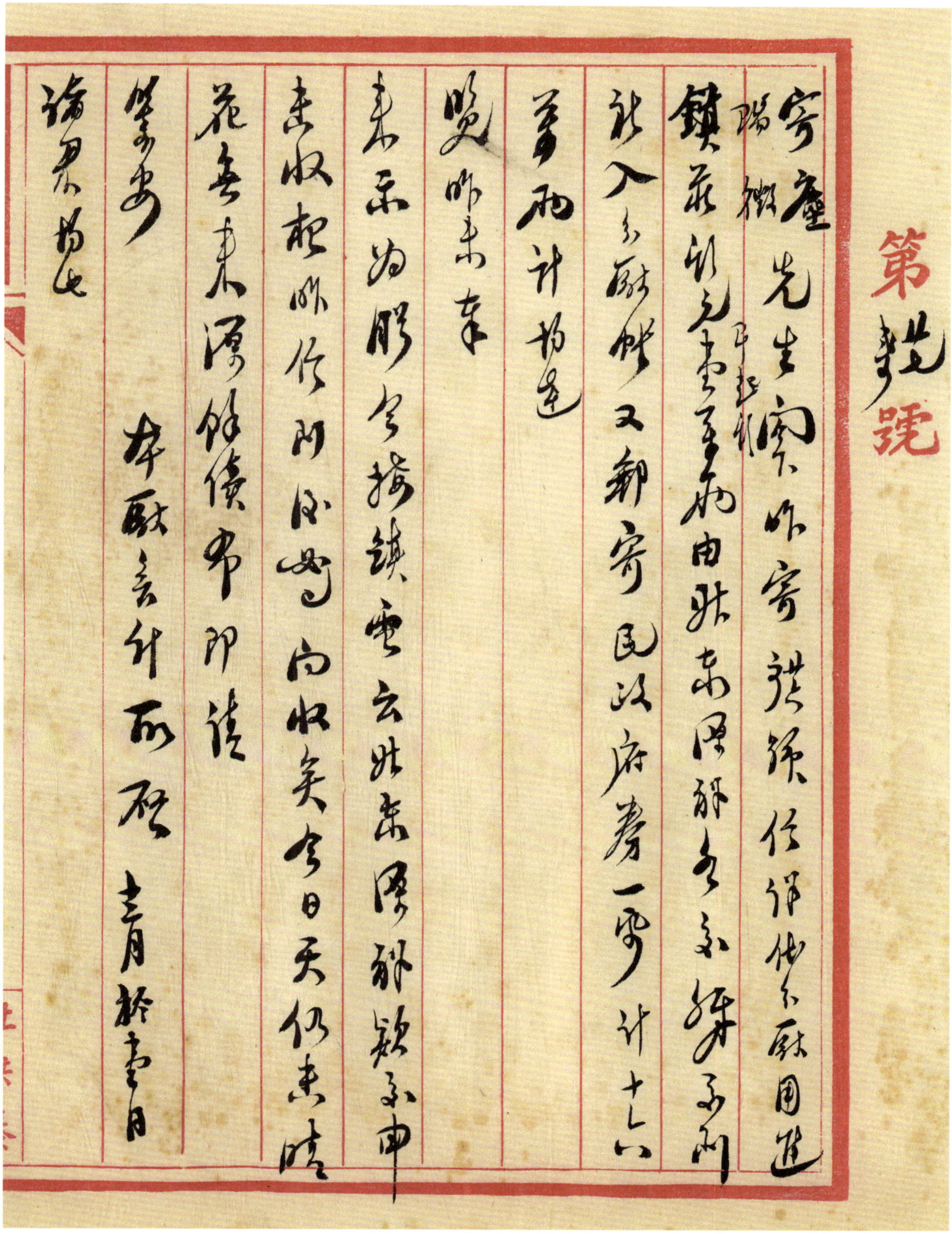

第二百二十七號（十二月十一日）

寄塵、瑞徵先生閣下：昨寄二百廿六號信，詳代分廠用進鎮莊期元壹萬兩（初十起期），由昇泰、源祥各交五千兩，交到祈入分廠帳；又郵寄民政府券一紙，計十六萬兩，計均達覽。昨未奉來示，爲盼。今接鎮電云，昇泰、源祥款交申未收，想昨信到後必已向收矣。今日天仍未晴，花無來源。餘續布。即請籌安。本廠會計所啓。十二月拾壹日

諸君均此。

第二百二十七號（十二月十一日）

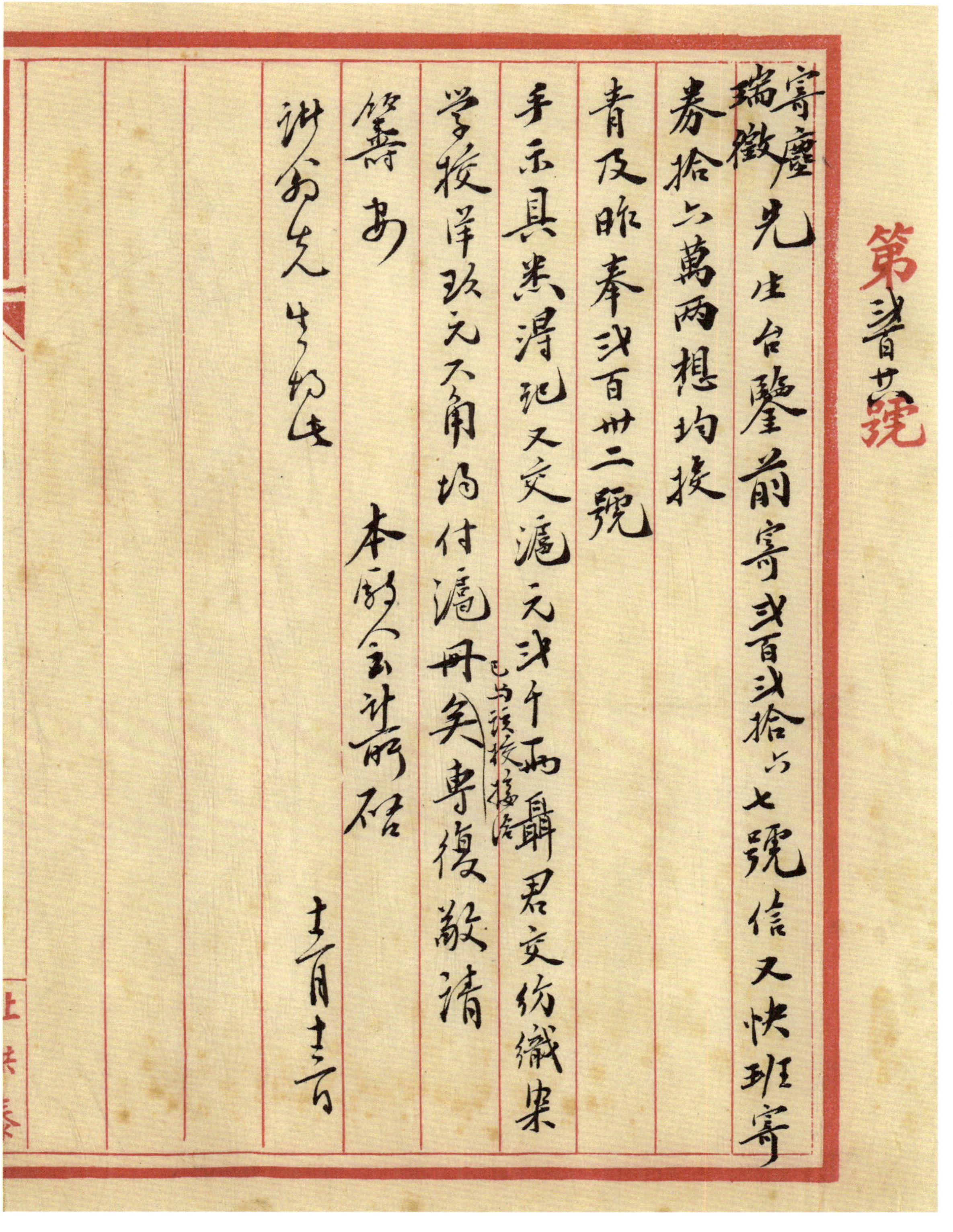

第二百二十八號（十二月十三日）

寄塵、瑞徵先生台鑒：前寄式百式拾六、式百式拾七號信，又快班寄券拾六萬兩，想均投青及。昨奉式百卅二號手示，具悉。得記又交滬元式千兩，聶君交紡織染學校洋玖元六角，均付滬册，已與該校接洽矣。專復，敬請籌安。本廠會計所啓。

十二月十三日

諸翁先生均此。

第二百二十八號（十二月十三日）

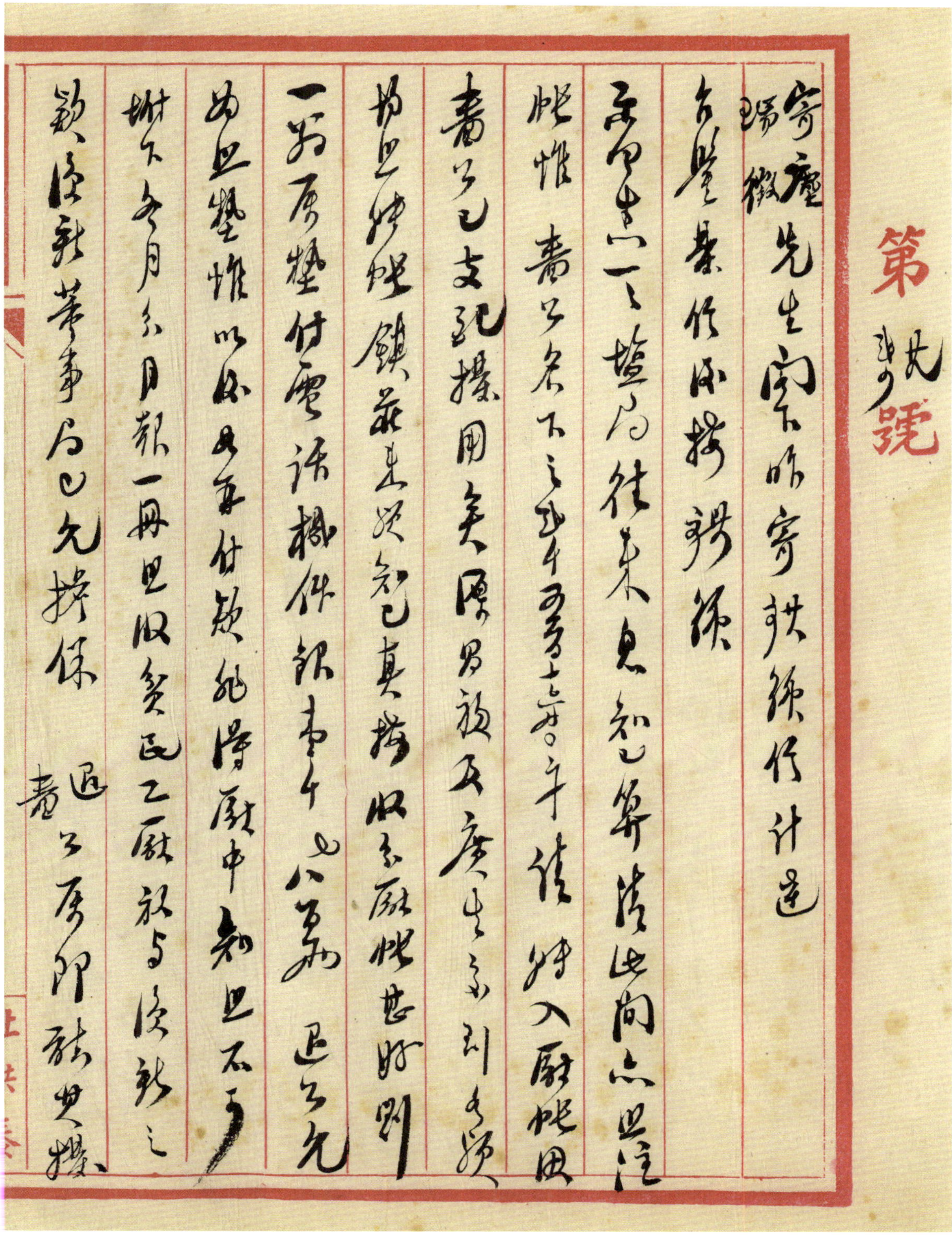

第二百二十九號（十二月十四日）

寄塵、瑞徵先生閣下：昨寄二百廿八號信，計達台鑒。發信後接二百卅四號示，具悉一一。鹽局往來息知已算清，此間亦照注帳，惟嗇公名下之式千五百十六兩零二分一，請轉入廠帳，因嗇公已支配撥用矣。源昌福及廣生交到各款，均照轉帳。鎮莊來款，知已真接，收分廠帳，甚好。劉一翁屬墊付電話機件銀壹千七八百兩，退公允爲照墊，惟以後如再付款，非得廠中知照不可。附下冬月分月報一册，照收。貧民工廠放與復新之款，復新董事局已允擔保，退公、嗇公屬即聽其撥用，請

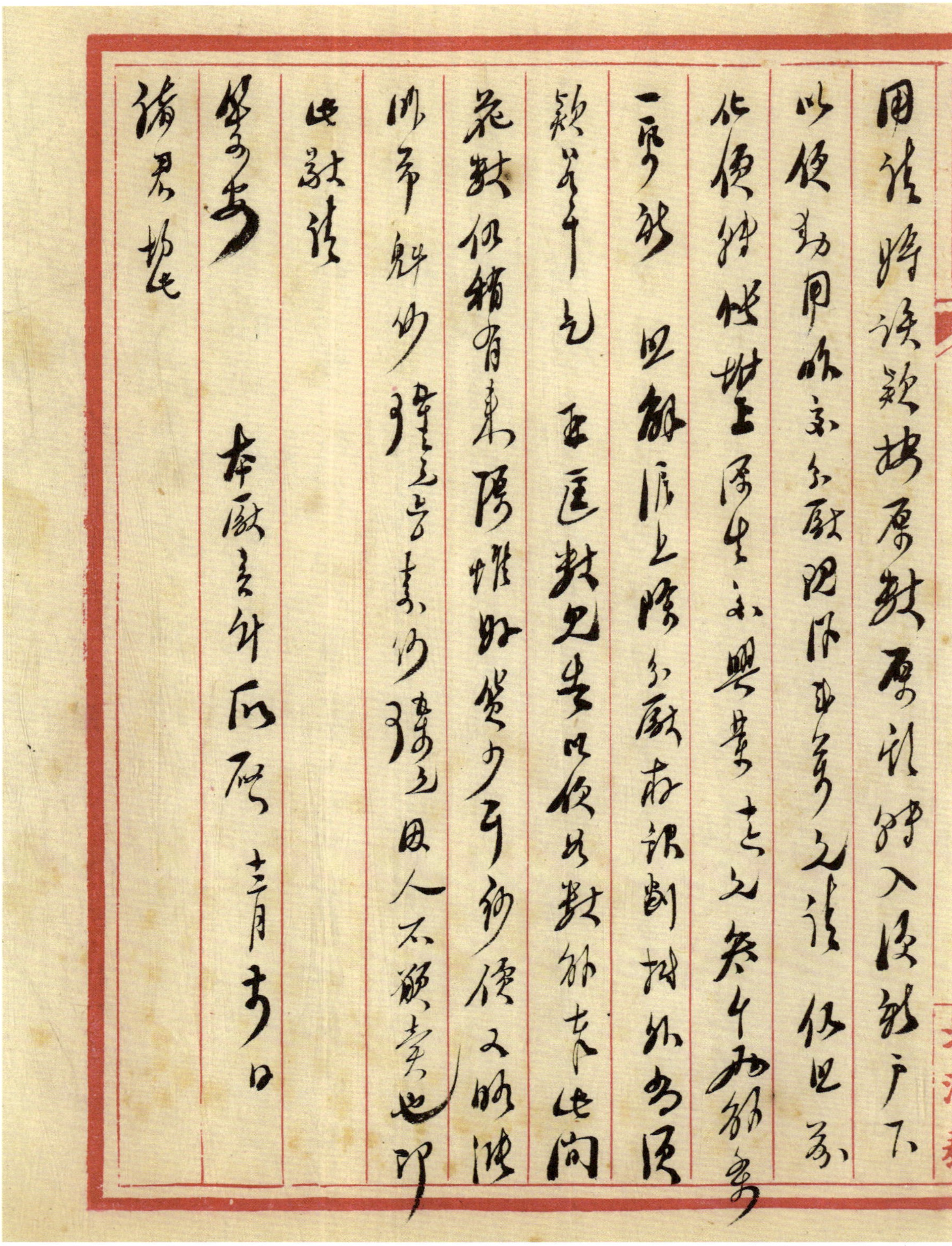

第二百二十九號（十二月十四日）

將該款按原數原期轉入復新户下，以便動用。昨交分廠現洋弍萬元，請仍照前化價轉帳。附上源生交興業十六元叁千兩解條一紙，祈照解。滬上除分廠存銀劃抵外，尚須款若干，乞再匡數見告，以便如數解奉。此間花數仍稍有來源，惟好貨少耳。紗價又略漲，昨市魁紗一百五十三元六角，壽紗一百五十四元，因人不願賣也。即此，敬請籌安。本廠會計所啓。十二月十四彐

諸君均此。

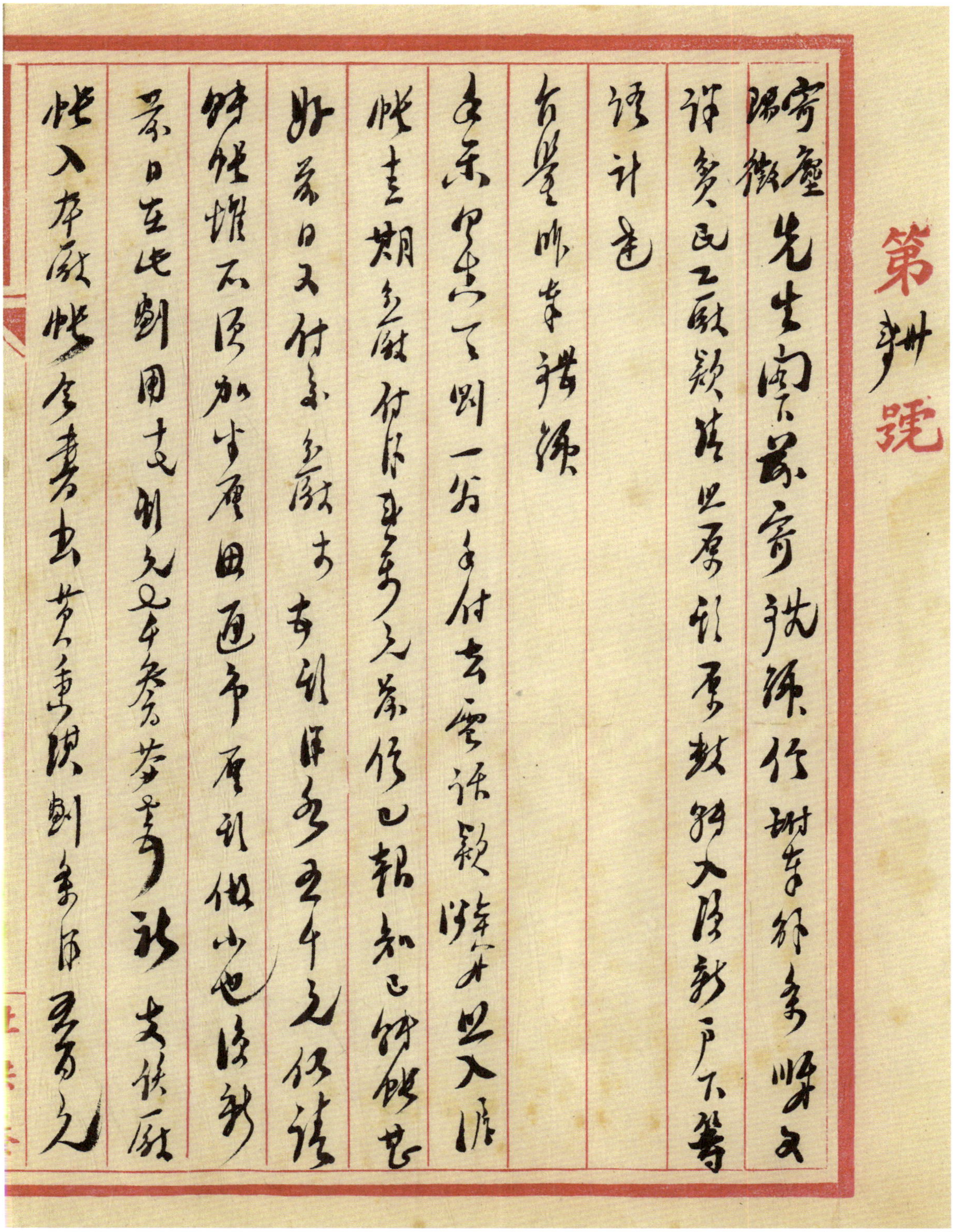

第二百三十號（十二月十六日）

寄塵、瑞徵先生閣下：前寄二百廿九號信，附奉解條三千兩，又詳貧民工廠款請照原期原數轉入復新户下等語，計達台鑒。昨奉二百卅五號手示，具悉一一。劉一翁手付去電話款一千八百六十八兩，照入滬帳。十三期分廠付洋式萬元，前信已報，知已轉帳，甚好。前日又付交分廠十四、十五期洋各五千元，仍請轉帳，惟不須加半厘，因通市厘期做小也。復新前日在此劃用十七期元七千叁百廿八兩七錢五，祈支該廠帳，入本廠帳。今書出黄秉淇劃條洋五百元，至祈照付。前函請匡滬款，想

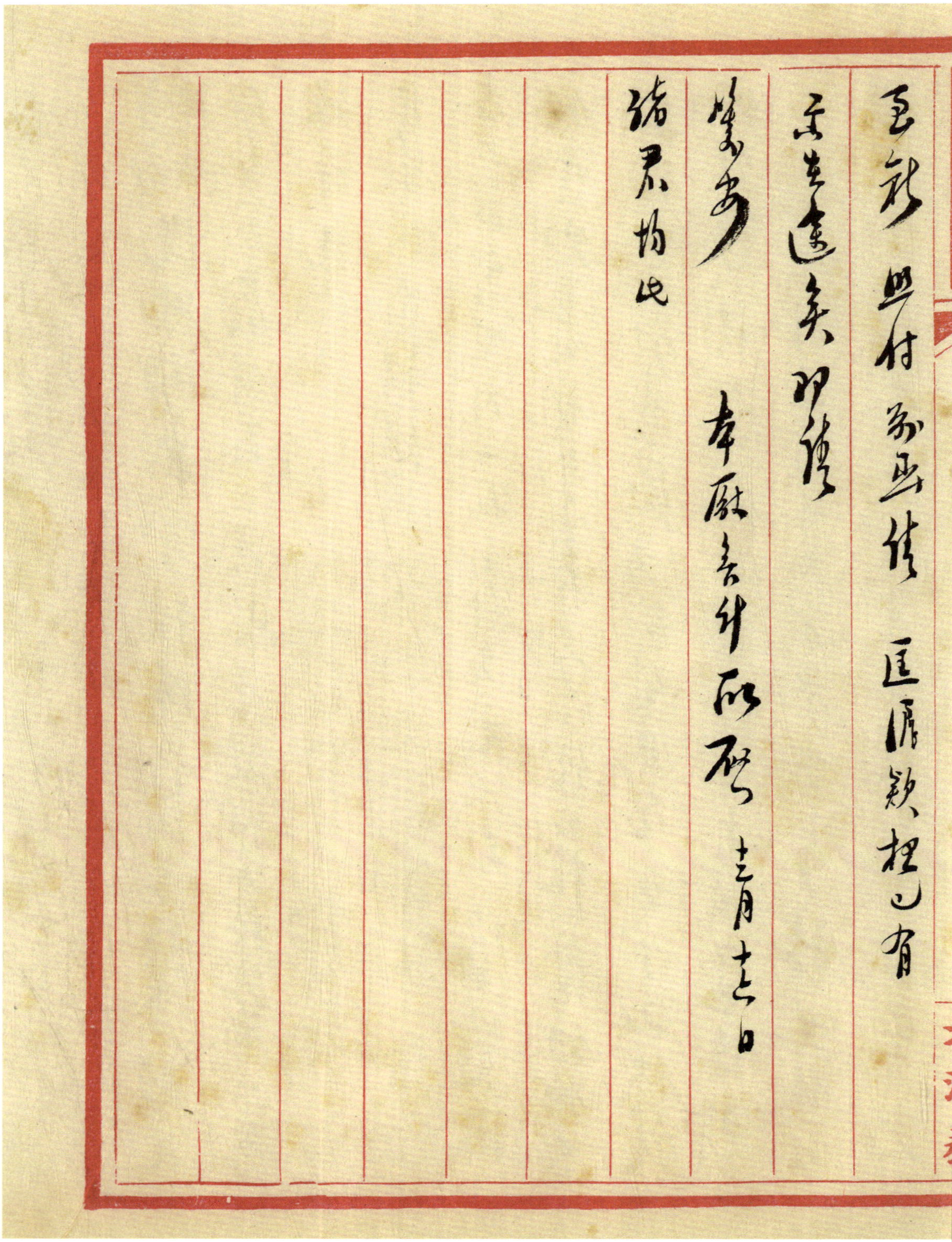
已有
示在途矣即請
籌安
本廠會計所啓 十二月十六日
諸君均此

第二百三十號（十二月十六日）

已有示在途矣。即請籌安。本廠會計所啓。十二月十六日
諸君均此。

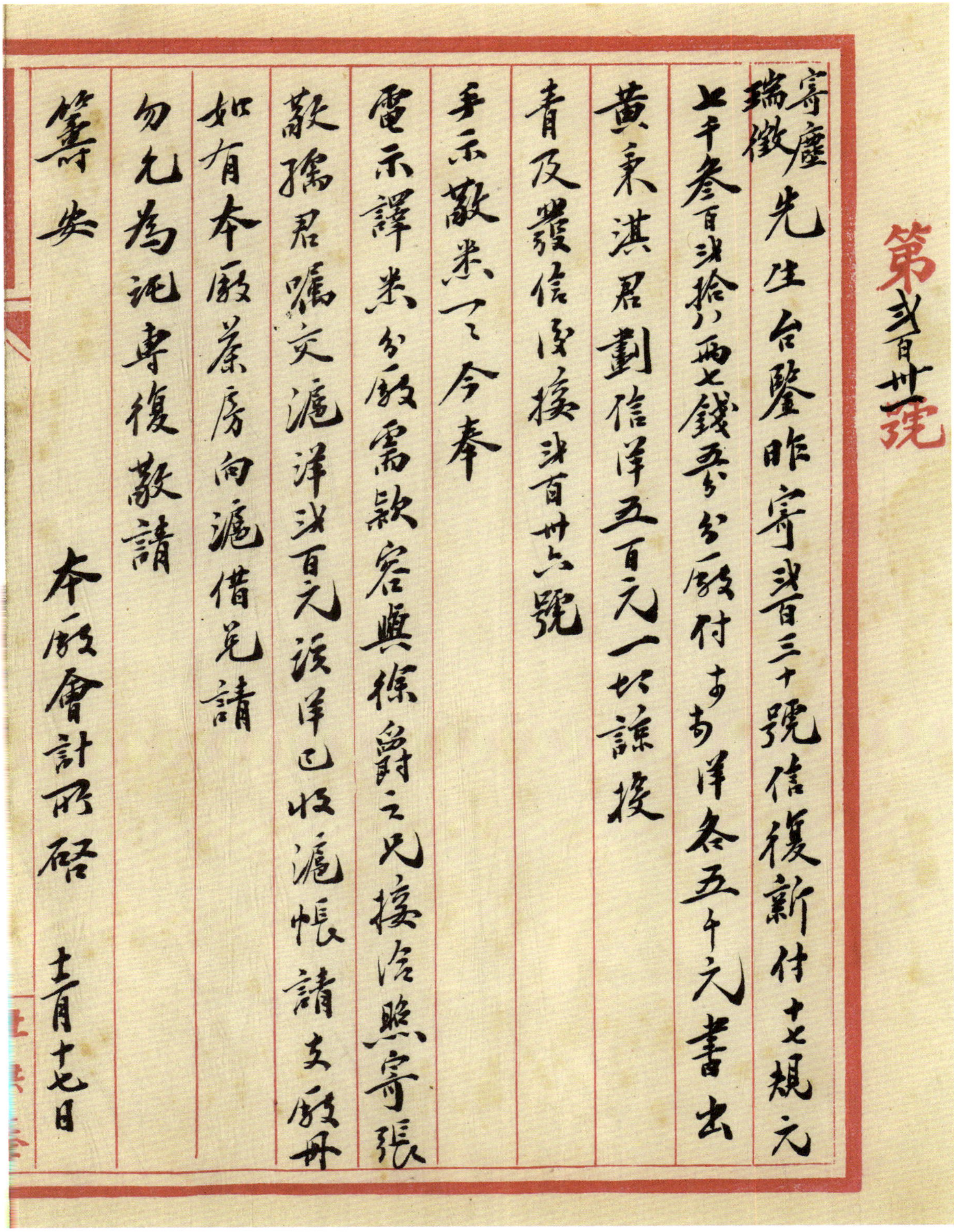

第二百三十一號（十二月十七日）

寄塵、瑞徵先生台鑒：昨寄弍百三十號信，復新付十七規元七千叁百弍拾八兩七錢五分，分廠付十四、十五洋各五千元，書出黄秉淇君劃信洋五百元，一切諒投青及。發信後接弍百卅六號手示，敬悉一一。今奉電示，譯悉分廠需款，容與徐爵之兄接洽照寄。張敬孺君囑交滬洋弍百元，該洋已收滬帳，請支廠册。如有本廠茶房向滬借兑，請勿允爲托。專復，敬請籌安。本廠會計所啓。十二月十七日

諸君均此。

諸君均鑒

第二百三十一號（十二月十七日）

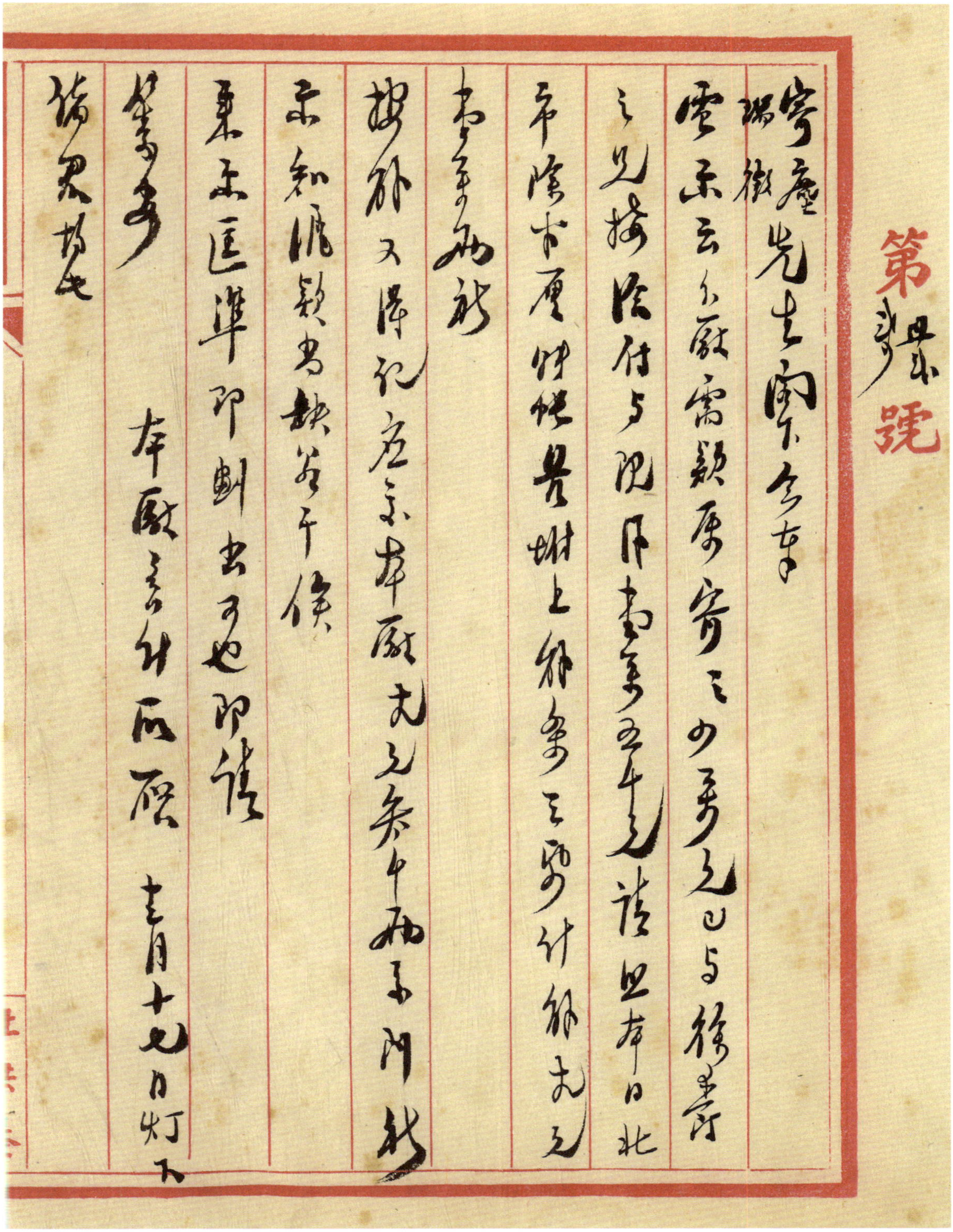

第二百三十二號（十二月十七日）

寄塵、瑞徵先生閣下：今奉電示云，分廠需款，屬寄三四萬元，已與徐爵之兄接洽，付與現洋壹萬五千元，請照本日北市除半厘轉帳。玆附上解條三紙，計解十九元壹萬兩，祈按解。又，得記應交本廠十九元叁千兩，交到祈示知。滬款尚缺若干，俟來示匡準，即劃出可也。即請籌安。本廠會計所啓。十二月十七日燈下

諸君均此。

第二百三十二號（十二月十七日）

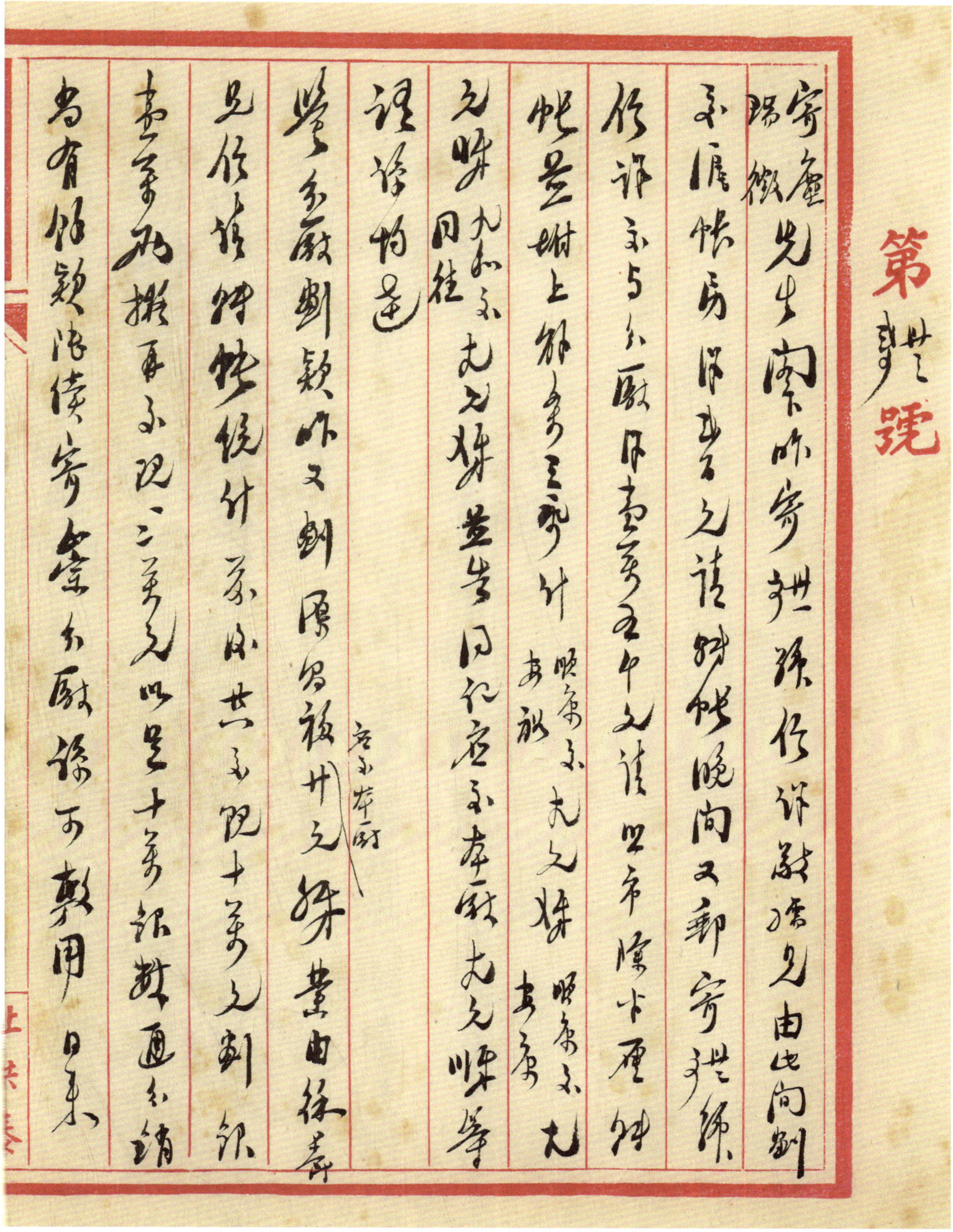

第二百三十三號（十二月十八日）

寄塵、瑞徵先生閣下：昨寄二百卌一號信，詳敬孺兄由此間劃交滬帳房洋式百元，請轉帳；晚間又郵寄二百卌二號信，詳交與分廠洋壹萬五千元，請照市除半厘轉帳，并附上解條三紙，計順康交安裕十九元四千兩、順康交安康十九元二千兩、九和交同德十九元四千兩，并告得記應交本廠十九元三千兩等語，諒均達鑒。分廠劃款，昨又劃源昌福應交本廠廿元五千兩，業由徐爵兄信請轉帳，統計前後共交現十萬元，劃銀壹萬兩。擬再交現一二萬元，以足十萬銀數。通分銷尚有餘款陸續寄

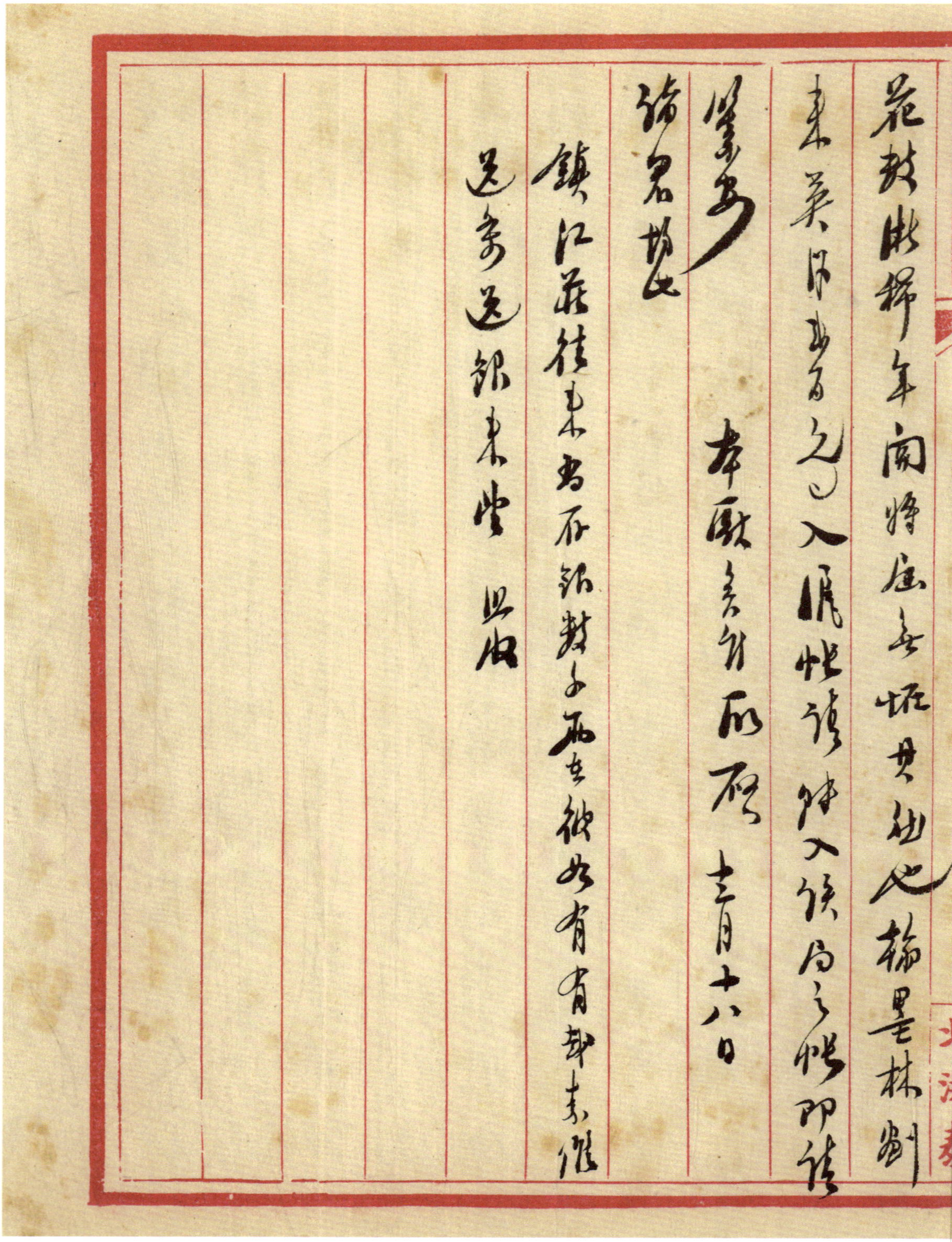

第二百三十三號（十二月十八日）

崇，分廠諒可敷用。日來花數漸稀，年關將屆，無怪其然也。翰墨林劃來英洋弍百元，已入滬帳，請轉入該局之帳。即請籌安。本廠會計所啓。十二月十八日

諸君均此。

鎮江莊往來，尚存銀數千兩在彼，如有〈有〉戴壽維送條、送銀來，望照收。

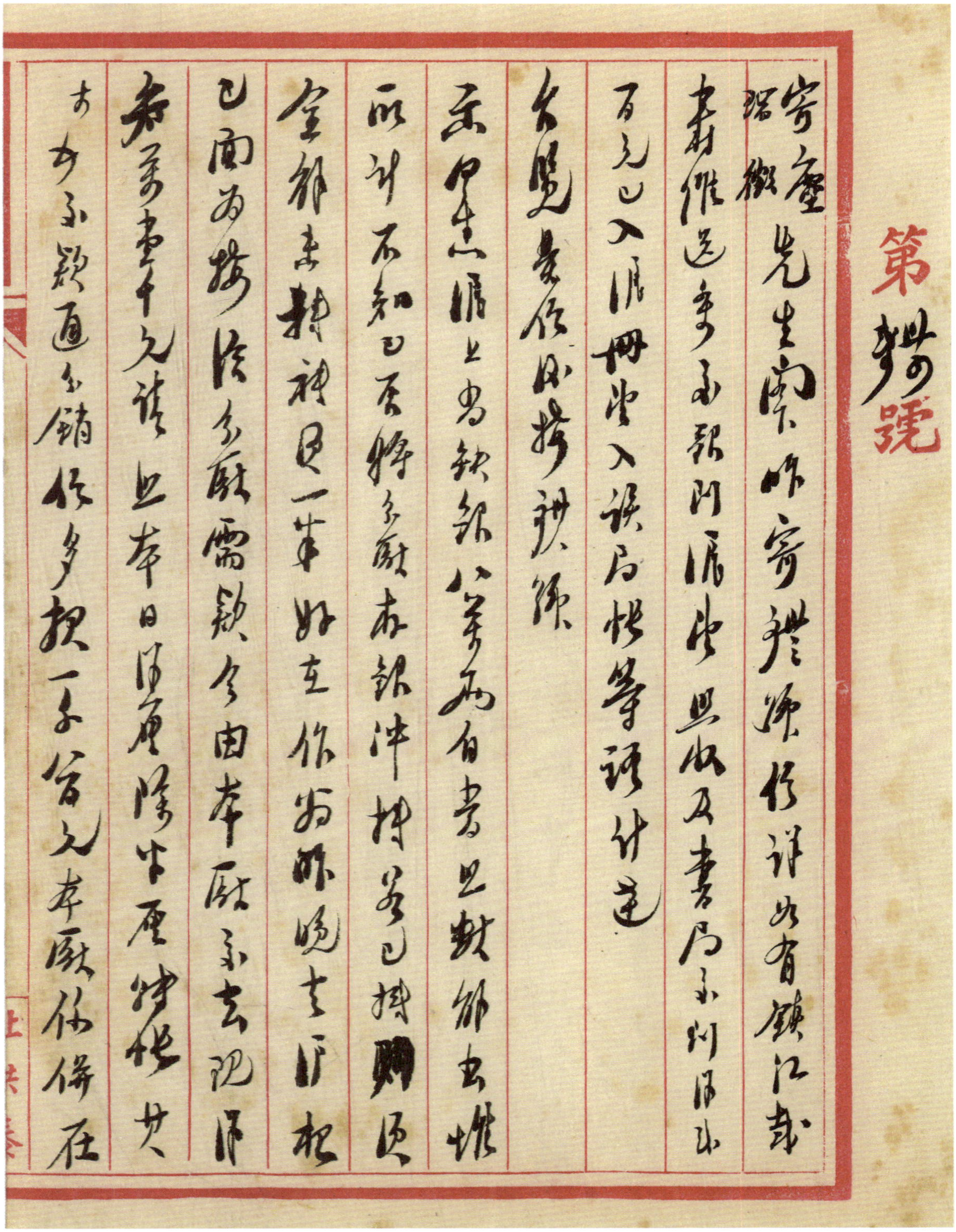

第二百三十四號（十二月十九日）

寄塵、瑞徵先生閣下：昨寄二百卅三號信，詳如有鎮江戴壽維送條、交銀到滬，望照收，及書局交到洋式百元已入滬册，望入該局帳等語，計達台覽。發信後接二百卅八號示，具悉。滬上尚缺銀八萬兩，自當照數解出，惟所計不知已否將分廠存銀冲抵，若已抵則須全解，未抵衹須一半，好在作翁昨晚去滬，想已面爲接洽。分廠需款，今由本廠交去現洋叁萬壹千元，請照本日洋厘除半厘轉帳。其十四、十五交款，通分銷信多報一千八百元，本廠係并在十七一萬五千元之内，十七尚有零

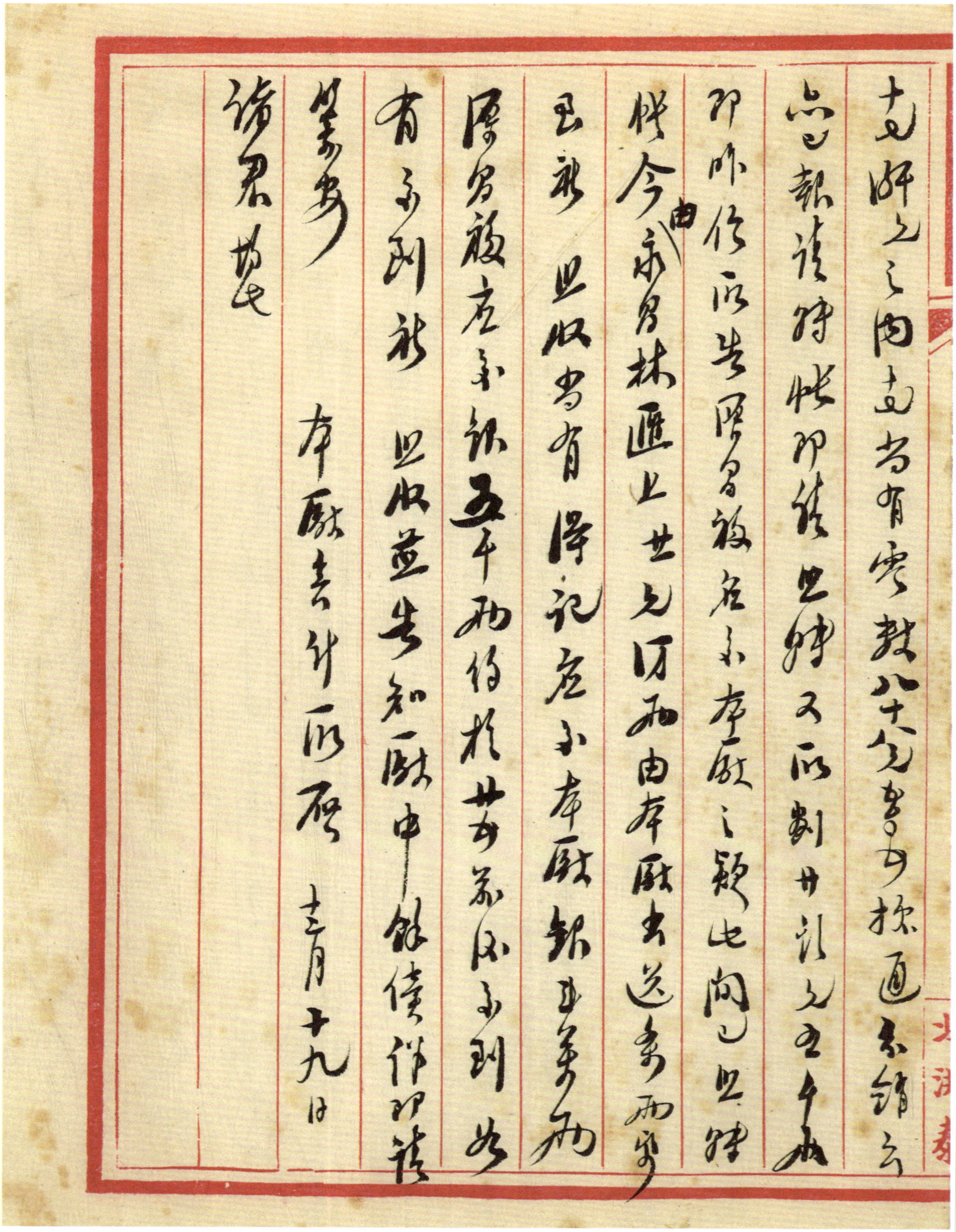

第二百三十四號（十二月十九日）

數八十八元五角零五，據通分銷云，亦已報請轉帳，即請照轉。又，所劃廿期元五千兩，即昨信所告源昌福應交本廠之款，此間已照轉帳。今由永昌林匯上廿一元一萬兩，由本廠出送條兩紙，至祈照收。尚有得記應交本廠銀式萬兩、源昌福應交銀五千兩，約於廿五前後交到，如有交到，祈照收，并告知廠中。餘續詳。即請籌安。本廠會計所啓。十二月十九日

諸君均此。

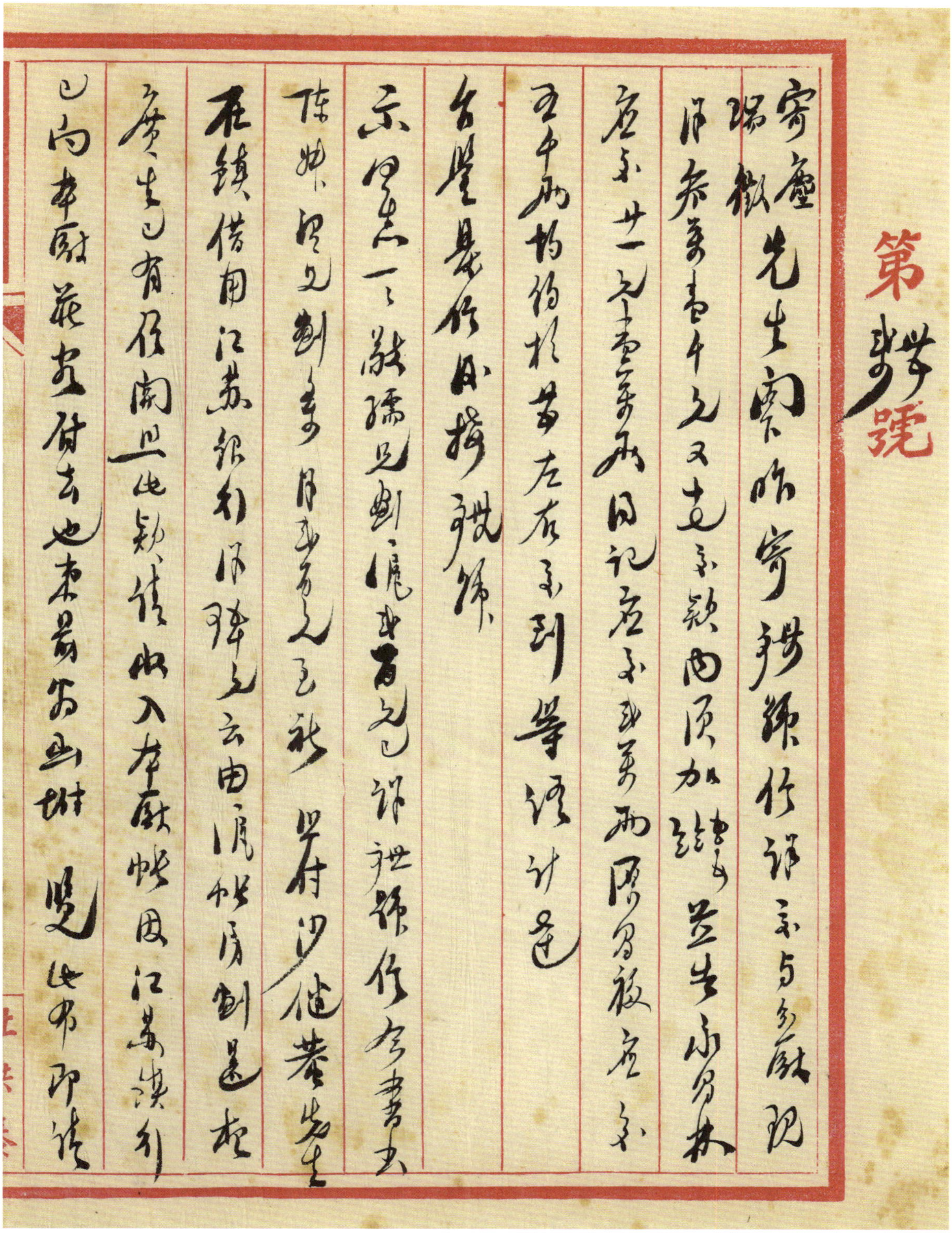

第二百三十五號（十二月廿日）

寄塵、瑞徵先生閣下：昨寄二百卅四號信，詳交與分廠現洋叁萬壹千元，又十七交款内須加八十八元五角零五，并告永昌林應交廿一元壹萬兩、得記應交弍萬兩、源昌福應交五千兩，均約於廿五左右交到等語，計達台鑒。發信後接二百卅九號示，具悉一一。敬孺兄劃滬弍百元，已詳二百卅一號信。今書出陳叔渭兄劃條洋弍百元，至祈照付。沙健菴先生在鎮借用江蘇銀行洋一百五十元，云由滬帳房劃還，想廣生已有信關照，此款請收入本廠帳，因江蘇鎮行已向本廠莊客付去也。東勗翁函

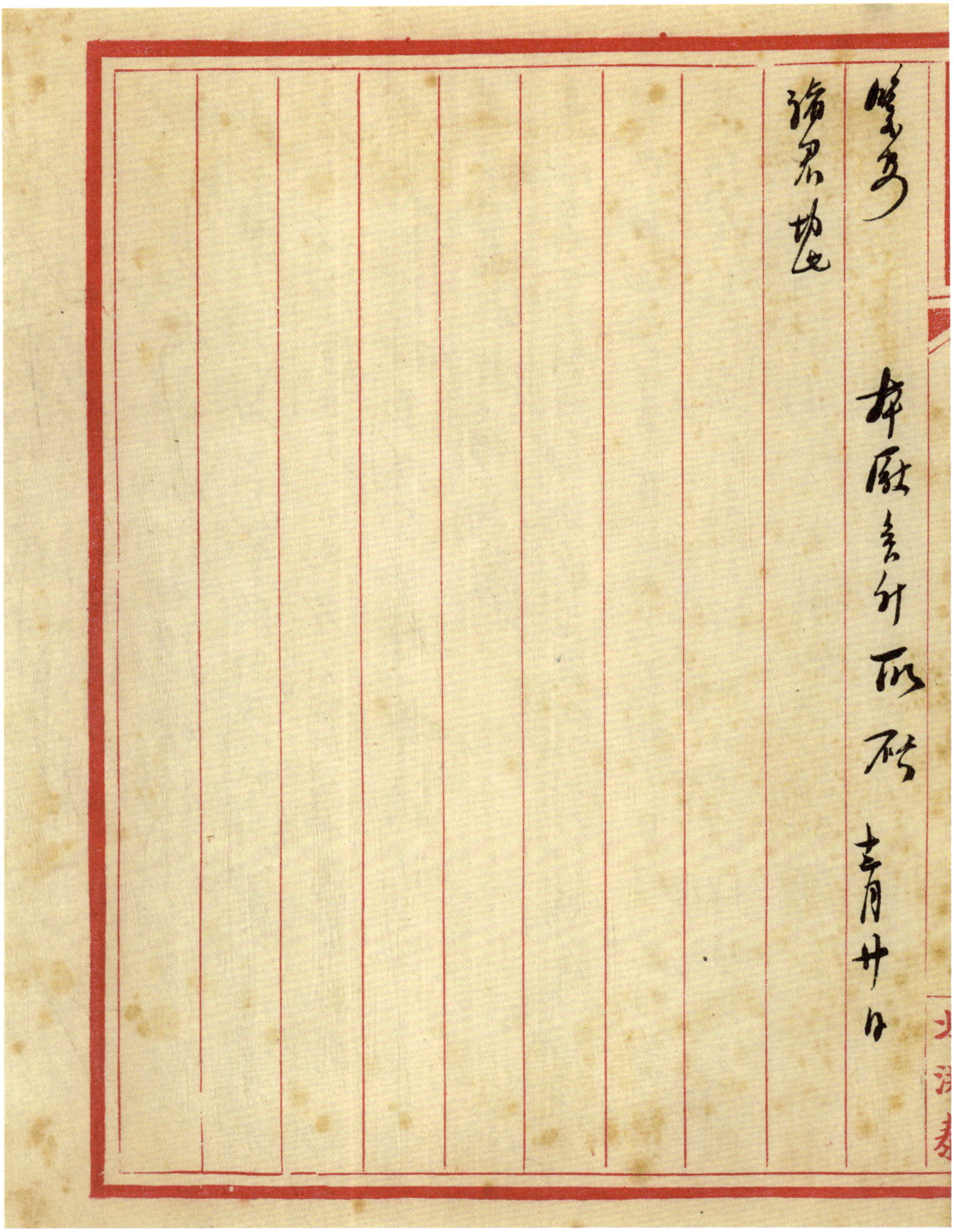
覽

諸君均此

本廠會計所啓 十二月廿日

第二百三十五號（十二月廿日）

附覽。此布，即請籌安。本廠會計所啓。十二月廿日

諸君均此。

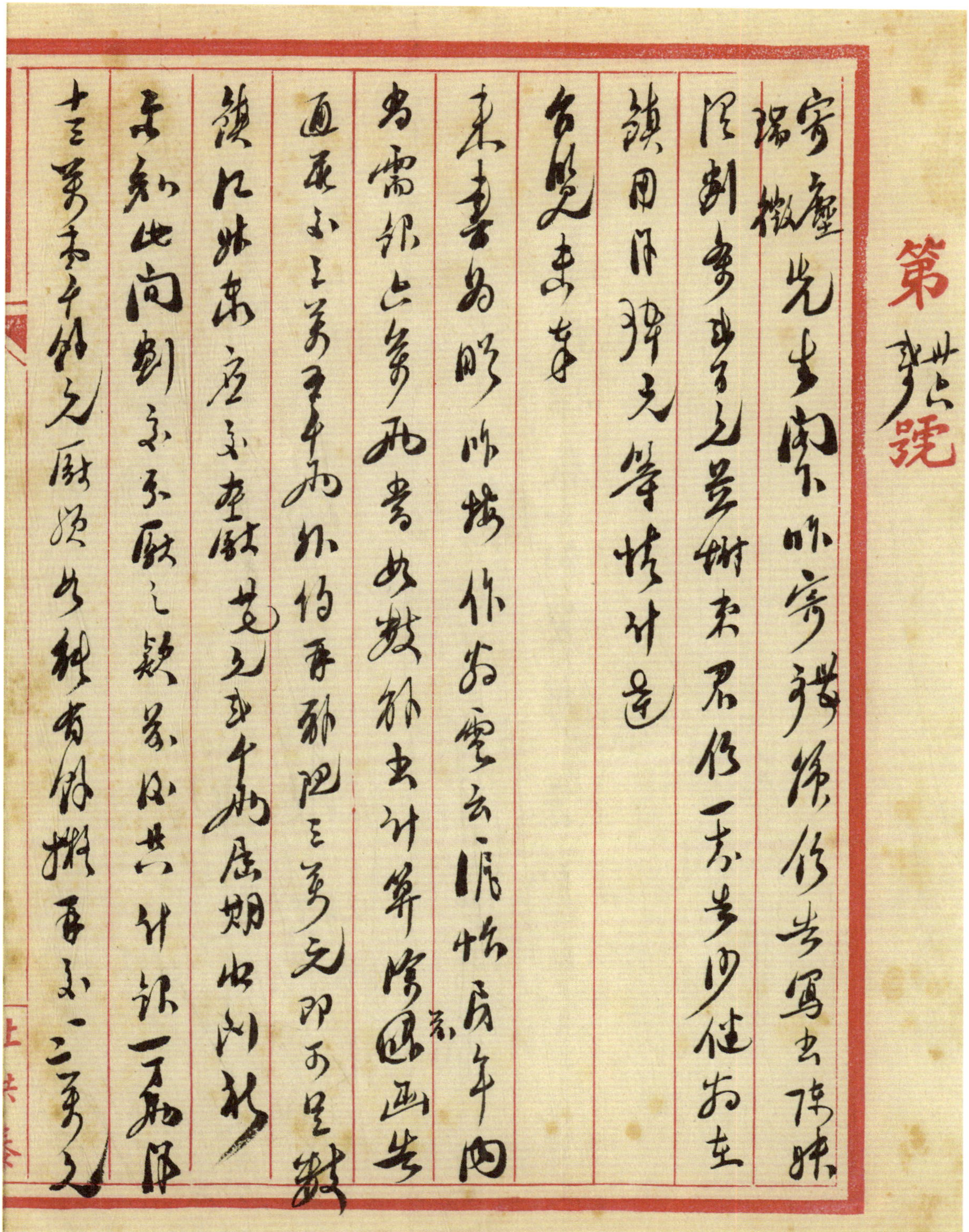

第二百三十六號（十二月廿一日）

寄塵、瑞徵先生閣下：昨寄二百卅五號信，告寫出陳叔渭劃條式百元，并附柬君信一封，告沙健翁在鎮用洋一百五十元等情，計達台覽。未奉來書，爲盼。昨接作翁電云，滬帳房年内尚需銀六萬兩，當如數解出，計算除前函告通莊交三萬五千兩外，約再解現三萬元即可足數。鎮江昇泰應交本廠廿七元式千兩，屆期收到祈示知。此間劃交分廠之款，前後共計銀一萬兩、洋十三萬壹千餘元，廠款如能有餘，擬再交一二萬元。前代分廠用鎮江昇泰、源祥初十銀各五千兩，遲期二三天，玆補

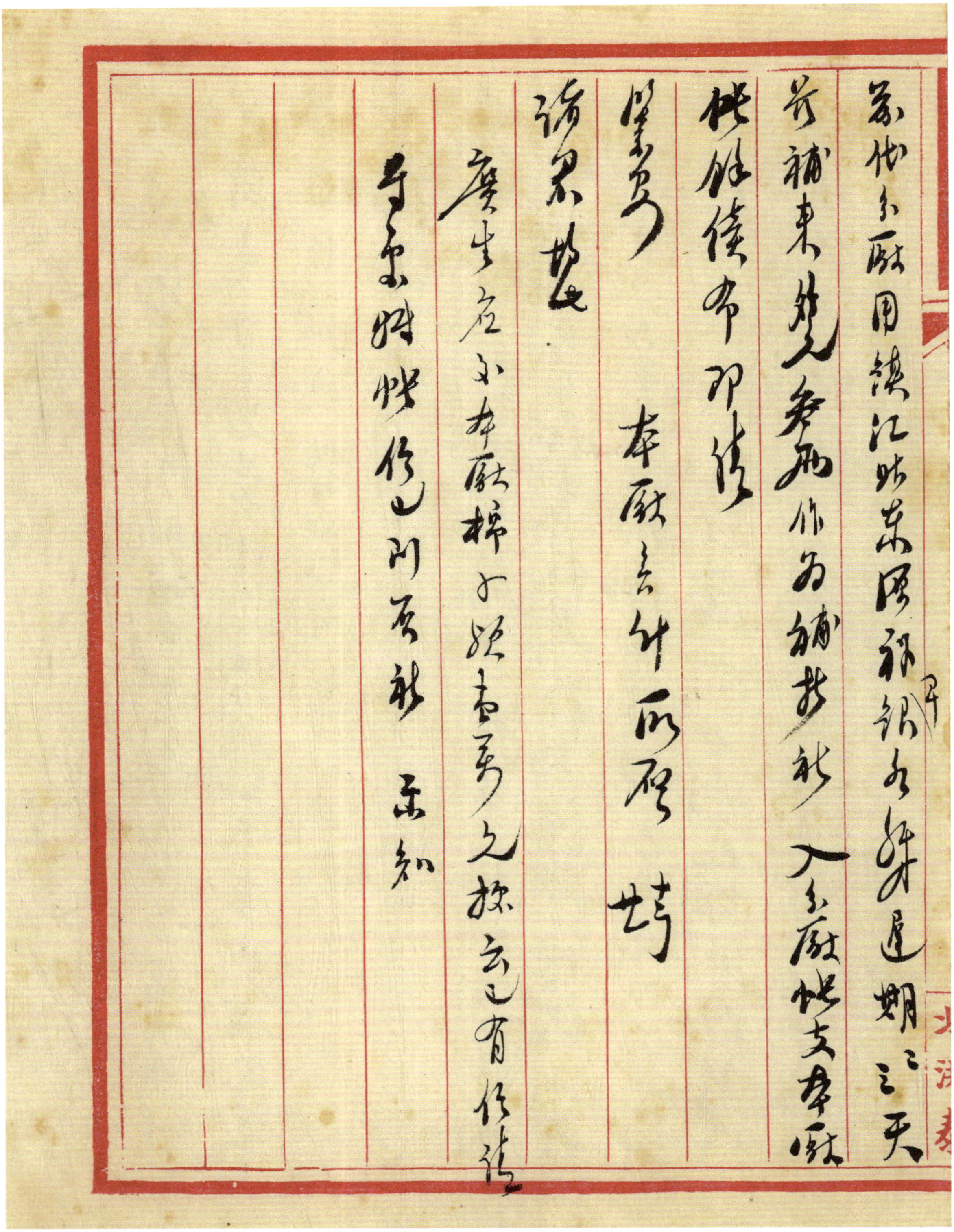

第二百三十六號（十二月廿一日）

來九八元叁兩作爲補折，祈入分廠帳，支本廠帳。餘續布。即請籌安。本廠會計所啓。十二月廿一

諸君均此。

廣生應交本廠棉子款壹萬元，據云已有信請尊處轉帳。信已到否？祈示知。

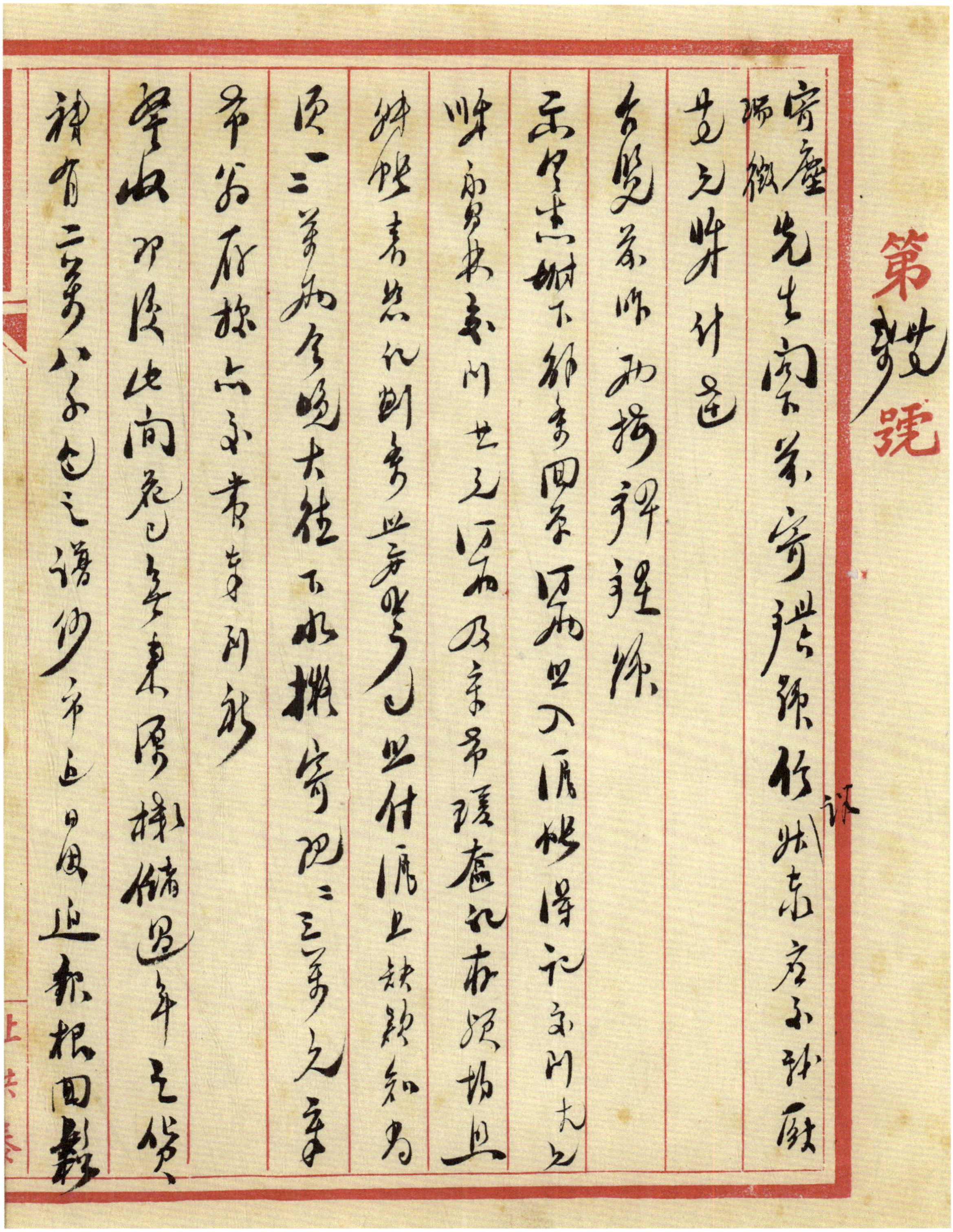

第二百三十七號（十二月廿三日）

寄塵、瑞徵先生閣下：前寄二百卅六號信，詳昇泰應交我廠廿七元二千兩，計達台覽。前、昨兩接二百四十、二百四十一號示，具悉。附下解條回單一萬兩，照入滬帳。得記交到十九元三千兩，永昌林交到廿一元一萬兩，及章希瑗奩記存款，均照轉帳。袁恕記劃條卅二兩四錢二分，已照付。滬上缺款，知尚須一二萬兩，今晚大德下水，擬寄現二三萬元，章希翁存據亦交帶奉，到祈察收即復。此間花已無來源，棧儲過年之貨祇有二萬八千包之譜。紗市近日因迫銀根回鬆，約一百五十一元

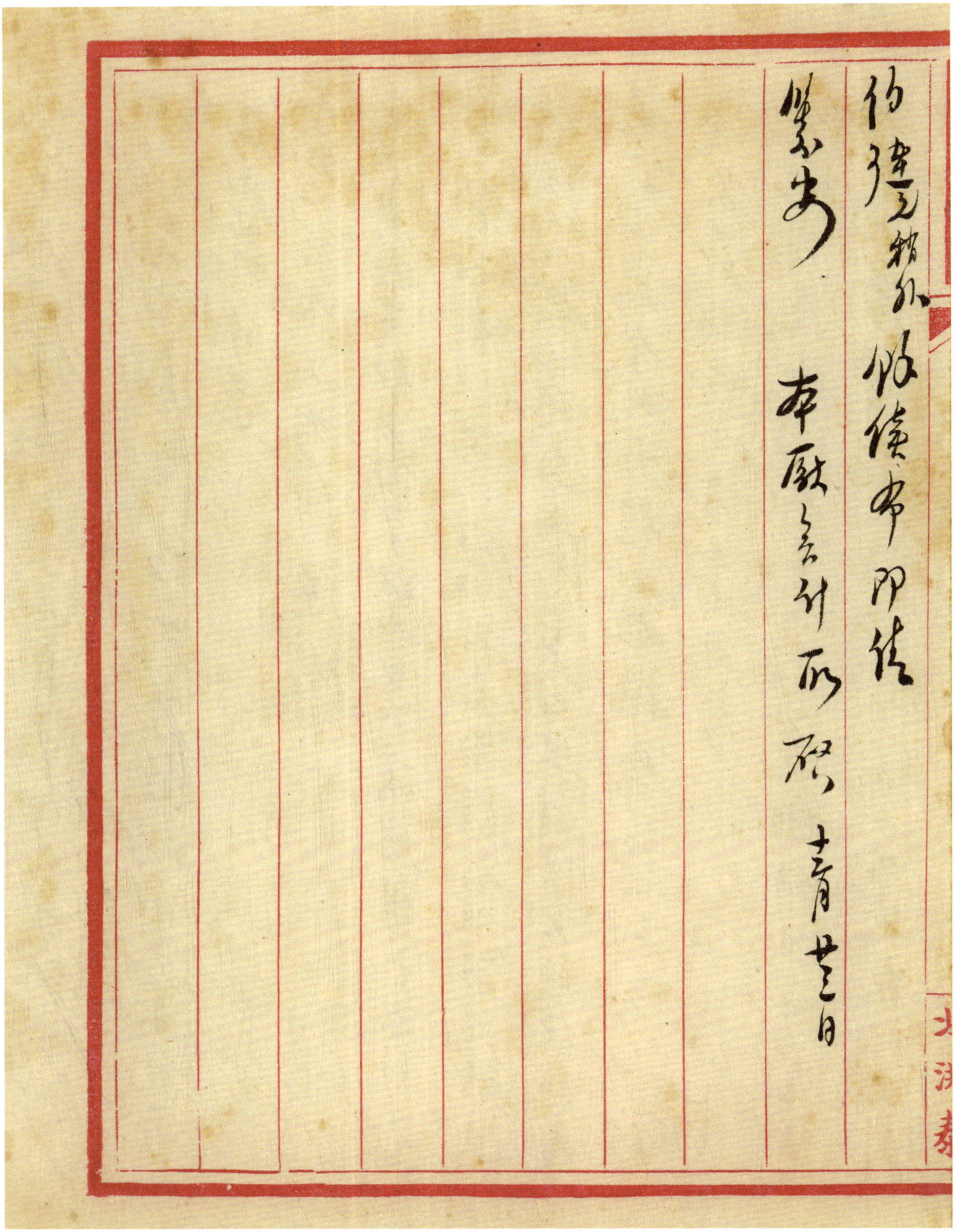
稍外。餘續布。即請
籌安。本廠會計所啓。十二月廿三日

第二百三十七號（十二月廿三日）

稍外。餘續布。即請籌安。本廠會計所啓。十二月廿三日

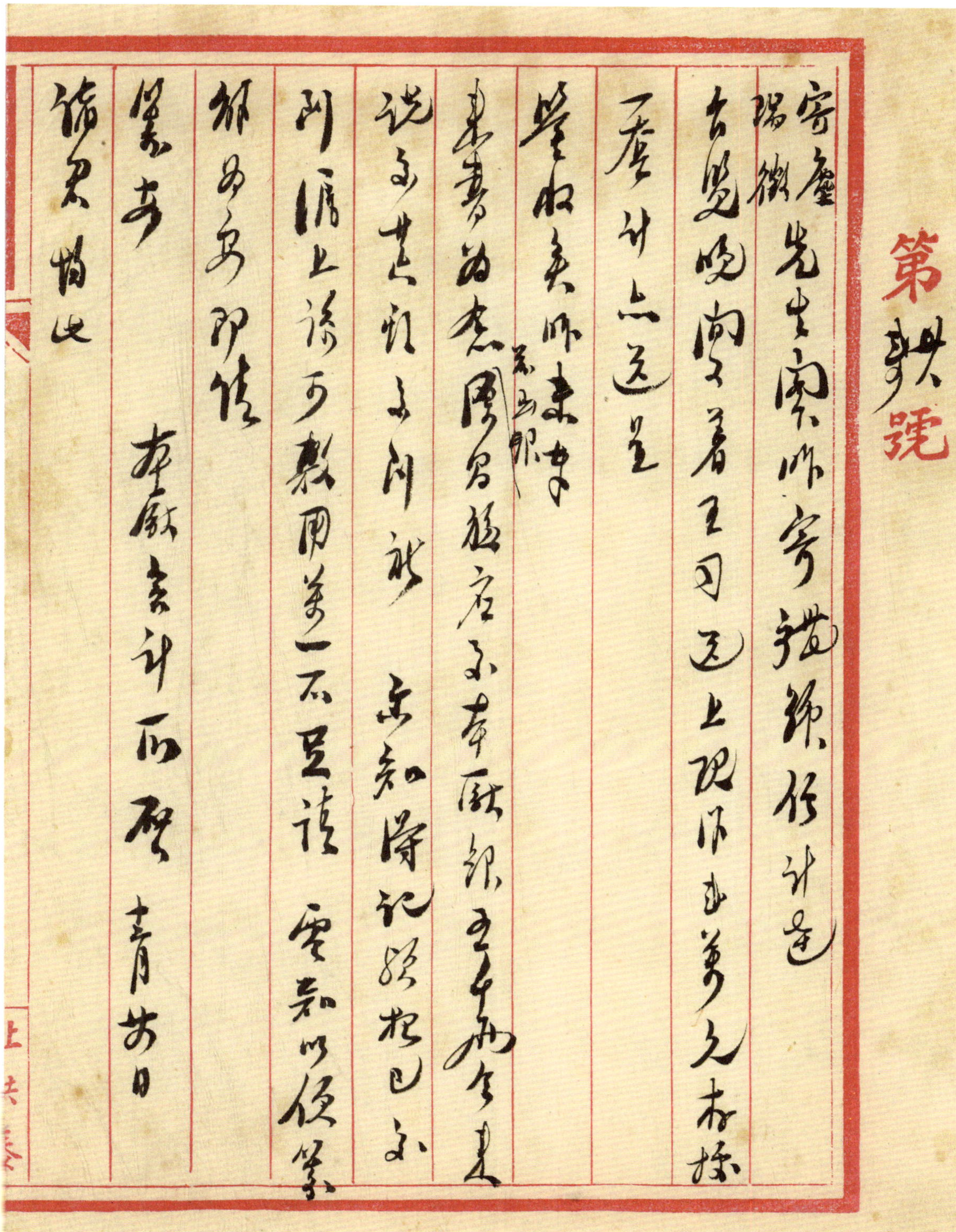

第二百三十八號（十二月廿四日）

寄塵、瑞徵先生閣下：昨寄二百卅七號信，計達台覽。晚間又着王司送上現洋式萬元、存據一套，計亦送呈鑒收矣。昨未奉來書，爲念。前函報源昌福應交本廠銀五千兩，今來說交廿六期，交到祈示知。得記款想已交到，滬上諒可敷用。萬一不足，請電知，以便籌解爲要。即請籌安。本廠會計所啓。十二月廿四日

諸君均此。

第二百三十八號（十二月廿四日）

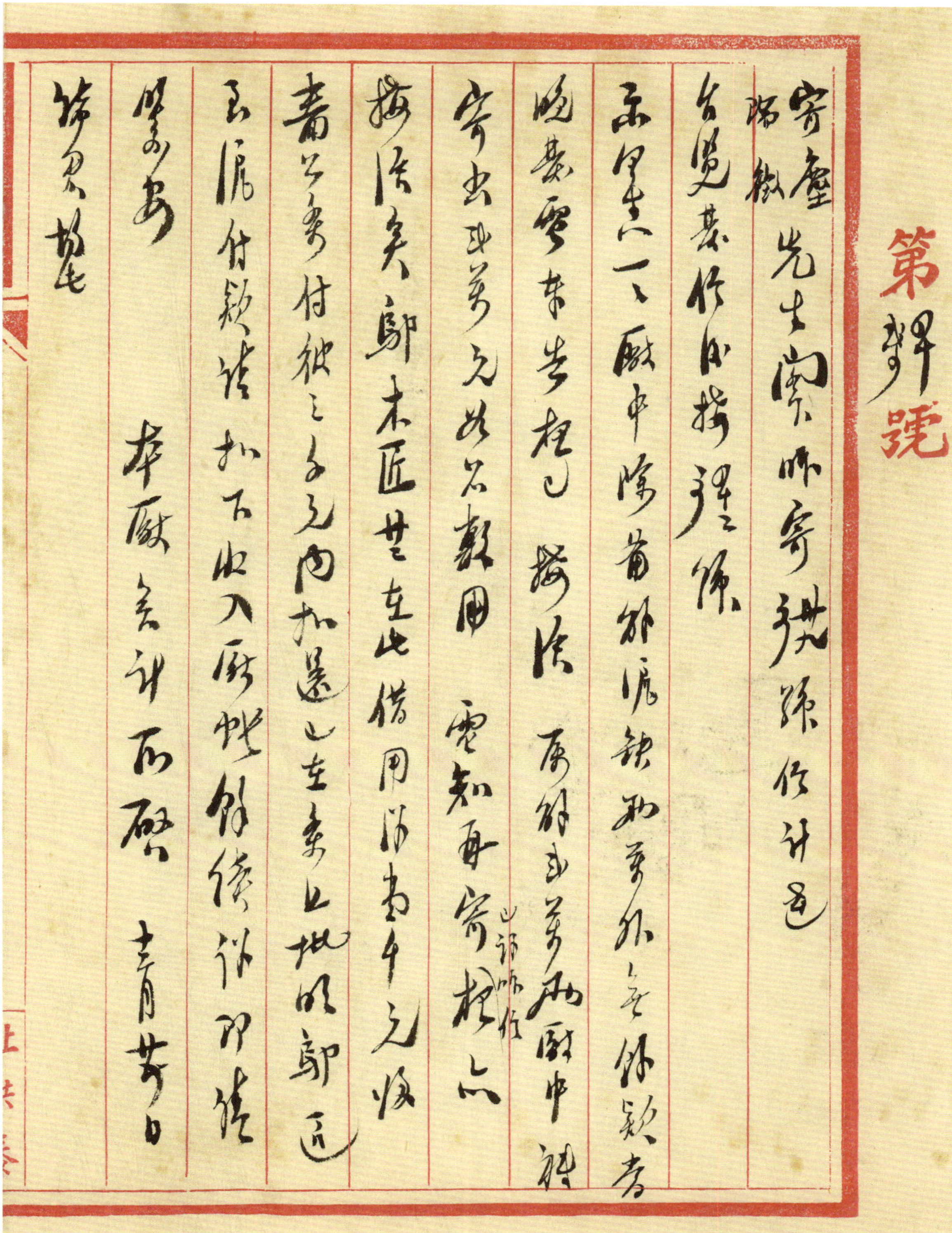

第二百三十九號（十二月廿五日）

寄塵、瑞徵先生閣下：昨寄二百卅九號信，計達台覽。發信後接二百四十二號示，具悉一一。廠中除備解滬缺兩萬外無餘款，當晚發電奉告，想已接洽。屬解弍萬兩，廠中衹寄出弍萬元，如不敷用，電知再寄，已詳昨信，想亦接洽矣。鄔木匠廿二在此借用洋壹千元，歸嗇公條付彼三千元内扣還，已在條上批明。鄔匠至滬付款，請扣下，收入廠帳。餘續詳。即請籌安。本廠會計所啓。十二月廿五日
諸君均此。

第二百三十九號（十二月廿五日）

（按：本信編號與所云昨寄之號均誤，應分別爲“第弍百卌九號”及“二百卌八號”）

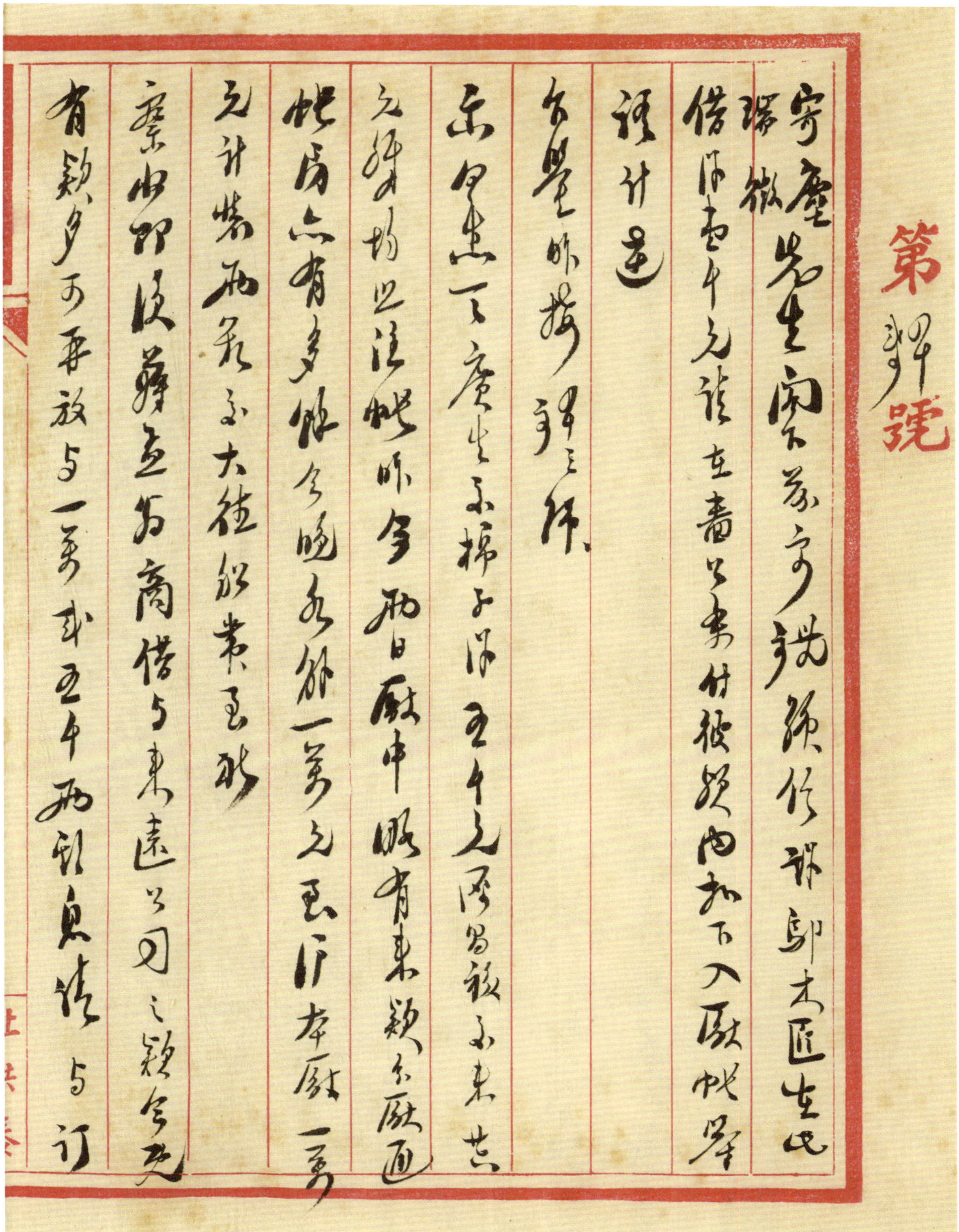

第二百四十號（十二月廿七日）

寄廛、瑞徵先生閣下：前寄二百卅九號信，詳鄔木匠在此借洋壹千元，請在啬公條付彼款内扣下入廠帳等語，計達台鑒。昨接二百四十三號示，具悉一一。廣生交棉子洋五千元，源昌福交來廿六元五千兩，均照注帳。昨、今兩日廠中略有來款，分廠通帳房亦有多餘，今晚各解一萬元至滬。本廠一萬元，計裝兩箱，交大德船帶，至祈察收即復。蔣孟翁商借與來遠公司之款，今既有款多，可再放與一萬或五千兩，期息請與訂定。即請年安。本廠會計所啓。十二月廿七日

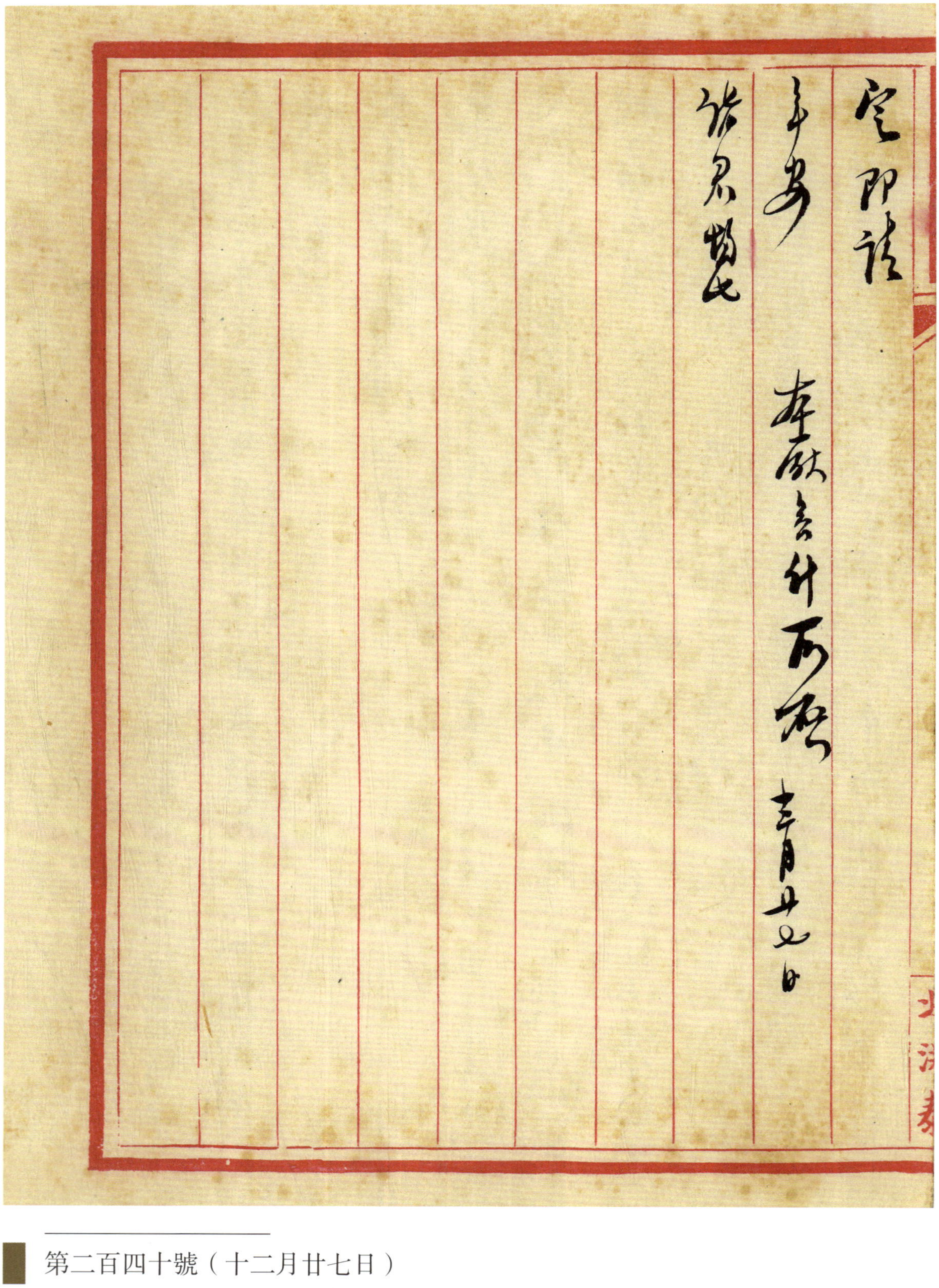

第二百四十號（十二月廿七日）

諸君均此。

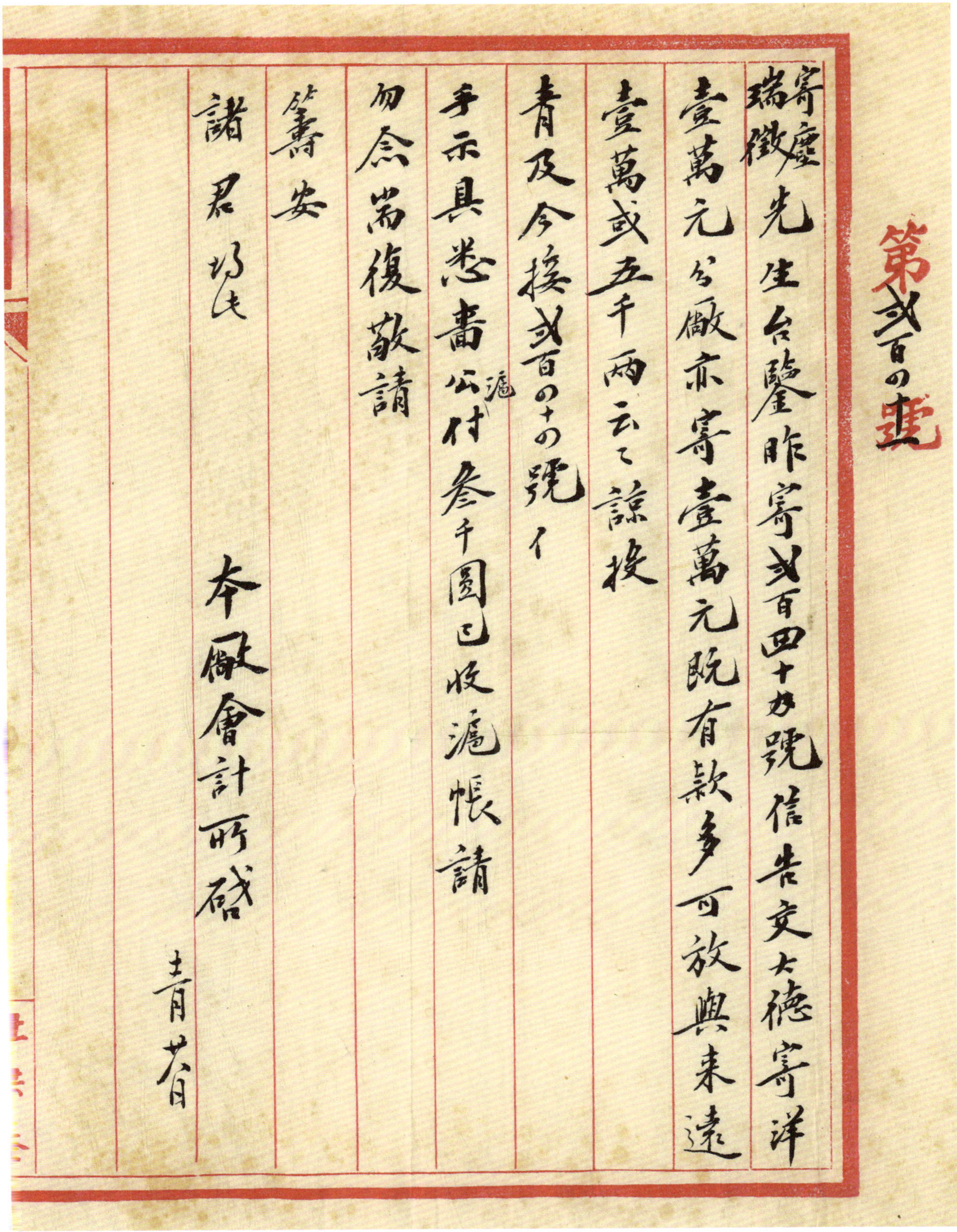

第二百四十一號（十二月廿八日）

寄塵、瑞徵先生台鑒：昨寄弍百四十號信，告交大德寄洋壹萬元，分廠亦寄壹萬元，既有款多，可放與來遠壹萬或五千兩云云，諒投青及。今接弍百四十四號手示，具悉。嗇公滬付三千圓，已收滬帳，請勿念。專復，敬請籌安。本廠會計所啓。十二月廿八日

諸君均此。

第二百四十一號（十二月廿八日）